ELEMENTE DER MATHEMATIK

RHEINLAND-PFALZ

8. Schuljahr

Herausgegeben von

Heinz Griesel

Helmut Postel

Friedrich Suhr

Schroedel

ELEMENTE DER MATHEMATIK 8
Rheinland-Pfalz

Herausgegeben von
Prof. Dr. Heinz Griesel, Prof. Helmut Postel, Friedrich Suhr

Bearbeitet von
Christine Fiedler, Reinhard Kind, Werner Ladenthin, Prof. Dr. Matthias Ludwig, Prof. Helmut Postel, Heinz Klaus Strick, Friedrich Suhr

Für Rheinland-Pfalz bearbeitet von
Ursula Etzkorn, Dr. Bernhard Gilles, Hermann Josef Keul, Michael Meyer

Abgestimmt auf dieses Unterrichtswerk sind umfangreiche Unterrichtsmaterialien entwickelt worden:
Unterrichtsmaterialien Band 1 Best.-Nr. 87001
Unterrichtsmaterialien Band 2 Best.-Nr. 87002
Unterrichtsmaterialien Band 3 Best.-Nr. 87003
Unterrichtsmaterialien Band 4 Best.-Nr. 87004
Zum Schülerband erscheint: Lösungen Best.-Nr. 87178

Druck A [4] / Jahr 2011
Alle Drucke der Serie A sind im Unterricht parallel verwendbar.

Redaktion: Claus Peter Witt
Herstellung: Reinhard Hörner
Umschlagentwurf: Loeper & Wulf, Hannover
Illustrationen: Dietmar Griese
Zeichnungen: Günter Schlierf; Langner & Partner
Satz: Triltsch, Print und digitale Medien GmbH, Ochsenfurt
Druck und Bindung: westermann druck GmbH, Braunschweig

ISBN 978-3-507-**87168**-7

Inhaltsverzeichnis

Projekte

Anhang

Symbole

3. Das Unterlegen einer Aufgabennummer mit einem grünen Zettel kennzeichnet eine Übungsaufgabe, die auch als **alternativer Einstieg** geeignet ist.

5. Rote Aufgabennummern kennzeichnen Aufgaben, die die Selbstständigkeit und Problemlösefähigkeit der Schülerinnen und Schüler in besonderer Weise herausfordern.

7. Blaue Aufgabennummern (und Überschriften) kennzeichnen Zusatzstoffe.

DGS Hier bietet sich der Einsatz eines dynamischen Geometrie-Systems an.

TAB Hier bietet sich der Einsatz eines Tabellenkalkulations-Programmes an.

CAS Hier bietet sich der Einsatz eines Computer-Algebra-Systems an.

PLOT Hier bietet sich der Einsatz eines grafikfähigen Taschenrechners bzw. eines Programms zum Darstellen von Funktionsgraphen an.

A In den Einheiten zum Selbstlernen kennzeichnet dieses Symbol einen Auftrag.

Bildquellenverzeichnis

Umschlagfoto Scott Markewitz – Getty Images, München; Seite 10, 77, 97, 174, 202 (Baumumfang), 204, 206 (Fahrradreifen), 213, 221 Torsten Warmuth, Berlin; 14 (Stromzähler, Brückenlager), 15, 29, 58, 82, 103, 118, 129, 140 (Tisch), 153 (Zuckertüte), 163, 179, 187, 191, 193, 194, 195, 197, 198 (Würfel), 200 (Kerze), 201 (Taschenrechnertaste, CD-Rom, Basketball-Ring, Skate-Rollen), 207, 215, 229, 230, 231 Michael Fabian, Hannover; Seite 14 (Transrapid) Frerichs – IFA-Bilderteam, Ottobrunn; Seite 14 (Flaschenzug), 162, 170 H. Tegen, Hambühren; Seite 20, 45, 208 AKG, Berlin; Seite 25 Hunter – IFA-Bilderteam, Ottobrunn; Seite 48 Senf – Nord LB, Hannover; Seite 50 Weber – Deutsche Bahn AG, Berlin; Seite 51 (Icon), 109, 184 Prof. Dr. Timo Leuders, Freiburg; Seite 57 dpa/dpaweb – picture-alliance, Frankfurt; Seite 60 (Borkum) Das Luftbild-Archiv, Wennigsen; Seite 60 (Milchpackung) Langner & Partner, Hemmingen; Seite 74 F. Miltenberger, Wutöschingen; Seite 75 H.-G. Kiesel – Yacht, Hamburg; Seite 73, 143 Dr. J. Müller – Mauritius, Mittenwald; Seite 87 Pega – Mauritius, Mittenwald; Seite 93 (Fachwerkaus) P. Wüst – rtn radio tele nord, TV- und Fotoagentur, Siek; Seite 93 (Fachwerkaus) J. A. Images – IFA-Bilderteam, Ottobrunn; Seite 93 (Fachwerkaus) Kucharz, Passau; Seite 99 Mann – Deutsche Bahn AG, Berlin; Seite 105, 183 Vidler – Mauritius, Mittenwald; Seite 112 Leidorf/zefa – Corbis, Düsseldorf; Seite 119 bpk, Berlin; Seite 124 Michel Metzner, Erlangen; Seite 135 E. Witt, Walsrode; Seite 140 (Drachen) Superstock – Mauritius, Mittenwald; Seite 141 (Messeturm) Giel – IFA-Bilderteam, Ottobrunn; Seite 141 (Drachen links) Ben Behnke, Hamburg; Seite 141 (Drachen rechts) Postel, Kassel; Seite 153 (Zuckerrüben) Schrempp – Mauritius, Mittenwald; Seite 177 (Dehnungsfuge) van Eupen, Hemmingen; Seite 177 (Taucher) Frei – Mauritius, Mittenwald; Seite 181 Hänel – Mauritius, Mittenwald; Seite 190 Phototake – Mauritius, Mittenwald; Seite 192 Fujitsu-Siemens, Augsburg; Seite 196 Bordis – Mauritius, Mittenwald; Seite 200 (Fahrradcomputer) VDO Kienzle, Frankfurt/M.; Seite 201 (Meisterschale) Sven Simon – picture-alliance, Frankfurt; Seite 202 (Förderturm) Michael Jostmeier – Mauritius, Mittenwald; Seite 202 (Riesenrad) Manning – Mauritius, Mittenwald; Seite 205 Lehn – Mauritius, Mittenwald; Seite 206 (Schlossturm) Waldkirch – Mauritius, Mittenwald; Seite 217 Siemens AG, München; Seite 218 (Litfaßsäule) Fuehler/dpa – picture-alliance, Frankfurt; Seite 218 (Bohrturm) Dr. Zwez – Mauritius, Mittenwald; Seite 220 Damm – Corbis, Düsseldorf; Seite 222, 223 Prof. Dr. Ludwig, Würzburg.

Es war nicht in allen Fällen möglich, die Inhaber der Bildrechte ausfindig zu machen und um Abdruckgenehmigung zu bitten. Berechtigte Ansprüche werden selbstverständlich im Rahmen der üblichen Konditionen abgegolten.

Zur allgemeinen Zielsetzung des Buches

Elemente der Mathematik ist auf die Bedürfnisse und Anforderungen eines gymnasialen Mathematikunterrichts am Anfang des 21. Jahrhunderts zugeschnitten. Die zentralen Kompetenzen, die die Schülerinnen und Schüler erwerben sollen, werden deutlich herausgestellt, aber auch vielfältige Erweiterungsmöglichkeiten für thematische Profilbildungen angegeben.
Bei der Darstellung der Lerninhalte werden im Rahmen der **inhaltsbezogenen Kompetenzen** alle Aspekte von Mathematik (als Anwendung, als Struktur sowie als kreatives und intellektuelles Handlungsfeld) ausgewogen berücksichtigt. Insbesondere wurden auch Ergebnisse und Schlussfolgerungen aus der TIMS- und der PISA-Studie angemessen eingearbeitet. Zum Erwerb der **allgemeinen mathematischen Kompetenzen K1 – K6** ermöglicht **Elemente der Mathematik** eine breite Palette unterschiedlichster schülerorientierter Unterrichtsformen: Beim gemeinsamen Entdecken, Erforschen, Beschreiben und Erklären erfahren die Schülerinnen und Schüler, dass nicht nur die Lösung eines Problems, sondern auch der Lösungsweg wichtig ist und dass dabei insbesondere die Analyse von Fehlern hilfreich ist. Argumentieren, Kommunizieren, Problemlösen und Modellieren gelangen so in den Vordergrund des unterrichtlichen Geschehens. Stets werden den Unterrichtenden konkrete Hilfen an die Hand gegeben, um solche problem- und handlungsorientierte Lernsituationen zu schaffen, in denen die Schülerinnen und Schüler altersangemessen ihr mathematisches Wissen möglichst eigenständig entwickeln und strukturieren können.

Zu den Lerninhalten

Aus den im Kernlehrplan angegebenen inhaltsbezogenen und prozessbezogenen Kompetenzen wurde folgende Themenabfolge für den Unterricht in Klasse 8 entwickelt:

Kapitel 1: Terme und Gleichungen mit Klammern – Leitidee L4 „Funktionaler Zusammenhang: Terme und Gleichungen"
Dieses Kapitel behandelt Terme mit einer und mehreren Variablen mit Klammern. Einen hohen Stellenwert nimmt das Aufstellen von Termen zur Beschreibung von Sachsituationen ein. Die erarbeiteten Termumformungsregeln werden stets auch geometrisch verdeutlicht. Das Lösen von Gleichungen wird parallel zu den Kenntnissen im Bereich Termumformungen ausgebaut. Mathematisches Modellieren erfolgt gestuft an Sachaufgaben zu linearen Gleichungen und Ungleichungen. An geeigneten Stellen werden Möglichkeiten zur Verwendung von grafikfähigen Taschenrechnern, Tabellenkalkulation und Computer-Algebra-Systemen aufgezeigt.

Kapitel 2: Berechnungen an Vielecken und Prismen – Leitideen L2 „Messen und Größen" sowie L3 „Raum und Form"
Ausgehend vom Flächeninhalt des Parallelogramms werden systematisch aufbauend der Flächeninhalt von Dreiecken, Trapezen und allgemeinen Vielecken behandelt – stets im engen Zusammenhang mit vielfältigen Anwendungssituationen. Entsprechendes gilt für das Volumen von Prismen. Geometrische Überlegungen zum Flächeninhalt und Volumen werden auch hier in engem Kontext zu den zugehörigen Termen gesehen.

Kapitel 3: Dreiecke und Vierecke – Leitidee L3 „Raum und Form"
Der Begriff der Kongruenz und die Kongruenzsätze werden im Zusammenhang der eindeutigen Konstruierbarkeit behandelt, aber auch in den abbildungsgeometrischen Kontext eingebettet. Die Kongruenzsätze dienen ferner als Hilfsmittel beim Beweisen, z. B. bei der anschließenden Behandlung der Sätze über die Transversalen im Dreieck. Aufgaben zur Konstruktion von Dreiecken aus Teildreiecken schulen die Fähigkeiten der Schüler(innen) im Problemlösen. Zum Abschluss werden symmetrische Vierecke analysiert und systematisiert, dabei wird auch die Thematik des geschickten Definierens thematisiert. Im ganzen Kapitel wird an geeigneten Stellen auch dynamische Geometrie-Software verwandt.

Kapitel 4: Lineare Funktionen – Leitidee L4 „Funktionaler Zusammenhang: Zuordnungen und Funktionen"
Nach einer allgemeinen Beschreibung funktionaler Abhängigkeiten durch Vorschriften, Gleichungen, Terme, Tabellen und Graphen werden proportionale und lineare Funktionen systematisch behandelt. Dabei wird großer Wert gelegt auf die Behandlung realitätsnaher Fragestellungen. Durchgängig werden an geeigneten Stellen Möglichkeiten zum Einsatz des grafikfähigen Taschenrechnern aufgezeigt.

Kapitel 5: Berechnungen an Kreis und Zylinder – Leitideen L2 „Messen und Größen" sowie L3 „Raum und Form"
Die Zahl π wird bei der Problematik des Kreisumfangs empirisch gewonnen. Dann wird deutlich gemacht, dass dieselbe Zahl auch in der Formel für den Flächeninhalt des Kreises vorkommt. Die Berechnung von Kreisteilen stellt eine Anwendung der Kenntnisse über proportionale Zuordnungen dar. Anschließend werden Schrägbilder, Oberflächeninhalt und Volumen von Prismen behandelt.

Zum methodischen Aufbau

1. Jedes Kapitel beginnt mit einer Einstiegsseite, die an die Erfahrungen der Schüler(innen) anknüpft und Aktivitäten ermöglicht. Diese Seite eignet sich für einen offenen Einstieg und gibt einen Ausblick auf das Thema des Kapitels.

2. Die Erarbeitung des Lernstoffes erfolgt in den einzelnen Lerneinheiten, die jeweils in einen Theorieteil und einen Übungsteil untergliedert sind.
   Zum Theorieteil:
   Der Theorieteil beginnt häufig mit einer **Aufgabe** und deren vollständiger **Lösung**. Ist der mathematische Inhalt jedoch so, dass die Schülerinnen und Schüler kaum eine Chance haben, selbstständig die Lösung des zu behandelnden Problems zu finden, so beginnt der Theorieteil mit einer **Einführung**, die Schüleraktivitäten zur Auseinandersetzung mit dem Problem stimuliert. Um alle Theorieanteile übersichtlich beieinander zu haben, folgen schon hier **weiterführende Aufgaben**, die im Unterricht in aller Regel erst nach einer erfolgten Festigung der zuerst behandelten Inhalte an einigen Übungsaufgaben thematisiert werden sollten. Sie dienen der Abrundung und Weiterführung der Theorie. Ihr Thema wird den Unterrichtenden in einer Überschrift genannt. In aller Regel sollten weiterführende Aufgaben im Unterricht bearbeitet werden und nicht als Hausaufgaben gestellt werden.
   Der Theorieteil enthält häufig eine **Information**, in der Begriffe eingeführt sowie Rückblicke und Ausblicke gegeben werden. Wesentliche Inhalte werden dabei optisch deutlich in einem Kasten mit einem roten Rahmen hervorgehoben. Hier wird großer Wert gelegt auf prägnante, altersgemäße Formulierungen, die auch beispielgebunden sein können.
   Zum Übungsteil:
   Der Übungsteil beginnt in aller Regel mit einer Übungsaufgabe, die einen **alternativen Einstieg** zu dem im Theorieteil dargestellten ermöglicht. Da seine Lösung im Buch nicht dargestellt ist, kann er oftmals auch offener angelegt sein. Der alternative Einstieg wird im Layout durch eine mit einem grünen Zettel unterlegte Aufgabennummer hervorgehoben. Die folgenden Übungen sind unter besonderer Berücksichtigung des Erwerbs sowohl inhaltsbezogener als auch prozessbezogener Kompetenzen konzipiert worden. Sie dienen zur Festigung des Gelernten, der operativen Durcharbeitung und der Vernetzung der Lerninhalte mit denen früherer Themen; dabei sind überall offene Aufgaben integriert. Zur soliden Durcharbeitung wird konsequent das Analysieren typischer Schülerfehler und entsprechendes Argumentieren gefordert. Auch die Übungsaufgaben ermöglichen Unterricht in vielfältigen schülerbezogenen Aktivitäten, bis hin zu **Partnerarbeit** und **Teamarbeit** sowie **Spielen**. Einige Aufgaben enthalten in einem blauen Rahmen Musterbeispiele für Schreibweisen und Lösungswege. Manche Aufgaben enthalten Selbstkontroll-Möglichkeiten für die Schüler(innen). Aufgaben, die die Selbstständigkeit und Problemlösefähigkeit in besonderer Weise herausfordern, sind durch eine rote Aufgabennummer gekennzeichnet.

3. Abschnitte mit der Überschrift **Vermischte Übungen** finden sich an den Stellen eines Kapitels, an denen eine besonders starke Vermischung der bisher erworbenen Qualifikationen angebracht ist.

4. Am Kapitelende folgt dann der Abschnitt **Aufgaben zur Vertiefung**, der neben einer Vernetzung auch eine Ergänzung des Lehrstoffes auf einem erhöhten Niveau zum Ziel hat.

5. Den Abschluss eines jeden Kapitels bildet der Abschnitt **Bist du fit?**, in dem in besonderer Weise die erworbenen Grundqualifikationen getestet werden. Die Lösungen dieser Aufgaben sind im Anhang des Buches angegeben, so dass sie von den Schülerinnen und Schüler gut zum eigenständigen Üben für eine Klassenarbeit verwendet werden können.
   Zwischen den Kapiteln befinden sich Abschnitte **Bleib fit in ...**, in denen ausgewählte Inhalte früherer Schuljahre sowohl bezüglich der Grundvorstellungen als auch der Grundfähigkeiten wiederholt werden.

6. Unter der Überschrift **Im Blickpunkt** werden innermathematische, aber insbesondere auch fachübergreifende, komplexere Themen, die von besonderem Interesse sind und in engem Zusammenhang mit dem Lerninhalt des Kapitels stehen, als Ganzes behandelt. Diese Abschnitte eignen sich auch zur Differenzierung und Förderung von eigenständigen Schüleraktivitäten über einen etwas größeren Zeitraum.

7. Um Schüler und Schülerinnen im eigenständigen Erarbeiten mathematischer Themen zu schulen, enthält jedes Kapitel eine Lerneinheit **Zum Selbstlernen**, in der das Thema so aufbereitet ist, dass es von den Lernenden ganz selbstständig bearbeitet werden kann.

8. An geeigneten Stellen werden unter der Überschrift **Auf den Punkt gebracht** die für diese Klassenstufe vorgesehenen prozessbezogenen Kompetenzen akzentuiert zusammengefasst.

9. Am Ende des Buches befinden sich Vorschläge für **Projekte**. Diese können zu verschiedenen Zeitpunkten im Unterricht eingesetzt werden und ermöglichen auch einen offenen Einstieg in das entsprechende Kapitel. Die Projekte sind für die eigenständige Arbeit der Schüler mehrfach erprobt und erfahren zudem eine Unterstützung mit Zusatzmaterialien, die kostenlos über das Internet abgerufen werden können: www.elemente-der-mathematik.de

10. Der Abschnitt **Teste dich – Vermischte Übungen** enthält Übungen, die sich auch auf Themen früherer Schuljahre beziehen. Sie sind besonders geeignet für die eigenständige Vorbereitung der Schüler(innen) auf Abschlussarbeiten. Daher sind ihre Lösungen im Anhang angegeben.

Bleib fit im ...
Umgang mit den rationalen Zahlen

Zum Aufwärmen

1. *Peters Geldgeschichten*

a) (1) Peter führt den Hund von Frau Meier regelmäßig spazieren. Dafür bekommt er 20 € im Monat. Frau Meier hat für Juli bis Dezember im Voraus bezahlt:
(+20 €) + (+20 €) + (+20 €) + (+20 €) + (+20 €) + (+20 €).
Wie berechnet man diese Summe durch Multiplizieren?

(2) Am 30. September ist Frau Meier nach Mallorca geflogen, mit ihrem Hund! Peter muss leider drei Bezahlungen rückgängig machen:
(+20 €) + (+20 €) + (+20 €) + (+20 €) + (+20 €) + (+20 €) – (+20 €) – (+20 €) – (+20 €).
Welches Produkt kann er anstelle der roten Änderung addieren?

b) (1) Für das Mittagessen in der Schule hat er fünfmal 3,50 € im Voraus ausgegeben:
(–3,50 €) + (– 3,50 €) + (– 3,50 €) + (– 3,50 €) + (– 3,50 €).
Wie addiert man negative rationale Zahlen?
Wie kann man diese Änderung durch Multiplizieren berechnen?

(2) Übersehen wurden am Donnerstag die Bundesjugendspiele und am Freitag ein Feiertag. Da kann er glücklicherweise zwei der Ausgaben für das Mittagessen in der Schule wieder rückgängig machen:
(–3,50 €) + (–3,50 €) + (–3,50 €) + (–3,50 €) + (–3,50 €) – (–3,50 €) – (–3,50 €).
Wie subtrahiert man negative rationale Zahlen?
Welches Produkt kann man anstelle der roten Änderung addieren?

c) Wie ändert sich sein Geldvorrat insgesamt? Erkläre mithilfe der Aufgaben a) bis d), wie man rationale Zahlen (mit positiven und negativen Vorzeichen) multipliziert.

Zum Erinnern

Betrag:
Abstand von 0
|–7| = 7
|+3| = 3
| 0| = 0

(1) Addieren rationaler Zahlen

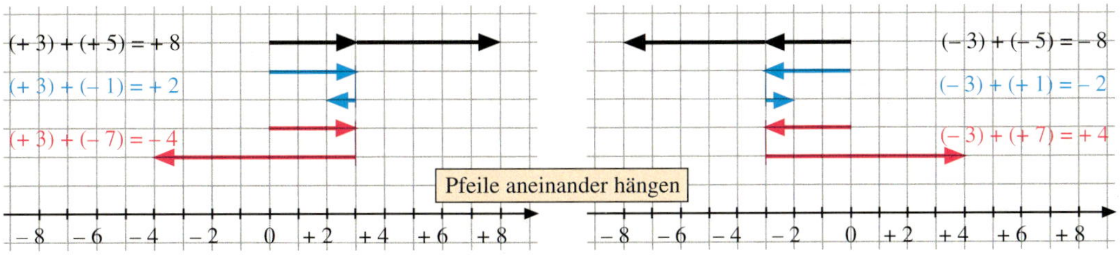

- Zwei rationale Zahlen mit *gleichen Vorzeichen* werden addiert, indem man die Beträge addiert und das gemeinsame Vorzeichen übernimmt.
- Zwei rationale Zahlen mit *verschiedenen Vorzeichen* und *verschiedenen* Beträgen werden addiert, indem man den kleineren Betrag von dem größeren subtrahiert und das Vorzeichen beim größeren Betrag übernimmt. Bei *verschiedenen* Vorzeichen und *gleichen* Beträgen ist die Summe 0.

Die Gegenzahl erhält man durch Ändern des Vorzeichens: –5 ist die Gegenzahl von +5.

(2) Subtrahieren rationaler Zahlen

Eine rationale Zahl wird subtrahiert, indem man ihre Gegenzahl addiert.

Beispiele: (+5) – (+6) = (+5) + (–6) = – 1 (+5) – (–6) = (+5) + (+6) = + 11

(3) Multiplizieren rationaler Zahlen

(a) Mit positiven Zahlen multiplizieren

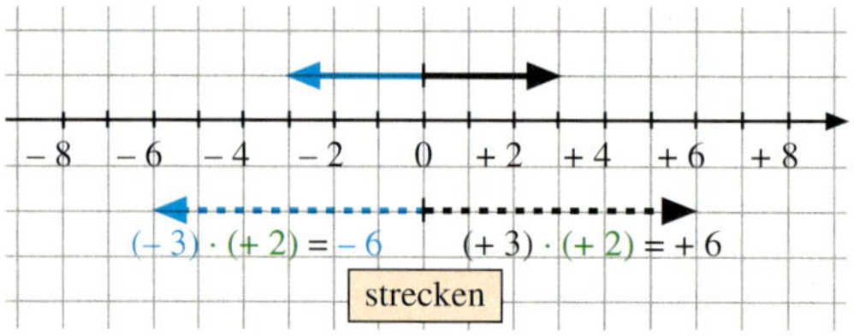

(b) Mit negativen Zahlen multiplizieren

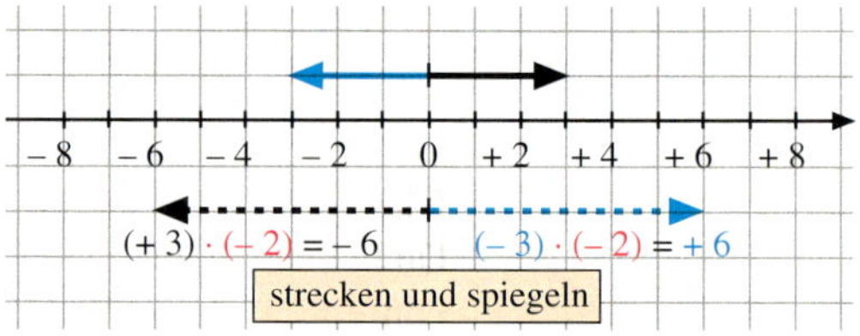

Zwei rationale Zahlen werden multipliziert, indem man ihre Beträge multipliziert und das Vorzeichen wie nebenstehend bestimmt. Außerdem gelten:

$a \cdot 0 = 0$; $0 \cdot a = 0$.

plus mal plus ergibt plus
plus mal minus ergibt minus
minus mal plus ergibt minus
minus mal minus ergibt plus

Den Kehrwert eines Bruches erhält man durch Vertauschen von Zähler und Nenner.

(4) Dividieren rationaler Zahlen

Durch eine rationale Zahl ungleich 0 wird dividiert, indem man mit dem Kehrwert multipliziert.

Beispiel: $(+6) : (-3) = (+6) : \left(-\frac{3}{1}\right) = (+6) \cdot \left(-\frac{1}{3}\right) = -2$

Zum Trainieren

2. a) Ordne nach der Größe: 25; −15; 5,5; $-\frac{25}{2}$; 12,1; −25,5; $-\frac{99}{4}$

b) Bilde die Beträge der Zahlen aus Teilaufgabe a) und ordne die Beträge.

3. a) Zeichne in ein Koordinatensystem die Punkte A(−4|−1); B(−1|−1); C(1|1); D(5|1); E(4|−3); F(−5|−3) und verbinde sie der Reihe nach zu einem Vieleck.

b) Addiere (−3) zu allen Koordinaten in Teilaufgabe a). Zeichne die entstehenden Punkte in ein neues Koordinatensystem. Wie entsteht das neue Vieleck aus dem vorherigen?

4.

a)	b)	c)	d)
$(+12) + (-8)$	$(+15) - (-8)$	$(-5) \cdot (+3)$	$(-30) : (+6)$
$(+24) + (+16)$	$(+17) - (+9)$	$(-4) \cdot (-16)$	$(-21) : (-7)$
$(+8) + (-15)$	$(+22) - (+25)$	$(-5) \cdot (+15)$	$(-24) : (+12)$
$(-21) + (+10)$	$(-19) - (+11)$	$(+9) \cdot (-20)$	$(+39) : (+3)$
$(-17) + (+33)$	$(-13) - (-5)$	$(+11) \cdot (-7)$	$(+48) : (-4)$
$(-12) + (-14)$	$(-24) - (-30)$	$(+12) \cdot (+11)$	$0 : (8 + (-8))$
$(-117) + (+117)$	$(+63) - (+63)$	$0 \cdot (-17)$	$0 : (-50)$
$(-27) + (-27)$	$(+25) - (-25)$	$(-8) \cdot (+8)$	$(-12) : 0$

5.

a)	b)	c)	d)
$(-100 + 8) \cdot 0{,}5$	$-25 - 30 - 5$	$(-2)^4 - 24$	$\left(-\frac{2}{5}\right) \cdot \left(-\frac{1}{3}\right)$
$-7{,}5 : (-5) - 3{,}5 : (-5)$	$(-5) \cdot (-6) \cdot (-2)$	$-6 + (-4)^3$	$\left(-\frac{2}{5}\right) + (-0{,}5)$
$-0{,}3 - 0{,}8 \cdot (-2)$	$100 : (-2) : (-2)$	$(5 - 10)^2$	$\left(-\frac{1}{4}\right) : \left(+\frac{1}{2}\right)$

6. Mit drei Zahlen aus dem Korb kann man Aufgaben bilden, bei denen das Ergebnis zwischen −20 und −10 liegt. Finde mehrere solche Aufgaben.

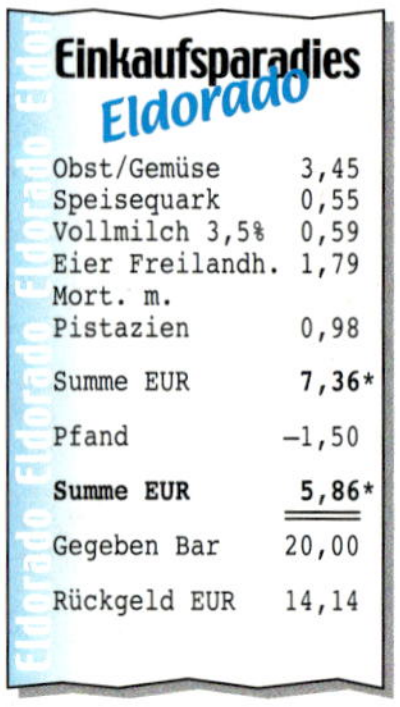

7. a) Gib einen einzigen Term an, mit dem man das Rückgeld berechnen kann.

b) Wie viel sollte man dem Kassierer geben, damit er einen glatten Betrag zurückgeben kann?

c) Wie ändert sich das Rückgeld, wenn man noch zusätzlich eine Schokolade für 1,50 € kauft?

d) Wie ändert sich das Rückgeld, wenn man noch weitere Flaschen mit 2 € Pfand abgibt?

1. TERME UND GLEICHUNGEN MIT KLAMMERN

In Klasse 7 hast du das Aufstellen und Umformen von Termen mit einer Variablen, in denen keine Klammern vorkommen, geübt.
Du kennst aber auch schon Formeln zur Berechnung von Größen aus der Geometrie, die von mehreren Variablen abhängen und auch Klammern enthalten können.

- Erkläre die Bedeutung der unten stehenden Formeln und der verwendeten Variablen.
- Kannst du zu den beiden Termen mit Klammern wertgleiche Terme angeben, die keine Klammern enthalten?

In diesem Kapitel wirst du das Arbeiten mit Termen erlernen, die Klammern enthalten, sowie Gleichungen und Ungleichungen lösen.

1.1 Terme mit mehreren Variablen

Aufgabe 1

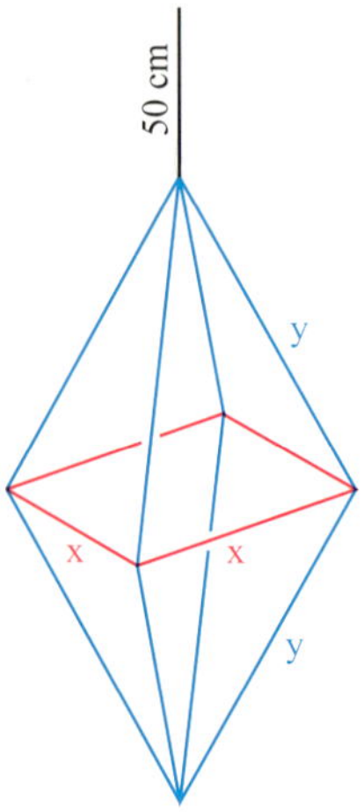

Die Teilnehmer einer Arbeitsgemeinschaft wollen den Körper links als Mobile aus Draht basteln. Die einzelnen Gruppen beschließen, unterschiedlich große Körper herzustellen.
Um einen Überblick zu bekommen, wollen sie zunächst den Drahtverbrauch für die Körper bei verschiedenen Kantenlängen berechnen. Sabine macht dazu den Vorschlag, Formeln aufzustellen, damit für jede Kantenlänge schnell der Drahtverbrauch berechnet werden kann.

a) Führe das durch.

b) Berechne für jeden der Körper mit den folgenden Kantenlängen die benötigte Drahtlänge (in cm).
(1) $x = 5;\ y = 7$ (2) $x = 10{,}4;\ y = 12{,}5$ (3) $x = 6;\ y = 6$

Lösung

a) *Aufstellen von Formeln*

Drahtlänge für die quadratische Mittelfläche (in cm): $4 \cdot x$
Drahtlänge für *eine* Pyramide ohne Mittelfläche (in cm): $4 \cdot y$
Gesamtlänge für die Doppelpyramide mit Aufhänger (in cm): $s = 4 \cdot y + 4 \cdot x + 4 \cdot y + 50$
oder:
$s = 4 \cdot x + 2 \cdot (4 \cdot y) + 50$
oder auch:
$s = 4x + 8y + 50$

Malpunkte dürfen fortgelassen werden, wenn keine Missverständnisse entstehen.
$4a = 4 \cdot a$

Es dürfen auch gleiche Zahlen eingesetzt werden

b) *Berechnen der Drahtlängen*

(1) $x = 5;\ y = 7$
$s = 4 \cdot x + 8 \cdot y + 50$
$s = 4 \cdot 5 + 8 \cdot 7 + 50$
$= 20 + 56 + 50$
$= 126$

(2) $x = 10{,}4;\ y = 12{,}5$
$s = 4 \cdot x + 8 \cdot y + 50$
$s = 4 \cdot 10{,}4 + 8 \cdot 12{,}5 + 50$
$= 41{,}6 + 100 + 50$
$= 191{,}6$

(3) $x = 6;\ y = 6$
$s = 4x + 8y + 50$
$s = 4 \cdot 6 + 8 \cdot 6 + 50$
$= 24 + 48 + 50$
$= 122$

Information

(1) Terme – Berechnungsregeln für Terme

In den bisher betrachteten Formeln kommen rechts vom Gleichheitszeichen folgende Terme vor:
$4 \cdot y + 4 \cdot x + 4 \cdot y + 50$; $4 \cdot x + 2 \cdot (4 \cdot y) + 50$; $4x + 8y + 50$

Sie enthalten die Variablen x und y. Setzt man anstelle der Variablen Zahlen ein, so kann man den Wert des Terms berechnen.
Auch $3 \cdot 5 + 4$, $(7 + 2 \cdot 9)^2$, $(8 + 2 \cdot 4) \cdot 5$ sind Terme. Sie enthalten keine Variable.

terminare ⟨lat.⟩
bestimmen, festsetzen

Ein **Term** gibt einen Rechenweg an. Setzt man anstelle einer jeden Variablen Zahlen ein, so entsteht wieder ein Term mit Zahlen. Als Ergebnis der Rechnung erhält man dann eine Zahl, den Wert des Terms.

Vorrangregeln für die Berechnung von Termen

(1) Wenn nichts anderes geregelt ist, rechnet man von links nach rechts.

(2) Das Innere einer Klammer wird zuerst berechnet.

(3) Wo keine Klammer steht, geht Punktrechnung vor Strichrechnung und Potenzrechnung noch vor Punktrechnung und vor Strichrechnung.

(2) Einsetzungen bei mehrfach vorkommenden Variablen

In dem Term $4y + 4x + 4y + 50$ kommt die Variable y an zwei verschiedenen Stellen vor. Dann muss für y jedes Mal dieselbe Zahl eingesetzt werden.

Kommt in einem Term eine Variable mehrmals vor, dann muss überall dieselbe Zahl eingesetzt werden.
Bei verschiedenen Variablen darf auch dieselbe Zahl eingesetzt werden.

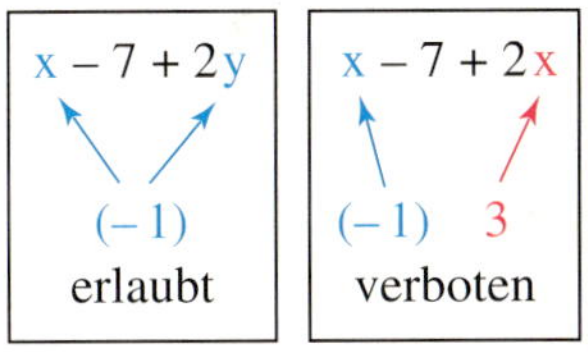

(3) Typ eines Terms, Rechenbaum – Wiederholung

Die Reihenfolge der Rechenschritte in einem Term kann man in einem *Rechenbaum* darstellen. Die letzte Rechenart, die bei der Berechnung eines Terms an die Reihe kommt, entscheidet über den Typ des Terms.

Beispiele:

(1) $7x + 8y$ ist eine Summe.

(2) $4x^2 - 9z$ ist eine Differenz.

(3) $4u \cdot (8 + z)$ ist ein Produkt.

(4) $4a : (3x + 2)$ ist ein Quotient.

(5) $(4y - 3z)^3$ ist eine Potenz.

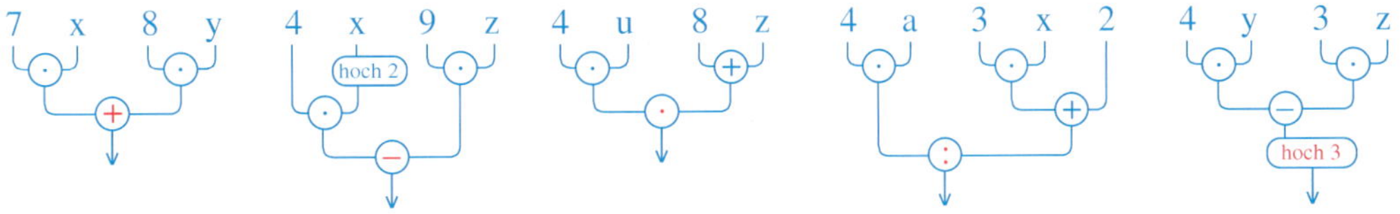

Übungsaufgaben

2. Die Klasse 8a möchte aus Metalldraht Kantenmodelle von verschieden großen Quadern mit quadratischer Grundfläche herstellen.

a) Erstelle zunächst eine Formel für die benötigte Drahtlänge (in cm).

b) Berechne dann mithilfe dieser Formel die benötigte Drahtlänge für die Quader mit folgenden Kantenlängen (in cm):
(1) $x = 5;\ y = 8$ (2) $x = 7;\ y = 7$ (3) $x = 10{,}7;\ y = 5{,}2$

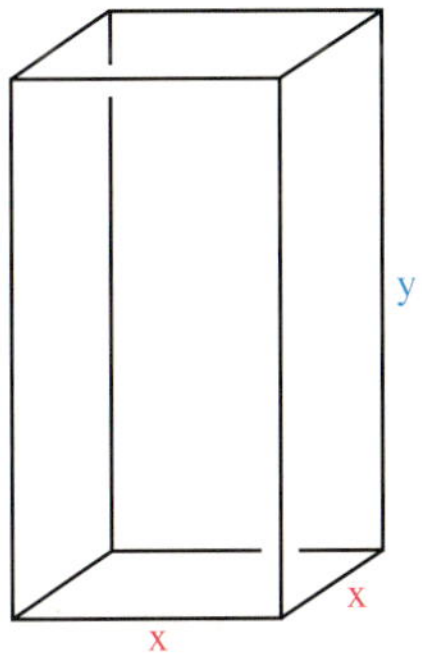

Längen in cm

3. Verschiedene quaderförmige Schachteln sollen mit buntem Papier als Geschenkpackungen beklebt werden.

a) Stelle eine Formel für den Oberflächeninhalt O des Quaders auf sowie eine Formel für die Länge s des Geschenkbandes. Rechne dabei 20 cm für die Schleife.

b) Berechne mithilfe dieser Formel die Gesamtlänge s des Geschenkbandes und den Oberflächeninhalt O für:
(1) $a = 7;\ b = 4;\ c = 3$ (Maße in cm) (2) $a = 3{,}5;\ b = 7{,}5;\ c = 2{,}4$ (Maße in cm)

4. Welche Malzeichen darfst du weglassen, ohne Fehler zu machen? Schreibe wie im Beispiel.

$5 \cdot x - 7 \cdot \frac{3}{4} = 5x - 7 \cdot \frac{3}{4}$

a) $3 \cdot a \cdot b$ **c)** $7 \cdot (a - 8 \cdot 6)$ **e)** $3 \cdot 5^2 - 1 \cdot x$ **g)** $5 \cdot x^2 \cdot 3 \cdot y$

b) $4 \cdot 5 \cdot x$ **d)** $2 \cdot \frac{1}{2} + \frac{3 \cdot x}{2}$ **f)** $(4 + x) \cdot (4 - x)$ **h)** $-2 \cdot p^3 - 3 \cdot (p - q)$

5. Mehrere Schüler(innen) haben in den Term $7 - ab - c$ Zahlen eingesetzt: $a = 2,\ b = -3$ und $c = -4$. Was meinst du dazu?

Anna:	Bastian:	Christian:
7-2-3-4	7-2·-3--4	7-2·(-3)-(-4)

6. Berechne den Wert des Terms $2 \cdot x - x \cdot y$ für

(1) $x = 2;\ y = 1$ (4) $x = 1;\ y = 0$ (7) $x = \frac{1}{2};\ y = -\frac{2}{3}$

(2) $x = 1;\ y = 2$ (5) $x = -1;\ y = 1$ (8) $x = 0{,}7;\ y = -1{,}1$

(3) $x = 0;\ y = 1$ (6) $x = 1;\ y = -1$ (9) $x = \frac{3}{4};\ y = -1{,}4$

x	y	$2 \cdot x - x \cdot y$
0	1	
1	0	

Stelle deine Ergebnisse in einer Tabelle zusammen. Ergänze diese um drei weitere Einsetzungen für x und y.

TAB **7.** Berechne die Werte der Terme mithilfe einer Tabellenkalkulation.
(1) $a - b \cdot c + d$ (2) $a - b \cdot (c + d)$ (3) $(a - b) \cdot c + d$ (4) $(a - b) \cdot (c + d)$ für:

a) $a = 2;\ b = 4;\ c = 1;\ d = 3$

b) $a = 5;\ b = -1;\ c = 6;\ d = 10$

c) $a = \frac{1}{2};\ b = \frac{2}{3};\ c = \frac{1}{3};\ d = -\frac{3}{4}$

d) $a = 0{,}4;\ b = 0{,}4;\ c = -1;\ d = \frac{1}{2}$

e) $a = 1;\ b = -9;\ c = 0;\ d = 0$

f) $a = -5;\ b = -\frac{1}{4};\ c = -1{,}2;\ d = -2$

	A	B	C	D	E
1	a	b	c	d	a-b*c+d
2	2	4	1	3	
3					

8. Zeichne den Rechenbaum zum Term und gib den Typ an.

a) $(8 + x)^2 - 3$ **c)** $(x - y) \cdot z^3$ **e)** $a : b - 4 \cdot a$ **g)** $x + (3^2 - x) \cdot 5$ **i)** $a + (b - 4)^2$

b) $8 + (x^2 - 3)$ **d)** $(x - y \cdot z)^3$ **f)** $a : (b - 4 \cdot a)$ **h)** $(x + 3)^2 - x \cdot 5$ **j)** $(a + b) - 4^2$

9. Gib den Term in Wortform an.

a) $x + 2 \cdot 8$ **b)** $(x + 2) \cdot 8$ **c)** $x \cdot y - 14$ **d)** $(1 - x) : y$ **e)** $(x - 7)^2 \cdot z$

10. **a)** Gib alle Teilterme an. Welchen Typ haben sie?

(1) $8 \cdot (7 - 3 \cdot x) + 5$ (4) $3 \cdot x + (y - 7 \cdot 2) : 5$

(2) $5 - (a + 3 \cdot b) \cdot 2$ (5) $4^2 - x^2 \cdot y^2$

(3) $(5 + 7 \cdot a)^2 + 2 \cdot a$ (6) $(4 - x \cdot y)^2$

b) Warum ist $7u - 5v$ kein Teilterm von $7u - 5v \cdot 3$?

Term: $(4 - 3 \cdot x)^2 + 5 \cdot y$	
Teilterme	Typ des Teilterms
$3 \cdot x$; $5 \cdot y$ $4 - 3 \cdot x$ $(4 - 3 \cdot x)^2$	Produkte Differenz Potenz
ganzer Term	Summe

11. Stelle einen Term auf für

a) den Flächeninhalt des gelben Rechtecks;

b) den Umfang des gelben Rechtecks;

c) den Flächeninhalt der grünen Fläche;

d) den Umfang der grünen Fläche;

e) den Flächeninhalt der roten Fläche;

f) den Umfang der roten Fläche.

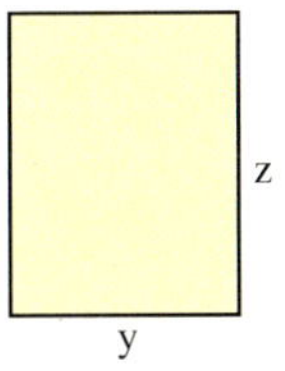

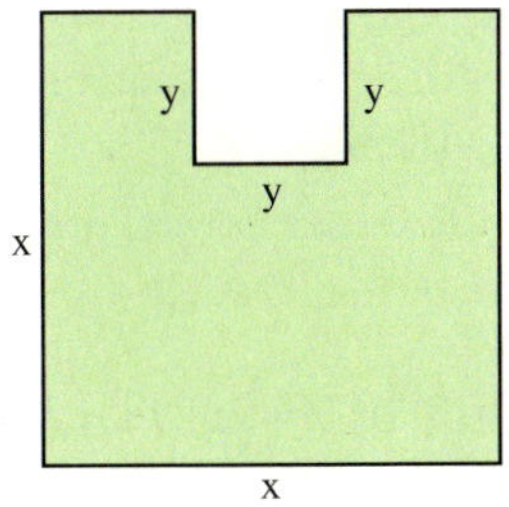

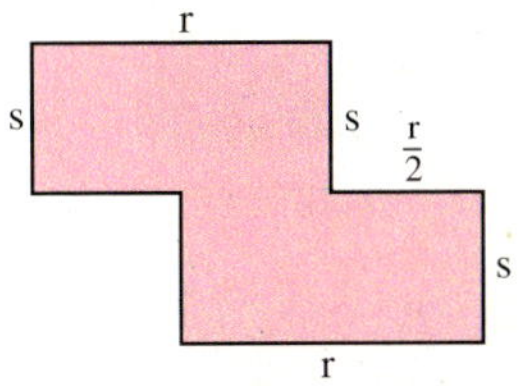

12. Es werden c kg Cox Orange und d kg Golden Delicious gekauft.
Erstelle einen Term für den Gesamtpreis in Euro.

13. Frau Börges hat für ihr Handy folgenden Tarifvertrag abgeschlossen: monatliche Grundgebühr 10 €, für alle Gespräche 25 Cent pro Minute und 10 Cent für jede SMS.

a) Erstelle einen Term für die monatlichen Kosten.

b) Wie hoch ist die Rechnung in einem Monat, in dem Frau Börges 43 Minuten telefoniert und 12 SMS verschickt?

TAB **c)** Stelle selbst geeignete Fragen und beantworte sie. Du kannst auch eine Tabellenkalkulation verwenden.

14. Stelle aus der Web-Seite der Autovermietung für jede Wagenklasse den Term auf, mit dem man die Mietkosten berechnen kann. Setze dabei x für die Anzahl der Tage und y für die Anzahl der gefahrenen Kilometer.

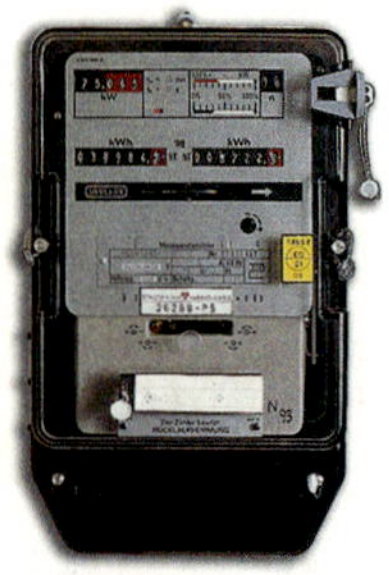

15. a) Frau Müller will ihre Stromkosten berechnen. Eine Kilowattstunde kostet y €. Hinzu kommt die monatliche Grundgebühr von z €. Sie verbraucht im Monat x Kilowattstunden. Stelle eine Formel auf für die monatlichen Stromkosten P.

b) Frau Müller hat mehrere Verträge zur Auswahl:

Tarif	Single	Couple	Family
Grundgebühr im Jahr	25 €	54 €	132 €
Preis pro kWh	0,13 €	0,12 €	0,10 €

Erstelle mit einem Tabellenkalkulationsprogramm eine Übersicht über die Stromkosten der verschiedenen Tarife bei einem Verbrauch von 100 kWh bis 4 000 kWh.

16. Ein Hochgeschwindigkeitszug fährt auf einer Teststrecke mit einer gleich bleibenden Geschwindigkeit von 360 km pro Stunde.

a) Erstelle eine Formel, mit der man berechnen kann, welchen Weg s (in m) der Zug in der Zeitspanne t (in s) zurücklegt.

b) Berechne mithilfe dieser Formel die zurückgelegten Wege für die Zeitspannen 10 s, 20 s, …, 60 s.

17. Körper dehnen sich bei Temperaturerhöhung aus und ziehen sich bei Abkühlung wieder zusammen. Diese Ausdehnung ist umso größer, je länger der Körper ist und je größer die Temperaturänderung ist. Daher sind bei großen Bauwerken, wie z. B. Brücken, Dehnungsfugen angebracht.
Für die Länge L (in m) eines festen Körpers gilt: $L = L_0(1 + \alpha\vartheta)$, wobei L_0 die Länge (in m) bei 0 °C und ϑ die Temperatur (in °C) bedeutet und α eine materialabhängige Konstante ist. Für eine Stahlbetonbrücke hat α den Zahlenwert 0,0012.

a) Berechne die Länge einer Brücke, die bei 0 °C 30 m lang ist, bei den Temperaturen –20 °C, –15 °C, …, 30 °C.

b) In Deutschland geht man davon aus, dass die Temperaturen an dieser Brücke nicht unter –25 °C absinken und nicht über 35 °C ansteigen. Wie breit muss die Dehnungsfuge sein?

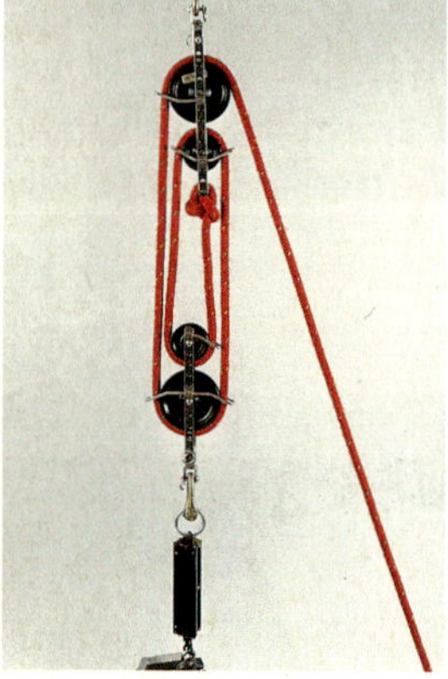

18. Mit einem Flaschenzug kann man sich das Anheben schwerer Lasten erleichtern. Flaschenzüge gibt es in unterschiedlichen Ausführungen mit mehr oder weniger Rollen. Bezeichne die Anzahl der Rollen mit k, jede der Rollen habe die Gewichtskraft 10 N. Die Kraft F (in N), die man zum Heben einer Last mit der Gewichtskraft L (in N) benötigt, beträgt dann:

$$F = \frac{L + \frac{k}{2} \cdot 10}{k}$$

a) Kannst du eine Last finden, bei der es günstiger ist, einen Flaschenzug mit 4 als mit 6 Rollen zu verwenden?

b) Kannst du eine Last finden, bei der es günstiger ist, einen Flaschenzug mit 6 als mit 4 Rollen zu verwenden?

Im Blickpunkt

Im Blickpunkt

CAS

Umgang mit Termen bei einem Computer-Algebra-System (CAS)

Algebra
vom arabischen „al'gabr": Einrenkung gebrochener Teile

Rechnungen mit Zahlen kannst du mit einem Taschenrechner durchführen. Auch das Rechnen mit Termen kann man von Computern oder etwas größeren Taschenrechnern erledigen lassen. Programme, die dieses können, nennt man Computer-Algebra-Systeme (CAS).

Für viele CAS ist a·b das Produkt der Variablen a und b, ab eine Variable mit einem Namen aus zwei Buchstaben.

1. Rechts wurde mit einem Computer-Algebra-System der Wert verschiedener Terme für x = 5 und y = –7 berechnet.
Untersuche, wie das CAS auf das Weglassen von Malpunkten reagiert. Wie ist das bei deinem System?

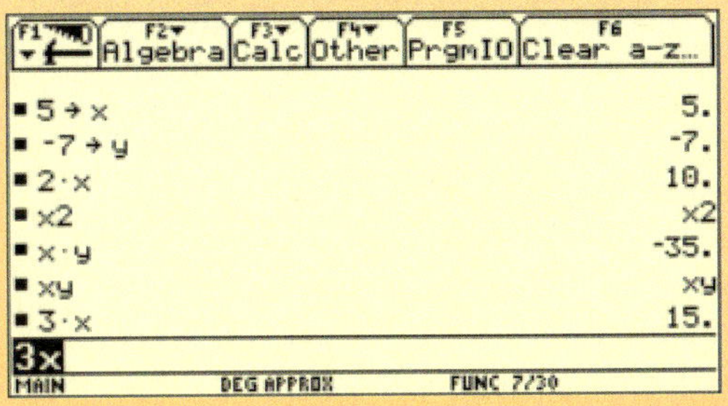

2. Auch das Umformen von Termen kannst du von einem Computer-Algebra-System durchführen lassen. Probiere das mit deinem CAS für das Zusammenfassen gleichartiger Glieder aus. Kontrolliere per Hand.

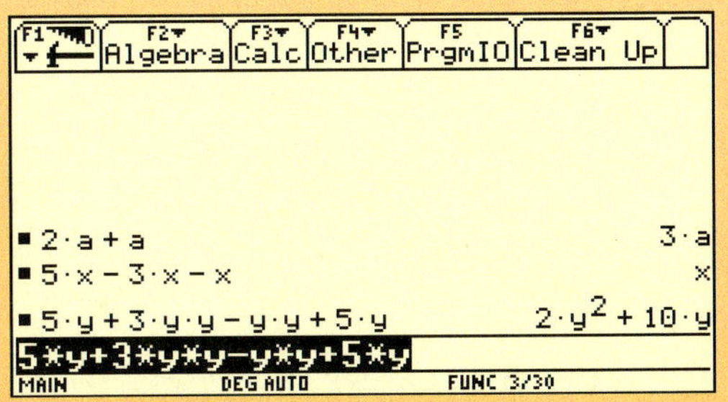

3. Rechts wurden mit einem Computer-Algebra-System gleichartige Glieder mit Brüchen als Koeffizienten zusammengefasst. Die Schreibweise überrascht zunächst etwas. Erläutere sie.

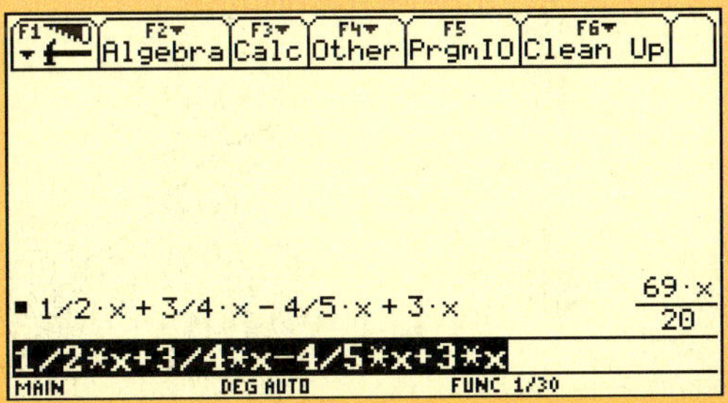

1.2 Termumformungen – Addieren und Subtrahieren

Aufgabe 1

Marc und Lena haben eine Plastik aus Quadern entworfen. Diese sollen aus Gips gegossen werden.
Da die Maße noch nicht feststehen, erstellen sie zunächst einen Term für das Volumen der Plastik, um den Gipsbedarf zu ermitteln.
Marcs Term: $x^2y + xy^2 + x^2y$
Lenas Term: $2x^2y + xy^2$

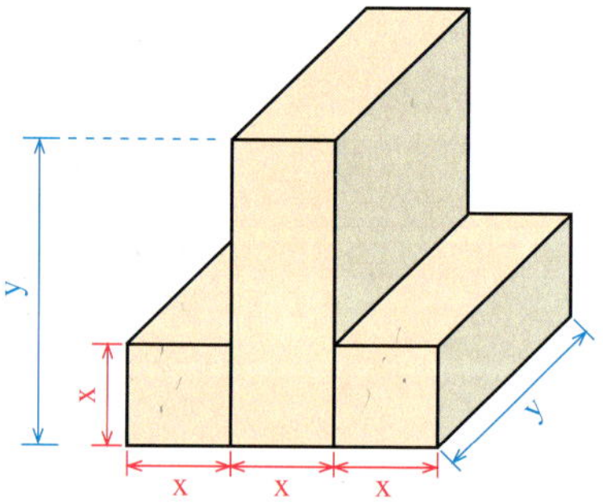

a) Erkläre, wie die beiden ihre Terme gefunden haben.

b) Setzt man positive Zahlen für die Variablen ein, so ist an dem Sachverhalt unmittelbar klar, dass beide Terme jeweils übereinstimmende Werte liefern.
Begründe mithilfe von Rechengesetzen für rationale Zahlen, dass beide Terme für alle rationalen Zahlen, also auch für negative, übereinstimmende Werte ergeben, also wertgleich sind.

c) Ihr Freund Tobias überlegt, ob man den Term $2x^2y + xy^2$ nicht noch weiter zusammenfassen kann. Mögliche Ergebnisse, die ihm einfallen sind:

(1) $3x^2y$; (2) $3xy^2$; (3) $3x^2y^2$; (4) $3x^3y^3$

Überprüfe mithilfe von Zahlenbeispielen, ob einer dieser vier Terme wertgleich mit dem Term $2x^2y + xy^2$ sein kann.

Lösung

a) Der linke Quader hat die Seitenlängen x, x und y. Sein Volumen beträgt also $x \cdot x \cdot y = x^2y$.
Der mittlere Quader hat die Seitenlängen x, y und y. Sein Volumen beträgt also $x \cdot y \cdot y = xy^2$.
Der rechte Quader stimmt mit dem linken überein; sein Volumen beträgt also auch xy^2.

Marc hat diese drei Volumina addiert, um das Gesamtvolumen zu erhalten: $x^2y + xy^2 + x^2y$.

Anstatt das Volumen der beiden äußeren Quader zu addieren, hat Lena das Volumen des linken Quaders verdoppelt, da beide Teilkörper dasselbe Volumen haben. Anschließend hat sie das Volumen des mittleren Quaders dazu addiert: $2x^2y + xy^2$.

b) Wir formen Marcs Term so um, dass wir den von Lena erhalten:

$$\begin{aligned} & x^2y + xy^2 + x^2y && \text{Kommutativgesetz der Addition} \\ =\ & x^2y + x^2y + xy^2 && \text{Distributivgesetz} \\ =\ & x^2(y + y) + xy^2 && \text{Zusammenfassen (von Termen mit einer Variablen)} \\ =\ & x^2 \cdot 2y + xy^2 && \text{Kommutativgesetz der Multiplikation} \\ =\ & 2x^2y + xy^2 \end{aligned}$$

c) Wir stellen Zahlenbeispiele für Einsetzungen in einer Tabelle zusammen:

x	y	$2x^2y + xy^2$	$3x^2y$	$3xy^2$	$3x^2y^2$	$3x^3y^3$
1	1	3	3	3	3	3
1	2	8	6	12	12	24

Für die erste Einsetzung liefern alle Terme übereinstimmende Werte.
Die untere Zeile der Tabelle zeigt aber, dass keiner der von Tobias vorgeschlagenen Terme wertgleich mit Lenas Term ist.

Information

(1) Wertgleiche Terme – Termumformung

Die Terme $x^2y + xy^2 + x^2y$ und $2x^2y + xy^2$ liefern bei allen Einsetzungen für x und y jeweils übereinstimmende Werte. Das bedeutet:
Für alle rationalen Zahlen für x und y gilt:
$x^2y + xy^2 + x^2y = 2x^2y + xy^2$

Die Terme links und rechts vom Gleichheitszeichen sind *wertgleich.*
Geht man von dem Term $x^2y + xy^2 + x^2y$ zu dem Term $2x^2y + xy^2$ über, so nennt man diesen Übergang *Termumformung*. Man sagt: Der Term $x^2y + xy^2 + x^2y$ ist in den Term $2x^2y + xy^2$ umgeformt worden.
Termumformungen kann man mithilfe von Rechengesetzen begründen. Solche Termumformungen werden häufig zur Vereinfachung von Termen durchgeführt.

Definition
Zwei Terme heißen **wertgleich**, wenn sich bei *jeder* beliebigen Einsetzung übereinstimmende Werte ergeben.
Bei einer **Termumformung** wird ein Term in einen anders aufgebauten, aber wertgleichen Term umgeformt.
Man verbindet beide Terme durch ein Gleichheitszeichen.

(2) Begründen der Wertgleichheit von Termen – Zielsetzung

Gilt $x \cdot (y - x) - y \cdot (x - y) = y^2 - x^2$?
In der nachstehenden Tabelle wird dies an Beispielen überprüft.

x	y	$x \cdot (y-x) - y \cdot (x-y)$	Wert	$y^2 - x^2$	Wert
0	1	$0 \cdot (1-0) - 1 \cdot (0-1)$	1	$1^2 - 0^2$	1
1	2	$1 \cdot (2-1) - 2 \cdot (1-2)$	3	$2^2 - 1^2$	3
−2	3	$-2 \cdot (3-(-2)) - 3 \cdot (-2-3)$	5	$3^2 - (-2)^2$	5
5	−2	$5 \cdot (-2-5) - (-2) \cdot (5-(-2))$	−21	$(-2)^2 - 5^2$	−21

Auch noch so viele Beispiele liefern keinen Beweis für Wertgleichheit.

Dies liefert die **Vermutung:** Beide Terme können wertgleich sein. Wir können aber nicht sicher sein.
Dass man auch aus vielen Einsetzungen, die übereinstimmende Werte ergeben, kein sicheres Ergebnis folgern kann, zeigt folgendes Beispiel:
Gilt $2 \cdot x + y = 2 \cdot (x + y)$? Dazu wird folgende Tabelle angelegt.

x	y	$2 \cdot x + y$	Wert	$2 \cdot (x + y)$	Wert
−2	0	$2 \cdot (-2) + 0$	−4	$2 \cdot (-2 + 0)$	−4
0	0	$2 \cdot 0 + 0$	0	$2 \cdot (0 + 0)$	0
1	0	$2 \cdot 1 + 0$	2	$2 \cdot (1 + 0)$	2
1	3	$2 \cdot 1 + 3$	5	$2 \cdot (1 + 3)$	8

Eine Einsetzung, die verschiedene Werte liefert, reicht.

Die beiden Terme $2 \cdot x + y$ und $2 \cdot (x + y)$ sind also nicht wertgleich. Trotzdem kannst du auch noch weitere Einsetzungen finden, bei denen sie übereinstimmende Werte liefern.
Unser Ziel ist daher, Regeln aufzustellen, mit deren Hilfe man begründet einen Term in einen wertgleichen umformen kann.

(3) Addition und Subtraktion gleichartiger Glieder als Termumformung

Die Terme $4c$ und $2c$ unterscheiden sich nur in den **Zahlfaktoren** (*Koeffizienten*). Man nennt sie **gleichartig.** Entsprechend sind auch die Terme $3a^2$ und $4a^2$ sowie $8y^2z$ und $12y^2z$ gleichartig.

$4xy$ und $7xy^2$ und entsprechend $9x$ und $12y$ sowie $8x^2y$ und $8xy^2$ sind dagegen *nicht* gleichartig.

Verwechsle nicht gleichartig und wertgleich. Beides bedeutet etwas Verschiedenes:
$3xy$ und $4xy$ sind gleichartig, weil sie sich nur in den Zahlfaktoren unterscheiden. Sie sind aber nicht wertgleich, denn es gilt z. B. für $x = 7$ und $y = 4$:
$3xy$ ergibt 84, aber $4xy$ ergibt 112.

$x = 1 \cdot x$

Regel über das Zusammenfassen gleichartiger Glieder

Man addiert (subtrahiert) gleichartige Glieder, indem man die Zahlfaktoren (Koeffizienten) addiert (subtrahiert).

Beispiele:

(1) $7a + 5a = 12a$

(2) $8x - x = 7x$ (Zahlfaktor 1 denken)

(3) $-5xy^2 + 3xy^2 = -2xy^2$

(4) $\frac{3}{4}pr + \frac{4}{5}pr = \frac{31}{20}pr$

Distributivgesetz
$a \cdot (b + c) = a \cdot b + a \cdot c$

Begründung von Beispiel (3):

Wir verwenden das Distributivgesetz (Verteilungsgesetz) in der Form $(b + c) \cdot a = b \cdot a + c \cdot a$ und schreiben es von rechts nach links: $b \cdot a + c \cdot a = (b + c) \cdot a$

$$-5\,xy^2 + 3\,xy^2 = (-5 + 3) \cdot xy^2 = -2xy^2$$
$$b \cdot a \quad + c \cdot a \quad = \quad (b + c) \cdot a$$

(Hier ist $b = -5$; $c = 3$; $a = xy^2$.)

Weiterführende Aufgaben

2. *Anwenden des Kommutativgesetzes und des Assoziativgesetzes der Addition*

Kommutativgesetz der Addition
$a + b = b + a$

Assoziativgesetz der Addition
$a + (b + c) = (a + b) + c$

a) Erkläre an dem Beispiel rechts die Anwendung des Kommutativgesetzes der Addition und des Assoziativgesetzes der Addition.

$12y^2 + 48y + 19y^2$
$= 12y^2 + (48y + 19y^2)$ — Assoziativgesetz der Addition
$= 12y^2 + (19y^2 + 48y)$ — Kommutativgesetz der Addition
$= (12y^2 + 19y^2) + 48y$ — Assoziativgesetz der Addition
$= 31y^2 + 48y$ — Zusammenfassen gleichartiger Glieder

b) Vereinfache den Term.
(1) $72a + 8 + 19a$ (2) $34z^2 + 16x + 62z^2$ (3) $1{,}4s + 7t^2 + 0{,}6s$

3. *Additions- und Subtraktionsschritte in einem Term*

a) Der Term $x + 3x^2 - 4x$ ist eine Differenz, denn nach den Vorrangregeln muss von links nach rechts gerechnet werden. Daher kommt das Subtrahieren zuletzt an die Reihe. Rechts ist der Term umgeformt worden. Erläutere die einzelnen Schritte. Vereinfache dann den Term weiter.

$x^2 + 5x - 4x^2$
$= x^2 + 5x + (-4x^2)$
$= x^2 + (-4x^2) + 5x$
$= x^2 - 4x^2 + 5x$
$= -3x^2 + 5x$

b) Vereinfache: (1) $a + 7 - a^2 + 3a$ (2) $7 - u + u^2 - 2u + 5$

Das Zeichen vor den Teiltermen muss mit ihnen zusammen vertauscht werden.

Aufeinander folgende Additions- und Subtraktionsschritte darf man beliebig vertauschen:
Beispiel: $-x^2 + 3x - 5 = 3x - x^2 - 5 = -5 + 3x - x^2 = \dots$

Übungsaufgaben

4. Einige der Terme rechts liefern bei allen Einsetzungen übereinstimmende Werte. Finde heraus, welche. Versuche dann, eine Begründung dafür anzugeben?

5. Berechne für (1) $x = 15;\ y = 3$ (2) $x = 1{,}5;\ y = 1{,}5$ (3) $x = -\frac{3}{4};\ y = \frac{1}{3}$
die Werte der drei Terme $4 \cdot x - 6 + 6 \cdot (1 - y)$; $2 \cdot (2 \cdot x - 3 \cdot y)$; $3 \cdot (1 - 2 \cdot y) - (3 - 4 \cdot x)$.
Was fällt dir auf?

6. Zeige, dass die Terme nicht wertgleich sind.
a) $(a + x)^2$ und $(a + x) \cdot 2$ **b)** $(u \cdot v)^2$ und $u \cdot v^2$ **c)** $(-x)^2$ und $-x^2$

7. Die Terme $2 \cdot x + y$ und $2 \cdot (8x + y)$ sind nicht wertgleich. Trotzdem können sie bei bestimmten Einsetzungen für x bzw. y denselben Wert haben. Suche solche Einsetzungen.

8. Nils behauptet: „Die Terme $x^2y + xy^2$ und $2xy$ stimmen für unendlich viele Einsetzungen überein: $x = 0,\ y = 1$, sowie $x = 0,\ y = 2$, sowie $x = 0,\ y = 3$, sowie … Also sind sie wertgleich."
Was meinst du dazu?

9. Für den Umfang u des Rechtecks kannst du zwei Formeln aufstellen:
$u = 2 \cdot a + 2 \cdot b$ und $u = 2 \cdot (a + b)$.

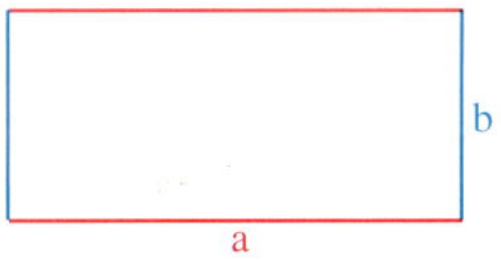

a) Begründe die Formeln.
b) Bestätige durch Einsetzen in beide Formeln, dass sich derselbe Wert für u ergibt.
(1) $a = 7;\ b = 5$ (2) $a = 1{,}7;\ b = 2{,}8$ (3) $a = \frac{5}{6};\ b = \frac{1}{3}$

10. Stelle jeweils den Term auf.
(1) Multipliziere 4 mit a und subtrahiere davon b.
(2) Bilde die Differenz aus dem Vierfachen von a und dem Vierfachen von b.
(3) Subtrahiere die Differenz aus b und a von dem Dreifachen von a.
(4) Multipliziere die Differenz aus a und b mit 4.
Bei welchen Termen erhältst du durch geeignetes Einsetzen jeweils den gleichen Wert?
Welche Terme sind mit Sicherheit nicht wertgleich zueinander?

11. Frau Meier und Frau Müller berechnen die Größe eines Grundstücks der nebenstehenden Form.

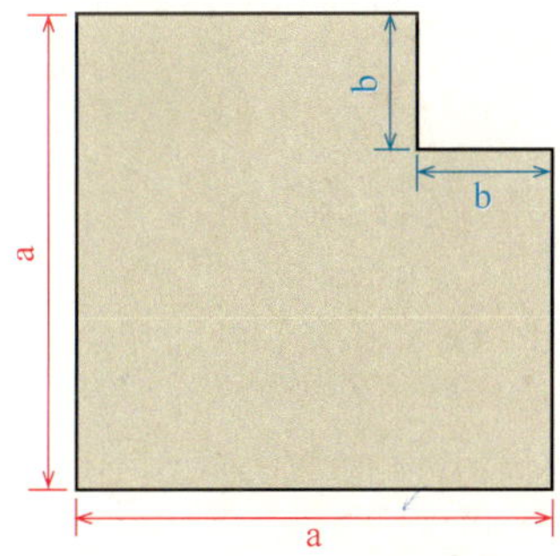

a) Sie stellen zwei unterschiedliche Terme für den Flächeninhalt des Grundstücks auf.
Welche Terme sind möglich?
b) Berechne den Flächeninhalt durch Einsetzen in einen der beiden Terme und prüfe das Ergebnis durch Einsetzen in den anderen Term (Maße in m):
(1) $a = 20;\ b = 5$ (3) $a = 24{,}5;\ b = 4{,}5$
(2) $a = 26;\ b = 7$ (4) $a = 20{,}2;\ b = 6{,}8$

Zusammenfassen gleichartiger Glieder

12. Vereinfache die Terme.

a) $x + x + x + x$ **c)** $a + b + c + a + c + c$ **e)** $a^2 + a + ab + a + ab$

b) $k + t + t + t + t + t + k$ **d)** $ab + ab + ab$ **f)** $x^2y + xy + xy^2 + x^2y$

13. Schreibe ausführlich als Summe.

a) $7x$ **b)** $2a + 3b$ **c)** $3xy + 3y^2 + 3x^2$ **d)** $2x + 3$ **e)** $x^2 + 3y^2$

14. Vereinfache. *Beachte:* $x = 1 \cdot x$.

a) $5x + 3x$; $8a - 4a$; $12r - 3r - 8r$; $-17s + 5s - 29s$; $z - 1z - 10z$

b) $4xy + 3xy$; $5st + 4st$; $14yz - 4yz$; $-28uv - 37uv$; $-9rt + rt$

c) $1{,}9ab - 17ac - ab$; $-0{,}44x^2 + 1x^2 - 3{,}03x^2$; $2{,}2abc - 3{,}1abc + 0{,}2abc$; $2{,}5u^2v - 4{,}3u^2v + 1{,}5u^2v$; $3{,}9a^2b^2 - 5a^2b^2 + 1{,}1a^2b^2$

d) $\frac{3}{4}r^2 - \frac{1}{8}r^2 - \frac{1}{2}r^2$; $\frac{3}{4}xy^2 - xy^2 + \frac{1}{3}xy^2$; $-\frac{2}{3}u + \frac{5}{6}u - \frac{7}{12}u$; $\frac{9}{10}ba - \frac{1}{4}ba + \frac{5}{28}ba$

15. Welcher Term lässt sich durch Zusammenfassen vereinfachen, welcher nicht?

(1) $2xy + 2x$ (2) $12d - d$ (3) $7a^2b - 2ab^2$ (4) $z^2 + 9z$ (5) $2xy - 2yx$

16. Zerlege auf drei verschiedene Weisen in eine Summe aus zwei Summanden.

a) $16x$ **b)** $9h$ **c)** $24ab$ **d)** $6s^2$ **e)** $20yz^2$ **f)** $12b^2x^3$

17. Vereinfache den Term schrittweise. Gib bei jedem Schritt die Regel an, die du anwendest.

a) $12x + 2y + 8x$ **b)** $7y + 5x - 3x$ **c)** $9ab + 4b + a - 2ab$ **d)** $3r^2s^2 + s^2 + 8r^2 - 7s^2$

18. Magische Quadrate haben die Menschen schon lange interessiert. Der Maler Albrecht Dürer hat eines in seinen Kupferstich „Melancholie“ eingebaut.
Bei magischen Quadraten hat in jeder Zeile, Spalte und Diagonale die Summe der Zahlen denselben Wert. Das Erstellen von magischen Quadraten ist nicht ganz einfach. Erstellt man ein magisches Quadrat mit Variablen, so erhält man daraus durch Einsetzen von Zahlen beliebig viele magische Quadrate.

a) Weise nach, dass das 3 × 3-Quadrat magisch ist.

b) Vervollständige das 4 × 4-Quadrat so, dass es magisch wird.

c) Für welche Einsetzung der Variablen erhält man das magische Quadrat von Albrecht Dürer?

$x + z$	$x + y - z$	$x - y$
$x - y - z$	x	$x + y + z$
$x + y$	$x - y + z$	$x - z$

u	$v + w$		y
$x - z$	y	u	
	x	v	$u - z$
v		$y + w$	x

19. Michael hat umgeformt. Welche Fehler hat er gemacht?

a) $7x - 7 = x$	c) $6x^3 = 6 + x^3$	e) $9a + 9b = 9ab$	g) $x^2 - x = x$
b) $3x^2 + 2x = 5x^2$	d) $7xy - 5x = 2y$	f) $3a + 2a^2 = 5a^3$	h) $a^2 - 2a = 0$

20. Vereinfache die Terme, soweit möglich.

a) $42u + 57v - 48v$
$75w^2 - 83z - 53w^2$
$62c + 24d - 62c^2$
$59g - 100 + 21g$
$100hg^2 - 32hg - 22h^2g$

b) $42u^2 + 57v^2 - 48v^2$
$59g^2 - 100 + 21g^2$
$100h^3 - 32h - 22h^3$
$1 - a^2 - b^2 - 30a^2$
$x + x^2 + x^3 + x^4$

c) $18a^2b - ab^2 + 3a^2b - 2ab^2$
$15u^2v^3 + 2u^3v^2 - 6u^2v^3 + 4u^3v^2$
$12p^2q + pq^2 - pq + p^2q$
$u^2 - u^2v + 3uv^2 - 17v^2$
$cd + 13cd^2 - 12c^2d + cd$

21. Welchen Wert hat der Term bei $\frac{2}{3}$ für x und 0,3 für y? Rechne möglichst einfach.

a) $5{,}2x^2y - 3{,}9xy^2 + 3{,}7xy + 3{,}8x^2y - 2{,}1xy^2 - 0{,}7xy + 1{,}8x^2$

b) $\frac{1}{2}xy - \frac{3}{4}xy^2 + \frac{3}{5}x^2y + xy - \frac{3}{5}x^2y - \frac{3}{2}xy^2$

22. Tim will sich ein kettenförmiges Armband aus Silberdraht herstellen. Jedes Kettenglied soll rechteckig sein. Er weiß noch nicht genau, wie groß die einzelnen Kettenglieder sein sollen. Er will daher zunächst eine Formel für die benötigte Drahtlänge d aufstellen.

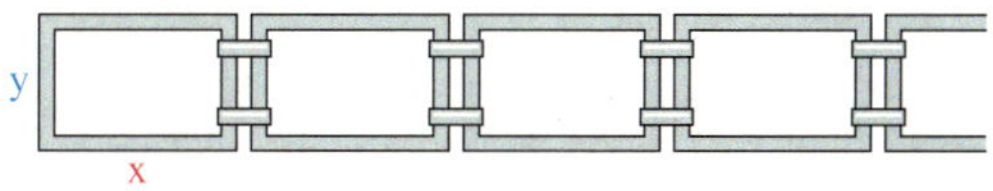

a) Stelle eine Formel für die Drahtlänge d auf. Das Armband soll zunächst 6 Glieder haben. Die kleinen Ösen sollen nicht berücksichtigt werden. Berechne die Drahtlänge nach deiner Formel für $x = 2$; $y = 3$ [$x = 2{,}5$; $y = 0{,}5$]; Maße in cm.

b) Die Kette soll jetzt 20 Kettenglieder haben. Stelle eine Formel für die Drahtlänge d auf. Berechne die Drahtlänge für $x = 7$; $y = 10$ [$x = 9$; $y = 24$]; Maße in mm.

c) Das Armband soll jetzt n Glieder haben. Stelle auch dafür eine Formel auf.

CAS **23.** Rechts wurden mit einem Computeralgebrasystem gleichartige Glieder zusammengefasst. Die Schreibweise überrascht zunächst etwas. Erläutere sie.

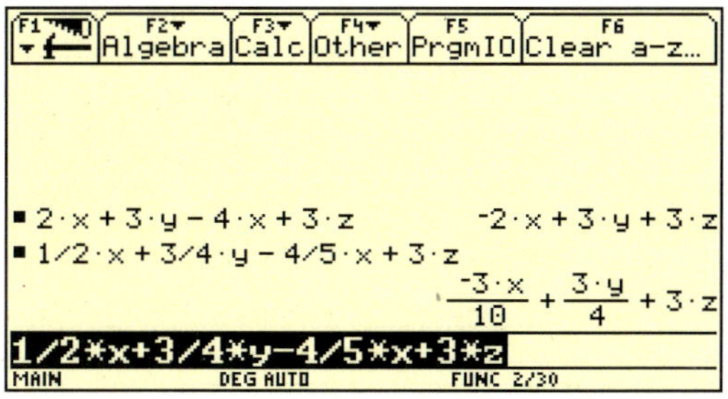

Tipp

Markiere gleichartige Terme gleich, um die Übersicht zu behalten!

$9p^2q - 6pq^2 + 7p^2q^2 - 3p^2q - 4p^2q^2 + 3pq^2$
$= 6p^2q - 3pq^2 + 3p^2q^2$

Ordne die Variablen nach dem Alphabet und nach der Größe der Potenzen. Dann fällt das Vergleichen der Ergebnisse leichter.

24. **a)** $7a^2b - 5ab^2 + 3ab - 7a^2b + 5ab^2 - 6ab + 4a^2$

b) $-5xy + 3y^2 - 3x^2 + 7xy - 5x^2y - 7xy^2 + 3x^2y - 2xy^2$

c) $0{,}9uv^2 + 0{,}3u^2v - 1{,}2uv - 0{,}9v^2 + 0{,}7uv^2 - 0{,}9u^2v + 0{,}3uv$

d) $\frac{1}{3}cd - \frac{2}{3}cd^2 + \frac{1}{6}c^2d - \frac{3}{4}cd - \frac{1}{4}c^2d + \frac{5}{6}c^2d^2 - \frac{2}{3}cd^2$

e) $\frac{2}{5}rs - \frac{1}{2}r^2s^2 + \frac{3}{5}rs^2 - \frac{2}{3}r^2s - \frac{3}{5}rs + \frac{2}{3}rs^2 - \frac{5}{6}r^2s$

f) $-5pq - \frac{2}{3}pq^2 + pq - p^2q^2 + \frac{1}{2}pq^2 + \frac{1}{3}p^2q^2 - pq$

1.3 Multiplizieren und Dividieren von Produkten

Aufgabe 1

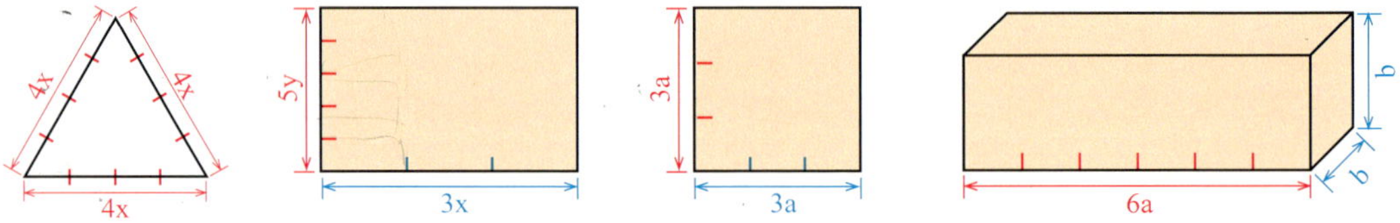

a) Gib einen Term für den Umfang des Dreiecks an und vereinfache ihn.

b) Gib einen Term für den Flächeninhalt des Rechtecks und für den Flächeninhalt des Quadrats an und vereinfache sie.

c) Der Quader soll in 3 gleich große Teile zerlegt werden. Gib einen Term für deren Volumen an und vereinfache ihn.

d) Aus den Aufgaben in a), b) und c) folgen Regeln für Termumformungen. Deren geometrische Begründung gilt nur für positive Werte für die Variablen. Begründe mithilfe von Rechengesetzen, dass diese Umformungen für alle rationalen Zahlen, also auch für negative, gelten.

Lösung

a) Umfang des gleichseitigen Dreiecks: $3 \cdot (4x) = 12x$

b) Flächeninhalt des Rechtecks: $3x \cdot 5y = 15xy$

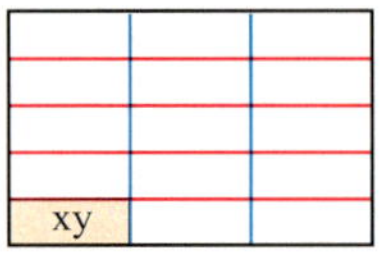

Flächeninhalt des Quadrats: $(3a)^2 = 3a \cdot 3a = 9a^2$

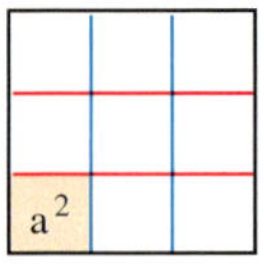

c) Volumen des Quaders: $6a \cdot b \cdot b = 6ab^2$
Volumen eines drittel Quaders: $6ab^2 : 3 = 2ab^2$

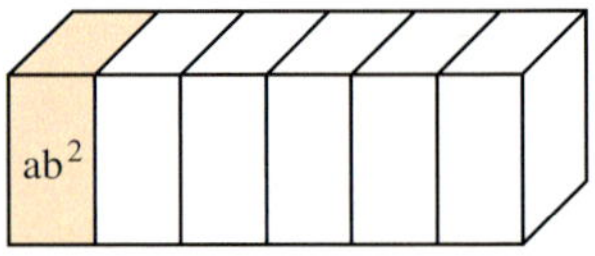

d)
- Das Assoziativgesetz der Multiplikation liefert:
  $3 \cdot (4 \cdot x) = (3 \cdot 4) \cdot x = 12x$
- Das Kommutativ- und das Assoziativgesetz der Multiplikation liefern:
  $3x \cdot 5y = 3 \cdot 5 \cdot x \cdot y = (3 \cdot 5) \cdot (x \cdot y) = 15xy$
  $(3a)^2 = (3a) \cdot (3a) = (3 \cdot 3) \cdot (a \cdot a) = 9a^2$
- Schreiben wir die Division als Multiplikation mit dem Kehrwert, so ergibt sich mit dem Assoziativ- und Kommutativgesetz der Multiplikation:
  $6ab^2 : 3 = 6ab^2 \cdot \frac{1}{3} = 6 \cdot \frac{1}{3}ab^2 = 2ab^2$

Kommutativgesetz der Multiplikation
$a \cdot b = b \cdot a$

Assoziativgesetz der Multiplikation
$a \cdot (b \cdot c) = (a \cdot b) \cdot c$

Information

Die Termumformungen aus Aufgabe 1, die wir am Beispiel eingesehen haben, gelten allgemein.

Multiplizieren eines Produktes mit einer Zahl
Man multipliziert ein Produkt mit einer Zahl, indem man *nur einen* Faktor mit der Zahl multipliziert.

Beispiel: $4 \cdot (3 \cdot xy) = (4 \cdot 3) \cdot xy = 12xy$

Dividieren eines Produktes durch eine Zahl
Man dividiert ein Produkt durch eine Zahl, indem man *nur einen* Faktor durch die Zahl dividiert.

Beispiel: $(14u^2v^2) : 7 = (14 : 7) \cdot u^2v^2 = 2u^2v^2$

Weiterführende Aufgabe

2. *Multiplizieren von Potenzen – Potenzieren von Produkten und Potenzen*

Vereinfache: **a)** $a^3 \cdot a^4$ **b)** $(4a)^2$ **c)** $(x^2)^3$ **d)** $(2a^2b)^3$ **e)** $(-4uv^2w)^2$

> **Multiplizieren von Potenzen**
> Man multipliziert Potenzen mit gleicher Basis, indem man die Exponenten addiert.
> *Beispiel:* $a^2 \cdot a^3 = a^{2+3} = a^5$
>
> **Potenzieren von Produkten**
> Man potenziert ein Produkt, indem man es als Produkt schreibt und gleiche Faktoren zusammenfasst.
> *Beispiel:* $(3ab^3)^2 = 3ab^3 \cdot 3ab^3 = 3 \cdot 3 \cdot a \cdot a \cdot b^3 \cdot b^3 = 9a^2b^6$

Übungsaufgaben

3. Merle hat umgeformt und ist sich nicht sicher.
Kontrolliere die Termumformungen und berichtige, falls nötig. Begründe.

$4 \cdot 6x \cdot 2 = 8 \cdot 12x$?

$4 \cdot 6x : 2 = 2 \cdot 3x$

4. Vereinfache den Term. Gib an, welche Gesetze du dabei anwendest.

a) $8 \cdot (3x)$ **b)** $(5a) \cdot 7$ **c)** $\frac{1}{3} \cdot (-9u)$ **d)** $(-0{,}2) \cdot (-5y)$ **e)** $8x : 2$ **f)** $(-64r) : (-16)$

5. Vereinfache den Term.

a) $(-a) \cdot 8$ **c)** $(-2x) \cdot (-y)$

b) $5 \cdot (-2s)$ **d)** $(4a) \cdot (-\frac{1}{2})$

> $(-x) \cdot 3 = (-1) \cdot x \cdot 3$
> $= -3x$

6. Vereinfache.

a) $15 \cdot (4a)$; $4 \cdot (15a)$; $4 \cdot (-15a)$

b) $0{,}2 \cdot (10x)$; $-0{,}2 \cdot (10x)$; $-10x \cdot (-0{,}2)$

c) $48x \cdot \frac{1}{4}$; $\frac{2}{3}r \cdot \frac{5}{6}$; $-10{,}5y \cdot \frac{1}{7}$

d) $44y : 2$; $-28t : 7$; $30k^2 : (35)$

e) $4 \cdot 3x \cdot (-5)$; $(-0{,}2y) \cdot 12 \cdot 1{,}5$; $\frac{5}{6} \cdot 14t^2 \cdot \frac{3}{10}$

f) $9 \cdot (-y) \cdot 5$; $(-11) \cdot (-4r) \cdot (-3)$; $(-8) \cdot (10s^2) \cdot (-1)$

g) $2{,}4u : (-6)$; $6{,}9x : 0{,}3$; $-10yz : (-2{,}5)$

h) $\frac{5}{6}a : \frac{1}{3}$; $-\frac{9}{20}s : \frac{3}{4}$; $-\frac{9}{8}xy^2 : (-1{,}5)$

7. Welche Termumformungen sind falsch?

- Adrian ✗: $y + y + y = y^3$
- Christian ✓: $a \cdot a \cdot a = a^3$
- Ellen ✗: $7 \cdot (2u) = 14 \cdot 7u$
- Gitte ✗: $(18a \cdot 21) : 3 = 6a \cdot 7$
- Barbara ✗: $(-1) \cdot 3a = 3 \cdot (-a)$
- Daniel ✓: $(-1) \cdot (-2) \cdot (-u) = 2u$
- Frank ?: $3x^2 : x = 3x$
- Hanna: $x^2 : 2 = x$

8. Vereinfache.

a) $5x \cdot 3x$ **d)** $\frac{1}{3}z \cdot \frac{3}{4}z$ **g)** $(-2w) \cdot 6w$ **j)** $\frac{1}{2}a \cdot \frac{2}{3}a^2$

b) $-7p \cdot p$ **e)** $a \cdot 3a$ **h)** $8y \cdot 3y^2$ **k)** $-\frac{1}{4}u \cdot \frac{4}{5}u$

c) $4y \cdot y$ **f)** $(-2m) \cdot (-3m)$ **i)** $-2z^2 \cdot z$ **l)** $(-\frac{2}{9}x) \cdot (-\frac{3}{4}x)$

9. Vereinfache so weit wie möglich.

a) $3 \cdot 7x + 7 - 4x : 2$

b) $6 \cdot 2a + a^2 + 3 \cdot 5a$

c) $(-2) \cdot 7u + 3u - 11 \cdot (-u)$

d) $4 \cdot 7x - 2x \cdot 3x + 3 \cdot (-5x) + x \cdot 2x$

e) $10b : 5 - b \cdot (-2b) + 6b : (-3) + 2b \cdot (-b)$

f) $-6x \cdot (-3) - 4x \cdot (-2x) - 8x : (-2) + x^2 \cdot (-3)$

10. Erstelle einen Term, der die Preise in der letzten Woche des Sommerschlussverkaufes angibt.

11. **a)** $3 \cdot (2x) + 3 \cdot (5y) + 7 \cdot (3x)$

b) $5 \cdot (4a) - 7 \cdot (3b) + 2 \cdot (4a)$

c) $-2 \cdot (5u) + 3 \cdot (6v) - 4 \cdot (2u)$

d) $(8x) : 2 + (6y) : 3 + (12x) : 2$

e) $(18p) : 3 - (15q) : 5 - (16p) : 2$

f) $(-32a) : 4 + (14a) : 7 - (8a) : 4$

12. Vereinfache.

a) $25a^3 \cdot 4b$; $36x^3 \cdot (-5y)$; $\frac{8}{9}u^2 \cdot \frac{3}{4}t$; $0{,}58t^5 \cdot (-100r)$

b) $15x^2y^3 : 5$; $24xz^4 : (-8)$; $\frac{14}{3}a^2b^2 : \frac{7}{2}$; $6u^2v : (-10)$

c) $6x^3 \cdot 4a^2 \cdot 2$; $12r \cdot 5s \cdot (-3)$; $-\frac{1}{2}k \cdot 8m \cdot 15$; $4{,}8x \cdot (-25y) \cdot t$

d) $18x \cdot 45y : 9$; $22r^2 \cdot 77t^2 : (-11)$; $\frac{12}{5}ab \cdot \frac{18}{7}c : 6$; $0{,}8u \cdot 2{,}4v : (-4)$

CAS **13.** Auch mit einem Computer-Algebra-System kannst du Produkte multiplizieren. Die Schreibweise im 2. Beispiel überrascht zunächst etwas. Erläutere sie.

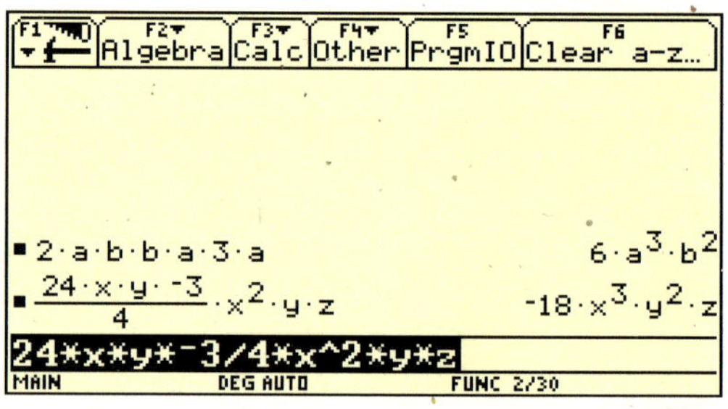

14. **a)** $x^2 \cdot x^3$; $a^3 \cdot (-a)$; $5 \cdot a^2 \cdot a^3$; $(-6b) \cdot b^3$; $5 \cdot a^4 \cdot 3a^2$

b) $7x^5 \cdot (-5x)$; $4a^3 \cdot a^2 \cdot a^4$; $9b \cdot b^4 \cdot b^4$; $0{,}8x^3 \cdot (-1{,}5x^2)$; $(-\frac{3}{4}b) \cdot \frac{2}{9}b^5$

15. **a)** $x^4 \cdot y^5 \cdot x^3$; $(-r) \cdot s^2 \cdot r^4$; $4ab \cdot 3ab$

b) $8a \cdot 5b^2 \cdot (-a^3)$; $(-\frac{1}{2}t^3) \cdot \frac{1}{3}t^5 \cdot (-t^3)$; $(-0{,}4x) \cdot 0{,}3xy \cdot 0{,}5y$

c) $8x^3 \cdot 5xy^2 \cdot 3x^2y$; $9uv \cdot (-88uv) \cdot (-5uv)$; $(-2x^2y^5) \cdot (-3x^2y^2)$

16. Vereinfache die Teilterme, fasse dann zusammen.

a) $5x^3x^4 + 9x^5x^2$; $-12r^4r^5 - 8r^3r^6$; $35t^3 : 5 + t \cdot t^2$

b) $8a^3a^2 + 5a^4a + 9a^5$; $9y^4y^7 - 13y^2y^9 + 4yy^{10}$; $4x^3x^2 : 0{,}5 + x^5 - x^4x : 0{,}1$

c) $7a^3b^2 \cdot 2ab + 3a \cdot 3a^2b^3 - 5a^2b \cdot 2a^2b^2$; $3p^2q^4 : 0{,}5 - 2pq^2 \cdot 0{,}6pq - 4p^2q^3 : 0{,}2$; $-9x^4y \cdot 2y^3 + 3xy^2 \cdot (-2x^3y^2) + 7x^4y^4 : (-0{,}1)$

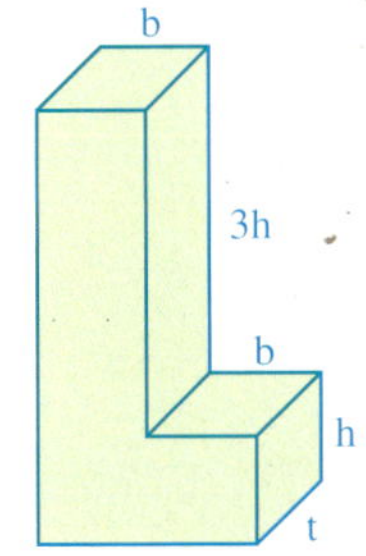

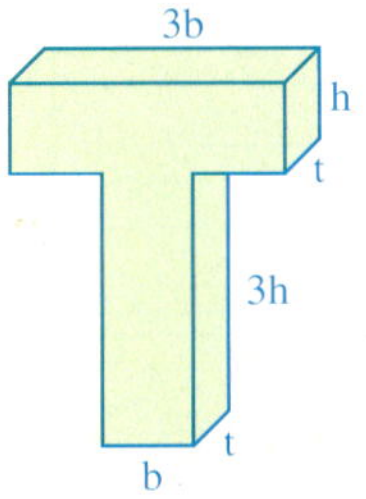

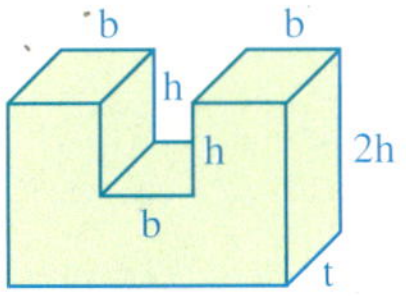

17. Ein Architekt hat Betonplastiken entworfen, die in verschiedenen Größen hergestellt werden sollen. Für den Betonbedarf benötigt man deren Volumen, für den Schutzanstrich die Größe der Oberfläche.

a) Gib für jede Plastik einen Term für das Volumen an.

b) Gib für jede Plastik einen Term für die Größe der Oberfläche an.

c) Die Plastiken sollen in den Größen S, M und L hergestellt werden.
Für Größe S ist h = 15 dm; b = 12 dm; t = 9 dm
Für Größe M ist h = 20 dm; b = 16 dm; t = 12 dm
Für Größe L ist h = 25 dm; b = 20 dm; t = 15 dm
Berechne für jede Plastik in jeder Größe das Volumen und die Größe der Oberfläche.

d) 1 cm^3 Beton wiegt 2,2 g. Berechne das Gewicht aller 3 Plastiken in allen drei Größen.

18. Eis schwimmt so im Wasser, dass 90 % des Volumens unter der Wasseroberfläche sind. Ein Eiswürfel der Kantenlänge a wird in Wasser gegeben.

a) Erstelle einen Term für die Größe der Fläche, die vom Wasser umgeben ist.

b) Wie viel Prozent der Oberfläche des Eiswürfels sind vom Wasser umgeben?

Potenzieren von Produkten und Potenzen

19. Welche Terme sind wertgleich? Begründe.

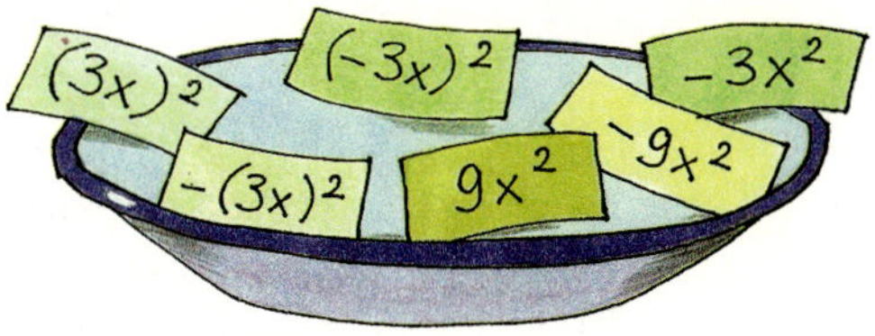

20. Verwandle in ein Produkt und vereinfache.

a) $(3a)^2$	**b)** $(4cd^2)^3$	**c)** $(-ab)^2$
$(2uv)^3$	$(2x^2yz)^3$	$(-2x)^3$
$(b^3)^2$	$(3u^2v^3)^2$	$(-2x^2y)^3$

21. Alexanders Hausaufgabe war das Potenzieren von Produkten. Nur bei der ersten Teilaufgabe hat er die Potenz notiert. Finde zu den übrigen Teilaufgaben die gestellten Aufgaben heraus.

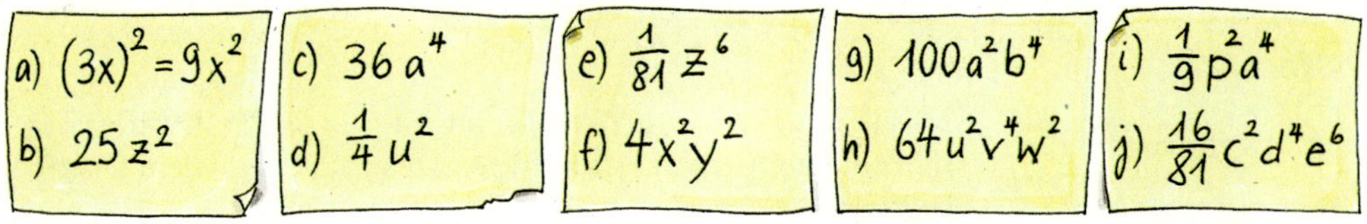

22. Vereinfache so weit wie möglich.

a) $4x(3xy)^2$	**b)** $-3pq\cdot(4pq^2)^3$	**c)** $-ab(2ab^2)^3\cdot(-4a^2b)$	**d)** $(1{,}5mn^2)^2\cdot 0{,}4mn$
$3a^2(2ab^2)^2$	$vw(-2v^2w)\cdot 2w^3$	$yz^2(-y^2z^2)^3\cdot(-3yz)$	$(\frac{2}{3}ab^2)^3\cdot a^2b$
$5c^2(-3c^2d)^2$	$p^2q(-pq^2)^3\cdot 3p^2q$	$(-0{,}4xy)^2\cdot 0{,}2x^2y$	$(-\frac{3}{4}u^2v)\cdot uv^2$

23.

a) $(3u^3v^6)^2 + (2u^2v^4)^3$	**d)** $3(2ab)^2 + (5a)^2\cdot(-2b^2)$	**g)** $(6uv^2)^2 + 3u\cdot(-2v)^2\cdot 2u$
b) $(2xy)^2 + 2x^2\cdot(4y)^2$	**e)** $8r\cdot(r^2s)^2 - (4rs)^2\cdot 3r$	**h)** $(-e^2f)^3\cdot(-ef) + (e^2f)^3\cdot(-ef)$
c) $(-2u)^2\cdot 3v^2 - (4uv)^2$	**f)** $(2p\cdot 3q^2)^2 - (5pq^2)^2$	**i)** $4s(s^2t)^2t^2 - (3s^2t)^2\cdot(-2st)^2$

1.4 Auflösen einer Klammer

Aufgabe 1

Eine Firma verarbeitet rechteckige Stahlplatten verschiedener Größe.

a) Finde verschiedene Rechenwege für folgende Aufgaben:

(1) Eine Platte mit den Seitenlängen $3x$ und z sowie eine Platte mit den Seitenlängen $3x$ und y sollen zusammengeschweißt werden (siehe Bild).
Wie groß ist die entstandene Platte?

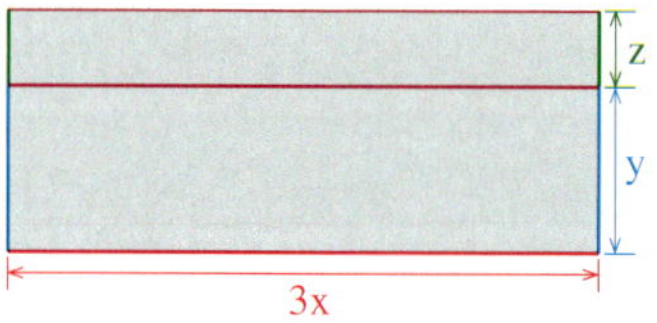

(2) Von einer Platte mit den Seitenlängen $2x$ und y soll ein Streifen der Länge $2x$ und der Breite d abgeschnitten werden (siehe Bild).
Wie groß ist die Platte nach dem Abschneiden?

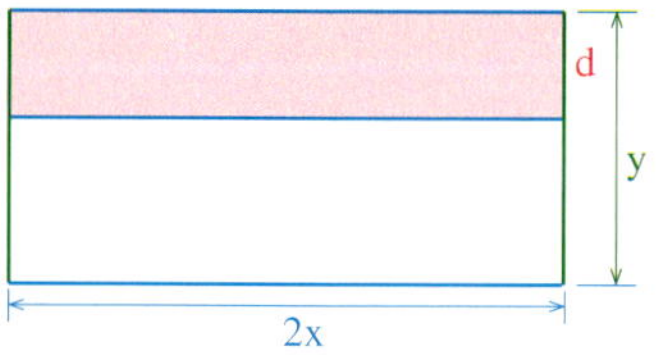

b) Aus den verschiedenen Rechenwegen ergeben sich Regeln für Termumformungen, die geometrisch aber nur für positive Werte für die Variablen begründbar sind. Beweise mithilfe eines Rechengesetzes für rationale Zahlen, dass sie für alle rationalen Zahlen, also auch negative, gelten.

c) Forme entsprechend mithilfe eines Distributivgesetzes um:
(1) $(-4) \cdot (3 + 2d)$ (2) $2u \cdot (2x - 3)$

Lösung

a) (1) *1. Weg:* Die entstandene Platte hat die Seitenlängen $3x$ und $y + z$, also den Flächeninhalt $3x(y + z)$.

2. Weg: Die entstandene Platte setzt sich aus Platten mit den Flächeninhalten $3x \cdot y$ sowie $3x \cdot z$ zusammen, hat also den Flächeninhalt $3xy + 3xz$.

Für positive Werte für die Variablen liefern beide Wege wertgleiche Terme:
$3x(y + z) = 3xy - 3xz$

(2) *1. Weg:* Schneidet man den Streifen ab, so hat die Platte die Seitenlängen $2x$ und $y - d$, also den Flächeninhalt $2x(y - d)$.

2. Weg: Von der gesamten Platte mit dem Flächeninhalt $2x \cdot y$ wird ein Teilstück mit dem Flächeninhalt $2xd$ abgetrennt. Das Reststück hat also den Flächeninhalt $2xy - 2xd$.

Für positive Werte der Variablen sind die Werte der beiden Terme offensichtlich wertgleich:
$3x(y - d) = 2xy - 2xd$

Distributivgesetz
$a \cdot (b + c) = a \cdot b + a \cdot c$

b) (1) Die Termumformung
$3x(y + z) = 3xy + 3xz$
lässt sich für beliebige Werte für die Variablen mithilfe des Distributivgesetzes beweisen:

$$\begin{array}{ccccc} a \cdot (b + c) & = & a \cdot b & + & a \cdot c \\ \downarrow & & \downarrow & & \downarrow \\ 3x \cdot (y + z) & = & 3x \cdot y & + & 3x \cdot z \end{array}$$

(2) Entsprechend begründet man die Termumformung
$2x(y - d) = 2xy - 2xd$
mit dem Distributivgesetz für Differenzen:

$$\begin{array}{ccccc} a \cdot (b - c) & = & a \cdot b & - & a \cdot c \\ \downarrow & & \downarrow & & \downarrow \\ 2x \cdot (y - d) & = & 2x \cdot y & - & 2x \cdot d \end{array}$$

c) Auch hier verwenden wir das Distributionsgesetz.

(1)
$$\begin{array}{ccccc} a \cdot (b + c) & = & a \cdot b & + & a \cdot c \\ \downarrow & & \downarrow & & \downarrow \\ (-4) \cdot (3 + 2d) & = & (-4) \cdot 3 & + & (-4) \cdot 2d \\ & = & -12 & - & 8d \end{array}$$

(2)
$$\begin{array}{ccccc} a \cdot (b - c) & = & a \cdot b & - & a \cdot c \\ \downarrow & & \downarrow & & \downarrow \\ 2u \cdot (2x - 3) & = & 2u \cdot 2x & - & 2u \cdot 3 \\ & = & 4ux & - & 6u \end{array}$$

Information

> Algebraische Summe: Term mit Additions- und Subtraktionsschritten, der als Summe geschrieben werden kann.

Bei der obigen Termumformung $3x(y+z) = 3xy + 3xz$ ist durch die Anwendung des Distributivgesetzes ein Term ohne Klammer entstanden.
Man sagt: Die Klammer wurde *aufgelöst*. (Man sagt auch: Es wurde ausmultipliziert.)
Aus einem Produkt wurde eine Summe.
Entsprechend wurde bei der Termumformung $2u \cdot (2x-3) = 4ux - 6u$ ein Produkt in eine Differenz umgeformt. Summen und Differenzen sind Sonderfälle algebraischer Summen.

Multiplizieren einer algebraischen Summe (Auflösen einer Klammer in einem Produkt)

Man multipliziert jedes Glied der algebraischen Summe in der Klammer mit dem Faktor. Die Zeichen + und – werden nach den Vorzeichenregeln gesetzt.

Beispiele: (1) $7 \cdot (4x + 3y) = 7 \cdot 4x + 7 \cdot 3y = 28x + 21y$

(2) $-2x \cdot (3y - 6z) = -2x \cdot 3y + 2x \cdot 6z = -6xy + 12xz$

Den Faktor mit jedem Glied der Klammer multiplizieren

Weiterführende Aufgaben

2. *Lösen von Gleichungen mit Klammern*

a) Erläutere das Lösen der Gleichung $6(x-3) - 3x = 12$ im Beispiel rechts.

b) Löse entsprechend:

(1) $2x - 8(x+12) = 54 - 18x$

(2) $(15x - 5) : (-5) = (-14x - 2) : \frac{1}{2}$

(3) $2x - 3\left(1 + \frac{2}{3}x\right) = -2$

$$6(x-3) - 3x = 12$$
$$6x - 18 - 3x = 12$$
$$3x - 18 = 12$$
$$3x = 30$$
$$x = 10$$

Probe: L.S.: $6(10-3) - 3 \cdot 10 = 12$ R.S.: 12

Lösungsmenge: $L = \{10\}$

Information

Zueinander äquivalente Gleichungen – Umformungsregeln (Wiederholung)

Gleichungen heißen zueinander **äquivalent**, wenn sie dieselbe Lösungsmenge haben.
Mithilfe der folgenden Regeln kann man aus einer Gleichung eine dazu äquivalente Gleichung erhalten.

Additions- und Subtraktionsregel

Addiert oder subtrahiert man auf beiden Seiten einer Gleichung denselben Term, so erhält man zwei zueinander äquivalente Gleichungen.

$$3x = 2x + 7 \quad |\ -2x \text{ (umgekehrt: } +2x)$$
$$3x - 2x = 2x + 7 - 2x$$
$$x = 7$$

Multiplikations- und Divisionsregel

Multipliziert (dividiert) man beide Seiten einer Gleichung mit derselben Zahl (durch dieselbe Zahl) ungleich 0, so erhält man zwei zueinander äquivalente Gleichungen.

$$8x = 24 \quad |\ :8 \text{ (umgekehrt: } \cdot 8)$$
$$8x : 8 = 24 : 8$$
$$1 \cdot x = 3$$
$$x = 3$$

3. *Dividieren von Summen und Differenzen*

$(6a + 9b) : 3$
$= (6a + 9b) \cdot \frac{1}{3}$
$= 6a \cdot \frac{1}{3} + 9b \cdot \frac{1}{3}$
$= 2a + 3b$

a) Erläutere die Division einer Summe im Beispiel rechts.

b) Löse entsprechend die Klammer auf:

(1) $(4a + 6b) : \frac{2}{3}$ (3) $(6x - 9y) : (-3)$
(2) $(8p - 12q) : 4$ (4) $(12r - 9s) : \left(-\frac{3}{4}\right)$

c) Formuliere selber eine Regel für das Dividieren einer algebraischen Summe.

d) Führe das Distributivgesetz $(a + b) : c = a : c + b : c$
auf das Distributivgesetz $(a + b) \cdot c = a \cdot c + b \cdot c$ zurück.

CAS **4.** *Auflösen von Klammern mit einem Computer-Algebra-System*

expand ⟨engl.⟩ ausdehnen

Bei einigen Termen löst ein Computer-Algebra-System Klammern sofort nach der Eingabe auf, bei anderen jedoch nicht. Mithilfe des Befehles **expand** kannst du das Ausmultiplizieren dann erreichen.
Untersuche, welche Klammern dein CAS sofort auflöst und welche nicht.

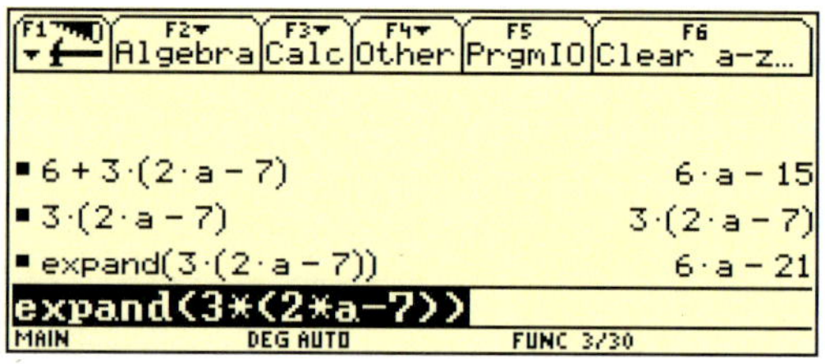

Übungsaufgaben

5. Der Garten der Familie Müller hat die Form eines Rechtecks. Er besteht aus zwei Teilrechtecken. Berechne die Größe des Gartens auf zwei Wegen.

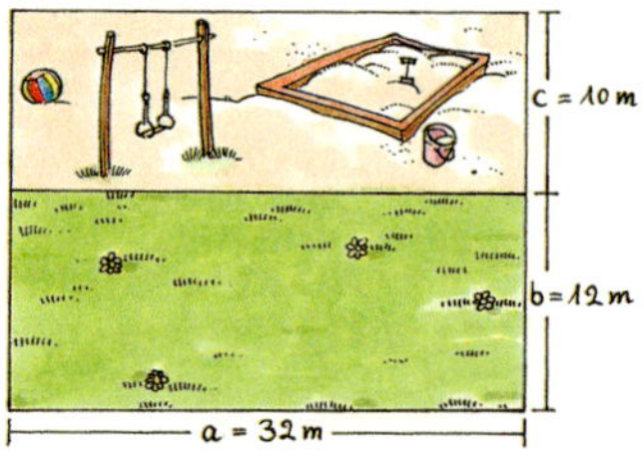

a) Gib für jeden der Berechnungswege einen Term mit den Variablen a, b, c an.

b) Berechne die Gesamtfläche durch Einsetzen der Werte für a, b, c.

c) Welches Rechengesetz kannst du diesem Beispiel entnehmen? Beachte, dass es auf diese Weise nur für positive Zahlen nachgewiesen werden kann.

6. Löse die Klammer auf. Wende dazu ein Distributivgesetz an.

a) $5 \cdot (x + y)$; $0{,}7 \cdot (3 + x)$; $(-8) \cdot (y + 7)$
b) $(x + y) \cdot 7$; $(x + 4) \cdot 9{,}5$; $(1 + x) \cdot (-3)$
c) $x \cdot (a + b)$; $(x + y) \cdot z$; $(r + s) \cdot t$
d) $(1 + y) \cdot x$; $(-k) \cdot (r + 1)$; $a \cdot (1 + b)$
e) $9 \cdot (x - y)$; $(x - y) \cdot 7$; $(x - y) \cdot (-5)$
f) $x \cdot (1 - y)$; $(x - 1) \cdot y$; $(-3) \cdot (a - b)$
g) $(1 - u^2) \cdot 4$; $r \cdot (r - 1)$; $(1 - t) \cdot (-s)$
h) $4 \cdot (-a - b)$; $(-2) \cdot (-3 + x)$; $(-1 - u) \cdot (-u)$

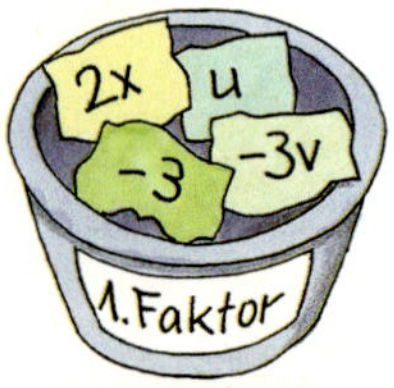

7. **a)** $7(8x + 5)$; $6(3 + 5r)$; $10(8b + 6)$
b) $10(3x - 2y)$; $-9(7a - 4b)$; $-15(4d - 9c)$
c) $a(7x + 5y)$; $t(3r - 14s)$; $(-c) \cdot (8a + 7b)$
d) $(2{,}4a - 7{,}6b) \cdot 5$; $\left(\frac{2}{9}u + \frac{7}{9}v\right) \cdot (-18)$; $8\left(\frac{3}{12}p + 0{,}7q\right)$

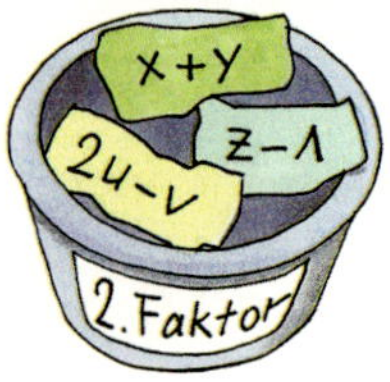

8. Bilde alle Produkte, mit dem 1. Faktor aus dem oberen und dem 2. Faktor dem unteren Korb.

9. **a)** $2x(3a - 4b)$; $5a(7b + c)$; $9r(x + 11y)$; $4z(6x - 7y)$
b) $(7c + 4y)8z$; $(-5s)(3t + 20u)$; $(12q - 1) \cdot 15k$; $(15r + 5s) \cdot (-t)$
c) $3{,}2(15x - 25y)$; $25(2{,}2a + 6{,}9b)$; $\left(-\frac{2}{5}\right)(20v - 65t)$; $(-48)\left(\frac{5}{6}u + \frac{3}{8}v\right)$
d) $0{,}3a(0{,}5b + 1{,}2c)$; $\frac{x}{2}\left(\frac{x}{3} + \frac{y}{2}\right)$; $\left(\frac{3}{5}u + \frac{6}{25}v\right) \cdot \frac{5}{6}t$; $\left(1{,}2r - \frac{3}{2}s\right) \cdot \left(-\frac{s}{3}\right)$

10. Löse die Klammer auf. Wende dazu das Distributivgesetz für drei Summanden an.

a) $a(3x + 8y + 7z)$
$4x(a + 9b + 5c)$
$(-12t)(4u + 5v + w)$
$(20r + 15s + 12t) \cdot (-8q)$

b) $y(2{,}5x + 7{,}1y + 8{,}3z)$
$6{,}3(x - 0{,}2y + 2{,}2z)$
$(70x + 4{,}5y + 0{,}3) \cdot 0{,}2z$
$(-2{,}5)(k + 0{,}4t + 5z) \cdot k$

c) $\frac{3}{4}(12t - 92k - 104q)$
$-35r\left(\frac{4}{5}r + \frac{6}{7} - \frac{8}{35}s\right)$
$\frac{5}{12}a\left(\frac{3}{5}a - \frac{4}{15}b + \frac{9}{10}c\right)$

11. **a)** $3ab \cdot (4a^2 - 5ab + 3b^2)$
b) $4uv \cdot (5u^2v - 6uv - 7uv^2)$
c) $-2pq^2 \cdot (3p^2 - 3pq + 4p^2q + q^2)$
d) $(4x^2y - 2xy^2 + 4x - 7y) \cdot 3x^2y^3$
e) $\frac{1}{2}rs^2(4rs^3 - 2r^2s^2 + 3r^3s + s^4)$
f) $0{,}2xy^3 \cdot (4x^3y - 2x^2y^2 + 3xy^3 - 5y)$

CAS **12.** Tim hat mit einem Computer-Algebra-System eine Summe multipliziert.

a) Die erste Ausgabe erfüllt nicht seine Erwartungen. Erläutere, welche Umformung das CAS vorgenommen hat.

b) Kontrolliere den 2. Versuch von Tim.

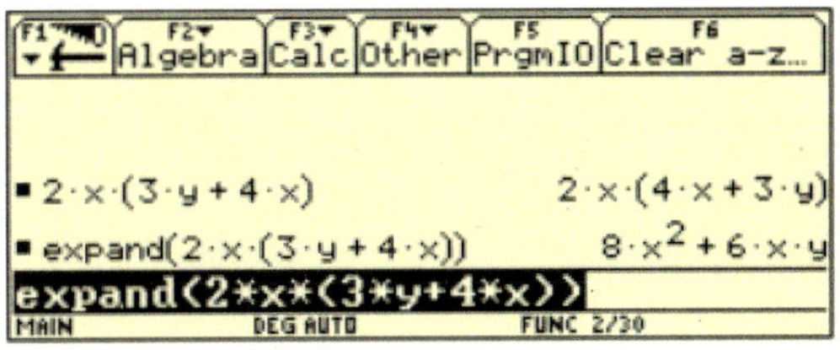

13. **a)** Erläutere die Division einer Summe im Beispiel rechts. Formuliere dann eine Regel.

b) Löse entsprechend die Klammer auf.
(1) $(6a - 3b) : 3$ (2) $\left(\frac{1}{2}x + \frac{3}{2}y\right) : \frac{1}{2}$ (3) $\left(8u^2 - \frac{1}{2}\right) : \left(-\frac{3}{4}\right)$

$(2x + 4y) : 2$
$= 2x : 2 + 4y : 2$
$= x + 2y$

14. Löse jede Klammer auf. Fasse dann zusammen.

a) $5a - 3b + 7(a - b)$
$xy - 9x + x(3 - y)$
$7(x + y) + 3(x - y)$

b) $0{,}8(15x - 25y) - 7x + 11y$
$b + 25(1{,}6a + 3{,}2b) - 40a$
$2(0{,}5r - 1{,}5s) + 7(6r + 8s)$

c) $\frac{1}{3}(9r - 12s) + 5s - 4r$
$7a + \frac{3}{5}b + \frac{1}{2}(22 - b)$
$-\frac{x}{4}(8 - 8x) + \frac{x}{5}(5x + 20)$

15. Herr Hultsch überrascht seine Klasse gerne mit Zahlenzaubereien. Führe die folgende Zahlenzauberei mit verschiedenen Zahlen durch. Wie findet Herr Hultsch die gedachte Zahl? Begründe, indem du einen Term aufstellst.

„Denke dir eine Zahl. Multipliziere sie mit der um 2 verminderten Zahl. Addiere dazu das Vierfache der gedachten Zahl.
Subtrahiere davon das Ergebnis der mit sich selbst multiplizierten gedachten Zahl.
Nenne mir dein Ergebnis und ich sage dir deine gedachte Zahl."

16. Glühlampen und deren Kartons gibt es in mehreren Größen. Rechts siehst du das Netz.

a) Stelle einen Term für die benötigte Papiermenge auf. Vernachlässige dabei die Abschrägungen an den Laschen, d. h. berechne diese auch als Rechtecke.

b) Berechne damit den Papierbedarf für folgende Kartons (Längenangaben in cm):
(1) E 27-Glühbirne: $a = 6$; $h = 10{,}5$
(2) E 14-Kerze: $a = 3{,}5$; $h = 10$

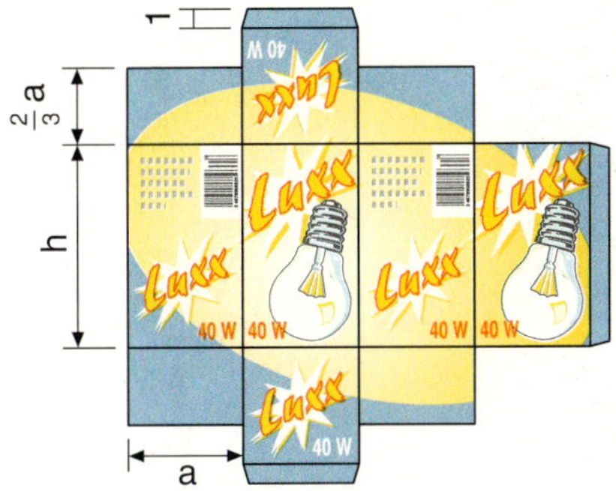

17. Löse Marks Zahlenrätsel rechts.

18. Löse die Klammer auf und fasse zusammen. Bestimme dann die Lösungsmenge.

a) $5(x-7)-4x=11$ **b)** $7(x-2)-2x=6$ **c)** $6(1{,}5x-2{,}5)-1{,}5x=0$

d) $12x+20=2(3x+1)$ **e)** $61x+4x=2x+3(5-6x)$ **f)** $4\cdot(7x+5)-48x=10x-10$

19. a) Erkläre die beiden Lösungswege und vergleiche sie.

b) Bestimme die Lösungsmenge auf einem günstigen Weg.

(1) $4(x+3)=28$ (2) $(x-2)\cdot 6=6$ (3) $(x+5):2=0$

(4) $2\cdot(x-3)=3\cdot(x-7)$ (5) $3\cdot(x+1)=6\cdot(x+2)$ (6) $(x-2)\cdot 3<15$

(7) $(x+1):5\geq -2$ (8) $(4x-8):4=1$ (9) $(\frac{1}{2}x-\frac{3}{4})\cdot 4=-\frac{1}{2}$

20. a) $3\cdot(4x)+7\cdot(5x)=2x+5$ **b)** $8\cdot(2x)-3\cdot(3x)=2x+25$

c) $4\cdot 12x-80\leq 3\cdot(5x)-7x$ **d)** $5x=9\cdot(2x)-3\cdot(4x)-1$

21. Für welches x erhält der Term den angegebenen Wert?

a) $8x\cdot(5-12)-23$; Wert: 481 [-319; -599]

b) $12\cdot(13-x)+48$; Wert: -828 [198; 204]

c) $3(x+1)+4x$; Wert: -1 [0; $-\frac{3}{8}$; 5]

22. a) Sarah und Lukas haben die Lösungsmenge der Gleichung auf zwei Weisen bestimmt. Rechne weiter und vergleiche die Lösungswege.

b) Wie kann man eine Gleichung mit Brüchen geschickt lösen? Formuliere eine Strategie.

23. Bestimme die Lösungsmenge geschickt.

a) $\frac{7x}{8}=\frac{70}{36}$ **b)** $-\frac{3x}{16}=\frac{15}{20}$ **c)** $\frac{3y}{4}-2=1$ **d)** $\frac{x}{2}+\frac{1}{5}x=7$ **e)** $\frac{r}{15}+\frac{r}{10}=\frac{r}{6}$

24. Löse das Zahlenrätsel mithilfe einer Gleichung.

a) Wenn man eine Zahl um 1,5 vergrößert und das Ergebnis verdoppelt, erhält man ein Drittel der gesuchten Zahl.

b) Wenn man die Summe aus 5 und dem Doppelten einer Zahl durch 3 dividiert, erhält man 7.

25. Ein Quader hat drei verschiedene Kantenlängen. Die Summe der Längen aller 12 Kanten beträgt 144 cm. Die mittlere Kantenlänge ist doppelt so groß wie die kürzeste Kantenlänge. Die längste Kante ist um 12 cm länger als die kürzeste.
Wie lang ist die kürzeste Kante? Berechne auch das Volumen des Quaders.

26. Uwe stellt beim Ausmessen eines Quaders fest: Die Grundfläche ist doppelt so groß wie jede der beiden kleineren Seitenflächen. Eine der größeren Seitenflächen ist um 10 cm^2 kleiner als die Grundfläche. Die Oberfläche hat eine Größe von 280 cm^2.
Wie groß ist die Grundfläche?

27. Ein Vater hat Haselnüsse gepflückt und in seine beiden Jackentaschen verteilt. Darauf sagt er zu seinem Sohn: „Ich habe in der rechten Tasche dreimal so viele Nüsse wie in der linken. Nehme ich aber 30 Nüsse von der rechten Tasche in die linke, so befinden sich in der linken Tasche dreimal so viel wie in der rechten.“
Wie viele Nüsse hat er ursprünglich in jeder Tasche?

28. Eine Großmutter ist 84 Jahre alt, ihre Enkelin ist 8 Jahre alt.

a) In wie viel Jahren wird die Großmutter fünfmal so alt wie die Enkelin sein?

b) Vor wie viel Jahren war sie zwanzigmal so alt?

29. In 16 Jahren wird ein Vater doppelt so alt wie sein Sohn sein. Zusammen sind beide heute 40 Jahre alt. Wie alt ist jeder?

30. Ein Junge ist doppelt so alt wie seine Schwester. Vor 4 Jahren war der Junge viermal so alt wie seine Schwester. Wie alt sind der Junge und seine Schwester jetzt?

31. Ole hat zwei Kusinen, Eva und Ute. Er ist 21 Jahre älter als Eva und 5 Jahre älter als Ute. Die Hälfte des Alters von Eva ist gleich einem Drittel des Alters von Ute. Wie alt sind sie?

32. Aus dem Kapitel „Lîlâvati“ (die Reizende) seines Werkes „Krönung des Systems“ von dem Inder Bhâskara (1150 n. Chr.):
„Von einem Schwarm Bienen lässt $\frac{1}{5}$ sich auf einer Kadombablüte, $\frac{1}{3}$ auf einer Silindhablüte nieder. Der dreifache Unterschied der beiden Zahlen flog nach den Blüten einer Kutaja. Eine Biene blieb übrig, welche in der Luft hin- und herschwebte, gleichzeitig angezogen durch den lieblichen Duft einer Jasmine und eines Pandamus. Sage mir die Anzahl der Bienen.“

33. Aus dem Buch „Die Wunder der Rechenkunst“ von Johann Christoph Schäfer (1857):

Jemand hatte in einem Stall,
Ein Heerdchen Schafe, ein eigner Fall
Fand, wie Du sehen wirst, Statt dabei.
Nahm er davon die Hälft' und drei
Und wenn er den Rest sich achtfach dachte
Oder zu ihnen noch sieben brachte,
So bekommt er stets dieselbe Zahl.
Wieviele Schafe hat er wohl im Stall?

1.5 Minuszeichen vor einer Klammer – Subtrahieren einer Klammer

Aufgabe 1

Betrachte den Term. Vor der Klammer steht ein Minuszeichen. Wir sagen kurz: *Minusklammer.* Löse die Klammer auf.

a) $-(-3x + 5y)$ **b)** $a - (2b + 3c)$ **c)** $7z - (5y - 3z)$ **d)** $3x - 4(2x + 5y)$

Lösung

a)
$$\begin{aligned} -(-3x + 5y) &= (-1)\cdot(-3x + 5y) \\ &= (-1)\cdot(-3x) + (-1)\cdot 5y \\ &= +3x + (-5y) \\ &= \ 3x - 5y \end{aligned}$$

b)
$$\begin{aligned} a - (2b + 3c) &= a + (-1)\cdot(2b + 3c) \\ &= a + (-2b - 3c) \\ &= a - 2b - 3c \end{aligned}$$

c)
$$\begin{aligned} 7z - (5y - 3z) &= 7z + (-1)\cdot(5y - 3z) \\ &= 7z + (-5y + 3z) \\ &= 7z - 5y + 3z \\ &= 10z - 5y \end{aligned}$$

d)
$$\begin{aligned} 3x - 4(2x + 5y) &= 3x - (8x + 20y) \\ &= 3x + (-1)\cdot(8x + 20y) \\ &= 3x + (-8x - 20y) \\ &= 3x - 8x - 20y \\ &= -5x - 20y \end{aligned}$$

Information

$-x = (-1)\cdot x$

Auflösen einer Minusklammer – Subtrahieren einer Klammer

(1) Steht ein Minuszeichen vor einer Klammer, so heißt die Klammer *Minusklammer.* Das Minuszeichen vor der Klammer kann als Multiplikation mit (-1) aufgefasst werden. Das Multiplizieren mit (-1) liefert die Gegenzahl.
Man löst eine Minusklammer auf, indem man jedes Glied der algebraischen Summe in der Klammer mit (-1) multipliziert.

$$\begin{aligned} -(-3x + 2y) &= (-1)\cdot(-3x + 2y) \\ &= (-1)\cdot(-3x) + (-1)\cdot 2y \\ &= +3x + (-2y) \\ &= 3x - 2y \end{aligned}$$

(2) Subtrahieren bedeutet das Addieren der Gegenzahl.

$$\begin{aligned} 7x - 4\cdot(2x - 5y) &= 7x - (8x - 20y) \\ &= 7x + (-(8x - 20y)) \\ &= 7x + (-8x + 20y) \\ &= 7x - 8x + 20y \\ &= -x + 20y \end{aligned}$$

Minusklammer auflösen bewirkt Umpolen der Zeichen.

Übungsaufgaben

2. a) Anna hat 100 € zum Geburtstag bekommen. Sie möchte davon eine Hose und einen Pullover kaufen. Da sie noch nicht genau ausgesucht hat, bezeichnet sie den Hosenpreis mit h € und den Pulloverpreis mit p €. Schreibe den Term für das Restgeld mit Variablen – einmal mit und einmal ohne Klammern.

b) Herr Pingel hat ebenfalls 100 € und möchte eine Lederjacke kaufen. Er entdeckt stets kleine Mängel an den Waren und versucht, einen Preisnachlass herauszuhandeln. Schreibe auch für sein Restgeld verschiedene Terme mit Variablen.

3. Löse die Minusklammer auf.

a) $-(a+b)$; $-(x-y)$; $-(-3+r)$
b) $-(a-b)$; $-(4x+y)$; $-(-u-7v)$
c) $-(3+x)+2$; $-(x+5y)+3y$; $-(a^2-b^2)-b^2$
d) $-(3x-y)+2(x-y)$; $-(-2a+1{,}8b)+a(2+b)$; $-(r+0{,}9x)+r(1-x)$

4. Subtrahiere die Klammer, indem du die Gegenzahl der Klammer addierst.

a) $x-(y+z)$; $x-(y-z)$; $a-(5+b)$
b) $3x-(x-y)$; $8a-(-a+2b)$; $5r-(-r-s)$
c) $6a-(-3b+4a)$; $4x-(-5x-7z)$; $5u-(7u-4v)$
d) $8-(2-a+b)$; $x-(3x+y-2z)$; $7r-(-s+2r+5)$

5. Von einem Stab der Länge x wird ein Stück der Länge y und eines der Länge 2z abgeschnitten. Stelle verschiedene Terme für die Restlänge des Stabes auf.

6. Auf einem Konto befindet sich ein Guthaben von h Euro. Eine Rechnung der Höhe r Euro wird um einen Treuegutschein von t Euro ermäßigt und von dem Konto bezahlt. Erstelle verschiedene Terme für das Restguthaben auf dem Konto.

7. Löse die Klammer auf. Fasse gleichartige Glieder zusammen.

a) $2{,}5a-(8{,}3a+b)$; $x-(1{,}9y+3{,}6x)$; $0{,}3u-(1{,}1u-4{,}5v)$
b) $7x-15(2x+y)$; $6{,}5a-8(5a+0{,}5b)$; $r-2{,}5(0{,}4r-s)$
c) $a-\frac{5}{6}\left(30b-\frac{12}{5}a\right)$; $\frac{2}{3}x-\frac{1}{4}\left(\frac{8}{3}x-\frac{3}{8}y\right)$; $\frac{4}{5}s-\frac{2}{3}\left(-t^2+\frac{6}{5}s\right)$

8. Kontrolliere Noras Hausaufgaben.

1) $(x^2+y)-(x^2-y)$
$= x^2+y-x^2-y$
$= 0$

2) $u^2-2(v+u^2)$
$= u^2-2v-u^2$
$= -2v$

3) $-(r-(s-r))$
$= -r+(s+r)$
$= -r+s+r$
$= s$

9. **a)** $(a-b)-(a+b)$; $(x^2+y^2)-(x^2-y^2)$; $(r^2-s)-(r^2-s)$
b) $m(m-n)-(m^2-1)$; $a(2a-b)-b(a+b^2)$; $2x(3x-y)-x^2(6+y)$
c) $(3-a)+(a-5)+(1{,}8a-2{,}3b)-(3{,}6a+1{,}5b)$; $-(x+7)-(4-x)+(11x+7y)-(-4x+2y)$; $-(x+y)-(y-x)-(a-10b)-\left(\frac{1}{3}a+8b\right)$
d) $uv(u-v)-v(-uv-u^2)-v^2(u+v)$; $p^2q(p-q)-2p(p^2-pq^2)+pq(p^2-q)$; $rs(2r^2-3s^2)-4r^2s^2(s-r)+2rs(5r^2+2s^3)$

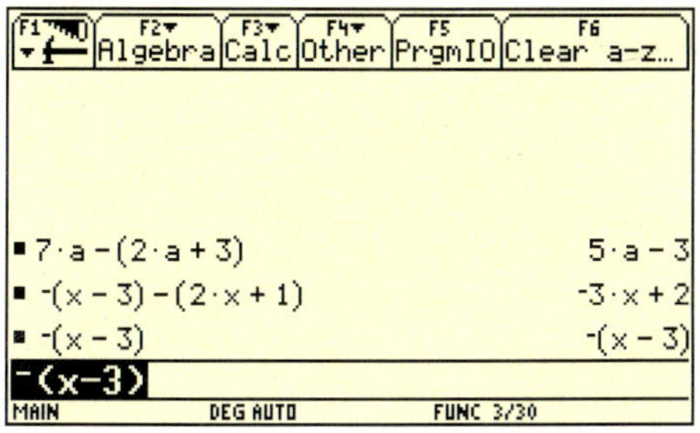

10. Bestimme die Lösungsmenge.

a) $2y-(y+4)=3-(6-3y)$
b) $x-2(x-1)=8-3(2+x)$
c) $(2-3x)\cdot 5-4(8-x)=0$
d) $5(4-3a)-6(2-4a)=1-(8-9a)$
e) $5-\frac{2}{5}(x+24)=-\frac{3}{4}(15+x)$
f) $\frac{1}{5}w=\left(\frac{1}{4}-w\right)-4\left(\frac{1}{2}w-2\right)$

11. CAS In einigen Fällen löst ein CAS Minusklammern sofort nach der Eingabe auf, in anderen jedoch nicht.
Untersuche, wie man mit dem CAS Minusklammern stets auflösen kann.

1.6 Ausklammern

Aufgabe 1

Beim Auflösen einer Klammer entsteht aus einem Produkt eine Summe. Wie kann man umgekehrt aus einer Summe ein Produkt herstellen?

a) Die Summe $3xy + 4xz$ enthält in beiden Summanden den gleichen Faktor x. Verwandle den Term in ein Produkt mit einem Faktor x.

b) Verwandle entsprechend in ein Produkt: (1) $6x + 4y$ (2) $20x + 12xy$

Lösung

a) Wir wenden das Distributivgesetz von rechts nach links an.

$$a \cdot b + a \cdot c = a \cdot (b + c)$$
$$3xy + 4xz = x \cdot 3y + x \cdot 4z = x \cdot (3y + 4z)$$

Distributivgesetz
$a \cdot (b + c) = a \cdot b + a \cdot c$

b) (1) Wir suchen in den Summanden $6x$ und $4y$ einen gemeinsamen Faktor. Das ist die Zahl 2. Dann wenden wir das Distributivgesetz von rechts nach links an.

$$6x + 4y = 2 \cdot 3x + 2 \cdot 2y = 2 \cdot (3x + 2y)$$

(2) Wir gehen zunächst schrittweise vor und suchen in $20x$ und $12xy$ einen gleichen Faktor. Wir finden z. B. die Zahl 4, klammern sie aus und wenden das Distributivgesetz von rechts nach links an und erhalten $4 \cdot (5x + 3xy)$.
In der Klammer finden wir dann noch x als gemeinsamen Faktor und klammern auch diesen aus.
Du kannst den Faktor $4x$ auch in einem Schritt ausklammern.

$$20x + 12xy = 4 \cdot 5x + 4 \cdot 3xy$$
$$= 4 \cdot (5x + 3xy)$$
$$= 4 \cdot (x \cdot 5 + x \cdot 3y)$$
$$= 4x(5 + 3y)$$

Mehrere Lösungen sind möglich.

$$20x + 12xy = 4x \cdot 5 + 4x \cdot 3y$$
$$= 4x(5 + 3y)$$

Information

In der Termumformung $4x \cdot 5 + 4x \cdot 3y = 4x \cdot (5 + 3y)$ wurde $4x$ als Faktor vor die Klammer gesetzt. Wir sagen: *4x wurde ausgeklammert.*
Die Summe wurde in ein Produkt umgeformt. Man spricht daher auch vom **Faktorisieren** der Summe.

Faktor ⟨lat.⟩
Math. Vervielfältigungszahl

Weiterführende Aufgabe

2. *Ausklammern einer Summe oder Differenz*

Fasse zusammen.

a) $3(x^2 + y) + 7(x^2 + y)$

b) $9(a + b) - 13(a + b)$

$$7(a + b) + 4(a + b)$$
$$= (7 + 4) \cdot (a + b) = 11(a + b)$$

Übungsaufgaben

3. Susanne hat Klammern aufgelöst. Sie hat die Aufgaben aber nicht notiert.
Wie könnten die Aufgaben geheißen haben?

a) $3x + 3x$ d) $3p^2q + 6pq$
b) $8a + 12b$ e) $8x^3z - 4x^2z$
c) $4x + ax$ f) $7u - 7$

4. Klammere einen gemeinsamen Faktor aus.

a)	**b)**	**c)**	**d)**	**e)**
$5a + 5b$	$11x - 11y$	$7x + 7yz$	$9 - 9x$	$25a - 15b$
$13r + 13s$	$19u - 19v$	$2rs + 2t^2$	$\frac{4}{5}u + \frac{4}{5}$	$3r^2 + 18s^2$

5. Klammere eine Variable als Faktor aus.

a) $4b + ab$; $3x - xy$; $rs + rr$
b) $xy - xz$; $uv + vw$; $t + t^2$
c) $a + 5ab$; $x^2 - 2xy$; $r^2 - r$
d) $4ab - 9bc$; $a^2b + zb^2$; $x^2y + x$
e) $4ab + 3a^2$; $5rs - r$; $-8uv^2 - u^2x$

6. Kontrolliere, ob richtig gerechnet wurde. Korrigiere, falls nötig.

Anna	Bert	Christian
$4xy - 4xz = 4x(y + z)$	$12ab + 18ab^2 = 3ab(4 + 6b)$	$-30cd - 24ce = -6c(5d - 4e)$

Dario	Elke	Fabian
$6x^6y + 4x^3z = 2x^3(x^2y + 2z)$	$15pq + 24pq^2 + 3q = 3q(5p + 8pq)$	$-27u^2v + 15uvw = -3v(9u^2 + 5uw)$

7. Suche in den Gliedern der Terme gleiche Faktoren. Klammere dann aus.

a) $3x + 2xy$; $7ab^2 + 2ac$; $5pq - 3nq$
b) $2xy + 2z$; $7rs - 7px$; $-9x + (-9y)$
c) $24x + 12y$; $8ab - 16c^2$; $21ab + 14xy$
d) $2xy + 2xz$; $77ab - 7bc$; $2x + x$
e) $9xy - 3x$; $-9xy - (-9xz)$; $-4ab^2 + (-24ac^2)$
f) $24uv - 36u^2$; $-21rs - (-28st)$; $55h^2 + (-33h)$
g) $100p^2 + 125p^3$; $-39a^2b + 52ab^2$; $75r^2s - (-50r^2s)$
h) $16a^2 - 24a^3b$; $-73x^5 + 146x^4$; $-t^6 - (-293t^3)$

8. Setze für □ eine passende Zahl oder Variable ein, sodass du ausklammern kannst. Sicher findest du mehrere Möglichkeiten.

a) $3x + \square y$ **b)** $7ab - 8\square$ **c)** $8a + 7\square$ **d)** $9x^2y + 2\square y$ **e)** $4\square z^2 - \square yz$

9. Klammere aus. Du kannst auch schrittweise vorgehen.

a) $8a^2 + 4a$; $27x^4 - 3x$; $2x^5 - 5x^2$; $9u^4 + 10u^3$
b) $9a^2b - 3a^4b$; $10a^5b + 8a^3b^2$; $\frac{3}{4}x + \frac{3}{4}y + \frac{3}{4}z$; $4x^2y + 20x^3y^2$
c) $4ab^2 + 6a^2b + 10ab$; $-12x^2y - 9xy^2 + 5xy$; $10pq + 15p^2q - 20pq^2$; $24x^4y^2 - 30x^2y^2$

$$15x^2y + 20xz^2$$
$$= 5(3x^2y + 4xz^2)$$
$$= 5x(3xy + 4z^2)$$

10. Klammere so aus, dass der Term in der Klammer möglichst einfach wird.

a) $9ab + 9ac$; $5r^2 - 5rs$; $7xy + 7x$
b) $4xy + 4xz$; $17xy^2 - 17y^2z$; $9rq^2 + 7rt^2$
c) $8uv - vw$; $0{,}5ab + abc$; $\frac{1}{12}xy + \frac{1}{12}yz$
d) $a^2b - ac$; $800xy^2 + 24yt^2$; $18u^2v - 999uv$
e) $15uv - 5ut + 20ur - 45uv$; $12rs - 18st - 30s^2 - 42rst$; $\frac{2}{5}ab + \frac{2}{5}a^2c - \frac{4}{5}abc - \frac{1}{5}a$
f) $8ab + 12a^2 + 60ab^2$; $75x^3uv + 125x^2r^2 - 150x^4$; $42rs + 56st - 35s^2 + 91rst$

11.
a) $24x^2z^3 + 18x^4yz^5$
b) $12a^4b^2c + 3a^2bc$
c) $40p^2q^5r^3 - 12pq^6r^4$
d) $-18c^2d^2e^2 - 24cd^4e$
e) $15a^2b^2c^2 - 10a^4b^2c$
f) $\frac{1}{2}u^2vw - \frac{3}{2}uv^2w^3$
g) $-27u^4v^5w - 24u^5v^4w + 3u^4vw$
h) $\frac{3}{8}rst - \frac{5}{8}r^2st + \frac{7}{8}r^3s^3t$
i) $\frac{1}{6}e^4f^5gh - \frac{5}{6}efgh + \frac{1}{2}e^2f^2gh^3$

CAS **12.** a) In der ersten Aufgabe hat das Computer-Algebra-System ohne ausdrücklichen Befehl ausgeklammert. Welches Ziel hat es verfolgt?

b) Ausklammern kann man stets mit dem Befehl **factor** erreichen. Kontrolliere das Ergebnis.

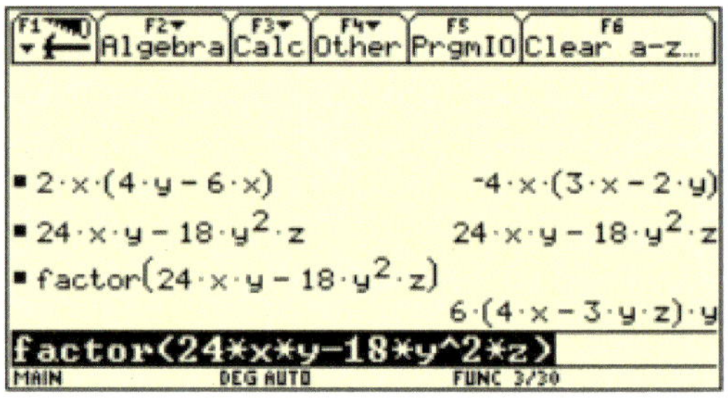

13. Die Formel für den Umfang eines Rechtecks mit der Seitenlänge a und b gibt man häufig so an:
$u = 2a + 2b$.
Klammere aus und verdeutliche dann am Rechteck, dass beide Formeln wertgleiche Terme beinhalten.

14. Fasse zusammen. Klammere dazu eine Klammer, also eine Summe oder eine Differenz, aus.

a) $5(x + y) + 11(x + y)$ **d)** $2{,}5(a + 9b) + 4{,}5(9b + a)$

b) $17(x - y) + 9(x - y)$ **e)** $\frac{2}{3} \cdot (4u - 11v) + 1 \cdot (4u - 11v)$

c) $2(5x - 4y) - 8(5x - 4y)$ **f)** $\frac{5}{8}\left(\frac{r}{11} - \frac{s}{13}\right) - \left(\frac{r}{11} - \frac{s}{13}\right)$

15. Fülle die Lücke aus.

a) $12 - 3x = -3 \cdot (\square + x)$ **c)** $-ab - 8a = -a(\square + 8)$ **e)** $a^2 - ab = \square \cdot (-a + b)$

b) $-x + xy = -x(1 - \square)$ **d)** $9x - 12xy = \square \cdot (-3 + 4y)$ **f)** $xy - y^2 = \square \cdot (y - x)$

16. Klammere den Faktor (– 1) aus.

a) $-5 - a$; $-x - y$; $-b - 7$
b) $-r^2 - 9$; $-ab + 20$; $-x^2y - 11$
c) $-x + y$; $-4 + q$; $-q + 4$
d) $a - b$; $x^2 - a^3$; $-a - x$
e) $x^2 - y^2 + 1$; $a + b - c$; $r - s^2 + rs$
f) $u - 1{,}7 + v$; $\frac{4}{5} + x + y$; $-a + b - \frac{1}{2}$

17. Setze den Term in eine Minusklammer.

a) $-8x - 3$ **d)** $3x + 4y - 7z$

b) $3x - 2y$ **e)** $-2a + 5b - 9c$

c) $-8a + 5b$ **f)** $-x - 2y - 3z$

$$\begin{aligned}4x - y &= (-1) \cdot (-4x) + (-1) \cdot y\\ &= (-1) \cdot (-4x + y)\\ &= -(-4x + y)\end{aligned}$$

18. Tobias hat Minusklammern aufgelöst, aber nur die Ergebnisse notiert. Wie könnten die Aufgaben geheißen haben?

1) $5x - y - 7$ 2) $3a - 2b + 4$ 3) $-7x - 14y$ 4) $7a - 2x - 4y + 9$

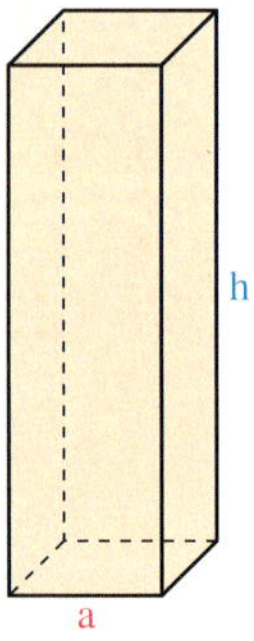

19. **a)** Skizziere ein Netz eines Quaders mit quadratischer Grundfläche und erstelle einen Term für den Oberflächeninhalt.

b) Klammere in diesem Term so aus, dass der Term in der Klammer möglichst einfach wird. Veranschauliche dann diesen Term durch eine geeignete Fläche.

c) Berechne den Oberflächeninhalt für $a = 3{,}5$ und $h = 7{,}5$ mit beiden Termen. Wie viele Rechenschritte benötigst du bei dem einen Term, wie viele bei dem anderen?

1.7 Auflösen von zwei Klammern in einem Produkt

Aufgabe 1

a) Wende zum Auflösen der Klammern zweimal das Distributivgesetz an.
Formuliere dann eine Regel über das Auflösen von zwei Klammern in einem Produkt.
(1) $(a + b) \cdot (p + q)$ (2) $(a - b) \cdot (c + d - e)$

b) Wende diese Regel auf die folgenden Produkte an.
(1) $(3a + 7b) \cdot (4b + 2c)$ (2) $(2a - 4b) \cdot (-7a - 2b + 9)$

Lösung

a) (1) Führe für die Summe p + q eine neue Variable c ein, d. h. setze $c = p + q$.

$$\begin{aligned}(a + b) \cdot (p + q) &= (a + b) \cdot c \\ &= a \cdot c + b \cdot c \\ &= a \cdot (p + q) + b \cdot (p + q) \\ &= a \cdot p + a \cdot q + b \cdot p + b \cdot q\end{aligned}$$

Distributivgesetz einmal angewandt

Distributivgesetz nochmals angewandt

(2) $$\begin{aligned}(a - b) \cdot (c + d - e) &= a \cdot (c + d - e) - b \cdot (c + d - e) \\ &= a \cdot c + a \cdot d - a \cdot e - b \cdot c - b \cdot d + b \cdot e\end{aligned}$$

Auflösen von zwei Klammern in einem Produkt

Jedes Glied der einen Klammer wird mit jedem Glied der anderen Klammer multipliziert.
Die Zeichen + und – werden nach den Vorzeichenregeln bestimmt.

b)

(1) $$\begin{aligned}(3a + 7b) \cdot (4b + 2c) &= 3a \cdot 4b + 3a \cdot 2c + 7b \cdot 4b + 7b \cdot 2c \\ &= 12ab + 6ac + 28b^2 + 14bc\end{aligned}$$

(2) $$\begin{aligned}(2a - 4b) \cdot (-7a - 2b + 9) &= -2a \cdot 7a - 2a \cdot 2b + 2a \cdot 9 + 4b \cdot 7a + 4b \cdot 2b - 4b \cdot 9 \\ &= -14a^2 - 4ab + 18a + 28ab + 8b^2 - 36b \\ &= -14a^2 + 24ab + 18a + 8b^2 - 36b\end{aligned}$$

Übungsaufgaben

2. Der Garten der Familie Meyer hat die Form eines Rechtecks. Rechts ist die Größe der Rasenfläche, der Blumenbeete, der Spielfläche und der anderen Beete mit vier Teilrechtecken veranschaulicht.
Berechne die Größe des Gartens auf zwei Weisen:
(1) Länge mal Breite des ganzen Gartens.
(2) Die Größe jedes der 4 Teile wird bestimmt, die Ergebnisse werden addiert.

a) Gib für jede der Berechnungsweisen einen Term mit den Variablen a, b, c, d an.

b) Berechne die Gesamtfläche durch Einsetzen der Werte für a, b, c, d.

c) Die Gültigkeit von $(a + b) \cdot (c + d) = a \cdot c + a \cdot d + b \cdot c + b \cdot d$ kann so nur für positive Zahlen nachgewiesen werden.
Wie kann man beweisen, dass diese Formel auch für negative Zahlen gilt?

3. **a)** Erkläre am nebenstehenden Bild:
$(a + b) \cdot (c - d) = ac - ad + bc - bd$
Warum ist diese Überlegung nur für positive Zahlen a, b, c, d mit $d < c$ gültig?

b) Entwirf ein ähnliches Bild zu der folgenden Gleichung:
$(a - b)(c - d) = ac - ad - bc + bd$

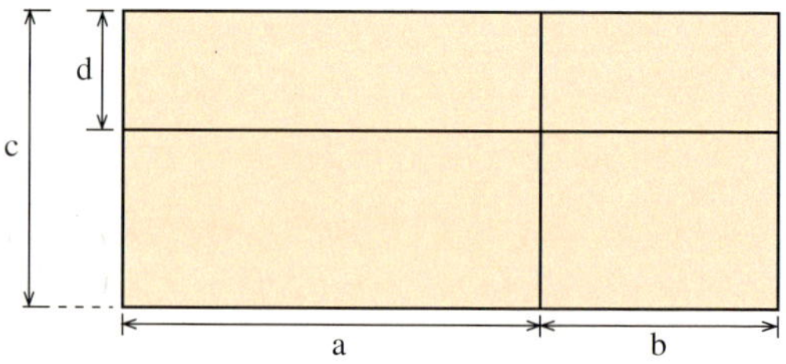

4. Löse die Klammern auf. Wende dabei mehrmals das Distributivgesetz an.

a) $(x + 7)(y + 4)$
$(a + 9)(b - 3)$
$(a - 1)(b - 8)$

b) $(x + y)(a + b)$
$(x - y)(u + v)$
$(x - y)(u - v)$

c) $(-x + y)(2 + a)$
$(-a - b)(x - y)$
$(-1 - r)(u + v)$

d) $(x - 2)(y + 1)$
$(x + y)(a - b)$
$(-a - b)(-c - d)$

$(a + 5) \cdot (b + 2)$
$= a \cdot (b + 2) + 5 \cdot (b + 2)$
$= ab + 2a + 5b + 10$

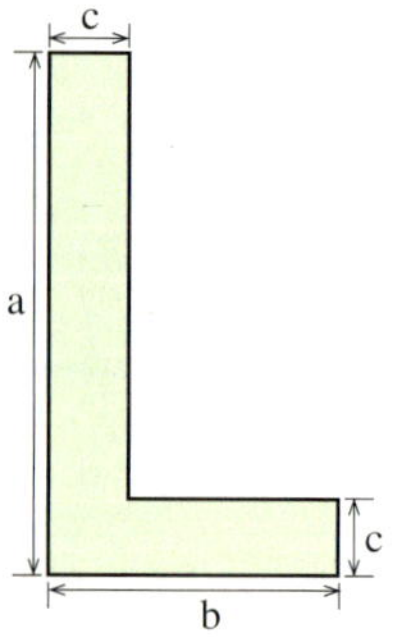

5. Für den Flächeninhalt der abgebildeten Fläche haben Tom und Britta Terme aufgestellt.

a) Erläutere die Überlegungen von Tom und Britta.

b) Zeige auch durch Termumformung, dass beide Terme wertgleich zueinander sind.

6. Löse die Klammern auf und fasse gegebenenfalls zusammen.

a) $(a - b)(10 - a)$
$(2a + b)(3 - c)$
$(4 - 5x)(1 + y)$
$(8r + s)(s - 2t)$
$(9x - 4y)(6z + 3)$

b) $(8a - 3b)(5c - 7d)$
$(8a - 3b)(3a - 8b)$
$(3x - y)(x - 5y)$
$(-a + 6b)(3a - 9)$
$(-a - b^2)(a - 3)$

c) $(1 - r)\left(\frac{2}{5} - r\right)$
$\left(\frac{1}{8} - t\right)\left(t + \frac{1}{8}\right)$
$\left(9a - \frac{1}{2}b\right)\left(\frac{1}{3}a + 4b\right)$
$(7x - 3y)\left(\frac{2}{3}x - \frac{3}{7}y\right)$

7. **a)** $(x - 0{,}3)(x + 7)$
$(a + 11)(a - 8)$
$(9 - x)(4 + x)$

b) $(4a - 1{,}5)(0{,}3 - 2a)$
$(a - 7x)(4x + 1)$
$(a + 2b)(a - b)$

c) $(-x - y)(x + 2y)$
$(2a + 9b)(a + 7b)$
$(-r - 2s)(-r + s)$

8. **a)** $(z + 3)(7 + z + t)$
$(a^2 - a)(c + d - 1)$
$(-r + s^2)(r + u - v)$

b) $(-a + b)(4 + a - b)$
$(-x - y)(r - s - t)$
$(-u + v)(-a - b + c)$

c) $(2a + 4b)(7a - 2b)$
$(3x - 2y)(4x - 7y)$
$(3x^2 - 2x - 1)(2x + 5)$

9. **a)** $\left(x - \frac{y}{3}\right)(9x - 15y) + (6x + 3y)\left(\frac{x}{2} - y\right)$ **b)** $(x + y)(4y - 4x) + (x - 2y)(1{,}5x + y)$

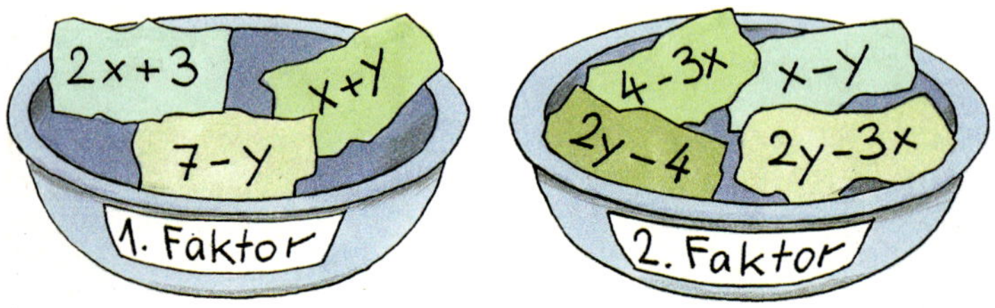

10. Bilde alle Produkte, bei denen ein Faktor aus dem linken Korb und der andere aus dem rechten Korb stammt.

CAS **11.** Computer-Algebra-Systeme multiplizieren mit dem Befehl **expand** auch Summen miteinander.
Kontrolliere das Beispiel rechts. Gib dann eigene Beispiele ein und vergleiche die Form der Ausgabe mit deinen Erwartungen.

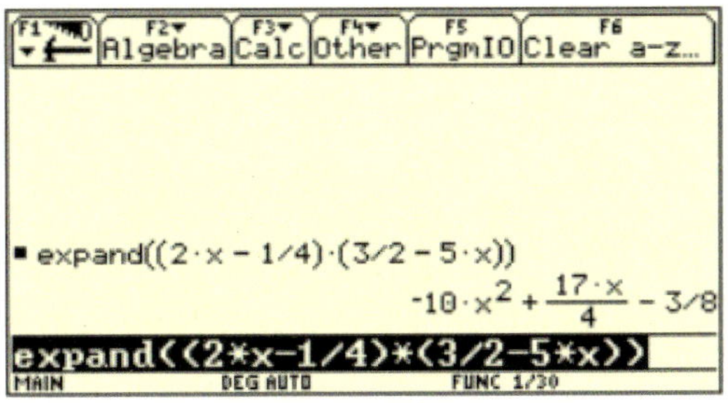

12. Löse die Klammern auf und fasse zusammen.

a) $6y^2 + (2x + 3y)(3x - 2y)$

b) $28a^4 + (5a - 7a^2)(a + 4a^2)$

c) $3xy - (2x - 9y)(x + 6y)$

d) $41 - (11 - 5x)(3 - x^2) + 5x^3 - 15x$

e) $(a - b)(2a + b) - (a + 4b)(3a - 2b)$

f) $\left(\frac{a}{2} + \frac{b}{2}\right)(4a + 6b) - (1{,}2 - 4{,}8b)(5b + 15a)$

g) $8xy - (2x - 5y)(2x - 3y) + 3x^2$

h) $2a^2 - b^2 + (5a - 3b)(9a - 6b)$

i) $4 - (2x^2 - y^2)(x - y) + 3x^3 - 2xy^2$

j) $9pq^2 - (4p - 3q^2)(2p + q) + 8p^2$

$$\begin{aligned} &4vw - (2v + w)(v - w)\\ &= 4vw - [2v^2 - 2vw + vw - w^2]\\ &= 4vw - [2v^2 - vw - w^2]\\ &= 4vw - 2v^2 + vw + w^2\\ &= 5vw - 2v^2 + w^2 \end{aligned}$$

Gleichungen mit zwei Klammern in einem Produkt

13. Bestimme die Lösungsmenge.

a) $(5x - 2)(x + 4) = 5(x^2 + 2)$

b) $(2x - 5)(5x - 2) = 10x^2 - 34x$

c) $(3x - 1)(4x + 2) = (2x + 1)(6x - 2)$

d) $(4x + 3)(6x - 5) = (2x + 3)(12x - 13)$

e) $(x + 7)(x - 4) = x^2 + 2$

f) $(2x + 1)(3x - 1) = 6x^2$

$$\begin{aligned} (x - 2)(x - 1) &= x^2 - 7\\ x^2 - x - 2x + 2 &= x^2 - 7\\ x^2 - 3x + 2 &= x^2 - 7 \quad | -x^2\\ -3x + 2 &= -7\\ x &= 3 \end{aligned}$$

$L = \{3\}$

14. Bestimme die Lösungsmenge.

a) $(x - 2)(x - 5) = x^2 - 3$

b) $(x - 1)(x + 6) > x^2 + 4x + 4$

c) $(2x + 3)(5 - x) = x - 2x^2 + 27$

d) $(3a - 4)(2a + 1) - (6a^2 - 9) = 15$

e) $-10b^2 - (7 - 2b)(5b - 2) \le 287$

f) $(3x - 5)(3x + 2) = (x - 7)(9x + 1) + 50$

g) $(6x + 2)(x - 3) = (3x + 1)(2x - 4) + 4$

h) $(9x + 5)(2x - 8) \ge (6x + 1)(3x - 10)$

i) $(x - 8)(x + 14) - (x + 3)(x + 2) + 1 = 0$

j) $(3x - 4)(4x - 3) - (5 - 2x)(7 - 6x) = 34$

k) $(-c + 6)(4c - 9) < 2 + 61c - 4c^2$

l) $(v - 0{,}2)(v + 0{,}3) = (v - 0{,}3)(v + 0{,}2)$

15. Suche Fehler in Michels Rechnung.
Korrigiere dann.

$$\begin{aligned} x^2 - (x+1)(x-3) &= 7\\ x^2 - x^2 - 3x + x - 3 &= 7\\ -2x - 3 &= 7\\ -2x &= 4\\ x &= -2 \end{aligned}$$

Probe:
L.S. $(-2)^2 - (-2+1)(-2+3) = 2$
R.S. 7

1.8 Binomische Formeln *Zum Selbstlernen*

Ziel

Terme wie $(3x + 5)^2$ oder $(u - 2v)^2$ oder auch $(3a + 3b) \cdot (3a - 3b)$ kannst du inzwischen mit den Regeln zum Auflösen von zwei Klammern in einem Produkt umformen. Die hier genannten Terme stellen insofern Sonderfälle dar, dass eine Summe bzw. eine Differenz mit sich selbst oder eine Summe mit einer entsprechenden Differenz multipliziert wird.
Hier lernst du Formeln kennen, mit deren Anwendung diese besonderen Produkte schneller und damit zeitsparend aufgelöst werden können.

Zum Erarbeiten

Binomische Formeln

Verwandle zunächst in ein Produkt. Löse dann die Klammern auf.

a) $(a + b)^2$ ***b)*** $(a - b)^2$ ***c)*** $(a + b) \cdot (a - b)$

Wir schreiben das Quadrat als Produkt und erhalten durch Ausmultiplizieren:

a) $(a + b)^2 = (a + b) \cdot (a + b) = a^2 + ab + ba + b^2 = a^2 + 2ab + b^2$

b) $(a - b)^2 = (a - b) \cdot (a - b) = a^2 - ab - ba + b^2 = a^2 - 2ab + b^2$

c) $(a + b) \cdot (a - b) = a^2 - ab + ba - b^2 = a^2 - b^2$

binomisch ⟨lat.⟩
Math. zweigliedrig

Binomische Formeln

Für alle rationalen Zahlen für a und b gilt:
1. Binomische Formel: $\mathbf{(a + b)^2 = a^2 + 2ab + b^2}$
2. Binomische Formel: $\mathbf{(a - b)^2 = a^2 - 2ab + b^2}$
3. Binomische Formel: $\mathbf{(a + b) \cdot (a - b) = a^2 - b^2}$

Man quadriert eine Summe, indem man zum Quadrat des ersten Summanden das doppelte Produkt beider Summanden und das Quadrat des zweiten Summanden addiert.

Anwenden der binomischen Formeln

Will man den Term $(3x + 5)^2$ ausrechnen, so könnte man ihn in das Produkt $(3x + 5) \cdot (3x + 5)$ verwandeln und ausmultiplizieren.

Man spart jedoch Zeit, wenn man die 1. binomische Formel anwendet.

Erkläre zunächst die Rechnung rechts.

Wende eine binomische Formel an:
(1) $(7x + 5)^2$
(2) $(4x - 2)^2$
(3) $(3x + 2)(3x - 2)$

$$(a + b)^2 = a^2 + 2 \cdot a \cdot b + b^2$$
$$\begin{aligned}(3x + 5)^2 &= (3x)^2 + 2 \cdot 3x \cdot 5 + 5^2\\ &= 3x \cdot 3x + 6x \cdot 5 + 25\\ &= 9x^2 + 30x + 25\end{aligned}$$

Beim Beispiel oben rechts erfolgten folgende Überlegungen: Der erste Summand 3x entspricht der Variablen a in der binomischen Formel, der zweite Summand 5 der Variablen b. Daher wurde an jeder Stelle für a der Term 3x und für b die Zahl 5 eingesetzt. Anschließend werden die Produkte vereinfacht.
Entsprechend kann man bei den folgenden Beispielen binomische Formeln anwenden:

(1) Wir wenden die 1. binomische Formel an:
$(7x + 5)^2$
$= (7x)^2 + 2 \cdot 7x \cdot 5 + 5^2$
$= 49x^2 + 70x + 25$

(2) Wir wenden die 2. binomische Formel an:
$(4x - 2)^2$
$= (4x)^2 - 2 \cdot 4x \cdot 2 + 2^2$
$= 16x^2 - 16x + 4$

(3) Wir wenden die 3. binomische Formel an:
$(3x + 2) \cdot (3x - 2)$
$= (3x)^2 - 2^2$
$= 9x^2 - 4$

Zum Selbstlernen

Zum Üben

1. a) Der Garten der Familie Hansel hat die Form eines Quadrates.
(1) Berechne die Größe des Gartens auf zwei Weisen.
(2) Wieso folgt daraus
$(a + b)^2 = a^2 + 2ab + b^2$
für positive Zahlen a und b?
(3) Beweise, dass für alle rationalen Zahlen, also auch für negative, die Termumformung aus (2) gilt.

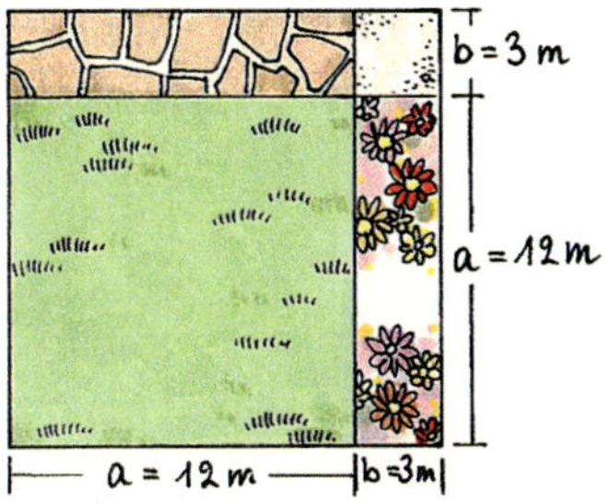

b) Löse die Klammer auf:
$(a - b)^2$
Veranschauliche die Teilterme des Ergebnisses dann an dem nebenstehenden Bild.
Welche einschränkende Bedingung muss bei der Veranschaulichung für die Variablen gelten?

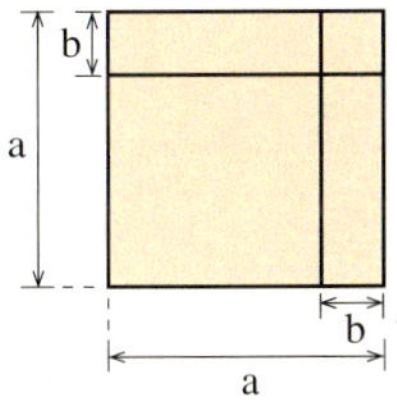

2. Sage die binomischen Formeln auch mit anderen Variablen als a und b auf.

a) $(x + y)^2 = \dots$
$(x - y)^2 = \dots$
$(x + y)(x - y) = \dots$

b) $(p + q)^2 = \dots$
$(p - q)^2 = \dots$
$(p + q)(p - q) = \dots$

c) $(\text{klim} + \text{bim})^2 = \dots$
⋮

3. Wende die binomischen Formeln an.

a) $(x + 5)^2$
$(7 + x)^2$
$(u + v)^2$
$(p + q)^2$

b) $(x - 6)^2$
$(9 - x)^2$
$(v - w)^2$
$(r - s)^2$

c) $(x + 8)(x - 8)$
$(u + 5)(u - 5)$
$(3 - r)(3 + r)$
$(x - y)(x + y)$

d) $(x - 0{,}8)^2$
$(-3x + 2y)^2$
$(0{,}2x - y)^2$
$\left(\frac{1}{2}x + \frac{2}{3}y\right)^2$

4. Die Umformung rechts wurde von einem Mitschüler durchgestrichen. Sie ist falsch. Warum?

~~$(a + b)^2 = a^2 + b^2$~~

5. Sind die linke und die rechte Seite wertgleich? Überprüfe und korrigiere, falls nötig.

a) $(a - b)^2 = a^2 - b^2$
b) $(a - b)^2 = a^2 - ab + b^2$
c) $(a + b)(a - b) = a^2 - b^2$
d) $(q - p)^2 = p^2 - 2pq + q^2$
e) $(q + p)^2 = q^2 + p^2 + 2pq$
f) $(p + q)(p - q) = q^2 - p^2$
g) $(r + s)^2 = r + 2rs + s$
h) $(r - s)^2 = r^2 - s^2 + 2rs$
i) $(r + s)(r - s) = -s^2 + r^2$
j) $(u + v)(v - u) = u^2 - v^2$

6. a) $(2x + 3)^2$
$(3x + 2y)^2$
$(0{,}5x - 3)^2$

b) $(1{,}5 + x)^2$
$(x - 0{,}8)^2$
$(a + 3{,}2)(a - 3{,}2)$

c) $(0{,}2x - y)^2$
$(x + 2{,}5y)^2$
$(x - 0{,}1y)(x + 0{,}1y)$

d) $\left(\frac{4}{5} - y\right)^2$
$\left(\frac{1}{2}x + \frac{2}{3}y\right)^2$
$\left(\frac{1}{3}x + y\right)\left(\frac{1}{3}x - y\right)$

7. a) $(-4 + x)^2$
$(x + (-3))^2$
$(-2 - x)^2$
$(1 - (-x))^2$

b) $(-r + s)^2$
$(-r - s)^2$
$(r + (-s))^2$
$(-r + (-s))^2$

c) $(-6x + y)^2$
$(+4x + (-3y))^2$
$(-5x - 7y)^2$
$(-3x - (-4y))^2$

d) $(-3a + 2b)^2$
$(-a + 4b)(-a - 4b)$
$(8u - 7v)(8u + 7v)$
$(6u + 5v)(-6u + 5v)$

Zum Selbstlernen

8. **a)** $(3x^2 + 4y)^2$ **b)** $(2x - 3xy)^2$ **c)** $\left(\frac{1}{3}a^2b - \frac{1}{4}ab^2\right)^2$

$(4a^3 - 3b)^2$ $(4c^2 + 2cd)^2$ $\left(\frac{u^2}{4} + 3uv\right)^2$

$(p^2 - q^2)(p^2 + q^2)$ $(2rs - 3s^2)(2rs + 3s^2)$ $\left(\frac{c^2d}{3} + \frac{1}{2}cd\right)\left(\frac{c^2d}{3} - \frac{1}{2}cd\right)$

9. Löse die Klammern auf und fasse dann zusammen. Wende dazu eine binomische Formel an, wenn es möglich ist.

a) $(4a - 9)(4a + 9)$ **c)** $(4a - 9)(9a - 4)$ **e)** $(4a + 9)(9 + 4a)$

b) $(4a - 9)(-4a - 9)$ **d)** $(-4a + 9)(4a - 9)$ **f)** $(4a - 9)(-9 + 4a)$

10. Die linke Fläche wird zerschnitten und neu zusammengelegt. Damit lässt sich eine binomische Formel veranschaulichen. Begründe, welche.

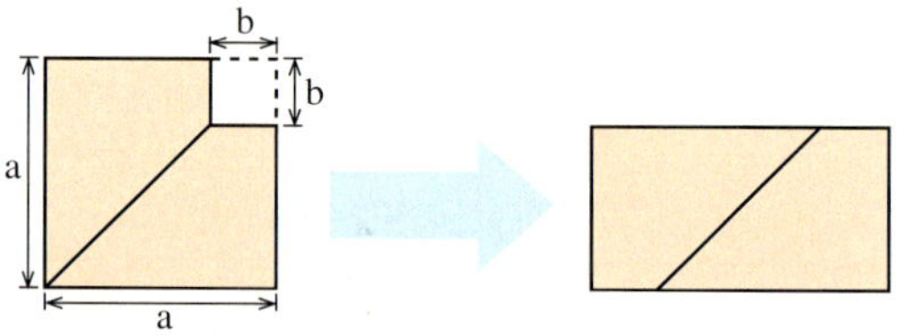

11. Berechne mithilfe der binomischen Formeln.

a) 81^2; 79^2; $81 \cdot 79$

b) 102^2; 98^2; $102 \cdot 98$

c) $1{,}01^2$; $0{,}99^2$; $1{,}01 \cdot 0{,}99$

$$71^2 = (70 + 1)^2 = 70^2 + 2 \cdot 70 \cdot 1 + 1^2$$
$$= 4\,900 + 140 + 1$$
$$= 5\,041$$

CAS **12.** Verwende ein Computer-Algebra-System, um binomische Formeln aufzulösen. Kontrolliere, inwieweit die Ergebnisse deinen Erwartungen entsprechen.

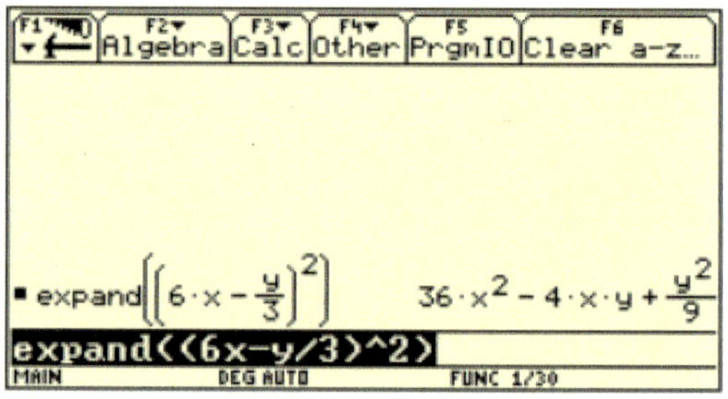

13. Vereinfache.

a) $(a + 3b)^2 + (a + b)(4a + b)$

b) $(a + 4b)^2 + (7a + b)(7a - b)$

c) $(3{,}5a + b)^2 + (a + 1{,}5b)^2$

d) $(4x + y)^2 - (x + y)(3x + y)$

e) $(0{,}5x + 0{,}3y)^2 - (0{,}2x - 0{,}4y)^2$

f) $\left(\frac{a}{2} - 2b\right)^2 + \left(6a - \frac{b}{3}\right)^2$

14. Bestimme die Lösungsmenge.

a) $(x + 5)^2 = (x - 4)^2$

b) $(x - 7)(x + 7) = (x + 8)^2 - 1$

c) $(x - 11)^2 - (x + 9)^2 = 0$

d) $\left(x + \frac{1}{3}\right)^2 - \left(x - \frac{1}{2}\right)\left(x + \frac{1}{2}\right) + \frac{5}{36} = 0$

e) $(4x - 1)^2 = (2x + 5)(8x - 3) - 5$

f) $(-3x + 8)(3x - 8) - (9x - 5)(-x + 2) = 77$

g) $(1{,}5x + 2{,}4)^2 = (1{,}5x - 3{,}2)^2 - 38{,}08$

h) $\left(\frac{x}{4} + 1\right)\left(\frac{x}{4} - 1\right) - \left(\frac{x}{2} - 2\right)\left(\frac{x}{8} + 5\right) + 9 = 0$

i) $(2x - 15)^2 = (1 + 2x)^2 - 30x - 14$

j) $(2 + 3z)^2 = (1 + 3z)^2 + 8z + 1$

k) $(x + 2)(3 + x) > (3 - x)^2 + 5x$

l) $(1 - 4t)(1 + 4t) \geq (3 + 2t)(1 - 8t) + 20$

15. Müllers Baugrundstück hat die Form eines Quadrates. Durch eine Änderung des Bebauungsplanes muss an den beiden an die Straße grenzenden Seiten ein 2 m breiter Streifen abgegeben werden. Dadurch wird das Grundstück um 120 m² kleiner.
Stelle eine Frage und beantworte diese.

Zum Selbstlernen

1.9 Faktorisieren einer Summe

Aufgabe 1

Beim Ausklammern entsteht aus einer Summe ein Produkt. Das Umformen einer Summe in ein Produkt nennt man auch *Faktorisieren*. Nicht nur durch einfaches Ausklammern kann man eine Summe in ein Produkt umwandeln. Ausklammern ist nur ein Spezialfall von Faktorisieren.

Faktorisiere: **a)** $4x^2 - 9y^2$ **b)** $49r^2 - 126rs + 81s^2$

Lösung

a) Wende die 3. binomische Formel von rechts nach links an.

$$a^2 - b^2 = (a + b) \cdot (a - b)$$
$$4x^2 - 9y^2 = (2x)^2 - (3y)^2 = (2x + 3y) \cdot (2x - 3y)$$

b) Wende die 2. binomische Formel von rechts nach links an.

$$a^2 - 2 \cdot a \cdot b + b^2 = (a - b)^2$$
$$49r^2 - 126rs + 81s^2 = (7r)^2 - 2 \cdot 7r \cdot 9s + (9s)^2 = (7r - 9s)^2$$

Weiterführende Aufgaben

2. *Quadratisches Ergänzen*

a) Ersetze □ durch einen Term, so dass sich der entstehende Term als Ergebnis einer binomischen Formel schreiben lässt.

(1) $x^2 + 2xy + \square$
(2) $u^2 + 10u + \square$
(3) $4a^2 - 12ab + \square$
(4) $m^2 - 2mn + \square$
(5) $p^2 + 4p + \square$
(6) $9u^2 - 24uv + \square$

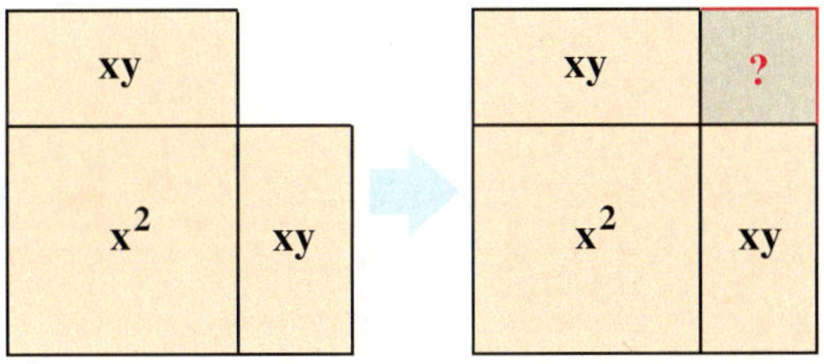

b) Erläutere das Bild rechts.

3. *Umkehrung des Auflösens zweier Klammern in einem Produkt*

Du weißt, wie man Klammern beim Multiplizieren von Summen auflöst. Dieses Verfahren kann man in umgekehrter Richtung durchführen.
Faktorisiere. Gehe dabei schrittweise vor.

a) $3x + ax + 3y + ay$

b) $28xy - 4x + 21y - 3$

c) $4ac + 4ad - 3bc - 3bd$

Aus jeweils zwei Summanden einen gemeinsamen Faktor ausklammern.

$$2a^2b + 2a^3 + 3ab^2 + 3a^2b$$
$$= 2a^2 \cdot (b + a) + 3ab \cdot (b + a)$$
$$= (2a^2 + 3ab) \cdot (b + a)$$

Schrittweises Faktorisieren.

Übungsaufgaben

4. Robert hat seine Hausaufgaben zu den binomischen Formeln erledigt. Er hat aber nur die Ergebnisse notiert. Wie könnten die Aufgaben geheißen haben?

a) $c^2 + 2cd + d^2$ c) $g^2 - h^2$ e) $9z^2 - 24z + 16$
b) $e^2 - 4ef + 4f^2$ d) $4u^2 - 12uv + 9v^2$ f) $\frac{1}{4}x^2 - \frac{1}{9}y^2$

5. Faktorisiere mithilfe der binomischen Formeln.

a) $u^2 - v^2$; $r^2 - 121s^2$; $1 - 16a^2$; $k^2 - 625$

b) $x^2 + 2xy + y^2$; $r^2 - 2rs + s^2$; $x^2 + 2x \cdot 7 + 49$; $u^2 - 2uv + v^2$

c) $a^2 + 20a + 100$; $x^2 - 20x + 100$; $a^2 - 2a + 1$; $x^2 + 14x + 49$

d) $25 - 10x + x^2$; $36 + 12b + b^2$; $100 - 20x + x^2$; $k^2 + k - 625 - k$

6. Kontrolliere Rebeccas Hausaufgaben.

a) $x^2 - a^2 = (x - a)^2$

c) $4u^2 + 16uv + 16v^2 = (2u + 8v)^2$

b) $4a^2 - 12ab + 9b^2 = (2a - 3b)^2$

d) $\left(\frac{1}{4}p^2 - 2pq + 4q^2\right)^2 = \left(\frac{1}{2}p + q\right)^2$

7. Fülle die Lücken aus.

a) $x^2 + \square + y^2 = (x + y)^2$; $a^2 + 12a + \square = (a + 6)^2$; $\square - 2r + r^2 = (1 - r)^2$

b) $a^2 + \square + b^2 = (a + \square)^2$; $x^2 - 8x + \square = (x + \square)^2$; $\square + 36b + b^2 = (\square + b)^2$

c) $a^2 + 6ab + \square = (a + \square)^2$; $x^2 + 5xy + \square = (x + \square)^2$; $r^2 - 2{,}4rs + \square = (r - \square)^2$

d) $4x^2 + \square + 9y^2 = (2x + 3y)^2$; $25a^2 - \square + 49b^2 = (5a - 7b)^2$; $100r^2 + \square + 81s^2 = (\square + 9s)^2$

CAS **8.** Bei einem Computer-Algebra-System dient der Befehl **factor** zum Faktorisieren. Kontrolliere das Beispiel rechts. Wähle dann eigene Beispiele.

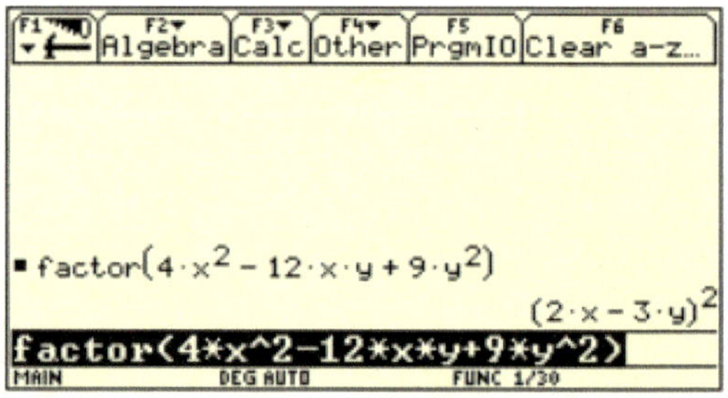

9. Klammere zunächst aus und wende dann eine binomische Formel an.

a) $7a^2 + 14ab + 7b^2$; $8a^2 - 98b^2$; $45x^2 - 30xy + 5y^2$

b) $24a^2 - 120ab + 150b^2$; $108x^2 + 252xy + 147y^2$; $980u^2 - 320v^2$

c) $11a^2 + 44ab + 44b^2$; $1\,600x^2 - 2\,400xy + 900y^2$; $500r^2 - 12\,500s^2$

10. Führe das quadratische Ergänzen durch.

a) $z^2 - 2zw + \square$; $x^2 - 8x + \square$; $16p^2 + 8pq + \square$

b) $4c^2 + 12cd + \square$; $25a^2 + 80ab + \square$; $9w^2 - 20vw + \square$

c) $z^2 + z + \square$; $x^4 + 2x^2 + \square$; $9u^2v^4 - u^2v^2 + \square$

d) $\frac{4}{9}p^2 + \frac{2}{3}p + \square$; $\frac{9}{16}a^2 + b + \square$; $c^4d^2 - \frac{2}{3}c^2d + \square$

11. Nina hat ihre Hausaufgaben zum Auflösen von zwei Klammern in einem Produkt erledigt und nur die Ergebnisse notiert. Kannst du herausfinden, wie die Aufgaben gelautet haben könnten?

a) $pr + ps + qr + qs$ b) $ab + ac - 2b - 2c$ c) $de + 3d + 2e + 6$ d) $2uv - u + 4v - 2$

Im Blickpunkt

Im Blickpunkt

Pascal'sches Dreieck – Potenzieren von Summen

Mithilfe der 1. binomischen Formel kannst du Summen mit dem Exponenten 2 potenzieren (quadrieren). Auch für größere Exponenten als 2 gibt es entsprechende Formeln.

Subtrahieren durch Addieren der Gegenzahl:
$a - b = a + (-b)$

1. a) Zeige, dass gilt: $(a + b)^3 = a^3 + 3a^2b + 3ab^2 + b^3$
Erläutere die Formel auch an der Zeichnung.

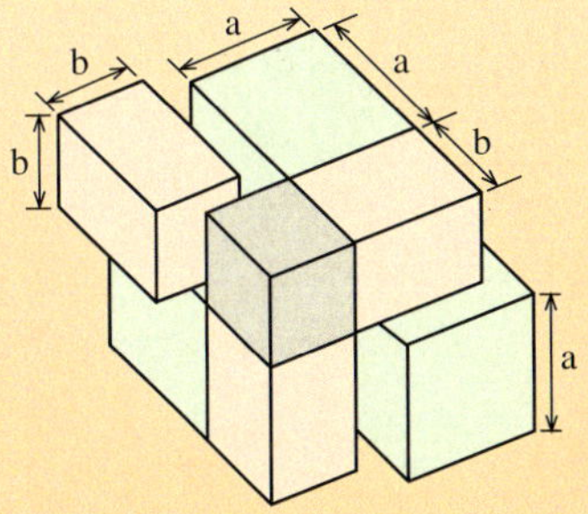

b) Berechne mithilfe der Formel von Teilaufgabe a).

(1) $(p + q)^3$	(4) $(2m + 3n)^3$	(7) $(u - 3)^3$
(2) $(a + 2)^3$	(5) $(3x^2 + 5z)^3$	(8) $(2a - 4)^3$
(3) $(u + 2v)^3$	(6) $(a - b)^3$	(9) $(4p - 3q)^3$

2. Das Zahlendreieck rechts heißt Pascal'sches Dreieck. Obwohl dieses Dreieck schon vor mehr als 1000 Jahren indischen Mathematikern bekannt war, wird es besonders in Europa nach dem französischen Mathematiker und Philosophen Blaise PASCAL (1623–1662) benannt. Pascal hat dieses Zahlendreieck eingehend untersucht.

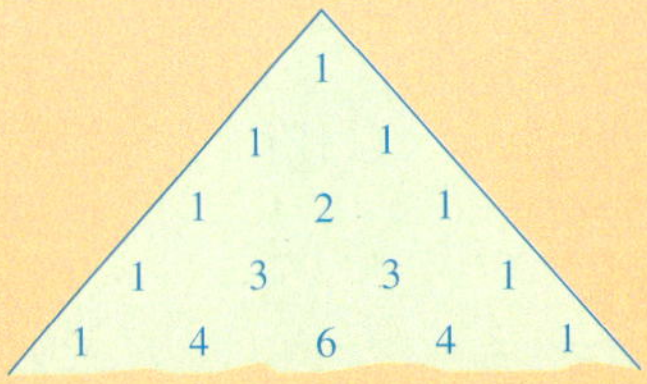

Blaise Pascal war ein mathematisches Wunderkind. Er entdeckte in jungen Jahren, völlig auf sich gestellt, große Teile der Geometrie neu und fand mit 16 Jahren einen Satz, der nach ihm benannt wurde. Auch grundlegende Arbeiten zu Problemen der Wahrscheinlichkeitsrechnung stammen von ihm. Später widmete er sich religiösen und philosophischen Studien und Meditationen.

a) Im Pascal'schen Dreieck findest du die Vorfaktoren der Summanden in den Formeln für $(a + b)^3$, $(a + b)^2$ und auch $(a + b)^1$.
(1) Gib an, wo.
(2) Welchen Wert müsste nach dem Pascal'schen Dreieck $(a + b)^0$ haben?
(3) Welche Vorfaktoren vermutest du aus dem Pascal'schen Dreieck für die Summanden in der Formel für $(a + b)^4$?
Kontrolliere durch Rechnung.

b) Welche Gesetzmäßigkeiten erkennst du an dem Pascal'schen Dreieck? Formuliere sie. Setze dann damit das Zahlendreieck um 6 Zeilen fort.

c) Das Pascal'sche Dreieck liefert die Zahlfaktoren der einzelnen Summanden, wenn man $(a + b)^n$ ausmultipliziert.
Das muss natürlich begründet werden. Betrachte dazu die Rechnung rechts. Erläutere den Zusammenhang mit der Entstehung des Pascal'schen Dreiecks.

$$\begin{aligned}(a + b)^3 &= (a + b)^2 \cdot (a + b)\\ &= (a^2 + 2ab + b^2) \cdot (a + b)\\ &= a^3 + a^2b + 2a^2b + 2ab^2 + ab^2 + b^3\\ &= a^3 + 3a^2b + 3ab^2 + b^3\end{aligned}$$

d) Rechne entsprechend wie in Teilaufgabe c) und erläutere den Zusammenhang mit der Entstehung des Pascal'schen Dreiecks:
(1) $(a + b)^4$ (2) $(a + b)^5$ (3) $(a + b)^6$

3. Berechne mithilfe des Pascal'schen Dreiecks.

a) $(a+b)^6$ $(x+y)^7$ $(p+q)^9$

b) $(a-b)^5$ $(x-y)^6$ $(p-q)^9$

c) $(3a+1)^3$ $(4x+2)^3$ $(2c+3d)^5$

d) $(x-3y)^4$ $(4z-w)^5$ $(2x-3y)^6$

e) $(a+b^2)^3$ $(a^2-b^2)^4$ $(2p-3q^2)^5$

Besonderheiten des Pascal'schen Dreiecks

4. In der dritten Zeile des Pascal'schen Dreiecks stehen die Zahlen 1, 2, 1; ihre Summe ist 4. In der vierten Zeile stehen die Zahlen 1, 3, 3, 1 mit der Summe 8. Begründe, dass die Summe aller Zahlen sich von Zeile zu Zeile verdoppelt. Wie groß ist die Summe der Zahlen in der elften Zeile? Kann man ein allgemeines Bildungsgesetz angeben?

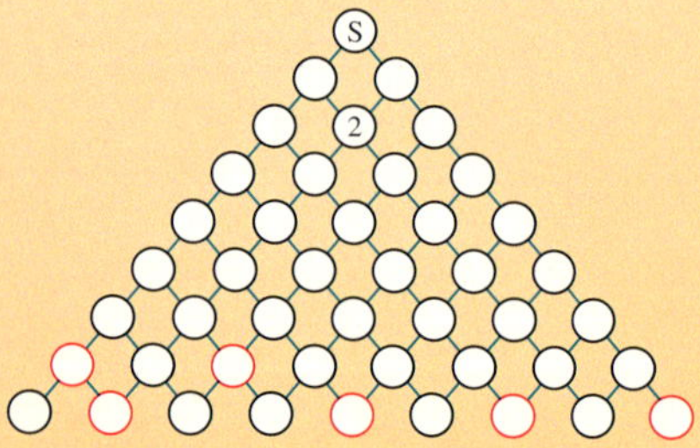

5. Man kann die Struktur des Pascal'schen Dreiecks auch als ein Netz von Wegen auffassen, die von dem Startpunkt S von „oben nach unten" zu den einzelnen Plätzen führen. Zu der Stelle 2 kann man von S aus auf zwei „kürzesten" Wegen kommen. Solche Probleme untersuchte Pascal bei Betrachtungen zu Wahrscheinlichkeiten. Bestimme jeweils die Anzahl der „kürzesten" Wege, die zu den einzelnen Plätzen führen.

6. Wenn man die Kreise als Eckpunkte auffasst, so bilden vier Nachbarpunkte eine Raute. Bis zur dritten Zeile entsteht so eine Raute, bis zur fünften Zeile sind es 6 Rauten. Erstaunlicherweise findet man diese Anzahlen als angeordnete Zahlen im Pascal'schen Dreieck.
Wie kann man das zugehörige Bildungsgesetz ausdrücken? Wie viele solcher Rauten würden in den ersten 102 Zeilen des Pascal'schen Dreiecks erkennbar sein?

7. Auch in jüngerer Zeit wurden am Pascal'schen Dreieck interessante Verbindungen zu anderen Teilgebieten der Mathematik gefunden.
Die nebenstehende Dreiecksmauer stellt den Aufbau des Pascal'schen Dreiecks dar. Dabei sind in den ersten fünf Zeilen die zu ungeraden Zahlen gehörenden Rechtecke gefärbt.

a) Übertrage das Muster auf Karopapier und setze es bis zur 23. Zeile fort.

b) Dabei kann man gewisse „Färberegeln" erkennen. Formuliere einige dieser Regeln. Versuche auch, sie zu begründen.

c) Gibt es Zeilen, bei denen alle Steine gefärbt bzw. nicht gefärbt sind?

d) Was entsteht aus fünf nebeneinander liegenden Steinen, bei denen die inneren drei ungefärbt und die anderen beiden gefärbt sind?

1.10 Mischungs- und Bewegungsaufgaben

1.10.1 Mischungsaufgaben

Einführung

Aus 500 g Haselnüssen zu 6 € pro kg und 700 g Erdnüssen zu 4 € pro kg soll eine Nussmischung hergestellt werden. Wie viel kostet 1 kg der Nussmischung?

(1) Modellannahme

Wir berücksichtigen den Arbeitsaufwand für das Mischen nicht. Dann ergibt sich der Preis der Mischung als Summe der Preise der Bestandteile.

(2) Aufstellen und Lösen einer Gleichung

Die gegebenen Größen werden in die nebenstehende Tabelle eingetragen.
x soll der Preis (in €) pro kg der Nussmischung sein.
Dann kann man die Tabelle ergänzen und erhält im Feld rechts unten die Gleichung:
$1{,}2 \cdot x = 0{,}5 \cdot 6 + 0{,}7 \cdot 4$
Die Rechnung rechts liefert die Lösungsmenge $L = \{\frac{29}{6}\}$.

	Gewicht (in kg)	*Preis pro kg (in €)*	*Preis absolut (in €)*
Haselnüsse	0,5	6	$0{,}5 \cdot 6$ } +
Erdnüsse	0,7	4	$0{,}7 \cdot 4$
zusammen	1,2	x	$1{,}2 \cdot x = 0{,}5 \cdot 6 + 0{,}7 \cdot 4$

$$1{,}2x = 0{,}5 \cdot 6 + 0{,}7 \cdot 4$$
$$1{,}2x = 5{,}8$$
$$x = \tfrac{29}{6} \approx 4{,}83$$

(3) Kontrolle der Lösung an der Realität

Der Preis 4,83 € liegt zwischen den Einzelpreisen 4 € und 6 €, und zwar näher an 4 €, da von der preiswerteren Nusssorte mehr genommen wird.

(4) Ergebnis

1 kg der Nussmischung kostet 4,83 €. Diesen Preis müsste man noch aufrunden, um den Arbeitsaufwand für das Mischen zu berücksichtigen, z.B. auf 4,90 €.

Weiterführende Aufgabe

1. *Ein weiterer Typ von Mischungsaufgaben – umgekehrte Fragestellung*

Eine Getränkefirma erhält 50%igen und 90%igen Fruchtnektar. Von dem 90%igen Fruchtnektar erhält sie 5 000 *l*. Es soll 75%iger Fruchtnektar hergestellt werden.
Wie viel muss von dem 50%igen hinzugegossen werden? Schätze zunächst.

Anleitung: Die Anzahl der Liter des *reinen* Fruchtsafts vor und nach der Mischung ist gleich.

	Volumen (in l)	*Anteil des reinen Saftes als Bruch*	*Volumen des reinen Saftes (in l)*
90%iger Nektar	5 000	$\frac{90}{100}$	
50%iger Nektar		$\frac{50}{100}$	
zusammen		$\frac{75}{100}$	

Information

(1) Aufstellen der Gleichung bei Mischungsaufgaben

Die Gleichung zur Lösung der Mischungsaufgaben ergibt sich stets daraus, dass vor und nach der Mischung etwas gleich geblieben ist:
Bei den Nüssen in der Einführung ist das der Preis der Nusssorten zusammen bzw. der Nussmischung, bei den Fruchtsaftgetränken in Aufgabe 1 die Anzahl der Liter (das Volumen) des reinen Fruchtsaftes.

(2) Die Grundgleichung der Mischungsrechnung

Aus beiden aufgestellten Gleichungen erkennt man die Grundgleichung:
$m_1 \cdot p_1 + m_2 \cdot p_2 = (m_1 + m_2) \cdot p$
Hierbei können m_1, m_2, p_1, p_2, p unterschiedliche Bedeutung haben. Als Hilfe für das Aufstellen der Gleichung bietet sich die folgende Tabelle an.

A	m_1	p_1	$m_1 \cdot p_1$ } +
B	m_2	p_2	$m_2 \cdot p_2$
zusammen	$m_1 + m_2$	p	$(m_1 + m_2) \cdot p = m_1 \cdot p_1 + m_2 \cdot p_2$

Was bedeuten jeweils m_1, m_2, p_1, p_2 und p aus der Grundgleichung der Mischungsrechnung in den einführenden Beispielen?

Übungsaufgaben

2. 40 *l* von 30%igem Alkohol werden mit 60 *l* von 20%igem Alkohol gemischt.
Wie viel Prozent Alkohol hat die Mischung? Schätze zunächst.

3. 500 *l* eines Getränks besteht zu 70 % aus Fruchtsaft und wird mit 800 *l* einer anderen Getränkesorte gemischt. Die Mischung hat einen Fruchtsaftgehalt von 60 %.
Wie viel Prozent Fruchtsaft enthält die zweite Sorte?

4. Ein Tankwart stellt ein Zweitaktgemisch aus 3 *l* Motoröl und 150 *l* Benzin her. Das Benzin kostet 1,40 € pro *l*. Das Gemisch kostet 1,57 € pro *l*.
Wie viel kostet 1 *l* des Motoröls?

5. Eine Bonbonmischung soll 12 € je kg kosten. 20 kg zu 10,50 € je kg wurden mit 6 kg einer anderen Bonbonsorte gemischt.
Wie teuer darf 1 kg dieser Sorte sein?

6. Aus 400 Gramm 60%iger Essigsäure soll 50%ige hergestellt werden.

a) Wie viel g von 15%iger Essigsäure muss man zugießen?

b) Es werden 600 g von der 50%igen Essigsäure benötigt. Wievielprozentig muss die Essigsäure sein, die man zugießen muss?

Feingehalt x bedeutet, dass die Legierung zu x ‰ aus Gold besteht.

7. Früher gab es ein Zwanzigmarkstück aus Gold. Dieses wog 0,007964 kg und hatte den Feingehalt 900.
Wie viele solcher Geldstücke müssen mit 500 g Kupfer zusammengeschmolzen werden, damit die Legierung den Feingehalt 700 hat?

1.10.2 Bewegungsaufgaben

Die Geschwindigkeit v eines Körpers ist der Quotient aus zurückgelegter Weglänge s und der dazu benötigten Zeit t: $v = \frac{s}{t}$ bzw. umgeformt: $s = v \cdot t$.
Diese Gleichung braucht man zur Lösung der so genannten Bewegungsaufgaben.

Einführung

Mainz und Augsburg sind 360 km voneinander entfernt. Von Mainz fährt ein Auto mit der durchschnittlichen Geschwindigkeit $80\,\frac{km}{h}$ in Richtung Augsburg. Zum gleichen Zeitpunkt startet ein Auto von Augsburg in Richtung Mainz mit der durchschnittlichen Geschwindigkeit $100\,\frac{km}{h}$. Wie lange dauert es, bis sich beide Autos treffen?

Gliederung des Lösungsweges

(1) Anfertigen einer Zeichnung und Festlegen einer Variablen

h für **hora** ⟨**lat.**⟩ Stunde

x Stunden soll die Zeit sein, die bis zum Aufeinandertreffen vergeht.
Dann gilt wegen $s = v \cdot t$:
Weglänge des Autos Nr. 1 von Mainz bis zum Treffpunkt T in km:
$80 \cdot x$
Weglänge des Autos Nr. 2 von Augsburg bis zum Treffpunkt T in km:
$100 \cdot x$

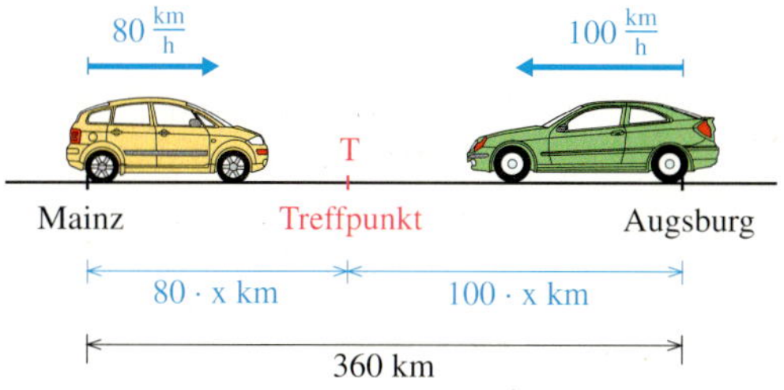

(2) Aufstellen der Gleichung und Bestimmen der Lösungsmenge

Die beiden Wege, die die Autos zurücklegen, ergeben zusammen die Entfernung von Mainz bis Augsburg: $80x + 100x = 360$.
Als Lösungsmenge der Gleichung erhält man $L = \{2\}$.

(3) Kontrolle an der einschränkenden Bedingung

Es gibt eine einschränkende Bedingung. Sie lautet $x > 0$, weil eine Zeitspanne x positiv ist. Die einschränkende Bedingung wird durch die Lösung der Gleichung erfüllt.

(4) Ergebnis

Die beiden Autos treffen sich nach 2 Stunden.

Weiterführende Aufgabe

1. *Ein weiterer Typ von Bewegungsaufgaben*

a) Von Mainz fährt ein Auto los. Es fährt mit der durchschnittlichen Geschwindigkeit $100\,\frac{km}{h}$. Eine halbe Stunde später fährt ein zweites Auto hinter dem ersten her mit der durchschnittlichen Geschwindigkeit $120\,\frac{km}{h}$.
Wie lange dauert es, bis das zweite Auto das erste eingeholt hat?
Erkläre die nebenstehende Zeichnung und stelle eine Gleichung auf.

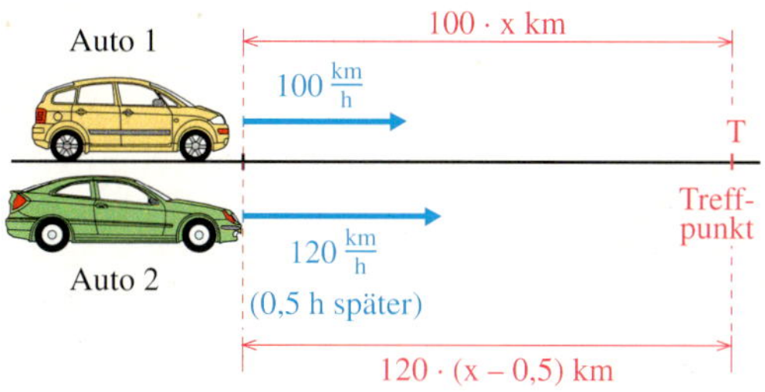

b) Wie weit ist der Treffpunkt von Mainz entfernt?

Übungsaufgaben

2. Von Bingen fährt ein Fahrradfahrer in Richtung Bad Kreuznach mit der Geschwindigkeit $14\,\frac{km}{h}$. Zur gleichen Zeit startet in Bad Kreuznach ein Radfahrer in Richtung Bingen mit der Geschwindigkeit $16\,\frac{km}{h}$. Bingen und Bad Kreuznach sind 15 km voneinander entfernt.

a) Wie lange dauert es, bis sich die beiden Radfahrer treffen?

b) Wie weit ist der Treffpunkt von Bingen bzw. von Bad Kreuznach entfernt?

Maßeinheiten aus der Seefahrt:
1 Seemeile (sm) = 1,852 km
1 Knoten = 1 Seemeile pro Stunde = $1\,\frac{sm}{h}$

3. Anderthalb Tage nach der Abfahrt eines Frachtschiffes mit der Geschwindigkeit 21 Knoten von New York nach Bremen folgt ein Schnelldampfer mit der Geschwindigkeit 28 Knoten.

a) Wie lange dauert es, bis der zweite Dampfer den ersten eingeholt hat?

b) Wie weit ist der Treffpunkt von New York entfernt?

4. Im Luftpostverkehr fliegt ein Flugzeug um 10 Uhr morgens von Hannover nach Berlin unter günstigem Wind mit der Geschwindigkeit $480\,\frac{km}{h}$ ab.
Um 10.10 Uhr fliegt ein Postflugzeug von Berlin mit dem Ziel London in der Richtung über Hannover. Da es stärkeren Gegenwind hat, kann es nur mit der Geschwindigkeit $320\,\frac{km}{h}$ vorwärts kommen.
Berlin und Hannover sind 240 km voneinander entfernt.

a) Um wie viel Uhr begegnen sich die beiden Flugzeuge?

b) Welche Streckenlänge hat jedes Flugzeug bis zu diesem Zeitpunkt zurückgelegt?

5. Die Bahnentfernung zwischen Worms und Koblenz beträgt 130 km. Um 9.07 Uhr fährt in Worms ein Sonderzug ab, der um 10.07 Uhr in Koblenz ankommt.
Schon um 8.57 Uhr ist in Worms ein Güterzug mit der Geschwindigkeit $60\,\frac{km}{h}$ in Richtung Koblenz abgefahren.

a) Wann überholt der Sonderzug den Güterzug?

b) Wie weit sind die beiden Züge dann noch von Koblenz entfernt?

6. Trier und Weimar sind 500 km voneinander entfernt. Von Trier fährt ein Auto in Richtung Weimar mit der Geschwindigkeit $80\,\frac{km}{h}$. Zur gleichen Zeit fährt von Weimar aus ein Auto dem ersten Auto entgegen. Beide Autos treffen sich nach 4 Stunden.

a) Mit welcher Geschwindigkeit ist das zweite Auto gefahren?

b) Wie weit ist der Treffpunkt von Trier bzw. von Weimar entfernt?

7. Speyer und Neustadt sind 20 km voneinander entfernt.
Von Speyer fährt um 10.00 Uhr ein Radfahrer in Richtung Neustadt mit der Geschwindigkeit $20\,\frac{km}{h}$. Von Neustadt fährt ebenfalls ein Radfahrer in Richtung Speyer mit der Geschwindigkeit $18\,\frac{km}{h}$. Beide treffen sich an einer Stelle, die 5 km von Speyer entfernt ist.

a) Wann ist der Radfahrer in Neustadt abgefahren?

b) Wie lange ist der eine [der andere] Radfahrer gefahren?

Auf den Punkt gebracht:
Mathematisches Problemlösen

Öffne den Blick – löse Probleme

1. Parkwächter Krause bricht mit einem Fahrrad zu einer Kontrolle auf. Er will den 12 km langen Rundweg „Rund um den Grünen Teich“ überprüfen. Um 12 Uhr verlässt er das Büro am Eingang des Naturparks, nachdem er seinem Kollegen Schmitz mitgeteilt hat, dass er für die Rundfahrt etwa eine Stunde brauchen wird. Nach einer Viertelstunde bekommt Schmitz einen wichtigen Anruf für Krause. Der hat sein Mobiltelefon vergessen, und so schwingt sich Schmitz auf ein anderes Fahrrad, mit dem er gut 20 km/h erreichen kann, wenn er sich beeilt. Er will gerade dem Kollegen hinterher fahren, als ihm einfällt, dass er ihm auf dem Rückweg auch entgegen fahren könnte.
Wie soll er sich entscheiden? Wann und wo kann er seinen Kollegen frühestmöglich erreichen?

Gewiss sind dir schon häufiger im Mathematikunterricht Aufgaben begegnet, bei denen du auf den ersten Blick nicht weißt, wie du sie lösen kannst. Solche Aufgaben, die mehr verlangen als nur das Anwenden eingeübter Lösungsverfahren, nennt man in der Mathematik „Probleme“.
Man muss aber kein Genie sein, um mathematische Probleme lösen zu können. Im Gegenteil, es gibt eine ganze Reihe an Tipps, die beim Problemlösen helfen können. Georg Pólya hat 1945 ein Buch darüber geschrieben, welche Strategien beim Bearbeiten von mathematischen Problemen helfen können. Einige Beispiele für solche Problemlösestrategien – auch „Heuristiken“ genannt – findest du rechts im Kasten.
Nachfolgend findest du mehrere Lösungsansätze für das Parkwächterproblem. Welche Problemlösestrategien sind in jedem Ansatz befolgt worden?
Entwickle aus diesen Ansätzen eine vollständige Lösung.

Georg Pólya
* Budapest 13.12.1887
† Palo Alto 7.9.1985

Heuristik ⟨**griech.**⟩ methodische Anleitung, Verfahren zum Problemlösen

Wichtige Problemlösestrategien

- Woran erinnert dich die Aufgabe? Kannst du das Problem auf ein bereits gelöstes oder einfacheres Problem zurückführen?
- Erstelle eine Skizze, eine Tabelle oder einen Graphen.
- Probiere mehrere Beispiele aus. Kannst du jetzt verallgemeinern?
- Lässt sich das Problem in einfachere Teilprobleme zerlegen?
- Wenn du das Ergebnis schon weißt, dann arbeite rückwärts.

Wohl der wichtigste Merksatz beim Problemlösen ist der folgende:

Aus Fehlern kann man lernen!

Antonia meint: „Für bestimmte Zeitpunkte ist es einfach, die Positionen zu bestimmen.“
Sie stellt eine Tabelle auf.

Uhrzeit	Krause bei Km	Schmitz bei Km
12:00	0	0
12:15	3	0
12:30	6	5
12:45	9	10
12:35	7	$6\frac{2}{3}$

Bela fertigt eine Skizze an und erklärt: „Das ist wie bei einer Uhr! Der Rundweg ist das Ziffernblatt, und die beiden Parkwächter sind Zeiger.“

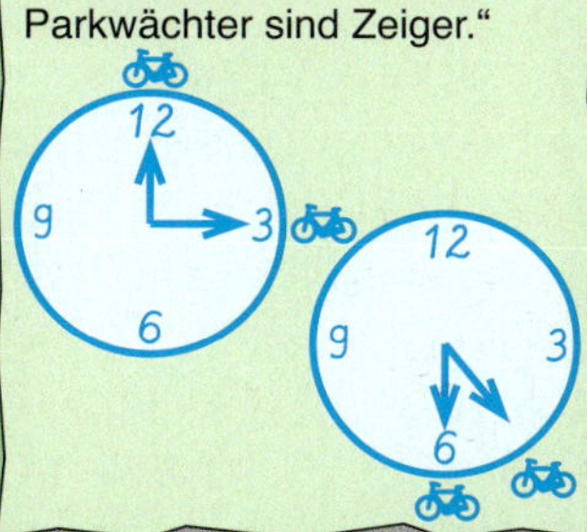

Chris überlegt: „Dass die Strecke ein Rundweg ist, stört mich. Wie wäre es denn, wenn am Anfang und Ziel zwei unterschiedliche Büros sind?“
Er stellt Terme auf und betrachtet die zugehörigen Graphen mit dem GTR.

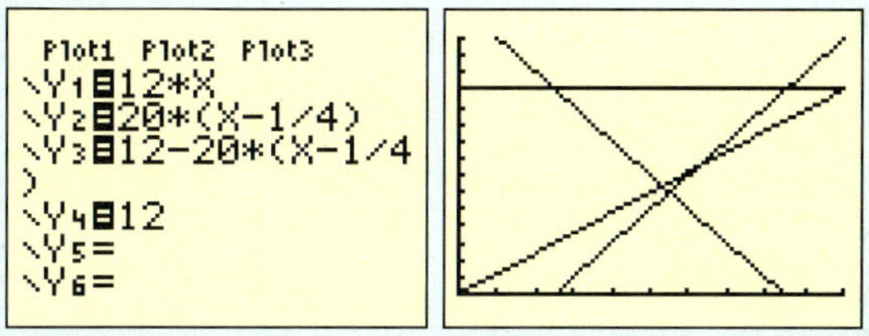

2. Problemaufgaben gibt es in allen Bereichen der Mathematik, auch in der Geometrie. An der nebenstehenden Aufgabe wollen wir die Problemlösestrategien der Reihe nach ausprobieren:

> Von einem Dreieck ist nur Folgendes bekannt:
> a + b = 18 cm; b + c = 24 cm; c + a = 21 cm
> Wie lang sind die Seiten des Dreiecks?

a) „Woran erinnert dich die Aufgabe?“ Schreibe mindestens drei verschiedene Aspekte auf und überlege, ob sie bei einer Lösung helfen können.

b) „Erstelle eine Zeichnung.“ Ein Tipp: Es werden bei dieser Dreiecksaufgabe drei konkrete Längenangaben gemacht. Das hat dich vielleicht an den Kongruenzsatz sss erinnert. Konstruiere ein entsprechendes Dreieck. Wie könnte das gesuchte Dreieck in das gezeichnete eingepasst werden?

c) Immer noch keine Lösung? Also zur dritten Strategie „Ausprobieren“. Setze für a, b und c konkrete Werte ein. Am besten systematisch, indem du eine Tabelle erstellst.

d) „In einfachere Teilprobleme zerlegen“ heißt es in der vierten Strategie.
Zum Beispiel so: Wenn man alle drei Längenangaben addiert, dann erhält man
$18 + 24 + 21 = (a + b) + (b + c) + (c + a) = 2\,(a + b + c)$.
Der Umfang des gesuchten Dreiecks lässt sich daraus schnell ermitteln. Zeichne es.

3.

> Ein Mann bringt seine Apfelernte in die Stadt. Um hinein zu kommen, muss er 7 Tore passieren. An jedem Tor steht ein Wächter und verlangt von ihm die Hälfte seiner Äpfel und einen Apfel mehr. Zum Schluss hat der Mann nur einen einzigen Apfel übrig.
> Wie viele Äpfel hatte er am Anfang?

Was Rückwärtsarbeiten hier heißt, zeigt die Skizze – womit wir auch eine weitere Problemlösestrategie befolgt haben: „Erstelle eine Zeichnung!“ Ermittle die Lösung, indem du die Zeichnung vervollständigst.

4. *Partnerarbeit:* Zum Abschluss einige Aufgaben, an denen ihr eure Problemlösefähigkeiten selbst erproben könnt. Denkt daran: Natürlich geht es auch darum, die Aufgaben zu lösen. In erster Linie aber sollt ihr versuchen, die Problemlösestrategien anzuwenden. Vielleicht kommt ihr so zu verschiedenen Lösungswegen. Stellt sie in der Klasse einander vor. Wer hat die überzeugendste Lösung? Wer die kürzeste? Bei wem kann noch verbessert werden?

a) Die Tante hat 20 Lakritzbonbons mitgebracht, von denen Babette und Fabian gleich jeder einen aufgegessen haben. Den Rest wollen sie aufteilen, wobei Fabian doppelt so viel wie Babette bekommen soll, da er Geburtstag hat.

b) Von ihrem Standpunkt aus sieht Greta die Rotoren zweier Windräder genau hintereinander. Ein Windrad ist mit 3 Sekunden pro voller Umdrehung doppelt so schnell wie das andere. Und so sieht Greta mal alle sechs Blätter der beiden Rotoren, mal nur drei, wenn sie sich überdecken. Wie lange dauert es von einer Überdeckung zur nächsten, wenn beide Rotoren gegenläufig sind bzw. wenn sie in dieselbe Richtung laufen?

c) Ein Holzwürfel wird blau angemalt und wie links abgebildet in kleine Holzwürfel zersägt. Einige der kleinen Würfel weisen drei blaue Seiten auf, einige andere nur zwei oder eine oder gar keine.
Wie viele sind das jeweils, wenn n die Anzahl der kleinen Würfel an einer Kante des großen Würfels angibt?

1.11 Umformen von Formeln

Einführung

Von drei Rechtecken sind jeweils der Umfang u und die Seitenlänge b gegeben (Maße in cm):

(1) $u = 17{,}4$; $b = 4{,}6$
(2) $u = 20{,}3$; $b = 5{,}2$
(3) $u = 37{,}8$; $b = 9{,}5$

Berechne die Seitenlänge a. Wie kann man dabei vorgehen?

1. Möglichkeit:

Zur Lösung könnte man die gegebenen Werte in die Formel $u = 2 \cdot a + 2 \cdot b$ einsetzen:

(1) $17{,}4 = 2 \cdot a + 2 \cdot 4{,}6$ (2) $20{,}3 = 2 \cdot a + 2 \cdot 5{,}2$ (3) $37{,}8 = 2 \cdot a + 2 \cdot 9{,}5$

In jeder dieser drei Gleichungen muss dann die Variable a isoliert werden.

2. Möglichkeit:

Es ist günstiger, in der Formel $u = 2a + 2b$ die Lösungsvariable a zu isolieren und dann die Werte einzusetzen:

$u = 2a + 2b$ — Zunächst vertauschen wir beide Seiten.
$2a + 2b = u \quad | -2b$ — Die Subtraktion von 2b und die Division von 2 jeweils auf
$2a = u - 2b \quad | :2$ — beiden Seiten sind Äquivalenzumformungen.
$a = \frac{u - 2b}{2}$ — Beachte, dass der Bruchstrich dasselbe wie das Divisionszeichen : bedeutet.

Punktrechnung vor Strichrechnung. Bruchstrich wirkt wie eine Klammer um Zähler und Nenner.

Beispiel (Maße in cm):

(1) $u = 17{,}4$; $b = 4{,}6$

$$a = \frac{17{,}4 - 2 \cdot 4{,}6}{2} = \frac{17{,}4 - 9{,}2}{2} = \frac{8{,}2}{2} = 4{,}1$$

(2) $u = 20{,}3$; $b = 5{,}2$

$$a = \frac{20{,}3 - 2 \cdot 5{,}2}{2} = \frac{20{,}3 - 10{,}4}{4} = \frac{9{,}9}{2} = 4{,}95$$

(3) $u = 37{,}8$; $b = 9{,}5$

$$a = \frac{37{,}8 - 2 \cdot 9{,}5}{2} = \frac{37{,}8 - 19}{2} = \frac{18{,}8}{2} = 9{,}4$$

Ergebnis: Die Seite a des Rechtecks (1) ist 4,1 cm, die des Rechtecks (2) ist 4,95 cm und die des Rechtecks (3) ist 9,4 cm lang.

Weiterführende Aufgabe CAS

Beachte: CAS-Programme unterscheiden nicht zwischen Groß- und Kleinbuchstaben.

1. *Umformen von Formeln mit CAS*

Du kannst die Variable a bzw. die Variable b in der Formel für den Umfang eines Rechtecks auch mithilfe eines Computer-Algebra-Systems isolieren.
Probiere das aus.

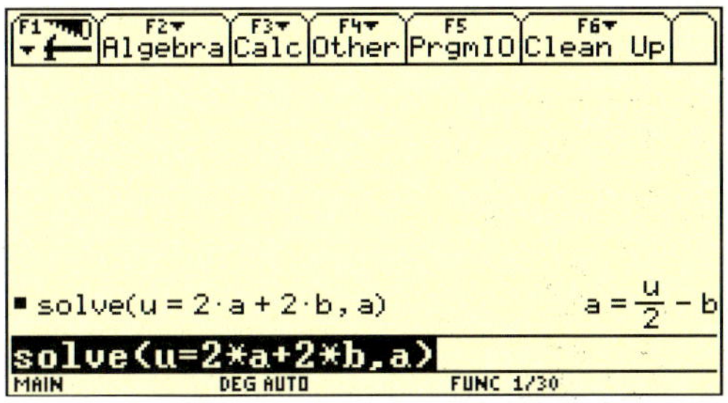

Übungsaufgaben

2. Von drei Rechtecken sind jeweils der Flächeninhalt A (in cm^2) und eine Seitenlänge (in cm) gegeben.
(1) $A = 25{,}3\ cm^2$; $b = 4{,}6\ cm$ (2) $A = 17{,}68\ cm^2$; $a = 5{,}2\ cm$ (3) $A = 90{,}25\ cm^2$; $b = 9{,}5\ cm$
Berechne die andere Seitenlänge. Wie kann man dabei vorgehen?

3. Die Formel für den Oberflächeninhalt eines Quaders lautet: $O = 2ab + 2ac + 2bc$.
Isoliere die Variable a [die Variable b; die Variable c] auf einer Seite der Gleichung.
Berechne den Wert für die fehlende Variable (Maße bei O in cm^2, bei a, b und c in cm).

a) $O = 69{,}98$; $a = 2{,}9$; $b = 3{,}3$ **b)** $O = 80$; $a = 6{,}0$; $c = 2{,}5$ **c)** $O = 90$; $a = 2{,}5$; $b = 3{,}5$

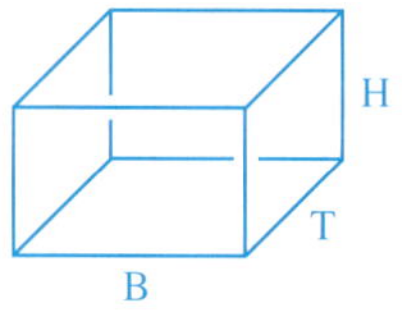

4. Stelle eine Formel für die Gesamtlänge k aller Kanten eines Quaders auf. Isoliere in der Formel die Variable B [die Variable T; die Variable H] auf der einen Seite. Bilde selbst Zahlenbeispiele.

5. Die Formel für das Volumen eines Quaders lautet:
$V = a \cdot b \cdot c$.
Isoliere die Variable a [die Variable b; die Variable c] auf einer Seite der Gleichung.
Beispiele: (1) $V = 900\ m^3$; $b = 3\ m$; $c = 8\ m$ (2) $V = 720\ cm^3$; $a = 3{,}5\ cm$; $c = 4{,}5\ cm$
Berechne die fehlende Seitenlänge.

6. Zum Firmenjubiläum schreibt ein Kaufhaus seinen Kunden in einem Monat für jeden Einkauf 7,5 % der Einkaufssumme als Bonuspunkte gut. Dabei wird auf ganze Bonuspunkte abgerundet.

a) Berechne, wie viele Bonuspunkte es für folgende Einkäufe gibt:
19,95 €; 37,35 €; 259,00 €; 79,53 €.

b) Zur schnellen Berechnung der Anzahl der Bonuspunkte kann eine Tabellenkalkulation verwendet werden. Erstelle zunächst eine Formel, mit der man die (ungerundete) Zahl der Bonuspunkte aus der Einkaufssumme berechnen kann.

TAB **c)** Berechne mithilfe eines Tabellenkalkulations-Programmes die Anzahl der Bonuspunkte für die Einkäufe: 32,56 €; 49,87 €; 197,45 €; 299,00 €; 275,89 €.

Datei Bearbeiten Ansicht Einfügen Format Extras
Arial 10 F K U
C2 = =ABRUNDEN(B2;0)

	A	B	C
1	Einkauf in €	Bonuspunkte	Bonuspunkte (gerundet)
2	9,95	0,74625	0
3	18,53	1,38975	1
4	53,76	4,032	4
5	199	14,925	14
6	798	59,85	59
7			

So wird abgerundet mit 0 Nachkommastellen.

d) Um an der Verlosung des Hauptgewinnes teilnehmen zu können, benötigt Frau Bode noch 13 Bonuspunkte. Für wie viel Euro muss sie noch einkaufen, um diese zu erhalten?

e) Forme die Formel aus Teilaufgabe b) so um, dass man sie zur Berechnung der nötigen Einkaufssumme zu vorgegebener Anzahl von Bonuspunkten verwenden kann.

7. Geschäftsleute und Firmen benötigen für das Finanzamt die Rechnungsbeträge ausschließlich Mehrwertsteuer.

a) Herr Grotjahn hat für seine Bäckerei ein neues Regal für 298 € einschließlich Mehrwertsteuer gekauft. Berechne den Preis ohne Mehrwertsteuer.

b) Erstelle eine Formel, mit der man aus dem Rechnungsbetrag einschließlich Mehrwertsteuer den Rechnungsbetrag ohne Mehrwertsteuer ermitteln kann.

TAB **c)** Berechne mithilfe eines Tabellenkalkulations-Programmes die Beträge ohne Mehrwertsteuer für folgende Rechnungsbeträge einschließlich Mehrwertsteuer:
239 €, 199,95 €, 159,00 €, 395 €, 99,99 €.

1.12 Gleichungen vom Typ $T_1 \cdot T_2 = 0$

Einführung

Bestimme die Lösungsmenge der Gleichung $(x-5)\cdot(x+3)=0$. Bei dieser Gleichung führt das Ausmultiplizieren *nicht* auf eine einfach lösbare Gleichung. Zeige das.

Einfacher ist folgender Weg: Überlege, wann das Ergebnis einer Multiplikation null sein kann. Wenn beide Faktoren verschieden von null sind, ist auch das Ergebnis nicht null. Also:

$(x-5)\cdot(x+3)=0$ kann nur erfüllt sein, wenn

$(x-5)=0$ *oder* $(x+3)=0$, sonst nicht. Also:

$x=5$ *oder* $x=-3$

Probe für die Zahl 5:

$(5-5)\cdot(5+3)=0$ (wahr?)	
LS: $(5-5)\cdot(5+3)$ $= 0 \cdot 8$ $= 0$	RS: 0

Probe für die Zahl −3:

$(-3-5)\cdot(-3+3)=0$ (wahr?)	
LS: $(-3-5)\cdot(-3+3)$ $= -8 \cdot 0$ $= 0$	RS: 0

Ergebnis: Die Gleichung $(x-5)\cdot(x+3)=0$ hat die Lösungsmenge $L=\{5; -3\}$.

Information

(1) Null als Ergebnis einer Multiplikation

Die Lösung der obigen Gleichung gelang durch Anwendung des folgenden Satzes:

> Ein Produkt ist gleich 0, wenn mindestens ein Faktor 0 ist, sonst nicht.

(2) Lösen einer Gleichung vom Typ $T_1 \cdot T_2 = 0$

Jn der lateinischen Sprache wird zwischen dem ausschließenden *oder* (aut) und dem einschließenden (vel) unterschieden.

Zum Lösen einer Gleichung von der Form, dass das Produkt zweier Terme T_1 und T_2 den Wert null haben soll, geht man so vor:

$T_1 \cdot T_2 = 0$
$T_1 = 0$ *oder* $T_2 = 0$

Das *oder* hier ist kein ausschließendes *entweder … oder …*
Es kann auch vorkommen, dass beide Terme zugleich null sind.

$(x-3)\cdot(6-2x)=0$
$x-3=0$ *oder* $6-2x=0$
$x=3$ *oder* $6=2x$
$x=3$ *oder* $3=x$
$L=\{3\}$

Übungsaufgaben

1. Bestimme die Lösungsmenge.

a) $(x-4)(x-9)=0$
$(x-5)(x+3)=0$
$(x+7)(x+6)=0$
$(x-8)(3-x)=0$

b) $(x-1{,}5)(x-2)=0$
$(x+4)(x-3{,}7)=0$
$(x+1{,}1)(x+6{,}6)=0$
$(4{,}5-x)(0{,}2+x)=0$

c) $y(y-10)=0$
$y(y+25)=0$
$(z-3{,}5)z=0$
$(0{,}1-z)z=0$

2. **a)** $(3x-6)(x+4)=0$
$(x-11)(5x-20)=0$
$x(7x+35)=0$
$(9x-99)(8-x)=0$
$(5-10x)(9+3x)=0$

b) $(6x+18)(2x-14)=0$
$(24-8x)(30-6x)=0$
$(9x+9)(7x+21)=0$
$(12x-36)(33-11x)=0$
$(14+2x)(14-2x)=0$

c) $y(2y-5)=0$
$3z(12+5z)=0$
$(8x-12)x=0$
$(16+10y)7y=0$
$-z(35-7z)=0$

3. Gib eine Gleichung an, die folgende Lösungsmenge hat.

a) $\{4; 8\}$ **b)** $\{-7; 3\}$ **c)** $\{-2; -5\}$ **d)** $\{0; 6\}$ **e)** $\{\frac{3}{4}; -\frac{1}{2}\}$

4. Kontrolliere die Hausaufgaben von Tom, Tina, Tobias und Urs.

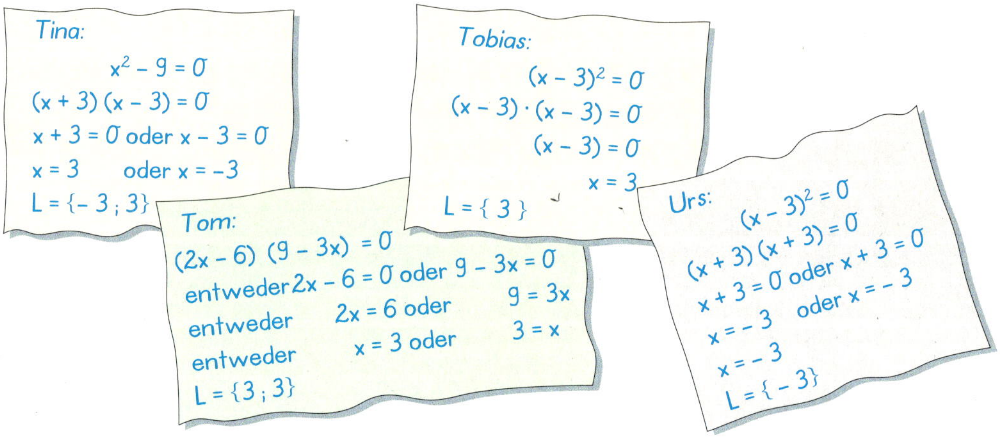

5. **a)** $x^2 - 7x = 0$; $x^2 + 5x = 0$; $4x - x^2 = 0$; $11x + x^2 = 0$
b) $x^2 - 9 = 0$; $y^2 - 64 = 0$; $25 - x^2 = 0$; $49 - x^2 = 0$
c) $5x^2 - 10x = 0$; $2x^2 + 26x = 0$; $18x - 3x^2 = 0$; $35x + 7x^2 = 0$
d) $6x^2 - 24 = 0$; $11z^2 - 11 = 0$; $40 - 10x^2 = 0$; $135 - 15x^2 = 0$
e) $5x^2 - 4x = 0$; $10x^2 + 3x = 0$; $18x^2 + 8x = 0$; $2x^2 - 20x = 0$
f) $x^2 - 0{,}04 = 0$; $x^2 - 1{,}96 = 0$; $y^2 - \frac{9}{16} = 0$; $\frac{25}{64} - x^2 = 0$
g) $3x^2 + 5x = 0$; $7x^2 - x = 0$; $4x - 11x^2 = 0$; $-3x - 2x^2 = 0$
h) $\frac{1}{2}z^2 - 8 = 0$; $\frac{1}{10}x^2 - 2{,}5 = 0$; $\frac{1}{10}x^2 - 0{,}009 = 0$; $\frac{1}{3}x^2 - 3 = 0$

6. Bestimme die Lösungsmenge; Lösungsvariable ist x.
a) $(x - a)(x - 7) = 0$ **b)** $(x + s)(x - p) = 0$ **c)** $(x + r)(x + s) = 0$ **d)** $x(x - a) = 0$ **e)** $(2x - r)(x - 5) = 0$ **f)** $(3x - c)(4x + c) = 0$

7. Bestimme die Lösungsmenge. Beachte dabei: Du musst zunächst eine Termumformung wie Ausklammern oder Anwenden einer binomischen Formel durchführen.
a) $x^2 - 4x + 4 = 0$; $x^2 + 10x + 25 = 0$; $x^2 - 3x + \frac{9}{4} = 0$
b) $x^2 + 5x + 6{,}25 = 0$; $x^2 + x + 0{,}25 = 0$; $x^2 + 0{,}2x + 0{,}01 = 0$
c) $x^2 + 24x + 144 = 0$; $x^2 - 0{,}2x + 0{,}01 = 0$; $x^2 + \frac{1}{3}x + \frac{1}{36} = 0$
d) $(x - 3)(x - 4) = 12$; $(x - 2)(x + 4) + 8 = 0$; $(x - 1)(x + 1) + 1 = 0$
e) $(3x + 5)(4x - 2) = -10$; $(5x - 2)(7x + 50) = -100$; $(8y + 2)(9y + 3) = 6$
f) $6x(3x - 1) = 2x(4 - x)$; $2n(5n + 1) = 3n(1 - 2n)$; $2x(4x + 1) = 7x(2x + 1)$

8. Fülle die Lücke im Heft aus, sodass die Gleichung die angegebene Lösungsmenge hat.
a) $(3x - 21)(5x - \square) = 0$; $\{7; 5\}$
b) $(2x + \square)(4x - 12) = 0$; $\{3; 8\}$
c) $(7x - \square)(3x + 9) = 0$; $\{-3; 0\}$
d) $(\square \cdot x + 7)\, 8x = 0$; $\{1; 0\}$
e) $(\square \cdot x - 1)(x + 6) = 0$; $\{-6; 0{,}1\}$
f) $(\square \cdot x + 8)(x + 4) = 0$; $\{-4\}$

9. Bestimme die Lösungsmenge.
a) $4z^2 - 4z + 1 = 0$ **b)** $2x^2 - x + 0{,}125 = 0$ **c)** $\frac{x^2}{16} + \frac{x}{6} + \frac{1}{9} = 0$ **d)** $\frac{x^2}{3} - 4x + 12 = 0$

1.13 Aufgaben zur Vertiefung

1. **a)** In den Term $2n$ werden nacheinander die Zahlen 1, 2, 3, 4, 5, … eingesetzt. Welche Zahlen erhält man als Wert des Terms?

b) Stelle einen Term auf, der beim Einsetzen von 1, 2, 3, 4, 5, … die ungeraden Zahlen ab 1 [ab 3] liefert.

c) Bilde die Differenz zweier benachbarter Quadratzahlen. Welche Zahlen erhältst du? Begründe dies.
Anleitung: $(n + 1)^2 - n^2 = ?$

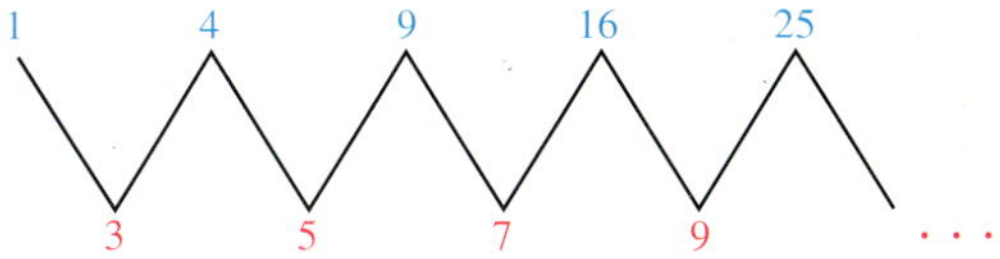

2. **a)** Setze die nebenstehende Folge von Quadraten fort.

(1) Welche Gesetzmäßigkeiten erkennst du über die Anzahl der Punkte?

(2) Das Quadrat soll n Punkte auf einer Seite haben. Wie viele Punkte hat es dann insgesamt?
Erstelle einen Term und begründe damit die in Teilaufgabe (1) gefundene Gesetzmäßigkeit.

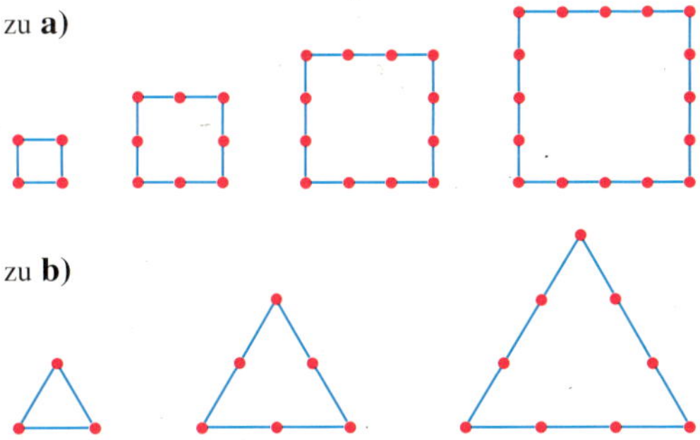

b) Führe ähnliche Überlegungen wie in der Teilaufgabe a) mit der Folge von Dreiecken durch.

3. **a)** Bilde das Produkt aus einer natürlichen Zahl und der übernächsten natürlichen Zahl. Berechne mehrere Beispiele. Was fällt auf? Begründe.

b) Zeige: Die Summe der Quadrate zweier aufeinander folgenden natürlichen Zahlen ist um 1 größer als das doppelte Produkt dieser Zahlen.

4. **a)** Zeige an der Figur rechts, dass für $a, b, c > 0$ gilt:
$(a + b + c)^2 = a^2 + b^2 + c^2 + 2ab + 2ac + 2bc$

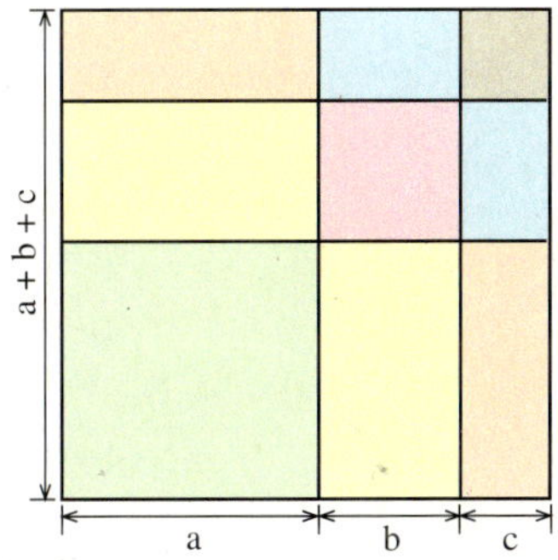

b) Weise nach, dass die Formel aus Teilaufgabe a) auch für negative Zahlen gilt.

c) Berechne mithilfe der Formel von Teilaufgabe a).

(1) $(a - b + c)^2$	(4) $(7a - 2b - 8c)^2$
(2) $(a + b - c)^2$	(5) $(p^2 - 3p + 1)^2$
(3) $(4a + 2b + 3c)^2$	(6) $(2a^2 + b^2 + 3c)^2$

CAS **d)** Stelle selbst Aufgaben, die du mithilfe der Formel aus Teilaufgabe a) bearbeiten kannst. Kontrolliere mit einem CAS.

5. Der Entwurf für das Firmen-Logo einer Fluggesellschaft soll in verschiedenen Größen aufgedruckt werden.

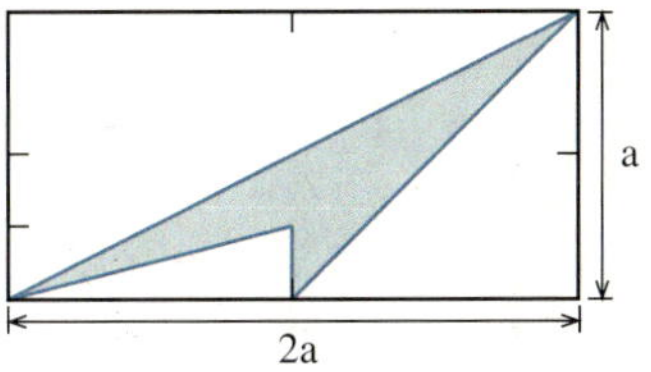

a) Erstelle einen Term für die Größe der blauen [silbernen] Fläche.

b) Wie groß sind die Flächen für a = 2 cm [5 cm; 30 cm]?

Bist du fit?

1. Löse die Klammern auf und vereinfache, wenn möglich.

a) $3a(7b + c)$ **d)** $-r(2r - s)$ **g)** $(9a + 2)(3 + b)$ **j)** $(2x + 3)^2$

b) $8x(9y - 12z)$ **e)** $x - (2x - 3)$ **h)** $(7p - q)(2 + q)$ **k)** $(4a - 2b)^2 + 166 \cdot a$

c) $(x^2 + 1) \cdot 2x$ **f)** $7a^2 - a(5 + a)$ **i)** $(3u - 2v)(u - 4v)$ **l)** $(p + 2q)(p - 2q)$

2. **a)** $6(a - 24b) + 3(5b - 2a)$ **c)** $-u(v - 7) - (1 - u)$ **e)** $(4a - 3b)(a + 5b) - (2a + b)^2$

b) $r(4 - 12s) - 4s(3r + 1)$ **d)** $(7x - 5y)^2 - (5y - 7x)^2$ **f)** $9(3x - 5y) + (8x - 3)(5y + 1)$

3. Bestimme die Lösungsmenge.

a) $(2 - x)^2 = (2 + x)^2$

b) $(8x - 6)(4x - 2) = 32x^2 + 52$

c) $(6 + x)^2 = x(4 + x) + 44$

d) $(2x - 8)(2x + 10) = 4x^2 - 64$

e) $(3x + 9)(4x - 8) = (x - 1)(12x + 60) + 132$

f) $(2y - 8)(y + 5) \cdot 2 = (2y + 8)(2y - 8)$

g) $7(2x - 2) \leq 6(4x + 7)$

h) $(2x - 2)(3x - 6) - (3x - 6) - (3x - 27)\,2x \geq 0$

4. **a)** Stelle auf zwei verschiedene Weisen einen Term auf, der den Flächeninhalt der stark umrandeten Figur angibt.

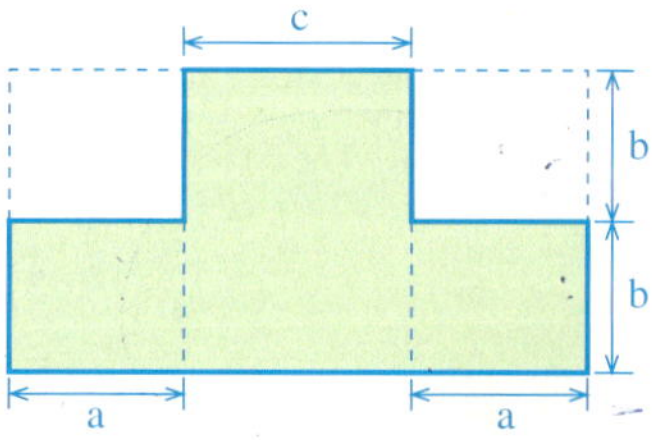

b) Berechne den Wert beider Terme: 6 für a, 3 für b und 8 für c [2,4 für a; 3,5 für b; 7,2 für c]; Maße in cm.

c) Zeige durch Termumformung, dass beide Terme wertgleich sind.

d) Timo hat den Term $2b \cdot (a + b)$ erstellt. Prüfe, ob dies stimmt.

e) Wie groß muss die Länge c sein, wenn $a = 5$, $b = 4$ (Maße in cm) und der Flächeninhalt $104\ \text{cm}^2$ beträgt?

f) Stelle einen Term für den Umfang der Figur auf; berechne ihn für die Maße aus Teilaufgabe b).

5. Klammere so aus, dass der Term in der Klammer möglichst einfach wird.

a) $12ab + 7bc$ **b)** $40xy - 25xz$ **c)** $45 - 27ab + 36x^2$ **d)** $0{,}9u - 0{,}9u^2 + 0{,}9u$

$-4x - 4y$ $-5x^2 - 10xy$ $-24a - 30b + 66b$ $\frac{r}{2} + \frac{r^2}{2} - \frac{3}{2}rs$

6. Faktorisiere.

a) $16x^2 - 25y^2$ **b)** $64x^2 - 192xy + 144y^2$ **c)** $5x^2 + 10xy + 5y^2$

7. Ein quadratisches Eckgrundstück muss an zwei benachbarten Seiten einen 1 m breiten Streifen für die Anlage eines neuen Fahrradweges abgeben. Dadurch verringert sich seine Größe um $57\ \text{m}^2$. Berechne die neue Grundstücksgröße.

8. Essigessenz enthält 20 % Essigsäure, gewöhnlicher Essig 5 %.
Essigessenz soll mit so viel gewöhnlichem Essig vermischt werden, dass 10%iger Essig für Reinigungszwecke entsteht.
In welchem Mengenverhältnis muss man Essigessenz und Essig mischen?
Tipp: Beginne mit einem selbst gewählten Beispiel.

Bleib fit im ...
Umgang mit Flächen- und Volumenberechnungen

Zum Aufwärmen

1. Bestimme den Flächeninhalt folgender Figuren.

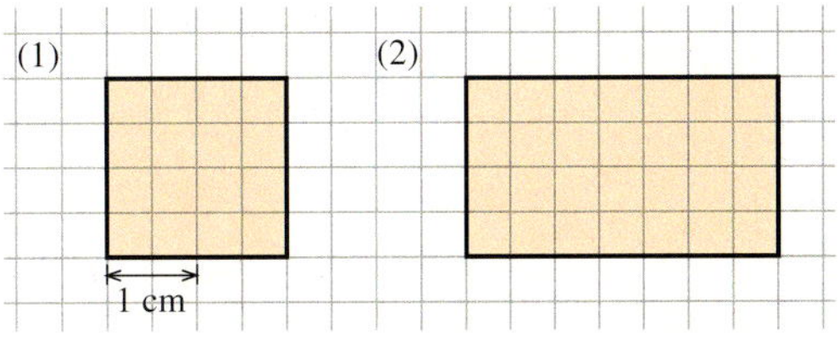

2. Aus Pappe sollen die abgebildeten Quader hergestellt werden.
Für welchen Quader benötigt man mehr Pappe?
In welchen Quader passt mehr hinein?

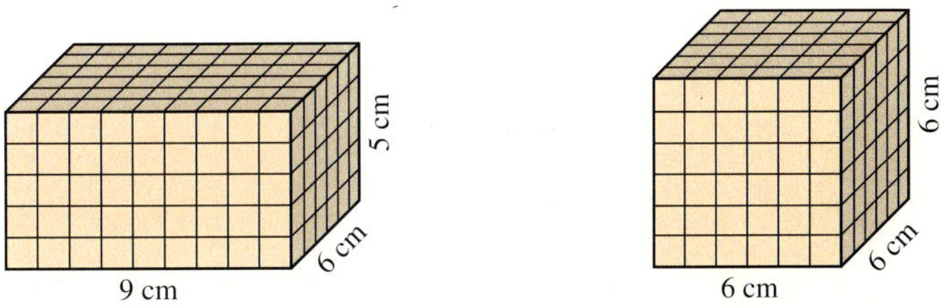

3. **a)** Erläutere am Quadrat rechts den Zusammenhang zwischen den Flächeninhaltseinheiten mm^2 und cm^2.

b) Erläutere ebenso am Würfel rechts den Zusammenhang zwischen den Volumeneinheiten mm^3 und cm^3.

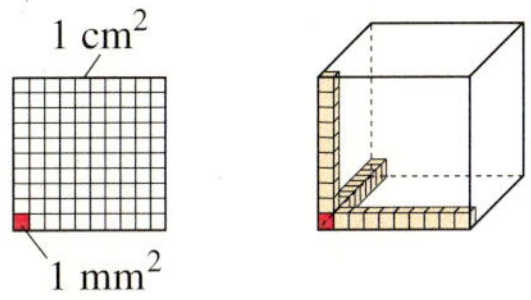

Zum Erinnern

(1) Flächeninhalt von Figuren

Der Flächeninhalt einer Figur gibt an, wie viele Einheitsquadrate in der Figur enthalten sind.

Flächeninhalt eines Rechtecks = Länge mal Breite

Für den **Flächeninhalt A eines Rechtecks** mit den Seitenlängen a und b gilt:
A = a · b

Beispiel: a = 6 cm; b = 3,5 cm
$A = 6\text{ cm} \cdot 3{,}5\text{ cm} = (6 \cdot 3{,}5)\text{ cm}^2 = 21\text{ cm}^2$

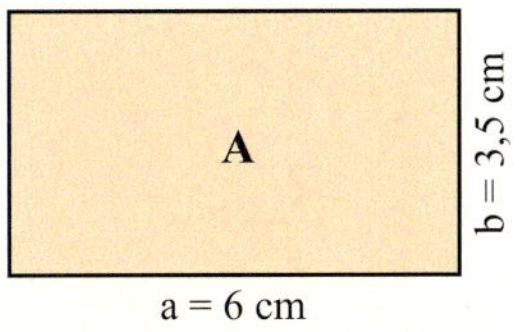

(2) Oberflächeninhalt und Volumen von Quadern

Die Seitenflächen eines Quaders bilden seine *Oberfläche*. Deren Flächeninhalt ist z. B. ein Maß dafür, wie viel Pappe man zur Herstellung benötigt.
Die Anzahl der Einheitswürfel, die in einen Quader lückenlos passen, gibt sein Volumen an. Wählt man Würfel mit der Kantenlänge 1 cm, dann erhält man das Volumen in der Einheit cm^3.

Für das **Volumen V** und **den Oberflächeninhalt O eines Quaders** mit den Kantenlängen a, b und c gilt:

V = a b c

O = 2ab + 2ac + 2bc

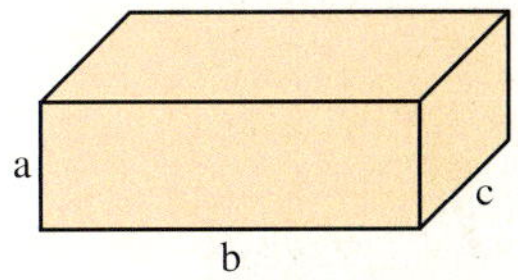

(3) Umwandlung von Flächeninhalts- und Volumeneinheiten

Die Umwandlungszahl der Längeneinheiten ist 10 (z. B. 10 mm = 1 cm; 10 dm = 1 m).
Man benötigt daher z. B. 100 Quadrate der Größe 1 dm^2, um ein 1 m^2 großes Quadrat auszulegen.

Bei Flächeninhaltseinheiten: Umwandlungszahl 100

$$1\,mm^2 \xrightarrow{\cdot 100} 1\,cm^2 \xrightarrow{\cdot 100} 1\,dm^2 \xrightarrow{\cdot 100} 1\,m^2 \xrightarrow{\cdot 100} 1\,a \xrightarrow{\cdot 100} 1\,ha \xrightarrow{\cdot 100} 1\,km^2$$

$100\,mm^2 = 1\,cm^2$ $100\,m^2 = 1\,a$

$100\,cm^2 = 1\,dm^2$ $100\,a = 1\,ha$

$100\,dm^2 = 1\,m^2$ $100\,ha = 1\,km^2$

Entsprechend benötigt man $10 \cdot 10 \cdot 10$ Würfel der Kantenlänge 1 mm^3, um einen 1 cm^3 Würfel damit zu füllen.

Beim Volumen: Umwandlungszahl 1 000

$$1\,mm^3 \xrightarrow{\cdot 1\,000} 1\,cm^3 \xrightarrow{\cdot 1\,000} 1\,dm^3 \xrightarrow{\cdot 1\,000} 1\,m^3$$

$1\,000\,mm^3 = 1\,cm^3$ $1\,l = 1\,dm^3$

$1\,000\,cm^3 = 1\,dm^3$ $1\,ml = 1\,cm^3$

$1\,000\,dm^3 = 1\,m^3$ $1\,l = 1\,000\,ml$

Zum Trainieren

4. a) Die Insel Borkum ist etwa 30 600 000 m^2 groß. Gib die Seitenlängen eines Rechtecks an, das so groß wie Borkum ist.

b) Rheinland-Pfalz ist 19 853 km^2 groß [Mainz 9 774 ha]. Gib die Seitenlängen eines Rechtecks an, das etwa so groß ist wie Rheinland-Pfalz [wie Mainz].

5. Gib in der in Klammern angegebenen Einheit an.

a) 90 a (m^2)	**b)** 8 cm^2 (mm^2)	**c)** 7 km^2 (m^2)	**d)** 560 ha (m^2)
120 ha (a)	900 cm^2 (dm^2)	29 km^2 (a)	56 ha (km^2)
2 400 m^2 (a)	4 500 m^2 (dm^2)	2 400 m^2 (cm^2)	5 600 a (m^2)
3 600 ha (km^2)	3 000 dm^2 (mm^2)	30 000 m^2 (ha)	5 600 a (ha)

6. Wie groß ist der Flächeninhalt eines 9 cm langen Rechtecks mit dem Umfang 26 cm? Welche Seitenlänge hätte ein flächeninhaltsgleiches Quadrat?

7. Schreibe in der in Klammern angegebenen Einheit.

a) 715 cm^3 (mm^3)	**b)** 17 600 dm^3 (m^3)	**c)** 147 *l* (ml)	**d)** 1 234 *l* (dm^3)
3 400 cm^3 (dm^3)	93 000 mm^3 (cm^3)	9 000 cm^3 (*l*)	399 ml (*l*)

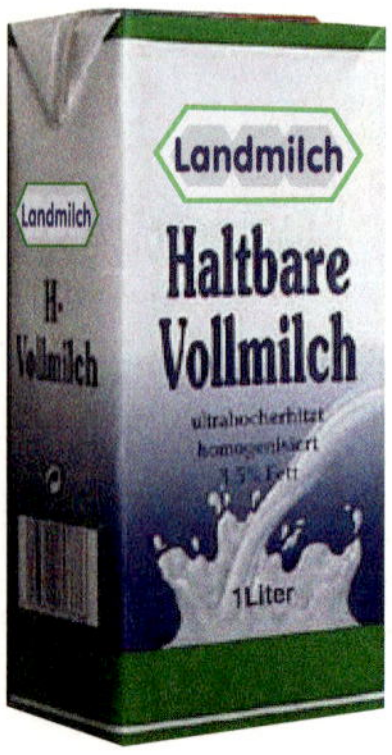

8. Berechne jeweils den Oberflächeninhalt eines Quaders mit den angegebenen Kantenlängen.

a) 2,4 cm; 1,8 cm; 5,7 cm **b)** 1,30 m; 70 cm; 90 cm **c)** 34 cm; 2,75 m; 3,60 m

9. Der Pappbehälter von 1 *l* H-Milch ist 9 cm lang und 6 cm breit. Wie viel Pappe wird zu seiner Herstellung mindestens benötigt?

10. Ein Quader mit einer 249 cm^2 großen Oberfläche ist 8 cm lang und 5 cm breit. Welches Volumen hat er?

2. BERECHNUNGEN AN VIELECKEN UND PRISMEN

Auf dem Lageplan siehst du verschiedene Grundstücke eingezeichnet; sie haben unterschiedliche Formen: Rechteck, Parallelogramm, Dreieck, Trapez.
Die Grundstücke sollen verkauft werden. Der Quadratmeterpreis beträgt 74 €. Um den Kaufpreis für jedes Grundstück zu ermitteln, muss vorher die Größe jedes Grundstücks berechnet werden. Den Flächeninhalt einer Fläche können wir bisher aber nur für das Rechteck und das Quadrat berechnen.
Um die Menge des Erdaushubs der Baugruben zu bestimmen, muss man deren Volumen berechnen. Das können wir bislang aber nur für Quader und Würfel.

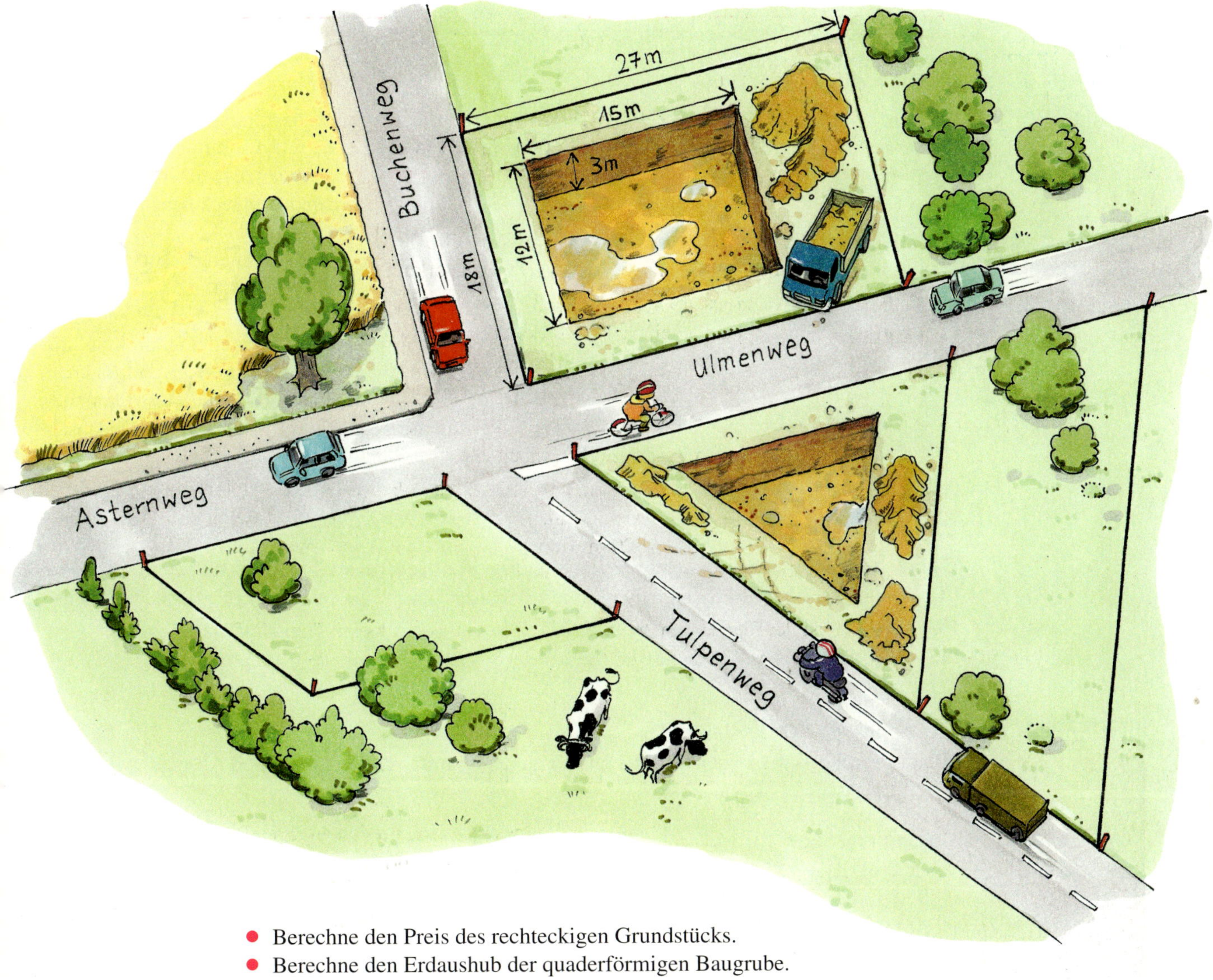

- Berechne den Preis des rechteckigen Grundstücks.
- Berechne den Erdaushub der quaderförmigen Baugrube.

In diesem Kapitel lernst du, wie man den Flächeninhalt eines beliebigen Vielecks, insbesondere eines Parallelogramms, eines Dreiecks und eines Trapezes berechnen kann. Weiter lernst du, wie man das Volumen von Prismen berechnet.

2.1 Flächeninhalt eines Parallelogramms

Aufgabe 1

Flächeninhalt eines Parallelogramms

Wir wollen die Größe, d. h. den Flächeninhalt des Grundstücks P berechnen, das die Form eines Parallelogramms hat (siehe auch Seite 61). Den Flächeninhalt des Parallelogramms können wir nicht bestimmen, indem wir es mit (noch so kleinen) Einheitsquadraten auslegen und damit den Flächeninhalt messen.

Versuche, den Flächeninhalt zu bestimmen, indem du zu dem Parallelogramm ein flächeninhaltsgleiches Rechteck zeichnest.

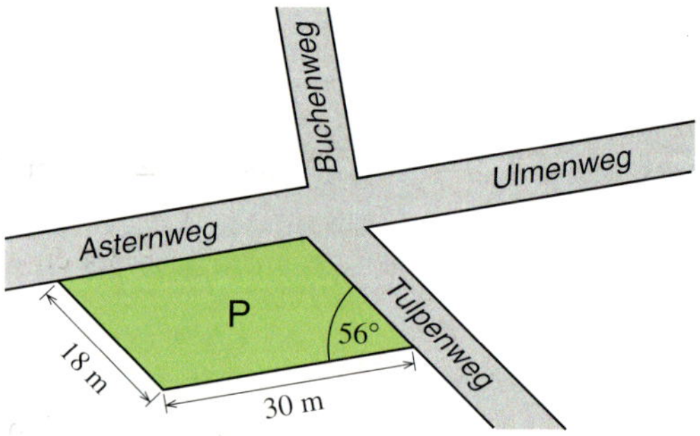

Lösung

Strategie: Zurückführen auf ein Rechteck durch Zerlegen

1. Möglichkeit:
(verkleinert)

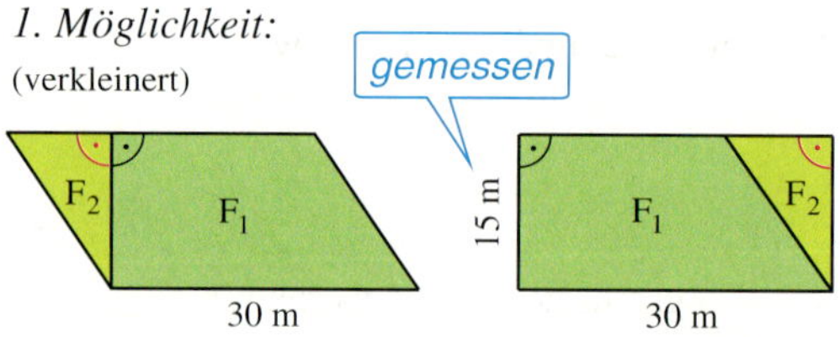

Wir denken uns das Parallelogramm in die Flächenstücke F_1 und F_2 zerlegt und dann zu einem Rechteck wieder zusammengesetzt. Parallelogramm und Rechteck haben denselben Flächeninhalt.

Wir entnehmen der Zeichnung:

$A_p = A_R = 30\text{ m} \cdot 15\text{ m} = 450\text{ m}^2$

2. Möglichkeit:
(verkleinert)

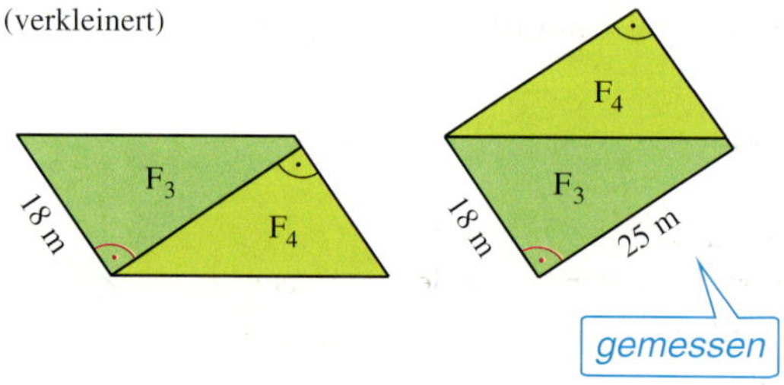

Wir denken uns das Parallelogramm in die Flächenstücke F_3 und F_4 zerlegt und dann zu einem Rechteck zusammengesetzt. Parallelogramm und Rechteck haben wiederum denselben Flächeninhalt.

Wir entnehmen der Zeichnung:

$A_p = A_R = 18\text{ m} \cdot 25\text{ m} = 450\text{ m}^2$

Durch Zerlegen des Parallelogramms in geeignete Teilflächen und durch Zusammensetzen dieser Teilflächen zu einem flächeninhaltsgleichen Rechteck haben wir das Problem auf die bereits bekannte Berechnung des Rechtecks zurückgeführt.

Ergebnis: Das Grundstück ist 450 m^2 groß.

Information

(1) Höhen im Parallelogramm

Beim Berechnen des Flächeninhalts eines Parallelogramms benötigt man den Abstand zweier zueinander paralleler Seiten.

Definition

Unter den **Höhen** eines Parallelogramms versteht man die Abstände der zueinander parallelen Seiten.

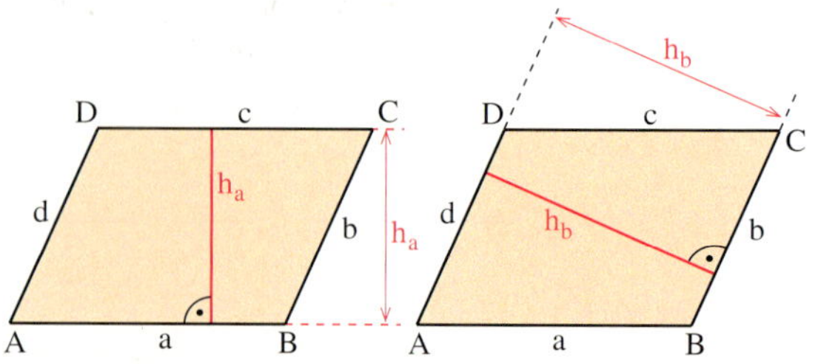

(2) Flächeninhalt eines Parallelogramms

Wir erhalten den Flächeninhalt eines Parallelogramms, indem wir eine Seite als *Grundseite* auswählen und ihre Länge mit der zugehörigen Höhe multiplizieren.

Für den **Flächeninhalt A_p eines Parallelogramms** mit der Länge g einer Seite (Grundseite) und der zugehörigen Höhe h gilt:

$$A_p = g \cdot h$$

Beispiel: $g = 3{,}4\ \text{cm},\ h = 2{,}1\ \text{cm}$

$A_p = g \cdot h$

$A_p = 3{,}4\ \text{cm} \cdot 2{,}1\ \text{cm} = 7{,}14\ \text{cm}^2$

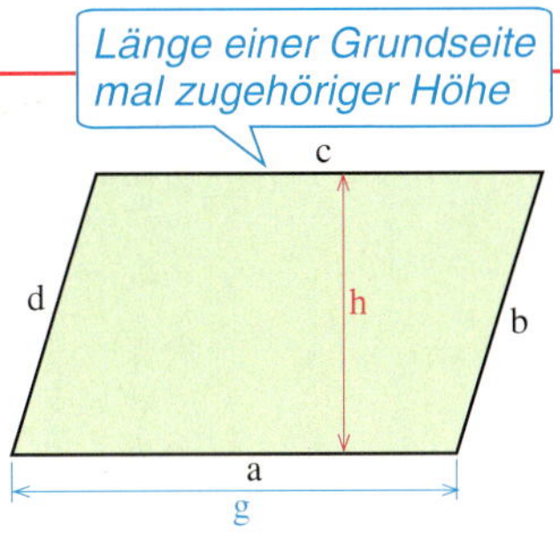

Beachte: Den Flächeninhalt eines Parallelogramms muss man unterscheiden von seinem Umfang, das ist die Länge seines Randes. Für den Umfang u_p des Parallelogramms gilt:

$u_p = a + b + c + d = 2a + 2b$ (wegen $a = c$ und $b = d$) bzw. $u_p = 2(a + b)$

Weiterführende Aufgaben

2. *Sonderfall bei der Zerlegung eines Parallelogramms*

Bei dem abgebildeten Parallelogramm verläuft jede zu der Grundseite g gehörende Höhe wenigstens zum Teil außerhalb des Parallelogramms. Deshalb ist die Umwandlung in ein flächeninhaltsgleiches Rechteck mit derselben Grundseite nicht so einfach wie oben. Jedoch kommst du auch hier zum Ziel:

Zeichne ein solches Parallelogramm und zerschneide es längs der in der Abbildung eingezeichneten Linien. Setze die Flächenstücke so zusammen, dass ein Rechteck mit der Grundseite g entsteht. Wie lang ist die andere Seite des Rechtecks? Was kannst du über den Flächeninhalt des ursprünglichen Parallelogramms aussagen?

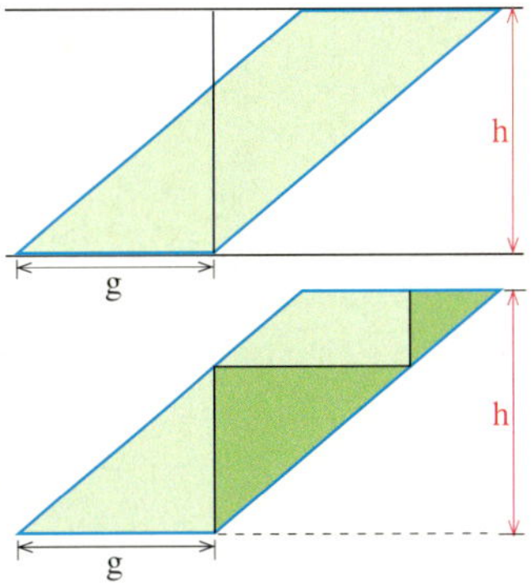

3. *Verschiedene Parallelogramme mit gleich langer Grundseite und gleicher Höhe*

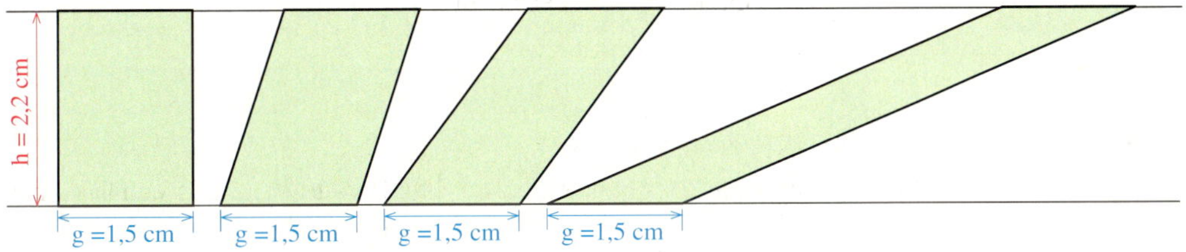

a) Berechne für jedes Parallelogramm den Flächeninhalt. Was fällt dir auf? Formuliere einen Satz.

b) Zeichne ein Quadrat mit der Seitenlänge a = 5,3 cm. Konstruiere dazu drei flächeninhaltsgleiche Parallelogramme, bei denen eine Seite 5,3 cm lang ist.

Parallelogramme mit gleich langer Grundseite und gleicher Höhe besitzen denselben Flächeninhalt.

Übungsaufgaben

4. Zeichne (möglichst auf Karton) ein Parallelogramm ABCD mit a = 8,4 cm, α = 64° und b = 4,8 cm.
Bestimme seinen Flächeninhalt. Du kannst es auch ausschneiden und zerschneiden.

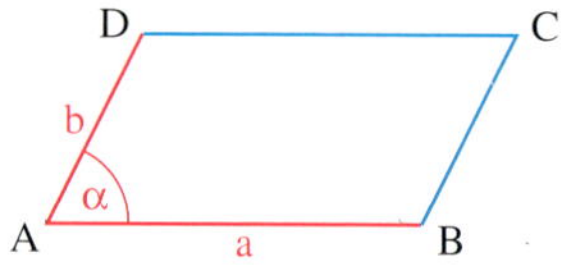

5. Übertrage das Parallelogramm in dein Heft. Verwandle das Parallelogramm in ein flächeninhaltsgleiches Rechteck. Bestimme den Flächeninhalt des Parallelogramms (1 Karolänge = 5 mm).

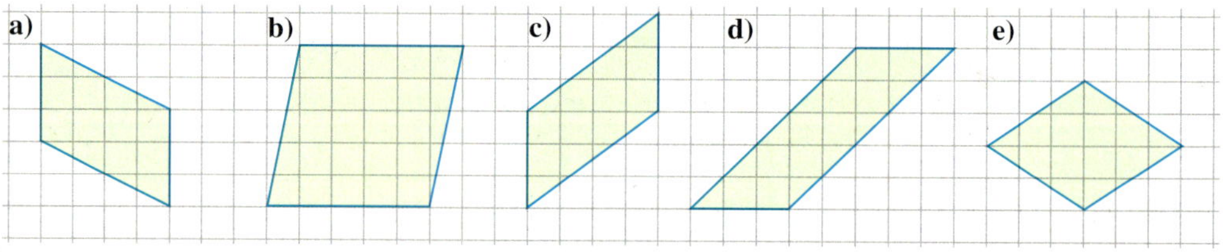

6. Berechne den Flächeninhalt des Parallelogramms.

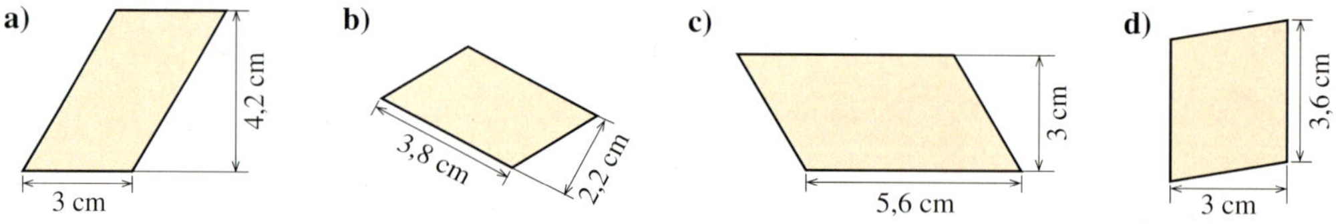

7. Übertrage das Parallelogramm in dein Heft. Miss jeweils die Seitenlänge und die zugehörige Höhe. Berechne dann den Flächeninhalt. Was erwartest du, was stellst du fest? Begründe.

Seite	*Länge der Seite*	*zugehörige Höhe*	*Flächeninhalt*
$\overline{AB}$			
$\overline{BC}$			
$\overline{CD}$			
$\overline{DA}$			

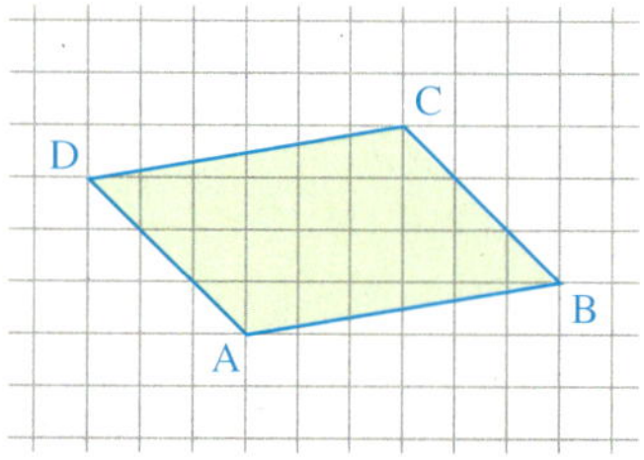

8. Sophie, Felix und Laura haben versucht, den Flächeninhalt des Parallelogramms zu berechnen. Kontrolliere ihre Rechnungen. Welche Fehler haben sie gemacht?

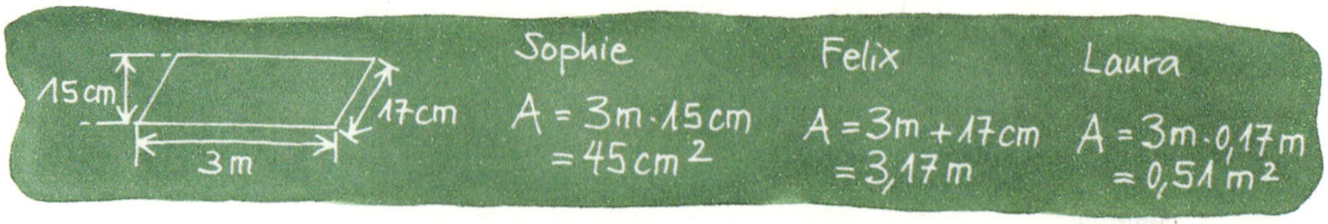

9. Berechne den Flächeninhalt des Parallelogramms. Wähle dazu eine Seite als Grundseite, zeichne eine zugehörige Höhe ein und miss die Längen (5 mm je Karo). Bestimme auch den Umfang. Runde sinnvoll.

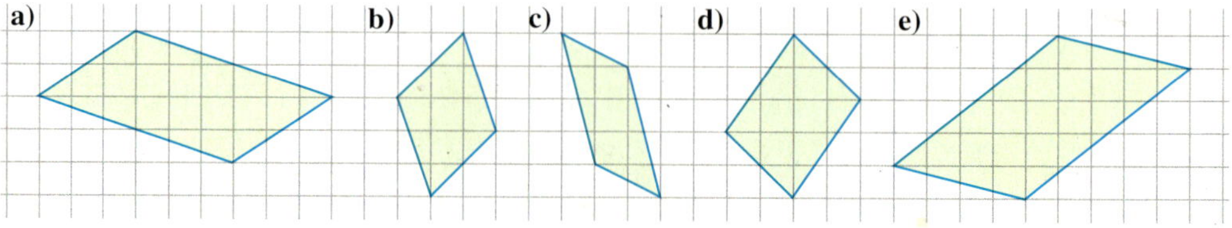

10. Zeichne das Parallelogramm ABCD in ein Koordinatensystem mit der Einheit 1 cm. Berechne dann ohne zu messen den Flächeninhalt des Parallelogramms.

a)	b)	c)	d)	e)
A(1|1)	A(4|2)	A(2|3)	A(6,4|3,5)	A(1,4|1,2)
B(8|1)	B(7|2)	B(12|3)	B(10,8|3,5)	B(7,8|7,5)
C(10|5)	C(3|6)	C(15|5)	C(8,8|7,1)	C(7,8|13,2)
D(3|5)	D(0|6)	D(5|5)	D(4,4|7,1)	D(1,4|6,9)

11. **a)** Ein Parallelogramm mit dem Flächeninhalt 44,2 cm^2 hat eine Höhe der Länge 5,2 cm. Wie lang ist die zugehörige Grundseite?

b) Gib eine Formel an, mit der du die Länge g der Grundseite aus dem Flächeninhalt A_P und der zugehörigen Höhe h berechnen kannst.

12. Gebäude werden oft mit Streifenornamenten verziert.

a) Beim oberen Streifen sind a = 20 cm, b = 5 cm, c = 20 cm und d = 15 cm. Wie viel cm^2 wurden grün gefärbt? Wie viel Prozent des Streifens ist gefärbt?
Bei dem unteren Streifen ist a = 15 cm, alle anderen Größen sind gleich geblieben. Wie ändern sich die Ergebnisse?

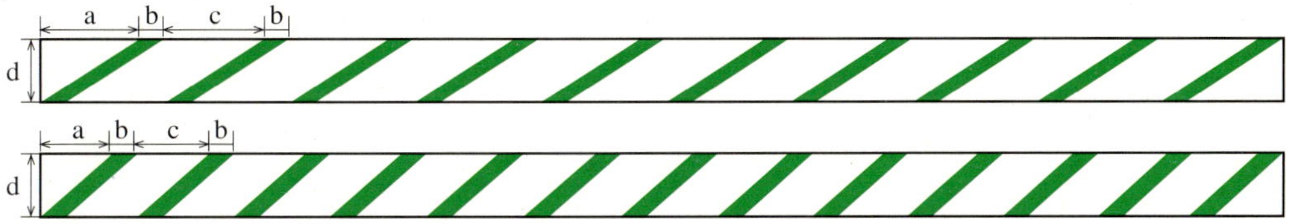

b) Ein Haus soll mit einem 14 m langen Ornament von der unten abgebildeten Art verziert werden. Für wie viel m^2 wird Farbe von jeder Sorte benötigt? Welcher Anteil des gesamten Streifens ist grün bzw. orange gefärbt? Gib die Anteile auch in Prozent an.

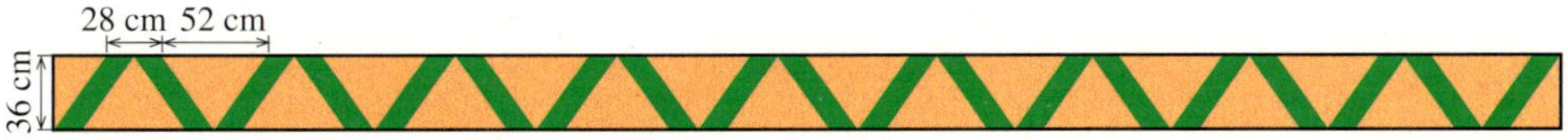

Erkundige dich nach den aktuellen Mehrwertsteuersätzen!

13. Eine Treppenhauswand soll renoviert werden. Für Material und Arbeit verlangt der Maler 12,50 € pro m^2. Dazu kommt noch die Mehrwertsteuer. Was kostet die Renovierung?

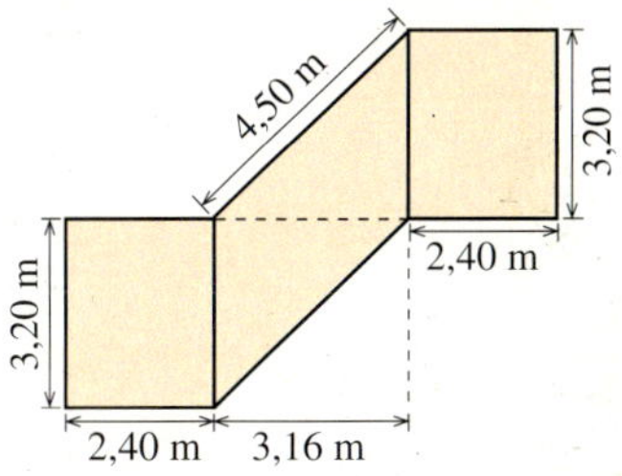

14. Wie ändert sich der Flächeninhalt eines Parallelogramms, wenn man

a) eine Seitenlänge verdoppelt [verdreifacht; vervierfacht]?

b) eine Seitenlänge verdoppelt und die zugehörige Höhe verdoppelt [verdreifacht; vervierfacht]?

15. Von einem Parallelogramm sind die Seitenlängen a = 5,7 cm und b = 3,5 cm bekannt; die zu a gehörende Höhe ist h_a = 2,5 cm. Berechne die andere Höhe h_b.

16. Du kannst verschiedene Parallelogramme mit den Seitenlängen a = 5 cm und b = 3,5 cm zeichnen. Welches dieser Parallelogramme hat den größten Flächeninhalt?

17. Ein Parallelogramm ABCD hat den Flächeninhalt A = 20 cm^2. Ferner gilt: |AB| = 4 cm und |BC| = 6 cm. Berechne die Höhen des Parallelogramms. Bestimme auch den Umfang.

2.2 Flächeninhalt eines Dreiecks

Einführung

Strategie: Zurückführen eines neuen Problems auf ein bereits gelöstes

! Es gibt noch andere Lösungswege.

Wir wollen die Größe, d.h. den Flächeninhalt des Grundstücks D (siehe Seite 61) bestimmen und dabei eine Formel für die Berechnung des Flächeninhalts eines Dreiecks aufstellen.

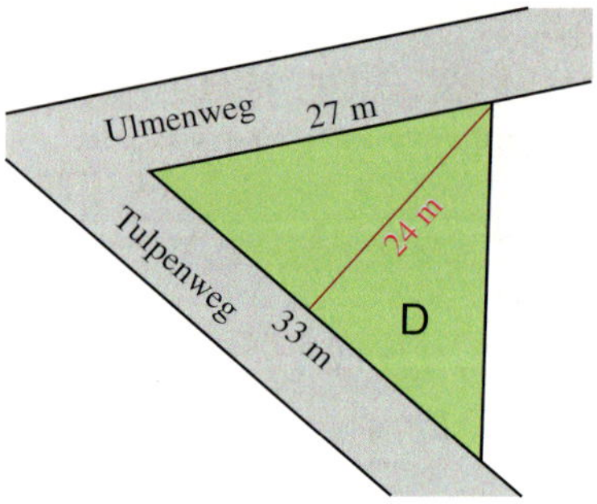

Wir verdoppeln das Dreieck durch Spiegelung am Mittelpunkt M einer Seite zu einem Parallelogramm P.

Das gespiegelte Dreieck D* hat denselben Flächeninhalt wie D; also ist das Dreieck D halb so groß wie das Parallelogramm P:

$A_D = \frac{1}{2} \cdot A_P$

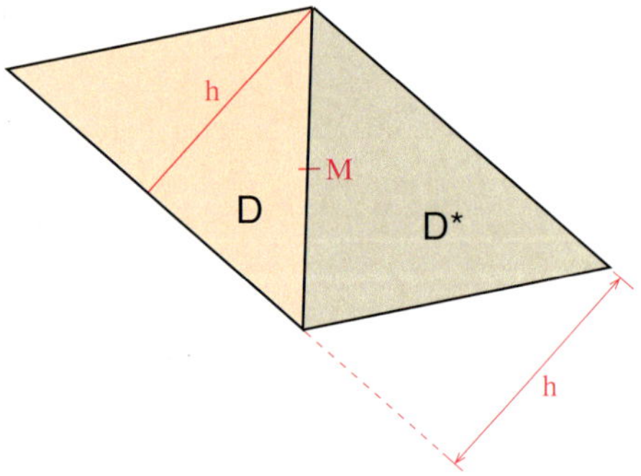

Den Flächeninhalt A_P des Parallelogramms bestimmen wir, indem wir seine Höhe h messen und mit der Länge g der zugehörigen Grundseite multiplizieren: $A_P = g \cdot h$

Der Flächeninhalt des Dreiecks ist die Hälfte von A_P, also gilt: $A_D = \frac{1}{2} \cdot g \cdot h$

Wir entnehmen dem Lageplan: g = 33 m, h = 24 m. Dann gilt für den Flächeninhalt des Dreiecks: $A_D = \frac{1}{2} \cdot 33\ \text{m} \cdot 24\ \text{m} = 396\ \text{m}^2$

Ergebnis: Das Grundstück ist 396 m² groß.

Weiterführende Aufgabe

1. *Verschiedene Dreiecke mit gleich langer Grundseite und Höhe*

Berechne für jedes Dreieck den Flächeninhalt. Was fällt dir auf? Formuliere einen Satz.

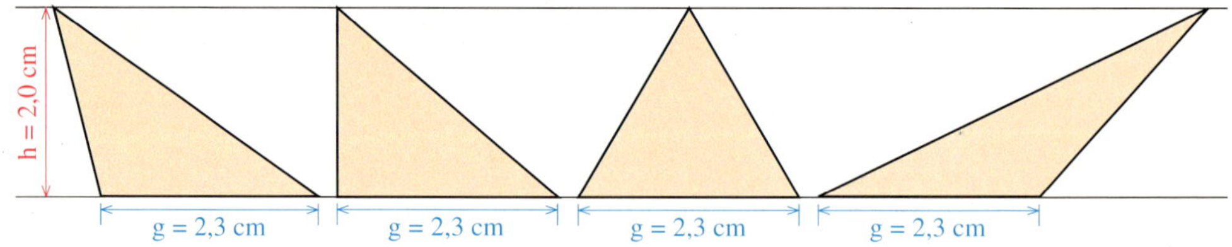

Information

(1) Höhen im Dreieck

Beim Berechnen des Flächeninhalts eines Dreiecks benötigt man den Abstand eines Eckpunkts von der gegenüberliegenden Seite.

Unter den **Höhen** eines Dreiecks versteht man die Abstände der Eckpunkte von den gegenüberliegenden Seiten bzw. deren Verlängerungen.

Beispiel: h_c ist der Abstand des Eckpunktes C von der Seite $\overline{AB}$ bzw. deren Verlängerung.

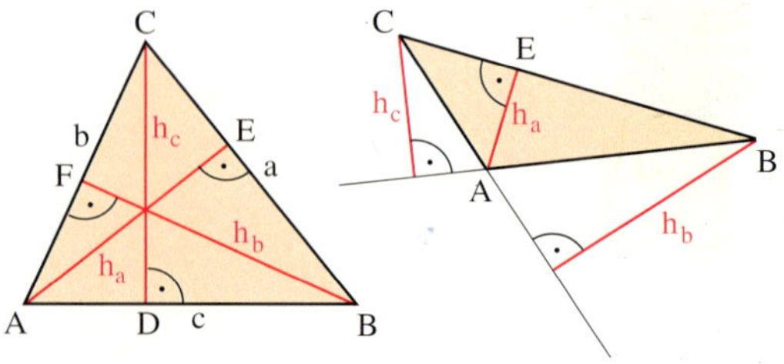

(2) Flächeninhalt eines Dreiecks

Man erhält den Flächeninhalt eines Dreiecks, indem man die Länge einer Seite mit der zugehörigen Höhe multipliziert und das Ergebnis halbiert.

Für den **Flächeninhalt A_D eines Dreiecks** mit der Länge g einer Seite (Grundseite) und der zugehörigen Höhe h gilt:

$$\mathbf{A_D = \frac{g \cdot h}{2}}$$

Beispiel: g = 5,8 cm, h = 2,9 cm

$$A_D = \frac{g \cdot h}{2}$$

$$A_D = \frac{5{,}8\ \text{cm} \cdot 2{,}9\ \text{cm}}{2} = 8{,}41\ \text{cm}^2$$

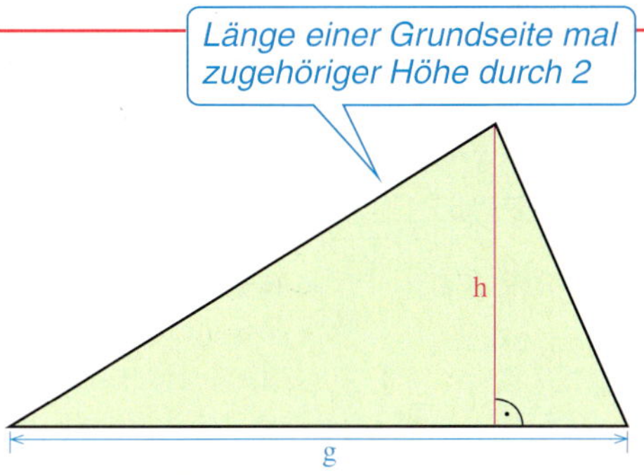

Übungsaufgaben

2. Zeichne (möglichst auf Karton) ein Dreieck ABC mit c = 7,6 cm, α = 75°, β = 45°.
Bestimme den Flächeninhalt des Dreiecks. Du kannst das Dreieck auch ausschneiden und dann zerschneiden.

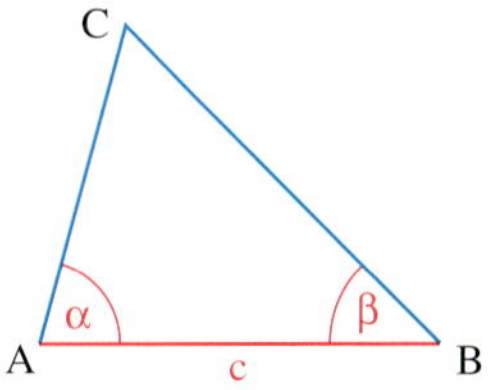

3. Berechne den Flächeninhalt des Dreiecks (Maße in cm).

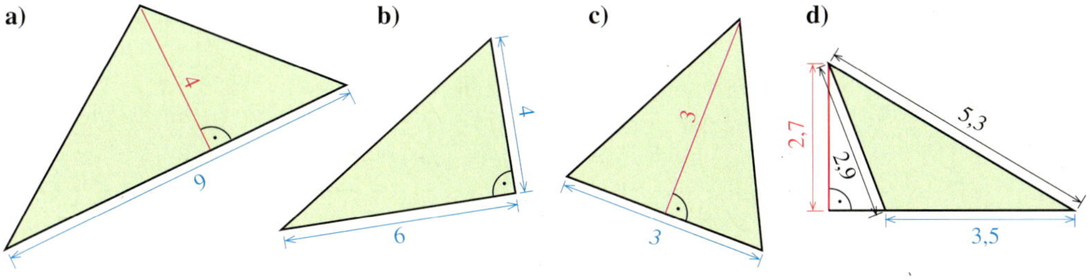

4. Übertrage das Dreieck PQR in dein Heft. Bestimme den Flächeninhalt des Dreiecks auf drei verschiedene Weisen. Fülle die Tabelle aus.

Seite	*Länge der Seite*	*zugehörige Höhe*	*Flächeninhalt*
$\overline{PQ}$			
$\overline{QR}$			
$\overline{RP}$			

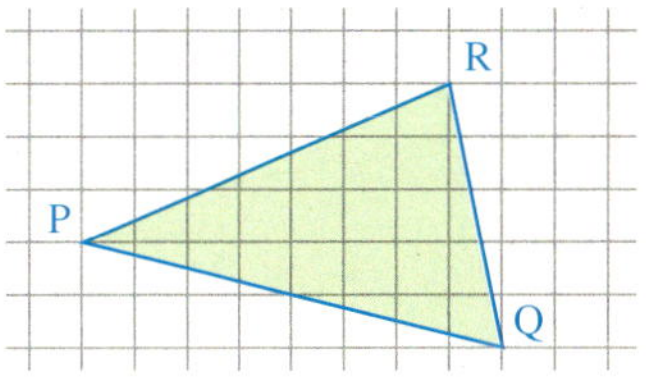

5. Übertrage das Dreieck in dein Heft. Miss die Länge einer Dreieckseite und die zugehörige Höhe. Bestimme den Flächeninhalt und den Umfang.

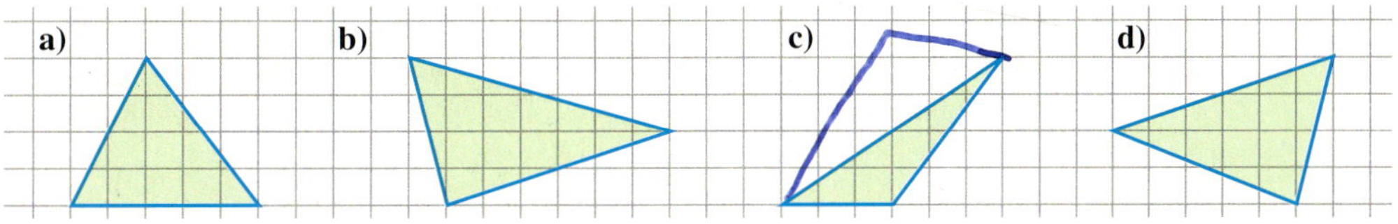

6. Zeichne das Dreieck ABC in ein Koordinatensystem mit der Einheit 1 cm. Berechne ohne zu messen den Flächeninhalt des Dreiecks.

a) A(1|2)	**b)** A(4|1)	**c)** A(4|2)	**d)** A(7,4|1,7)	**e)** A(1,1|1,6)
B(6|2)	B(9|5)	B(10|2)	B(7,4|6,5)	B(7,8|1,6)
C(4|6)	C(4|7)	C(0|6)	C(2,1|9,7)	C(9,2|6,8)

DGS

7. Zeichne mit einem dynamischen Geometrie-System ein Dreieck ABC. Miss die Länge der Seite $\overline{AB}$ und der dazu gehörigen Höhe. Lass dann den Flächeninhalt berechnen und anzeigen. Versuche nun, die Form des Dreiecks durch Bewegen des Punktes C so zu verändern, dass der Flächeninhalt unverändert bleibt. Du kannst dazu auch die Ortslinie des Punktes C aufzeichnen.
Was stellst du fest?
Begründe deine Beobachtung.

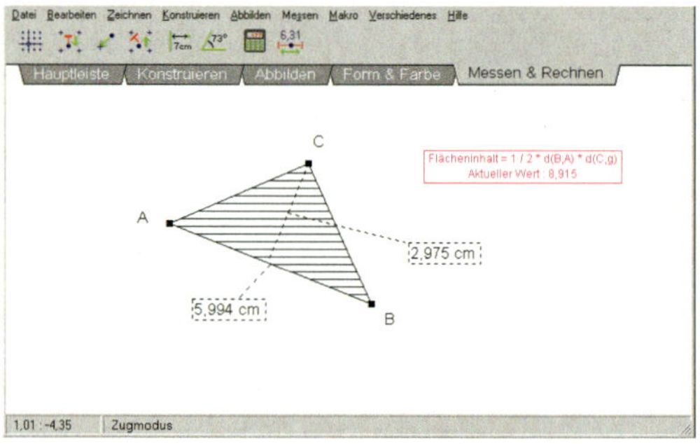

8. Der Dachgiebel soll mit Holz verschalt werden. 1 m^2 Holz kostet 44,98 €.
Berechne die Kosten für das Holz.

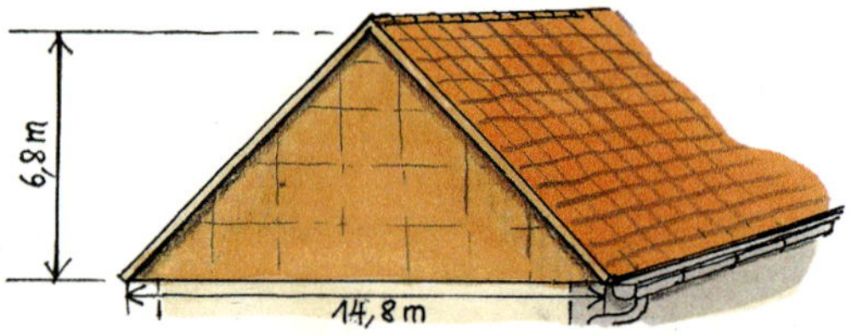

9. Die Seitenfläche einer Rampe soll neu gestrichen werden.
Für wie viel m^2 wird Farbe benötigt?

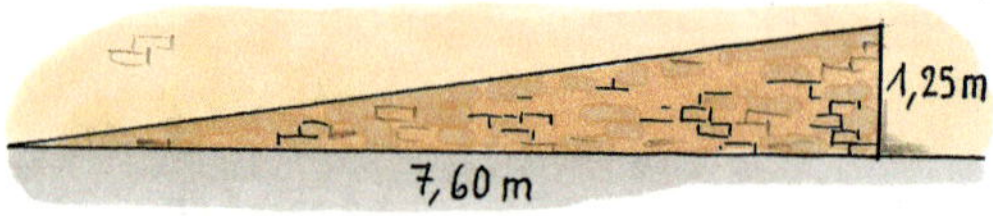

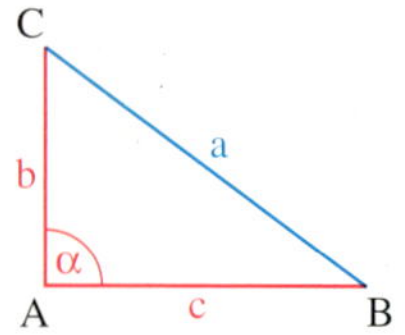

10. Von dem Dreieck ABC sind gegeben: $\alpha = 90°$, $b = 3$ cm und $c = 4$ cm.

a) Zeichne das Dreieck. Was kannst du über die Höhen h_c und h_b aussagen?
Berechne den Flächeninhalt des Dreiecks. Musst du vorher etwas messen?

b) Miss die Länge der Seite $\overline{BC}$ und *berechne* mithilfe des Ergebnisses von Teilaufgabe a) den Abstand des Punktes A von $\overline{BC}$.
Kontrolliere dein Ergebnis, indem du diesen Abstand einzeichnest und misst.

c) Formuliere eine Regel für den Flächeninhalt eines Dreiecks, das einen rechten Winkel hat. Gib auch eine Formel an. (Vergiss nicht, die benutzten Variablen mithilfe von Text oder einer Skizze zu erklären.)

11. Gegeben ist ein rechtwinkliges Dreieck ABC. Berechne den Flächeninhalt.

a) $a = 3{,}2$ cm; $b = 4{,}1$ cm; $\gamma = 90°$

b) $c = 6{,}7$ cm; $b = 4{,}8$ cm; $\alpha = 90°$

c) $c = 5{,}9$ cm; $a = 2{,}4$ cm; $\beta = 90°$

d) $a = 4{,}42$ m; $b = 3{,}05$ m; $\gamma = 90°$

12. Ein Dreieck hat den Flächeninhalt 8,75 a.

a) Wie lang ist die Grundseite, wenn die zugehörige Höhe 35 m beträgt?

b) Wie hoch ist das Dreieck, wenn die Grundseite 45,5 m lang ist?

13. Marie, Patrick und Lea haben versucht, den Flächeninhalt des Dreiecks zu berechnen. Kontrolliere ihre Rechnungen. Welche Fehler haben sie gemacht?

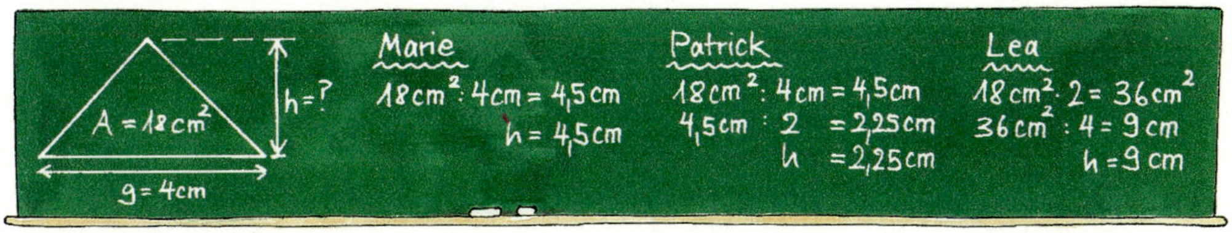

14. Berechne die fehlende Größe des Dreiecks.

	a)	b)	c)	d)	e)	f)
Seitenlänge g	3,2 cm			127 m	2,2 m	3,5 m
Höhe h	1,9 cm	1,2 m	4,1 m		14 cm	
Flächeninhalt A_D		1,92 m²	9,43 m²	3 175 m²		630 cm²

15. Das Waldstück rechts soll neu mit Fichten aufgeforstet werden. 1 ha kostet 2 400 €. Fertige eine Zeichnung im verkleinerten Maßstab an und ermittle die Kosten für die Aufforstung.

16. Wir haben den Flächeninhalt eines Dreiecks als die Hälfte des Flächeninhalt eines Parallelogramms berechnet und damit die Formel $A_D = \frac{g \cdot h}{2}$ erhalten. Begründe anhand der Zeichnung die Formel $A_D = g \cdot \frac{h}{2}$ für den Flächeninhalt eines Dreiecks.

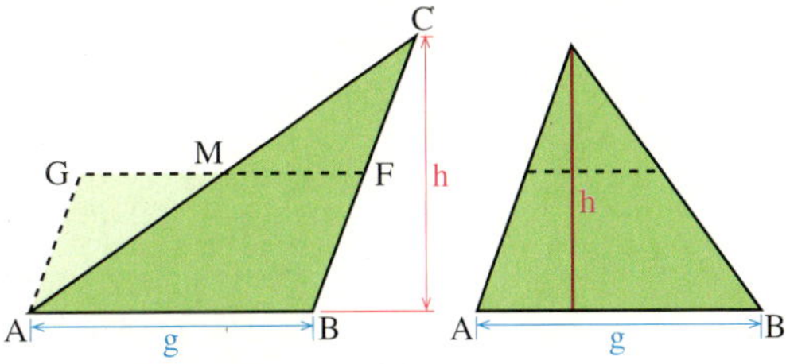

17. Fasst man a als Grundseite des Dreiecks auf, so ist h_a die zugehörige Höhe.
Für den Flächeninhalt des Dreiecks gilt dann: $A_D = \frac{a \cdot h_a}{2}$.
Stelle eine entsprechende Formel auf für b [für c] als Grundseite.

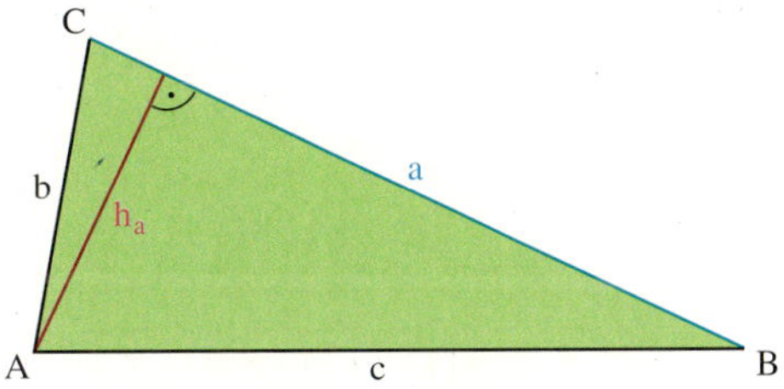

18. Von einem Dreieck ABC sind gegeben:

a) a = 7,5 cm, b = 5,3 cm und h_a = 4,6 cm. Berechne die Höhe h_b.

b) a = 7,1 cm, b = 3,5 cm und h_b = 3,2 cm. Berechne die Höhe h_a.

c) a = 5,4 cm, c = 6,2 cm und h_a = 2,4 cm. Berechne die Höhe h_c.

2.3 Flächeninhalt eines Trapezes

Aufgabe 1

Bestimme die Größe des trapezförmigen Grundstücks T auf Seite 61.

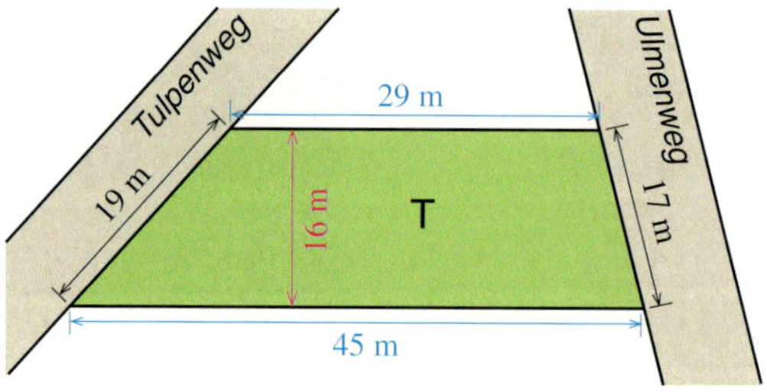

Lösung

Durch Spiegelung an dem Seitenmittelpunkt M ergänzen wir das Trapez T zu einem Parallelogramm P mit der Grundseitenlänge a + c und der Höhe h.
Folglich ist sein Flächeninhalt:
$A_P = (a + c) \cdot h$
Da der Flächeninhalt des Trapezes halb so groß ist, gilt: $A_T = \frac{1}{2} \cdot (a + c) \cdot h$.
Wir entnehmen dem Lageplan:
$a = 45$ m; $c = 29$ m; $h = 16$ m
Also: $A_T = \frac{1}{2} \cdot (45\text{ m} + 29\text{ m}) \cdot 16\text{ m} = 592\text{ m}^2$
Ergebnis: Das Grundstück T ist 592 m^2 groß.

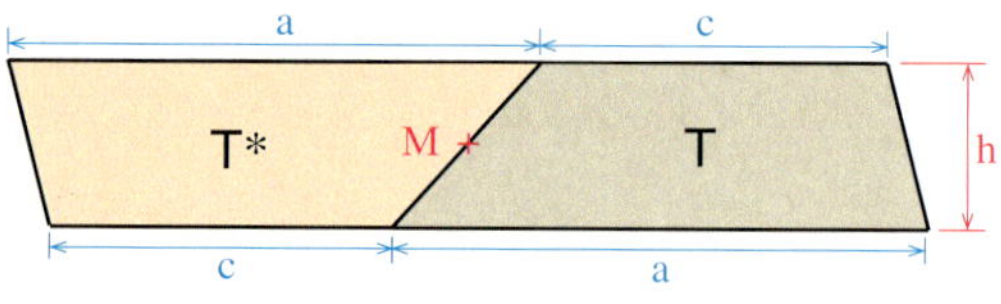

(verkleinert)

Information

(1) Höhe im Trapez

Beim Berechnen des Flächeninhalts eines Trapezes benötigt man den Abstand von zwei zueinander parallelen Seiten.

Unter der **Höhe** h eines Trapezes versteht man den Abstand der beiden zueinander parallelen Grundseiten.

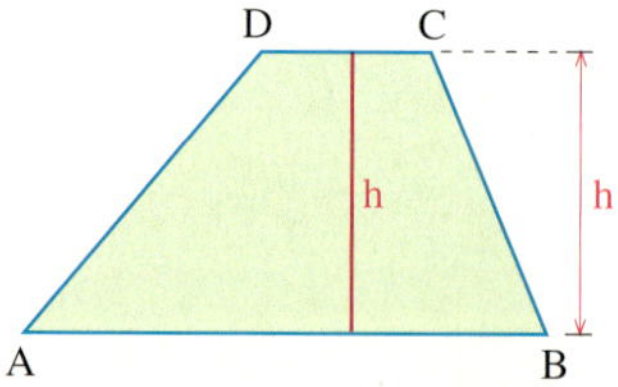

(2) Flächeninhalt eines Trapezes

Man erhält den Flächeninhalt eines Trapezes, indem man die Summe der Längen der zueinander parallelen Seiten mit der zugehörigen Höhe multipliziert und das Ergebnis halbiert.

Für den **Flächeninhalt A_T eines Trapezes** mit den Längen a und c der zueinander parallelen Seiten und der Höhe h gilt:

$$\mathbf{A_T = \frac{(a + c) \cdot h}{2}}$$

Beispiel: $a = 4{,}8$ cm; $c = 2{,}8$ cm; $h = 2{,}1$ cm

$$A_T = \frac{(a + c) \cdot h}{2}$$

$$A_T = \frac{(4{,}8\text{ cm} + 2{,}8\text{ cm}) \cdot 2{,}1\text{ cm}}{2} = 7{,}98\text{ cm}^2$$

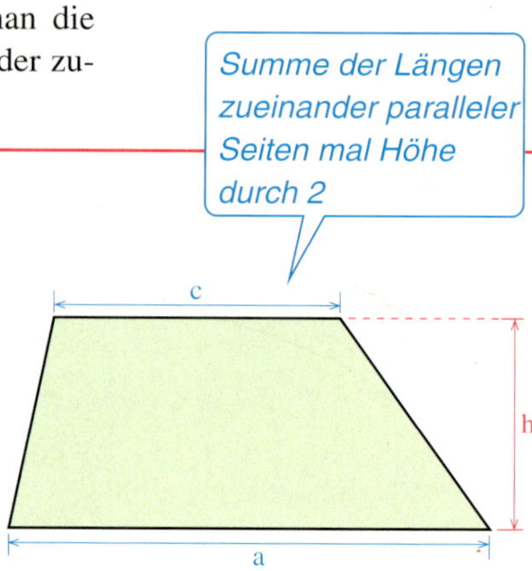

Übungsaufgaben

2. Zeichne (auf Karton) ein Trapez ABCD aus a = 8,3 cm, $\alpha = 58°$, $\beta = 42°$ und b = 4,6 cm. Bestimme den Flächeninhalt. Du kannst das Trapez auch ausschneiden und dann zerschneiden.

3. Berechne den Flächeninhalt des Trapezes (Maße in cm).

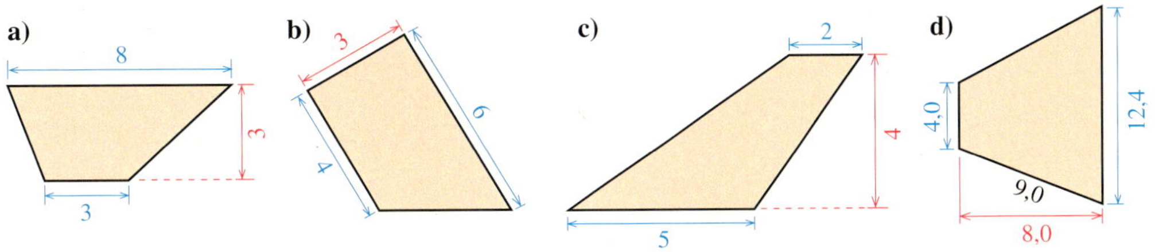

4. Übertrage das Trapez in dein Heft. Berechne den Flächeninhalt und den Umfang.

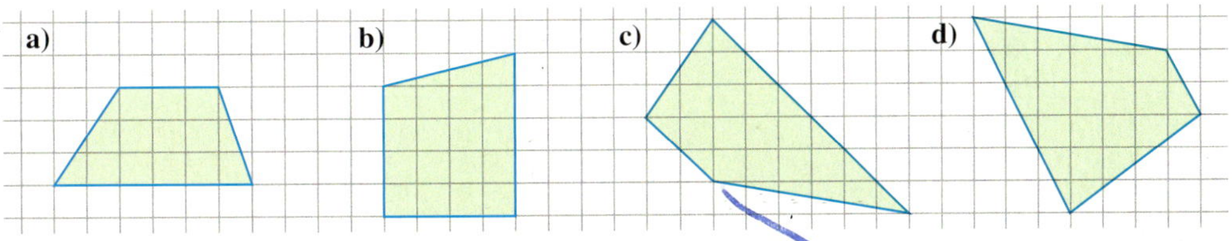

5. Trage das Trapez ABCD in ein Koordinatensystem mit der Einheit 1 cm ein und berechne ohne zu messen den Flächeninhalt.

a) A(1|1), B(8|1), C(5|5), D(2|5) **b)** A(0|2), B(5|2), C(4|8), D(1|8)

6. Berechne die fehlenden Größen des Trapezes.

	(1)	(2)	(3)	(4)	(5)	(6)
Seitenlänge a	4,5 cm	9,1 m	3,9 cm	7,3 m	4,5 cm	
Seitenlänge c	7,5 cm	11,3 m	6,1 cm	9,2 m		114 mm
Höhe h	6 cm	8,2 m			6 cm	70 mm
Flächeninhalt A_T			96 cm²	41,25 m²	36 cm²	98 cm²

Erkundige dich nach den aktuellen Mehrwertsteuersätzen!

7. In das Giebelfenster rechts wurde eine neue Fensterscheibe eingesetzt.
Für 1 m² Glas wurde 25 € ohne Mehrwertsteuer berechnet.
Für die besondere Form wird ein Aufschlag von 20 % erhoben.
Berechne die Kosten einschließlich Mehrwertsteuer.

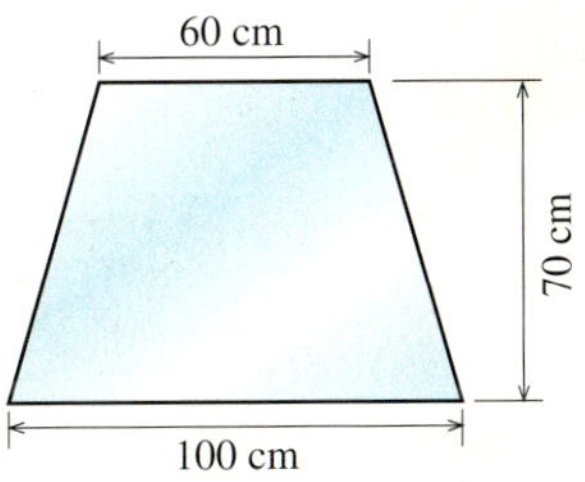

8. **a)** Erläutere die nebenstehende Zeichnung und begründe mit ihrer Hilfe die Flächeninhaltsformel für ein Trapez:
$A_T = \frac{1}{2} \cdot (a + c) \cdot h$

b) Zerlege ein Trapez durch eine Diagonale in zwei Dreiecke. Der Flächeninhalt des Trapezes lässt sich nun mithilfe der beiden Dreiecke berechnen. Begründe auf diese Art die Flächeninhaltsformel für ein Trapez.

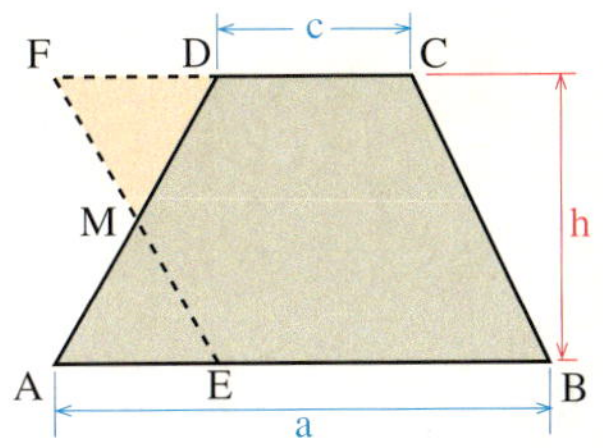

2.4 Flächeninhalt beliebiger Vielecke *Zum Selbstlernen*

Ziel

Du hast gelernt, wie man den Flächeninhalt eines Parallelogramms, eines Dreiecks und eines Trapezes berechnet. Im Alltag kommen auch andere Vielecke vor, deren Größe man wissen möchte. Hier lernst du nun, wie man den Flächeninhalt eines beliebigen Vielecks berechnen kann.

Zum Einarbeiten

Flächeninhalt eines beliebigen Vielecks

Die Gemeinde Grüntal möchte einen neuen Park anlegen und muss dafür ein Grundstück kaufen. Deshalb wird das Grundstück zuerst vermessen. Dazu werden die Seitenlängen und die Größe der Innenwinkel gemessen.

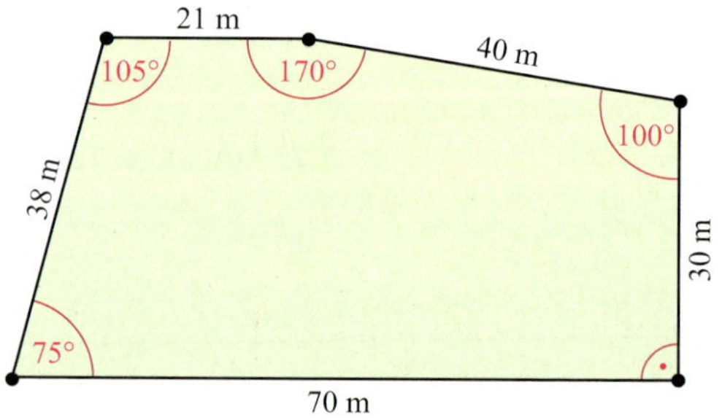

Schätze zuerst, wie groß das Grundstück ungefähr ist.

Das Grundstück ist kleiner als ein Rechteck mit den Seitenlängen 40 m und 70 m, aber größer als ein Rechteck mit den Seitenlängen 30 m und 70 m.
Die Größe des Grundstücks liegt also zwischen 2 100 m^2 und 2 800 m^2.

Maßstab 1 : 1000 bedeutet: 1 cm in der Zeichnung entsprechen 1 000 cm in der Wirklichkeit.

Übertrage das Grundstück im Maßstab 1 : 1000 in dein Heft und bestimme den Flächeninhalt möglichst genau mithilfe des bisher erworbenen Wissens.
Welchen Preis muss die Gemeinde zahlen, wenn der Quadratmeter 120 € kosten soll?

Damit man eine bekannte Formel verwenden kann, unterteilt man das Vieleck in Dreiecke (es gibt mehrere Möglichkeiten dafür):
Wir addieren die Flächeninhalte der drei Dreiecke, wobei wir einige Maße aus der Zeichnung entnehmen, gerundet auf volle m.

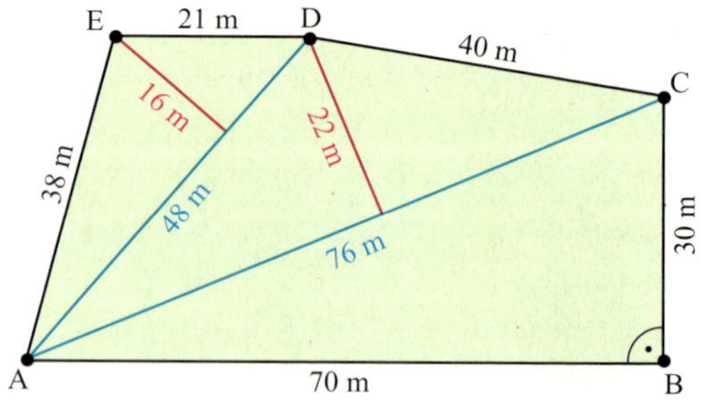

$A_{ABCDE} = A_{ABC} + A_{ACD} + A_{ADE}$

$\approx \frac{70\text{ m} \cdot 30\text{ m}}{2} + \frac{76\text{ m} \cdot 22\text{ m}}{2} + \frac{48\text{ m} \cdot 16\text{ m}}{2}$

$= 2\,270\text{ m}^2$

Die Kosten betragen ungefähr 2 270 · 120 €, also etwa 272 400 €.

Information

Strategie zur Berechnung des Flächeninhalts beliebiger Vielecke

Man kann den Flächeninhalt eines beliebigen Vielecks bestimmen, indem man das Vieleck in Dreiecke (oder in andere berechenbare Figuren) zerlegt und die Flächeninhalte der Teilfiguren addiert.

Zum Selbstlernen

Zum Üben

1. Ein Waldstück soll aufgeforstet werden. Die dreieckige Fläche BCD soll mit Fichten (Λ), die Dreiecksfläche BDE mit Buchen (Ω) bepflanzt werden. Die Vierecksfläche ABEF ist für Mischwald (Buchen und Fichten) vorgesehen.

a) Berechne die Größe der Flächenstücke.

b) Die Kosten für die Aufforstung von Fichtenwald belaufen sich bei diesem Waldgrundstück pro ha auf 2 300 €, für Buchenwald auf 11 400 €, für Mischwald auf 6 300 €. Berechne die Gesamtkosten.

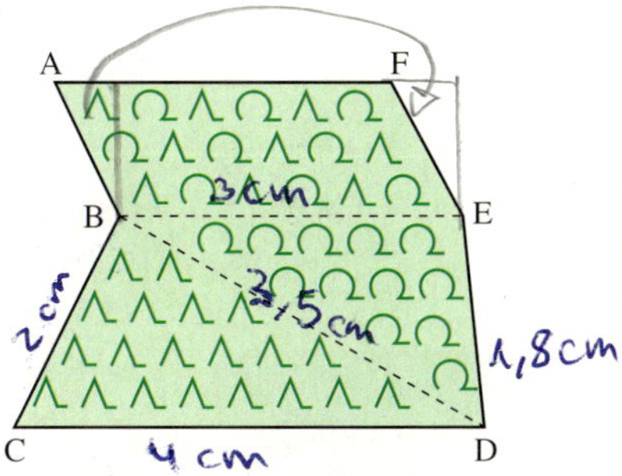

Maßstab 1 : 50 000

2. Die Giebelwand soll neu gestrichen werden. 140 g Farbe reichen für 1 m². Ein Eimer mit 10 kg Farbe für den Außenanstrich kostet 49,98 €. Berechne die Kosten für die Farbe.

a)
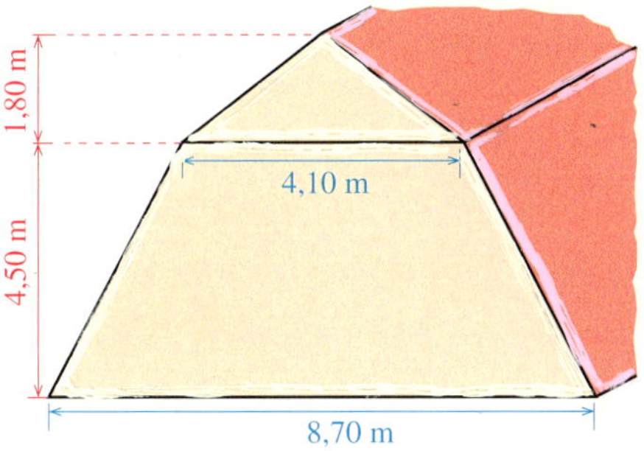

b)
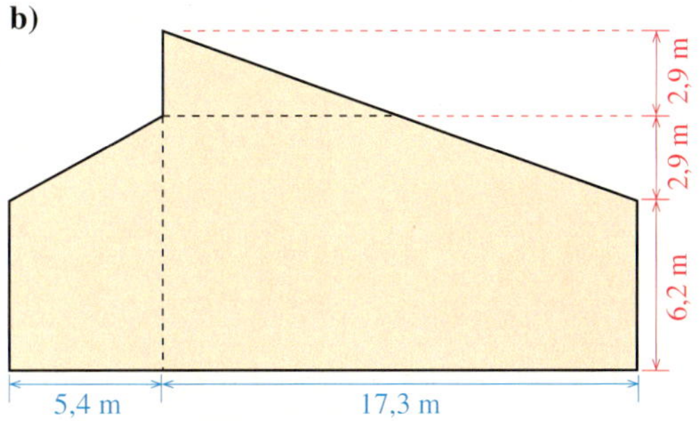

3. Die Tischplatte des Tisches soll beidseitig und zweifach neu lackiert werden. Reicht eine kleine Dose aus?

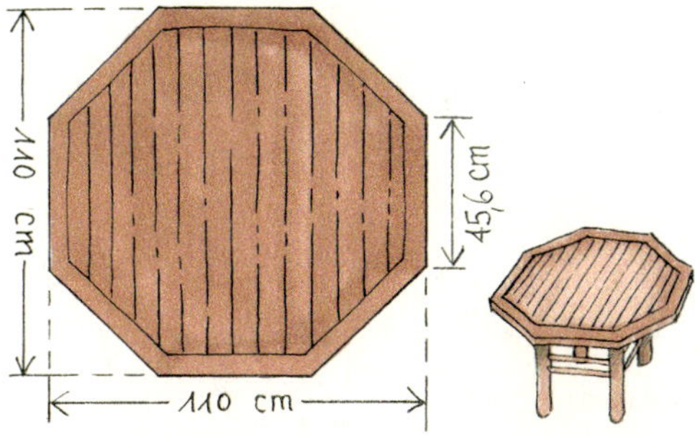

4. Die Eckpunkte eines Fünfecks haben die Koordinaten A(2|6), B(4|2), C(7|1), D(9|6) und E(5|9). Bestimme den Flächeninhalt des Fünfecks.

5. Frank möchte sich einen Drachen basteln. In der Bauanleitung sind die Leistenlängen des Kreuzes mit e = 90 cm und f = 80 cm angegeben, ferner für den Abstand des Kreuzungspunktes von der oberen Spitze k = 20 cm.

a) Wie groß wird die Fläche des Drachens?

b) Bevor Frank die Leisten zusammennagelt, überlegt er, wie sich die Fläche des Drachens ändert, wenn er k verändert.

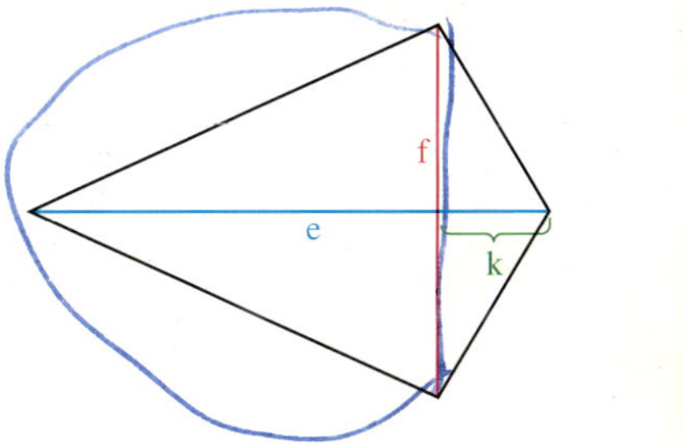

6. Um ein geradlinig begrenztes Rasenstück in einem Park zu vermessen, wird eine Diagonale des Vielecks als *Standlinie* gewählt. Man misst die Entfernung der Eckpunkte von der Standlinie und geeignete Abschnitte auf der Standlinie. Berechne den Flächeninhalt des nebenstehenden Rasenstücks.

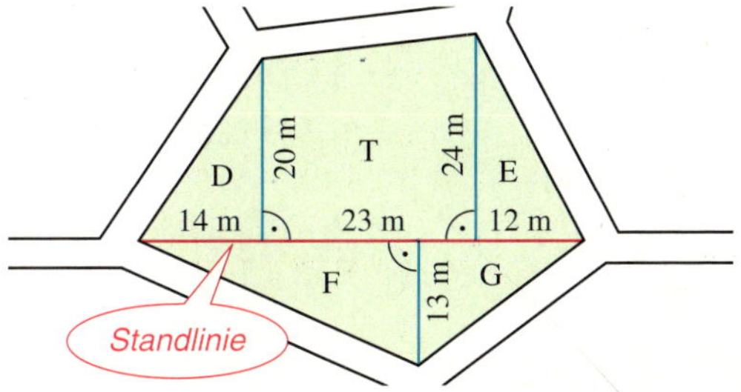

Zum Selbstlernen

2.5 Vermischte Übungen zum Flächeninhalt von Vielecken

1. Ein Fußballfeld ist mindestens 90 m lang und 45 m breit und höchstens 120 m lang und 90 m breit. Wie groß ist ein Fußballfeld mindestens, wie groß höchstens?

2. Die Fußgängerbrücke besitzt sieben zueinander kongruente parallelogrammförmige Bodenplatten aus Metall. Ihre Seitenlängen betragen 2,60 m und 1,60 m. Die Oberkanten der Uferböschungen haben einen Abstand von 8,75 m.
Die Metallplatten werden mit einem rutschfesten Belag überzogen. Das Aufbringen des Belages kostet je Quadratmeter 130 €.
Welche Kosten entstehen?

3. In einem Park wird ein dreieckiges Beet mit Rosen bepflanzt.
Auf 1 m^2 rechnet man mit 5 Rosen.
In einer Gärtnerei kostet eine Rosenpflanze 7,65 €.
Wie viel Euro kosten die Rosen für das Beet?

4. Ein Rechteck hat die Seitenlängen a = 12 cm und b = 7 cm.

a) Das Rechteck soll verwandelt werden in ein gleich großes Parallelogramm mit der Grundseite g = 10 cm. Wie hoch ist das Parallelogramm?

b) Das Rechteck soll verwandelt werden in ein gleich großes Dreieck mit der Grundseite g = 10 cm. Wie hoch ist das Dreieck?

5. Der Dachgiebel des Hauses ist mit Holz verschalt, das neu gestrichen werden soll. Für 1 m^2 benötigt man 60 ml Farbe pro Anstrich. Es erfolgen 2 Anstriche. Der Maler berechnet je Quadratmeter 36,50 €.
Stelle selbst geeignete Fragen und beantworte sie.

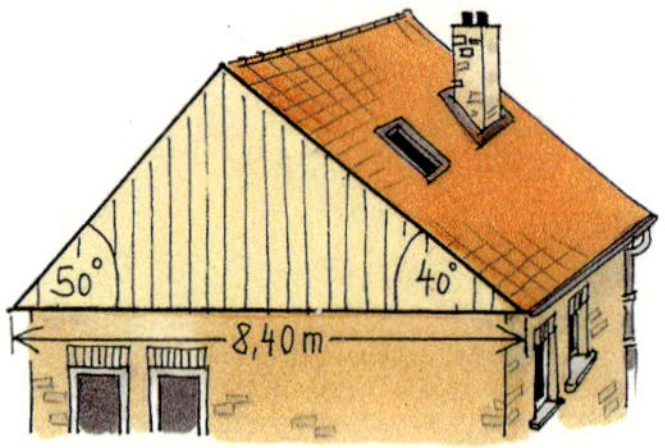

6. Von einem Dreieck ABC sind b = 3,5 cm, a = 8,2 cm und h_a = 2,6 cm gegeben. Berechne die Höhe h_b.

7. **a)** Die Diagonalen einer Raute haben die Längen e = 4 cm und f = 6 cm. Wie groß ist der Flächeninhalt einer solchen Raute?

b) Begründe: Für die Raute gilt die Flächeninhaltsformel: $A = \frac{e \cdot f}{2}$.

c) Stelle eine Flächeninhaltsformel für ein Quadrat auf, bei dem die Diagonalenlänge d bekannt ist.

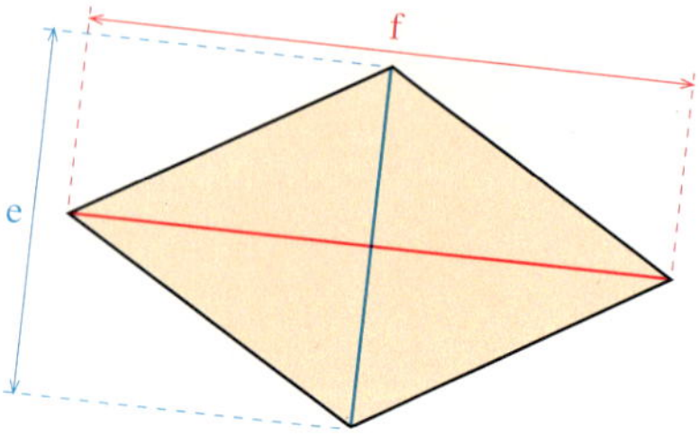

8. **a)** Die Diagonalen eines Drachenvierecks haben die Längen e = 5 cm und f = 8 cm. Wie groß ist der Flächeninhalt eines solchen Drachenvierecks?

b) Begründe: Für das Drachenviereck gilt die Flächeninhaltsformel: $A = \frac{e \cdot f}{2}$.

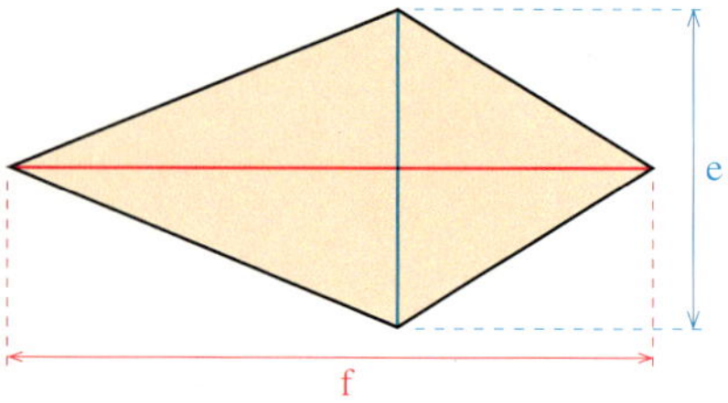

9. Es werden zwei Drachen mit den angegebenen Maßen gebastelt. Wie groß sind die Flächen der Drachen?

(1)

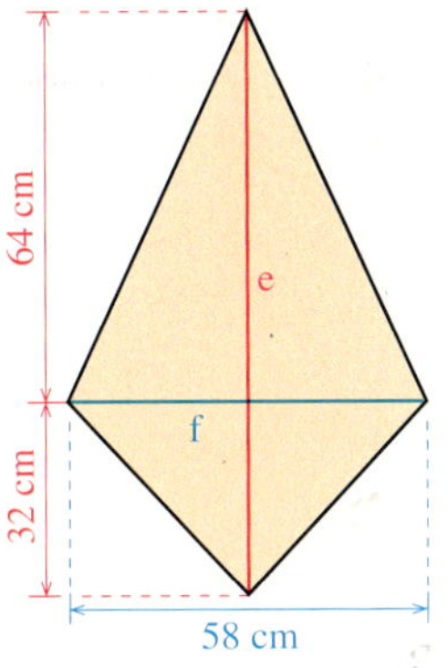

(2)

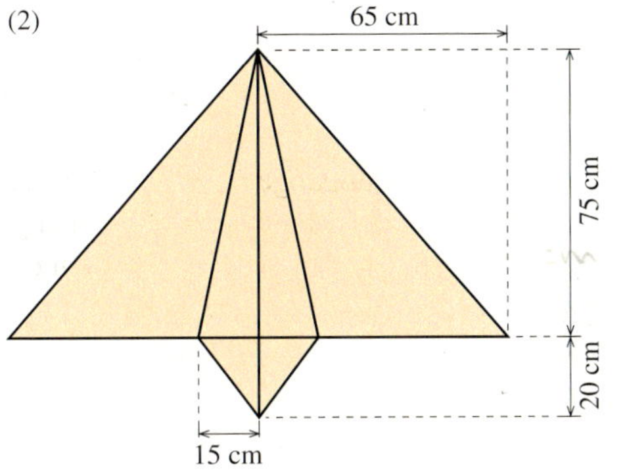

10. In den Figuren sind andere Variablen verwendet worden als bisher und in Formelsammlungen. Stelle jeweils eine Formel für den Flächeninhalt auf; verwende dafür die in der Figur angegebenen Variablen.

(1)

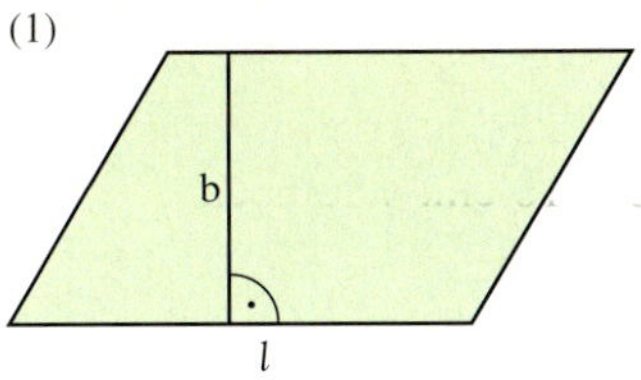

(2)

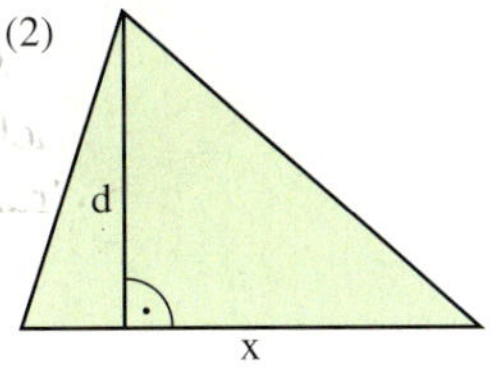

(3)

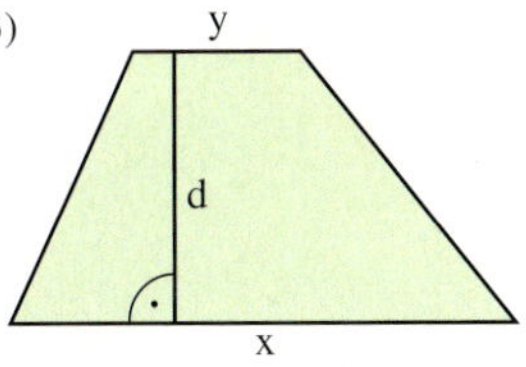

11. *Teamarbeit:* Fertigt ein Poster an, das das Haus der Vierecke zeigt und für jede Vierecksart die zugehörige Flächeninhaltsformel angibt.

12. Ermittle mithilfe des Fotos einen Schätzwert für die Größe des Segels.
Informiere dich danach zur Kontrolle über die Größe des Segels bei Laser-Jollen.

Die Laser-Jolle

Die Laser-Jolle ist eine sportliche Einhand-Jolle. Sie ist 4,23 m lang. Seit 1996 wird mit der Laser-Jolle auch bei Olympischen Spielen gesegelt. Erfunden worde die Laser-Jolle 1970 von dem Amerikaner Bruce Kirby.

13. Von einem Dreieck ABC sind gegeben:

a) $a = 7{,}5$ cm, $b = 5{,}3$ cm und $h_a = 4{,}6$ cm. Berechne die Höhe h_b.

b) $a = 7{,}1$ cm, $b = 3{,}5$ cm und $h_b = 3{,}2$ cm. Berechne die Höhe h_a.

14. Welcher Anteil der Fläche ist nicht gefärbt?

a)

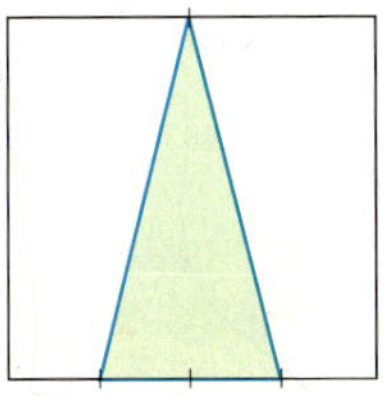

b)

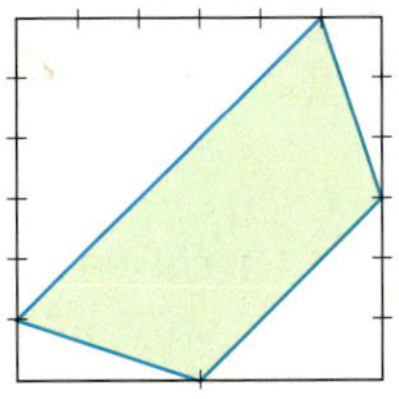

c)

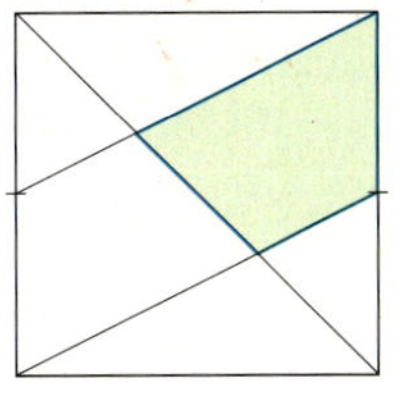

d)

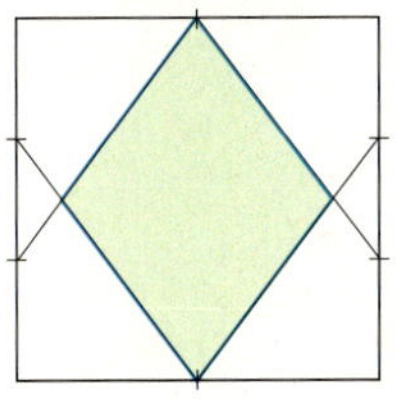

Im Blickpunkt

Im Blickpunkt

Flächeninhalt und Umfang krummlinig begrenzter Figuren

Mithilfe der Flächeninhaltsformeln für Parallelogramm, Dreieck und Trapez kann man den Flächeninhalt *aller* Figuren berechnen, die gradlinig begrenzt sind. Aber auch bei Figuren mit gekrümmtem Rand kann man damit Näherungswerte ermitteln.

1. Um die Größe der Nordsee-Insel Norderney abzuschätzen, überdecken wir sie in der Karte mit dem Maßstab 1 : 100 000 mit Dreiecken und Vierecken.

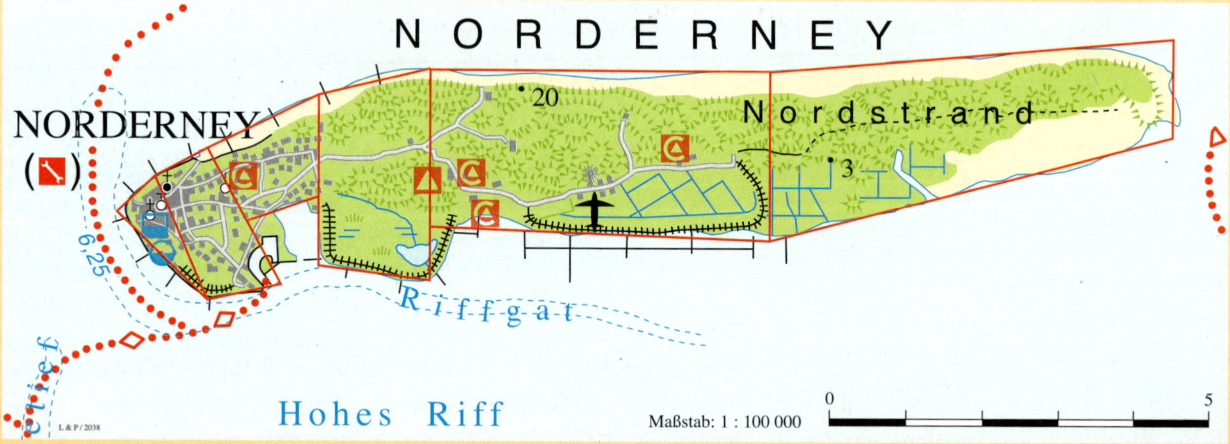

a) Entnimm dem Kartenausschnitt die benötigten Maße und rechne.

b) Vergleiche dein Ergebnis mit der Angabe in einem Lexikon oder Geographiebuch.

c) Schätze auch die Länge der Küste von Norderney ab.

2. Der Kartenausschnitt zeigt die Nordsee-Insel Baltrum. Um ihren Flächeninhalt näherungsweise bestimmen zu können, ist in ihren Umriss eine Schar paralleler Strecken mit gleichem Abstand eingezeichnet. Verbindet man die Endpunkte benachbarter Strecken geradlinig, so erhalten wir Trapeze, die die Insel fast überdecken.

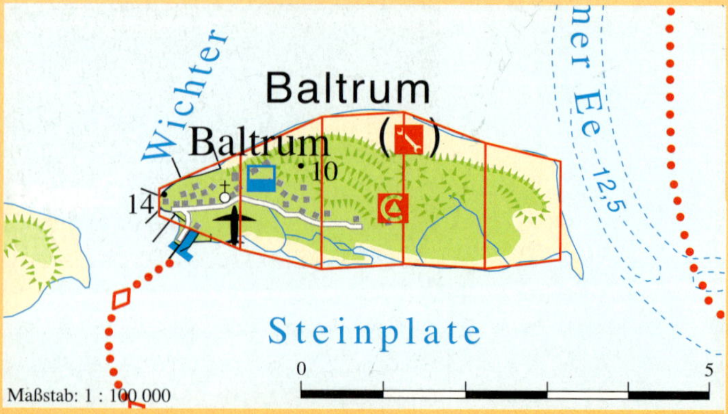

a) Entnimm dem Kartenausschnitt die benötigten Maße und rechne.

b) Vergleiche dein Ergebnis mit der Angabe in einem Lexikon oder Geographiebuch.

c) Bestimme auch einen Schätzwert für die Länge der Küste von Baltrum.

Bist du fit?

1. Berechne den Flächeninhalt der Figuren.

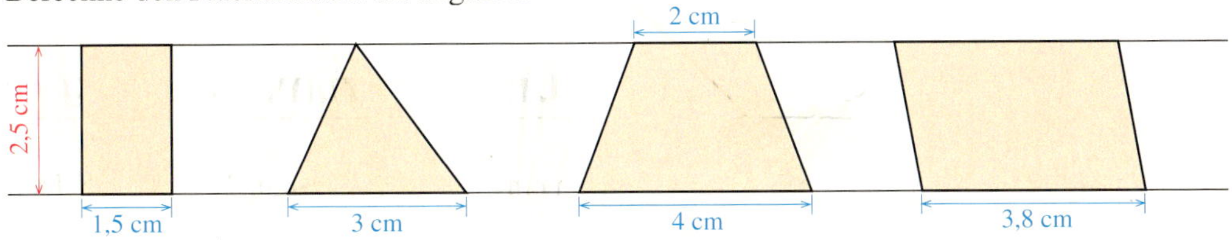

2. Trage die Figur in ein Koordinatensystem mit der Einheit 1 cm ein. Um was für eine Figur handelt es sich? Berechne ohne zu messen den Flächeninhalt.

a) A(1|3); B(9|3); C(11|7); D(3|7)

b) A(4|1); B(13|1); C(10|9); D(6|9)

c) A(5|4); B(8|1); C(8|6)

d) A(1|2); B(7|2); C(9|9)

3. An einem Treppengeländer wird eine Metallgitterplatte montiert.

a) Berechne die Größe der Plattenfläche.

b) 1 m^2 kostet 56,80 €. Berechne die Kosten.

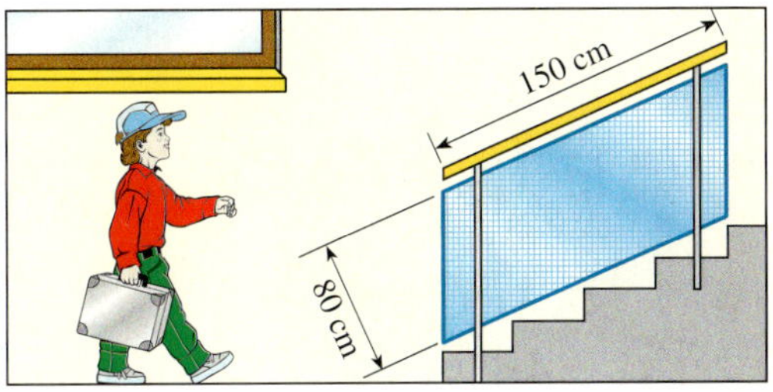

Erkundige dich nach den aktuellen Mehrwertsteuersätzen!

4. Das Giebelfenster soll verglast werden. 1 m^2 Isolierglas kostet 62 € (ohne Mehrwertsteuer). Berechne die Kosten einschließlich Mehrwertsteuer.

a) Für die dreieckige Form des Fensters wird ein Aufschlag von 80 % berechnet.

b) Für die besondere Form wird ein Aufschlag von 35 % erhoben.

c) Für die besondere Form wird ein Aufschlag von 55 % berechnet.

5. Für die Seitenfläche des Küchenschrankes wird eine Platte angefertigt. Berechne die Größe der Platte.
1 m^2 kostet 9,30 € zuzüglich Mehrwertsteuer.
Berechne die Kosten für die Platte.

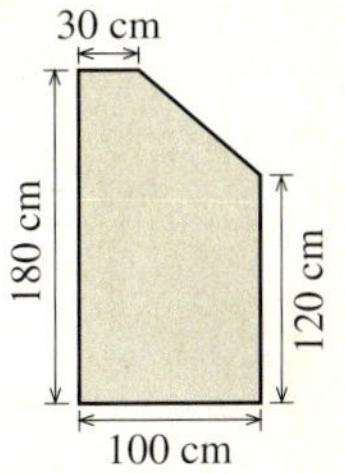

2.6 Prismen – Netz und Schrägbild

2.6.1 Netz und Oberflächeninhalt eines Prismas

Einführung

Zerschneiden von Quadern – Prismen

Von einem Quader aus Schaumstoff kann man Stücke abschneiden. Schneidet man parallel zu einer Seitenkante, so entstehen Körper der folgenden Art. Beschreibe die entstandenen Körper; achte auf gemeinsame Eigenschaften.

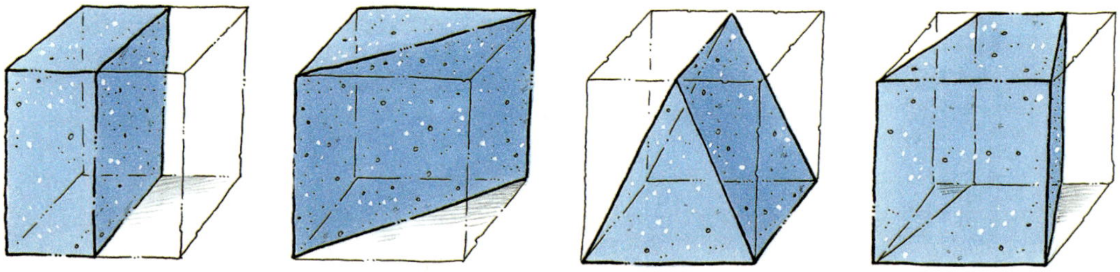

Information

Ein (gerades) **Prisma** ist ein Körper, der von zwei zueinander parallelen und deckungsgleichen Vielecken sowie von Rechtecken begrenzt wird.

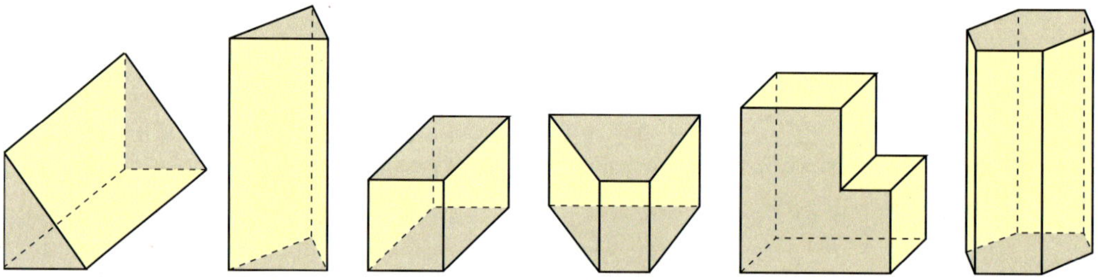

Die beiden zueinander parallelen und deckungsgleichen Vielecke heißen **Grundflächen**, die Rechtecke heißen **Seitenflächen**.
Die Seitenflächen bilden zusammen die **Mantelfläche** des Prismas.
Ist die Grundfläche ein Dreieck (Viereck, ...), so heißt das Prisma dreiseitiges (vierseitiges, ...) Prisma.
Der Abstand der beiden Grundflächen voneinander heißt **Höhe** des Prismas.
Prismen nennt man auch *Säulen.* Man kann sie durch Zerschneiden von Quadern erhalten.
Beachte: Quader sind besondere Prismen.

Aufgabe 1

Netz und Oberflächeninhalt eines Prismas

Der Körper rechts ist ein Prisma mit den Maßen $a = 28$ cm, $b = 23$ cm, $c = 30$ cm, $h_c = 20$ cm, $h = 35$ cm.
Ein Kunsthandwerker benötigt für eine Wandverzierung eine größere Zahl von Körpern aus Blech, die die Form dieses Prismas haben.
Wie viel dm^2 Blech benötigt man für ein solches Prisma?

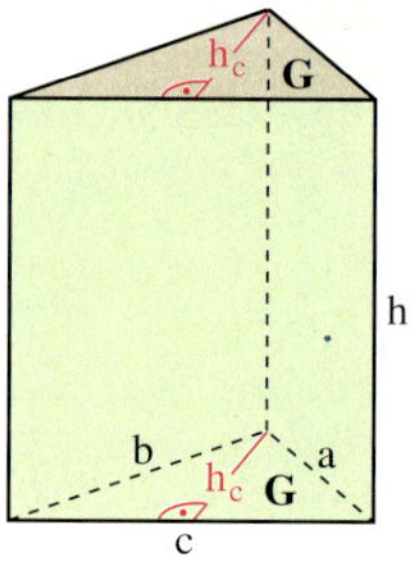

Lösung

Der Oberflächeninhalt ist die Größe der Oberfläche.

(1) Zeichne ein Netz des Prismas. Es besteht aus drei Rechtecken, die die Mantelfläche bilden, und den beiden dreieckigen Grundflächen.

(verkleinert)

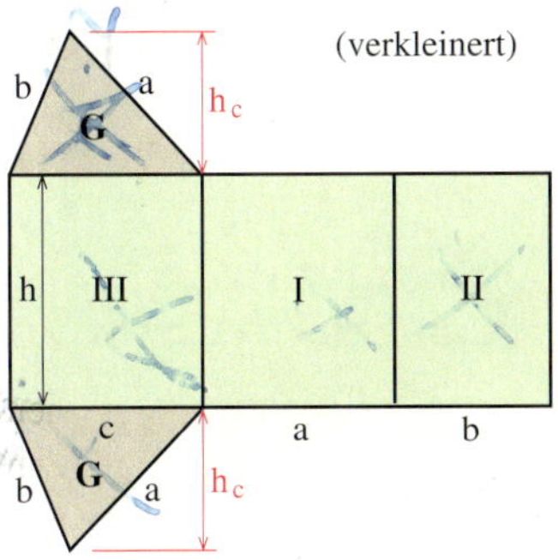

(2) Zur Berechnung des Blechbedarfs bestimmst du den Oberflächeninhalt O des Prismas.

Flächeninhalt G einer Grundfläche (Grundflächeninhalt):

$G = \frac{1}{2} \cdot c \cdot h_c = \frac{1}{2} \cdot 30\text{ cm} \cdot 20\text{ cm} = 300\text{ cm}^2$

Flächeninhalt M der Mantelfläche (Mantelflächeninhalt):

$A_I = a \cdot h = 28\text{ cm} \cdot 35\text{ cm} = 980\text{ cm}^2$

$A_{II} = b \cdot h = 23\text{ cm} \cdot 35\text{ cm} = 805\text{ cm}^2$

$A_{III} = c \cdot h = 30\text{ cm} \cdot 35\text{ cm} = 1\,050\text{ cm}^2$

$M = A_I + A_{II} + A_{III}$
$= 980\text{ cm}^2 + 805\text{ cm}^2 + 1\,050\text{ cm}^2$
$= 2\,835\text{ cm}^2$

Du kannst auch zunächst den Umfang der Grundfläche berechnen:

$u = 28\text{ cm} + 23\text{ cm} + 30\text{ cm}$
$= 81\text{ cm}$

Damit erhältst du dann sofort für den Mantelflächeninhalt M:

$M = 81\text{ cm} \cdot 35\text{ cm}$
$= 2\,835\text{ cm}^2$

Oberflächeninhalt O des Prismas :

$O = 2 \cdot G + M$

$O = 2 \cdot 300\text{ cm}^2 + 2\,835\text{ cm}^2$
$= 3\,435\text{ cm}^2$
$= 34{,}35\text{ dm}^2$

Ergebnis: Der Kunsthandwerker benötigt für jedes Prisma 35 dm² Blech.

Information

Für den **Oberflächeninhalt O eines Prismas** mit dem Grundflächeninhalt G, dem Mantelflächeninhalt M, der Höhe h und dem Umfang u der Grundfläche gilt:

$\mathbf{O = 2G + M}$ bzw. $\mathbf{O = 2G + u \cdot h}$

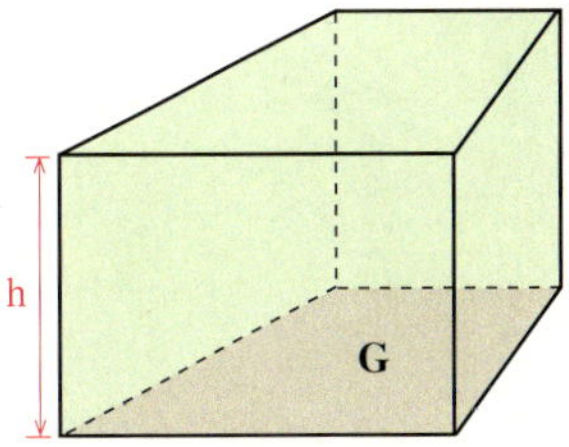

Übungsaufgaben

2. Süßigkeiten und Pralinen werden in unterschiedlichen Verpackungen angeboten. Beschreibe und vergleiche folgende Schachteln.

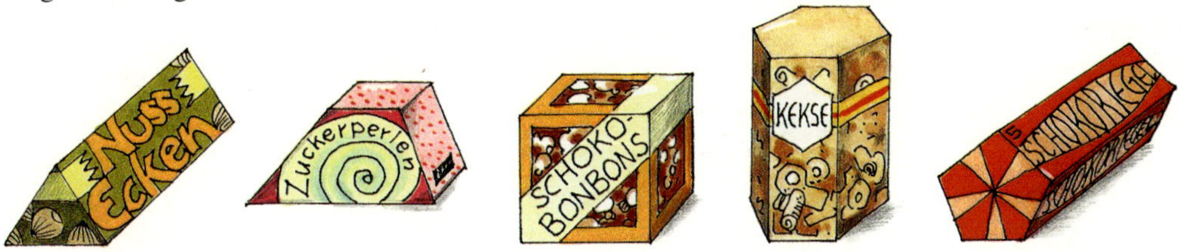

3. *Partnerarbeit:* Nennt Gegenstände aus dem Alltag, die die Form eines Prismas haben.

4. Welche der Körper sind Prismen? Gib bei den Prismen auch die Grundfläche und die Höhe an.

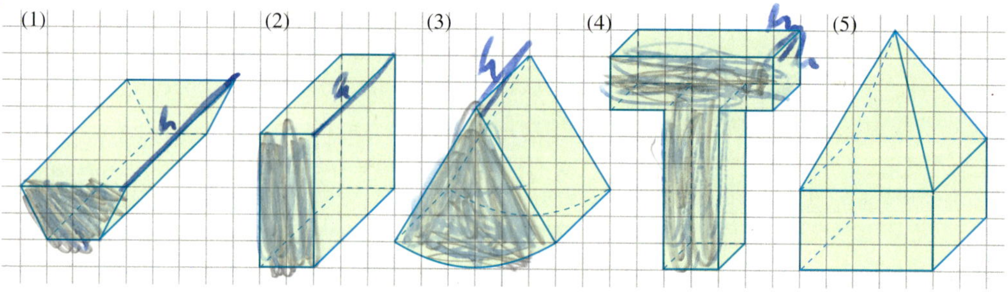

5. Aus dem Quader wird durch Schneiden längs der angegebenen Linien ein Prisma erzeugt. Zeichne ein Netz des Prismas.

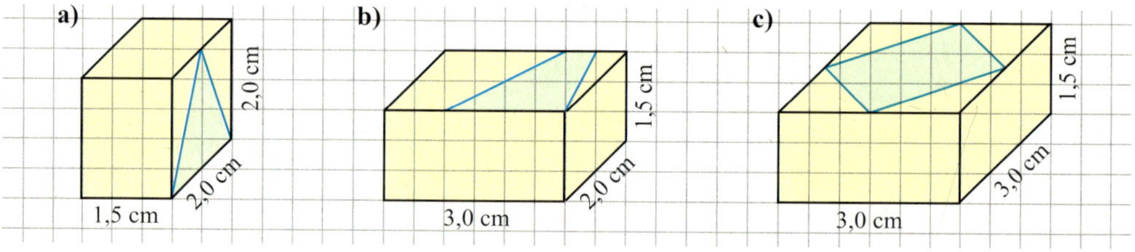

6. Ein Quader soll die Seitenlängen 3 cm, 4 cm und 5 cm haben. Wähle eine Grundfläche als Standfläche aus. Zeichne dann ein Schrägbild und gib die Höhe an. Verfahre ebenso mit den übrigen Möglichkeiten für die Grundfläche.

7. Marie hat für verschiedene Prismen das Netz gezeichnet. Kontrolliere.

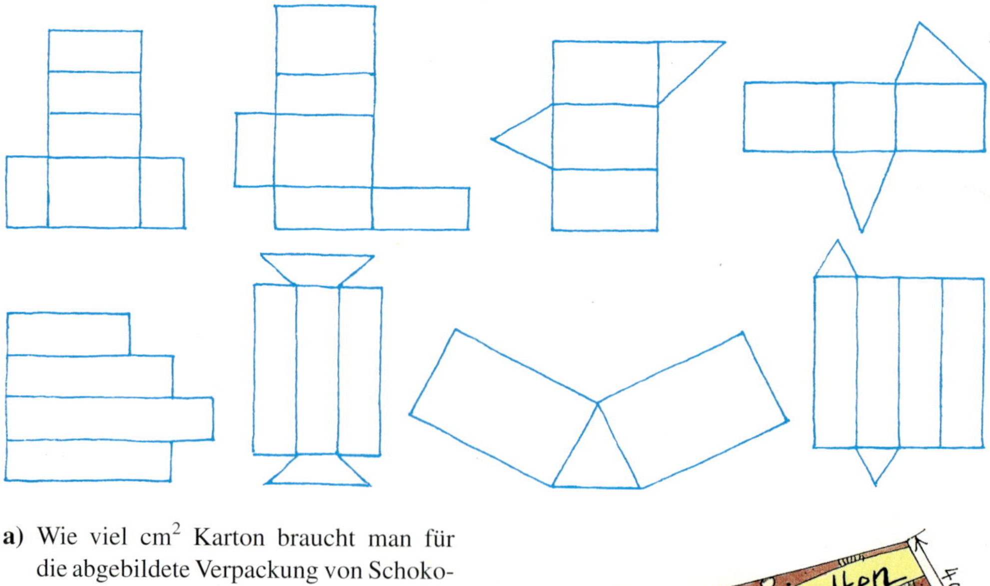

8. **a)** Wie viel cm^2 Karton braucht man für die abgebildete Verpackung von Schokolade (ohne Abfall)?

b) Stelle ein Papiermodell der Verpackung her.

c) Wie viel Draht benötigt man für das Kantenmodell dieses Prismas?

9. Ein Prisma ist 15 cm hoch; eine Grundfläche ist

a) ein Dreieck; **b)** ein Parallelogramm; **c)** ein Trapez; **d)** ein Drachenviereck.

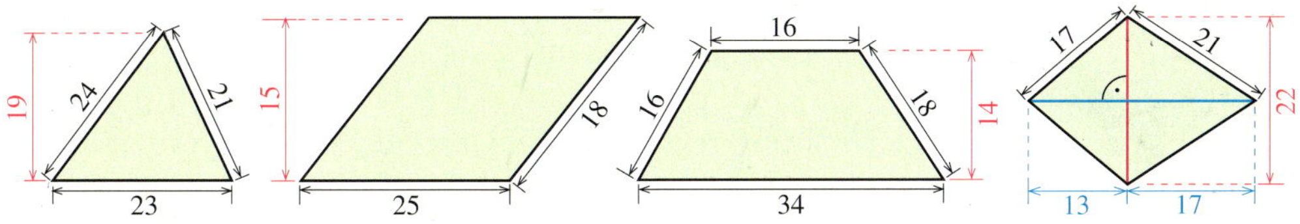

Berechne den Oberflächeninhalt des Prismas (Maße im Bild in mm).

10. Die abgebildeten Kartons werden als Verpackungsmaterial benutzt (Maße in mm). Skizziere ein Netz des Kartons und berechne den Materialbedarf.

11. Der Umfang u der Grundfläche eines Prismas ist 50 cm lang. Das Prisma ist 12 cm hoch. Wie groß ist die Mantelfläche des Prismas?

12. Bei einem Prisma sind u der Umfang, G der Flächeninhalt einer Grundfläche, h die Höhe, M der Mantelflächeninhalt und O der Oberflächeninhalt. Berechne fehlende Größen.

a)	b)	c)	d)
h = 9,5 dm	h = 22,5 cm	u = 6,35 cm	u = 42 cm
G = 94,5 dm^2	M = 518,75 cm^2	M = 36,83 cm^2	h = 23 cm
u = 56,8 dm	G = 63,8 cm^2	O = 54,63 cm^2	O = 1 225 cm^2

2.6.2 Schrägbild eines Prismas

Einführung

Ein dreiseitiges Prisma ist 1,3 cm hoch und hat nebenstehende Grundfläche. Wir zeichnen ein Schrägbild dieses Prismas mit dem Verzerrungswinkel 45° und dem Verkürzungsfaktor $\frac{1}{2}$.
Das Prisma soll auf einer Grundfläche stehen.

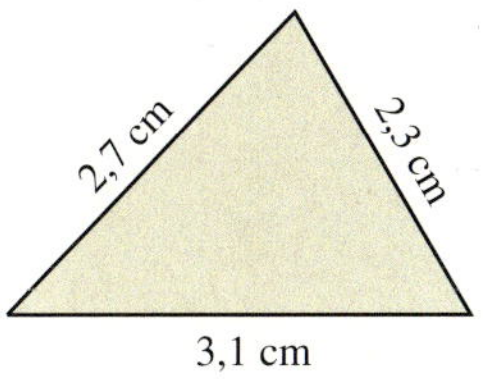

1. Schritt:

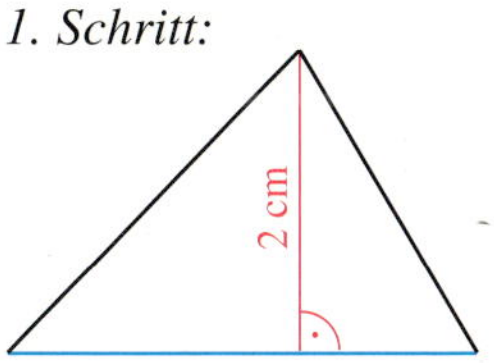

Zeichne in die Grundfläche eine geeignete Hilfslinie als Tiefenstrecke (rot) ein. Miss ihre Länge.
Tiefenstrecken verlaufen orthogonal zur Vorderkante.

2. Schritt:

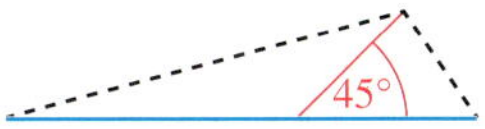

Zeichne die Vorderkante (blau) in wahrer Größe und die Tiefenstrecke (rot) unter einem Winkel von 45° und auf die Hälfte verkürzt. Ergänze fehlende Grundkanten.

3. Schritt:

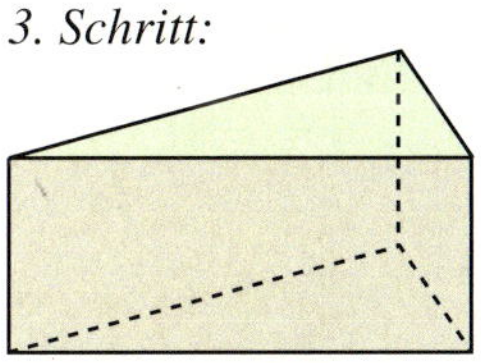

Zeichne die nach oben verlaufenden Seitenkanten in wahrer Länge und ergänze die fehlenden Kanten.

Weiterführende Aufgaben

1. *Schrägbilder von liegenden Prismen*

Ein Prisma kann auch auf einer Seitenfläche liegen. Ein Prisma ist 11 cm hoch und die Seiten der gleichseitigen Dreiecke sind 3 cm lang. Zeichne das Prisma auf einer Seitenfläche liegend.
Beachte: Wähle als vordere Fläche das Dreieck.

2. *Verschiedene Verzerrungswinkel – verschiedene Verkürzungsfaktoren*

In der Einführung wurde 45° als Verzerrungswinkel und $\frac{1}{2}$ als Verkürzungsfaktor gewählt. Dabei erhält man oft, aber nicht in jedem Fall, ein informatives Schrägbild (siehe linken Quader). In solchen Fällen kann man andere Verzerrungswinkel und Verkürzungsfaktoren wählen, um ein besseres Bild zu erhalten (siehe rechten Quader). Zeichne Schrägbilder eines Würfels (4 cm Kantenlänge). Wähle für die Tiefenstrecken
(1) Winkel 45°, Faktor $\frac{1}{2}$; (2) Winkel 30°, Faktor $\frac{1}{3}$; (3) Winkel 60°, Faktor $\frac{2}{3}$.
Beurteile die Bilder.

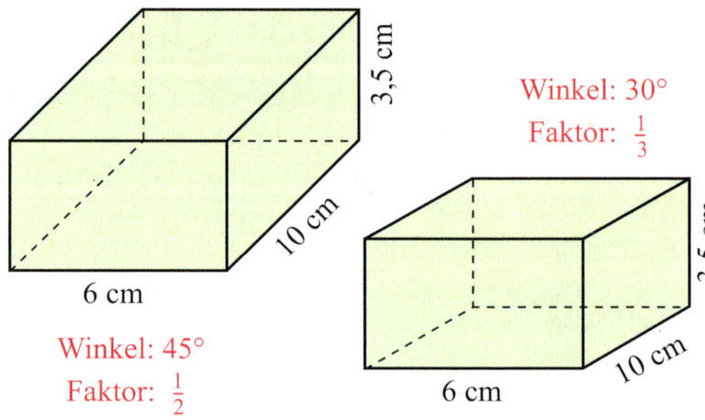

Übungsaufgaben

3. Ergänze das Schrägbild des Prismas so, dass ein Schrägbild eines Quaders entsteht.

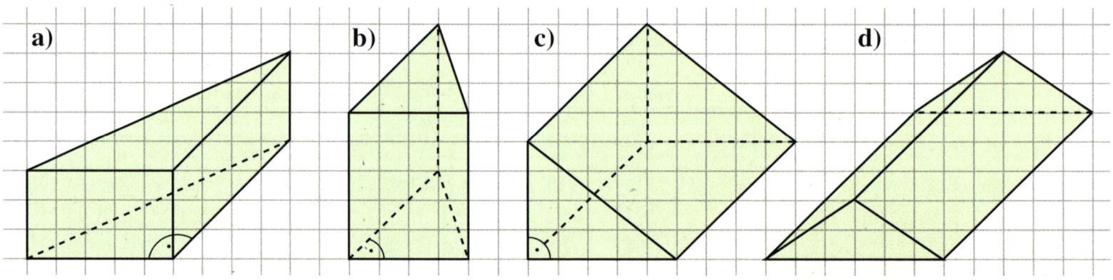

4. Zeichne ein Schrägbild des Prismas (Maße in mm)

a) auf einer Grundfläche stehend; **b)** auf einer Seitenfläche liegend.

	(1)	(2)	(3)	(4)
Grundfläche	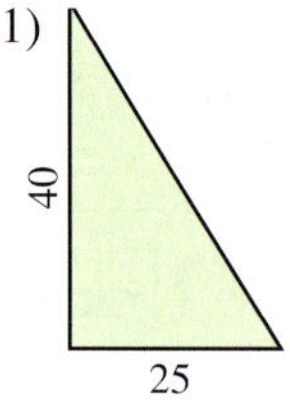	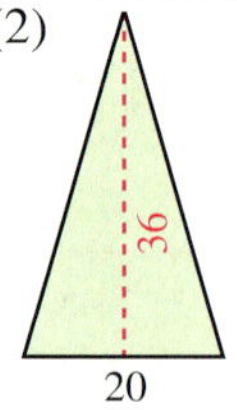	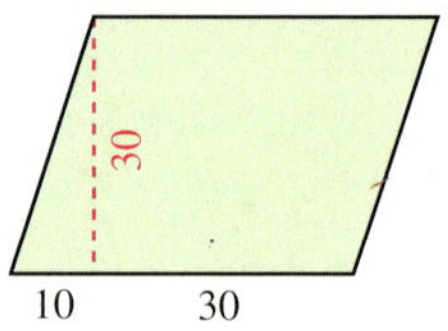	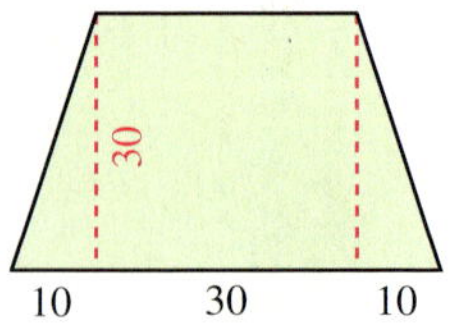
Höhe	25	30	35	32
Winkel	45°	30°	60°	60°
Verkürzung	$\frac{1}{2}$	$\frac{2}{3}$	$\frac{2}{3}$	$\frac{1}{2}$

5. Was kannst du über die Länge einer Strecke im Schrägbild eines Körpers im Vergleich zur wirklichen Länge aussagen, wenn die Strecke in Wirklichkeit

a) parallel zur Vorderfläche ist; **b)** orthogonal zur Vorderfläche ist;

c) weder parallel noch orthogonal zur Vorderfläche ist?

2.7 Volumen eines Prismas

Einführung

Die Baugrube eines Ausstellungspavillons hat die Form eines dreiseitigen Prismas P. Die dreieckige Grundfläche hat a = 30 m als eine Seitenlänge mit der zugehörigen Höhe $h_a = 40$ m. Die Höhe des Prismas beträgt h = 6 m.
Wie viel m^3 Erde müssen ausgebaggert werden?

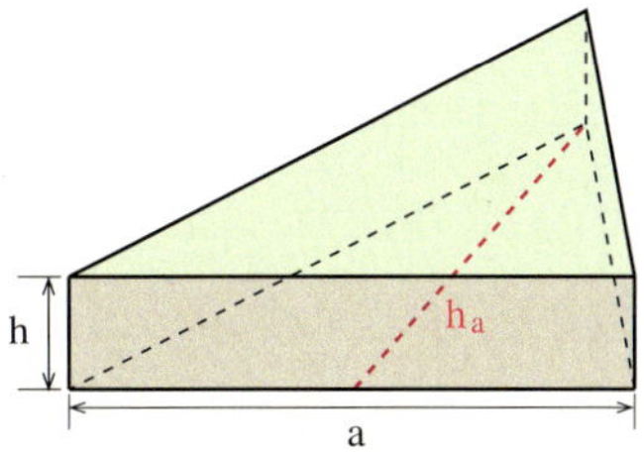

Es ist also das Volumen des Prismas P zu berechnen. Bisher können wir nur das Volumen von Quadern berechnen. Daher versuchen wir, das Prisma P in Teilprismen zu zerlegen, die wir dann zu einem Quader zusammensetzen können:

Verwendete Strategien
- Zerlegen
- Zurückführen auf Bekanntes

Prisma P

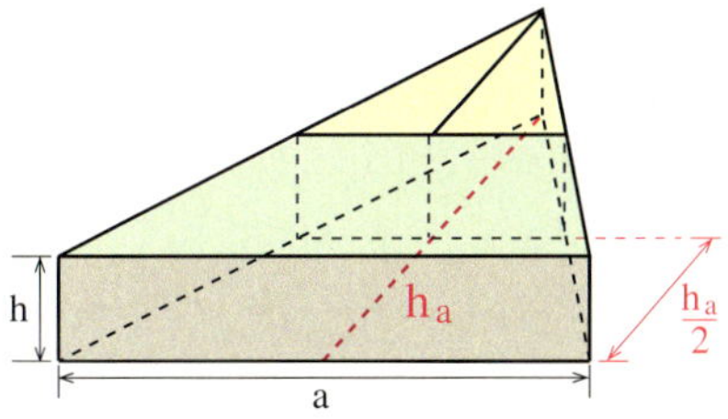

Quader Q

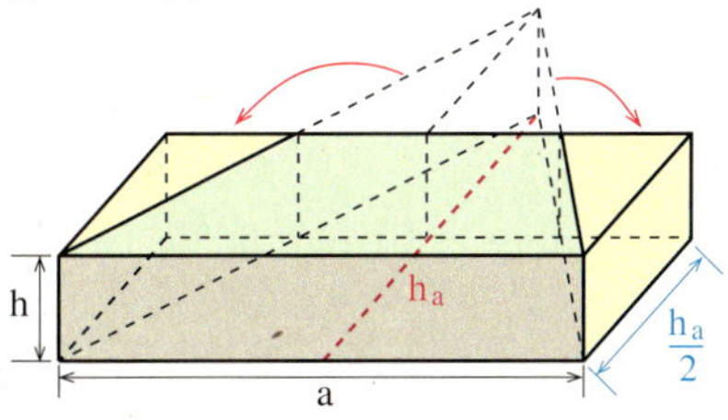

Das dreiseitige Prisma P hat dasselbe Volumen wie der entstandene Quader Q. Der Quader hat die Seitenlängen a, $\frac{h_a}{2}$ und h. Damit ergibt sich für das Volumen des Prismas:

$V_P = V_Q$

$V_P = a \cdot \frac{h_a}{2} \cdot h$

$V_P = 30\text{ m} \cdot \frac{40\text{ m}}{2} \cdot 6\text{ m} = 3\,600\text{ m}^3$

Ergebnis: Es müssen 3 600 m^3 Erde ausgebaggert werden.

Information

Die oben durchgeführte Zerlegung eines dreiseitigen Prismas ist stets möglich. Damit ergibt sich die Volumenformel:

$V = a \cdot \frac{h_a}{2} \cdot h$

Das Produkt der ersten beiden Faktoren ist gerade der Flächeninhalt G einer Grundfläche. Daher kann man das Volumen des dreiseitigen Prismas auch folgendermaßen angeben:

Für das **Volumen V eines dreiseitigen Prismas** mit dem Grundflächeninhalt G und der Höhe h gilt:

$\mathbf{V = G \cdot h}$

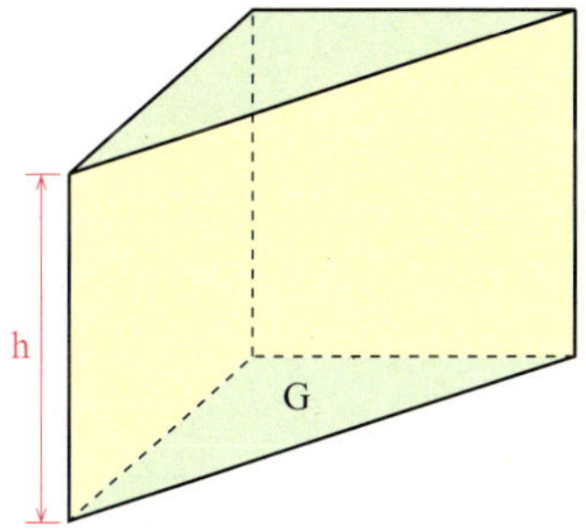

Statt Volumen sagt man auch Rauminhalt.

Weiterführende Aufgabe

Strategie:
Zerlegen des Körpers

1. *Formel zur Volumenberechnung eines beliebigen Prismas*

a) Folgende Prismen haben alle die gleiche Höhe. Ferner liegen ihre Grundflächen in einem gemeinsamen Streifen.

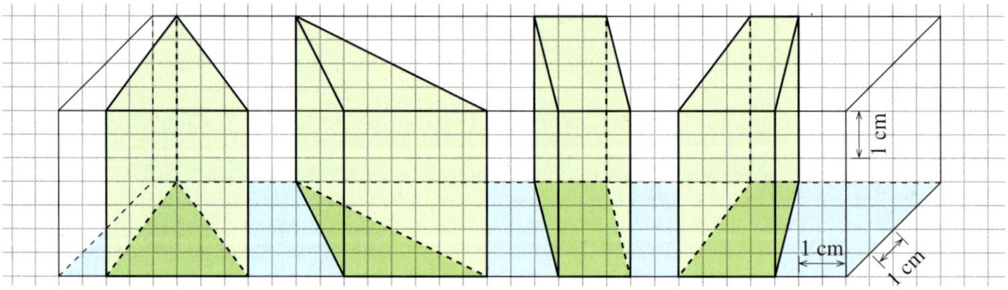

Berechne das Volumen der Prismen. Berechne auch jeweils die Größe der Grundfläche. Was fällt dir auf?

Prismen mit gleich großen Grundflächen und gleicher Höhe haben dasselbe Volumen.

b) Begründe: Ist die Grundfläche eines Prismas ein beliebiges Vieleck, so gilt für das Volumen des Prismas: $V = G \cdot h$.

Größe der Grundfläche mal Höhe

Statt Volumen sagt man auch Rauminhalt.

Für das **Volumen V eines Prismas** mit dem Grundflächeninhalt G und der Höhe h gilt:

$\mathbf{V = G \cdot h}$

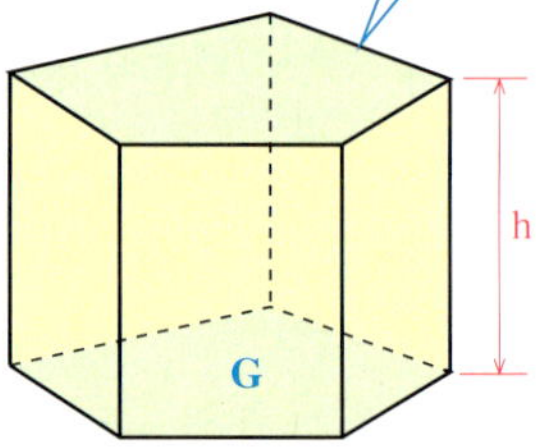

Übungsaufgaben

2. Zerlege das Prisma so, dass du die Teilkörper zu einem Quader zusammensetzen kannst. Skizziere das Schrägbild in deinem Heft und zeichne die Schnittlinien ein. Berechne dann das Volumen.

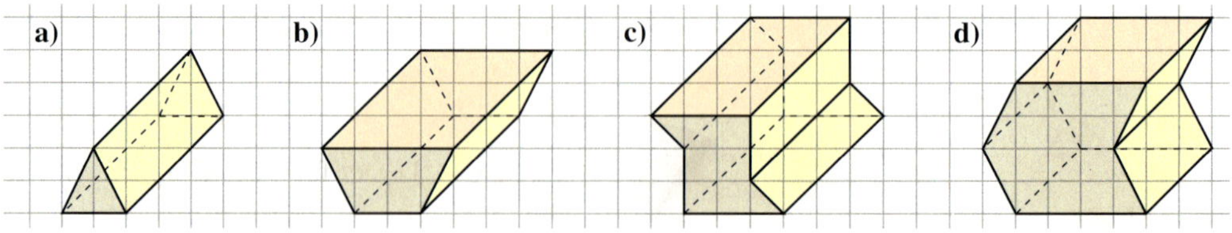

3. a) Durch einen Fehler einer Baufirma wurde die Baugrube in der Einführung (Seite 83) um 1,5 m zu tief ausgebaggert. Wie viel m^3 Erde wurden zu viel ausgebaggert?

b) Die Höhe des Pavillons (ab Oberkante der Baugrube) beträgt 8 m.
Berechne den Bruttorauminhalt des ganzen Gebäudes.

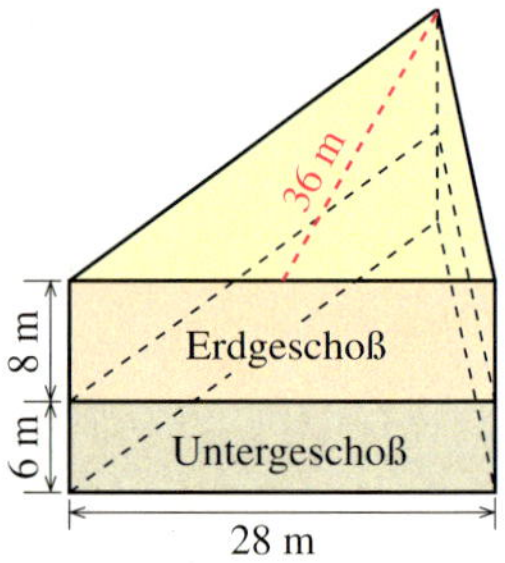

Bruttorauminhalt (früher auch *Umbauter Raum*): Volumen eines Gebäudes

4. Berechne das Volumen des dreiseitigen Prismas.

	a)	b)	c)	d)	e)
Länge der Grundseite	6 cm	12,4 dm	27,3 m	8,7 dm	0,45 m
Höhe der Grundfläche	4 cm	8,6 dm	15,8 m	83 cm	3,8 dm
Höhe des Prismas	5 cm	5,3 dm	8,5 m	4,5 dm	47 cm

5. Entscheide, welche Prismen zueinander volumengleich sind.

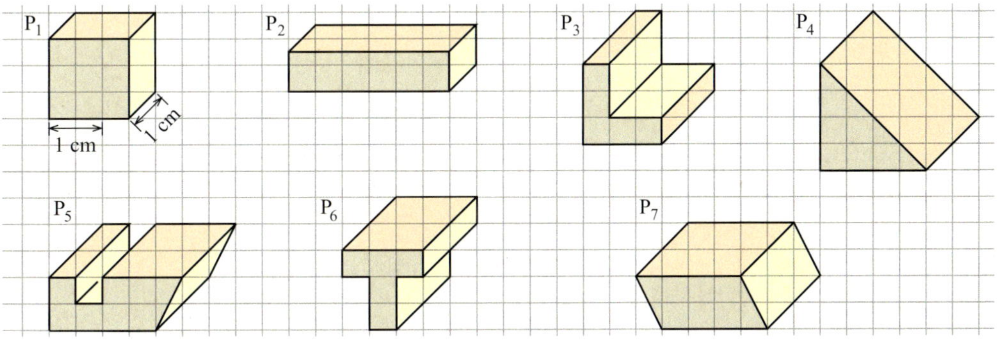

6. Der Flächeninhalt der Grundfläche eines Prismas beträgt 27,8 dm². Das Prisma hat das Volumen 180,7 dm³. Wie hoch ist das Prisma?

7. Berechne das Volumen der Körper.

a)

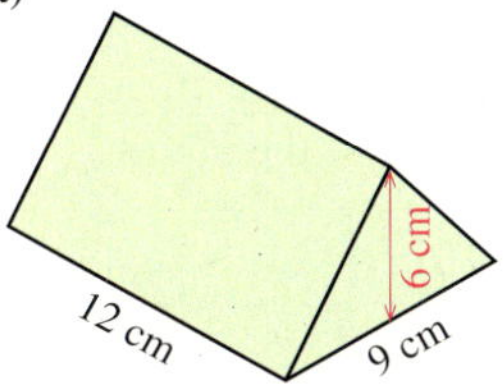

b)

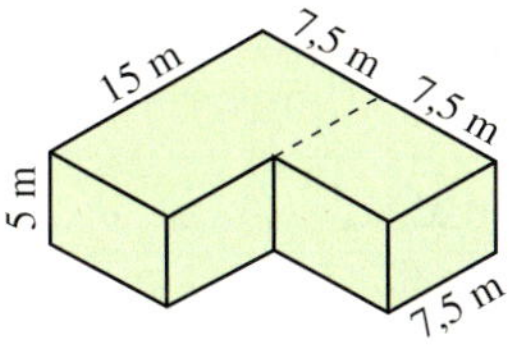

c)

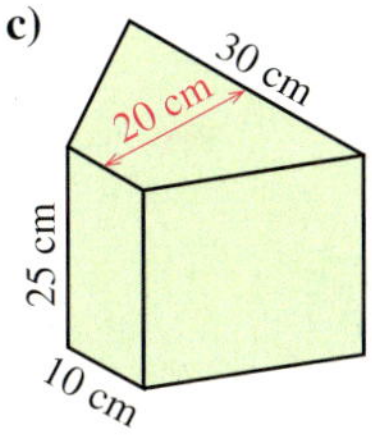

d)

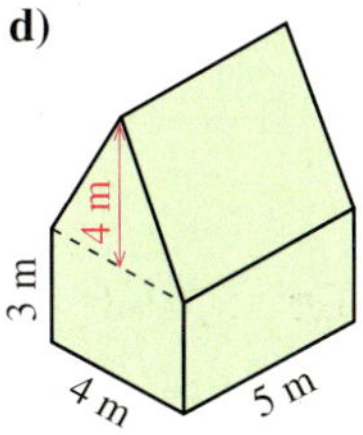

8. Wie verändert sich das Volumen eines Prismas, wenn man die Höhe verdoppelt [verdreifacht; halbiert] und die Größe der Grundfläche nicht verändert?

Vermischte Übungen

9. Die Körper sind oben offen. Wie viel Liter fasst der Körper? Wie viel dm² Blech benötigt man für die Herstellung (Maße in cm)?

a)

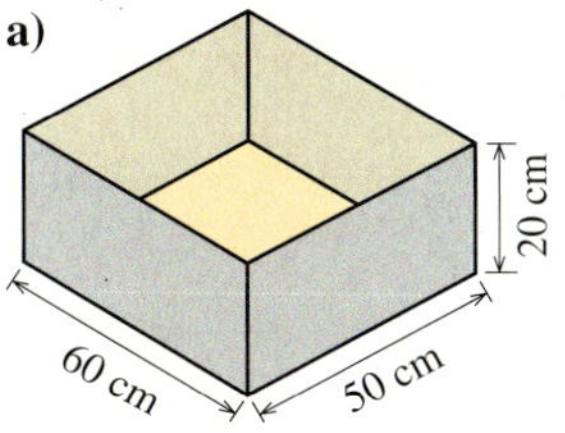

b)

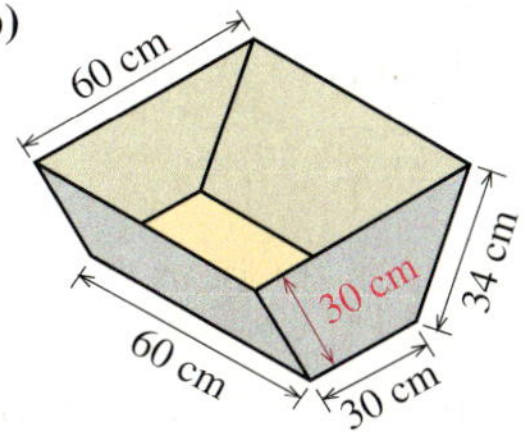

c)

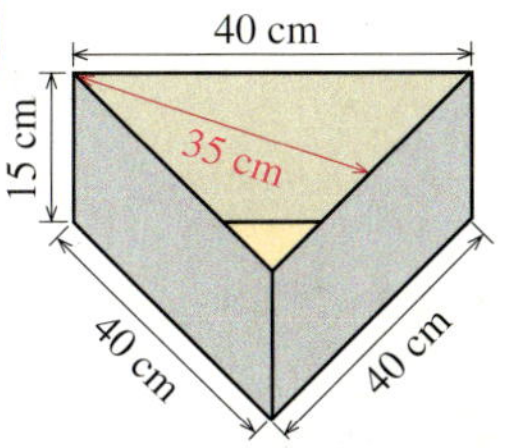

10. Ein Couchtisch hat eine Marmorplatte von 1,38 m Länge, 98 cm Breite und 3 cm Dicke. 1 cm³ Marmor wiegt 2,7 g. Wie viel wiegt die Platte?

Bruttorauminhalt (früher auch *Umbauter Raum*): Volumen eines Gebäudes

11. Berechne die Größe des Bruttorauminhalts.

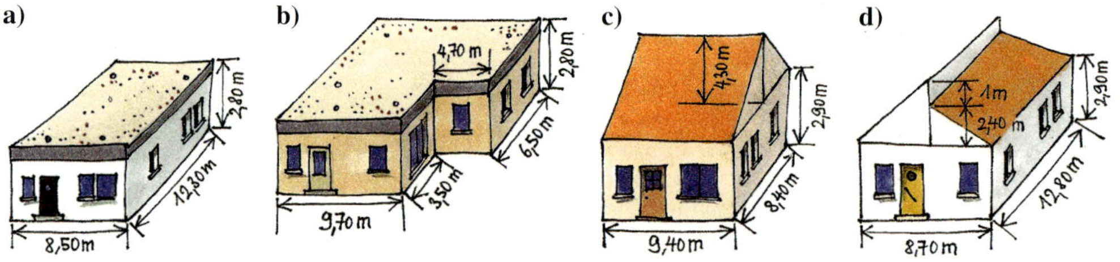

12. Berechne das Volumen und den Oberflächeninhalt des Körpers (Maße in cm).

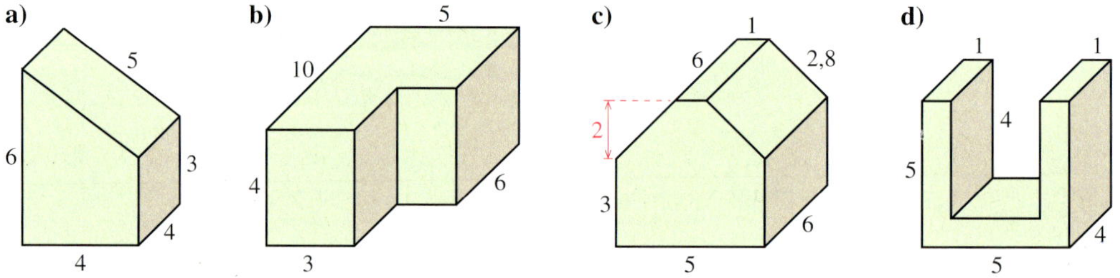

Dichte von Metallen (in $\frac{g}{cm^3}$)

Eisen	7,5
Kupfer	8,9
Silber	10,5
Zinn	7,3

13. Im Bild sind die Querschnitte von Eisenträgern gegeben (Maße in cm). Die Länge jedes Trägers beträgt 3,5 m.
Schätze zunächst: Welcher Eisenträger wiegt am wenigsten, welcher am meisten? Berechne anschließend genau.

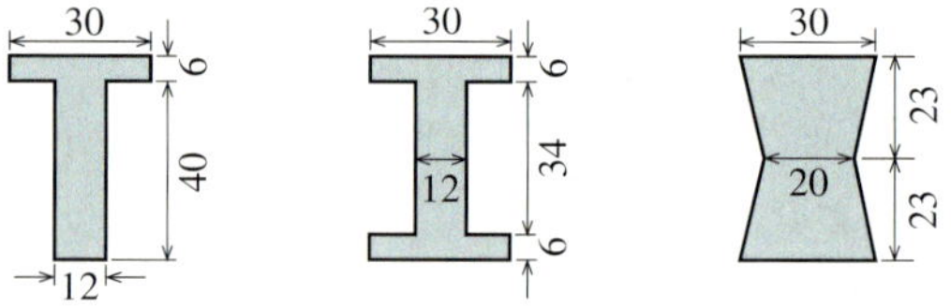

14. Berechne das Volumen, den Oberflächeninhalt und die gesamte Kantenlänge des Prismas (Maße in mm). Entnimm fehlende Kantenlängen oder Höhen aus einer Zeichnung. Zeichne ein Schrägbild des Prismas (Winkel: 45°, Verkürzung auf die Hälfte).

	a)	b)	c)	d)
Grundfläche	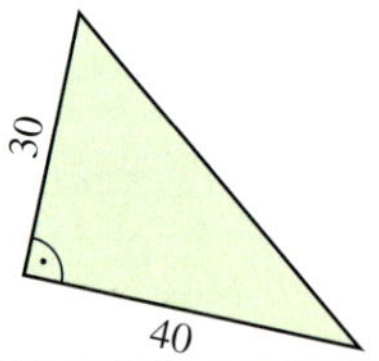	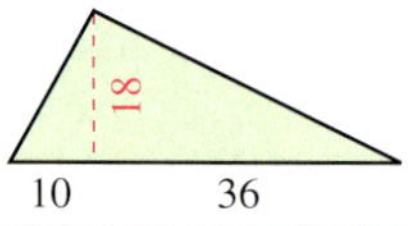	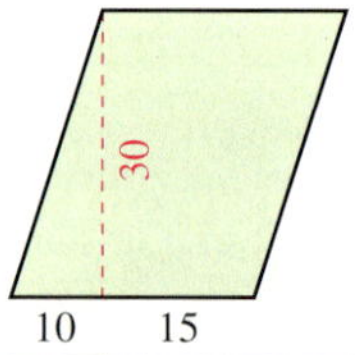	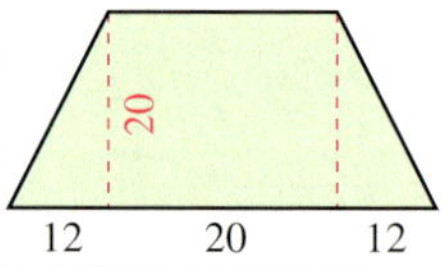
Höhe	32	25	35	36

15. **a)** Wie verändert sich der Oberflächeninhalt bzw. das Volumen eines Würfels, wenn man die Kantenlänge verdoppelt [die Kantenlänge verdreifacht]?

b) Wie verändert sich der Oberflächeninhalt eines Quaders bzw. das Volumen, wenn man die Länge jeder Kante verdoppelt [die Länge jeder Kante verdreifacht]?

c) Von einem dreiseitigen Prisma kennt man den Grundflächeninhalt $G = 25\ cm^2$ und den Mantelflächeninhalt $M = 50\ cm^2$.
Wie verändert sich der Oberflächeninhalt, wenn man die Höhe verdoppelt [die Höhe verdreifacht]?

16. Das Werkstück besteht aus Grauguss (Angaben im Bild in cm). 1 cm^3 Grauguss wiegt 7,3 g. Wie viel wiegt das Werkstück?

a)

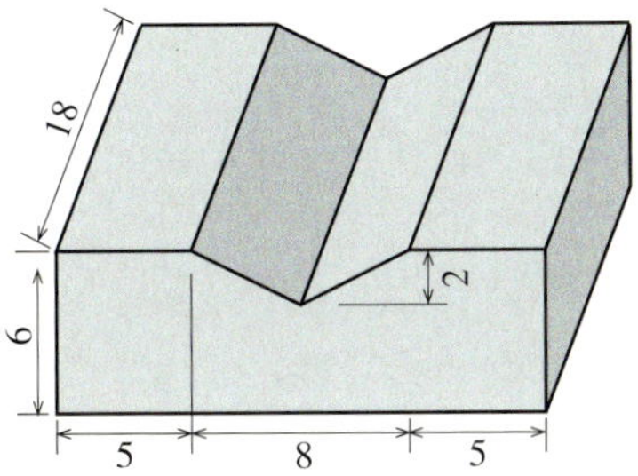

b)

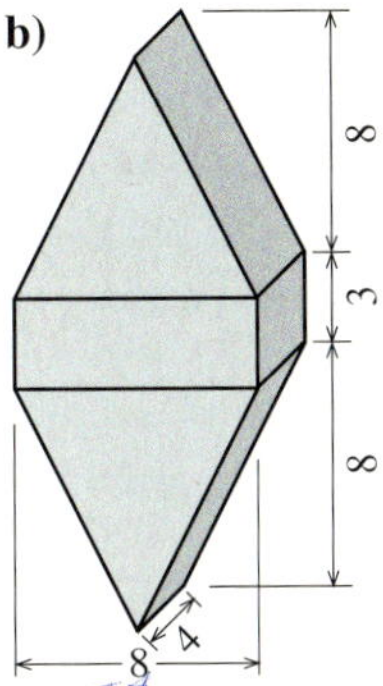

c)

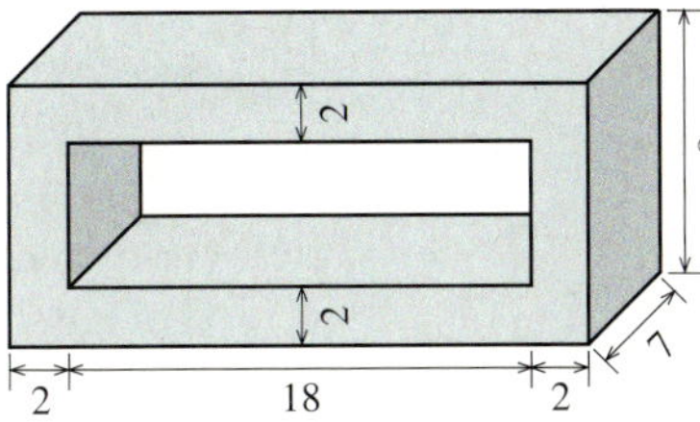

63 g   57 g

17. Manche Container für Luftfracht sind im Gegensatz zu anderen Containern nicht quaderförmig. Damit der Laderaum eines Flugzeuges besser genutzt werden kann, sind diese Container abgeschrägt (Maße im Bild in m).

a) Wie viel Laderaum nimmt der Container ein (äußeres Volumen V_a)?

b) Berechne den Materialbedarf für die Außenverkleidung des Containers (äußere Oberfläche O_a).

c) Die Wände des Containers sind 5 cm dick. Berechne das innere Volumen V_i und den Materialbedarf für die Innenverkleidung (innere Oberfläche O_i).

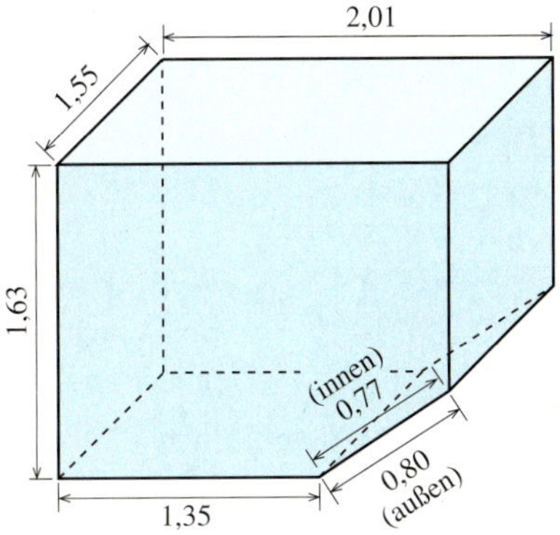

Erkundige dich nach den aktuellen Mehrwertsteuersätzen!

18. a) Wie viel Wasser wird für eine Füllung des Schwimmbeckens bis zum Rand benötigt?

b) Das Becken soll neu gefliest werden. Eine Firma berechnet pro m^2 Fliesen 44,90 €. Dazu kommt die Mehrwertsteuer. Wie hoch ist der Rechnungsbetrag?

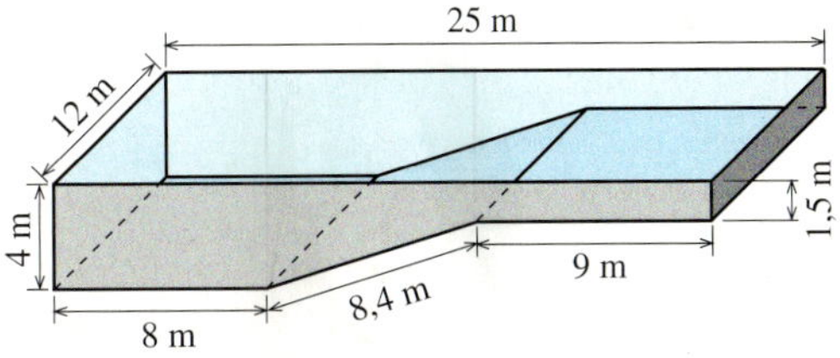

19. Parfüm, Badeöl, Cremes und ähnliche Kosmetikartikel werden in der Regel in Fläschchen oder Dosen verkauft, die zusätzlich in einer Schachtel aus Feinkarton verpackt sind. Dabei wird die Verpackung oft recht großzügig gestaltet. Berechne zu den Artikeln den Anteil des Volumens des Inhalts am Gesamtvolumen der Verpackung. Gib diesen Anteil auch in Prozent an.

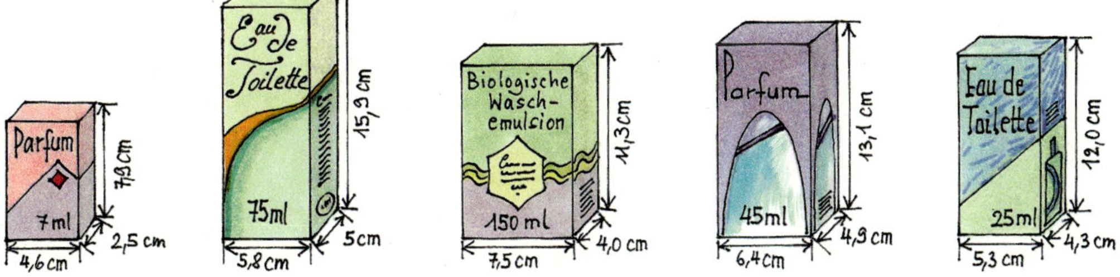

Langzeitaufgabe **20.** Sammelt Verpackungen von aufwändig verpackten Produkten. Berechnet, welchen Anteil der Inhalt an dem Gesamtvolumen der Verpackung einnimmt. Stellt die Ergebnisse in der Klasse aus.

2.8 Aufgaben zur Vertiefung

1. Bei einem Vieleck im Karogitter kannst du den Flächeninhalt ohne zu messen genau berechnen.
Berechne den Flächeninhalt des Dreiecks.
(2 Kästchenlängen = 1 cm)

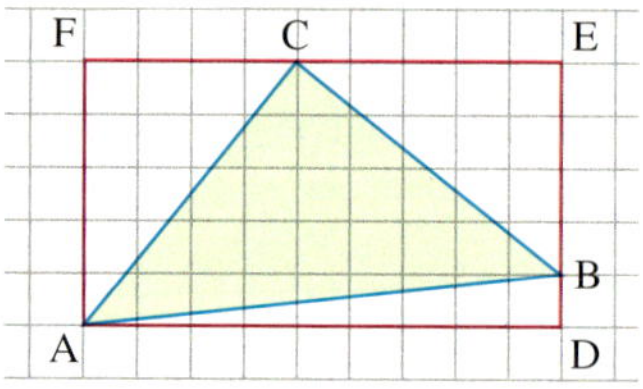

2. Bestimme ohne zu messen den Flächeninhalt der Figur im Karogitter (Kästchenlänge = 5 mm).

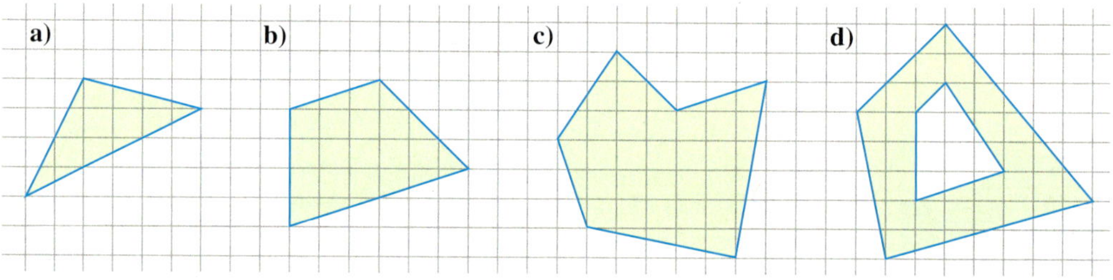

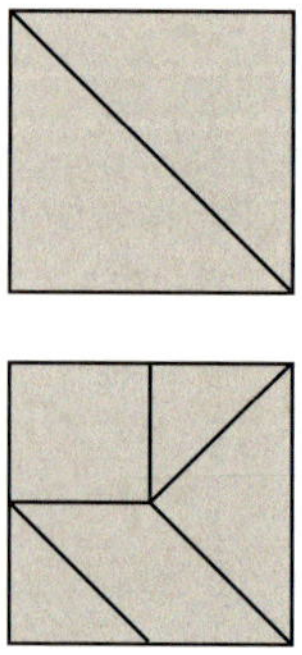

3. Im Bild links siehst du, wie du ein Tangram-Spiel aus zwei zueinander kongruenten Quadraten aus Karton herstellen kannst.
Rechts wurde aus den Teilen ein „Tangram-Parallelogramm" gelegt.
Kannst du zeigen, dass die Figuren (1), (2) und (3) alle denselben Flächeninhalt haben?

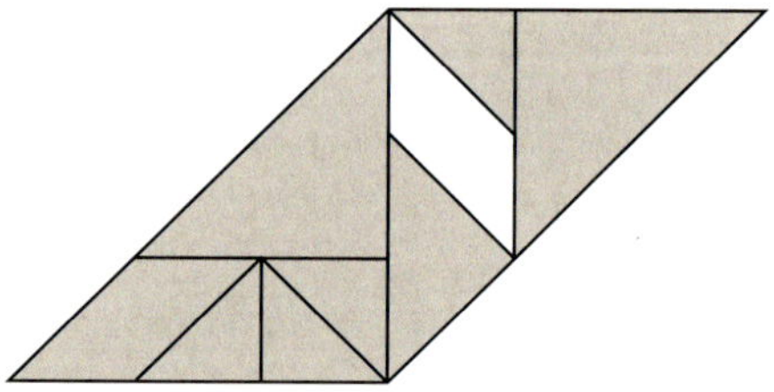

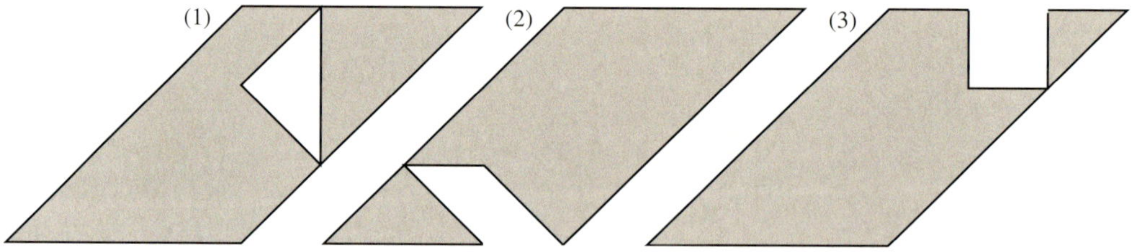

DGS

4. Zeichne mit einem dynamischen Geometrie-System ein Dreieck ABC. Spiegele dann Punkt A an Punkt B, Punkt B an Punkt C und Punkt C an Punkt A. Du erhältst so ein Dreieck A′B′C′. Lass den Flächeninhalt beider Dreiecke messen.

a) Verändere das Dreieck ABC, um eine Vermutung für den Zusammenhang zwischen dem Flächeninhalt beider Dreiecke zu erhalten.

b) Begründe deine Vermutung.

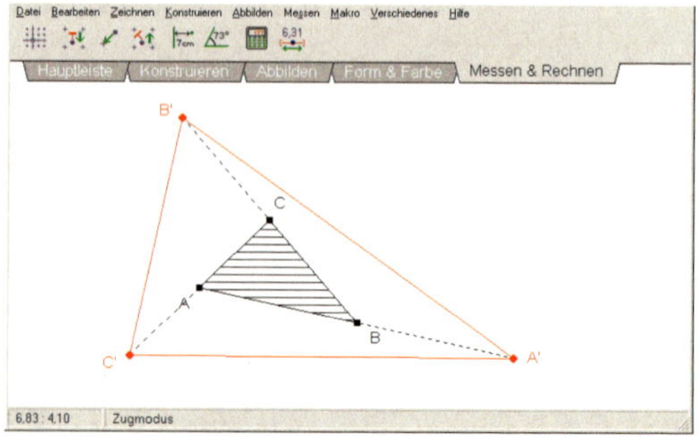

5. Ein Rechteck mit dem Flächeninhalt R ist in drei Dreiecke mit den Flächeninhalten A, B und F zerlegt.
Gegeben: $a = 3$ cm; $A = 12$ cm^2, $B = 16$ cm^2
Gesucht: Flächeninhalt von F
Hinweis: Sieh dir genau an, welche Größen gegeben sind. Versuche aus den gegebenen Größen eine weitere Größe zu berechnen. Wiederhole diesen Schritt so lange, bis du die gesuchte Größe berechnen kannst.

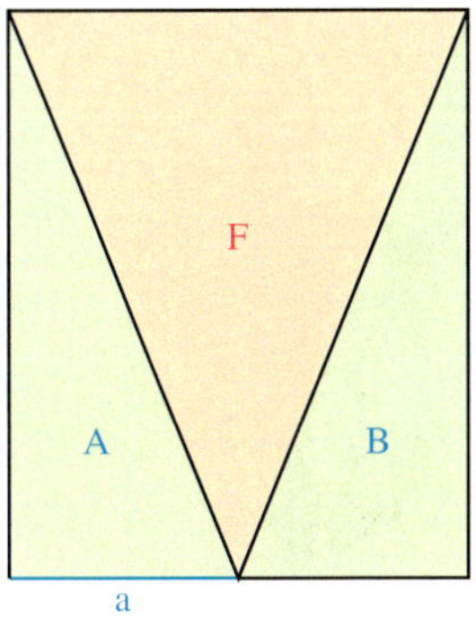

6. a)

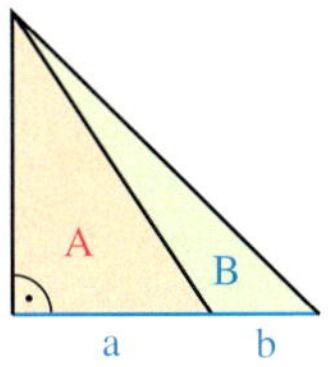

Gegeben:
$a = 5$ cm
$b = 3$ cm
$B = 24$ cm^2
Gesucht: A

c)

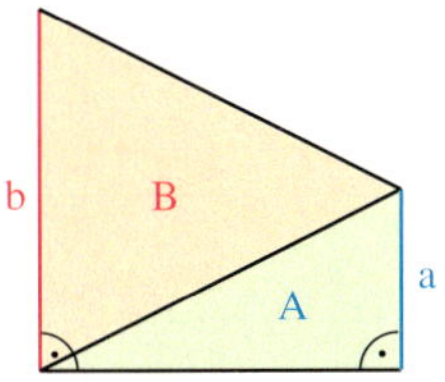

Gegeben:
$a = 5$ cm
$A = 10$ cm^2
$T = 26$ cm^2
Gesucht: b

T = Flächeninhalt des Trapezes

b)

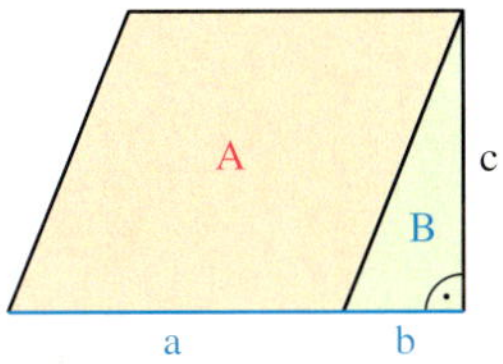

Gegeben:
$a = 5$ cm
$b = 3$ cm
$B = 15$ cm^2
Gesucht: A

d)

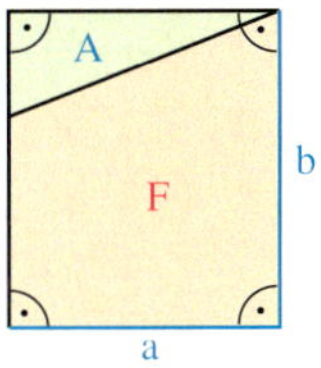

Gegeben:
$a = 6$ cm
$b = 7$ cm
$A = 12$ cm^2
Gesucht: F

7. a)

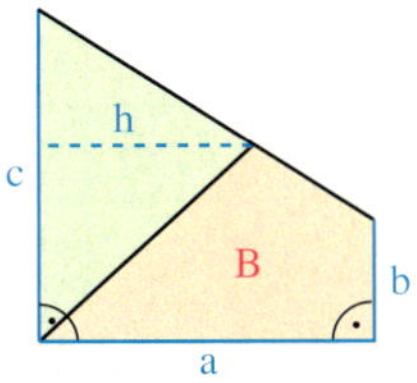

Gegeben:
$a = 8$ cm
$b = 4$ cm
$c = 7$ cm
$h = 6$ cm
Gesucht: B

d)

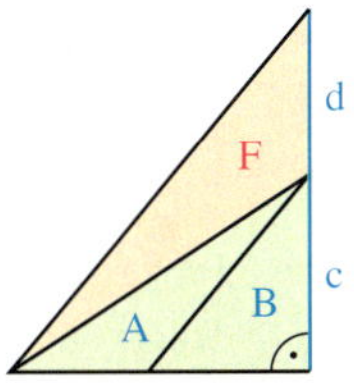

Gegeben:
$c = 6$ cm
$d = 4$ cm
$A = 9$ cm^2
$B = 12$ cm^2
Gesucht: F

b)

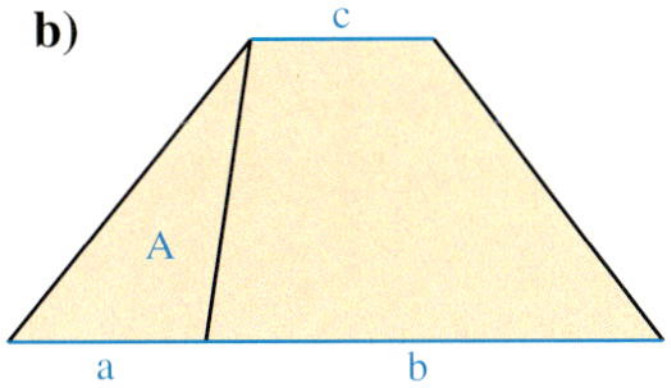

Gegeben:
$a = 3$ cm
$b = 7$ cm
$c = 3$ cm
$A = 9$ cm^2
Gesucht: T

T = Flächeninhalt des großes Trapezes

e)

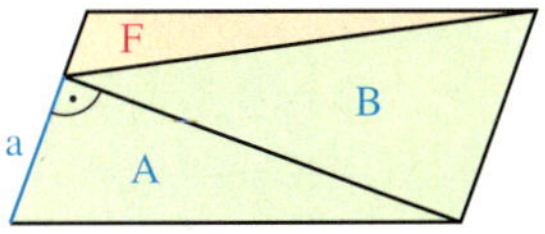

Gegeben:
$a = 4$ cm
$A = 14$ cm^2
$B = 21$ cm^2
Gesucht: F

c)

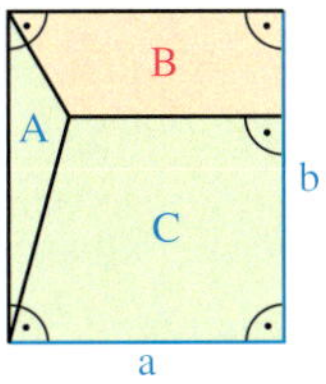

Gegeben:
$a = 6$ cm
$b = 5$ cm
$A = 8$ cm^2
$C = 15$ cm^2
Gesucht: B

f)

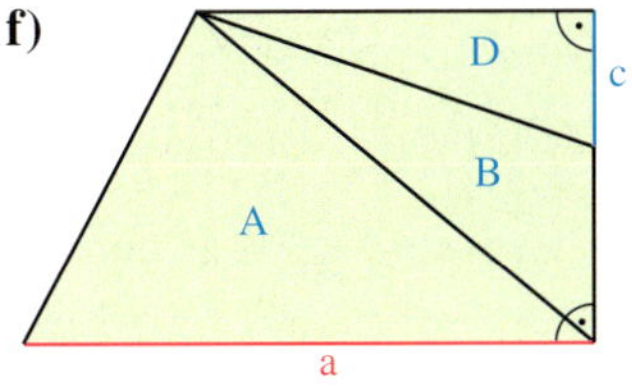

Gegeben:
$c = 3$ cm
$A = 42$ cm^2
$B = 16$ cm^2
$D = 12$ cm^2
Gesucht: a

Bist du fit?

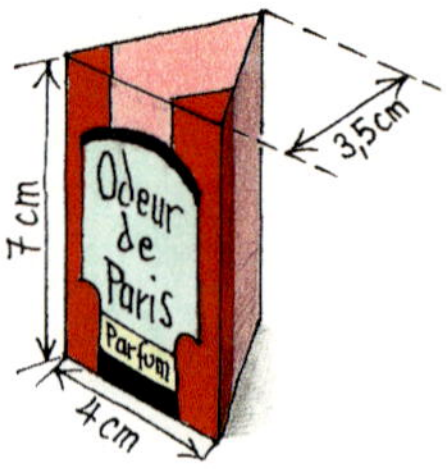

1. **a)** Betrachte die Verpackung links mit einem gleichseitigen Dreieck als Grundfläche. Zeichne ein Netz und berechne den Materialbedarf (ohne Falze). Berechne auch das Volumen.

b) Zeichne ein Schrägbild der Verpackung aus Teilaufgabe a).

2. Berechne Volumen, Mantelflächeninhalt und Oberflächeninhalt sowie die gesamte Kantenlänge des Prismas mit der angegebenen Grundfläche (Maße in cm). Das Prisma ist 23 cm hoch.

a)

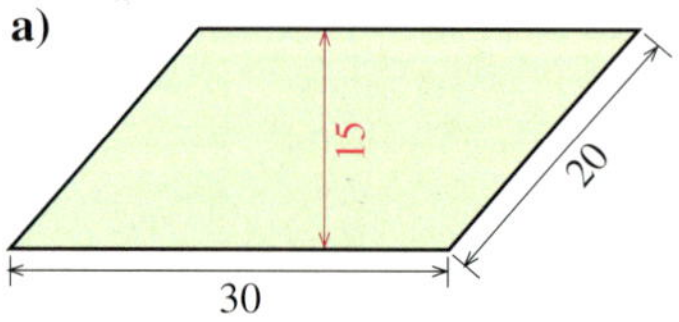

b)

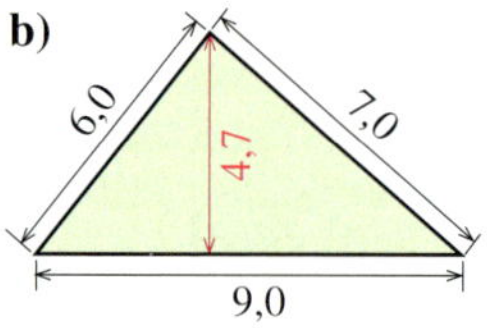

c)

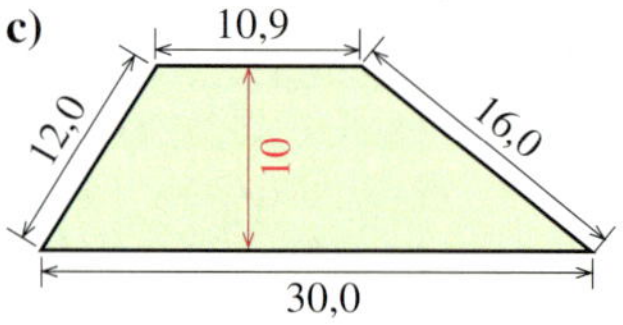

3. Übertrage die Figur in dein Heft. Berechne das Volumen, den Mantelflächeninhalt und den Oberflächeninhalt des Prismas.

a)

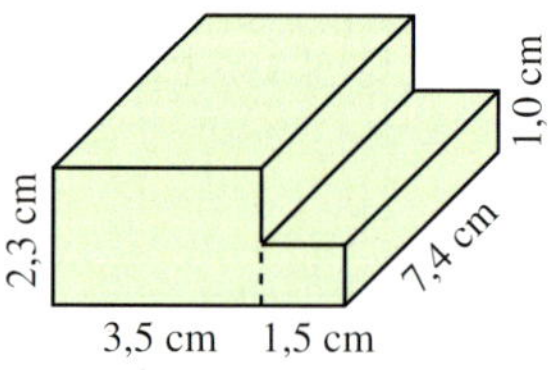

b)

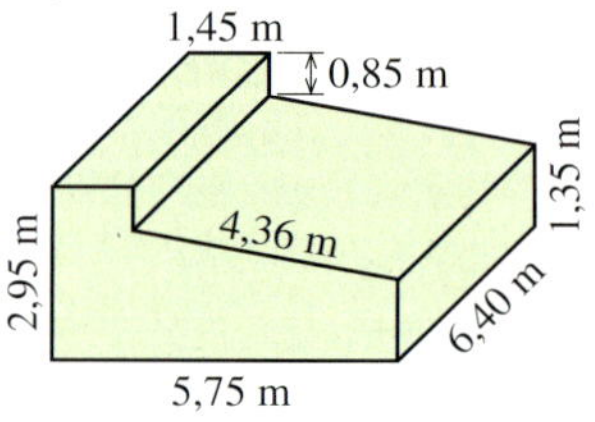

c)

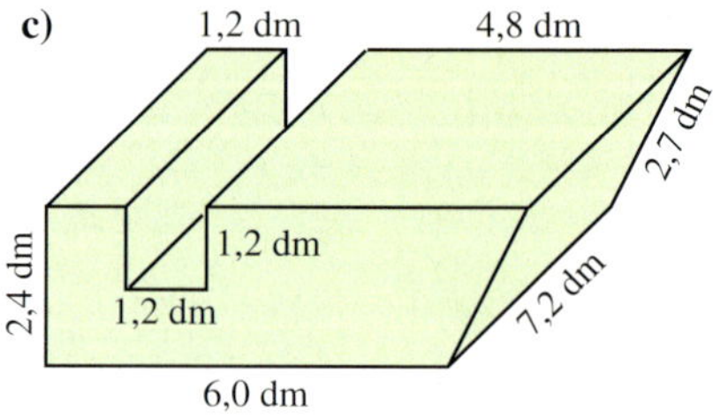

4. Berechne die fehlenden Werte für die Prismen.

Grundflächeninhalt	32 cm²	127,5 dm²		70 mm²
Körperhöhe	12 cm		180 cm	
Volumen		6 171 *l*	43,2 m³	4,06 cm³

5. Bei einem Prisma ist u der Umfang und G der Grundflächeninhalt, h die Körperhöhe, M der Mantelflächeninhalt und O der Oberflächeninhalt. Berechne die fehlenden Stücke.

a) $G = 52\ cm^2$, $h = 17\ cm$, $u = 45\ cm$

b) $M = 2\,666\ cm^2$, $G = 240\ cm^2$, $h = 43\ cm$

c) $u = 120\ m$, $M = 4\,320\ m^2$, $O = 5\,500\ m^2$

d) $V = 28\,310\ cm^3$, $M = 969\ cm^2$, $O = 2\,459\ cm^2$

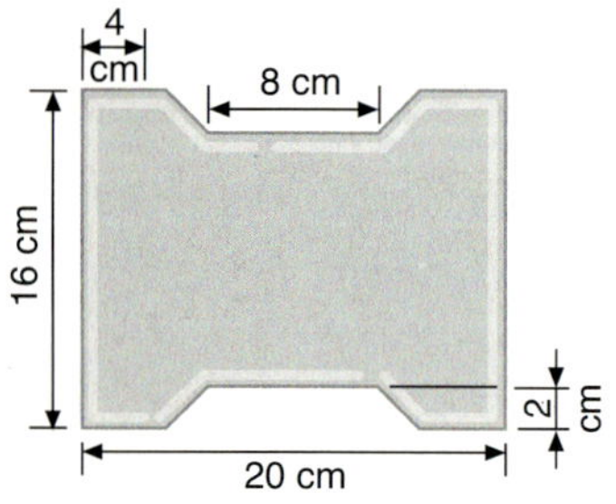

6. Einfahrten werden häufig mit Verbundsteinen gepflastert. Links siehst du die Maße eines Steines, der 7 cm hoch ist. Er wird aus Beton hergestellt; 1 cm³ des verwendeten Betons wiegt 2,5 g.

a) Eine 30 m² große Einfahrt soll mit diesen Steinen gepflastert werden. Zur Sicherheit und wegen des Verschnittes werden 3 % mehr Steine bestellt als mindestens nötig.
Berechne, wie viele Steine bestellt werden müssen.

b) Ein gemieteter Kleinlaster hat eine Zuladung von 3 t.
Wie viele Fahrten sind für den Transport der benötigten Steine erforderlich?

Bleib fit im ...
Umgang mit Prozenten

Zum Aufwärmen

1. Schreibe den dargestellten Anteil als Bruch, als Dezimalbruch und in Prozent.

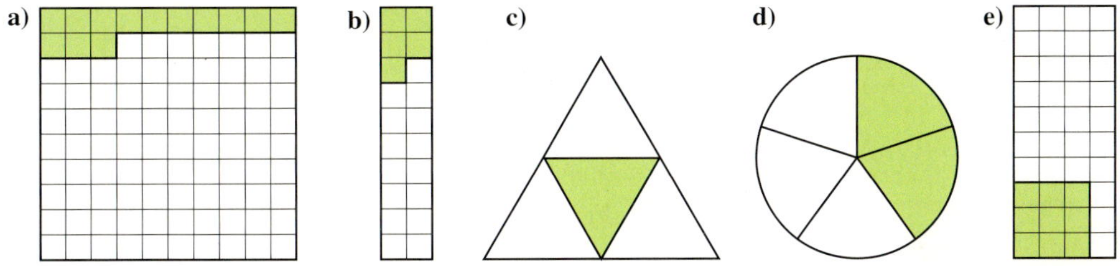

2. Bei verpacktem Aufschnitt ist oft der Fettanteil in Prozent angegeben.

a) Ein Schinken enthält 20 % Fett. Wie viel g Fett enthält eine Scheibe, die 15 g wiegt?

b) Eine Salami wird untersucht: In 80 g sind 24 g Fett enthalten. Welchen Fettanteil hat diese Salami?

c) Eine Käsesorte trägt die nebenstehende Aufschrift. Wie viel wiegt eine Käsescheibe?

Zum Erinnern

(1) Angabe von Anteilen in Prozent

Anteile an einem Ganzen gibt man oft in Prozent an; Prozent bedeutet *Hundertstel*.
Das Ganze bezeichnet man als **Grundwert** G, den Teil als **Prozentwert** W, den Anteil als **Prozentsatz** p %.

$$p\ \% = \frac{p}{100}$$

Ganzes — Anteil — Teil

Grundwert $\xrightarrow{\cdot\ \text{Prozentsatz}}$ **Prozentwert**

(2) Grundaufgaben der Prozentrechnung

- Man berechnet den Prozentwert, indem man den Grundwert mit dem Prozentsatz multipliziert.

Wie viel sind 16 % von 300 €?

Ansatz: $300\ € \xrightarrow{\cdot 16\ \%} W$

Rechnung: $W = 300\ € \cdot \frac{16}{100}$
$= 300\ € \cdot 0{,}16 = 48\ €$

- Man berechnet den Grundwert, indem man den Prozentwert durch den Prozentsatz dividiert.

30 % eines Grundwertes sind 18 €.

Ansatz: $G \xrightarrow{\cdot 30\ \%} 18\ €$

Rechnung: $G = 18\ € : \frac{30}{100}$
$= 18\ € \cdot \frac{100}{30} = 60\ €$

- Man berechnet den Prozentsatz, indem man den Prozentwert durch den Grundwert dividiert und das Ergebnis in der Prozentschreibweise notiert.

Wie viel Prozent sind 24 € von 80 €?

Ansatz: $80\ € \xrightarrow{\cdot p\ \%} 24\ €$

Rechnung: $p\ \% = \frac{24\ €}{80\ €}$
$= 0{,}3 = \frac{30}{100} = 30\ \%$

(3) Prozentsätze über 100 %

Erhöht man einen Grundwert um einen Anteil, so kann man den erhöhten Wert mit dem Grundwert vergleichen: es ergibt sich dann ein Prozentsatz über 100 %.

Nach einer Erhöhung um 25 % beträgt der Tubeninhalt 75 ml.

Ansatz:

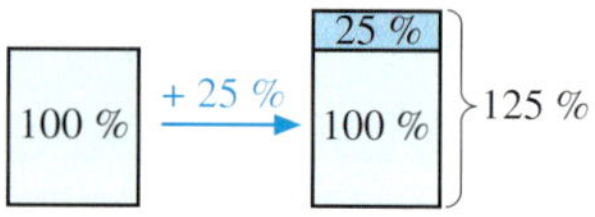

$G \xrightarrow{\cdot 125\,\%} 75\text{ ml}$

Rechnung: $G = 75\text{ ml} : 1{,}25 = 60\text{ ml}$

125 % = 1,25

Zum Trainieren

3. Betrachte die Packung mit dem Parma-Schinken links.

a) Wie viel Fett nimmst du zu dir, wenn du eine Scheibe dieses Schinkens isst?

b) Jemand macht Diät. Wie viel Scheiben von dem Schinken darf er noch essen, wenn er damit nur noch 5 g Fett zu sich nehmen möchte?

c) Ein anderer Bratenaufschnitt enthält 5 g Fett in 90 g Braten. Wie viel Prozent Fett muss auf der Verpackung ausgezeichnet werden?

4. In einem kleinen Staat stellen sich 4 Parteien zur Wahl:

Demokratische Mitte	25 471 Stimmen	Grünes Engagement	11 003 Stimmen
Sozialer Fortschritt	19 323 Stimmen	Liberale Freiheit	2 517 Stimmen

a) Berechne den Stimmenanteil jeder Partei und zeichne ein Kreisdiagramm.

b) Nur die Parteien, die mehr als 5 % der abgegebenen Stimmen erhalten haben, kommen in das Parlament. Wie viele Stimmen hätte die Liberale Freiheit mehr erringen müssen, um in das Parlament einzuziehen?

5. Betrachte die beiden Kakao-Packungen rechts. Kontrolliere, ob die Angabe „40 % Zucker-reduziert" korrekt ist.

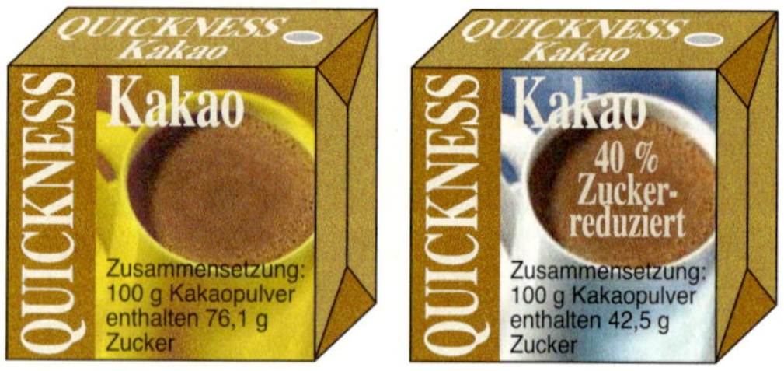

6. Beim Herunterladen einer großen Datei aus dem Internet wird angegeben, dass nach 2 Minuten 34 % der Datei übertragen worden sind. Wie lange dauert der gesamte Vorgang voraussichtlich?

7. In dieser Aufgabe geht es um die Mehrwertsteuer.

a) Im Großhandel sind die Warenpreise netto, d.h. ohne Mehrwertsteuer ausgezeichnet. Tim sieht im Großhandel einen Computer zu 799 €.
Wie viel kostet dieser einschließlich 19 % Mehrwertsteuer?

b) Maries Computer hat im Einzelhandel 899 € gekostet.
Wie viel Mehrwertsteuer ist im Preis enthalten?

c) Ein Elektro-Discount-Markt startet zum Jahresanfang eine große Werbeaktion mit den rechts abgebildeten Anzeigen. Bewerte diese im Hinblick auf mathematische Richtigkeit.

3

3. DREIECKE UND VIERECKE

Betrachte die Bilder. Hier findest du Dreiecke und Vierecke.

FACHWERK

Beim Fachwerkbau wird ein Rahmenwerk aus Holzbalken errichtet, dessen offene Gefache mit einer Lehmfüllung oder Steinen, meist Backsteinen, ausgefüllt werden. Das Rahmenwerk ergibt sich aus dem Gefüge von waagerechten Schwellen und senkrechten Ständern. Um die Standfestigkeit zu verbessern, werden außerdem Dreiecksverbindungen geschaffen, besonders am Anfang und Ende der Wand.

Die Blütezeit des Fachwerkbaus ist das Mittelalter vom 14. und 15. Jahrhundert bis zur Mitte des 17. Jahrhunderts; regional ist er auf die Kerngebiete des Eichenhochwaldes beschränkt, also Deutschland, England und Nordfrankreich.
Kunsthandwerkliche Techniken der Tischler und Schnitzer dominieren die äußere Erscheinung und überlagern häufig die konstruktiven Elemente. Nach seinem Niedergang im ausgehenden 17. Jahrhundert hat das Fachwerk als räumliches Tragwerk bei Kuppeln und Decken in jüngster Zeit wieder an Bedeutung gewonnen.

- Welche besonderen Formen erkennst du auf den Bildern?
- Welche Symmetrien weisen sie auf?
- Nenne weitere Beispiele für Dreiecke und Vierecke aus deiner Umwelt.

Wir wollen uns in diesem Kapitel mit Dreiecken und besonderen Vierecken aus geometrischer Sicht beschäftigen.

3.1 Dreieckskonstruktionen – Kongruenzsätze

Einführung

kongruent ⟨lat.⟩ übereinstimmend, deckungsgleich

Das Haus ist aus einem Bastelbogen entstanden und soll aus Holz nachgebaut werden.
Der gefärbte Teil des Daches ist ein Dreieck. Um es aus einer dünnen Holzplatte auszusägen, muss es zunächst auf der Platte genau nachgezeichnet werden. Es muss also ein zum Dreieck ABC in der Bastelanleitung kongruentes Dreieck konstruiert werden.
Welche und wie viele Stücke (Seitenlängen, Innenwinkel) des Dreiecks ABC müssen gemessen werden, damit man ein dazu kongruentes Dreieck konstruieren kann?

Aus einer Bastelanleitung:

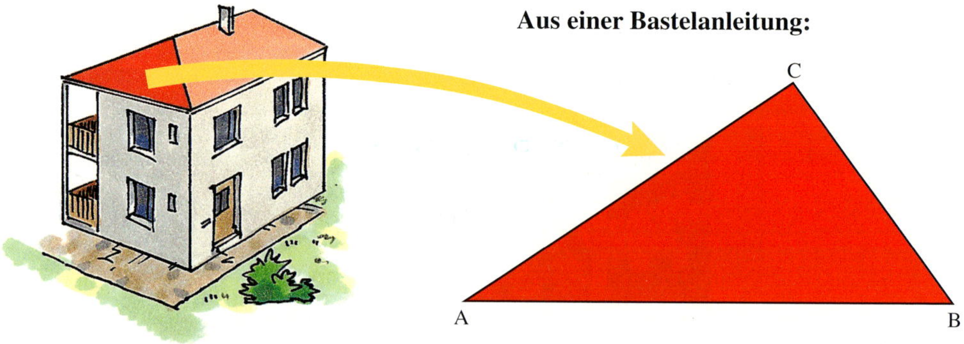

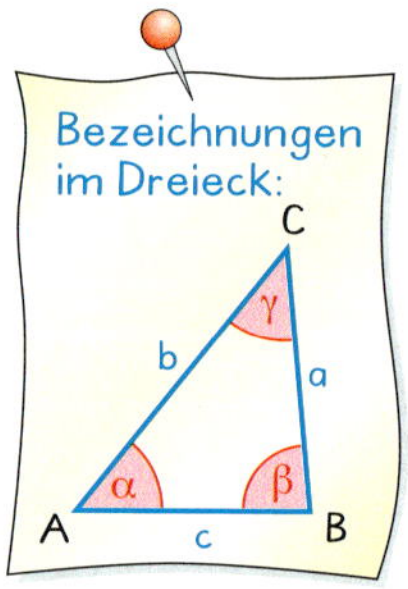

Das Messen *eines* Stücks (z. B. der Seite a), aber auch *zweier* Stücke (z. B. der Seite c und des Winkels α) reicht nicht aus. Hierzu kann man jeweils viele Dreiecke zeichnen, die *nicht* kongruent zueinander sind. Probiere das aus.
Wir versuchen es jetzt mit dem Messen bzw. der Vorgabe der Größe von *drei* Stücken.
Welche Fälle sind möglich? Wähle selbst Beispiele und probiere.

3.1.1 Konstruktion eines Dreiecks aus drei Seiten – Kongruenzsatz sss

Aufgabe 1

Wir messen von dem Dreieck ABC aus der Bastelanleitung oben die Seitenlängen:
$a = 3{,}6\text{ cm}$; $b = 5{,}2\text{ cm}$; $c = 6{,}4\text{ cm}$
Konstruiere das Dreieck. Beschreibe die Konstruktion.
Vergleiche die Lösungsdreiecke. Was stellst du fest?

Planfigur

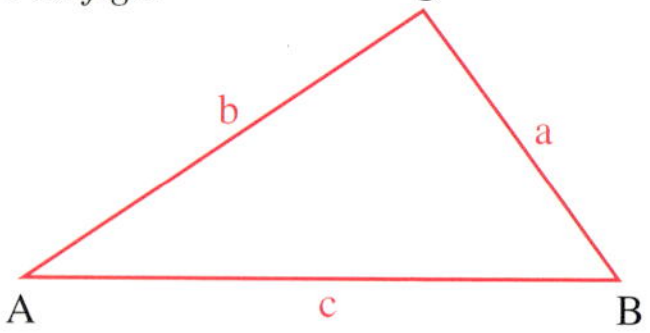

Lösung

Konstruktionsbeschreibung (mit Begründung)

(1) Zeichne eine Strecke $\overline{AB}$ der Länge c.
(2) Zeichne um A den Kreis mit dem Radius b (denn auf dem Kreis um A liegen alle Punkte, die von A die Entfernung b besitzen).
(3) Zeichne nun um B den Kreis mit dem Radius a (denn auf ihm liegen alle Punkte, die von B die Entfernung a besitzen).
(4) Bezeichne die beiden Schnittpunkte der Kreise um A und B mit C_1 bzw. C_2.
(5) Zeichne die beiden Dreiecke ABC_1 und ABC_2.

Beide Lösungsdreiecke liegen symmetrisch zur Spiegelachse AB; sie sind kongruent zueinander.

Konstruktion (hier verkleinert)

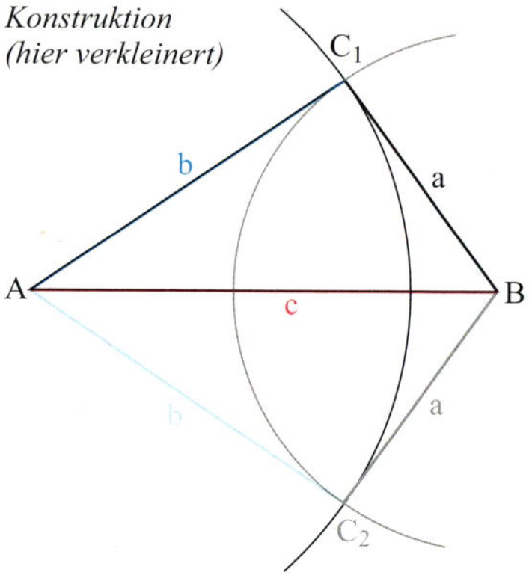

Information

(1) Kongruenzsatz sss

In der Lösung der Aufgabe 1 haben wir zwei zueinander kongruente Dreiecke erhalten. Anschaulich ist klar, dass wir zu den oben konstruierten Dreiecken ebenfalls kongruente Dreiecke erhalten, wenn wir die Konstruktion an einer anderen Stelle des Zeichenblattes wiederholen oder mit einer anderen Seite, z. B. mit $\overline{BC}$ statt $\overline{AB}$, beginnen würden. Stets entstehen zueinander kongruente Dreiecke; es genügt vermutlich die Vorgabe der drei Seitenlängen, also nicht aller Stücke des Dreiecks.

Kongruenzsatz sss

Wenn zwei Dreiecke paarweise in den Längen aller drei Seiten übereinstimmen, dann sind die Dreiecke kongruent zueinander.

Entsprechende Winkel sind dann auch gleich groß.

(2) Beweis des Kongruenzsatzes sss

Zueinander kongruente Figuren kann man durch Hintereinanderausführen von Achsenspiegelungen aufeinander abbilden.

Wir betrachten zwei Dreiecke ABC und A′B′C′, die an zwei verschiedenen Stellen des Zeichenblattes konstruiert wurden und paarweise in ihren Seitenlängen übereinstimmen: a = a′, b = b′ und c = c′.

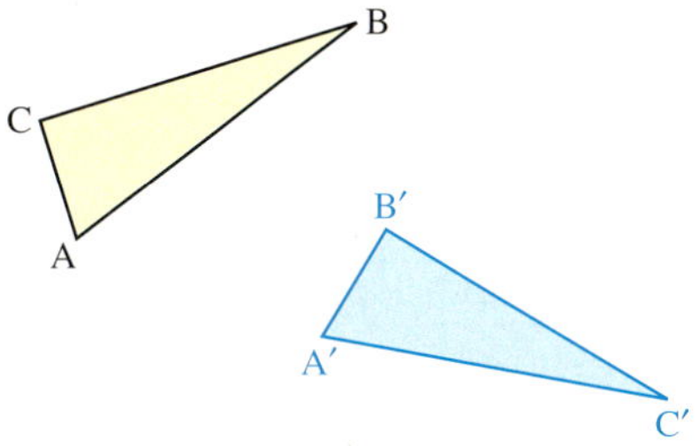

Zunächst bilden wir die Strecke $\overline{A'B'}$ auf die Strecke $\overline{AB}$ ab. Das kann folgendermaßen geschehen: Das Dreieck A′B′C′ wird an der Mittelsenkrechten m_1 der Strecke $\overline{AA'}$ gespiegelt. Das Spiegelbild bezeichnen wir mit A″B″C″. Der Punkt A″ fällt dabei mit dem Punkt A zusammen.

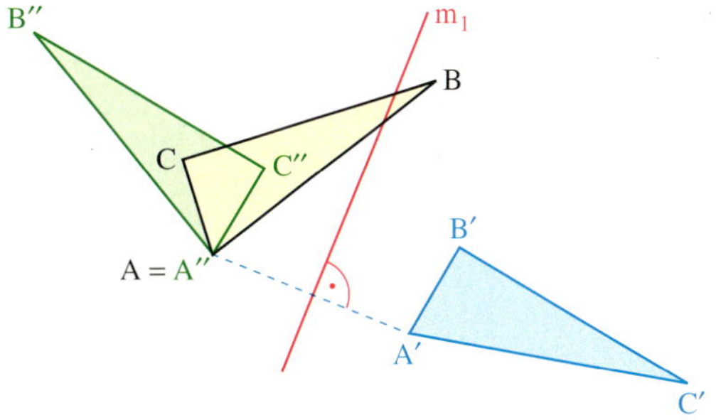

Nun wird noch der Punkt B″ auf den Punkt B gespiegelt. Dazu zeichnen wir die Mittelsenkrechte m_2 der Strecke $\overline{BB''}$ und spiegeln das Dreieck AB″C″ daran.
Da A von B und B″ denselben Abstand hat, geht die Mittelsenkrechte m_2 durch A, sodass A beim Spiegeln mit seinem Bildpunkt übereinstimmt; B″ fällt dann auf B, sodass wir mit diesen beiden Spiegelungen die Strecke $\overline{A'B'}$ auf die Strecke $\overline{AB}$ abgebildet haben. Das erhaltene Dreieck ist ABC‴.

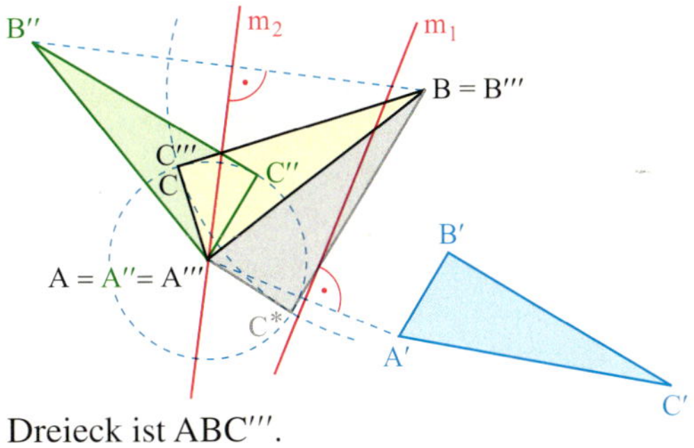

Um die Kongruenz der Dreiecke ABC und A′B′C′ zu begründen, müssen wir wissen, wohin der Punkt C′ bei diesen beiden Spiegelungen abgebildet wurde. Punkt C hat von A den Abstand b, liegt also auf einem Kreis um A mit dem Radius b. Dasselbe gilt für den Punkt C‴, da b und b′ gleich lang sind. Punkt C hat von B den Abstand a, liegt also auf einem Kreis um B mit dem Radius a. Dasselbe gilt für den Punkt C‴, da a und a′ gleich lang sind. C und auch C′ liegen zugleich auf diesen beiden Kreisen. Diese haben zwei Schnittpunkte, die symmetrisch zur Strecke $\overline{AB}$ liegen. Also liegt C‴ genau auf C oder C* ist das Spiegelbild C‴ von C an AB. Folglich sind die Dreiecke ABC und ABC‴ kongruent zueinander. Also ist auch Dreieck A′B′C′ kongruent zu Dreieck ABC.

Weiterführende Aufgabe

2. *Konstruktionsbedingung: Dreiecksungleichung*

Konstruiere ein Dreieck ABC mit a = 7 cm und b = 4 cm. Welche Längen kommen für die Seite c infrage? Begründe.

Information

Bei der Lösung der Aufgabe 2 hast du erkannt: Wenn für drei Längen gilt, dass die Summe zweier dieser Längen größer ist als die dritte, dann kannst du aus diesen Längen ein Dreieck konstruieren. Hast du nun umgekehrt ein Dreieck, dann gilt der folgende Satz:

Satz (Dreiecksungleichung)

In jedem Dreieck ist die Summe je zweier Seitenlängen stets größer als die dritte Seitenlänge:

$a + b > c$; $a + c > b$; $b + c > a$

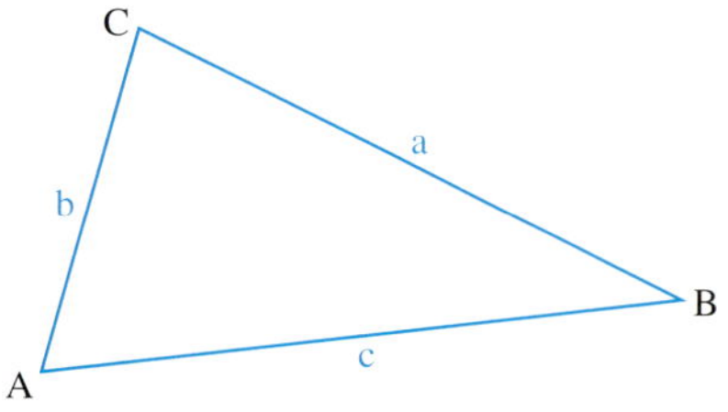

Übungsaufgaben

3. Anne und Julia wollen einen Tiffany-Spiegel basteln. Dazu stellen sie sich zunächst ein Muster für die Randverzierung aus farbigem Karton her. Anne konstruiert auf rotem Karton ein Dreieck mit den Seitenlängen a = 2,9 cm, b = 4,2 cm und c = 5,7 cm, Julia auf blauem Karton ein Dreieck mit denselben Maßen. Führe die Konstruktion selbst aus. Vergleiche die Dreiecke beider Mädchen.

DGS **4.** Lucie und Julian haben auf unterschiedliche Weise begonnen, mit einem dynamischen Geometrie-System ein Dreieck mit den Seitenlängen 7 cm, 4 cm und 6 cm zu zeichnen.
Kannst du ihr Vorgehen zu Ende führen? Vergleiche beide Wege.

Lucie

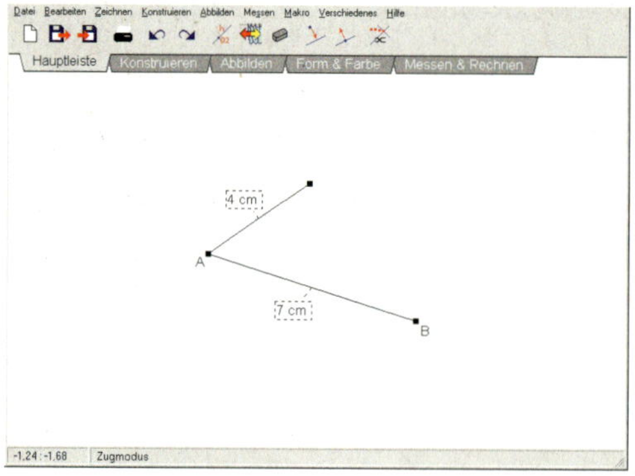

Julian

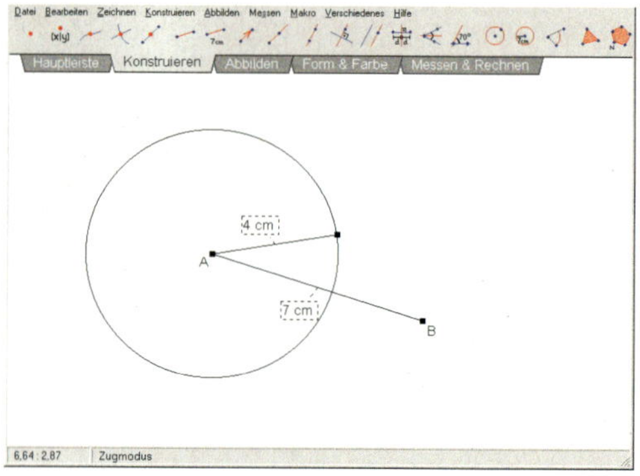

5. Konstruiere ein Dreieck ABC aus a = 5 cm, b = 4 cm und c = 3,5 cm. Beginne mit der Seite $\overline{AC}$.
Beschreibe die Konstruktion.
Miss die drei Winkel; kontrolliere mithilfe des Winkelsummensatzes.

6. Zeichne, falls möglich, ein Dreieck ABC aus den gegebenen Längen für die Seiten. Woran kannst du erkennen, ob du ein Dreieck aus den gegebenen Längen konstruieren kannst?

	a)	b)	c)	d)	e)	f)	g)	h)	i)
Seite a (in cm)	6	12	9	4	9,5	3	5	13	7,4
Seite b (in cm)	7	4	15	3	3,0	6	12	10	3,1
Seite c (in cm)	10	8	5	2	7,5	10	7	5	4,3

7. Konstruiere im Koordinatensystem das Dreieck ABC. Gib näherungsweise die Koordinaten des fehlenden Punktes an.
Miss die drei Winkel; kontrolliere mit der Winkelsumme. Bestimme auch die Höhen.

a) A(1|2); B(6|3); b = 5,4 cm; a = 5 cm
b) B(3|4); C(8|1); b = 3,5 cm; c = 5 cm
c) A(5|1); C(2|6); a = 2,6 cm; c = 7,2 cm
d) A(2|3); B(7|4); b = 6,4 cm; a = 3,6 cm

8. Einige Bewohner von Achtstedt haben sich über den Lärm der an Achtstedt vorbeiführenden Autobahn beschwert. Es soll jedoch nur dann ein Waldstück zwischen Achtstedt und der Autobahn als Lärmschutz aufgeforstet werden, wenn die kürzeste Entfernung zur Autobahn weniger als 2 km beträgt.
Wird ein Waldstück als Lärmschutz aufgeforstet?

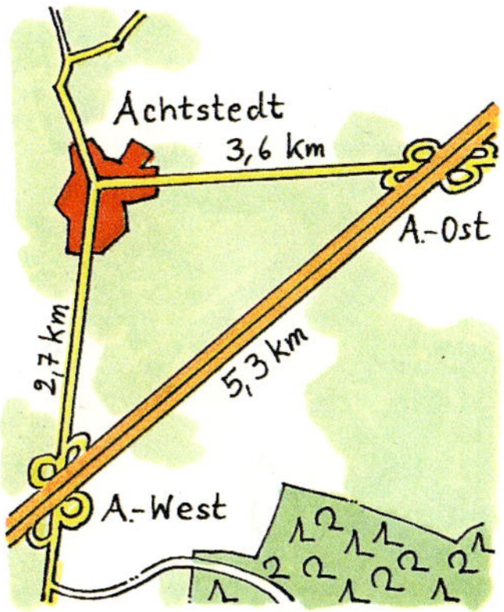

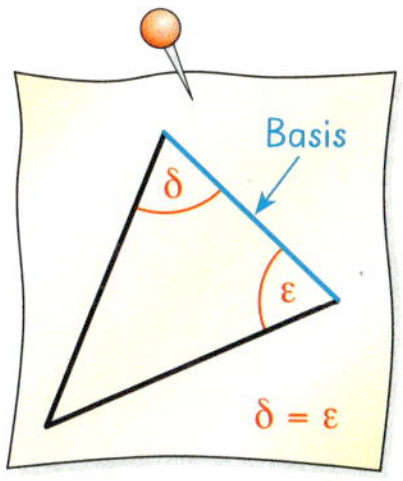

9. Konstruiere ein gleichschenkliges Dreieck ABC aus:

a) b = 5 cm; c = 3 cm (Basis $\overline{AB}$)
b) a = 3,8 cm; b = 4,5 cm (Basis $\overline{AC}$)

Bestimme die Größe der Innenwinkel und die Höhe zur Basis.
Bestimme ferner den Flächeninhalt.

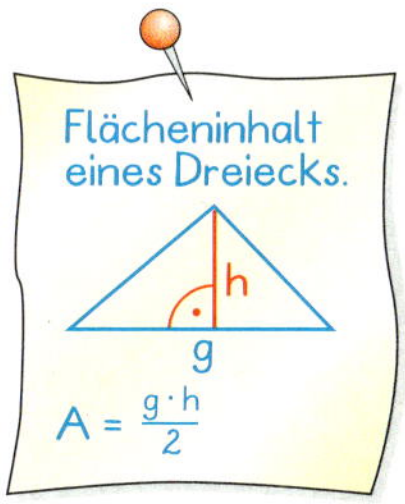

10. a) Das Dreieck und das Rechteck haben in den Eckpunkten Gelenke.
Kann man die Form verändern?

b) Warum ist bei dem Tor die diagonale Verstrebung angebracht worden?

c) Untersuche, ob zwei Vierecke schon zueinander kongruent sind, wenn sie paarweise in den Längen aller vier Seiten übereinstimmen.

11. Zeichne ein Dreieck aus den Seitenlängen 5,5 cm; 4,4 cm; 3,3 cm. Der Winkel γ soll der größte und der Winkel α der kleinste sein. Bestimme zeichnerisch die Größe der Innenwinkel.
Bestimme auch den Flächeninhalt.

12. Zeichne einen 52° großen Winkel und eine beliebige Halbgerade h. Trage nur mit Zirkel und Lineal an die Halbgerade h den 52° großen Winkel an; dabei soll der Scheitel S des Winkels mit dem Anfangspunkt der Halbgeraden übereinstimmen. Begründe die Konstruktion.

3.1.2 Konstruktion aus zwei Seiten und einem Winkel – Kongruenzsatz sws

Aufgabe 1

Wir messen von dem Dreieck ABC aus der Bastelanleitung auf Seite 94 die Länge zweier Seiten und die Größe des von diesen beiden Seiten eingeschlossenen Winkels:
z. B. b = 5,2 cm, c = 6,4 cm und $\alpha = 34°$.

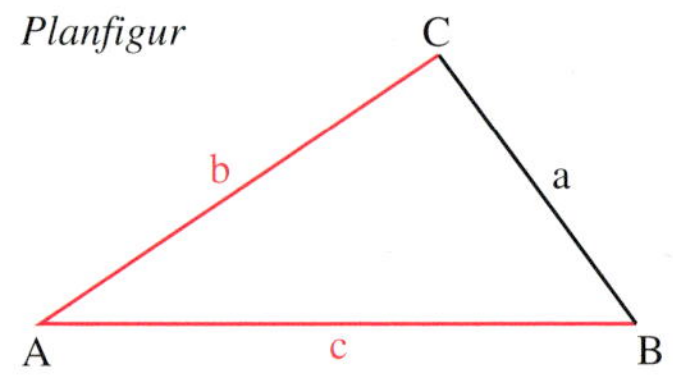

a) Konstruiere das Dreieck. Beschreibe die Konstruktion. Die Planfigur zeigt dir,
- wie die gegebenen Stücke zueinander liegen;
- mit welchem Stück du am besten beginnen kannst.

b) Versuche einen Kongruenzsatz zu formulieren.

Lösung

a) *Konstruktionsbeschreibung (mit Begründung)*

(1) Zeichne eine Strecke $\overline{AB}$ der Länge c.

(2) Trage im Punkt A der Strecke $\overline{AB}$ den Winkel α an. Es gibt zwei Möglichkeiten.

(3) Zeichne den Kreis um A mit dem Radius b, denn auf diesem Kreis liegen alle Punkte, die von A die Entfernung b haben. Also liegt der Punkt C auf diesem Kreis.

(4) Bezeichne die Schnittpunkte des Kreises mit den beiden freien Schenkeln von α mit C_1 bzw. C_2.

(5) Zeichne die beiden Dreiecke ABC_1 und ABC_2.

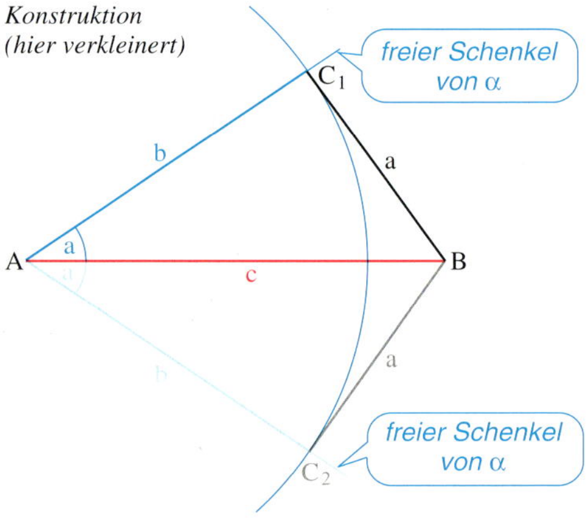

b) Beide Lösungsdreiecke sind kongruent zueinander, denn die Lösungsfigur ist achsensymmetrisch zu AB; das Dreieck ABC_2 ist das Spiegelbild von Dreieck ABC_1.
Anschaulich ist klar:

> **Kongruenzsatz sws**
>
> Wenn zwei Dreiecke paarweise in den Längen zweier Seiten und der Größe des von den beiden Seiten eingeschlossenen Winkels übereinstimmen, dann sind die Dreiecke kongruent zueinander.
>
> Die Dreiecke stimmen dann auch in der Länge der dritten Seite und in der Größe der beiden anderen Winkel überein.

Übungsaufgaben

2. Von einem Haus soll ein Modell im Maßstab 1 : 100 hergestellt werden. Bekannt sind die Hausbreite, die Dachneigung auf einer Seite und die Länge der angrenzenden Dachsparren (ohne Überstand).
Wie lang ist auf der anderen Dachseite der Dachsparren; wie groß ist der Neigungswinkel?

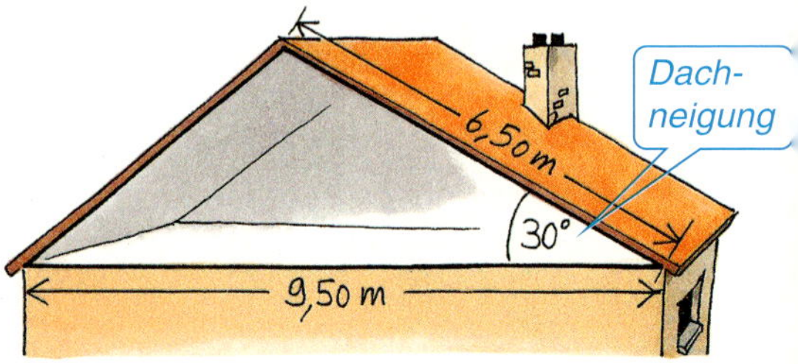

DGS **3.** Merle hat begonnen, mit einem dynamischen Geometrie-System ein Dreieck zu konstruieren. Die Seite $\overline{AB}$ soll 6 cm lang, der Winkel α soll 70° groß und die Seite $\overline{AC}$ soll 8 cm lang sein.
Beende ihre Konstruktion.

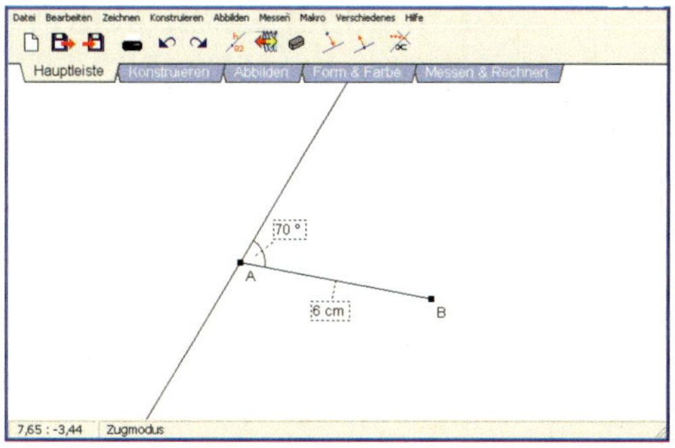

4. **a)** Konstruiere ein Dreieck ABC mit a = 3,5 cm, b = 5,5 cm und γ = 110°. Beschreibe die Konstruktion. Miss die Größe der übrigen Stücke.

b) Bilde selber Aufgaben zum Kongruenzsatz sws. Welche Seiten und welcher Winkel können gegeben sein? Welche Bedingung muss der Winkel erfüllen, damit beim Konstruieren überhaupt ein Dreieck entsteht?

5. Konstruiere ein Dreieck ABC; bestimme die Größe der drei übrigen Stücke durch Messen. Kontrolliere die Winkelgrößen mithilfe des Winkelsummensatzes.

a) b = 6,9 cm; c = 4,7 cm; α = 100°
b) a = 3,6 cm; c = 7,1 cm; β = 55°
c) a = 4,1 cm; b = 3,2 cm; γ = 81°
d) a = 6,4 cm; c = 2,7 cm; β = 126°

6. Zwischen B und C soll ein Tunnel für eine Eisenbahnstrecke gebaut werden. Um die Länge des Tunnels zu bestimmen, werden die Entfernungen von einem Punkt A aus zu den Tunneleingängen und der Sehwinkel bei A gemessen. Bestimme die Länge des Tunnels.

7. Konstruiere ein rechtwinkliges Dreieck aus den angegebenen Stücken. In Klammern steht die Seite, die dem rechten Winkel gegenüberliegt. Bestimme zeichnerisch die anderen Größen. Bestimme auch den Flächeninhalt.

a) a = 4,5 cm; b = 2,8 cm (Seite $\overline{AB}$)
b) b = 3,2 cm; c = 1,9 cm (Seite $\overline{BC}$)

8. Konstruiere ein gleichschenkliges Dreieck aus:

a) a = 4,7 cm; γ = 39° (Basis $\overline{AB}$)
b) c = 3,1 cm; β = 105° (Basis $\overline{AC}$)

9. Zwei Dreiecke ABC und $A_1B_1C_1$ sind gegeben durch:

(1) a = 5,3 cm, c = 6,4 cm, β = 36° und a_1 = 6,4 cm, b_1 = 5,3 cm, γ_1 = 36°;

(2) b = 6,2 cm, c = 5,9 cm, α = 125° und a_1 = 5,9 cm, b_1 = 6,2 cm, β_1 = 125°.

Kann man folgern, dass die Dreiecke zueinander kongruent sind? Begründe.

3.1.3 Konstruktion aus zwei Seiten und einem Winkel – Kongruenzsatz Ssw

Aufgabe 1

Wir messen von dem Dreieck ABC aus der Bastelanleitung auf Seite 94 zwei Seitenlängen und die Größe eines Winkels, der einer dieser beiden Seiten gegenüber liegt, z. B.:

Planfigur

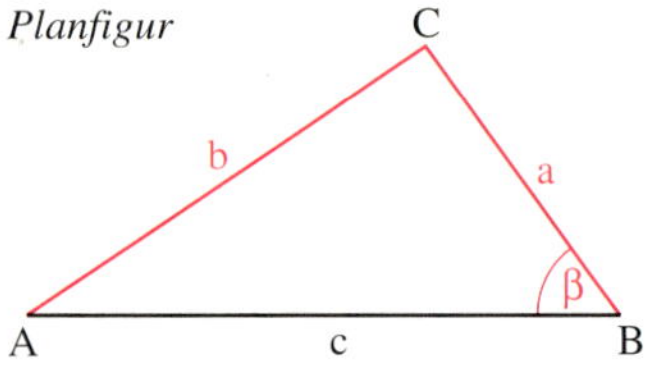

a) $a = 3{,}6$ cm; $b = 5{,}2$ cm; $\beta = 52°$
Konstruiere das Dreieck; beschreibe die Konstruktion.

b) $a = 3{,}6$ cm; $b = 5{,}2$ cm; $\alpha = 34°$
Konstruiere das Dreieck; beschreibe die Konstruktion.

c) Versuche, einen Kongruenzsatz zu formulieren.

Lösung

a) *Konstruktionsbeschreibung mit Begründung*

(1) Zeichne eine Strecke $\overline{BC}$ der Länge a.
(2) Trage in B den Winkel β an. Es gibt zwei Möglichkeiten.
(3) Zeichne den Kreis um C mit dem Radius b, denn alle Punkte auf diesem Kreis haben von C die Entfernung b, also auch A.
(4) Bezeichne die Schnittpunkte des Kreises mit den beiden freien Schenkeln von β mit A_1 bzw. A_2.
(5) Zeichne die beiden Dreiecke A_1BC und A_2BC.

Beide Lösungsdreiecke sind kongruent zueinander, denn spiegelt man das Dreieck A_2BC an BC, so erhält man das Dreieck A_1BC.

Konstruktion (hier verkleinert)

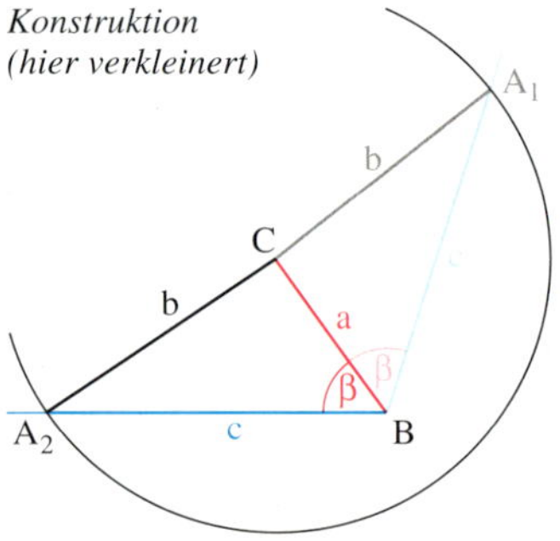

b) *Konstruktionsbeschreibung*

(1) Zeichne eine Strecke $\overline{AC}$ der Länge b.
(2) Trage in A den Winkel α an. Es gibt zwei Möglichkeiten.
(3) Zeichne den Kreis um C mit dem Radius a, denn alle Punkte auf diesem Kreis haben von C die Entfernung a, also auch B.
(4) Bezeichne die Schnittpunkte des Kreises mit den beiden Schenkeln von α mit B_1 und B_3 bzw. B_2 und B_4.
(5) Zeichne die Dreiecke AB_1C, AB_2C, AB_3C und AB_4C.

Konstruktion (hier verkleinert)

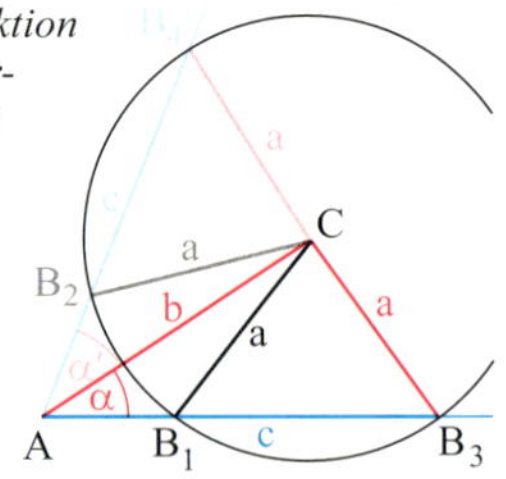

Der Kreis schneidet jeden freien Schenkel in *zwei* Punkten.
Für die vier Dreiecke gilt:
$AB_1C \cong AB_2C$ und $AB_3C \cong AB_4C$, aber
$AB_1C \not\cong AB_3C$ und $AB_2C \not\cong AB_4C$.

Nicht alle Dreiecke mit den vorgegebenen Stücken sind kongruent zueinander.

c) Anschaulich ist klar:

Kongruenzsatz Ssw

Wenn zwei Dreiecke paarweise in den Längen zweier Seiten und der Größe des Winkels, welcher der längeren Seite gegenüberliegt, übereinstimmen, dann sind die Dreiecke kongruent zueinander. Die Dreiecke stimmen dann auch paarweise in den übrigen Stücken überein.

Weiterführende Aufgabe

2. *Konstruktionsbedingung*

Von einem Dreieck ABC ist bekannt: $a = 5$ cm, $b = 7$ cm und $\beta = 40°$.
Aufgrund des Kongruenzsatzes Ssw ist klar, dass es bei Konstruktion bis auf Kongruenz nur ein solches Dreieck gibt. Ändere die Länge von b so ab, dass die Konstruktionsaufgabe
(1) zwei (nicht zueinander kongruente) Lösungen hat; (2) keine Lösung hat.

Übungsaufgaben

3. Von einem Dreieck ABC sind gegeben: $c = 5{,}7$ cm und $\alpha = 50°$. Wähle für die Seitenlänge a verschiedene Werte und versuche ein Dreieck zu konstruieren. Was stellst du fest?

DGS **4.** Untersuche mit einem dynamischen Geometrie-System für ein Dreieck ABC:
Die Seite $\overline{AB}$ soll 8 cm lang sein; der Winkel α soll 55° groß sein.
Welche Seitenlängen kommen für die Seite $\overline{BC}$ infrage?
Welche Besonderheiten kommen vor?

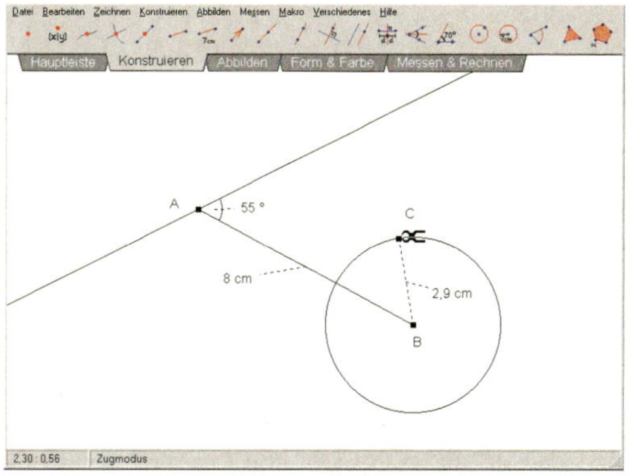

5. **a)** Konstruiere ein Dreieck ABC mit $a = 5$ cm, $b = 7{,}5$ cm und $\beta = 65°$.
Beschreibe die Konstruktion.
Miss die übrigen Stücke.

b) Bilde selber Aufgaben zum Kongruenzsatz Ssw. Welche Seiten und welcher Winkel im Dreieck ABC können gegeben sein?

6. Konstruiere ein Dreieck ABC; bestimme die Größe der übrigen Stücke durch Messen.

a) $c = 8$ cm; $b = 6$ cm; $\gamma = 87°$ **b)** $a = 6{,}5$ cm; $b = 4{,}3$ cm; $\alpha = 110°$

7. Konstruiere ein Dreieck ABC mit $c = 9$ cm, $a = 5$ cm und (1) $\alpha = 30°$, (2) $\alpha = 34°$, (3) $\alpha = 40°$.

8. Zeichne zwei nicht zueinander kongruente Dreiecke mit $a = 7$ cm, $b = 5$ cm und $\beta = 35°$.

9. An einem See befinden sich zwei Anlegestellen für ein Ausflugsschiff. Um die Entfernung der beiden Anlegestellen zu ermitteln, werden von einem Turm T aus die Entfernungen zu den Anlegestellen A und B gemessen: $|TA| = 710$ m; $|TB| = 640$ m. Der Sehwinkel bei A (vom Turm zur Anlegestelle B) beträgt 45°.

10. Konstruiere ein rechtwinkliges Dreieck; in Klammern ist die Seite angegeben, die dem rechten Winkel gegenüberliegt.

a) $a = 4{,}4$ cm; $b = 3{,}2$ cm (Seite $\overline{BC}$)

b) $a = 3{,}3$ cm; $b = 5{,}9$ cm (Seite $\overline{AC}$)

11. Konstruiere ein gleichschenkliges Dreieck und bestimme seinen Flächeninhalt.

a) $a = 3{,}7$ cm; $\beta = 34°$ (Basis $\overline{AB}$) **b)** $b = 3{,}5$ cm; $\gamma = 65°$ (Basis $\overline{BC}$)

3.1.4 Konstruktion aus einer Seite und zwei Winkeln – Kongruenzsatz wsw

Aufgabe 1

Wir messen von dem Dreieck ABC aus der Bastelanleitung auf Seite 94 eine Seitenlänge und die Größen der beiden anliegenden Winkel:
z. B. $c = 6{,}4$ cm, $\alpha = 34°$ und $\beta = 52°$.

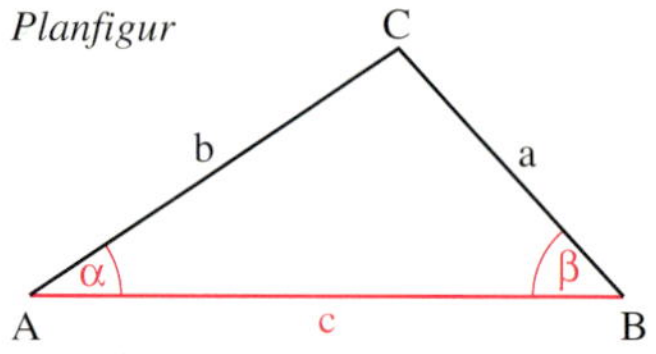

a) Konstruiere das Dreieck. Beschreibe die Konstruktion.

b) Versuche einen Kongruenzsatz zu formulieren.

Lösung

a) *Konstruktionsbeschreibung (mit Begründung)*

(1) Zeichne eine Strecke $\overline{AB}$ der Länge c.

(2) Trage in A den Winkel α an.
Es gibt zwei Möglichkeiten.

(3) Trage in B den Winkel β an.
Für jede Wahl von α gibt es nur eine Möglichkeit für β, damit ein Dreieck entsteht.

(4) Bezeichne die Schnittpunkte der freien Schenkel mit C_1 bzw. mit C_2.

(5) Zeichne die beiden Dreiecke ABC_1 und ABC_2.

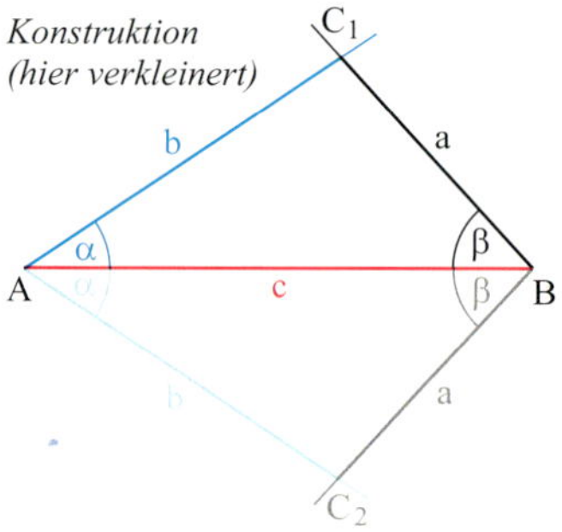

b) Beide Lösungsdreiecke sind kongruent zueinander, denn die Konstruktionsfigur ist achsensymmetrisch zu AB; das Dreieck ABC_2 ist das Spiegelbild von Dreieck ABC_1.

Anschaulich ist klar:

> **Kongruenzsatz wsw**
>
> Wenn zwei Dreiecke paarweise in der Länge einer Seite und den Größen der anliegenden Winkel übereinstimmen, dann sind die Dreiecke kongruent zueinander.
>
> Die Dreiecke stimmen dann auch paarweise in den übrigen Stücken überein.

Weiterführende Aufgabe

2. *Konstruktionsfall sww*

a) Von einem Dreieck ABC sind eine Seite, ein anliegender Winkel und ein nicht anliegender Winkel gegeben: $c = 4{,}8$ cm, $\alpha = 35°$ und $\gamma = 58°$.
Konstruiere das Dreieck.

b) Erläutere, warum es nicht üblich ist, einen Kongruenzsatz sww zu formulieren.

Übungsaufgaben

3. Ein Haus mit Satteldach soll 10,40 m breit werden. Die Dachneigungen sollen 35° und 60° betragen.
Wie lang sind dann die Dachsparren (ohne Überstand)?

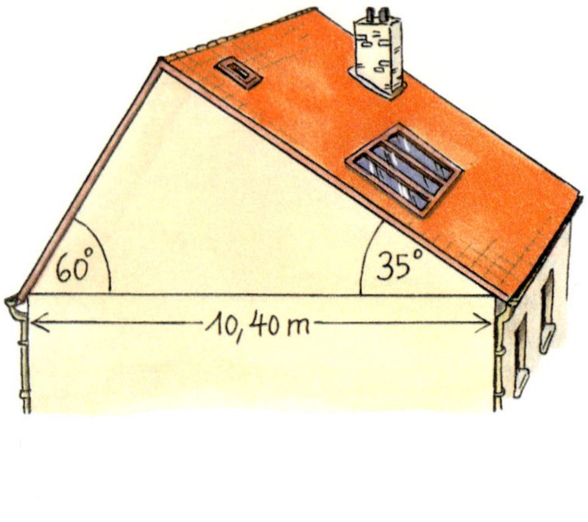

DGS **4.** Jonas hat begonnen, mit einem dynamischen Geometrie-System ein Dreieck zu konstruieren. Die Seite $\overline{AB}$ soll 7 cm lang, der Winkel α soll 110° groß und der Winkel β soll 20° groß sein.
Beende seine Konstruktion.

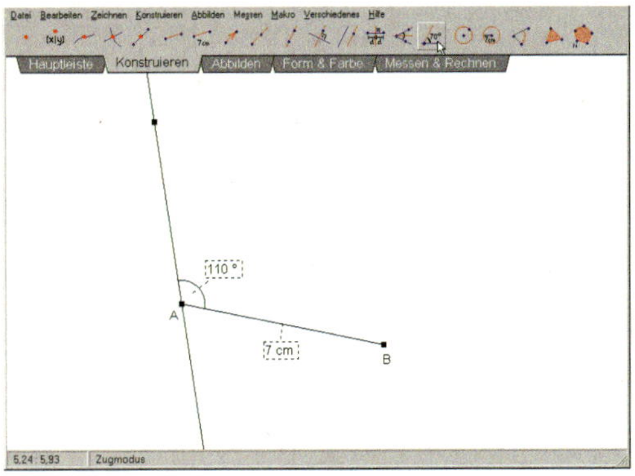

5. **a)** Konstruiere ein Dreieck ABC aus den Stücken b = 4 cm, $\alpha = 40°$ und $\gamma = 65°$. Beschreibe die Konstruktion. Miss die übrigen Stücke.

b) Bilde Aufgaben zum Kongruenzsatz wsw. Welche Seite, welche Winkel können gegeben sein? Welche Bedingung müssen die beiden Winkel erfüllen?

6. Konstruiere ein Dreieck ABC; bestimme die Größe der übrigen Stücke durch Messen.

a) c = 8,2 cm; $\alpha = 110°$; $\beta = 30°$

b) b = 4,4 cm; $\alpha = 41°$; $\gamma = 53°$

c) a = 7,3 cm; $\gamma = 37°$; $\beta = 87°$

d) c = 5,3 cm; $\alpha = 40°$; $\beta = 110°$

7. Konstruiere ein rechtwinkliges Dreieck aus den angegebenen Stücken. In Klammern ist die Seite angegeben, die dem rechten Winkel gegenüberliegt. Bestimme auch den Flächeninhalt.

a) b = 4,7 cm; $\alpha = 43°$ (Seite $\overline{AB}$)

b) b = 3,8 cm; $\beta = 59°$ (Seite $\overline{AB}$)

8. Konstruiere ein gleichschenkliges Dreieck aus den gegebenen Stücken. Bestimme auch den Flächeninhalt.

a) c = 3,9 cm; $\beta = 67°$ (Basis $\overline{AB}$)

b) c = 4,8 cm; $\gamma = 65°$ (Basis $\overline{AB}$)

9. Die Entfernung zwischen zwei Berggipfeln A und B beträgt 2,9 km. Von A aus sieht man den Gipfel B und einen weiteren Gipfel C unter dem Sehwinkel von 54°, von B aus sieht man A und C unter dem Sehwinkel von 35°.
Wie weit ist C von A und B entfernt? Lege zunächst eine Situationsskizze an.

10. Zwei Dreiecke ABC und $A_1B_1C_1$ sind gegeben durch:

(1) c = 5,1 cm; $\alpha = 37°$; $\beta = 56°$ und $a_1 = 5{,}1$ cm; $\alpha_1 = 87°$; $\beta_1 = 56°$

(2) b = 3,9 cm; $\alpha = 48°$; $\beta = 26°$ und $c_1 = 3{,}9$ cm; $\beta_1 = 105°$; $\gamma_1 = 26°$

Prüfe, ob beide Dreiecke kongruent zueinander sind.

11. In einem Fluss liegt eine Insel. Michaela möchte wissen, wie weit die Insel vom Ufer entfernt ist.
Dazu steckt sie am Ufer eine 40 m lange Strecke $\overline{AB}$ ab. Mit einem Theodoliten (Foto links) peilt sie dann den Punkt C auf der Insel an und misst die Winkel α und β:
$\alpha = 62°$; $\beta = 51°$
Bestimme zeichnerisch die Entfernung der Insel vom Ufer.

3.1.5 Vermischte Übungen zu den Kongruenzsätzen

Zusammenfassung

Kongruenzsätze für Dreiecke

Dreiecke sind schon kongruent zueinander,

- wenn sie paarweise in den Längen der drei Seiten übereinstimmen (Kongruenzsatz **sss**),

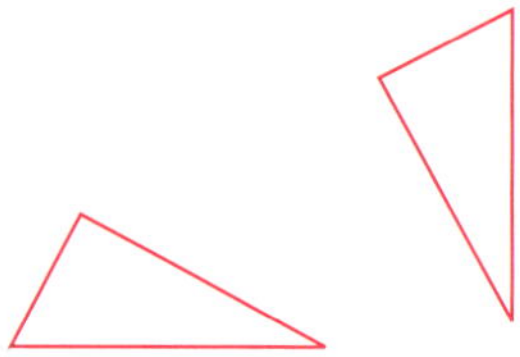

- wenn sie paarweise in den Längen zweier Seiten und der Größe des eingeschlossenen Winkels übereinstimmen (Kongruenzsatz **sws**),

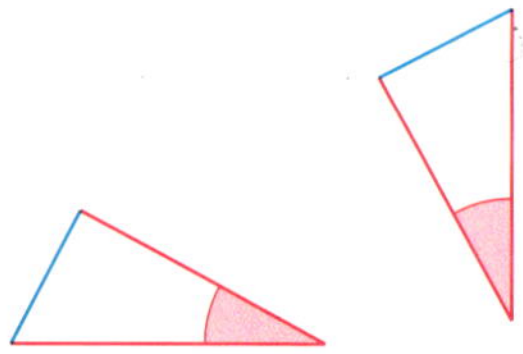

- wenn sie paarweise in den Längen zweier (verschieden langer) Seiten und der Größe des Winkels übereinstimmen, welcher der längeren Seite gegenüberliegt (Kongruenzsatz **Ssw**),

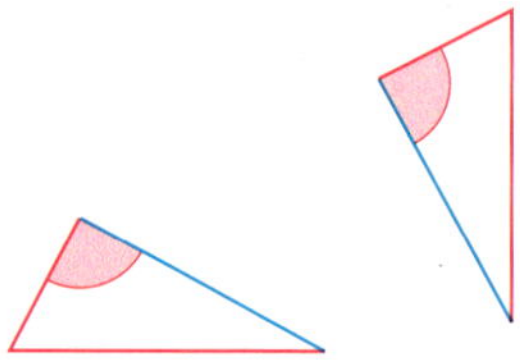

- wenn sie paarweise in der Länge einer Seite und den Größen zweier anliegender Winkel übereinstimmen (Kongruenzsatz **wsw**).

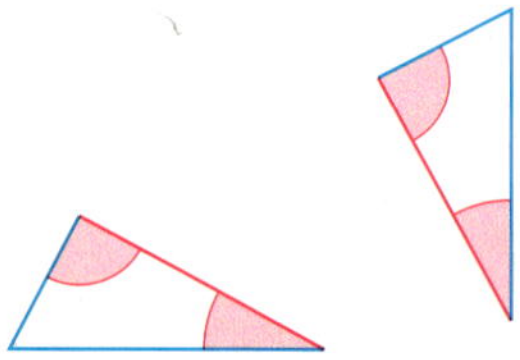

Diese Kongruenzsätze besagen auch, dass das Dreieck durch die Vorgabe dreier geeigneter Stücke bis auf Kongruenz *eindeutig* konstruierbar ist.

Übungsaufgaben

1. *Partnerarbeit:* Zeichne ein Dreieck. Miss alle drei Seitenlängen und alle Winkel und schreibe sie auf sechs Zettel. Lasse einen Mitschüler verdeckt drei Zettel ziehen. Er soll daraus ein Dreieck konstruieren. Vergleicht eure Dreiecke. Begründet Gemeinsamkeiten bzw. Unterschiede.

2. Konstruiere, falls möglich, ein Dreieck ABC aus den gegebenen Stücken. Aus welchem der Kongruenzsätze folgt, dass es – bis auf Kongruenz – dann nur ein Lösungsdreieck gibt?

a) $a = 5$ cm $b = 4$ cm $\gamma = 67°$	**d)** $a = 4{,}5$ cm $\beta = 57°$ $\gamma = 43°$	**g)** $b = 5{,}6$ cm $\alpha = 92°$ $\gamma = 106°$	**j)** $a = 3$ cm $b = 5$ cm $\beta = 47°$	**m)** $c = 6{,}2$ cm $a = 5{,}4$ cm $\gamma = 129°$	**p)** $a = 4{,}7$ cm $\beta = 91°$ $\gamma = 98°$
b) $c = 9$ cm $a = 6$ cm $\gamma = 53°$	**e)** $a = 7$ cm $b = 5$ cm $c = 4$ cm	**h)** $b = 8$ cm $c = 5{,}3$ cm $\alpha = 36°$	**k)** $c = 6{,}4$ cm $a = 4{,}2$ cm $\alpha = 50°$	**n)** $b = 6{,}1$ cm $\beta = 24°$ $\gamma = 63°$	**q)** $a = 5{,}1$ cm $\alpha = 53°$ $\beta = 37°$
c) $a = 7$ cm $b = 2{,}4$ cm $c = 3{,}8$ cm	**f)** $c = 5{,}3$ cm $\alpha = 44°$ $\beta = 61°$	**i)** $a = 6$ cm $b = 4{,}5$ cm $c = 7{,}5$ cm	**l)** $a = 6{,}7$ cm $b = 5{,}5$ cm $c = 3{,}8$ cm	**o)** $a = 4{,}4$ cm $c = 3{,}1$ cm $\beta = 78°$	**r)** $b = 4{,}4$ cm $\alpha = 100°$ $\gamma = 25°$

3. Konstruiere ein rechtwinkliges Dreieck ABC aus den gegebenen Stücken. In Klammern ist die Seite angegeben, die dem rechten Winkel gegenüberliegt. Bestimme auch den Flächeninhalt.

a) $c = 4{,}3$ cm; $\gamma = 27°$ (Seite $\overline{BC}$) **b)** $b = 3$ cm; $c = 4{,}7$ cm (Seite $\overline{AB}$)

4. Konstruiere ein gleichschenkliges Dreieck ABC aus:

a) $a = 2{,}9$ cm; $c = 4{,}8$ cm (Basis $\overline{BC}$) **b)** $b = 5{,}3$ cm; $\alpha = 72°$ (Basis $\overline{AC}$)

5. Versuche ein Dreieck ABC aus drei Winkeln zu konstruieren.
Wähle dazu drei Winkel; worauf musst du achten?
Was stellst du bei den Lösungsdreiecken fest?

Kongruenzsatz www?

6. zu **a)**

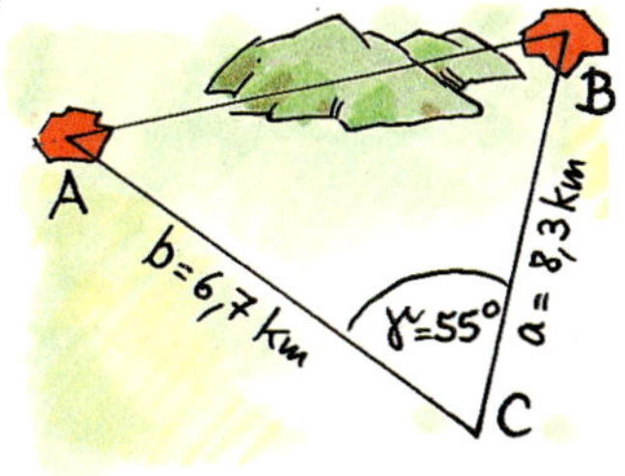

zu **b)**

zu **c)**

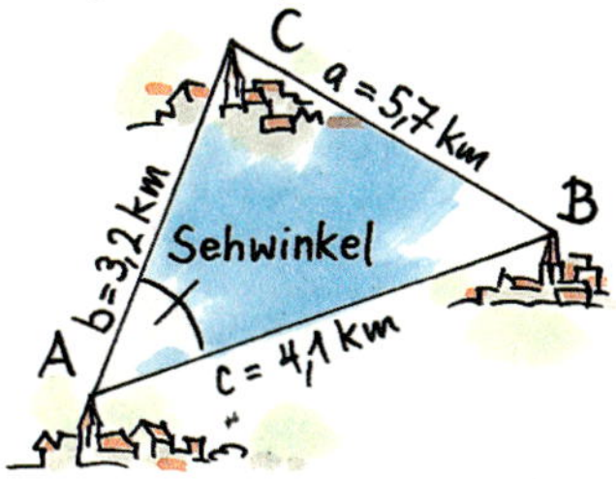

a) Zwischen den Orten A und B liegt ein Berg. Um die Entfernung der Orte zu bestimmen, wird ein Punkt C im Gelände gewählt und die angegebenen Größen gemessen.
Ermittle zeichnerisch die Entfernung der Orte A und B (wähle 1 cm für 1 km).

b) Ein Schiff ist 18 km von einem Leuchtturm entfernt. Der Winkel zwischen Fahrtrichtung und Richtung Schiff–Leuchtturm wird gemessen: 77°. Nach 30 min Fahrt wird der entsprechende Winkel erneut gemessen: 108°. Wie schnell ist das Schiff?

c) Bestimme die drei Sehwinkel α, β und γ, unter denen man von jedem der drei Kirchtürme die beiden anderen Kirchtürme sieht.

7. Im Schrägbild stimmen nicht alle Seitenlängen und Winkelgrößen mit den tatsächlichen überein. Konstruiere das rote Dreieck ABC in natürlicher Größe. Gib Längen und Winkelgrößen an.

a)

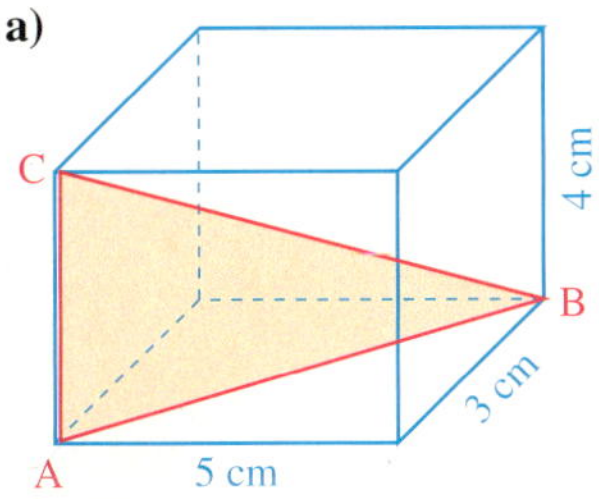

b)

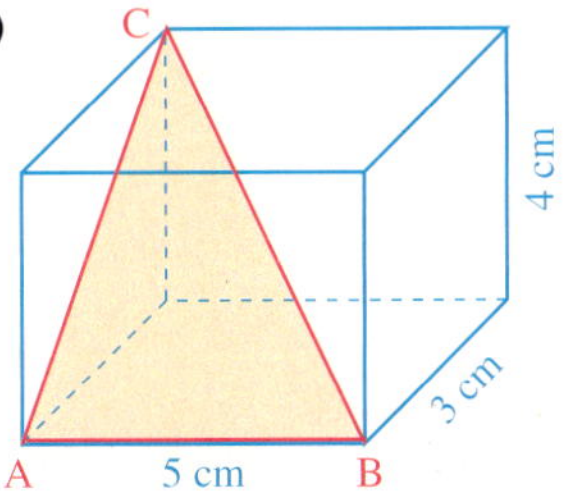

c)

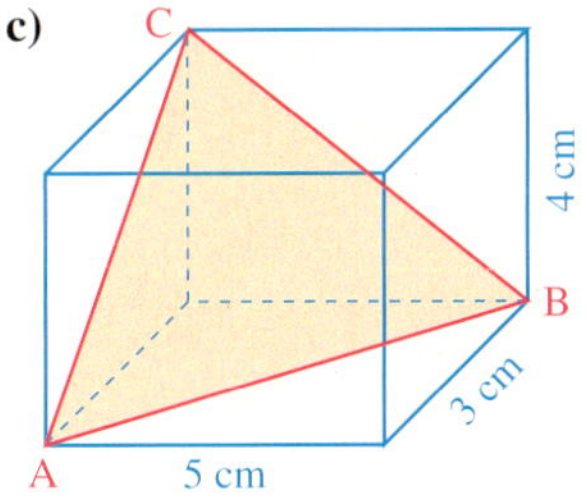

8. Die Cheopspyramide hat eine quadratische Grundfläche.
Bestimme zeichnerisch die Länge s einer Seitenkante der Pyramide.
Bestimme auch die Größe der Winkel α, β und γ.

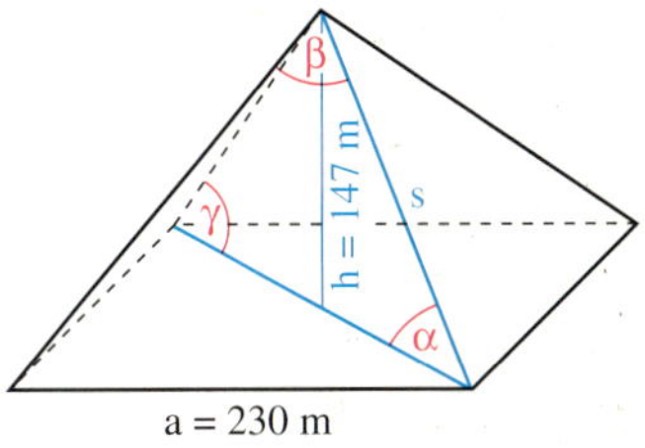

9. **a)** Ein Paket der Größe XL der Deutschen Post AG besitzt folgende Maße:
Länge: 500 mm; Breite: 300 mm; Höhe: 200 mm.
Wie lang darf ein dünner Stab höchstens sein, damit er in das Paket passt?

b) Erkundige dich nach den anderen Paketgrößen der Deutschen Post AG.
Löse die Teilaufgabe a) auch dafür.

10. Ein Hubschrauber fliegt in 30 m Höhe. Vom Hubschrauber aus werden die Ufer eines Flusses angepeilt und die Tiefenwinkel α und β gemessen:
$\alpha = 25°$; $\beta = 60°$.
Wie breit ist der Fluss?

Hinweis: Bei einem *Tiefenwinkel* ist ein Schenkel stets waagerecht (horizontal); der andere Schenkel weist schräg nach unten (in die Tiefe).

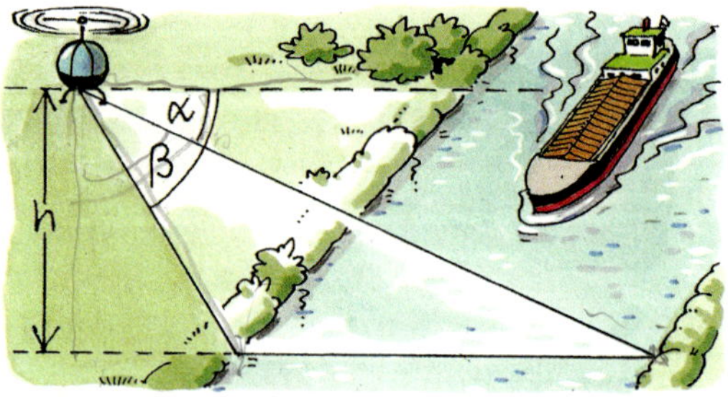

11. Die beiden Dreiecke sind kongruent zueinander. Wie groß ist der Winkel δ?

a)

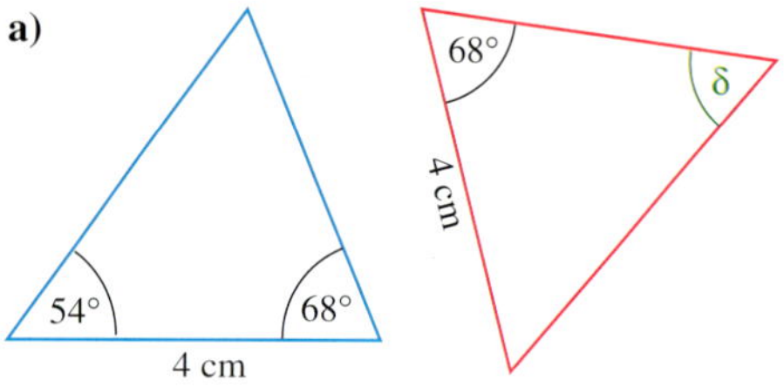

b)

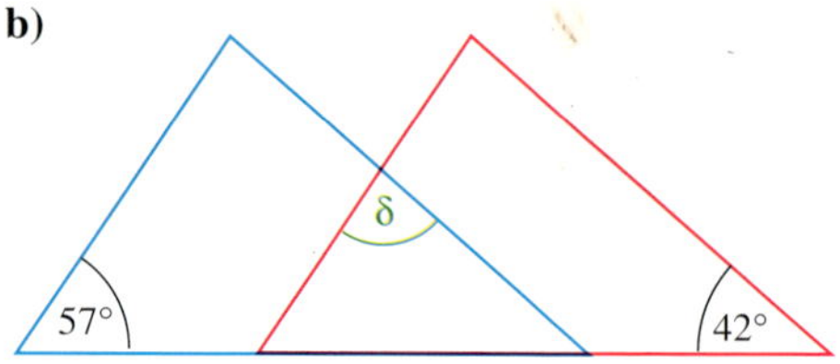

12. Zwei Dreiecke ABC und $A_1B_1C_1$ sind jeweils gegeben durch:
(1) $c = 5{,}1$ cm; $\alpha = 37°$; $\beta = 56°$ und $a_1 = 5{,}1$ cm; $\alpha_1 = 87°$; $\beta_1 = 56°$
(2) $c = 3{,}9$ cm; $\alpha = 105°$; $\beta = 26°$ und $b_1 = 3{,}9$ cm; $\beta_1 = 105°$; $\gamma_1 = 26°$
Was kannst du über die Dreiecke jeweils aussagen? Begründe.

13. Die Diagonale $\overline{AC}$ zerlegt das Rechteck ABCD in zwei Teildreiecke.
Zeige mithilfe eines Kongruenzsatzes, dass die beiden Dreiecke ABC und ACD kongruent zueinander sind.

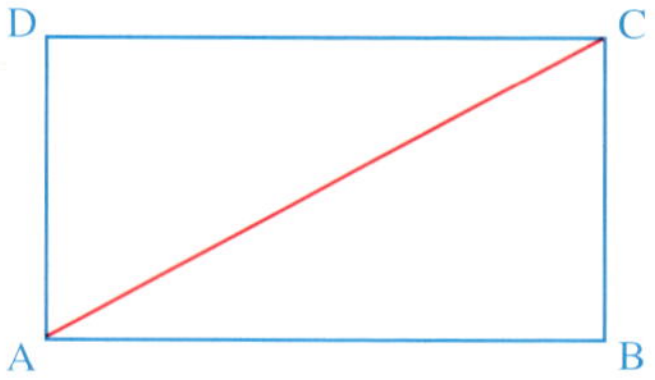

14. Das Dreieck ABC ist durch die Hilfslinie $\overline{AD}$ in zwei Dreiecke zerlegt. Sind diese Dreiecke zueinander kongruent? Begründe deine Aussage.

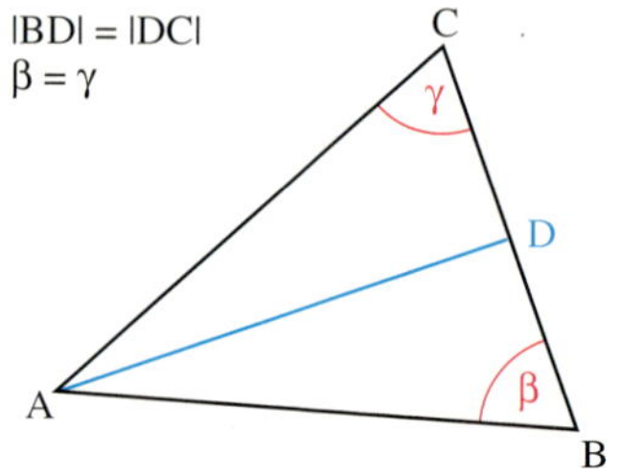

15. Zeige, dass es Dreiecke gibt, die in der Länge einer Seite und den Größen zweier Winkel übereinstimmen, aber nicht kongruent zueinander sind.
Warum widerspricht das nicht den Kongruenzsätzen?

3.2 Anwenden der Kongruenzsätze beim Beweisen

Einführung

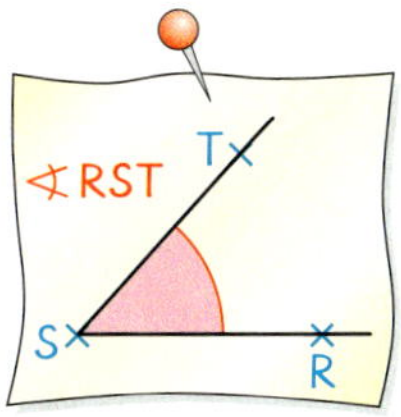

Die Diagonale $\overline{AC}$ zerlegt das Rechteck ABCD in zwei Teildreiecke ABD und BCD.
Aus Klasse 7 weist du: Die Kongruenz der beiden Dreiecke kannst du nachweisen, indem du die Übereinstimmung *aller* sechs Stücke (3 Seitenlängen und 3 Winkelgrößen) nachweist.
Nach den Kongruenzsätzen für Dreiecke brauchen wir das aber nur für 3 statt 6 Stücke nachzuweisen, z. B.

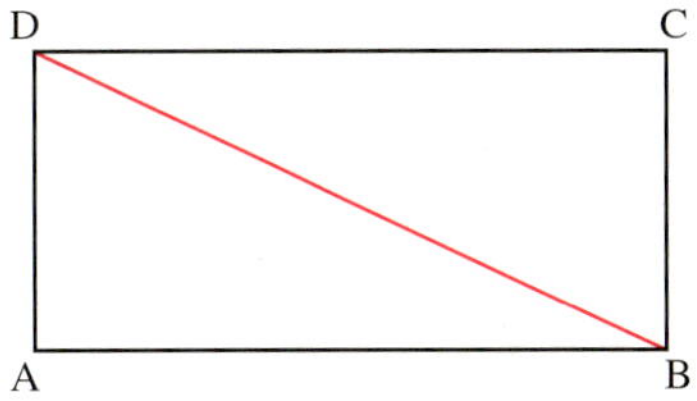

(1) $|AB| = |CD|$ } da im Rechteck gegenüberliegende Seiten gleich lang sind.
(2) $|AD| = |BC|$

(3) $\sphericalangle BAD = \sphericalangle DCB = 90°$, da alle Innenwinkel im Rechteck 90° betragen.

Nach dem Kongruenzsatz sws stimmen die beiden Dreiecke dann auch in den übrigen Stücken überein.

Aufgabe 1

Aus der Achsensymmetrie des gleichschenkligen Dreiecks haben wir gefolgert, dass die Basiswinkel gleich groß sind (Basiswinkelsatz).
Begründe diesen Satz nun mithilfe eines Kongruenzsatzes. Zerlege dazu das gleichschenklige Dreieck durch eine geeignete Linie in zwei Teildreiecke.

Lösung

ABC soll ein gleichschenkliges Dreieck mit $a = b$ sein (*Voraussetzung*).
Wir müssen $\alpha = \beta$ beweisen (*Behauptung*).

Beweis: Um einen Kongruenzsatz anwenden zu können, zerlegen wir das Dreieck ABC (durch eine Hilfslinie) in zwei Teildreiecke, in denen die Seiten a und b sowie die Winkel α und β vorkommen. Dazu markieren wir den Mittelpunkt D der Seite $\overline{AB}$ und zeichnen als Verbindungsstrecke $\overline{CD}$ die Seitenhalbierende. Wir begründen nun die Kongruenz der Dreiecke ADC und DBC.

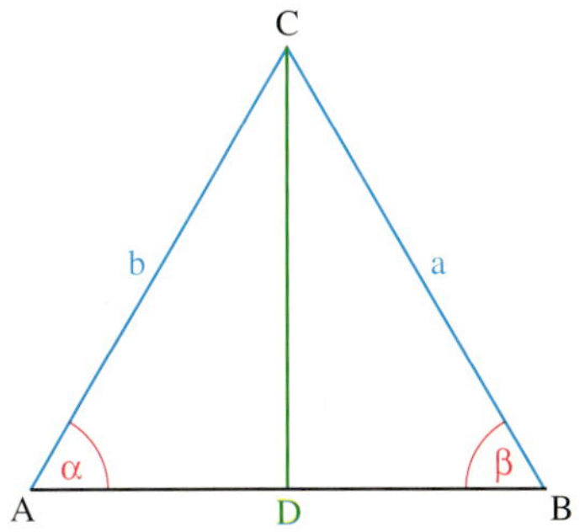

Für die Dreiecke ADC und DBC gilt:

(1) $|AC| = |BC|$ (nach Voraussetzung)
(2) $|AD| = |BD|$ (da D Mittelpunkt von $\overline{AB}$ ist)
(3) $|DC| = |DC|$ (gemeinsame Seite)

Wegen (1), (2) und (3) stimmen die beiden Dreiecke ADC und DBC paarweise in den Längen der drei Seiten überein. Nach dem Kongruenzsatz sss sind somit die beiden Dreiecke zueinander kongruent. Aus der Kongruenz der beiden Dreiecke folgern wir nun: $\alpha = \beta$.

Information

Eine mögliche Strategie beim Beweisen von Vermutungen

(1) Zerlege die Figur in geeignete Dreiecke.
(2) Beweise die Kongruenz geeigneter Dreiecke.
(3) Schließe daraus auf die Gleichheit von Längen oder Winkelgrößen in der Figur.

Übungsaufgaben

2. Zeichne ein Rechteck und verbinde benachbarte Seitenmitten miteinander.
Was für ein Viereck entsteht? Beweise deine Vermutung, indem du geeignete Teildreiecke einzeichnest und deren Kongruenz nachweist.

3. Die Figur ist durch eine Hilfslinie in zwei Dreiecke zerlegt. Sind diese Dreiecke kongruent zueinander? Begründe deine Aussage.

a) $|AB| = |AD|$; $|BC| = |CD|$ **b)** $|CA| = |CB|$; $CD \perp AB$ **c)** $AD \| BC$; $|AD| = |BC|$

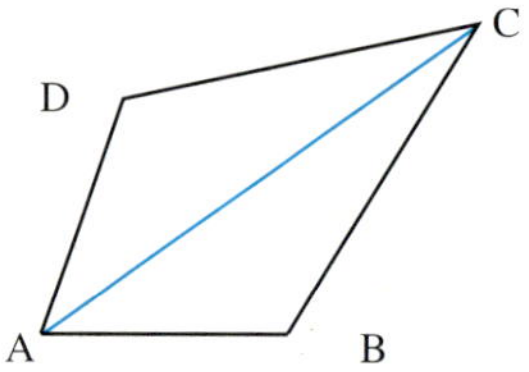

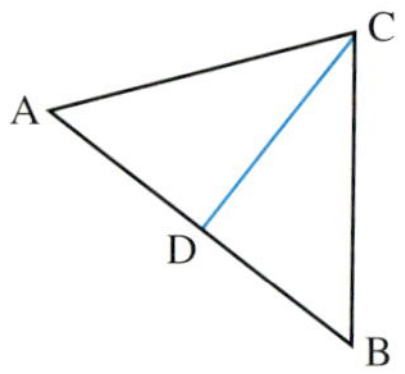

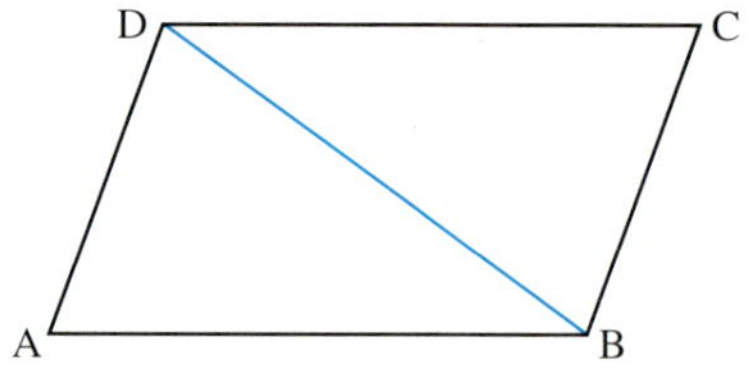

4. Julian behauptet: „Die Dreiecke ADC und DBC stimmen jeweils in drei Größen überein, also sind sie zueinander kongruent.“ Was meinst du dazu?

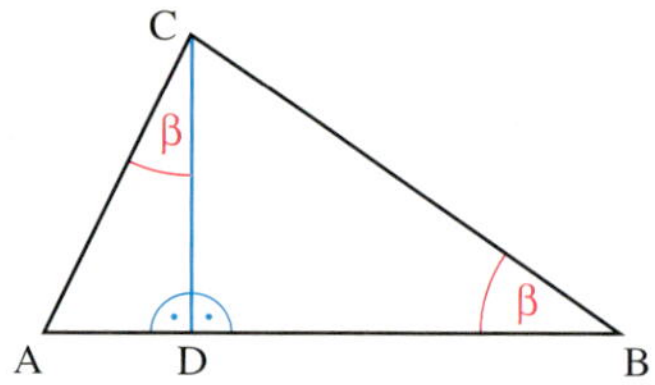

5. Unten ist die Figur durch eine Hilfslinie in zwei Dreiecke zerlegt. Sind diese Dreiecke zueinander kongruent? Begründe deine Aussage.

a)

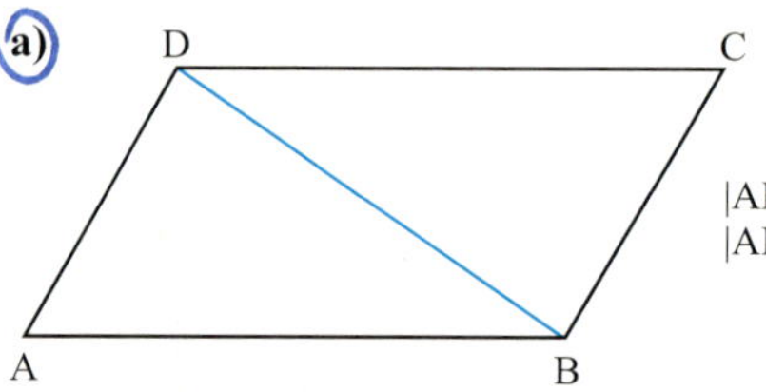

$|AB| = |DC|$
$|AD| = |BC|$

b)

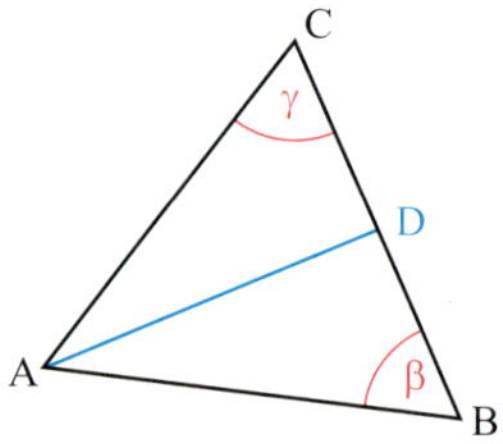

$|BD| = |DC|$
$\beta = \gamma$

AEG ≅ EBF bedeutet: Dreieck AEG ist kongruent zu Dreieck EBF.

6. Beweise die Kongruenz der Dreiecke. Beachte die angegebenen Voraussetzungen.

a) $|AC| = |BC|$
E, F, G Mittelpunkte

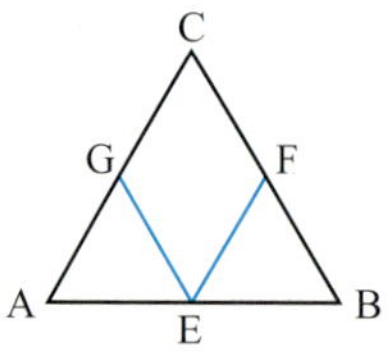

AEG ≅ EBF

b) Trapez ABCD
$|AD| = |BC|$

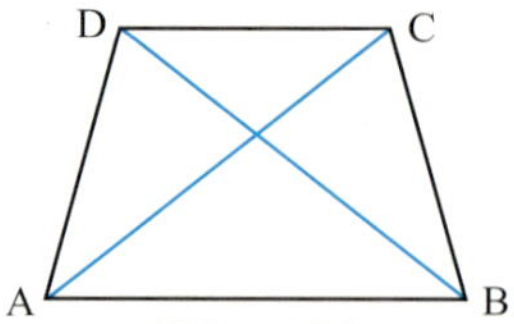

ABD ≅ ABC

c) $|AC| = |BC|$
E, F Mittelpunkte

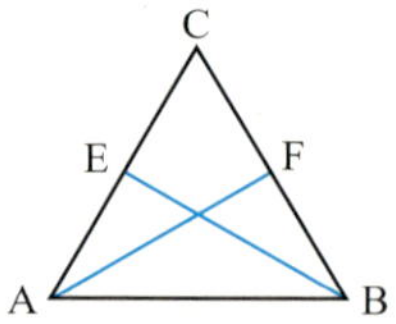

ABE ≅ ABF

d)

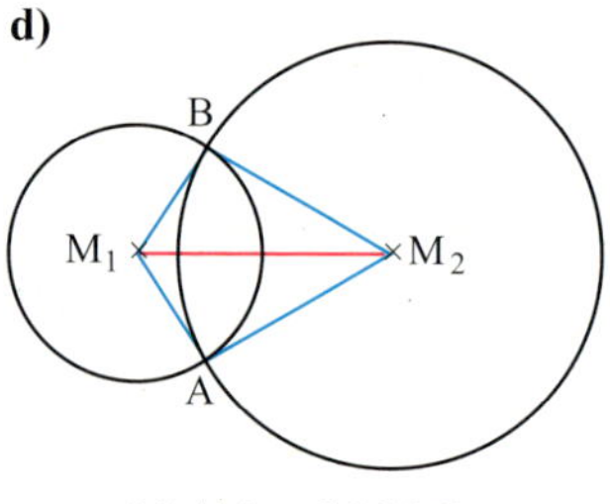

$M_1AM_2 \cong M_1M_2B$

e) Parallelogramm ABCD
$|AM| = |MC|$

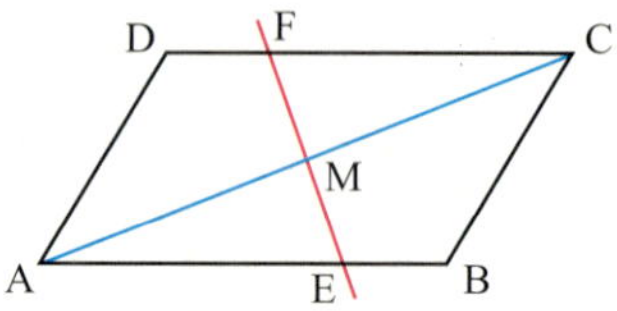

AEM ≅ MCF

f)

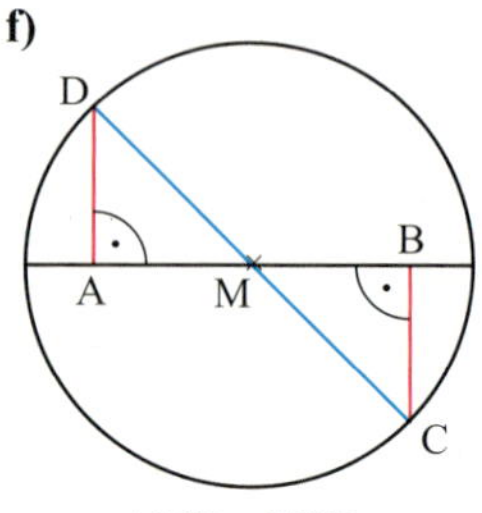

AMD ≅ MCB

Auf den Punkt gebracht

Präsentieren auf Plakaten und Folien

So gelingen Plakate und Folien!

1. *Teamarbeit:*

a) Zwei Gruppen von Schülern haben jeweils ein Plakat zu den Kongruenzsätzen angefertigt. Vergleicht die Gestaltung der beiden Plakate miteinander. Was ist besonders gut gelungen? Wo kann man noch Verbesserungen vornehmen?

b) Vergleicht eure Vorschläge mit den Tipps auf der folgenden Seite.

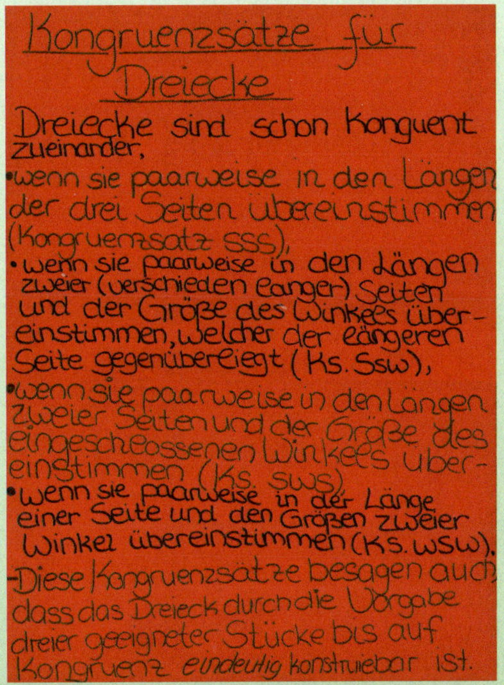

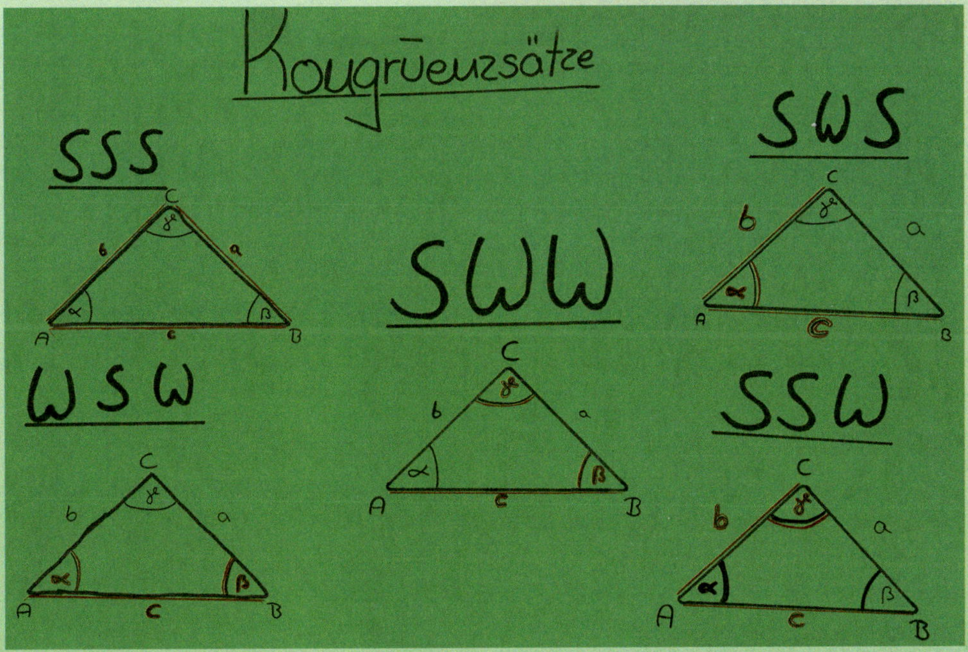

Präsentieren von Ergebnissen auf einem Plakat

- Achte auf eine kurze Überschrift.
- Schreibe groß und deutlich, am besten in Druckschrift oder mit dem Computer.
- Formuliere knapp; häufig sind Stichworte besser als ganze Sätze.
- Lockere das Plakat durch Bilder und Grafiken auf. Auch Fotos wirken häufig gut; du kannst sie bequem mit einer Digitalkamera herstellen.

2. *Teamarbeit:*

Zum Vorstellen von Unterrichtsergebnissen eignen sich auch Folien für den Overhead-Projektor gut.

a) Betrachte die folgende Folie. Zwei Schüler haben gemeinsam einen Beweis vorbereitet, den sie der Klasse in einem Vortrag mit einer Folie vorstellen wollen. Untersucht und bewertet ihre Gestaltung.

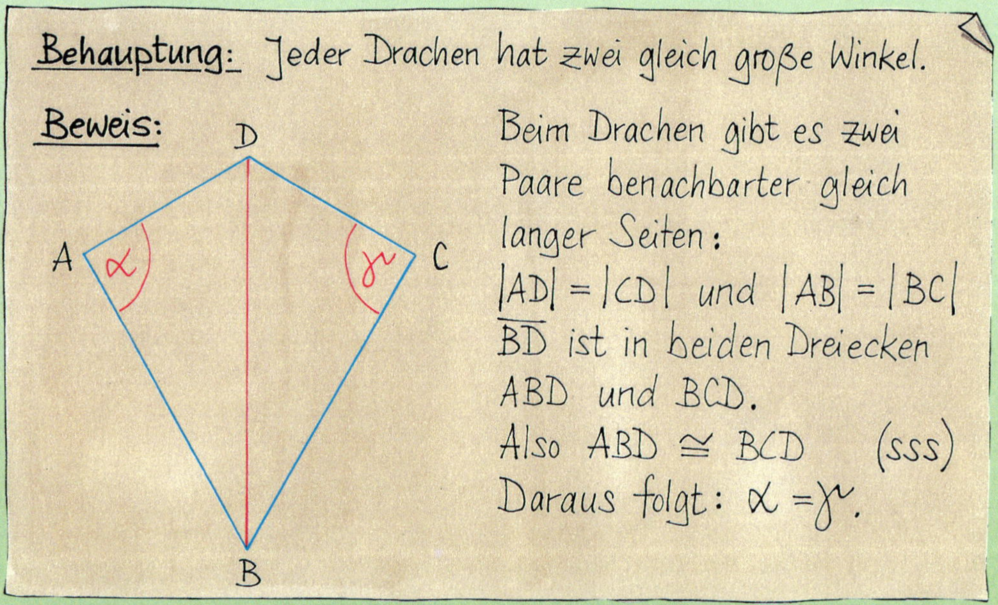

b) Vergleicht die Gestaltung einer Folie für einen Vortrag mit der eines Plakates. Welche Gemeinsamkeiten gibt es? Wo liegen Unterschiede?

3. *Partnerarbeit:*

Erstellt selber ein Plakat zu folgendem Thema und hängt es im Klassenraum aus.

a) Vorgehen beim Beweisen mithilfe von Kongruenzsätzen.

b) Unterscheidung Definition, Satz und Vermutung.

4. *Partnerarbeit:*

Wählt euch eine Aufgabe zur Bestimmung einer Länge in der Wirklichkeit mithilfe einer maßstabsgetreuen Zeichnung aus. Löst sie und präsentiert eure Bearbeitung der Klasse mithilfe einer Folie.

3.3 Kreis und Geraden – Kreistangente *Zum Selbstlernen*

Ziel

Du kannst schon den Mittelpunkt eines Kreises durch Falten bestimmen. Hier lernst du, wie du mithilfe deiner Kenntnisse über das gleichschenklige Dreieck den Mittelpunkt konstruieren kannst.

Zum Erarbeiten

Konstruktion des Kreismittelpunkts

Zeichne mit einer kleinen Dose einen Kreis. Konstruiere den Mittelpunkt des Kreises.

Du weißt: Der Mittelpunkt M des Kreises ist von jedem Punkt des Kreises gleich weit entfernt. Wenn du also zwei Punkte A und B auf dem Kreis wählst, dann ist das Dreieck ABM gleichschenklig mit der Spitze M. M liegt also auf der Mittelsenkrechten zur Basis $\overline{AB}$. Wiederhole dies mit zwei anderen Punkten C und D. Du erhältst M dann als Schnittpunkt der Mittelsenkrechten zu den beiden Strecken $\overline{AB}$ und $\overline{CD}$.

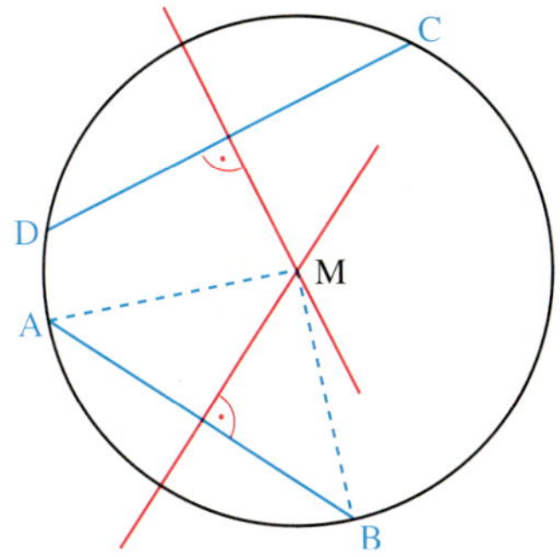

Das obige Vorgehen legt Folgendes nahe. Mache dich damit vertraut.

Definition

Jede Verbindungsstrecke zweier Kreispunkte heißt **Sehne** des Kreises. Eine Sehne durch den Kreismittelpunkt nennt man einen **Durchmesser** des Kreises.

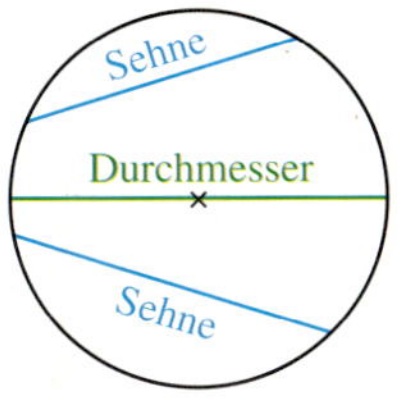

Satz

Die Mittelsenkrechte einer Sehne geht durch den Mittelpunkt des Kreises.

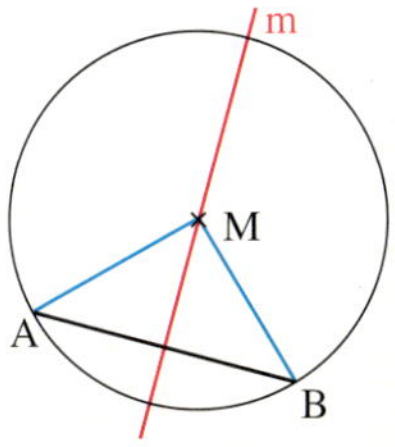

Kreistangente

Zeichne einen Kreis und eine Gerade t, die nur einen Punkt P mit dem Kreis gemeinsam hat.

Vorüberlegung:

Denke dir parallele Geraden zur gesuchten Tangente t. Der Kreis schneidet Sehnen mit den Endpunkten A und B aus diesen Parallelen aus, wenn sie näher am Mittelpunkt liegen als t. Diese Sehnen haben alle dieselbe Gerade m als Mittelsenkrechte; denn ihre Mittelsenkrechten sind alle parallel zueinander und haben den Mittelpunkt M gemeinsam. m ist dann auch orthogonal zu t und geht durch P.

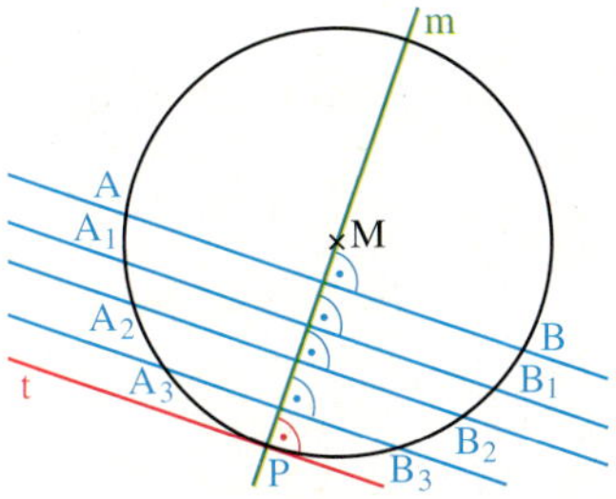

Konstruktion der Tangente:

Verbinde den Punkt P mit dem Kreismittelpunkt M. Konstruiere dann die Orthogonale zur Geraden MP durch den Punkt P. Sie hat nur den Punkt P mit dem Kreis gemeinsam.

Zum Selbstlernen

Information

Die oben konstruierte Gerade t heißt *Tangente*, die den Kreis in P berührt.

tangere ⟨**lat.**⟩ berühren, anrühren
secare ⟨**lat.**⟩ schneiden, zer-, abschneiden
passant ⟨**franz.**⟩ Vorübergehende(r)

Definition

(1) Eine Gerade heißt **Tangente** des Kreises, wenn sie genau einen Punkt mit dem Kreis gemeinsam hat. Dieser Punkt heißt **Berührungspunkt** der Tangente.

(2) Eine Gerade heißt **Sekante** des Kreises, wenn sie den Kreis in zwei Punkten schneidet.

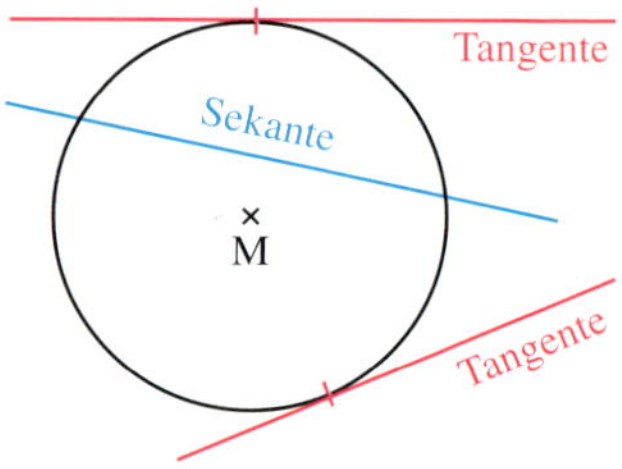

Eine Gerade, die keinen Punkt mit dem Kreis gemeinsam hat, nennt man auch *Passante*.

Satz

Die Tangente t, die einen Kreis mit Mittelpunkt M im Punkt P berührt, ist orthogonal zum Berührradius $\overline{MP}$.

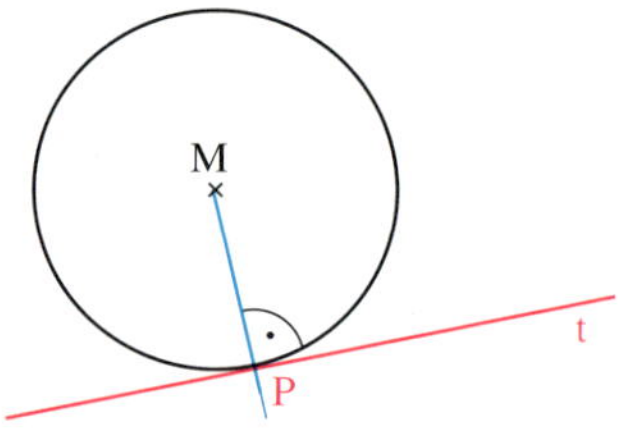

Zum Üben

1. Gegeben sind die Punkte A(1|3) und B(5|2) sowie die Gerade PQ mit P(1|7) und Q(7|1). Konstruiere den Kreis durch A und B, dessen Mittelpunkt auf der Geraden PQ liegt.

2. Notiere alle Sekanten, Tangenten, Passanten und Durchmesser des Kreises in der Figur rechts.

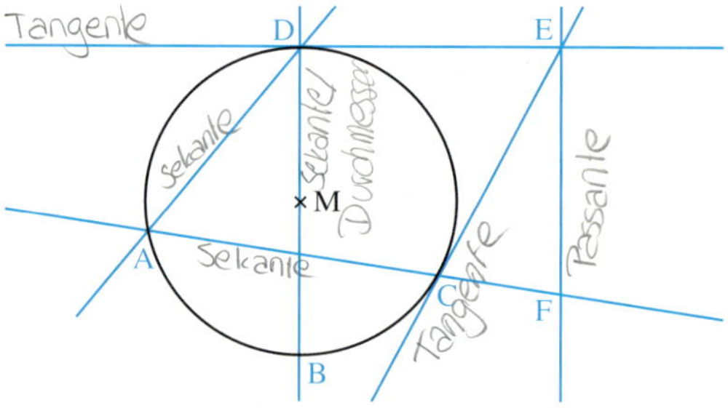

3. Zeichne zunächst einen Kreis mit dem Mittelpunkt M und dem Radius r = 3 cm. Konstruiere nun eine Gerade g so, dass der Mittelpunkt M von g den Abstand

a) 2 cm, **b)** 3 cm, **c)** 4 cm hat.

Gib auch an, ob die Gerade g eine Passante, Tangente oder Sekante des Kreises ist. Wie kannst du ohne Zeichnung erkennen, ob die Gerade g eine Passante, Tangente oder Sekante an den Kreis ist?

4. Zeichne einen Kreis mit dem Mittelpunkt M und einen Punkt P auf dem Kreis. Konstruiere durch P eine Tangente des Kreises. Beschreibe dein Vorgehen.

5. Zeichne einen Kreis und eine Sekante g [Passante g]. Konstruiere nun einen Kreis mit möglichst kleinem Radius, der sowohl den Kreis als auch die Gerade g berührt.

6. Zeichne einen Kreis und markiere einen Punkt P

a) außerhalb des Kreises; **b)** innerhalb des Kreises; **c)** auf dem Kreis.

Konstruiere nun einen Kreis, der durch den Punkt P geht und den Kreis berührt.

7. Zwei Autobahnen kreuzen sich unter einem Winkel von 70°. Die Verbindung der beiden Autobahnen soll durch Kreisbögen dargestellt werden. Konstruiere.

Zum Selbstlernen

3.4 Satz des Thales und seine Umkehrung

Aufgabe 1

Rechts siehst du eine Zirkusarena mit zwei genau gegenüber liegenden Ein- bzw. Ausgängen. Julia sitzt an der Stelle C und will den Auftritt des Clowns filmen. Sie erwartet den Clown am Eingang A. Doch der Clown betritt die Arena bei B.
Um wie viel Grad muss Julia ihre Filmkamera drehen?
Untersuche das auch für andere Stellen am Rand der Arena. Formuliere eine Vermutung.

Lösung

Zeichne zunächst einen Halbkreis über der Strecke $\overline{AB}$. Wähle einen Punkt C auf dem Halbkreis und verbinde ihn mit den Endpunkten der Strecke $\overline{AB}$. Du erhältst jeweils ein Dreieck ABC.
Miss den Winkel γ.
Wenn du genau gezeichnet und genau gemessen hast, findest du stets einen rechten Winkel bei C.
Man kann vermuten:
Zeichnet man einen Halbkreis über einer Strecke $\overline{AB}$ und verbindet man irgendeinen Punkt C dieses Halbkreises mit den Endpunkten A und B, so erhält man stets ein rechtwinkliges Dreieck ABC.

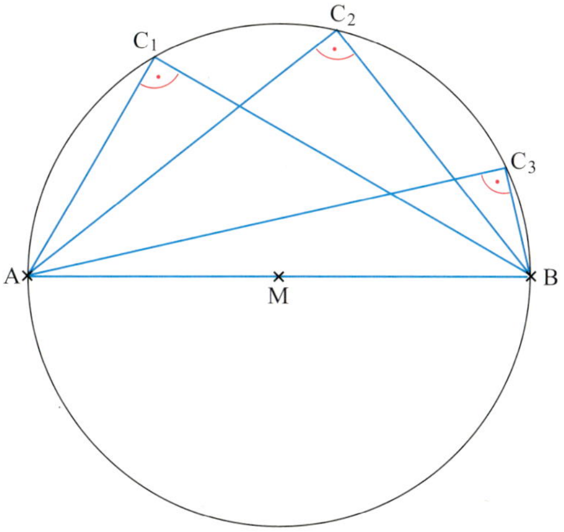

Information

(1) Satz des Thales

Die Lösung der Aufgabe 1 führt uns auf einen Satz, der nach dem griechischen Philosophen, Astronomen und Mathematiker Thales von Milet (um 600 v. Chr.) benannt ist.

Definition

Zu jeder Strecke $\overline{AB}$ mit dem Mittelpunkt M kann man denjenigen Kreis zeichnen, der M als Mittelpunkt hat und durch die Punkte A und B geht.
Dieser Kreis heißt **Thaleskreis** der Strecke $\overline{AB}$.

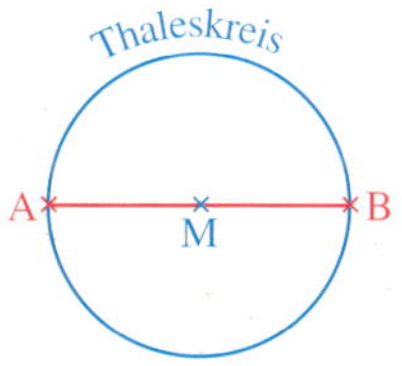

Satz des Thales

Für jedes Dreieck ABC, bei dem der Punkt C auf dem Thaleskreis der Strecke $\overline{AB}$ liegt, gilt:
Das Dreieck ABC ist rechtwinklig mit γ als rechtem Winkel.

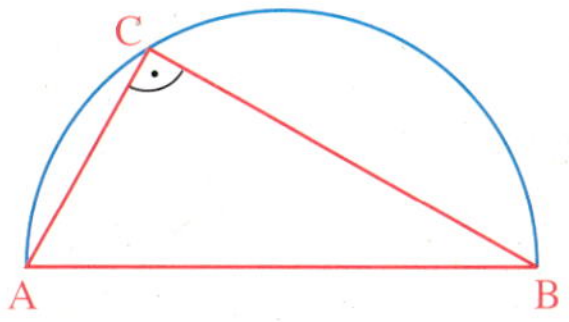

Wegen der Symmetrie des Kreises betrachtet man häufig nur einen Halbkreis.

(2) Beweis des Satzes von Thales

Wir wissen: Der Punkt C liegt auf dem Halbkreis über $\overline{AB}$ (*Voraussetzung*).
Wir wollen zeigen: $\gamma = 90°$ (*Behauptung*).
Beweis: Die Strecken $\overline{MA}$, $\overline{MB}$ und $\overline{MC}$ sind Radien des Kreises um M und daher gleich lang. Folglich sind die Dreiecke AMC und MBC gleichschenklige Dreiecke. Mithilfe des Basiswinkelsatzes folgt:

(1) $\alpha = \gamma_1$; (2) $\beta = \gamma_2$

Dann gilt: $\gamma = \gamma_1 + \gamma_2 = \alpha + \beta$

Nach dem Winkelsummensatz gilt: $\alpha + \beta + \gamma = 180°$

Wegen $\alpha + \beta = \gamma$ folgt:
$$\gamma + \gamma = 180°$$
$$2 \cdot \gamma = 180°$$
$$\gamma = 90°$$

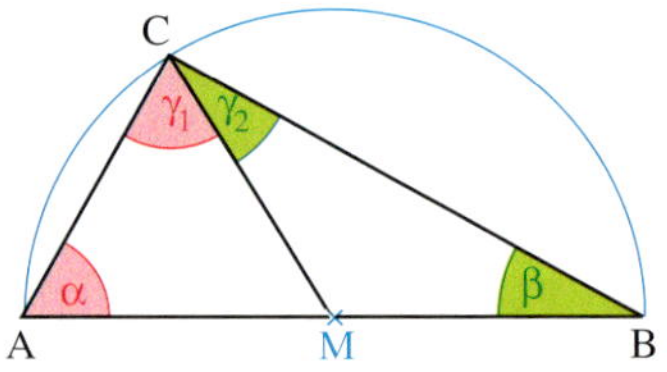

(3) Wenn-dann-Formulierung

Beim Beweis des Satzes von Thales sind wir als *Voraussetzung* davon ausgegangen, dass der Punkt C des Dreiecks ABC auf dem Halbkreis über der Strecke $\overline{AB}$ liegt. Daraus haben wir mithilfe des Basiswinkelsatzes für gleichschenklige Dreiecke und des Winkelsummensatzes für Dreiecke gefolgert, dass der Winkel γ ein rechter ist, also 90° beträgt (*Behauptung*).
Das bringt man deutlicher zum Ausdruck, wenn man den Satz des Thales wie folgt formuliert:

> Wenn der Punkt C eines Dreiecks ABC auf dem Halbkreis über der Strecke $\overline{AB}$ liegt, dann ist das Dreieck ABC rechtwinklig mit $\gamma = 90°$.

In der Wenn-dann-Formulierung eines Satzes steht hinter dem „Wenn“ die *Voraussetzung* und hinter dem „Dann“ die *Behauptung*.
Jeden mathematischen Satz, der mit *Für jedes ... gilt; ...* beginnt, kann man mit *Wenn ..., dann ...* formulieren.

Beispiele:

(1) Du kennst den Basiswinkelsatz für gleichschenklige Dreiecke:
Für jedes gleichschenklige Dreieck gilt:
Die Winkel an der Basis sind gleich groß.
Dieser Satz lautet in der Wenn-dann-Formulierung:
Wenn ein Dreieck gleichschenklig ist, dann sind die Winkel an der Basis gleich groß.

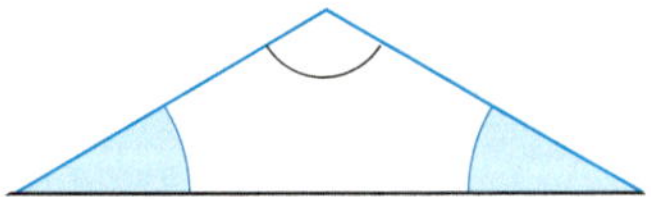

(2) Du kennst außerdem den folgenden Satz über Parallelogramme:
Für jedes Parallelogramm gilt:
Die gegenüberliegenden Winkel sind gleich groß.
Dieser Satz lautet in der Wenn-dann-Formulierung:
Wenn bei einem Viereck die gegenüberliegenden Seiten parallel zueinander sind (also es sich um ein Parallelogramm handelt), dann sind die gegenüberliegenden Winkel gleich groß.

Weiterführende Aufgaben

2. *Konstruktion eines rechtwinkligen Dreiecks mithilfe des Thalessatzes*
Konstruiere ein Dreieck ABC aus den gegebenen Stücken.
a) $c = 5{,}4$ cm, $\beta = 37°$, $\gamma = 90°$ **b)** $c = 4{,}7$ cm, $h_c = 1{,}9$ cm, $\gamma = 90°$

3. *Konstruktion der Tangenten von einem Punkt außerhalb des Kreises mithilfe des Thalessatzes*

Gegeben ist ein Kreis mit dem Mittelpunkt M und dem Kreisradius r sowie ein Punkt P außerhalb des Kreises. Konstruiere die Tangenten von P an den Kreis.

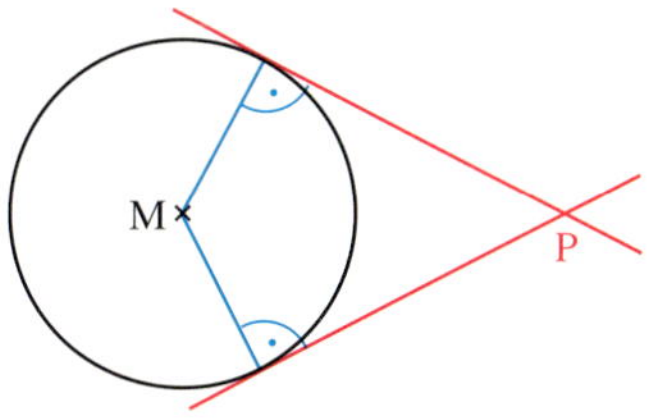

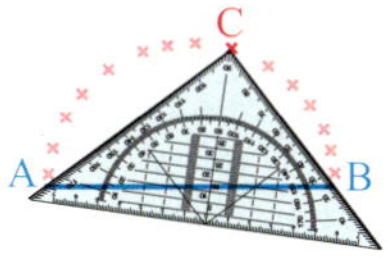

4. *Umkehren des Satzes von Thales*

Zeichne eine 8 cm lange Strecke $\overline{AB}$. Zeichne nun mithilfe des Geodreiecks verschiedene rechte Winkel, deren Schenkel durch A bzw. B gehen. Was vermutest du über die Lage der Scheitel?

Information

(1) Kehrsatz des Thalessatzes

Jeder in Aufgabe 4 markierte Scheitel C bestimmt mit A und B ein rechtwinkliges Dreieck ABC. Wir können unsere Vermutung dann auch wie folgt formulieren:

Wenn ABC ein rechtwinkliges Dreieck mit $\gamma = 90°$ ist, dann liegt der Eckpunkt C auf dem Kreis über der Seite $\overline{AB}$ als Durchmesser.

Was hat diese Aussage mit dem Satz des Thales zu tun? Betrachte dazu Voraussetzung und Behauptung des Satzes und unserer Vermutung:

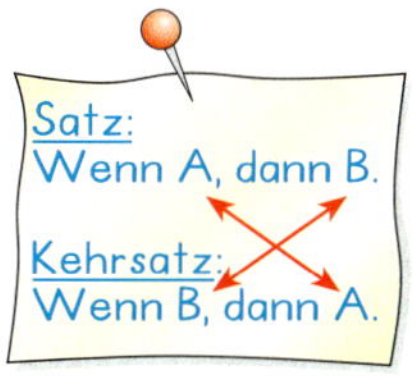

	Voraussetzung	Behauptung
Satz von Thales	Der Punkt C des Dreiecks ABC liegt auf dem Kreis mit $\overline{AB}$ als Durchmesser.	Das Dreieck ABC ist rechtwinklig mit $\gamma = 90°$.
Vermutung	Das Dreieck ABC ist rechtwinklig mit $\gamma = 90°$.	Der Punkt C des Dreieck ABC liegt auf dem Kreis mit $\overline{AB}$ als Durchmesser.

Man erhält also unsere Vermutung, wenn man beim Satz des Thales Voraussetzung und Behauptung vertauscht. Man spricht deshalb auch vom Kehrsatz des Thalessatzes.

Kehrsatz des Thalessatzes

Wenn ABC ein rechtwinkliges Dreieck mit $\gamma = 90°$ ist, dann liegt C auf dem Thaleskreis über der Seite $\overline{AB}$.

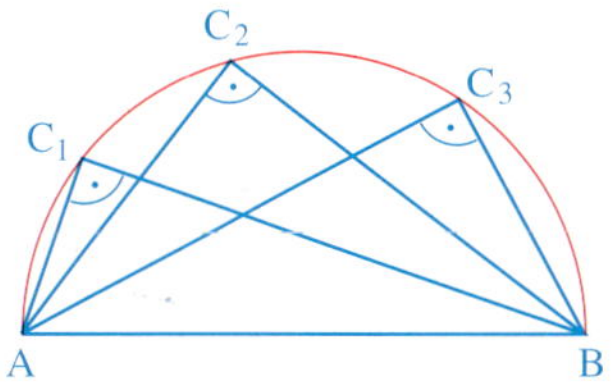

Beim Umkehren eines Satzes muss der Kehrsatz nicht wahr sein, siehe dazu Übungsaufgabe 7.

(2) Beweis des Kehrsatzes des Thalessatzes

Liegt der Punkt C nicht auf dem Halbkreis über $\overline{AB}$, dann gibt es zwei Möglichkeiten:

(1) C liegt innerhalb des Thaleskreises.
Das Dreieck BDC besitzt bei D einen rechten Winkel, also ist in diesem Dreieck nach dem Winkelsummensatz der Innenwinkel bei C spitz. Dann ist aber der Winkel γ im Dreieck ABC stumpf: $\gamma > 90°$.

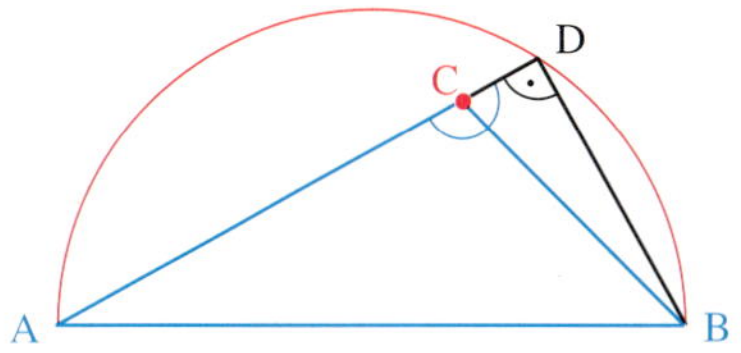

(2) C liegt außerhalb des Thaleskreises.
Das Dreieck ABD besitzt bei D einen rechten Winkel, ebenso das Dreieck BCD. Somit ist nach dem Winkelsummensatz der Winkel γ bei C spitz: $\gamma < 90°$.

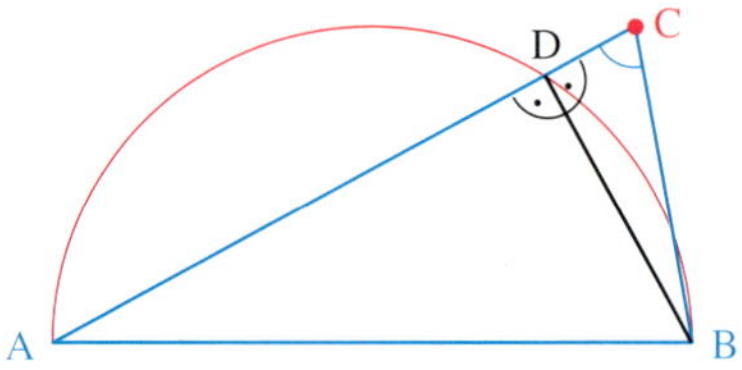

Liegt also der Punkt C *nicht* auf dem Halbkreis über der Strecke $\overline{AB}$, dann ist das Dreieck ABC *nicht* rechtwinklig. Ist es aber rechtwinklig, dann muss C auf dem Halbkreis liegen.

Anmerkung: Beim Beweis des Kehrsatzes sind wir nicht von der Voraussetzung ($\gamma = 90°$) ausgegangen und im Sinne des Vorwärtsarbeitens zur Behauptung (C liegt auf dem Kreis) gelangt. Vielmehr haben wir angenommen, dass die Behauptung falsch ist (C liegt nicht auf dem Kreis). Wir haben dann gezeigt, dass die Voraussetzung ($\gamma = 90°$) nicht gelten kann.
Also muss die Annahme falsch gewesen sein und die Behauptung wahr.
Diese Art des Beweisens nennt man **indirekt**.

Übungsaufgaben

5. Zeichne einen Kreis und zwei Durchmesser. Zeichne nun ein Viereck, das die beiden Durchmesser als Diagonalen besitzt. Um was für ein Viereck handelt es sich?

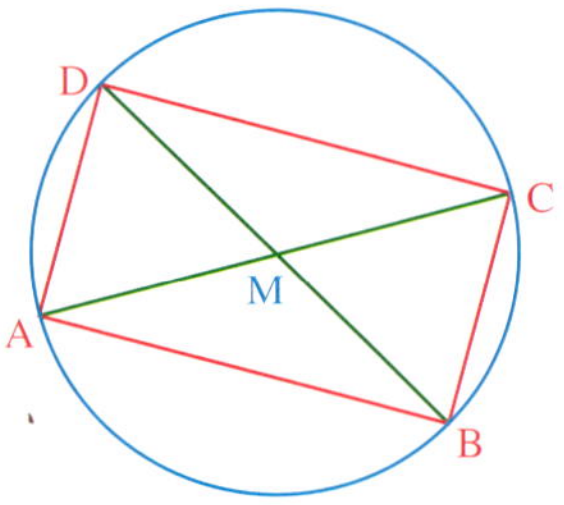

DGS **6.** Zeichne eine Strecke $\overline{AB}$ und einen Kreis, der die Strecke $\overline{AB}$ als Durchmesser hat. Erzeuge dann einen Punkt C auf diesem Kreis. Lasse den Innenwinkel γ des Dreiecks messen und bewege den Punkt C.
Was stellst du fest? Formuliere eine Vermutung und versuche, diese zu beweisen.

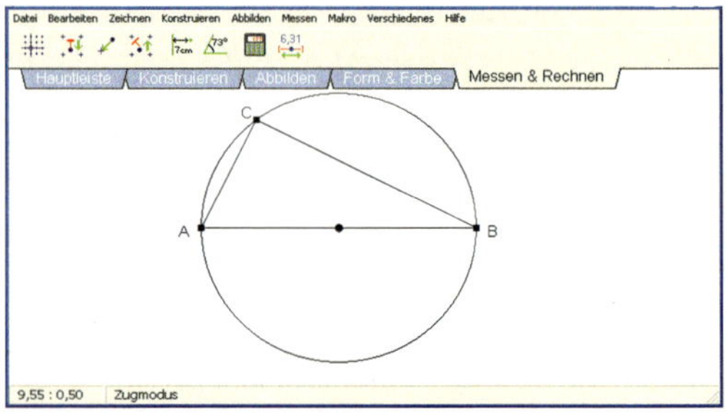

7. Konstruiere aus den gegebenen Stücken ein rechtwinkliges Dreieck ABC.
a) $c = 5{,}3$ cm; $\alpha = 58°$; $\gamma = 90°$ **b)** $b = 6{,}3$ cm; $\gamma = 37°$; $\beta = 90°$

8. Konstruiere ein rechtwinkliges Dreieck ABC aus den gegebenen Stücken.
a) $c = 8$ cm; $h_c = 3$ cm; $\gamma = 90°$ **b)** $b = 6{,}4$ cm; $h_b = 2{,}3$ cm; $\beta = 90°$

9. Konstruiere ein rechtwinkliges Dreieck ABC aus $a = 6{,}7$ cm, $h_a = 1{,}8$ cm und $\alpha = 90°$.

10. Gegeben ist eine Gerade g und ein Punkt P, der nicht auf g liegt. Konstruiere mithilfe des Thalessatzes die Orthogonale zu g durch P. Beschreibe dein Vorgehen.

11. Gegeben ist ein Kreis mit dem Radius $r = 3{,}4$ cm. Konstruiere ein Rechteck, dessen Ecken auf dem Kreis liegen; eine Seite des Rechtecks soll 2,1 cm lang sein.

12. Zeichne eine Gerade g und zwei Punkte A und B auf derselben Seite von g. Konstruiere nun einen Punkt C auf g so, dass $\sphericalangle ACB = 90°$ gilt.
Unterscheide hinsichtlich der Lage von A und B verschiedene Fälle.

13. Zeichne ein beliebiges Dreieck ABC und zu den beiden Seiten $\overline{AB}$ und $\overline{BC}$ jeweils den Thaleskreis. Wo schneiden sich die beiden Kreise? Begründe.

DGS **14.** Gegeben ist eine Strecke $\overline{AB}$.
Gesucht ist der geometrische Ort aller Punkte C, sodass das Dreieck ABC einen rechten Winkel bei C hat.
Probiere mit einem dynamischen Geometrie-System. Versuche den Punkt C so zu bewegen, dass der Winkel stets 90° groß ist. Zeichne dabei seine Ortslinie auf.
Äußere eine Vermutung.

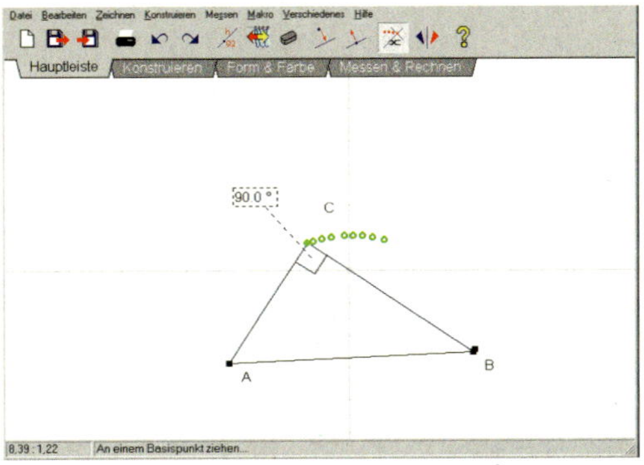

DGS **15.** Zeichne mit einem dynamischen Geometrie-System eine Strecke $\overline{AB}$ sowie eine Halbgerade $\overrightarrow{AD}$. Zeichne dann die Orthogonale zur Halbgeraden $\overrightarrow{AD}$ durch den Punkt B; der Schnittpunkt mit $\overrightarrow{AD}$ soll C heißen. Bewege nun den Punkt D und somit die Halbgerade $\overrightarrow{AD}$.

a) Was kannst du über die Spur des Punktes C aussagen?

b) Formuliere deine Vermutung als Wenn-dann-Aussage und vergleiche sie mit dem Satz des Thales.

DGS **16.** Zeichne erneut eine Strecke $\overline{AB}$ und einen Kreis mit $\overline{AB}$ als Durchmesser. Erzeuge ebenso das Dreieck ABC. Der Punkt C soll aber nicht auf der Kreislinie liegen.
Verändere das Dreieck.
Was kannst du nun über den Winkel bei C aussagen?
Vergleiche das Ergebnis mit der Vermutung in Aufgabe 15.

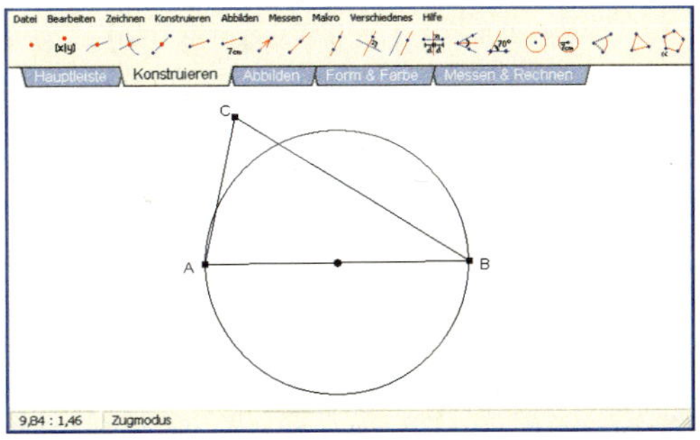

17. Der Satz *Wenn in einem Viereck zwei Winkel rechte sind, dann besitzt das Viereck keinen überstumpfen Winkel* ist wahr.
Gib die Umkehrung dieses Satzes an. Prüfe, ob sie wahr ist.

18. Gib zu den Sätzen in der Information (3) auf Seite 108 jeweils die Umkehrung in Wenn-dann-Formulierung an.

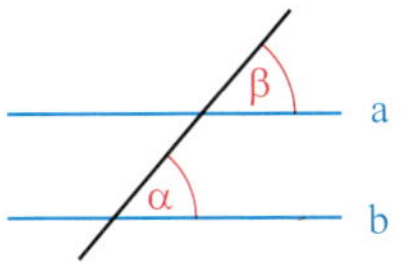

19. Du weißt: Für Stufenwinkel α und β an einer doppelten Geradenkreuzung gilt:
Wenn a || b, dann sind die Stufenwinkel α und β gleich groß.
Gib die Umkehrung dieses Stufenwinkelsatzes an. Beweise diesen Kehrsatz.
Tipp: Nimm an, die Behauptung würde nicht gelten und folgere daraus einen Widerspruch (*indirekter Beweis*).

20. ABC ist ein rechtwinkliges Dreieck mit $\gamma = 90°$; M ist der Mittelpunkt der Seite $\overline{AB}$. Konstruiere die Winkelhalbierenden von ∢ CMA und von ∢ BMC.
Wie groß ist der Winkel, den diese beiden Winkelhalbierenden miteinander bilden? Begründe.

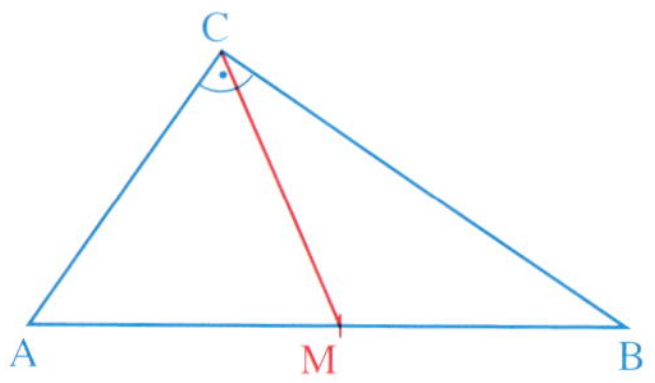

21. Begründe: In einem rechtwinkligen Dreieck ABC mit $\gamma = 90°$ gilt: Wenn $\alpha = 30°$, dann ist die Seite $\overline{BC}$ halb so lang wie die Seite $\overline{AB}$. Formuliere den Kehrsatz. Ist er wahr?

22. Gegeben sind in einem Koordinatensystem mit der Einheit 1 cm zwei Punkte P(1,5|2) und Q(6|1,5). Konstruiere eine Gerade durch P, die von Q den Abstand 2,5 cm hat.

23. Zeichne eine 4,3 cm lange Strecke $\overline{AB}$. Konstruiere die Gerade durch A, die von B den Abstand 1,8 cm hat. Welche Gerade durch A hat von B den größten Abstand?

24. Stelle verschiedene Möglichkeiten zusammen, wie man ohne Geodreieck einen rechten Winkel konstruieren kann.

25. Konstruiere ein gleichschenkliges Dreieck, bei dem der Thaleskreis über dem einen Schenkel den anderen Schenkel in seinem Mittelpunkt schneidet.

26. Zeichne in einem Koordinatensystem mit der Einheit 1 cm einen Kreis um den Punkt M(10|6) mit dem Radius r = 3 cm. Konstruiere von P(4|3) [Q(10|1); R(16|6); S(6|8)] aus die Tangenten an den Kreis. Gib näherungsweise die Koordinaten der Berührungspunkte an.

27. Gegeben ist ein Punkt P und der Mittelpunkt M eines Kreises. Die Strecke $\overline{MP}$ soll 7 cm lang sein. Die beiden Tangenten von P an den Kreis sollen einen Winkel von 44° einschließen. Konstruiere den Kreis. Begründe dein Vorgehen.

28. Gegeben sind eine Gerade g und zwei Punkte A und B. Konstruiere nun durch B eine Gerade h derart, dass A sowohl von g als auch von h denselben Abstand hat.

29. **a)** Zeichne einen Winkel von 45° [110°] und drei Kreise, welche die beiden Schenkel des Winkels berühren.

b) Zeichne einen Winkel von 40° und einen Kreis mit dem Radius 2,5 cm, welcher die Schenkel des Winkels berührt.

30. Zeichne einen Kreis. Konstruiere Tangenten an den Kreis, die einen Winkel von 45° bilden.

31. Im Bild links siehst du einen Richtscheit. Beschreibe ihn. Wie kann man mit dem Richtscheit prüfen, ob der Bogen ein Halbkreis ist?

Im Blickpunkt

Im Blickpunkt

Thales von Milet

Der erste namentlich bekannte griechische Mathematiker ist Thales (ca. 624–547 v. Chr.). Er stammte aus einer Kaufmannsfamilie in der ionischen Handelsstadt Milet und verfügte über Zeit und Mittel, Reisen nach Babylonien, Persien und Ägypten zu unternehmen, um sich das Wissen der damaligen Zeit anzueignen.

1. Es gibt Hinweise darauf, dass Thales den Basiswinkelsatz, den Scheitelwinkelsatz, den Winkelsummensatz für Dreiecke und natürlich den Thalessatz bewiesen hat. Gib die Aussagen dieser Sätze mit eigenen Worten an.

2. Bei einer Reise nach Ägypten soll Thales auf die Bitte nach einer Schätzung der Pyramidenhöhe geantwortet haben: „Ich will sie nicht schätzen, sondern messen.“ Dazu soll er sich in den Sand gelegt haben, um einen Abdruck seines Körpers zu erhalten. „Wenn ich mich jetzt an ein Ende des Abdrucks stelle und warte, bis mein Schatten so lang ist wie der Abdruck, dann kann ich auch die Höhe der Pyramide bestimmen“.
Wie erhält Thales die Höhe der Pyramide? Welcher geometrische Satz wird dabei benutzt?

3. Thales soll auch ein Gerät entwickelt haben, um die Entfernung zu Schiffen auf See zu bestimmen. Dieses Gerät besteht aus zwei Stäben mit einem gemeinsamen Drehpunkt. Man steigt damit auf einen Turm und hält den einen Stab senkrecht. Der zweite Stab wird so gedreht, dass er genau auf das Schiff zeigt. Der Winkel zwischen beiden Stäben wird nun nicht mehr verändert und man dreht sich um, so dass der zweite Stab auf einen Punkt im Gelände zeigt.
Überlege, wie man die Entfernung zum Schiff erhält.

4. Seiner wissenschaftlichen Leistungen wegen zählte Thales zu den „Sieben Weisen“. Eine seiner großartigsten Leistungen soll die Vorhersage der Sonnenfinsternis vom 28. Mai 585 v. Chr. gewesen sein, bei der er wohl das Wissen anderer Gelehrter verwendete, die er auf seinen Reisen getroffen hatte. Informiere dich über Sonnenfinsternisse.
Weitere Informationen über Thales kannst du auch im Internet erhalten, z. B.:
www.mathe.tu-freiberg.de/~hebisch/cafe/thales.html

3.5 Besondere Punkte und Linien des Dreiecks

3.5.1 Die Mittelsenkrechten des Dreiecks – Umkreis

Aufgabe 1

Eigenschaften der Mittelsenkrechten einer Strecke

Es wird eine Neubaustrecke für einen Hochgeschwindigkeitszug im Bereich zwischen Ahausen und Bedorf geplant. Über den Verlauf der Trasse wird heftig diskutiert. Die beiden Ortschaften einigen sich schließlich darauf, dass die Trasse so verlaufen soll, dass sie an jeder Stelle gleich weit von beiden Ortschaften entfernt ist.
Wie muss die neue Trasse verlegt werden?

Lösung

Wir stellen die beiden Ortschaften als Punkte A und B dar. Wir suchen alle Punkte, die von A und zugleich von B gleich weit entfernt sind.
Diese Punkte liegen offenbar auf der Symmetrieachse g der Strecke $\overline{AB}$, denn: Die Symmetrieachse g ist orthogonal zur Strecke $\overline{AB}$ und halbiert sie; g ist die Mittelsenkrechte zu $\overline{AB}$.
Für einen Punkt P auf g gilt: Die Strecke $\overline{PB}$ ist das Bild von $\overline{PA}$ und somit:
$|PB| = |PA|$

Ergebnis: Wenn die neue Trasse für den Hochgeschwindigkeitszug auf der Mittelsenkrechten zur Verbindungsstrecke $\overline{AB}$ beider Ortschaften verläuft, ist der Zug an jeder Stelle gleich weit von den Ortschaften entfernt.

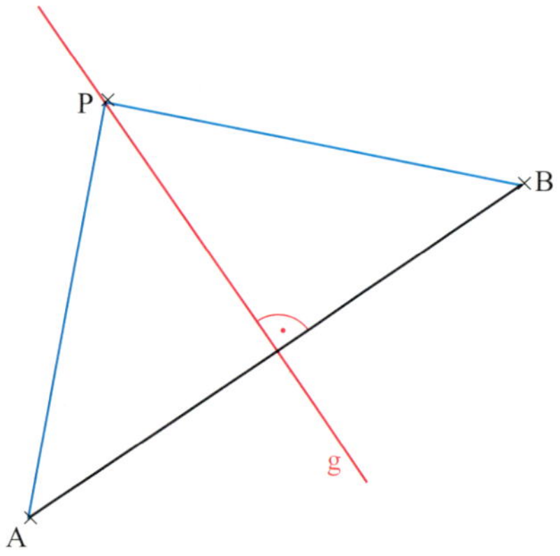

Information

Eigenschaften der Mittelsenkrechten

Erste Eigenschaft der Mittelsenkrechten

In der Lösung der Aufgabe 1 haben wir folgende Eigenschaft der Mittelsenkrechten erkannt und mithilfe der Symmetrie begündet:

Satz

Wenn ein Punkt P auf der Mittelsenkrechten einer Strecke $\overline{AB}$ liegt, dann hat er zu den Punkten A und B die gleiche Entfernung.

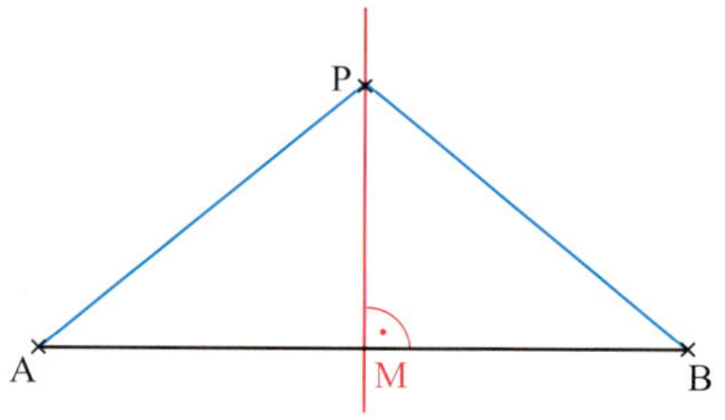

Wir können diese Eigenschaft auch mithilfe eines Kongruenzsatzes beweisen:

Wir wissen: P liegt auf der Mittelsenkrechten von $\overline{AB}$ (Voraussetzung).

Wir wollen zeigen: $|PA| = |PB|$ (Behauptung)

Beweis:
Die Mittelsenkrechte zu $\overline{AB}$ zerlegt das Dreieck ABP in die Teildreiecke AMP und MBP; dabei ist M der Mittelpunkt der Strecke $\overline{AB}$.
Wir wollen beweisen, dass die Teildreiecke AMP und MBP kongruent zueinander sind.
Es gilt:

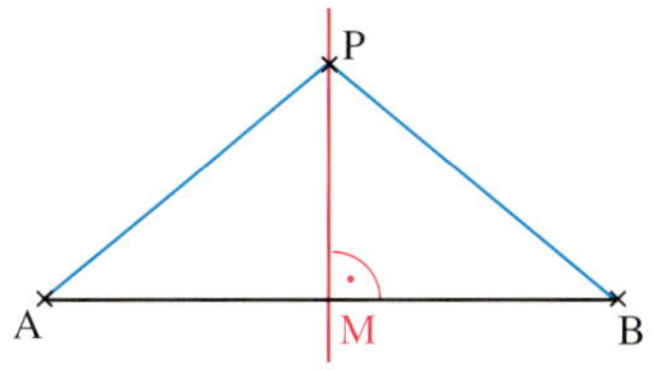

(1) $|MP| = |MP|$, da $\overline{MP}$ zu beiden Teildreiecken gehört.

(2) $|AM| = |MB|$, da PM Mittelsenkrechte von $\overline{AB}$.

(3) $\sphericalangle$ PMA = $\sphericalangle$ BMP = 90°, da PM Mittelsenkrechte von $\overline{AB}$.

Nach dem Kongruenzsatz sws sind die Dreiecke AMP und MBP kongruent zueinander und somit gilt auch:

$|PA| = |PB|$

Zweite Eigenschaft der Mittelsenkrechten

Es gilt aber auch die Umkehrung des Satzes auf Seite 120 unten:

Kehrsatz
Wenn ein Punkt P von zwei Punkten A und B die gleiche Entfernung hat, dann liegt er auf der Mittelsenkrechten der Strecke $\overline{AB}$.

Auch diesen Satz können wir mithilfe eines Kongruenzsatzes beweisen:

Wir wissen: Für den Punkt P in Bezug zur Strecke $\overline{AB}$ gilt: $|PA| = |PB|$ (Voraussetzung).

Wir wollen zeigen: P liegt auf der Mittelsenkrechten von $\overline{AB}$ (Behauptung)

Beweis:
M ist der Mittelpunkt von $\overline{AB}$. Wir zeigen dann, dass die Gerade PM die Mittelsenkrechte von $\overline{AB}$ ist.
Die Strecke $\overline{PM}$ zerlegt das Dreieck ABP in zwei Teildreiecke AMP und MBP.
Wir zeigen nun, dass diese Teildreiecke AMP und MBP kongruent zueinander sind.
Es gilt:

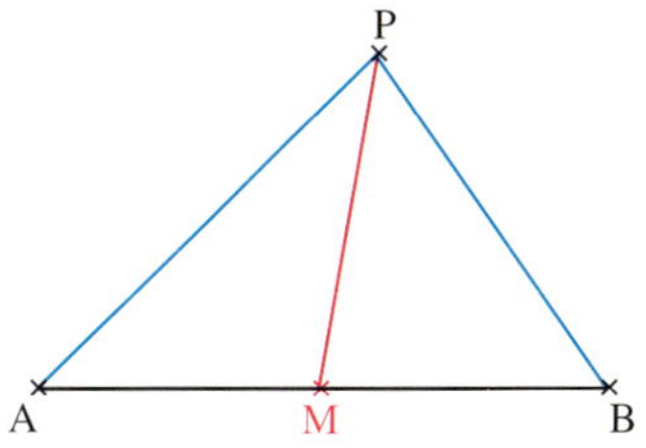

(1) $|PM| = |PM|$, da $\overline{PM}$ zu beiden Teildreiecken gehört.

(2) $|AM| = |MB|$, da M der Mittelpunkt von $\overline{AB}$ ist.

(3) $|PA| = |PB|$ nach Voraussetzung.

Nach dem Kongruenzsatz sss sind beide Dreiecke kongruent zueinander, also gilt auch:

$\sphericalangle$ PMA = $\sphericalangle$ BMP

Da beide Winkel zusammen einen gestreckten Winkel bilden, ist jeder 90° groß. Damit ist die Gerade PM orthogonal zu $\overline{AB}$.
Da M außerdem Mittelpunkt von $\overline{AB}$ ist, ist PM die Mittelsenkrechte von $\overline{AB}$.

Aufgabe 2

Umkreis eines Dreiecks

Für die drei Ortschaften A, B und C wird ein gemeinsames Schwimmbad geplant. Es soll ein Ort M gefunden werden, der von allen drei Ortschaften gleich weit entfernt ist. Für die Entfernungen der drei Ortschaften voneinander gilt:
$|AB| = 4{,}8$ km; $|BC| = 5{,}2$ km; $|AC| = 3{,}4$ km.
Stelle die drei Ortschaften durch drei Punkte A, B, C dar und konstruiere einen solchen Punkt M. Begründe die Konstruktion. Gib die Entfernung des geplanten Schwimmbades von den Orten an.

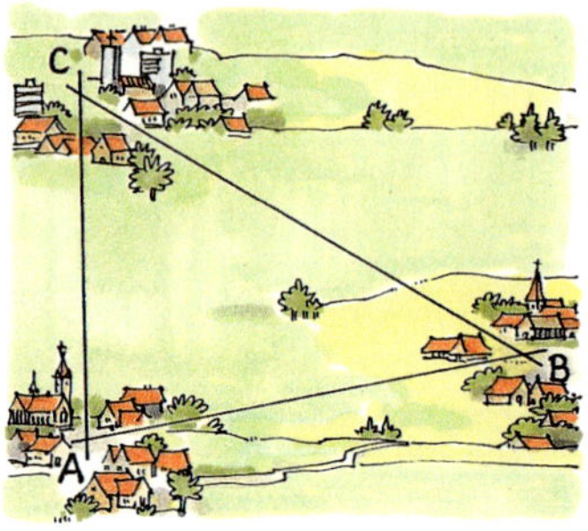

Lösung

m_a ist die Mittelsenkrechte der Seite a.

Da M von allen Punkten A, B und C gleich weit entfernt sein soll, muss M nach dem Kehrsatz von Seite 121 auf den Mittelsenkrechten der Strecken $\overline{AB}$, $\overline{BC}$ und $\overline{AC}$ liegen.
Wir konstruieren das Dreieck ABC und wählen 1 cm für 1 km in der Wirklichkeit (Maßstab: 1 : 100 000) und zeichnen die drei Mittelsenkrechten m_a, m_b und m_c. Der Schnittpunkt M ist der gesuchte Punkt. Wir entnehmen der Zeichnung $|AM| = 2{,}7$ cm.

Ergebnis: Die Entfernung des geplanten Schwimmbades von jedem der Orte beträgt 2,7 km.

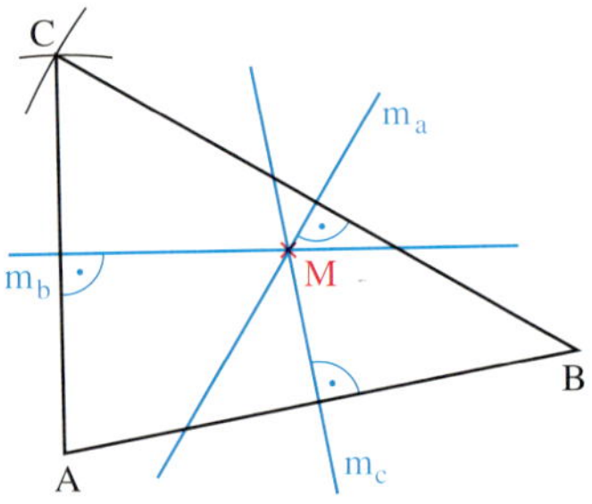

Information

(1) Alle drei Mittelsenkrechten eines Dreiecks schneiden sich in einem Punkt

Es hat dich vielleicht verwundert, dass die dritte Mittelsenkrechte bei der Lösung der Aufgabe 2 auch durch den Schnittpunkt M der beiden zuerst gezeichneten Mittelsenkrechten verläuft. Dies lässt sich begründen.
Es sollen m_c und m_a die Mittelsenkrechten von $\overline{AB}$ und $\overline{BC}$ ferner M ihr Schnittpunkt sein. Nach dem Satz von Seite 120 gilt dann: $|MA| = |MB|$ und $|MB| = |MC|$.
Folglich gilt auch: $|MA| = |MC|$.
Nach dem Kehrsatz auf Seite 121 liegt M somit ebenfalls auf der Mittelsenkrechten m_b von $\overline{AC}$.

(2) Umkreis

Der Punkt M hat von A, B und C die gleiche Entfernung, also liegen A, B und C auf einem Kreis mit dem Mittelpunkt M.

Definition

Der Kreis, der durch die drei Eckpunkte des Dreiecks geht, heißt **Umkreis** des Dreiecks.

Satz

In jedem Dreieck schneiden sich die Mittelsenkrechten der drei Seiten in *einem* Punkt, dem Mittelpunkt des Umkreises.

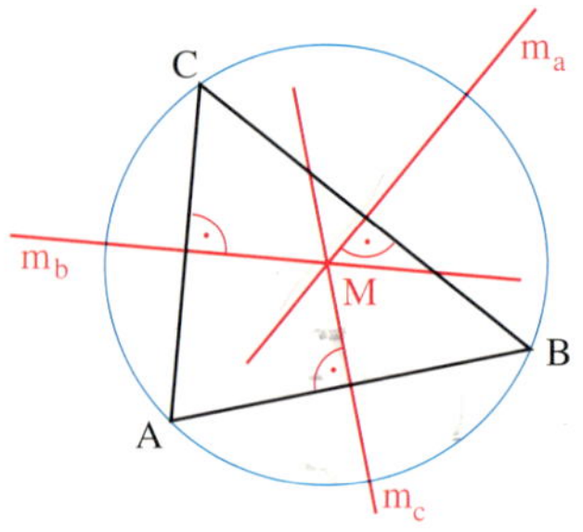

Weiterführende Aufgaben

3. *Lage des Umkreismittelpunktes bezüglich des Dreiecks*

Überlege dir an Beispielen, wie der Mittelpunkt des Umkreises in Bezug auf das Dreieck liegen kann. Gib jeweils an, um was für ein Dreieck es sich vermutlich handelt.

4. *Konstruktion eines Dreiecks mithilfe des Umkreises*

Von einem Dreieck ABC sind zwei Stücke und der Umkreisradius r gegeben. Konstruiere das Dreieck.

a) c = 5,7 cm; b = 3,8 cm; r = 4,3 cm **b)** a = 4,7 cm; $\beta = 49°$; r = 3,1 cm

Übungsaufgaben

5. Rechts siehst du die Skizze eines Handballfeldes. Gewisse Regelverstöße werden mit einem 7-m-Wurf geahndet.

Zeichne für das Tor eine Strecke und konstruiere die 7-Meter-Marke. Begründe dein Vorgehen. Wähle einen geeigneten Maßstab.

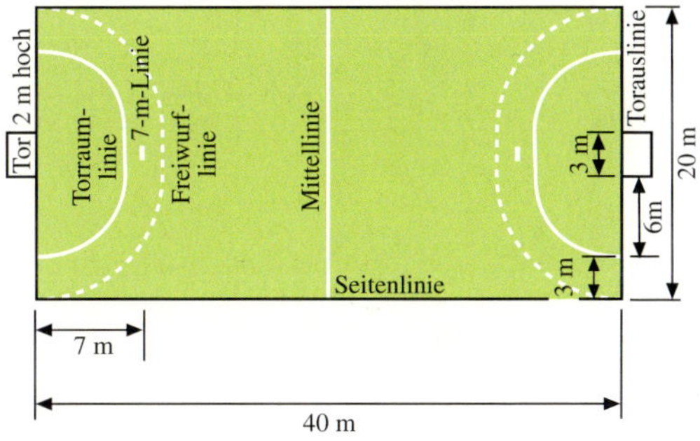

DGS **6.** Gegeben ist die Strecke $\overline{AB}$. Bestimme mit einem dynamischen Geometrie-System den geometrischen Ort aller Punkte, die von den beiden Endpunkten dieser Strecke gleich weit entfernt sind.

Zeichne dazu um A einen Kreis durch einen Punkt P. Zeichne dann um B einen Kreis mit dem Radius $\overline{AP}$. Erzeuge die Schnittpunkte der beiden Kreise. Lasse dann die Ortslinie der beiden Schnittpunkte aufzeichnen, wenn du den Punkt P bewegst. Was stellst du fest?

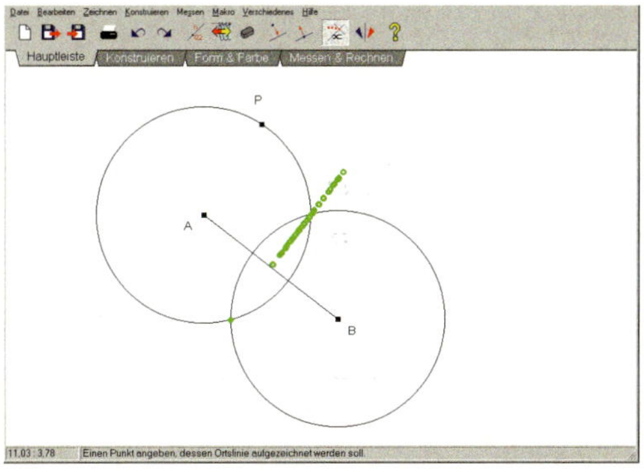

DGS **7.** Zeichne mit einem dynamischen Geometrie-System ein Dreieck und anschließend die Mittelsenkrechten aller drei Seiten.

Was fällt auf? Überprüfe deine Vermutung auch, indem du die Form des Dreiecks veränderst.

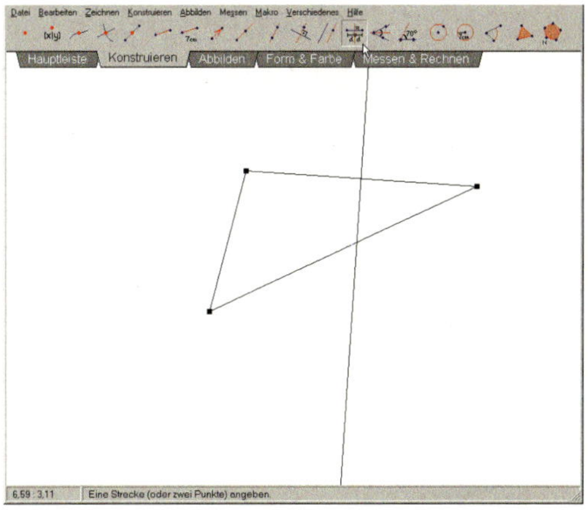

8. Gegeben sind in einem Koordinatensystem mit der Einheit 1 cm die Punkte P(3|1) und Q(6|2) sowie die Gerade AB mit A(2,5|4) und B(6|7).

Konstruiere einen Punkt auf der Geraden AB, der von P und Q gleich weit entfernt ist.

9. Gegeben sind in einem Koordinatensystem mit der Einheit 1 cm zwei Punkte P(1,5|4,5) und Q(5,5|6).

a) Welche Punkte sind von P weiter entfernt als von Q?

b) Welche Punkte liegen von P höchstens so weit entfernt wie von Q?

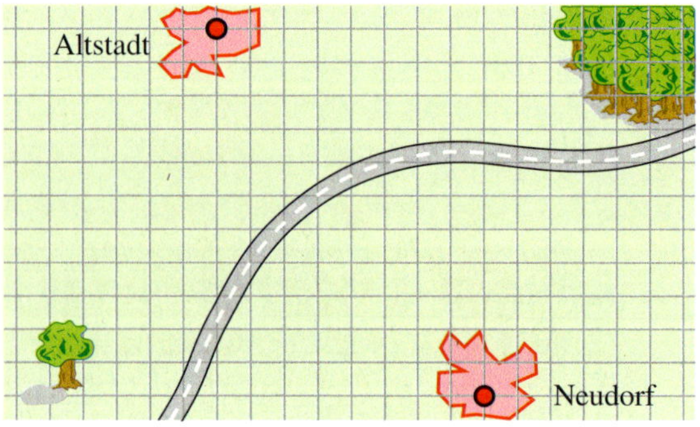

10. Zwischen den Ortschaften Altstadt und Neudorf wird eine neue Umgehungsstraße gebaut. Beide Orte sollen eine gemeinsame Anschlussstelle erhalten, die von den jeweiligen Ortszentren gleich weit entfernt ist. Wo kann sie liegen?

11. Konstruiere den Umkreis zu dem Dreieck ABC; miss den Radius des Umkreises.

a) $a = 5{,}7$ cm; $c = 4{,}9$ cm; $\beta = 49°$

b) $a = 4{,}3$ cm; $c = 6{,}7$ cm; $\gamma = 77°$

c) $a = 4$ cm; $b = 5$ cm; $c = 7{,}5$ cm

12. In einer Wüste befinden sich drei Forschungsstationen A, B und C. Für ihre Entfernungen gilt: $|AB| = 8$ km, $|BC| = 6{,}1$ km, $|AC| = 9{,}9$ km. Es soll ein Depot angelegt werden, von dem aus die drei Stationen versorgt werden können. Das Depot soll von den Stationen gleich weit entfernt sein. Bestimme diese Entfernung.

13. Von einem Dreieck ABC sind zwei Stücke und der Umkreisradius r gegeben. Konstruiere es.

a) $c = 5$ cm; $a = 4{,}5$ cm; $r = 3$ cm

b) $a = 3{,}5$ cm; $b = 2$ cm; $r = 4{,}5$ cm

c) $c = 4{,}8$ cm; $\alpha = 48°$; $r = 2{,}7$ cm

d) $b = 3{,}7$ cm; $\gamma = 55°$; $r = 2{,}5$ cm

14. Untersuche, ob der Umkreis der kleinste Kreis ist, den das Dreieck enthält.

15. Bestimme den Stich aus dem Foto und ermittle dann, welchen Radius der Kreisbogen hat.

Bedeutendster Brückenbau in ganz Europa

Im Jahr 1598 hat der Baumeister Jakob Wolff der Ältere in Nürnberg die Fleischbrücke über die Pegnitz errichtet. Für die damalige Zeit war das der technisch bedeutendste Brückenbau in ganz Europa. Der Bogen besteht aus 3000 Keilsteinen und überspannt eine Weite von 27 m.

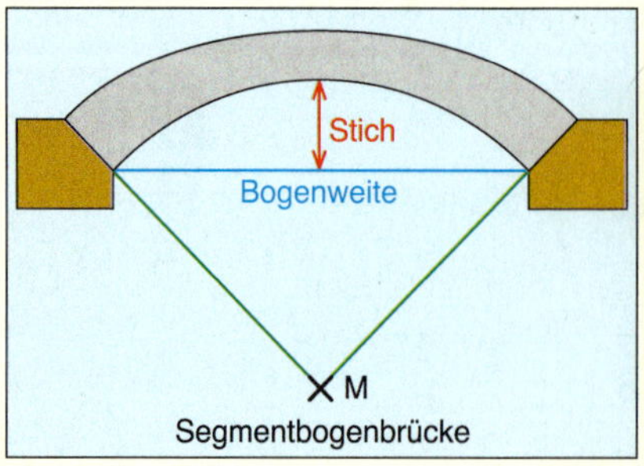

16. Ein Designer hat dreieckige Spiegel entworfen: Eine Seite ist 14 cm lang, die beiden anliegenden Winkel sind 60° und 50° groß. Diese Spiegelfläche soll auf einer kreisförmigen Holzscheibe befestigt werden. Bestimme deren Durchmesser.

17. Untersuche, ob es Vierecke gibt, die

a) einen Umkreis; **b)** keinen Umkreis besitzen?

3.5.2 Die Winkelhalbierenden des Dreiecks – Inkreis

Aufgabe 1

Eigenschaften der Winkelhalbierenden eines Winkels

Vor vielen Jahren fanden Piraten eine Schatzkarte. Darauf war auf einer Insel eine Weggabelung zu sehen. Es war beschrieben, dass der Schatz gleich weit von den beiden abzweigenden Wegen entfernt liegt.
Wie müssen die Piraten vorgehen, um den Schatz zu finden?

Lösung

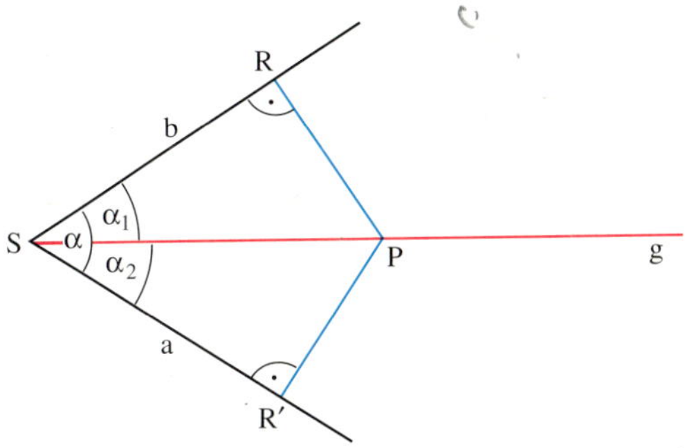

Wir stellen die Weggabelung als Winkel α mit dem Scheitel S und den Schenkeln a und b dar.
Wir suchen alle Punkte, die von den beiden Schenkeln a und b gleich weit entfernt sind.
Diese Punkte liegen offenbar auf der Symmetrieachse g des Winkels α.
Für einen Punkt P auf g gilt:
Das Dreieck SR′P ist das Bild von Dreieck SPR bei Spiegelung an der Achse g und somit $|PR'| = |PR|$.
Die Winkel α_1 und α_2 sind auch gleich groß.
Die Symmetrieachse g halbiert also den Winkel α; sie ist die Winkelhalbierende von α.

Ergebnis: Der Schatz muss auf der Winkelhalbierenden des Winkels (Weggabelung) zu finden sein.

Information

Eigenschaften der Winkelhalbierenden

Erste Eigenschaft der Winkelhalbierenden

In der Lösung der Aufgabe 1 haben wir folgende Eigenschaft der Winkelhalbierenden mithilfe der Symmetrie erkannt und begründet:

Satz

Für Winkel, die höchstens 180° groß sind, gilt:
Wenn ein Punkt P auf der Winkelhalbierenden liegt, so hat er von den beiden Schenkeln denselben Abstand.

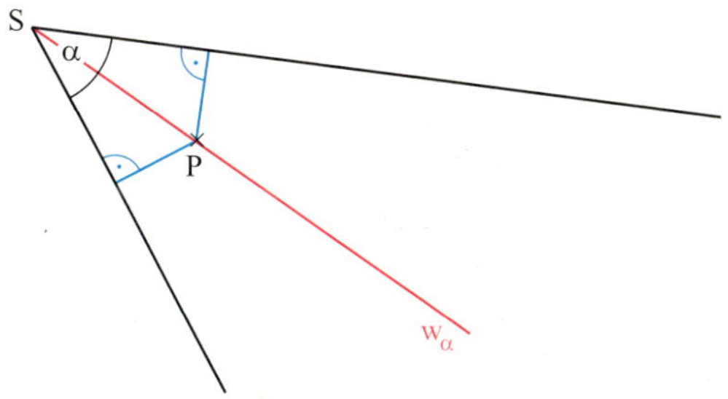

Wir können diese Eigenschaft auch mithilfe eines Kongruenzsatzes beweisen:

Wir wissen: P liegt auf der Winkelhalbierenden w_α (Voraussetzung).

Wir wollen zeigen: Die Abstände des Punktes P von den beiden Schenkeln (siehe Zeichnung) sind gleich: $|PA| = |PB|$ (Behauptung)

Beweis:

Die Winkelhalbierende w_α zerlegt das Viereck APBS in zwei rechtwinklige Teildreiecke APS und PBS.

Es gilt:

(1) $|SP| = |SP|$, da $\overline{SP}$ zu beiden Dreiecken gehört.

(2) $\sphericalangle ASP = \sphericalangle PSA$, da $\overrightarrow{SP}$ Winkelhalbierende von α ist.

(3) $\sphericalangle PAS = \sphericalangle SBP = 90°$ nach Konstruktion.

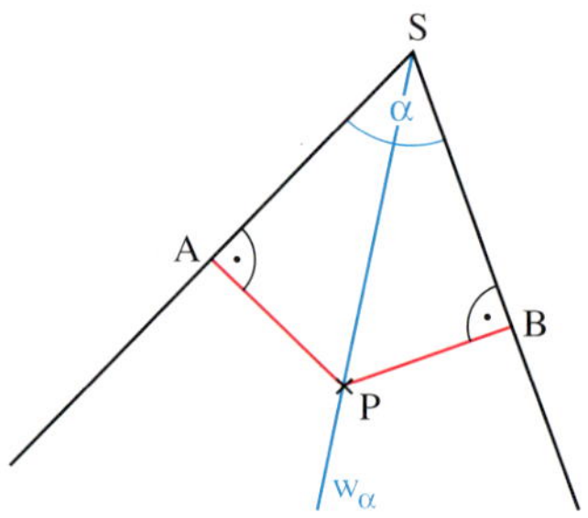

Nach dem Kongruenzsatz sww bzw. wsw sind die Dreiecke APS und PBS kongruent zueinander und somit gilt auch:

$|PA| = |PB|$

Zweite Eigenschaft der Winkelhalbierenden

Es gilt auch die Umkehrung des Satzes auf Seite 125:

Kehrsatz

Wenn ein Punkt P von den beiden Schenkeln eines Winkels denselben Abstand hat, dann liegt er auf der Winkelhalbierenden.

Auch diesen Satz können wir mithilfe des Kongruenzsatzes beweisen:

Wir wissen: Für den Punkt P gilt $|PA| = |PB|$.

Wir wollen zeigen: P liegt auf der Winkelhalbierenden von α.

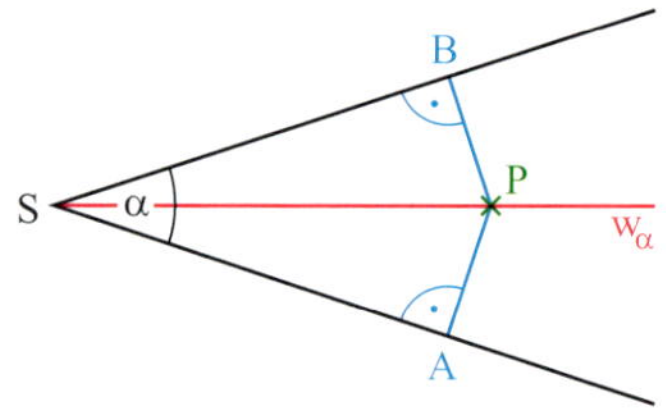

Beweis:

Wir zeigen, dass die Halbgerade $\overrightarrow{SP}$ die Winkelhalbierende von α ist. Die Strecke $\overline{SP}$ zerlegt das Viereck SAPB in zwei Teildreiecke SAP und SPB.

Es gilt:

(1) $|PA| = |PB|$ nach Voraussetzung.

(2) $\sphericalangle PAS = \sphericalangle SBP = 90°$ nach Voraussetzung.

(3) $|SP| = |SP|$, da $\overline{SP}$ zu beiden Teildreiecken gehört.

Der rechte Winkel ist jeweils der größte Winkel in den beiden Teildreiecken, die gegenüberliegende Seite $\overline{SP}$, also die längste Seite in beiden Teildreiecken.

Nach dem Kongruenzsatz Ssw sind beide Dreiecke kongruent zueinander, also gilt auch:

$\sphericalangle ASP = \sphericalangle PSB$

$\overrightarrow{SP}$ ist also die Winkelhalbierende w_α.

Aufgabe 2

Inkreis eines Dreiecks

Auf einer dreieckigen Rasenfläche in einem Park soll ein möglichst großes kreisförmiges Blumenbeet angelegt werden.

Wo muss der Mittelpunkt des Beetes liegen?

Welchen Abstand hat der Mittelpunkt von den Wegen?

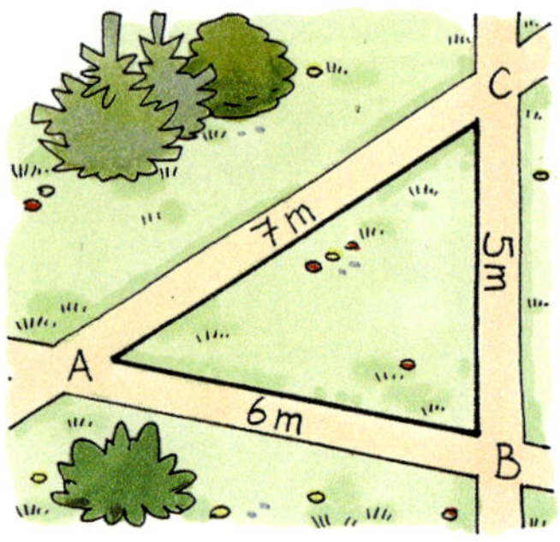

Lösung

Da der Kreismitttelpunkt von allen Wegen den gleichen Abstand haben soll, muss M auf den drei Winkelhalbierenden der Winkel ∢ BAC, ∢ CBA und ∢ ACB liegen.
Wir konstruieren das Dreieck ABC; dazu wählen wir 1 cm für 1 m. Ferner zeichnen wir die drei Winkelhalbierenden w_α, w_β und w_γ.
Der Schnittpunkt W der drei Winkelhalbierenden ist der gesuchte Mittelpunkt des kreisförmigen Beetes.
Wir zeichnen nun noch eine Orthogonale durch W zu einer der Dreieckseiten (z.B. zu $\overline{AB}$) und entnehmen der Zeichnung: $|WD| = 1{,}6$ cm

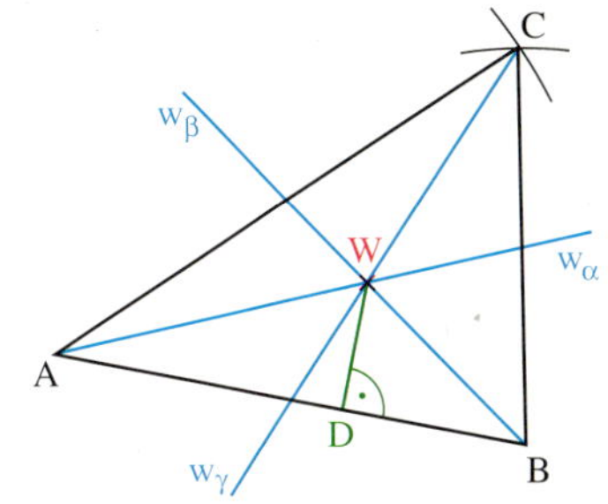

Ergebnis: Der Mittelpunkt des Blumenbeetes hat von den Wegen einen Abstand von 1,6 m.

Information

(1) Alle drei Winkelhalbierenden eines Dreiecks schneiden sich in einem Punkt

Es hat dich vielleicht verwundert, dass auch die dritte Winkelhalbierende bei der Lösung der Aufgabe 2 durch den Schnittpunkt W der beiden zuerst gezeichneten Winkelhalbierenden verläuft.
Dies lässt sich begründen:
w_α und w_β sind die Winkelhalbierenden von α und β, ferner ist W ihr Schnittpunkt. Dann gilt nach dem Satz von Seite 125:

$|WF| = |WD|$ und $|WD| = |WE|$.

Folglich gilt auch $|WF| = |WE|$.
Nach dem Kehrsatz von Seite 126 liegt W somit auf der Winkelhalbierenden w_γ von Winkel γ.

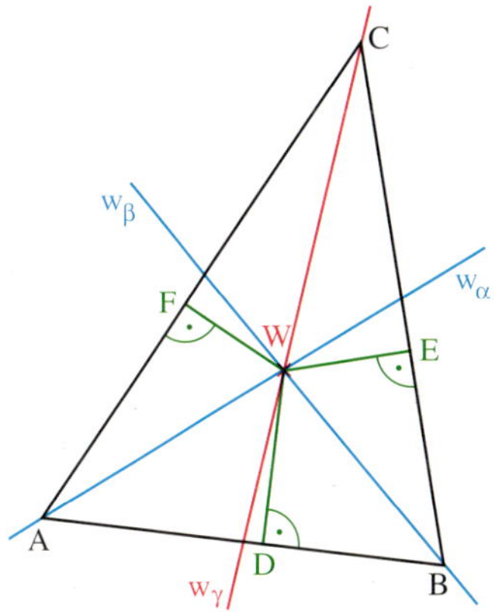

(2) Inkreis

Der Punkt W hat von den Dreieckseiten $\overline{AB}$, $\overline{AC}$ und $\overline{BC}$ den gleichen Abstand.
Also ist W der Mittelpunkt eines Kreises, der die Dreieckseiten berührt.

ρ ist der griechische Buchstabe Rho.

Definition

Man nennt den Kreis, der die drei Seiten eines Dreiecks berührt, den **Inkreis** des Dreiecks. Den Radius bezeichnen wir mit ρ.

Satz

In jedem Dreieck schneiden sich die Winkelhalbierenden der drei Innenwinkel in *einem* Punkt, dem Mittelpunkt des Inkreises.

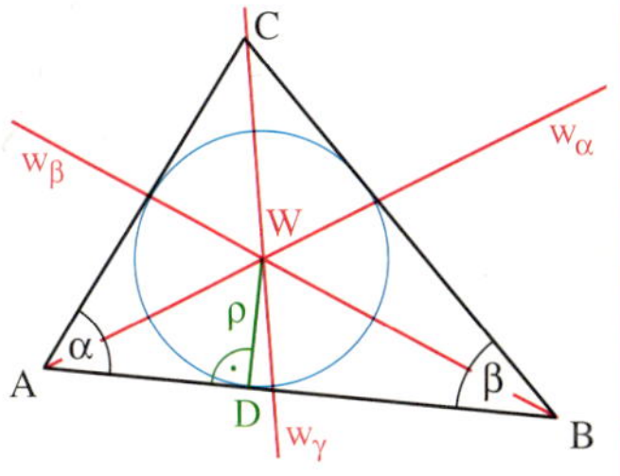

Weiterführende Aufgabe

3. *Lage des Inkreismittelpunktes bezüglich des Dreiecks*

Der Mittelpunkt des Umkreises eines Dreiecks kann innerhalb, außerhalb oder auf einer Seite des Dreiecks liegen.
Untersuche die entsprechende Fragestellung auch für den Mittelpunkt des Inkreises.

Übungsaufgaben

DGS

4. Gesucht ist der geometrische Ort aller Punkte, die von den Schenkeln eines gegebenen Winkels ∢RST denselben Abstand haben. Zeichne mit einem dynamischen Geometrie-System einen Punkt P in einem Winkelfeld. Lasse seinen Abstand von den beiden Schenkeln messen. Bewege ihn dann so im Winkelfeld, dass er stets von beiden Schenkeln denselben Abstand hat. Lasse dabei die Ortslinie zeichnen.
Was stellst du fest?

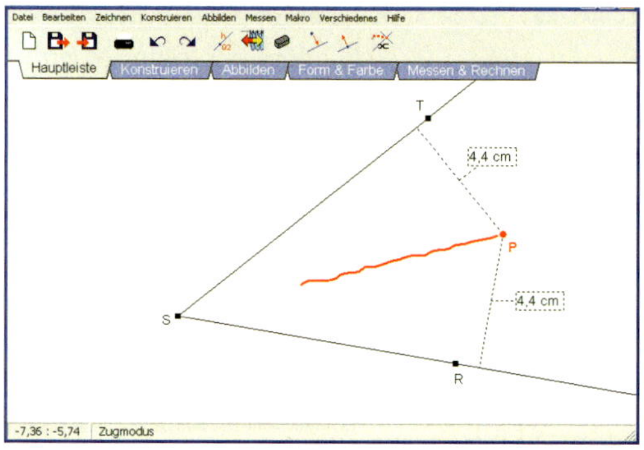

DGS

5. Zeichne mit einem dynamischen Geometrie-System ein Dreieck und anschließend die Winkelhalbierenden aller drei Innenwinkel. Was fällt auf?
Überprüfe deine Vermutung auch, indem du die Form des Dreiecks veränderst.

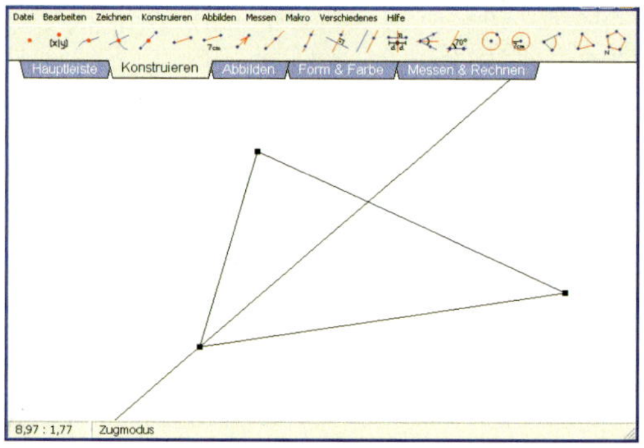

6. Gegeben ist ein spitzer Winkel. Konstruiere die Winkelhalbierende w. Wähle dann einen Punkt P auf w und konstruiere die Orthogonalen durch P zu den beiden Schenkeln.

7. Gegeben sind in einem Koordinatensystem mit der Einheit 1 cm zwei Geraden AB und CD mit A(0|3,5), B(7|5,5), C(0,5|8) und D(7|2,5).

a) Konstruiere die Punkte, die von AB und CD denselben Abstand haben und 3,5 cm vom Schnittpunkt entfernt sind.

b) Konstruiere die Punkte, die von AB und CD denselben Abstand haben sowie 4,2 cm von P(4,5|3,5) entfernt sind.

c) Konstruiere die Punkte, die von AB und CD denselben Abstand haben sowie von P(2,5|4,5) und Q(3,5|1) gleich weit entfernt sind.

8. Zwischen einer Weggabelung in einem Park soll ein kreisrundes Blumenbeet angelegt werden. Die beiden Wege bilden einen 57° großen Winkel. Aus Symmetriegründen soll der Mittelpunkt des Beetes von den Wegen gleich weit entfernt sein.
Wo kann er liegen? Fertige eine Zeichnung an.

9. Konstruiere ein Dreieck aus den angegebenen Stücken. Konstruiere dann den Inkreis und miss dessen Radius.

a) a = 5,5 cm; b = 4,5 cm; $\gamma = 115°$
b) a = 7 cm; b = 6 cm; c = 4 cm
c) $\alpha = 40°$; c = 6,5 cm; $\beta = 60°$
d) a = 6,5 cm; $\alpha = 50°$; b = 4,0 cm

10. Konstruiere den Inkreis des Dreiecks ABC. Gib Mittelpunkt und Radius des Inkreises an.

a) A(0|2); B(7|3); C(10|6)
b) A(0|5); B(9|6); C(7|10)
c) A(4|3); B(9|11); C(1|10)
d) A(−2|−1); B(3|1); C(−5|8)

11. Gegeben ist ein Dreieck ABC. Konstruiere einen Punkt, der von den drei Dreieckseiten denselben Abstand hat.

12. Tanja hat noch eine dreieckige Korkplatte mit den Seitenlängen a = 17 cm, b = 14 cm und c = 21 cm übrig. Sie möchte daraus einen möglichst großen kreisförmigen Untersetzer herstellen. Welchen Durchmesser hat der Untersetzer?

13. Gegeben ist ein spitzer Winkel und ein Punkt A, der auf einem der beiden Schenkel liegt. Konstruiere einen Kreis, der die beiden Schenkel berührt und durch den Punkt A geht.
Beschreibe die Konstruktion.

14. Zeichne drei Geraden, die nicht alle durch einen Punkt gehen. Konstruiere Kreise, die jeweils die drei Geraden berühren. (Unterscheide mehrere Fälle!)

15. Gegeben ist der Kreis mit dem Mittelpunkt M(5|4) und dem Radius r = 1,5 cm sowie das Dreieck ABC mit A(2|1), B(9|3) und C(3|9). Konstruiere nun das Dreieck, das den Kreis zum Inkreis hat und dessen Seiten parallel zu den Seiten des Dreiecks sind.

16. Konstruiere ein Dreieck ABC. ϱ ist der Radius des Inkreises.

a) $\gamma = 36°$; $\beta = 75°$; $\varrho = 1{,}2$ cm   **b)** $\alpha = 28°$; $\gamma = 108°$; $\varrho = 2{,}5$ cm

Vermischte Übungen

17. Untersuche, bei was für Dreiecken die Mittelpunkte von Um- und Inkreis zusammenfallen.

18. Auf einem dreieckigen Grundstück soll ein zylinderförmiges Bürohochhaus errichtet werden. Die Baubehörde schreibt einen Mindestabstand von 3 m zu den Grundstücksgrenzen vor. Welchen Durchmesser kann das Hochhaus höchstens haben?

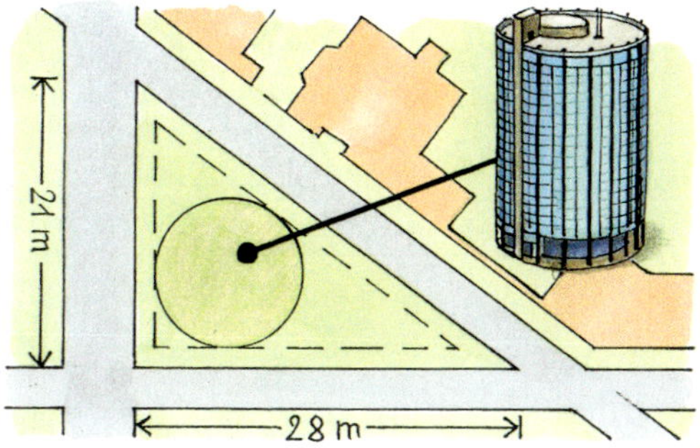

19. Hobbydrechsler müssen immer wieder exakt den Mittelpunkt von Rundhölzern bestimmen. Dafür verwenden sie einen so genannten Zentrierwinkel.
Erläutere, wie man mit diesem Gerät den Mittelpunkt eines Kreises bestimmen kann.
Begründe auch.

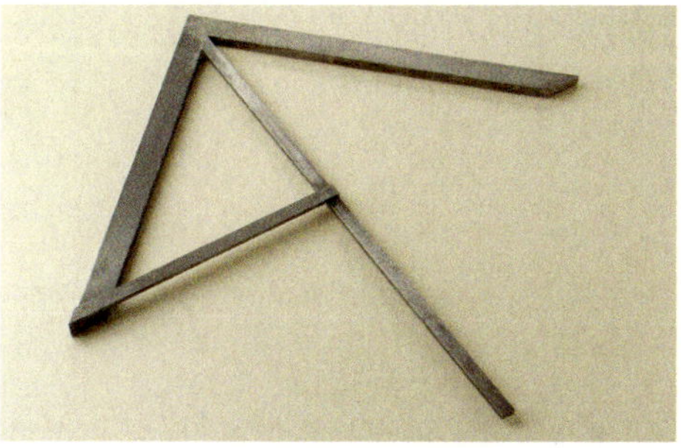

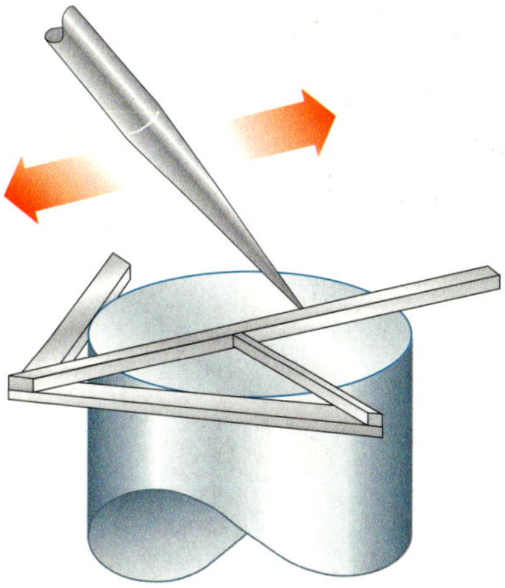

3.5.3 Konstruktion von Dreiecken aus Teildreiecken

Information

Bezeichnung von Längen besonderer Linien im Dreieck

(1) w_α, w_β und w_γ bezeichnen die Längen der drei Strecken auf den *Winkelhalbierenden* der Innenwinkel α, β bzw. γ im Dreieck ABC.

(2) h_a, h_b und h_c bezeichnen die Längen der drei *Höhen* im Dreieck ABC.

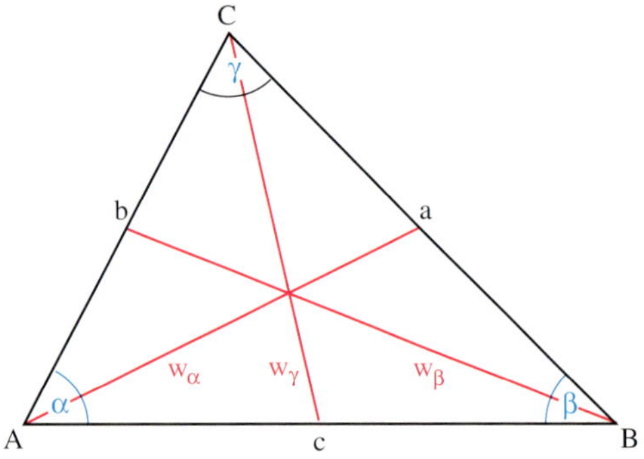

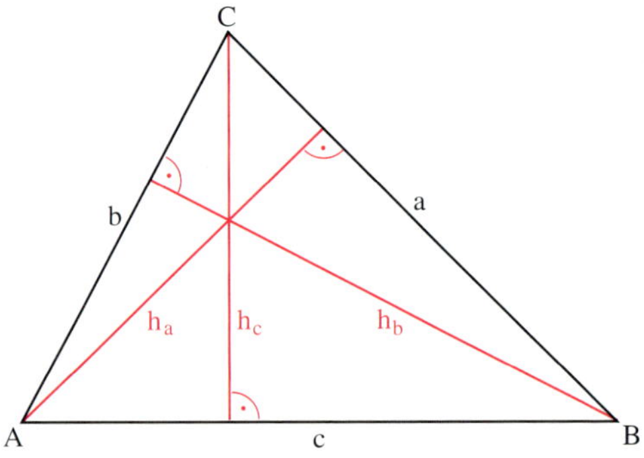

Aufgabe 1

Konstruktion eines Dreiecks mithilfe einer Winkelhalbierenden

Zeichne ein Dreieck ABC mit a = 5,5 cm, w_β = 6 cm und γ = 100°. Beschreibe die Konstruktion.

Anleitung: Lege eine Planfigur an und markiere gegebene Stücke farbig. Überlege, welches Teildreieck des gesuchten Dreiecks du aus den gegebenen Stücken konstruieren kannst.

Lösung

Vorüberlegung:

Man kann zunächst das Teildreieck DBC mit w_β = 6 cm, a = 5,5 cm und γ = 100° zeichnen (Kongruenzsatz Ssw).

Planfigur

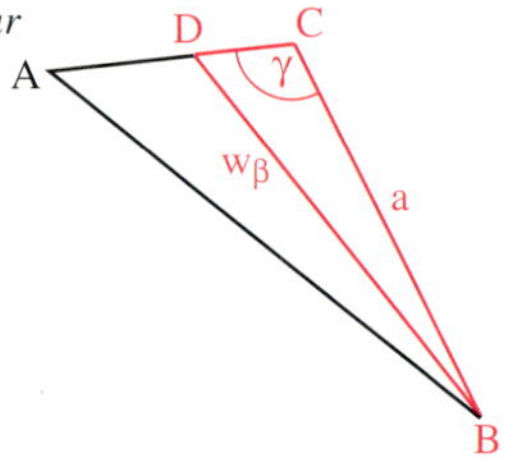

Konstruktion (Längen hier auf die Hälfte verkleinert):

(1)

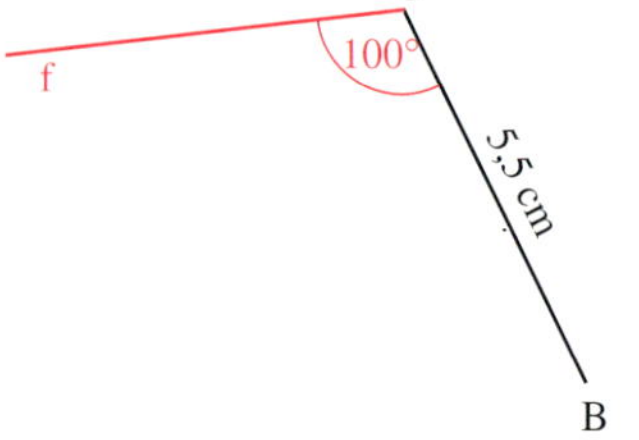

Zeichne die Seite $\overline{BC}$ mit a = 5,5 cm; trage C in den Winkel γ mit γ = 100° an.
f ist der freie Schenkel des Winkels γ.

(2)

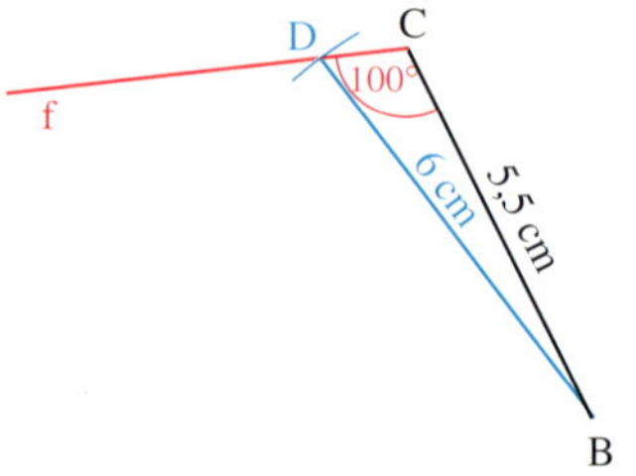

Zeichne um B den Kreis mit dem Radius 6 cm. Markiere den Schnittpunkt des Kreises mit dem freien Schenkel f; nenne ihn D.

(3)

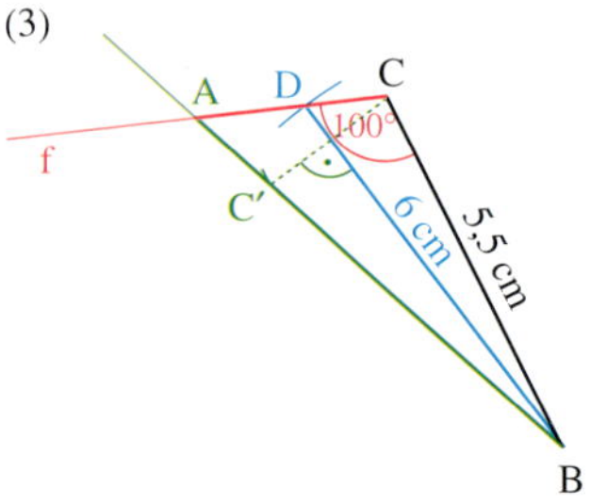

Verdoppele ∢CBD durch Spiegeln des Punktes C an der Geraden BD. Zeichne die Gerade BC′; ihr Schnittpunkt mit f ist der Punkt A.

Aufgabe 2 *Konstruktion eines Dreiecks mithilfe einer Höhe*

Zeichne ein Dreieck ABC aus a = 6 cm, c = 5,5 cm und h_c = 5 cm. Beschreibe die Konstruktion.

Lösung *Vorüberlegung:*

Man kann zunächst das bei D rechtwinklige Teildreieck DBC mit h_c = 5 cm und a = 6 cm zeichnen (Kongruenzsatz Ssw).

Planfigur

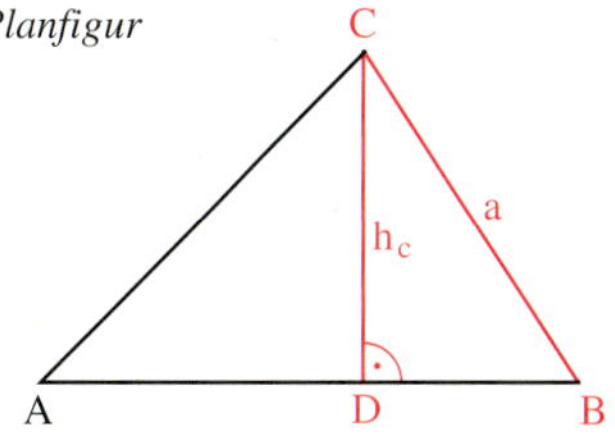

Konstruktion (Längen hier auf die Hälfte verkleinert):

(1)

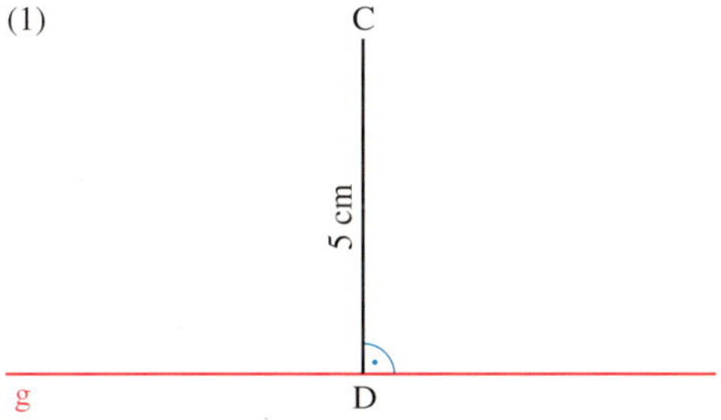

Zeichne die Strecke $\overline{DC}$ mit h_c = 5 cm; zeichne durch D die zu DC orthogonale Gerade g.

(2)

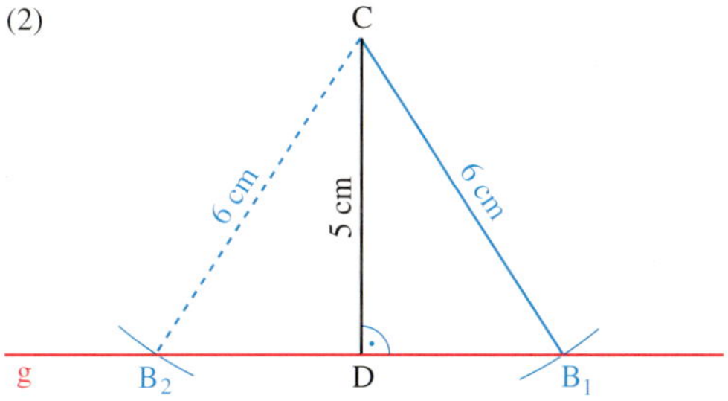

Zeichne um C den Kreis mit dem Radius 6 cm. Der Kreis schneidet die Gerade g in den beiden Punkten B_1 und B_2.

Man erhält also zwei Dreiecke, bei denen die Höhe h_c einmal innerhalb und einmal außerhalb des Dreiecks liegt.

1. Fall:
Die Höhe liegt innerhalb des Dreiecks.

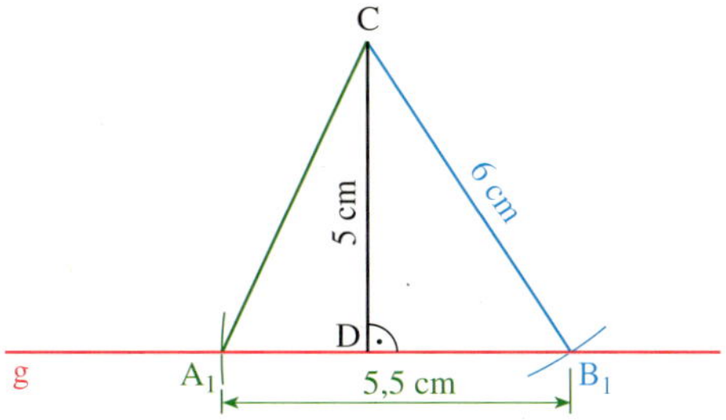

Verlängere die Strecke $\overline{B_1D}$ über D hinaus und trage auf ihr von B_1 aus die Strecke $\overline{A_1B_1}$ mit c = 5,5 cm ab.

2. Fall:
Die Höhe liegt außerhalb des Dreiecks.

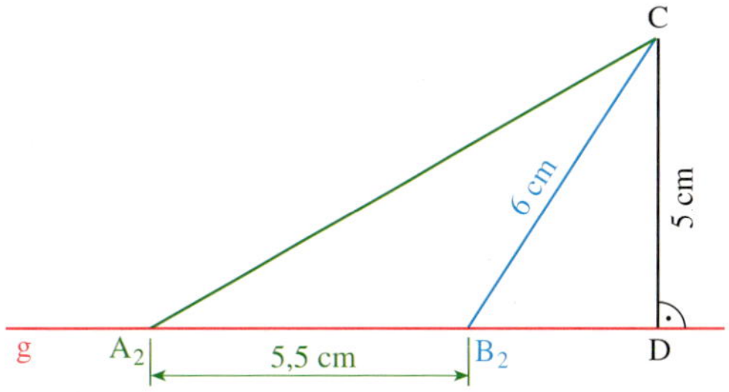

Verlängere die Strecke $\overline{DB_2}$ über B_2 hinaus und trage auf ihr von B_2 aus die Strecke $\overline{A_2B_2}$ mit c = 5,5 cm ab.

Information In Aufgabe 1 und Aufgabe 2 haben wir ein Dreieck aus zwei so genannten Hauptstücken (Seitenlängen; Größe von Innenwinkeln) und einem Nebenstück (Höhe, Länge der Strecke auf einer Winkelhalbierenden im Dreieck) konstruiert.
Bei solchen Konstruktionsaufgaben konstruiert man zunächst ein geeignetes Teildreieck, mit dessen Hilfe sich dann das gesuchte Dreieck konstruieren lässt.

Bei der Lösung haben wir folgende *Strategie* verwandt:
(1) Markiere in einem Dreieck ABC als Planfigur die bekannten Größen.
(2) Suche ein Teildreieck, welches du aus den bekannten Größen nach einem Kongruenzsatz konstruieren kannst.
(3) Ergänze dieses Teildreieck zu dem gesuchten Dreieck.

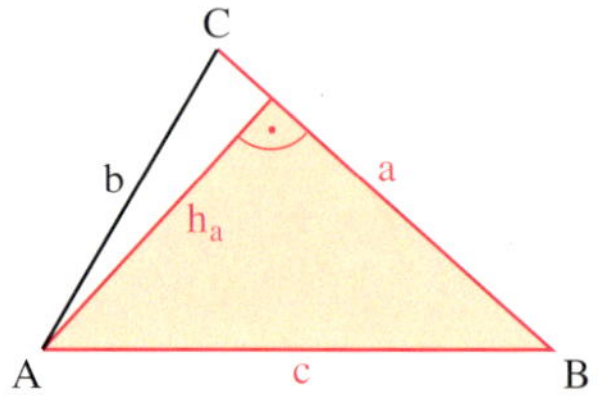

Übungsaufgaben

3. Konstruiere ein Dreieck ABC aus den gegebenen Stücken. Beschreibe die Konstruktion.

a) $a = 6{,}2$ cm; $\gamma = 125°$; $w_\gamma = 2{,}4$ cm
b) $b = 3{,}1$ cm; $\alpha = 80°$; $w_\alpha = 3{,}4$ cm
c) $a = 4{,}6$ cm; $\beta = 76°$; $w_\gamma = 4{,}9$ cm
d) $b = 6{,}5$ cm; $\gamma = 49°$; $w_\alpha = 5{,}1$ cm
e) $\alpha = 35°$; $\beta = 75°$; $w_\alpha = 6{,}1$ cm
f) $\beta = 120°$; $\gamma = 25°$; $w_\beta = 3$ cm

4. Konstruiere ein Dreieck ABC aus den gegebenen Stücken. Beschreibe die Konstruktion.

a) $b = 9$ cm; $a = 5$ cm; $h_b = 4$ cm
b) $a = 4$ cm; $b = 5$ cm; $h_c = 3$ cm
c) $a = 5{,}4$ cm; $\gamma = 54°$; $h_a = 3{,}7$ cm
d) $b = 8{,}1$ cm; $\gamma = 100°$; $h_c = 2{,}2$ cm
e) $\alpha = 54°$; $\gamma = 68°$; $h_b = 3{,}4$ cm
f) $b = 6{,}3$ cm; $h_a = 4{,}1$ cm; $\beta = 82°$

5. Konstruiere ein gleichschenkliges Dreieck ABC mit der Basis $\overline{AB}$. Beschreibe die Konstruktion.

a) $a = 6$ cm; $h_a = 4{,}5$ cm
b) $c = 4{,}8$ cm; $h_b = 3{,}8$ cm
c) $\alpha = 40°$; $h_a = 4{,}2$ cm
d) $c = 8{,}4$ cm; $h_c = 4{,}2$ cm
e) $h_c = 6$ cm; $\beta = 47°$
f) $w_\alpha = 5$ cm; $\alpha = 46°$

6. **a)** Konstruiere ein gleichseitiges Dreieck mit $h_c = 4{,}2$ cm. Bestimme auch den Flächeninhalt.
b) Konstruiere ein rechtwinkliges Dreieck ABC aus: $a = 3{,}7$ cm; $h_c = 2{,}1$ cm; $\gamma = 90°$

ρ ist der Radius des Jnkreises.

7. Konstruiere ein Dreieck ABC aus den gegebenen Stücken.

a) $h_a = 4{,}2$ cm; $w_\alpha = 4{,}6$ cm; $\rho = 1{,}4$ cm
b) $c = 6{,}8$ cm; $\beta = 58°$; $\rho = 1{,}7$ cm
c) $\beta = 90°$; $h_c = 4{,}8$ cm; $\rho = 1{,}6$ cm
d) $\alpha = 54°$; $w_\alpha = 4$ cm; $\rho = 1{,}2$ cm

8. Ein Architekturbüro plant den Bau einer Fabrikhalle, die ein verglastes Sägedach wie rechts erhalten soll. Für die Dachkonstruktion werden dreieckige Metallrahmen benötigt. Die Neigungswinkel des Daches sollen 65° und 25° betragen. Das Dach soll 2,40 m hoch werden.
Bestimme die Länge der einzelnen Teile, aus dem der Rahmen zusammengebaut wird.

9. Ein Haus mit Satteldach ist 8,60 m breit; ein Neigungswinkel des Daches soll 30° betragen. Der Dachraum soll in der Spitze 3,20 m hoch sein. Die Dachsparren sollen 30 cm überstehen.
Wie groß muss der andere Neigungswinkel sein? Wie lang müssen die Dachsparren sein?

DGS **10.** Zeichne mit einem dynamischen Geometrieprogramm ein Dreieck mit den Mittelsenkrechten, den Winkelhalbierenden und den Höhen (mit verschiedenen Farben). Untersuche Sonderfälle: Die Mittelsenkrechten sind gleichzeitig die Winkelhalbierenden, usw.
Begründe deine Beobachtungen.

3.6 Punktsymmetrische Vierecke – Eigenschaften

3.6.1 Parallelogramm, Rechteck, Raute, Quadrat

Aufgabe 1

Gegeben ist ein Punkt M. Konstruiere ein Viereck, das punktsymmetrisch zum Punkt M ist. Wie heißt ein solches Viereck? Begründe.

Lösung

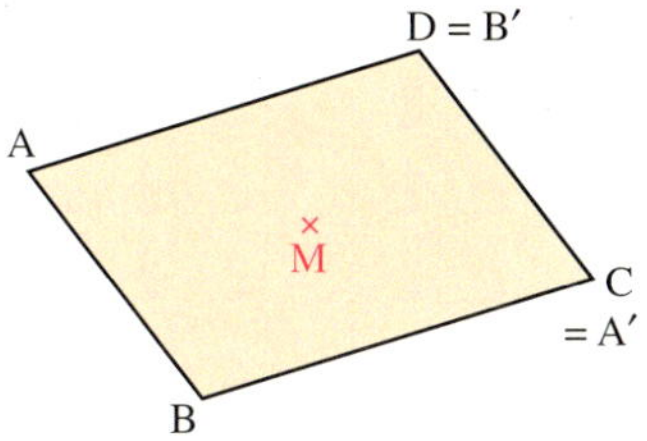

Vorüberlegung:
Wir wählen einen Eckpunkt des Vierecks, z. B. A, und versuchen dann, weitere Eckpunkte durch Spiegeln an M zu erhalten. Die Bildpunkte der Eckpunkte des gesuchten Vierecks müssen nämlich wieder Eckpunkte sein.

Konstruktion:
Wir spiegeln den gewählten Eckpunkt A an M und erhalten den Eckpunkt C (= A′).
Wir wählen nun einen weiteren Punkt B, der nicht auf der Geraden AC liegt (sonst gibt es kein Viereck). Als Bildpunkt von B erhalten wir D (= B′).

Ergebnis:
Das erhaltene Viereck ist ein Parallelogramm, d. h. gegenüberliegende Seiten sind parallel zueinander.

Begründung:
Das Bild der Strecke $\overline{AB}$ ist die Strecke $\overline{A'B'}$ (= $\overline{CD}$), also gilt $\overline{AB} \parallel \overline{CD}$.
Ebenso ist die Strecke $\overline{AD}$ das Bild der Strecke $\overline{BC}$ und somit $\overline{AD} \parallel \overline{BC}$.

Weiterführende Aufgabe

2. *Rechteck, Raute und Quadrat als besondere Parallelogramme*

In der Lösung zu Aufgabe 1 haben wir den Punkt B so gewählt, dass das Dreieck ABC keine Besonderheiten aufweist. Löse die Aufgabe 1, indem du den Punkt B so wählst, dass das Dreieck ABC ein besonderes Dreieck ist.
Welche Besonderheiten besitzt in diesen Fällen das erhaltene Parallelogramm? Beschreibe es.

Information

(1) Parallelogramm als punktsymmetrisches Viereck

Wir erinnern uns zunächst an die Eigenschaft, an der man Parallelogramme erkennen kann.

Definition

Ein Viereck, in dem die gegenüberliegenden Seiten parallel zueinander sind, heißt **Parallelogramm**.

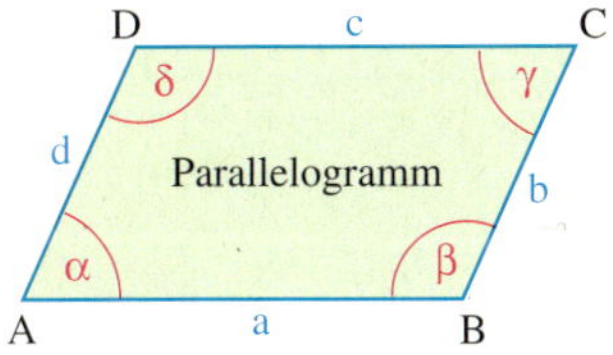

In Aufgabe 1 haben wir erkannt, dass *jedes* punktsymmetrische Viereck ein Parallelogramm ist. Dieses Ergebnis können wir auch auf folgende Weise notieren:

Satz

Wenn ein Viereck punktsymmetrisch ist, dann ist das Viereck ein Parallelogramm.

Wir wollen nun untersuchen, ob umgekehrt *jedes* Parallelogramm auch punktsymmetrisch ist.
ABCD soll ein Parallelogramm sein, M der Mittelpunkt der Diagonalen $\overline{AC}$.
Betrachte nun die Punktspiegelung am Punkt M.

(1) Punkt A	—Spiegelung an M→	Punkt C	(da M Mittelpunkt von $\overline{AC}$ ist)
(2) Punkt C	→	Punkt A	
(3) Gerade AB	→	Gerade CD	(wegen (1) und AB ∥ CD)
(4) Gerade CB	→	Gerade AD	(wegen (2) und CB ∥ AD)
(5) Punkt B	→	Punkt D	(wegen (3) und (4))
(6) Punkt D	→	Punkt B	(wegen (5))
(7) Viereck ABCD	→	Viereck CDAB	(wegen (1), (2), (5), (6))

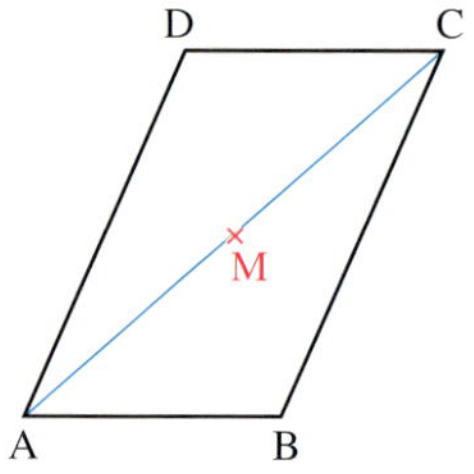

Da ABCD und CDAB nur verschiedene Bezeichnungen desselben Vierecks sind, wird das Parallelogramm ABCD durch die Punktspiegelung an M auf sich abgebildet, also ist das Parallelogramm ABCD punktsymmetrisch zu M. Wegen (5) ist M auch der Mittelpunkt der Diagonalen $\overline{BD}$.
Folglich ist M der Schnittpunkt der beiden Diagonalen.
Damit haben wir gezeigt:

Satz: *Punktsymmetrie beim Parallelogramm*
Jedes Parallelogramm ist punktsymmetrisch zum Schnittpunkt der beiden Diagonalgeraden.

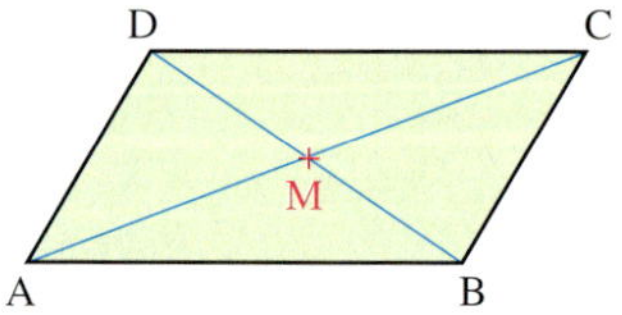

(2) Rechteck, Raute und Quadrat als besondere Parallelogramme

Die Aufgabe 2 auf Seite 133 zeigt, dass ein punktsymmetrisches Viereck im Sonderfall auch ein Rechteck, eine Raute oder ein Quadrat sein kann. Wir erinnern uns:

Definition
(1) Ein Viereck, in dem alle vier Winkel rechte sind, heißt **Rechteck**.
(2) Ein Viereck, in dem alle vier Seiten gleich lang sind, heißt **Raute** (auch *Rhombus* genannt).
(3) Ein Viereck, in dem alle vier Seiten gleich lang und alle vier Winkel rechte sind, heißt **Quadrat**.

(1)
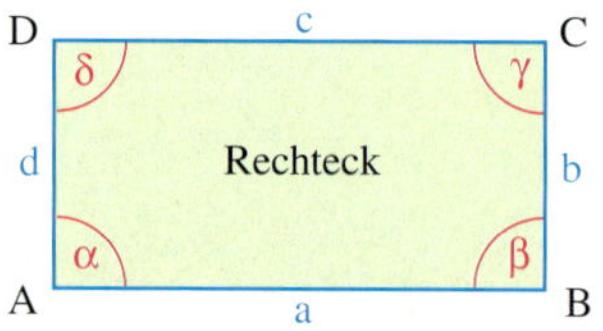

(2)
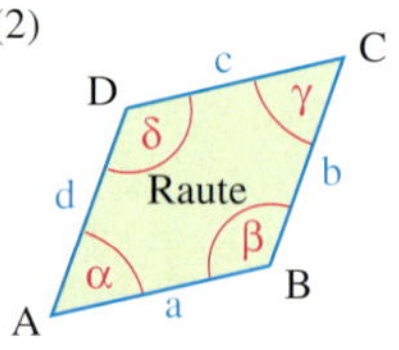

(3)
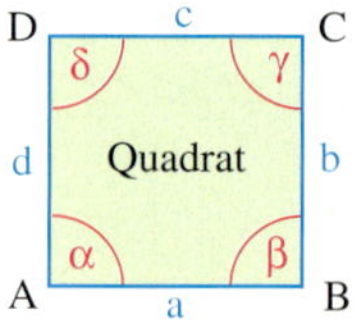

Wir fragen nun umgekehrt:
Ist *jedes* Rechteck, *jede* Raute, *jedes* Quadrat auch punktsymmetrisch?

(a) Beim Rechteck sind alle Winkel rechte Winkel, also sind AB und CD orthogonal zu AD und orthogonal zu BC, somit ist AB ∥ CD und AD ∥ BC (Kehrsatz des Stufenwinkelsatzes).
Jedes Rechteck ist also ein Parallelogramm und damit punktsymmetrisch. Dies gilt auch für das Quadrat, denn es ist ein besonderes Rechteck.

(b) Die Raute ABCD ist achsensymmetrisch zur Diagonalen $\overline{AC}$, denn die Teildreiecke ABD und DBC sind gleichschenklige Dreiecke mit der gemeinsamen Basis $\overline{DB}$. Dabei ist $AC \perp BD$. Entsprechend erkennt man, dass die Raute ABCD achsensymmetrisch zur Diagonalen $\overline{BC}$ ist.
Beide Symmetrieachsen sind orthogonal zueinander.

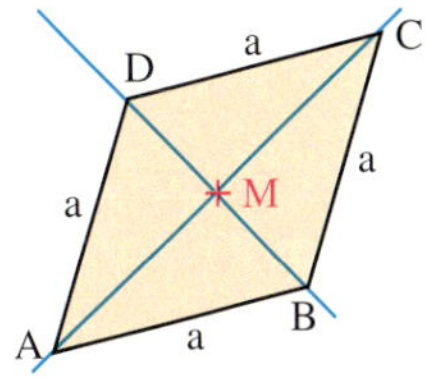

Also ist die Raute auch punktsymmetrisch zum Schnittpunkt der Diagonalen. Führt man nämlich zwei Achsenspiegelungen an zueinander orthogonalen Achsen durch, so erhält man eine Punktspiegelung. Damit ist jede Raute auch ein Parallelogramm.
Damit haben wir gezeigt:

Satz

(1) Jedes Quadrat, jedes Rechteck und jede Raute ist punktsymmetrisch zum Schnittpunkt M der Diagonalen.
(2) Jedes Quadrat, jedes Rechteck und jede Raute ist ein Parallelogramm, d. h. gegenüberliegende Seiten sind parallel zueinander.

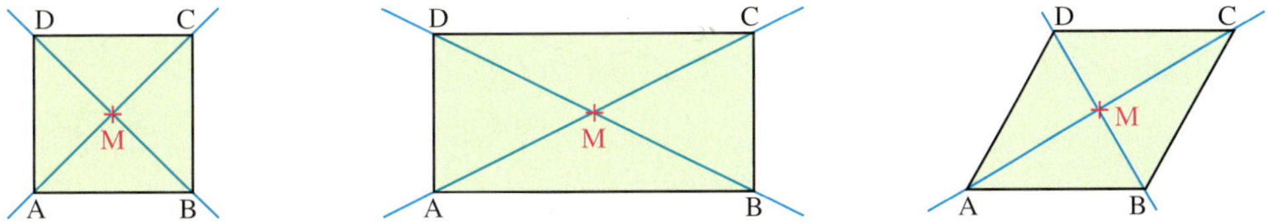

(3) Bezeichnungen im Viereck

In einem Viereck ABCD bezeichnen α, β, γ und δ die Innenwinkel. Dabei ist z. B. α der Winkel mit dem Eckpunkt A als Scheitel, β der Winkel mit B als Scheitel usw.
Die Seitenlängen werden wie im Bild durch a, b, c und d angegeben. Dabei ist z. B. a die Länge der Seite $\overline{AB}$, b die Länge der Seite $\overline{BC}$ usw.
Die Längen der Diagonalen werden mit e und f bezeichnet. Dabei ist e die Länge der Diagonalen $\overline{AC}$ und f die Länge der Diagonalen $\overline{BD}$.

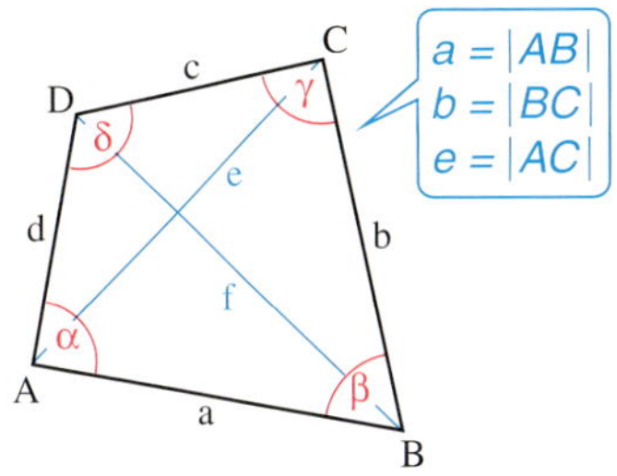

Übungsaufgaben

3. Auf den Bildern siehst du verschiedene besondere Vierecke. Beschreibe sie. Welche Symmetrieeigenschaften besitzen sie? Gib weitere Beispiele für solche Vierecke im Alltag an.

DGS **4.** Zeichne mit einem dynamischen Geometrie-System ein beliebiges Viereck ABCD und einen Punkt M. Spiegele dann das Viereck ABCD an M.
Verforme ABCD wie folgt zu einem punktsymmetrischen Viereck: Verändere die Lage von A, B, C, D so, dass das Viereck ABCD mit seinem Bild übereinstimmt.
Untersuche so:
(1) Welche gemeinsamen Eigenschaften besitzen alle punktsymmetrischen Vierecke?
(2) Welche besonderen punktsymmetrischen Vierecke gibt es?

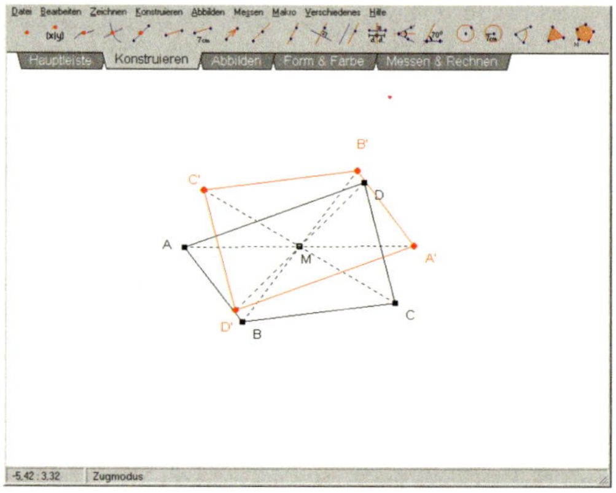

5. Welche der Vierecke sind Parallelogramme? Begründe. Gib ggf. das Symmetriezentrum an.

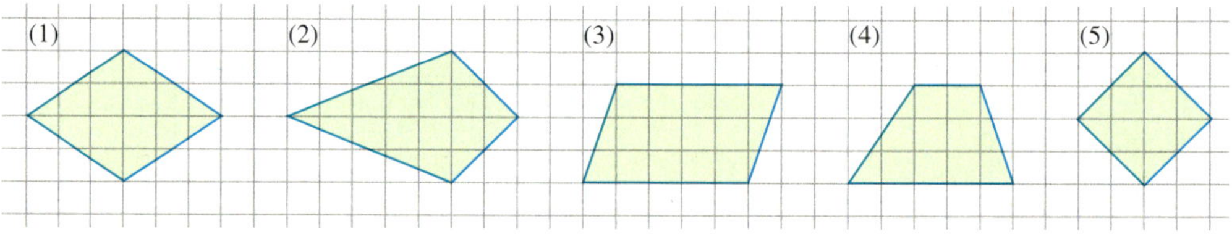

6. **a)** Gegeben ist ein stumpfwinkliges Dreieck ABC. Übertrage es in dein Heft und ergänze es durch Punktspiegelung zu einem punktsymmetrischen Viereck.
Wie viele verschiedene Möglichkeiten gibt es?
Was für ein Viereck entsteht? Begründe.

b) Wähle in Teilaufgabe a) andere Dreiecksformen und löse die Aufgabe entsprechend.

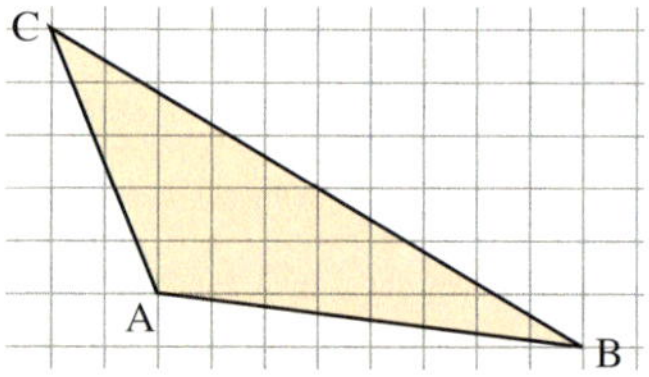

7. Im nebenstehenden Dreieck ist M_a der Mittelpunkt der Seite a, usw. Wie viele Parallelogramme kannst du in der Figur erkennen?
Benenne sie.

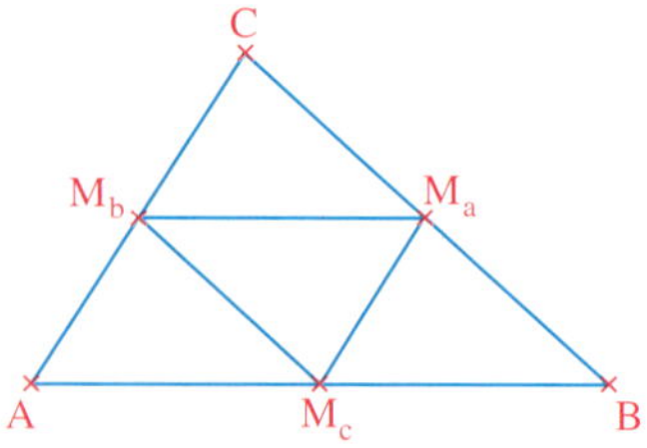

8. Konstruiere mit dem Geodreieck drei verschiedene Parallelogramme, deren Seiten 3 cm und 5 cm lang sind.

9. Konstruiere aus den gegebenen Größen ein Parallelogramm ABCD. Beschreibe die Konstruktion; begründe sie anhand der Definition auf Seite 133.

a) a = 6 cm; b = 4 cm; $\beta = 68°$
b) a = 7,5 cm; d = 5 cm; $\alpha = 50°$
c) c = 4,7 cm; d = 6,4 cm; $\delta = 120°$
d) c = 5,2 cm; b = 3,9 cm; $\gamma = 99°$

10. Führe die Konstruktion durch. Begründe ihre Richtigkeit anhand der Definition von Seite 133. Zeichne auch das Symmetriezentrum ein.

a) Konstruiere ein Quadrat ABCD mit a = 4,6 cm [d = 3,7 cm].
b) Konstruiere ein Rechteck ABCD mit c = 4,3 cm; b = 6,1 cm [a = 4,8 cm; d = 1,3 cm].
c) Konstruiere eine Raute ABCD mit a = 4,2 cm und $\alpha = 115°$ [c = 3,8 cm; $\delta = 145°$].

3.6.2 Eigenschaften punktsymmetrischer Vierecke

Aufgabe 1

Wir wissen, dass jedes Parallelogramm und damit auch jedes Rechteck, jede Raute und jedes Quadrat zum Schnittpunkt der Diagonalen punktsymmetrisch ist.
Was kannst du aufgrund der Punktsymmetrie über die Seiten, die Winkel und die beiden Diagonalen dieser Vierecke folgern? Formuliere einen Satz und begründe ihn.

Lösung

Satz: *Gemeinsame Eigenschaften von Parallelogramm, Rechteck, Raute und Quadrat*
Für jedes Parallelogramm, jedes Rechteck, jede Raute und jedes Quadrat gilt:

(a) Gegenüberliegende Seiten sind gleich lang.
(b) Gegenüberliegende Winkel sind gleich groß.
(c) Die Diagonalen halbieren einander.

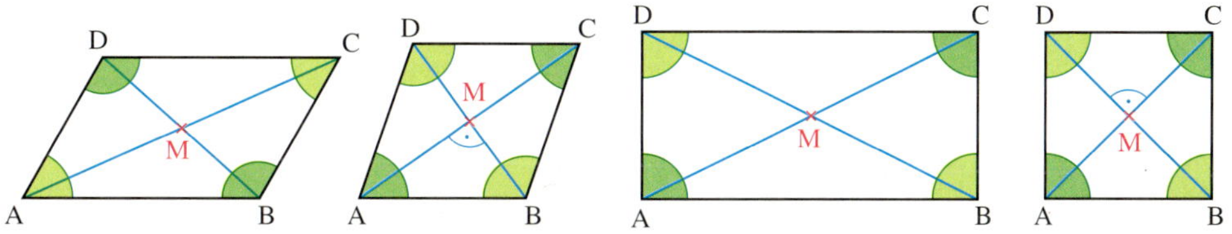

Begründung:

Zu (a): Die Seite $\overline{AB}$ ist Symmetriepartner zur Seite $\overline{CD}$ bezüglich des Symmetriezentrums M, also sind beide Seiten gleich lang: $|AB| = |CD|$. Ebenso folgt: $|AD| = |CB|$.

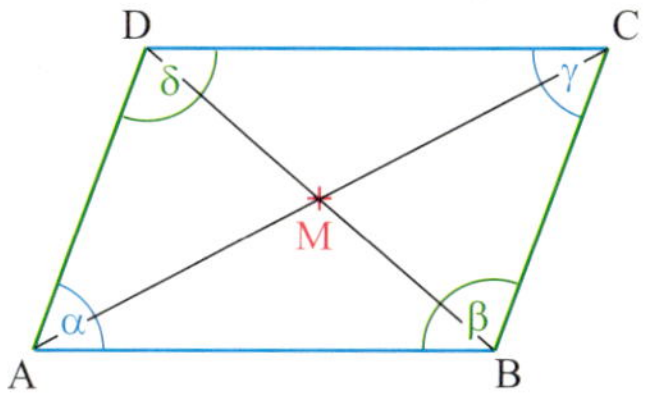

Zu (b): Der Winkel α ist Symmetriepartner zum Winkel γ bezüglich des Symmetriezentrums M, also sind beide Winkel gleich groß: $\alpha = \gamma$. Ebenso folgt: $\beta = \delta$.

Zu (c): Der Eckpunkt C ist Symmetriepartner zum Eckpunkt A bezüglich des Symmetriezentrums M, also halbiert M die Diagonale $\overline{AC}$. Ebenso halbiert M die Diagonale $\overline{BD}$.

Weiterführende Aufgabe

2. *Anwenden der Kongruenzsätze beim Beweisen*

a) Aus der Punktsymmetrie des Parallelogramms haben wir in Aufgabe 1 gefolgert, dass die gegenüberliegenden Seiten gleich lang sind. Diese Eigenschaft kann man auch mithilfe der Kongruenzsätze für Dreiecke beweisen. Gib den Satz (a) zunächst in der Wenn-dann-Formulierung an. Führe dann den Beweis. Benutze dabei folgende Strategie:

Eine mögliche Strategie beim Beweisen von Vermutungen
(1) Zerlege die Figur in geeignete Dreiecke.
(2) Beweise die Kongruenz geeigneter Dreiecke.
(3) Schließe daraus auf die Gleichheit von Größen in der Figur.

b) *Teamarbeit:* Wählt eine der beiden Eigenschaften (b) oder (c) des Parallelogramms aus. Gebt den Satz in der Wenn-dann-Formulierung an. Beweist sie mithilfe eines Kongruenzsatzes. Berichtet darüber.

c) *Teamarbeit:* Formuliert zu jedem Satz über Parallelogramme den Kehrsatz. Versucht, ihn zu beweisen.

Übungsaufgaben

3. Welche Besonderheiten fallen dir am Parallelogramm auf? Begründe sie mithilfe von Kongruenzsätzen für Dreiecke. Zerlege dazu das Parallelogramm geeignet.

4. Berechne im Parallelogramm ABCD die übrigen Winkel.
a) $\alpha = 53°$ **b)** $\beta = 112°$ **c)** $\gamma = 127°$ **d)** $\delta = 64°$

5. **a)** Eine Raute besitzt einen 57° großen Innenwinkel. Wie groß sind die anderen Winkel?
b) In einem Rechteck ABCD soll $\sphericalangle AMB = 110°$ sein. Berechne den Winkel $\sphericalangle AMD$.

6. Beweise:
In einer Raute hat der Schnittpunkt der Diagonalen gleichen Abstand von allen Seiten.

7. ABCD soll ein Parallelogramm sein; ferner soll $\overline{EF}$ eine Strecke sein, die durch den Schnittpunkt M der beiden Diagonalen geht und zwei Punkte gegenüberliegender Seiten verbindet.

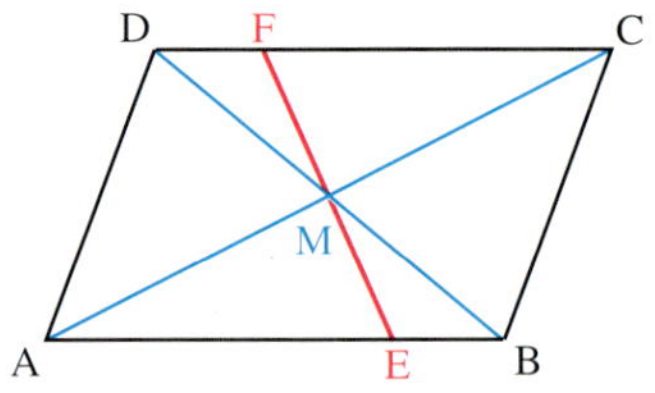

a) Beweise: Der Punkt M halbiert die Strecke $\overline{EF}$.
b) Erläutere: Der Punkt M heißt Mittelpunkt des Parallelogramms.
c) Bei welcher Lage des Punktes E ist die Strecke $\overline{EF}$ am kürzesten [am längsten]? Begründe deine Aussage.

8. **a)** Zeichne ein beliebiges Viereck und verbinde die Mitten nebeneinander liegender Seiten. Was stellst du fest? Begründe deine Aussage.
b) Zeichne ein Parallelogramm und die Winkelhalbierenden aller vier Winkel. Was für ein Viereck bilden sie? Begründe deine Aussage.

9. Ein viereckiges Grundstück wurde vermessen:
$a = c = 25$ m; $b = d = 38$ m und $\alpha = 75°$.
Um was für ein Viereck handelt es sich vermutlich? Begründe.

Planfigur

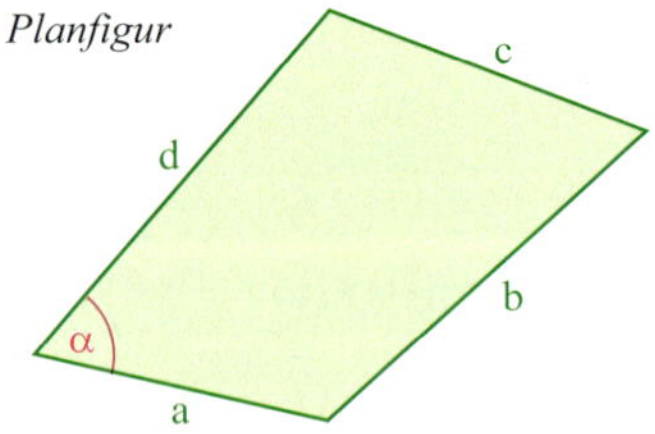

10. Gegeben ist ein Viereck ABCD durch $|MA| = |MC| = 3{,}7$ cm; $|BM| = |MD| = 2{,}5$ cm und $\sphericalangle AMB = 128°$. Hier ist M der Schnittpunkt der Diagonalen.
Konstruiere das Viereck. Beschreibe die Konstruktion.
Um was für ein Viereck handelt es sich vermutlich? Begründe.

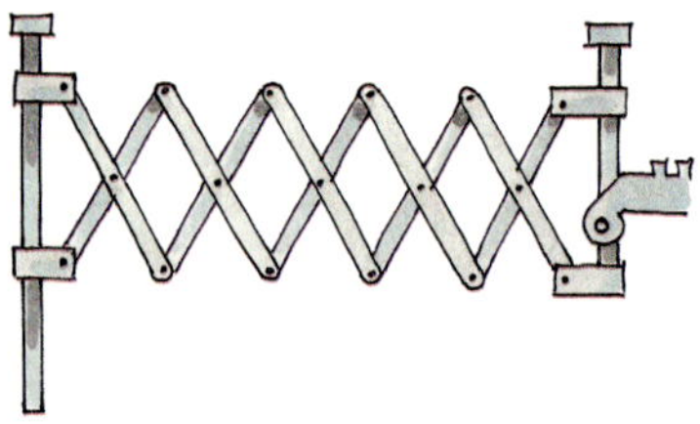

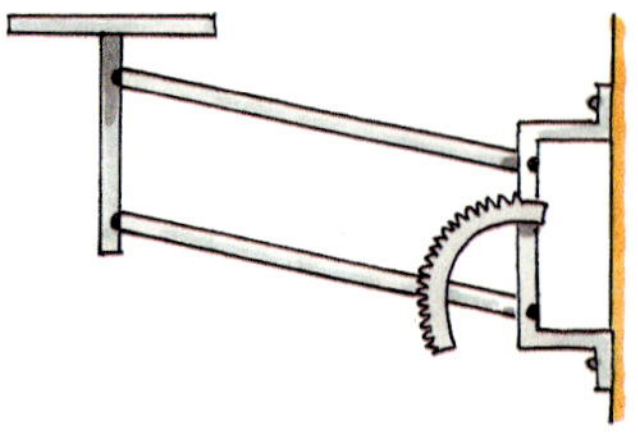

11. Welche besonderen Vierecke erkennst du im Bild? Welche besonderen Vierecke können noch bei der Bewegung des Gerätes auftreten?
Was bewirken die Vierecke bei der Bewegung des Gerätes? Beschreibe.

3.7 Achsensymmetrische Vierecke – Eigenschaften

3.7.1 Quadrat, Rechteck, Raute, gleichschenkliges Trapez, Drachenviereck

Aufgabe 1

a) Zeichne ein Quadrat ABCD. Zeichne alle Symmetrieachsen des Quadrates ein.

b) Versuche ein Viereck ABCD zu zeichnen, das zwei Symmetrieachsen besitzt.

c) Versuche ein Viereck ABCD zu zeichnen, das eine Symmetrieachse besitzt.

Lösung

a) Wir entnehmen der Anschauung:
Das Quadrat ABCD hat vier Symmetrieachsen, und zwar
- die beiden *Diagonalgeraden* AC und BD (das sind die Verbindungsgeraden der gegenüberliegenden Eckpunkte);
- die beiden *Mittellinien* EG und EF (das sind die Verbindungsgeraden der gegenüberliegenden Seitenmitten).

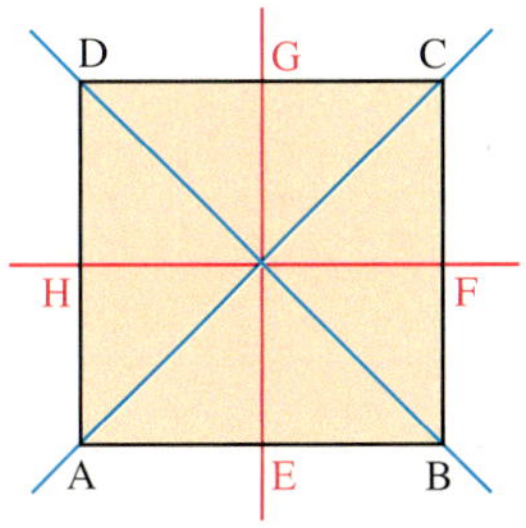

Quadrat

b) *Vorüberlegung:* Das Viereck ABCD soll zu zwei Achsen symmetrisch sein. Da dann jede Achse bezüglich der anderen eine Fixgerade ist, müssen beide Achsen orthogonal zueinander sein. Wir zeichnen also zwei zueinander orthogonale Geraden g und h.
Die Bilder der Eckpunkte sind selbst wieder Eckpunkte.
Wir wählen daher einen Eckpunkt des Vierecks, z. B. A, und versuchen dann, die anderen Eckpunkte durch Spiegeln an den Achsen g und h zu erhalten.

Konstruktion: Für die Wahl des Eckpunktes A haben wir nun zwei Möglichkeiten:

(1) *A liegt auf keiner Achse*
Wir spiegeln A an g und an h und erhalten als Bilder die Eckpunkte B bzw. D. Spiegelt man nun D an g oder B an h, so erhält man den Eckpunkt C.
Das erhaltene Viereck ABCD ist ein *Rechteck*, denn wegen $AB \perp g$, $g \perp h$ und $AD \perp h$ ist auch $AD \perp AB$ und somit der Winkel bei A ein rechter. Wegen der Symmetrie sind auch die Winkel bei B, C und D rechte Winkel.
Die beiden Symmetrieachsen g und h sind hier die Mittellinien.

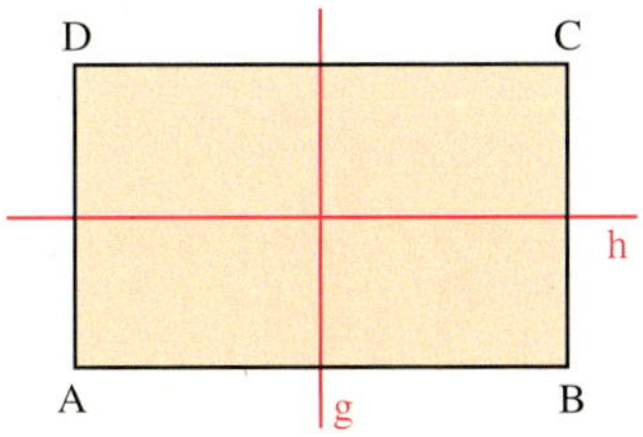

Rechteck

(2) *A liegt auf einer Achse, z. B. auf g*
Spiegelt man A an h, so erhält man als Bild den Eckpunkt C. Er liegt wegen $g \perp h$ auch auf g. Der dritte Eckpunkt, z. B. B, muss auf der Achse h liegen, sonst erhält man kein symmetrisches Viereck. Das Bild von B bei Spiegelung an g ist der Eckpunkt D.
Das erhaltene Viereck ABCD ist eine *Raute*, denn die Seiten $\overline{AB}$ und $\overline{AD}$ sind Spiegelbilder voneinander, also gleich lang. Entsprechend stellt man fest, dass $\overline{AB}$ und $\overline{BC}$ sowie $\overline{BC}$ und $\overline{DC}$ gleich lang sind.
Die beiden Symmetrieachsen sind hier die Diagonalgeraden.

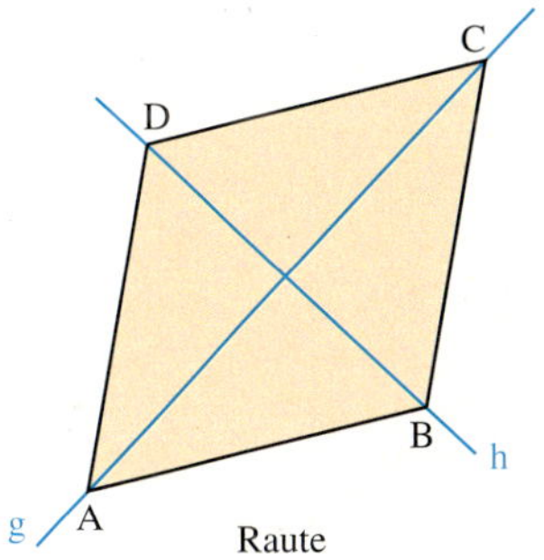

Raute

c) Das Viereck ABCD soll nur zu einer Achse g symmetrisch sein. Wir wählen auch hier wieder einen Eckpunkt, z. B. A, und versuchen weitere Eckpunkte durch Spiegeln zu erhalten.

(1) *A liegt nicht auf der Achse g*

Spiegelt man A an g, so erhält man als Bild den Eckpunkt B. Wir müssen nun einen weiteren Eckpunkt wählen, der nicht auf g liegt, z. B. den Punkt C.
Das Bild von C ist dann ein weiterer Eckpunkt D. Bei diesem Viereck sind wegen $AB \perp g$ und $CD \perp g$ die Seiten $\overline{AB}$ und $\overline{DC}$ parallel zueinander.
Ein solches Viereck heißt *Trapez.* Das hier konstruierte Trapez ist außerdem achsensymmetrisch. Die Symmetrieachse ist eine Mittellinie.
Die beiden Schenkel $\overline{AD}$ und $\overline{BC}$ sind gleich lang.

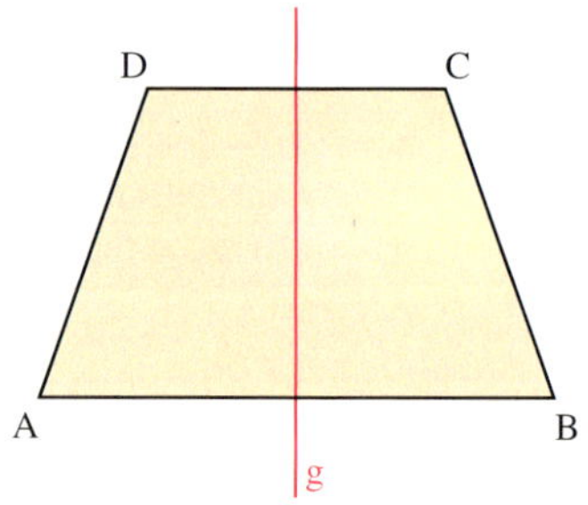

gleichschenkliges Trapez

(2) *A liegt auf der Achse g*

Als zweiten Eckpunkt wählen wir den Punkt B. Er soll nicht auf g liegen. Sein Bild ist D und damit ein weiterer Eckpunkt. Als vierten Eckpunkt C kann man dann nur einen Punkt auf der Achse g wählen (sonst erhält man kein Viereck). Bei diesem Viereck ABCD ist die Seite $\overline{AD}$ das Bild von $\overline{AB}$ sowie die Seite $\overline{DC}$ das Bild von $\overline{BC}$, also sind die Seiten $\overline{AB}$ und $\overline{AD}$ sowie die Seiten $\overline{BC}$ und $\overline{DC}$ gleich lang.
Ein solches Viereck heißt *Drachenviereck.*

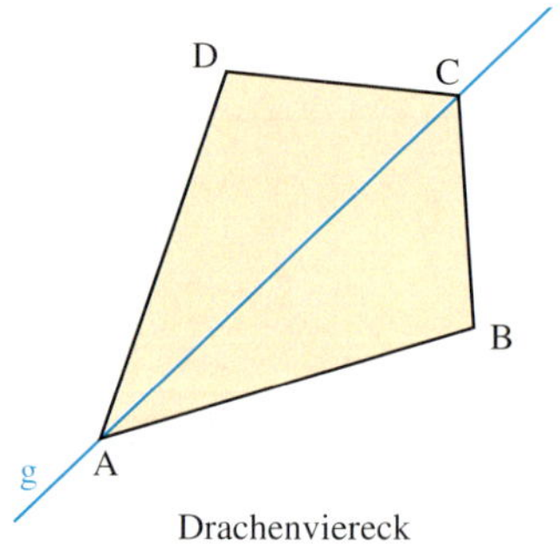

Drachenviereck

Information

(1) Definition von gleichschenkligem Trapez und Drachenviereck

Die Lösung der Aufgabe 1 führte uns außer auf Quadrat, Rechteck und Raute auf *weitere* besondere Vierecke, die du auch häufig in der Umwelt findest. Um was für Vierecke handelt es sich? Beschreibe sie.
Die Lösung der Teilaufgabe c) führt auf ein Viereck, das Sonderfall eines Trapezes ist.
Wie kann man sich ein solches Trapez entstanden denken?

Trapez kommt vom griechischen Wort „Tisch“.

Definition

(1) Ein Trapez, bei dem die Winkel an einer Seite gleich groß sind, heißt **gleichschenklig**.
(2) Ein Viereck, bei dem zwei benachbarte Seiten gleich lang sind und ebenso die beiden anderen Seiten, heißt **Drachenviereck**.

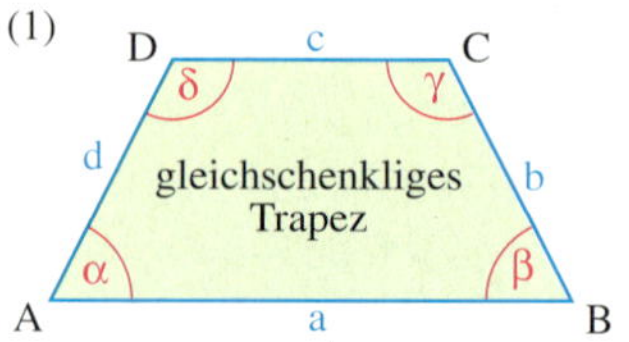

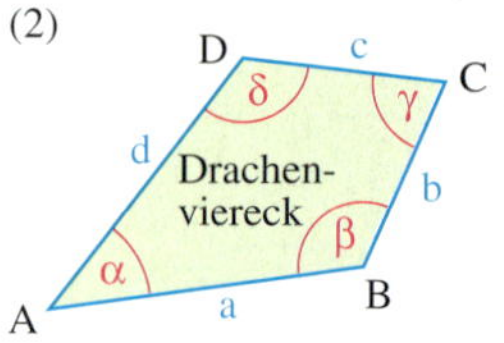

Beachte: Ein Drachenviereck kann auch eine einspringende Ecke besitzen.

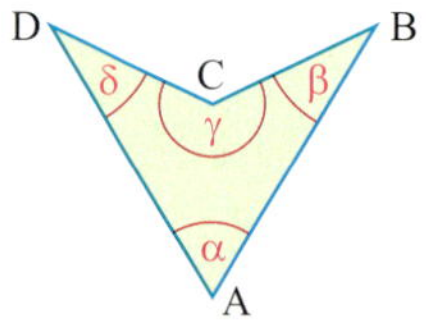

(2) Achsensymmetrie bei Quadrat, Rechteck, Raute, gleichschenkligem Trapez und Drachenviereck

Wir entnehmen aufgrund der Anschauung folgenden Satz:

Satz: *Achsensymmetrie bei Quadrat, Rechteck, Raute, Trapez und Drachenviereck*

(1) Jedes Quadrat ist achsensymmetrisch zu den beiden Diagonalgeraden und zu den beiden Mittellinien.

(2) Jedes Rechteck ist achsensymmetrisch zu den beiden Mittellinien.

(3) Jede Raute ist achsensymmetrisch zu den beiden Diagonalgeraden.

(4) Jedes gleichschenklige Trapez ist achsensymmetrisch zu der Mittellinie einer Grundseite.

(5) Jedes Drachenviereck ist achsensymmetrisch zu einer Diagonalgeraden.

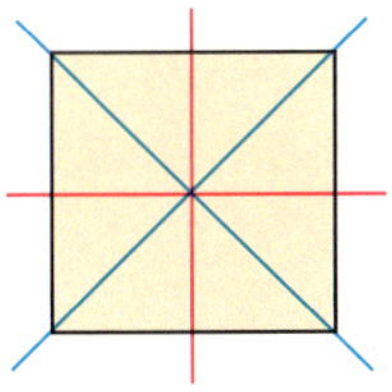
Quadrat

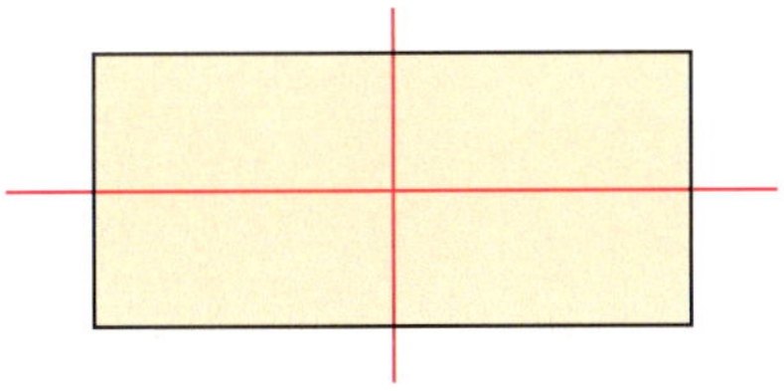
Rechteck

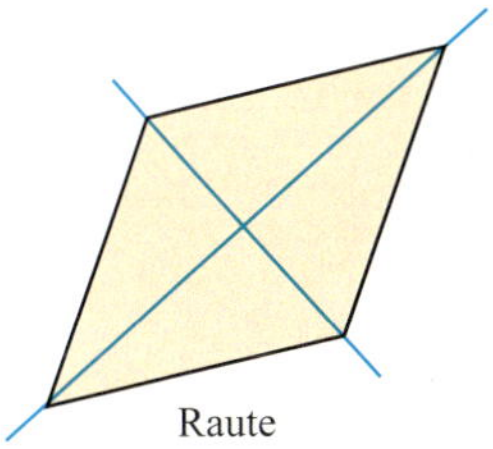
Raute

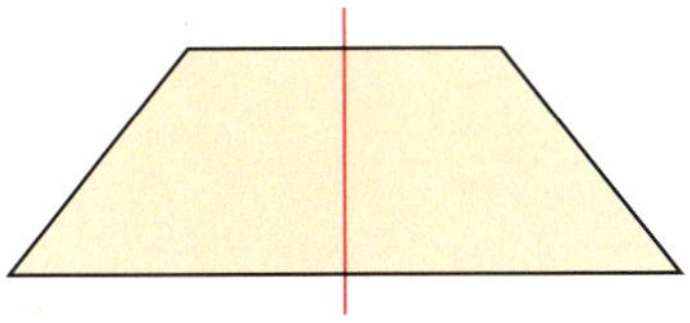
gleichschenkliges Trapez

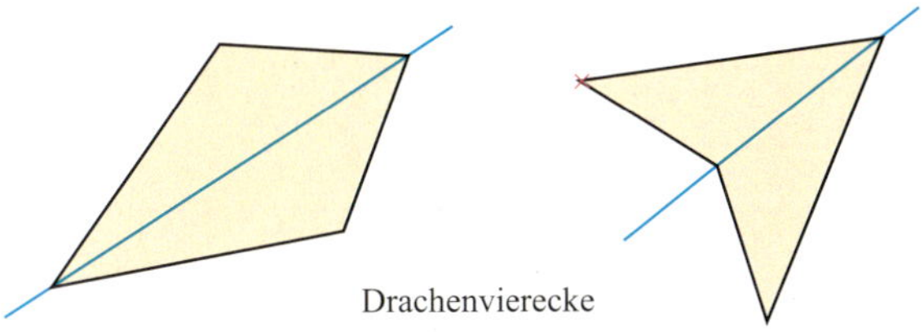
Drachenvierecke

Übungsaufgaben

2. **a)** Auf den Bildern siehst du verschiedene besondere Vierecke. Beschreibe sie. Welche Symmetrieeigenschaften besitzen sie?

(1)

(2)

(3)

(4)

b) Gib weitere Beispiele für solche Vierecke im Alltag an.

DGS **3.** Zeichne mit einem dynamischen Geometrie-System ein beliebiges Viereck ABCD und eine Gerade g. Spiegele dann das Viereck ABCD an g.
Verforme ABCD auf folgende Weise zu einem achsensymmetrischen Viereck:
Verändere die Lage von A, B, C, D so, dass das Viereck ABCD mit seinem Bild übereinstimmt.
Untersuche so:
(1) Welche gemeinsamen Eigenschaften besitzen alle achsensymmetrischen Vierecke?
(2) Welche besonderen achsensymmetrischen Vierecke gibt es?

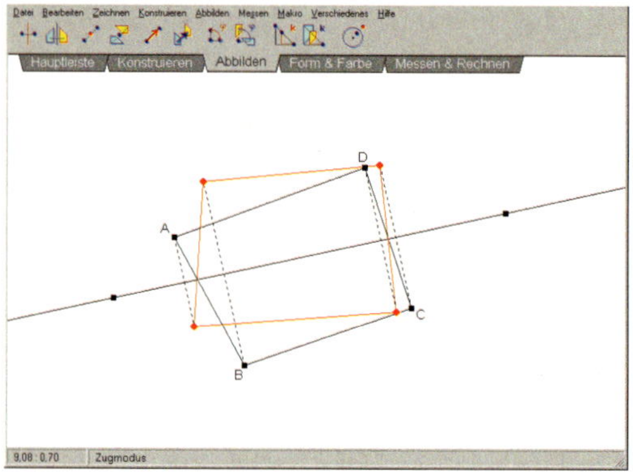

Viereck	A	B
Rechteck		
Quadrat		

4. **a)** Fertige eine Tabelle wie links an; kreuze an, falls für die Figur die Besonderheit zutrifft.
b) Falls die Figur achsensymmetrisch ist, zeichne sie ab und trage die Symmetrieachsen ein.

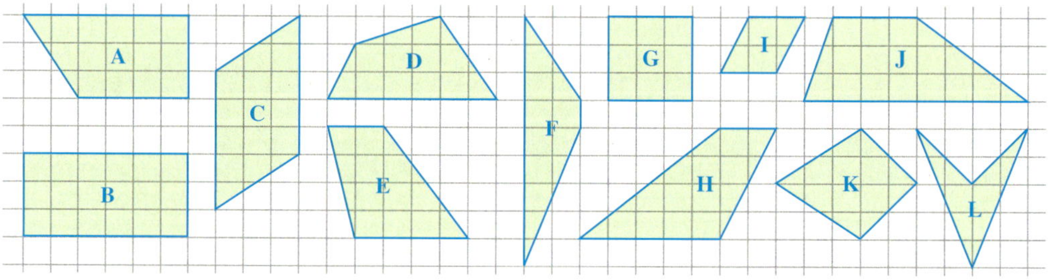

Denke an die Planfigur

5. Führe die Konstruktion durch. Begründe die Richtigkeit der Konstruktion anhand der Definition auf Seite 140. Zeichne auch die Symmetrieachsen ein.

a) Konstruiere ein gleichschenkliges Trapez ABCD ($AB \| CD$) mit
(1) $a = 4$ cm; $\beta = 51°$; $b = 2{,}9$ cm (2) $c = 3{,}7$ cm; $\delta = 125°$; $d = 1{,}9$ cm.

b) Konstruiere ein gleichschenkliges Trapez ABCD ($AD \| BC$) mit
(1) $a = 3{,}2$ cm; $\alpha = 41°$; $b = 8{,}4$ cm (2) $c = 2{,}9$ cm; $\gamma = 57°$; $d = 7{,}2$ cm.

c) Konstruiere ein Drachenviereck ABCD mit AC als Symmetrieachse und
(1) $\delta = 125°$; $c = 4{,}2$ cm; $d = 1{,}9$ cm (2) $a = 2{,}9$ cm; $b = 5{,}1$ cm; $\beta = 135°$.

6. **a)** Ergänze das stumpfwinklige Dreieck ABC zu einem achsensymmetrischen Viereck. Es gibt verschiedene Möglichkeiten. Um was für ein Viereck handelt es sich?
b) Wähle einen anderen Dreieckstyp als in Teilaufgabe a) und verfahre entsprechend.

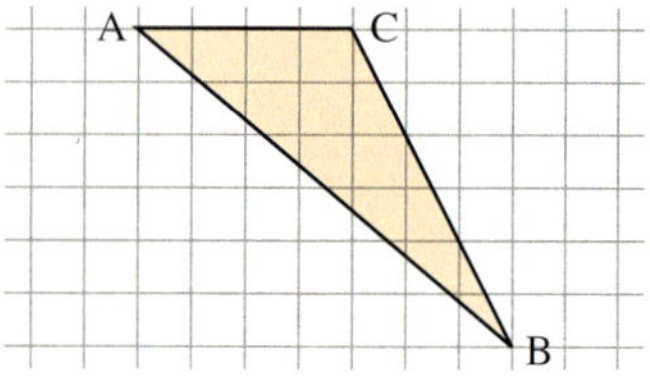

7. Jedes Parallelogramm ist punktsymmetrisch.
Untersuche, ob ein Parallelogramm auch achsensymmetrisch sein kann. Beschreibe dein Ergebnis.

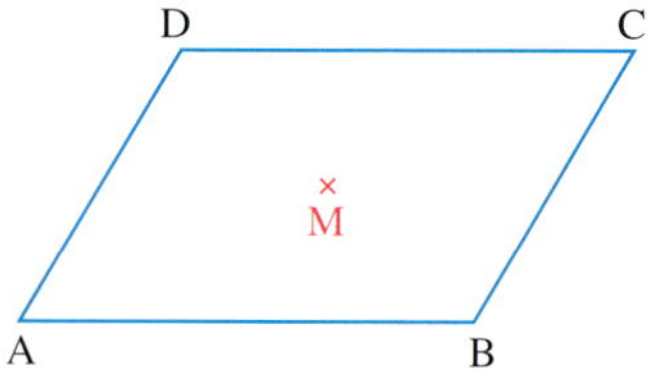

8. Zeichne drei *nicht* zueinander kongruente Drachenvierecke, deren Diagonalen 3 cm und 5 cm lang sind.

9. Zum Bau eines Drachens werden zwei Holzleisten der Länge 70 cm und 40 cm verwendet. Der Kreuzungspunkt beider Leisten zerlegt die längere Leiste in 20 cm und 50 cm lange Teilstrecken. Fertige eine Zeichnung an. Wähle den Maßstab 1 : 10.

10. Bei einem Drachenviereck ist eine Seite 3 cm lang, eine andere 5 cm und ein Winkel ist 40° groß. Wie kann dieses Drachenviereck aussehen? Beschreibe.

11. **a)** Zeichne ein Dreieck ABC. Ergänze die drei Punkte durch einen Punkt D so, dass ein gleichschenkliges Trapez entsteht.

b) Zeichne einen 70° großen Winkel mit dem Scheitel S und den Schenkeln a und b. Markiere einen Punkt P im Inneren des Winkels. Bestimme auf a einen Punkt A und auf b einen Punkt B so, dass das Viereck SAPB
(1) ein Drachenviereck ist;
(2) ein gleichschenkliges Trapez ist.

3.7.2 Eigenschaften achsensymmetrischer Vierecke

Aufgabe 1

Aufgrund der Definition sind bei einem Drachenviereck zwei benachbarte Seiten gleich lang und ebenso die beiden anderen Seiten.
Welche weiteren Eigenschaften kannst du aufgrund der Achsensymmetrie des Drachenvierecks (auch über die Diagonalen) folgern?
Begründe.

Lösung

Wir betrachten ein Drachenviereck ABCD mit Symmetrieachse AC. Da beim Spiegeln an AC das Teildreieck ABC auf das Teildreieck ADC abgebildet wird, gilt:

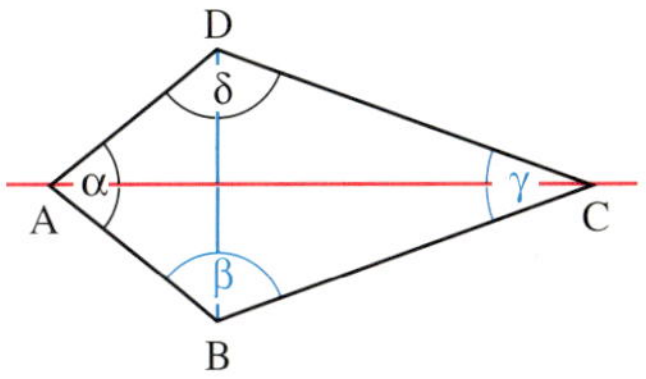

(1) Die einander gegenüberliegenden Winkel β und δ sind gleich groß.
(2) Die Diagonale $\overline{AC}$ halbiert die gegenüberliegenden Innenwinkel α und γ.

Da der Punkt D Symmetriepartner des Punktes A ist, ist die Verbindungsstrecke $\overline{BD}$ orthogonal zur Symmetrieachse AC und wird von dieser halbiert. Also gilt ferner:
(3) Die Diagonalen $\overline{AC}$ und $\overline{BD}$ sind orthogonal zueinander.
(4) Die Diagonale $\overline{AC}$ halbiert die Diagonale $\overline{BD}$.

Information

Die Lösung der Aufgabe 1 liefert folgendes Ergebnis:

Satz: *Eigenschaften des Drachenvierecks*

Für jedes *Drachenviereck* gilt:
(a) Wenigstens zwei gegenüberliegende Winkel sind gleich groß.
(b) Die Diagonalen sind orthogonal zueinander.
(c) Wenigstens eine Diagonale halbiert die andere.

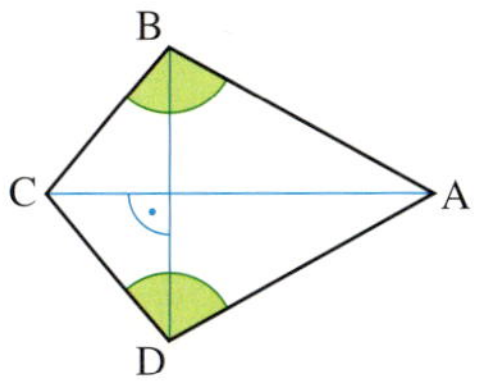

Weiterführende Aufgabe

2. *Eigenschaften des Rechtecks, des Quadrates, des gleichschenkligen Trapezes, der Raute*
   - **a)** Was kannst du aufgrund der Achsensymmetrie des Rechtecks über seine Diagonalen aussagen?
   - **b)** Was kannst du aufgrund der Achsensymmetrie des Quadrates über die Diagonalen aussagen?
   - **c)** Was kannst du aufgrund der Achsensymmetrie des gleichschenkligen Trapezes über die Winkel und über die Diagonalen aussagen?
   - **d)** Was kannst du aufgrund der Achsensymmetrie der Raute über die Diagonalen aussagen?

Satz: *Weitere Eigenschaften des Rechtecks*
Für *jedes Rechteck* gilt:
Die Diagonalen sind gleich lang.

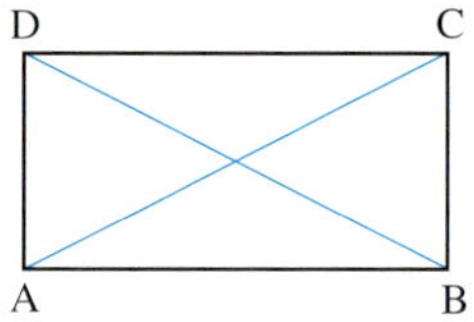

Satz: *Weitere Eigenschaften des Quadrates*
Für *jedes Quadrat* gilt:
(a) Die Diagonalen sind orthogonal zueinander und gleich lang.
(b) Die Diagonalen halbieren die Innenwinkel.

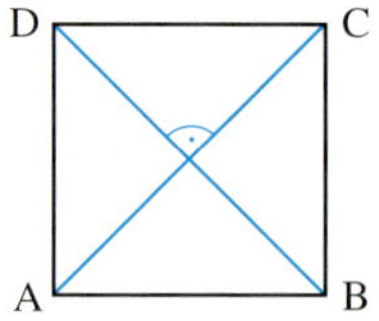

Satz: *Eigenschaften des gleichschenkligen Trapezes*
Für jedes *gleichschenklige Trapez* gilt:
(a) Die beiden Schenkel sind gleich lang.
(b) Die Diagonalen sind gleich lang.
(c) Die Basiswinkel an jeder Grundseite sind gleich groß.

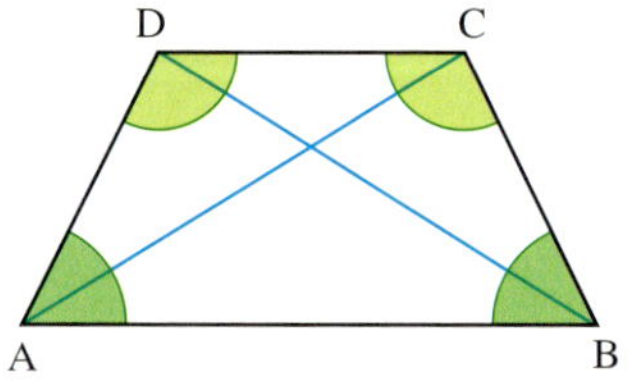

Satz: *Weitere Eigenschaften der Raute*
Für jede *Raute* gilt:
(a) Die Diagonalen sind orthogonal zueinander.
(b) Die Diagonalen halbieren die Innenwinkel.

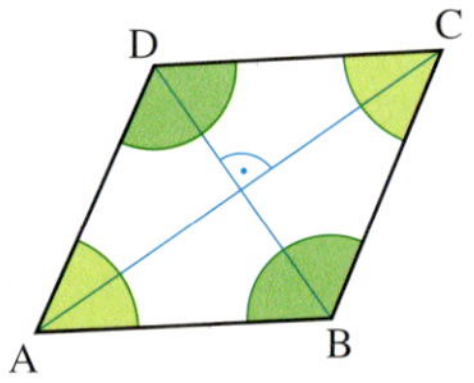

Übungsaufgaben

3. Du kennst bereits einige Eigenschaften der Raute (siehe Seite 137). Gib weitere an; achte auch auf die Diagonalen. Begründe die Eigenschaften mithilfe von Kongruenzsätzen für Dreiecke.

4. **a)** Formuliere die Eigenschaften des Drachenvierecks [des gleichschenkligen Trapezes] als Wenn-dann-Sätze.
   b) Bilde die Umkehrung der Sätze aus Teilaufgabe a).
   c) Beweise oder widerlege die Kehrsätze aus Teilaufgabe b).

5. *Teamarbeit: Anwenden der Kongruenzsätze beim Beweisen*

   Jede Gruppe wählt eine der Figuren Rechteck, Quadrat oder Raute und stellt die Eigenschaften als Wenn-dann-Sätze zusammen. Jeder wählt eine Eigenschaft aus, beweist sie mithilfe eines Kongruenzsatzes und berichtet darüber in der Gruppe.

6. Zeichne in ein gleichschenkliges Dreieck eine Raute, die einen Winkel mit dem Winkel an der Spitze des Dreiecks gemeinsam hat und deren Gegenecke auf der Basis des Dreiecks liegt.

7. Berechne die übrigen Winkel des gleichschenkligen Trapezes ABCD mit $AB \parallel CD$.

a) $\alpha = 72°$ **b)** $\beta = 124°$ **c)** $\gamma = 109°$ **d)** $\delta = 56°$

8. Berechne die fehlenden Winkel des Drachenvierecks ABCD mit AC als Symmetrieachse.

a) $\alpha = 36°$; $\gamma = 120°$ **b)** $\beta = 105°$; $\gamma = 80°$ **c)** $\alpha = 90°$; $\beta = 62°$ **d)** $\beta = \alpha = 100°$

9. **a)** In welchen Vierecken sind beide Diagonalgeraden und beide Mittellinien Symmetrieachsen?

b) Betrachte verschiedene Rechtecke. Mache eine Aussage über die Anzahl der Symmetrieachsen. Wie viele Symmetrieachsen hat ein Rechteck (1) mindestens; (2) höchstens?

c) Welche Geraden sind in jeder Raute Symmetrieachsen? Welche Symmetrieachsen können in speziellen Rauten zusätzlich vorkommen?

d) Wie viele Symmetrieachsen hat ein Drachenviereck (1) mindestens; (2) höchstens?

10. Julia hat sich ein rechteckiges Stück Drachenpapier gekauft. Es ist 72 cm lang und 54 cm breit. Daraus will sie ein möglichst großes Drachenviereck ausschneiden, das zwei gegenüberliegende rechte Winkel besitzt.
Lege im Maßstab 1:10 eine Zeichnung an. Wie muss sie den Kreuzungspunkt der beiden Leisten wählen?

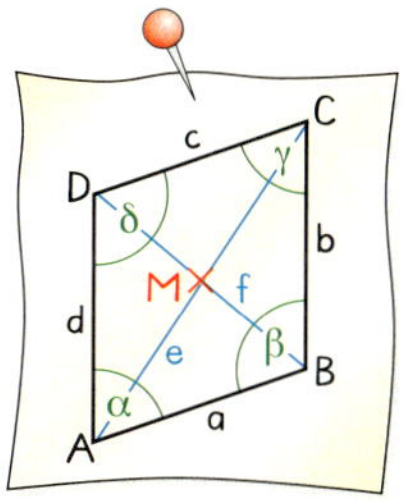

11. Konstruiere ein Rechteck ABCD aus den gegebenen Stücken. Beschreibe die Konstruktion; begründe sie.

a) a = 6 cm; e = 7 cm

b) c = 6,3 cm; $\sphericalangle$ACB = 35°

c) b = 2,6 cm; $\sphericalangle$ACB = 50°

d) a = 3,9 cm; $\sphericalangle$ACD = 50°

e) f = 5,9 cm; $\sphericalangle$DBA = 34°

f) $|AM| = 2{,}9$ cm; $\sphericalangle$AMB = 115°

12. Konstruiere ein Quadrat ABCD. Beschreibe die Konstruktion; begründe sie.

a) f = 8 cm **b)** $|AM| = 2$ cm

13. Konstruiere eine Raute ABCD. Beschreibe die Konstruktion; begründe sie.

a) b = 6 cm; $\delta = 110°$

b) a = 6,4 cm; $\gamma = 42°$

c) c = 4 cm; e = 5,1 cm

d) a = 3,5 cm; $|AM| = 2{,}6$ cm

e) $|AM| = 4$ cm; $|BM| = 2{,}5$ cm

f) e = 2,4 cm; f = 9,6 cm

14. Konstruiere ein Drachenviereck ABCD mit BD als Symmetrieachse. Es kann zwei Lösungen geben. Beschreibe die Konstruktion; begründe sie.

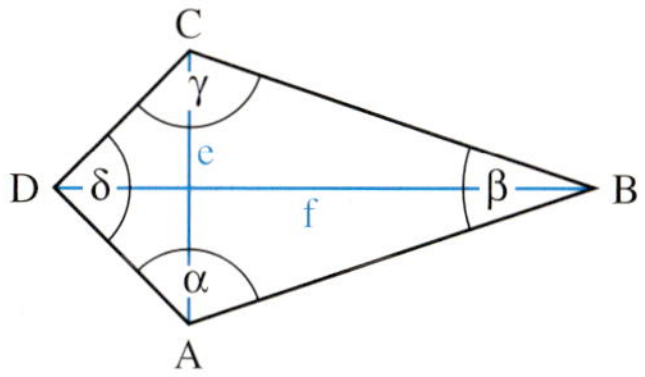

a) f = 5,8 cm; b = 3,9 cm; d = 2,8 cm

b) e = 4,2 cm; b = 5,2 cm; f = 3,4 cm

c) f = 6,2 cm; $\beta = 110°$; $\delta = 44°$

d) b = 4 cm; e = 6,2 cm; $\delta = 120°$

15. Konstruiere ein gleichschenkliges Trapez ABCD mit $AB \parallel CD$.
Beschreibe die Konstruktion; begründe sie.

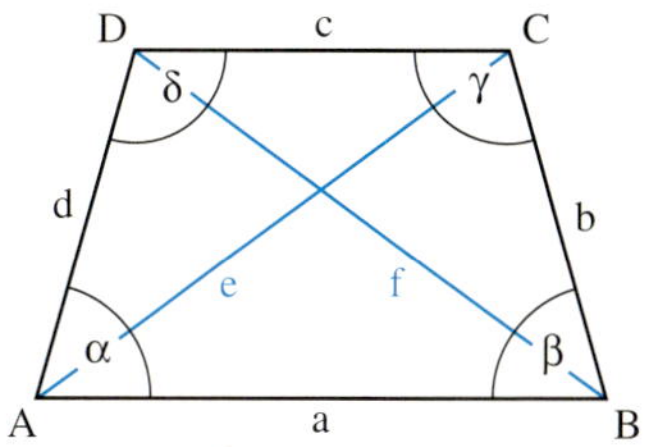

a) a = 5,4 cm; d = 3,1 cm; $\beta = 64°$

b) c = 4,8 cm; b = 2,4 cm; e = 5,6 cm

c) c = 3,5 cm; d = 2,8 cm; $\gamma = 125°$

d) a = 6,1 cm; e = 7,9 cm; $\beta = 68°$

Aufgabe 1

Wir wollen im Folgenden untersuchen, ob es auch für die Raute verschiedene Definitionen gibt.

a) Stelle alle dir bekannten Eigenschaften der Raute zusammen.

b) Wir haben *Raute* definiert durch die Eigenschaft:
Ein Parallelogramm, in dem alle vier Seiten gleich lang sind, ist eine Raute.
Betrachte die Zusammenstellung der Eigenschaften in Teilaufgabe a).
Überprüfe, ob man die Raute auch durch andere Eigenschaften definieren kann.
Falls ja, mache Definitionsvorschläge.

Lösung

a) Eigenschaften der Raute sind:

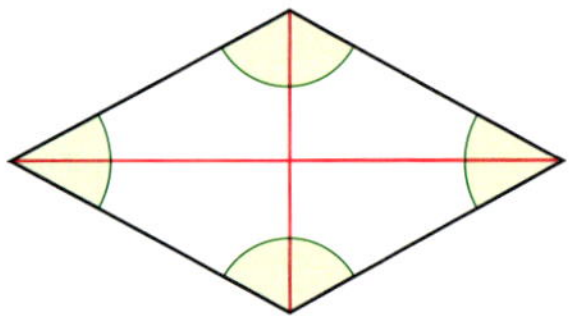

(a) Beide Diagonalen halbieren einander.
(b) Gegenüberliegende Seiten sind gleich lang.
(c) Gegenüberliegende Winkel sind gleich groß.
(d) Benachbarte Winkel ergänzen sich zu 180°.
(e) Beide Diagonalen sind orthogonal zueinander.
(f) Alle vier Seiten sind gleich lang.
(g) Gegenüberliegende Seiten sind parallel.
(h) Jede der beiden Diagonalen ist Symmetrieachse.
(i) Der Schnittpunkt der Diagonalen ist Symmetriezentrum.

b) Die Raute kann definiert werden durch die Eigenschaft:
Beide Diagonalen halbieren einander und sind orthogonal zueinander.

Es gilt:

(1) Wenn in einem Viereck alle Seiten gleich lang sind, dann halbieren die Diagonalen einander und sind orthogonal zueinander.

Und umgekehrt gilt:

(1)* Wenn sich in einem Viereck die Diagonalen halbieren und orthogonal zueinander sind, dann sind im Viereck alle Seiten gleich lang.

Wir können also bei der Raute die beiden Eigenschaften:

Alle Seiten sind gleich lang.
und
Die Diagonalen halbieren sich und sind orthogonal zueinander.

austauschen, ohne dass man ein anderes Viereck erhält.

Somit erhalten wir für die Raute noch eine andere *Definition*:

Ein Viereck, bei dem sich die Diagonalen halbieren und orthogonal zueinander sind, heißt *Raute*.

Information

Die Lösung der obigen Aufgabe zeigt, dass man beim Definieren gewisse Freiheiten hat. Andererseits zeigt der ursprüngliche Definitionsvorschlag für das gleichschenklige Trapez auf Seite 147, dass man aber auch die Konsequenzen einer Definition bedenken muss.

Durch eine **Definition** wird ein Begriff festgelegt und erklärt.
Häufig gibt es mehrere Möglichkeiten, um einen Begriff zu definieren. Welche Möglichkeit man zur Definition eines Begriffs wählt, ist willkürlich. Man wählt meist eine besonders einfache, anschauliche oder für die folgenden Überlegungen zweckmäßige Möglichkeit aus.

7. Berechne die übrigen Winkel des gleichschenkligen Trapezes ABCD mit $AB \parallel CD$.

a) $\alpha = 72°$ **b)** $\beta = 124°$ **c)** $\gamma = 109°$ **d)** $\delta = 56°$

8. Berechne die fehlenden Winkel des Drachenvierecks ABCD mit AC als Symmetrieachse.

a) $\alpha = 36°$; $\gamma = 120°$ **b)** $\beta = 105°$; $\gamma = 80°$ **c)** $\alpha = 90°$; $\beta = 62°$ **d)** $\beta = \alpha = 100°$

9. a) In welchen Vierecken sind beide Diagonalgeraden und beide Mittellinien Symmetrieachsen?

b) Betrachte verschiedene Rechtecke. Mache eine Aussage über die Anzahl der Symmetrieachsen. Wie viele Symmetrieachsen hat ein Rechteck (1) mindestens; (2) höchstens?

c) Welche Geraden sind in jeder Raute Symmetrieachsen? Welche Symmetrieachsen können in speziellen Rauten zusätzlich vorkommen?

d) Wie viele Symmetrieachsen hat ein Drachenviereck (1) mindestens; (2) höchstens?

10. Julia hat sich ein rechteckiges Stück Drachenpapier gekauft. Es ist 72 cm lang und 54 cm breit. Daraus will sie ein möglichst großes Drachenviereck ausschneiden, das zwei gegenüberliegende rechte Winkel besitzt.
Lege im Maßstab 1 : 10 eine Zeichnung an. Wie muss sie den Kreuzungspunkt der beiden Leisten wählen?

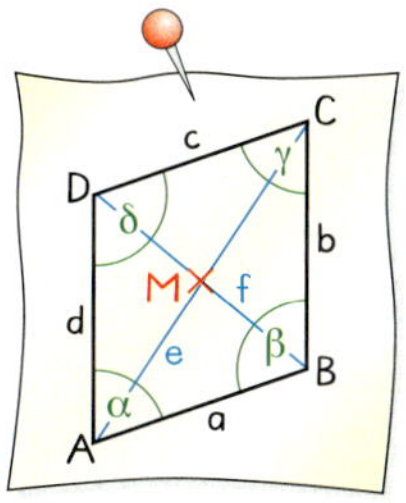

11. Konstruiere ein Rechteck ABCD aus den gegebenen Stücken. Beschreibe die Konstruktion; begründe sie.

a) a = 6 cm; e = 7 cm
b) c = 6,3 cm; ∢ACB = 35°
c) b = 2,6 cm; ∢ACB = 50°
d) a = 3,9 cm; ∢ACD = 50°
e) f = 5,9 cm; ∢DBA = 34°
f) |AM| = 2,9 cm; ∢AMB = 115°

12. Konstruiere ein Quadrat ABCD. Beschreibe die Konstruktion; begründe sie.

a) f = 8 cm **b)** |AM| = 2 cm

13. Konstruiere eine Raute ABCD. Beschreibe die Konstruktion; begründe sie.

a) b = 6 cm; $\delta = 110°$
b) a = 6,4 cm; $\gamma = 42°$
c) c = 4 cm; e = 5,1 cm
d) a = 3,5 cm; |AM| = 2,6 cm
e) |AM| = 4 cm; |BM| = 2,5 cm
f) e = 2,4 cm; f = 9,6 cm

14. Konstruiere ein Drachenviereck ABCD mit BD als Symmetrieachse. Es kann zwei Lösungen geben. Beschreibe die Konstruktion; begründe sie.

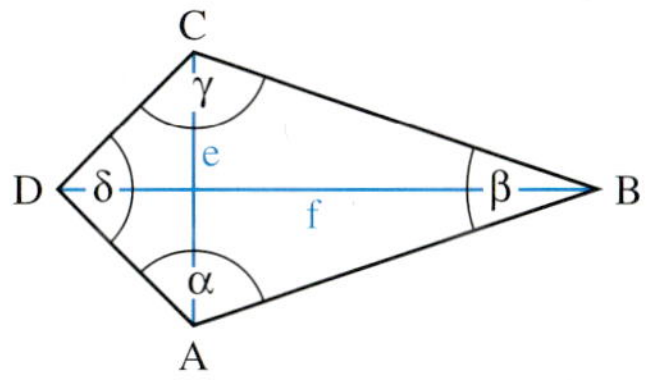

a) f = 5,8 cm; b = 3,9 cm; d = 2,8 cm
b) e = 4,2 cm; b = 5,2 cm; f = 3,4 cm
c) f = 6,2 cm; $\beta = 110°$; $\delta = 44°$
d) b = 4 cm; e = 6,2 cm; $\delta = 120°$

15. Konstruiere ein gleichschenkliges Trapez ABCD mit $AB \parallel CD$. Beschreibe die Konstruktion; begründe sie.

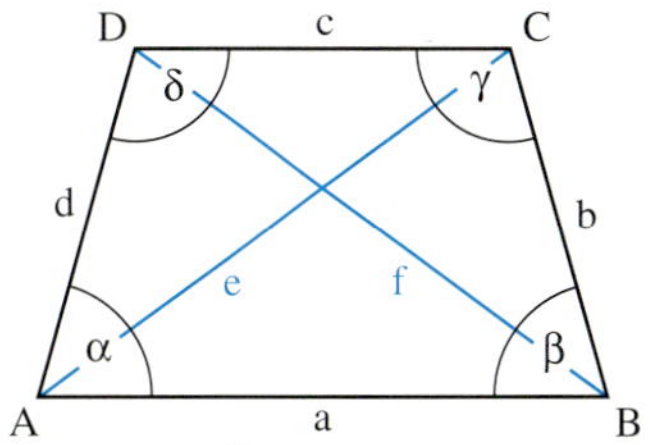

a) a = 5,4 cm; d = 3,1 cm; $\beta = 64°$
b) c = 4,8 cm; b = 2,4 cm; e = 5,6 cm
c) c = 3,5 cm; d = 2,8 cm; $\gamma = 125°$
d) a = 6,1 cm; e = 7,9 cm; $\beta = 68°$

3.8 Übersicht über die symmetrischen Vierecke

Einführung

Das Diagramm rechts wird auch *Haus der symmetrischen Vierecke* genannt. Die Verbindungslinien zeigen Beziehungen zwischen den Vierecken. So ist zum Beispiel das Quadrat (über das Rechteck) mit dem Parallelogramm verbunden. Das besagt:

– *Von oben nach unten gelesen:*
  Jedes Quadrat ist ein Rechteck;
  jedes Rechteck ist ein Parallelogramm;
  jedes Quadrat ist ein Parallelogramm.
– *Von unten nach oben gelesen:*
  Manche Parallelogramme sind Rechtecke;
  manche Rechtecke sind Quadrate;
  manche Parallelogramme sind Quadrate.

Lies weitere Sätze ab und notiere sie.

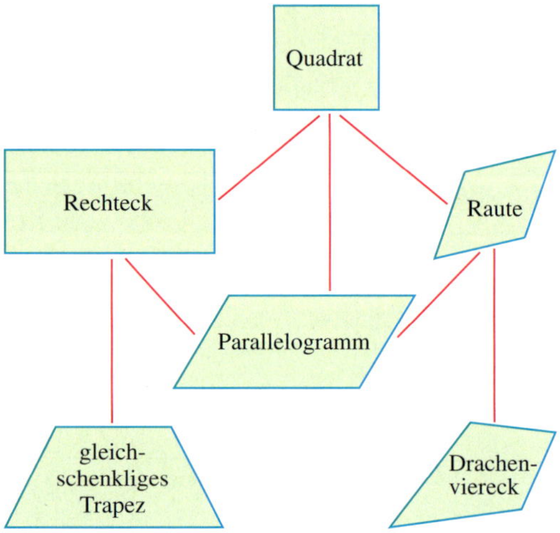

Übungsaufgaben

1. **a)** Zeichne das Haus der Vierecke ab. Trage dann alle Symmetrieachsen und -zentren ein.
b) Welche Vierecke sind punktsymmetrisch? Wo findest du sie im Haus der Vierecke?
c) Welche Vierecke sind achsensymmetrisch? Wie viele Symmetrieachsen besitzen sie? Kannst du das auch am Haus der Vierecke ablesen?

2. Wir wissen: In jedem Parallelogramm halbieren die Diagonalen einander. Für welche Vierecke trifft dies auch zu? Wie kann man das am Haus der Vierecke ablesen?

3. **a)** Felix sagt: „Mein Viereck ist punktsymmetrisch, besitzt aber keine Symmetrieachse." Welches Viereck hat Felix gezeichnet?
b) Finde selbst weitere Rätsel und lasse sie deine Mitschülerin/deinen Mitschüler lösen.

4. Entscheide anhand des Hauses der Vierecke, ob die Aussage wahr oder falsch ist. Erläutere.

a) (1) Jedes Quadrat ist ein Parallelogramm.
(2) Jedes Parallelogramm ist eine Raute.
(3) Manche Parallelogramme sind Rauten.
(4) Manche Rechtecke sind Rauten.
(5) Manche Rechtecke sind Quadrate.
(6) Jede Raute ist ein Parallelogramm.
(7) Es gibt Quadrate, die keine Rauten sind.
(8) Es gibt Rauten, die keine Quadrate sind.

b) (1) Jedes Drachenviereck ist ein Parallelogramm.
(2) Manche Parallelogramme sind Drachenvierecke.
(3) Jedes Parallelogramm ist ein Trapez.
(4) Manche Drachenvierecke sind gleichschenklige Trapeze.
(5) Jedes gleichschenklige Trapez ist ein Parallelogramm.
(6) Manche gleichschenklige Trapeze sind Parallelogramme.

5. Das Haus der Vierecke oben ist unter dem Aspekt der Symmetrie aufgebaut.
Zeichne ein entsprechendes Haus von Vierecken unter dem Aspekt

a) gleiche Seitenlänge; **b)** gleiche Winkelgrößen.

Beginne mit dem Viereck, bei dem alle Seiten gleich lang [alle Winkel gleich groß] sind.

3.9 Vom Definieren eines Begriffs am Beispiel der Vierecke

Einführung

definieren ⟨lat.⟩ abgrenzen, bestimmen

(1) Mehrere mögliche Definitionen für einen Begriff

Wir haben schon viele geometrische Begriffe wie z. B. besondere Vierecke definiert, das bedeutet:

Wir haben jeweils den Vierecksbegriff durch eine oder mehrere Eigenschaften festgelegt, an denen man das besondere Viereck erkennen und von anderen unterscheiden kann.

So fallen nach der Definition unter „Parallelogramm" alle Vierecke, bei denen je zwei gegenüberliegende Seiten parallel zueinander sind, alle anderen aber nicht.
So ist ein Trapez im Allgemeinen kein Parallelogramm.

In manchen Büchern findet man auch folgende Definition für ein Parallelogramm:

▶ Definition

Ein punktsymmetrisches Viereck heißt Parallelogramm.

Da bei punktsymmetrischen Vierecken gegenüberliegende Seiten parallel zueinander sind, gilt:
Jedes punktsymmetrische Viereck ist ein Parallelogramm (siehe Seite 133).
Danach könnte es aber noch Parallelogramme geben, die nicht punktsymmetrisch sind.

Wir haben jedoch umgekehrt gezeigt (Seite 134, Aufgabe 11):
Jedes Parallelogramm ist punktsymmetrisch.
Damit wissen wir: Die punktsymmetrischen Vierecke stimmen mit den Parallelogrammen überein. Die beiden Definitionen bestimmen also dieselben Vierecke.

(2) Schwierigkeiten beim Definieren

Andererseits können ungeschickte Definitionen zu Problemen führen:

Wir haben das gleichschenklige Trapez dadurch definiert, dass zwei Winkel an einer gemeinsamen Grundseite gleich groß sind. Dies erscheint auf den ersten Blick eigenartig, da die Definition für das gleichschenklige Dreieck lautet:

Ein Dreieck ist gleichschenklig, wenn (wenigstens) zwei Seiten gleich lang sind.

Daher könnte der folgende Definitionsvorschlag näherliegend sein.

Definitionsvorschlag:
Ein gleichschenkliges Trapez ist ein Trapez, bei dem beide Schenkel gleich lang sind.

Dieser Definitionsvorschlag würde aber bedeuten, dass ein Parallelogramm auch ein gleichschenkliges Trapez ist. Damit wären dann aber nicht mehr alle gleichschenklige Trapeze achsensymmetrisch, da Parallelogramme i. a. nur punktsymmetrisch sind. Da dies ungünstig ist, hat man die weniger naheliegende Definition über die gleich großen Winkel gewählt.

Aufgabe 1

Wir wollen im Folgenden untersuchen, ob es auch für die Raute verschiedene Definitionen gibt.

a) Stelle alle dir bekannten Eigenschaften der Raute zusammen.

b) Wir haben *Raute* definiert durch die Eigenschaft:
Ein Parallelogramm, in dem alle vier Seiten gleich lang sind, ist eine Raute.
Betrachte die Zusammenstellung der Eigenschaften in Teilaufgabe a).
Überprüfe, ob man die Raute auch durch andere Eigenschaften definieren kann.
Falls ja, mache Definitionsvorschläge.

Lösung

a) Eigenschaften der Raute sind:

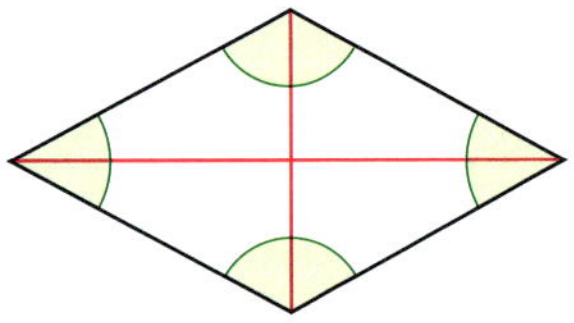

(a) Beide Diagonalen halbieren einander.
(b) Gegenüberliegende Seiten sind gleich lang.
(c) Gegenüberliegende Winkel sind gleich groß.
(d) Benachbarte Winkel ergänzen sich zu 180°.
(e) Beide Diagonalen sind orthogonal zueinander.
(f) Alle vier Seiten sind gleich lang.
(g) Gegenüberliegende Seiten sind parallel.
(h) Jede der beiden Diagonalen ist Symmetrieachse.
(i) Der Schnittpunkt der Diagonalen ist Symmetriezentrum.

b) Die Raute kann definiert werden durch die Eigenschaft:
Beide Diagonalen halbieren einander und sind orthogonal zueinander.

Es gilt:

(1) Wenn in einem Viereck alle Seiten gleich lang sind, dann halbieren die Diagonalen einander und sind orthogonal zueinander.

Und umgekehrt gilt:

(1)* Wenn sich in einem Viereck die Diagonalen halbieren und orthogonal zueinander sind, dann sind im Viereck alle Seiten gleich lang.

Wir können also bei der Raute die beiden Eigenschaften:

Alle Seiten sind gleich lang.
und
Die Diagonalen halbieren sich und sind orthogonal zueinander.

austauschen, ohne dass man ein anderes Viereck erhält.

Somit erhalten wir für die Raute noch eine andere *Definition*:

Ein Viereck, bei dem sich die Diagonalen halbieren und orthogonal zueinander sind, heißt *Raute*.

Information

Die Lösung der obigen Aufgabe zeigt, dass man beim Definieren gewisse Freiheiten hat. Andererseits zeigt der ursprüngliche Definitionsvorschlag für das gleichschenklige Trapez auf Seite 147, dass man aber auch die Konsequenzen einer Definition bedenken muss.

Durch eine **Definition** wird ein Begriff festgelegt und erklärt.
Häufig gibt es mehrere Möglichkeiten, um einen Begriff zu definieren. Welche Möglichkeit man zur Definition eines Begriffs wählt, ist willkürlich. Man wählt meist eine besonders einfache, anschauliche oder für die folgenden Überlegungen zweckmäßige Möglichkeit aus.

Übungsaufgaben

2. Warum wird die Raute nicht allein durch die Eigenschaft (b) in der Lösung zu Aufgabe 1 a) auf Seite 148 festgelegt?
Würde die Raute festgelegt, wenn man zusätzlich zu (b) die Eigenschaft (e) fordert?

3. **a)** Prüfe, ob es sich um eine mögliche Definition des Begriffs Raute handelt.
(1) Ein Viereck heißt Raute, wenn alle vier Seiten gleich lang sind und sich die Diagonalen halbieren.
(2) Ein Viereck heißt Raute, wenn beide Diagonalen Symmetrieachsen sind.

b) Überprüfe die Definitionsvorschläge rechts für den Begriff gleichschenkliges Dreieck daraufhin
(i) ob sie den Begriff gleichschenkliges Dreieck tatsächlich definieren,
(ii) ob sie überflüssige Forderungen enthalten.

Definitionsvorschläge:
Ein Dreieck heißt gleichschenklig, wenn
(a) es zwei gleich lange Seiten hat.
(b) eine Winkelhalbierende Symmetrieachse ist.
(c) eine Höhe zugleich Winkelhalbierende ist.
(d) es zwei gleich große Winkel hat.
(e) es punktsymmetrisch ist.
(f) eine Winkelhalbierende eine Dreieckseite halbiert.
(g) es achsensymmetrisch ist und die Symmetrieachse Mittelsenkrechte ist.

4. Überprüfe die folgenden Definitionsvorschläge für das Rechteck daraufhin
- ob sie den Begriff Rechteck auch tatsächlich definieren,
- ob sie überflüssige Forderungen enthalten.

Ein Viereck heißt Rechteck,
(a) wenn die beiden Diagonalen gleich lang sind;
(b) wenn die beiden Diagonalen gleich lang sind und sich gegenseitig halbieren;
(c) wenn gegenüberliegende Seiten gleich lang und alle Winkel rechte Winkel sind;
(d) wenn gegenüberliegende Seiten gleich lang und die Diagonalen orthogonal zueinander sind;
(e) wenn gegenüberliegende Seiten parallel sind und wenigstens einer der vier Winkel 90° groß ist;
(f) wenn beide Mittellinien Symmetrieachsen sind;
(g) wenn es ein Parallelogramm ist, in dem beide Diagonalen gleich lang sind;
(h) wenn alle vier Winkel gleich groß sind.

5. Mache Definitionsvorschläge für das Quadrat.

6. **a)** In einem Mathematiklexikon findet man die nebenstehende Definition des Drachenvierecks. Mache weitere Definitionsvorschläge.

b) Finde andere geometrische Begriffe, für die es verschiedene Definitionsmöglichkeiten gibt. Gib diese an.

VIERECKE

Ein Viereck heißt **Drachen**, wenn es eine Symmetrieachse besitzt.

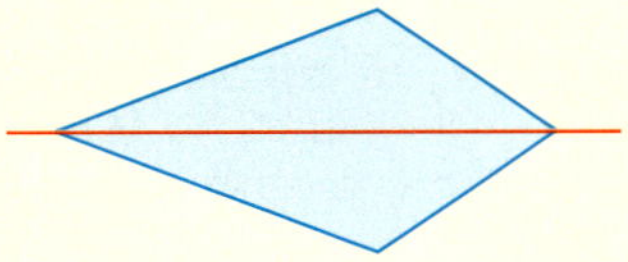

3.10 Aufgaben zur Vertiefung

1. Drei Schülergruppen haben an einem Grundstück unterschiedliche Stücke gemessen:

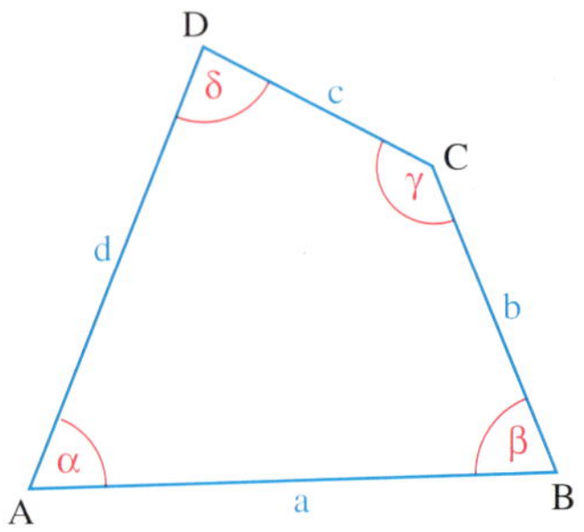

- Die erste Schülergruppe hat drei Grundstücksgrenzen und zwei Winkel gemessen:
  $a = 42$ m; $b = 29$ m; $c = 21$ m; $\beta = 55°$; $\gamma = 99°$.
- Die zweite Gruppe hat statt eines Winkels eine weitere Strecke gemessen:
  $a = 42$ m; $b = 29$ m; $c = 21$ m; $d = 16$ m; $\beta = 55°$.
- Die dritte Gruppe versucht sogar, gänzlich ohne Winkelmessungen auszukommen:
  $a = 42$ m; $b = 29$ m; $c = 21$ m; $d = 16$ m; $\overline{AC} = 35$ m.

Versuche mithilfe einer Zeichnung die Größe der übrigen Stücke zu bestimmen. Was fällt dir auf? Beschreibe auch jeweils die Konstruktion.

2. *Partnerarbeit:* Um ein Dreieck eindeutig zu konstruieren, genügen drei geeignete Stücke. Untersucht, wie viele geeignete Stücke man für ein Viereck benötigt. Präsentiert euer Ergebnis.

3. Beweise folgende Aussagen mithilfe eines Kongruenzsatzes.
(1) Gleichseitige Dreiecke sind schon dann zueinander kongruent, wenn sie in einer Höhe übereinstimmen.
(2) Gleichschenklige Dreiecke sind schon dann zueinander kongruent, wenn sie in der Basis und in der Höhe zur Basis übereinstimmen.
(3) Gleichschenklige Dreiecke sind schon dann zueinander kongruent, wenn sie in einem Schenkel und der Höhe zur Basis übereinstimmen.

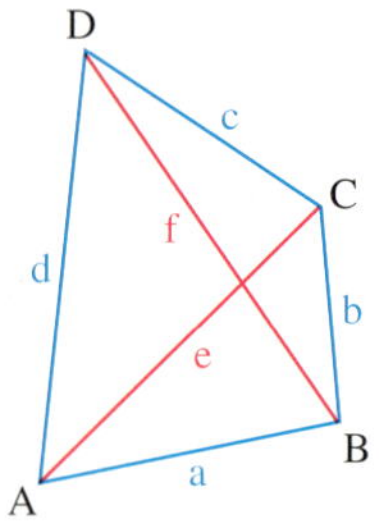

4. Konstruiere ein Viereck ABCD aus den angegebenen Stücken.

a) $a = 6$ cm	**b)** $a = 6{,}5$ cm	**c)** $a = 5{,}6$ cm	**d)** $a = 6{,}2$ cm	**e)** $b = 5{,}3$ cm	**f)** $c = 4$ cm
$b = 3{,}5$ cm	$d = 2{,}5$ cm	$b = 2{,}5$ cm	$b = 3{,}3$ cm	$c = 3{,}1$ cm	$\gamma = 75°$
$e = 4{,}5$ cm	$b = 4$ cm	$c = 3$ cm	$c = 2{,}7$ cm	$d = 4{,}4$ cm	$\delta = 135°$
$d = 3$ cm	$\alpha = 50°$	$d = 6{,}7$ cm	$\alpha = 58°$	$f = 6{,}4$ cm	$e = 7$ cm
$\alpha = 53°$	$\beta = 35°$	$e = 4$ cm	$\beta = 42°$	$\beta = 64°$	$f = 5$ cm

Beschreibe die Konstruktion. Gib die Größe der übrigen Stücke durch Messen an.

5. Das Waldstück rechts soll aufgeforstet werden. Damit die jungen Pflanzen nicht beschädigt werden, soll die Schonung eingezäunt werden.
Wie lang wird der Zaun?

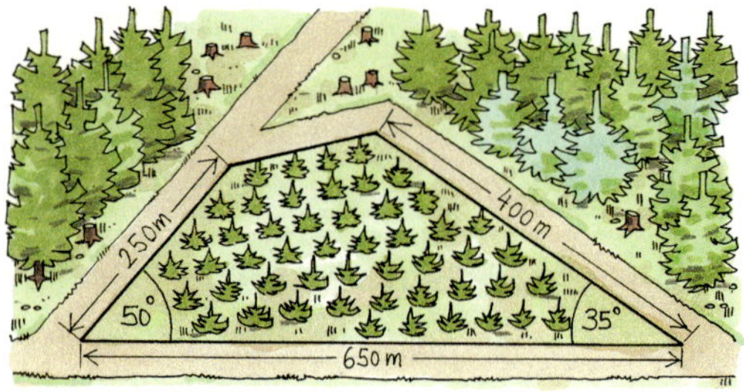

6. Ein Viereck ABCD sei durch die Stücke a, b, c, d und e gegeben.
Unter welcher Bedingung für diese Stücke gibt es genau ein, kein, zwei Lösungsvierecke?

7. Gib dir fünf Stücke in einem Viereck vor und zeichne damit zwei nicht zueinander kongruente Vierecke.

Bist du fit?

1. ABCD ist ein Quadrat.

a) Die Punkte E, F, G und H sind die Seitenmitten.
Warum sind die Dreiecke (1) bis (4) zueinander kongruent?

b) ABC ist ein gleichseitiges Dreieck. D, E, F sind die Seitenmitten. Finde zueinander kongruente Dreiecke.

zu **a)**

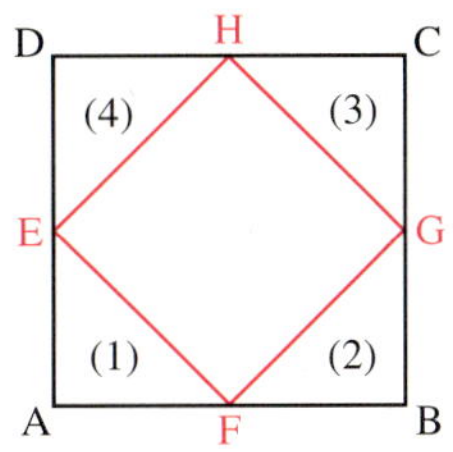

zu **b)**

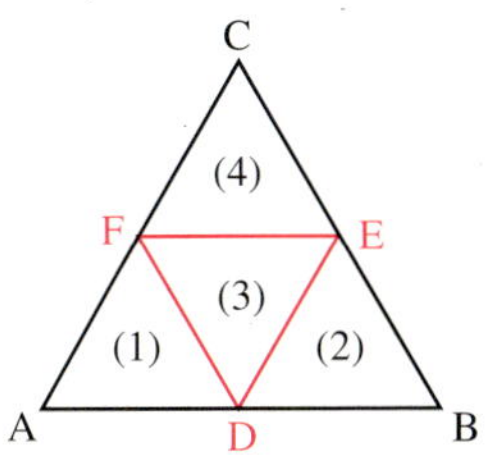

2. Beantworte nacheinander:
Kann man mit den gegebenen Größen ein Dreieck ABC zeichnen?
Falls ja: Sind jeweils alle Lösungsdreiecke zueinander kongruent?
Begründe jeweils deine Antwort. In welchen Fällen kannst du eine Entscheidung nur durch eine Konstruktion treffen? Führe die Konstruktion durch.

(1) $b = 5{,}9$ cm; $c = 7{,}4$ cm; $\gamma = 48°$
(2) $c = 7{,}0$ cm; $a = 2{,}9$ cm; $b = 3{,}9$ cm
(3) $\alpha = 38°$; $\beta = 67°$; $\gamma = 75°$
(4) $b = 6{,}8$ cm; $c = 5{,}2$ cm; $\beta = 137°$
(5) $a = 4{,}0$ cm; $\beta = 92°$; $\gamma = 107°$
(6) $a = 5{,}8$ cm; $b = 4{,}3$ cm; $\beta = 78°$
(7) $\alpha = 37°$; $\beta = 79°$; $\gamma = 88°$
(8) $c = 4{,}5$ cm; $\alpha = 36°$; $\beta = 81°$
(9) $a = 4{,}9$ cm; $c = 6{,}5$ cm; $\alpha = 44°$
(10) $a = 3{,}8$ cm; $\alpha = 17°$; $\beta = 56°$

3. Ein Schornstein wirft einen 64 m langen Schatten. Die Sonnenstrahlen treffen unter einem Winkel von 39° (gegen den Horizont) auf. Wie hoch ist der Schornstein?

4. Prüfe folgende Aussagen auf ihre Richtigkeit. Begründe deine Antwort. Verwende gegebenenfalls einen Kongruenzsatz.

(1) Zwei rechtwinklige Dreiecke sind schon zueinander kongruent, wenn sie in einer Seite, die dem rechten Winkel anliegt, und der Seite, die dem rechten Winkel gegenüberliegt, übereinstimmen.

(2) Zwei rechtwinklige Dreiecke sind schon zueinander kongruent, wenn sie (außer im rechten Winkel) noch in zwei Stücken übereinstimmen.

(3) Zwei gleichschenklige Dreiecke sind schon zueinander kongruent, wenn sie in der Basis und dem gegenüberliegenden Winkel übereinstimmen.

5. Zeichne einen Kreis und eine Passante g des Kreises. Konstruiere einen zweiten Kreis, der denselben Mittelpunkt wie der erste Kreis hat und die Gerade g als Tangente besitzt.

6. a) Konstruiere in einem Koordinatensystem mit der Einheit 1 cm den Umkreis und den Inkreis des Dreiecks ABC mit A(3 | 2), B(8 | 10), C(0 | 9).

b) Gib die Koordinaten des Höhenschnittpunktes und des Schwerpunktes an.

r ist Radius des Umkreises.
ρ (rho) ist Radius des Jnkreises.

7. Konstruiere ein Dreieck ABC. Beschreibe die Konstruktion.

a) $c = 4{,}2$ cm, $\alpha = 67°$, $r = 3{,}1$ cm
b) $b = 6{,}3$ cm, $\gamma = 97°$, $\varrho = 1{,}4$ cm
c) $b = 7{,}2$ cm, $\gamma = 110°$, $h_c = 2{,}2$ cm
d) $\alpha = 43°$, $\beta = 72°$, $w_\alpha = 5{,}7$ cm
e) $a = 5{,}2$ cm, $b = 4{,}3$ cm, $s_a = 4{,}6$ cm

8. Zeichne einen Kreis mit dem Radius r = 3,7 cm und einen Punkt P im Abstand 6 cm vom Kreismittelpunkt. Konstruiere von P aus die Tangenten an den Kreis.

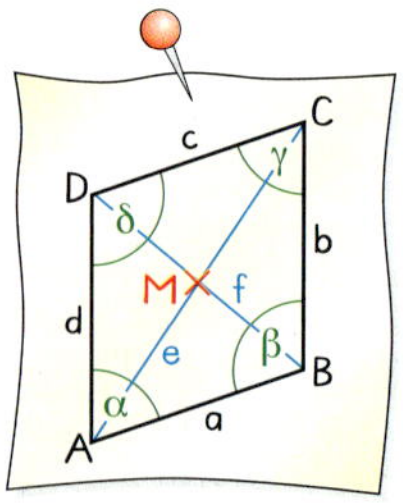

9. Konstruiere das Viereck. Beschreibe in den Teilaufgaben b), c) und d) für (2) jeweils die Konstruktion und begründe sie.
Bestimme bei den Teilaufgaben c) und d) die fehlenden Winkel.

a) Quadrat ABCD aus $f = 7{,}2$ cm.

b) Rechteck ABCD aus (1) $b = 4{,}6$ cm, $f = 7{,}3$ cm; (2) $e = 5{,}6$ cm, $\sphericalangle AMB = 115°$.

c) Raute ABCD aus (1) $b = 3{,}8$ cm, $\delta = 116°$; (2) $e = 8{,}1$ cm, $f = 6{,}4$ cm.

d) Parallelogramm ABCD aus
(1) $a = 4{,}9$ cm, $b = 3{,}4$ cm, $\delta = 80°$; (2) $|MC| = 4{,}1$ cm, $|MD| = 3{,}2$ cm; $\sphericalangle DMA = 55°$.

10. Konstruiere das Trapez und bestimme die fehlenden Winkel. Beschreibe in Teilaufgabe b) die Konstruktion.

a) Trapez ABCD mit $AB \| CD$ aus $a = 6{,}5$ cm; $\alpha = 55°$; $\beta = 76°$; $d = 3{,}1$ cm

b) Trapez ABCD mit $BC \| AD$ aus $a = 5{,}7$ cm; $f = 7{,}1$ cm; $b = 3{,}2$ cm; $\alpha = 66°$

c) gleichschenkliges Trapez ABCD mit $AB \| CD$ aus $a = 5{,}1$ cm; $d = 2{,}4$ cm und $\alpha = 51°$

11. Früher hatten Deiche an der See den nebenstehenden Querschnitt. Bestimme zeichnerisch die Größe der Böschungswinkel und die Länge der Böschung zur See hin.

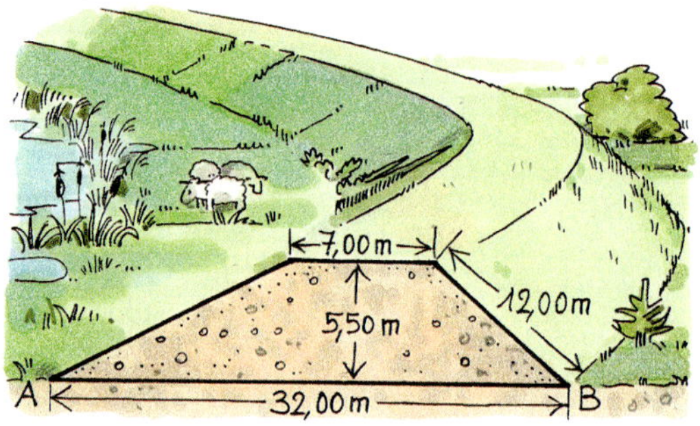

12. Konstruiere ein Drachenviereck ABCD mit AC als Symmetrieachse aus den gegebenen Stücken. Bestimme die fehlenden Winkel. Beschreibe in Teilaufgabe b) die Konstruktion und begründe sie.

a) $c = 3{,}5$ cm; $d = 5{,}1$ cm; $\gamma = 44°$

b) $e = 6$ cm; $f = 4$ cm; $\gamma = 76°$

13. Welche der folgenden Eigenschaften treffen auf alle Quadrate zu, weil der Begriff Quadrat ein Unterbegriff des Begriffs **a)** Rechteck, **b)** Raute, **c)** Parallelogramm ist?

(1) Alle Seiten sind gleich lang.
(2) Alle Winkel sind rechte Winkel.
(3) Die Diagonalen sind gleich lang.
(4) Die Diagonalen halbieren sich.
(5) Die Diagonalen sind orthogonal zueinander.

14. Entscheide, ob die Aussage wahr oder falsch ist. Begründe.

(1) Jedes Quadrat ist ein Trapez.
(2) Es gibt Trapeze, die Rauten sind.
(3) Manche Rauten sind Quadrate.
(4) Jede Raute ist ein Quadrat.
(5) Manche Trapeze sind Quadrate.
(6) Jedes Trapez ist ein Parallelogramm.
(7) Jedes Parallelogramm ist ein Trapez.
(8) Es gibt Quadrate, die Rechtecke sind.
(9) Manche Drachenvierecke sind Quadrate.
(10) Jedes Quadrat ist ein Parallelogramm.

15. **a)** Beweise: Jedes Parallelogramm, in dem die Diagonalen gleich lang sind, ist ein Rechteck.

b) Beweise: Jedes Parallelogramm mit zueinander orthogonalen Diagonalen ist eine Raute.

c) Beweise: Jede Raute ist ein Drachenviereck.

Bleib fit im ...
Umgang mit dem Dreisatz

Zum Aufwärmen

1. Zuckerrüben werden zur Herstellung von Zucker verwendet. Aus 100 kg Zuckerrüben erhält man 18 kg Zucker.

a) Wie viel kg Zucker kann man aus 200 kg, 300 kg, 150 kg, 650 kg Zuckerrüben erzeugen?

b) Es sollen 180 kg, 90 kg, 900 kg, 45 kg Zucker hergestellt werden. Wie viel kg Zuckerrüben werden dafür benötigt?

2. Ein Rechteck ist 72 mm lang und 36 mm breit. Wie breit ist ein Rechteck mit gleichem Flächeninhalt, wenn es 36 mm, 24 mm, 18 mm, 144 mm, 108 mm lang ist?

Zum Erinnern

Eine Größe heißt **proportional** zu einer zweiten Größe, wenn die folgende Regel gilt:
Verdoppelt (verdreifacht, vervierfacht, ...) man einen Wert der ersten Größe, so *verdoppelt* (verdreifacht, vervierfacht, ...) sich auch der zugehörige Wert der zweiten Größe.

Eine Größe heißt **antiproportional** zu einer zweiten Größe, wenn die folgende Regel gilt:
Verdoppelt (verdreifacht, vervierfacht, ...) man einen Wert der ersten Größe, so *halbiert* (drittelt, viertelt, ...) sich auch der zugehörige Wert der zweiten Größe.

Lösungsverfahren für Dreisatzaufgaben

Prüfe zunächst, ob die Größen proportional oder antiproportional zueinander sind.
Löse die Aufgabe dann mithilfe einer Tabelle:
(1) Trage das gegebene Wertepaar und den dritten bekannten Wert ein.
(2) Finde einen geeigneten Hilfswert.
(3) Fülle die Lücken entsprechend den Regeln für proportionale oder antiproportionale Zuordnungen aus.

Ist die Zuordnung der ersten Größe zur zweiten weder proportional noch antiproportional, so kann man die Aufgabe nicht mit dem Dreisatz lösen.

Beispiele:

Benzinkauf an einer Tankstelle

	Benzin-Volumen (in *l*)	Preis (in €)	
	40	46,16	
: 8	5	☐	: 8
· 9	45	☐	· 9

Frühjahrspflege eines Parks

	Anzahl der Gärtner	Benötigte Arbeitstage	
	18	12	
: 18	1	☐	· 18
· 24	24	☐	: 24

Zum Trainieren

3. Bei einer Tankstelle betrug die Rechnung für 10 Liter Superbenzin 13,99 €. Fülle die Tabelle aus.

Volumen (in *l*)	10	50	40	26	36
Preis (in €)	13,99				

4. In einem alten Rezept für eine Fleischfüllung werden neben anderen Zutaten 150 g Fleisch, 30 g Speck und 2 geriebene Kartoffeln empfohlen. Wie viel Speck und Kartoffeln sollte man zu 250 g Fleisch hinzu fügen?

5. Eine überschwemmte Tiefgarage könnte durch vier gleich starke Pumpen in 10 Stunden leergepumpt werden.

a) Wie lange dauert der Vorgang, wenn nur zwei solcher Pumpen zur Verfügung stehen?

b) Wie viele solcher Pumpen benötigt man, um die Tiefgarage in 8 Stunden leerzupumpen?

6. Bei der Montage von Deckenbrettern rechnet man, dass ein Paket mit 100 Schraubkrallen für eine Fläche von 5,5 m² reicht.

a) Wie viele Schraubkrallen sollte man für das Montieren bei einer Deckenfläche von 22 m² bereitstellen?

b) Für welche Fläche reichen 3 Pakete mit je 250 Krallen?

7. Beim Füllen eines Öltanks sind nach 6 min erst 1 500 *l* Heizöl in den Tank gepumpt worden. Wie lange dauert es noch, bis die restlichen 3 500 *l* Heizöl im Tank sind?

8. Erik und Jan besteigen einen Aussichtsturm. Vom Eingang führen 50 gleich hohe Stufen bis zum ersten Aussichtspunkt. Beim Hinaufsteigen stellt Jan fest, dass der 1,62 m große Erik so hoch wie 9 Stufen ist.

a) Wie hoch liegt der erste Aussichtspunkt über dem Eingang?

b) Der zweite Aussichtspunkt liegt 35 Stufen über dem ersten Aussichtspunkt. Wie hoch liegt der zweite Aussichtspunkt über dem Eingang?

PET
Abkürzung für Polyethylenterephthalat hochbeständiger, fester Kunststoff

9. Ein Getränkebetrieb füllte bisher Mineralwasser in Glasflaschen mit 0,7 *l* Inhalt ab. In jedem Kasten waren 12 Flaschen. Die Produktion wird jetzt auf PET-Flaschen mit 1,25 *l* Inhalt umgestellt. Die neuen Kästen enthalten jeweils 8 Flaschen.

a) Wie viele Glasflaschen bzw. alte Kästen benötigte man bisher für 21 000 *l* Mineralwasser?

b) Wie viele PET-Flaschen bzw. neue Kästen benötigt man jetzt für 21 000 *l* Mineralwasser?

c) Welche Menge (in Liter) an Mineralwasser enthalten 1 000 alte bzw. 1 000 neue Kästen?

10. Bei einer durchschnittlichen Geschwindigkeit von 80 $\frac{km}{h}$ legt Frau Berger mit dem Auto in 3 h 15 min eine Strecke von 260 km zurück.

a) Wie weit fährt sie bei 80 $\frac{km}{h}$ in 4 Stunden?

b) Wie lange würde Frau Berger für 260 km mit einer Geschwindigkeit von 90 $\frac{km}{h}$ brauchen?

11. Norman benötigte für einen 42 km langen Lauf 2 h 20 min. Warum kann man nicht mit einem Dreisatz-Verfahren berechnen, wie lange Norman für einen Halbmarathon-Lauf von 21 km brauchen wird?

4. LINEARE FUNKTIONEN

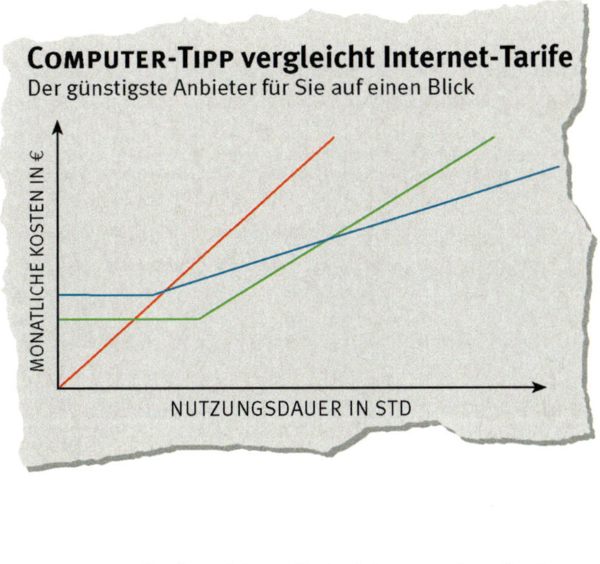

- Überprüfe die Angaben von Computer-Tipp und Net-Praxis für einige Beispiele.

NET-PRAXIS **vergleicht**

Dauer \ Provider	E·O·F	i-online	INTER-CHAT
2h	3,00	4,00	3,60
5h	5,40	5,80	9,00
10h	11,40	8,80	18,00
20h	23,40	14,80	36,00
50h	59,40	32,80	90,00

In den obigen Beispielen werden die Internet-Gebühren als Tarifangaben in Diagrammen und in Tabellen verglichen. Dies sind zwei Darstellungen für die Zuordnung
Nutzungsdauer (in h) → Monatliche Kosten (in €).
In Klasse 7 hast du auch schon Zuordnungen betrachtet.
In diesem Kapitel wirst du spezielle Zuordnungen genauer untersuchen. Mit ihnen lassen sich auch viele Sachprobleme lösen.

4.1 Funktionen als eindeutige Zuordnungen

Aufgabe 1

Wertetabelle, Graph, Funktionsgleichung

Frau Siede beabsichtigt, ein neues Auto zu kaufen. Drei Modelle sind in der engeren Wahl. Für die Kaufentscheidung ist ihr der Benzinverbrauch dieser Modelle besonders wichtig.

(1) Für das Modell *Rasanti* gibt eine Automobilzeitschrift folgende Tabelle an:

Geschwindigkeit (in $\frac{\text{km}}{\text{h}}$)	50	70	90	100	120	130	150	180
Benzinverbrauch (in *l* pro 100 km)	6,1	6,4	7,0	7,3	8,0	8,5	10,0	13,8

(2) Für das Modell *Luna* ist im Prospekt das unten links stehende Diagramm abgebildet.

(3) Für das neue Modell *Cargo* gibt es nur eine Information aus der technischen Anleitung des Autohändlers (siehe unten rechts).

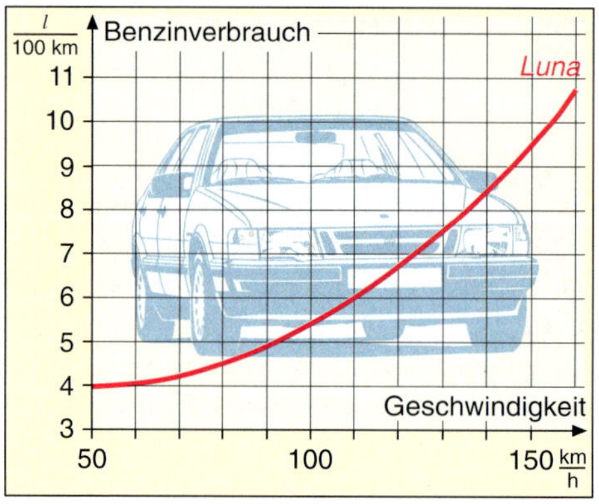

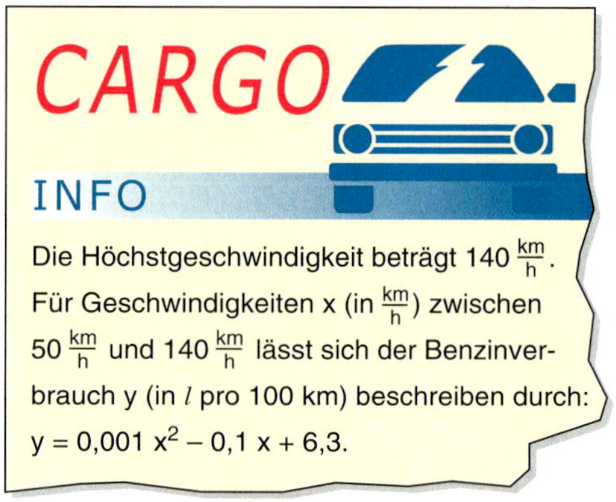

a) Stelle den Benzinverbrauch aller drei Modelle in Abhängigkeit von der Geschwindigkeit in einem gemeinsamen Diagramm dar. Erstelle dazu zunächst für das Modell *Cargo* eine Zuordnungstabelle (Wertetabelle).

b) Welche Informationen für die Kaufentscheidung können diesem Diagramm entnommen werden?

Lösung

a) Für das Modell *Cargo* berechnet man den Benzinverbrauch in *l* pro 100 km bei einer Geschwindigkeit von 50 $\frac{\text{km}}{\text{h}}$ bzw. 60 $\frac{\text{km}}{\text{h}}$ wie folgt:

Für 50 $\frac{\text{km}}{\text{h}}$ erhält man: $0{,}001 \cdot 50^2 - 0{,}1 \cdot 50 + 6{,}3 = 2{,}5 - 5 + 6{,}3 = 3{,}8$,
also einen Benzinverbrauch von 3,8 *l* pro 100 km.

Für 60 $\frac{\text{km}}{\text{h}}$ erhält man: $0{,}001 \cdot 60^2 - 0{,}1 \cdot 60 + 6{,}3 = 3{,}6 - 6 + 6{,}3 = 3{,}9$,
also einen Benzinverbrauch von 3,9 *l* pro 100 km.

Ebenso berechnet man den Benzinverbrauch auch bei den anderen Geschwindigkeiten:

Geschwindigkeit (in $\frac{\text{km}}{\text{h}}$)	50	60	70	80	90	100	110	120	130	140
Benzinverbrauch (in *l* pro 100 km)	3,8	3,9	4,2	4,7	5,4	6,3	7,4	8,7	10,2	11,9

Größere Zahlen als 140 dürfen in die angegebene Formel nicht eingesetzt werden, da die Höchstgeschwindigkeit des *Cargo* 140 $\frac{\text{km}}{\text{h}}$ beträgt.

Den Benzinverbrauch der drei Modelle kann man gut am folgenden Diagramm vergleichen.

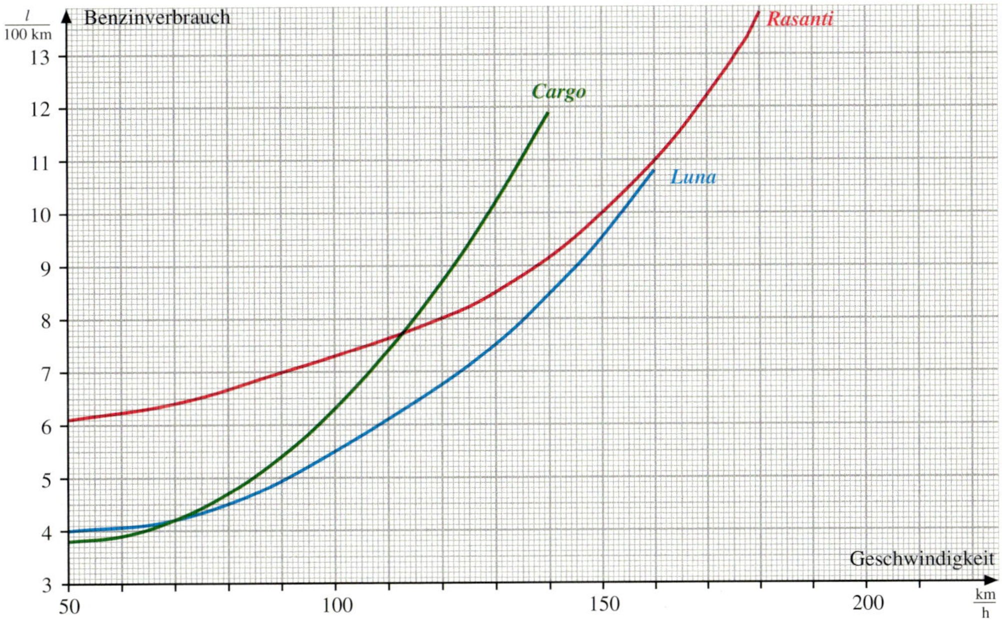

b) Für kleinere Geschwindigkeiten hat das Modell *Cargo* einen besonders günstigen Benzinverbrauch, der aber mit zunehmender Geschwindigkeit steil ansteigt und ungünstig wird.
Das Modell *Rasanti* hat schon bei kleinen Geschwindigkeiten einen recht hohen Benzinverbrauch, der aber bei hohen Geschwindigkeiten kleiner ist als der des *Cargo*.
Das Modell *Luna* hat bei fast allen Geschwindigkeiten den niedrigsten Benzinverbrauch.

Aufgabe 2

Nicht eindeutige Zuordnung

Zur Planung von Überholvorgängen von Zügen und um Auswirkungen von Verspätungen abschätzen zu können, hat die Deutsche Bahn einen *grafischen Fahrplan*. Er ordnet jedem Punkt der Fahrstrecke den Zeitpunkt zu, zu dem sich ein bestimmter Zug dort befindet.

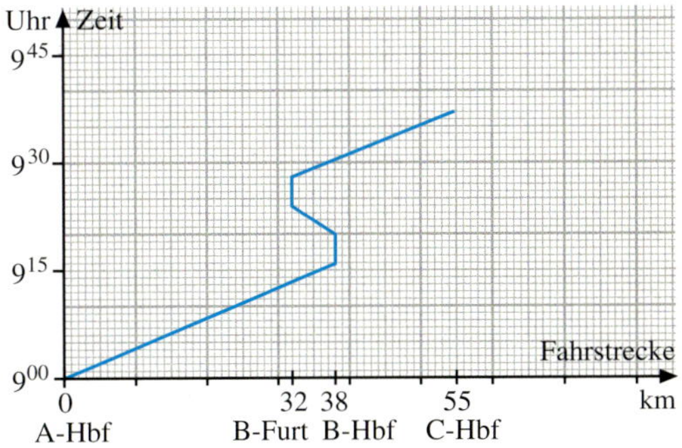

a) Entnimm aus dem nebenstehenden grafischen Fahrplan, wie dieser Zug fährt.

b) Auf dieser Strecke finden Arbeiten am Gleisunterbau statt. Für die Sicherheit der Arbeiter ist zu bestimmen:
(1) Wann ist der Zug 19 km von A-Hbf entfernt?
(2) Wann ist der Zug 35 km von A-Hbf entfernt?

Lösung

a) Der Zug fährt um 9.00 Uhr im A-Hbf ab, durchquert B-Furt ohne dort zu halten und kommt dann um 9.16 Uhr in B-Hbf an. Dort fährt er um 9.20 Uhr ab, zurück nach B-Furt, wo er um 9.24 Uhr ankommt. Um 9.28 Uhr fährt er weiter nach C-Hbf, wo er um 9.37 Uhr ankommt.

b) (1) Der Zug ist um 9.08 Uhr 19 km von A-Hbf entfernt.
(2) Diese Frage lässt sich nicht eindeutig beantworten. Sowohl um 9.15 Uhr als auch um 9.22 Uhr und 9.29 Uhr befindet sich der Zug in 35 km Entfernung von A-Hbf.

Information

(1) Begriff der Funktion – Definitionsmenge

In Aufgabe 1 wird bei einem Automodell jeder Geschwindigkeit ein ganz bestimmter Benzinverbrauch zugeordnet, d.h. die Zuordnung *Geschwindigkeit → Benzinverbrauch* ist eindeutig.
Dagegen ist in Aufgabe 2 die Zuordnung *Streckenpunkt → Uhrzeit* nicht eindeutig.
Eindeutige Zuordnungen nennen wir in der Mathematik **Funktionen.**
Die Automodelle aus Aufgabe 1 haben unterschiedliche Höchstgeschwindigkeiten: Beim Modell *Cargo* kann nur Geschwindigkeiten bis zu 140 $\frac{km}{h}$ ein Benzinverbrauch zugeordnet werden, beim Modell *Rasanti* dagegen Geschwindigkeiten bis zu 178 $\frac{km}{h}$.
Die Menge der möglichen Ausgangsgrößen bezeichnet man als die *Definitionsmenge* der Funktion.

Definition

Bei einer *eindeutigen Zuordnung* wird *jeder* Zahl (Größe) x aus ihrer **Definitionsmenge** *eine ganz bestimmte* Zahl (Größe) zugeordnet. Eine solche Zuordnung heißt **Funktion.** Die einer Zahl x aus der Definitionsmenge eindeutig zugeordnete Zahl y heißt **Funktionswert** von x oder Funktionswert an der **Stelle** x.

(2) Mehrere Möglichkeiten zur Angabe einer Funktion

$a \le b$ bedeutet $a < b$ oder $a = b$

$a \ge b$ bedeutet $a > b$ oder $a = b$

Die Funktionen in Aufgabe 1, die den Benzinverbrauch in Abhängigkeit von der Geschwindigkeit angeben, haben wir durch ihren *Graphen* bzw. durch ihre *Wertetabelle* beschrieben. Für das Modell *Cargo* gibt es sogar eine *Formel*, mit der sich der Benzinverbrauch y (in *l* pro 100 km) aus der Geschwindigkeit x (in $\frac{km}{h}$) berechnen lässt:

$y = 0{,}001\,x^2 - 0{,}1\,x + 6{,}3$ für x aus der Definitionsmenge $D = \{x \mid 50 \le x \le 140\}$.

Diese Funktion lässt sich auch angeben durch ihre *Zuordnungsvorschrift:*

$x \to y$ mit $y = 0{,}001\,x^2 - 0{,}1\,x + 6{,}3$;   kurz: $x \to 0{,}001\,x^2 - 0{,}1\,x + 6{,}3$.

Der Term $0{,}001\,x^2 - 0{,}1\,x + 6{,}3$, mit dem man die Funktionswerte berechnet, heißt *Funktionsterm*.

Wertetabellen sind hilfreich für das Zeichnen von Graphen.

Eine Funktion kann auf verschiedene Weisen angegeben werden:
- **algebraisch**
  Hierbei wird festgelegt, wie die Funktionswerte berechnet werden. Dies kann erfolgen mithilfe
  (1) einer **Zuordnungsvorschrift** oder
  (2) einer **Funktionsgleichung** oder
  (3) eines **Funktionsterms** oder auch
  (4) **verbal**.

  In jedem Fall muss die Definitionsmenge vereinbart sein, damit bekannt ist, welchen Stellen Funktionswerte zugeordnet werden.
- **tabellarisch**
  In einer **Wertetabelle** werden die Funktionswerte zu bestimmten Stellen notiert.
- **grafisch**
  Die Zuordnung zwischen den Stellen und den Funktionswerten wird durch einen **Graphen** dargestellt.

Beispiel: Quadratfunktion
Definitionsmenge: $D = \mathbb{Q}$

Zuordnungsvorschrift: $x \to x^2$
Funktionsgleichung: $y = x^2$
Funktionsterm: x^2

verbal: Jeder Zahl ist ihr Quadrat zugeordnet.

Wertetabelle:

x	y
−2	4
−1	1
0	0
1	1
2	4

Graph:

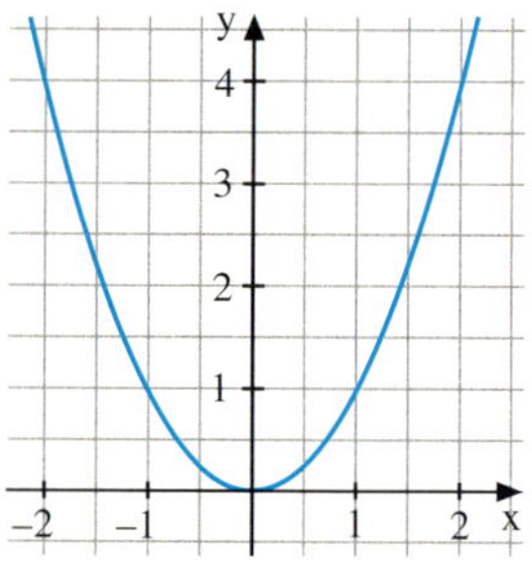

$\mathbb{Q}\backslash\{1\}$, gelesen: $\mathbb{Q}$ ohne 1, ist die Menge aller rationalen Zahlen ungleich 1.

(3) Weitere Beispiele für Funktionen

(1) $x \to 2x$
Definitionsmenge $\mathbb{Q}$

(2) $x \to \frac{1}{x}$
Definitionsmenge $\mathbb{Q}\backslash\{0\}$, da für 0 der Nenner 0 wird

(3) $z \to \frac{z}{z-1}$
Definitionsmenge $\mathbb{Q}\backslash\{1\}$, da für 1 der Nenner 0 wird

Vereinbarung: Wenn die Definitionsmenge einer Funktion nicht angegeben ist, soll die größtmögliche in $\mathbb{Q}$ genommen werden.

Weiterführende Aufgaben

3. *Kurzbezeichnungen für Funktionen und Funktionswerte*

a) Durch die Zuordnungsvorschrift $x \to x \cdot (4-x)$ mit der Definitionsmenge $\mathbb{Q}$ ist eine Funktion angegeben. Wir wollen diese Funktion kurz mit einem Buchstaben, z. B. f, bezeichnen. f ist also der Name der gegebenen Funktion. Die Funktion f hat an der Stelle 1 den Funktionswert 3. Dafür schreibt man kurz:
$f(1) = 3$, gelesen: *f von 1 gleich 3.*

Funktion f: $x \to x \cdot (4-x)$
Funktionsterm:
$f(x) = x \cdot (4-x)$
Es gilt:
$f(1) = 1 \cdot (4-1) = 1 \cdot 3 = 3$
$f(2) = 2 \cdot (4-2) = 2 \cdot 2 = 4$

Entsprechend schreibt man auch für den Funktionsterm einer Funktion f kurz: f(x), gelesen: *f von x.*
Hier ist $x \cdot (4-x)$ der Funktionsterm, d.h.: $f(x) = x \cdot (4-x)$
Bestimme die Funktionswerte $f(0)$, $f(3)$, $f(4)$, $f(\frac{2}{5})$, $f(4{,}5)$, $f(-7)$, $f(-0{,}5)$, $f(-\frac{3}{7})$.

b) g soll der Name der Funktion mit der Zuordnungsvorschrift $z \to \frac{z}{z-1}$ und der Definitionsmenge $\mathbb{Q}\backslash\{1\}$ sein. Gib die Kurzbezeichnung für den Funktionsterm $\frac{z}{z-1}$ an.
Bestimme dann die Funktionswerte $g(2)$, $g(-1)$, $g(0)$, $g(\frac{1}{2})$, $g(-\frac{1}{2})$, $g(1{,}1)$, $g(-99)$.

4. *Nicht jede Gleichung mit zwei Variablen ist eine Funktionsgleichung*

Gegeben ist die Gleichung (1) $y = |x|$; (2) $y = x^2(2-x)$; (3) $|y| = x$.

a) Setze für x rationale Zahlen ein. Welchen Wert bzw. welche Werte musst du dann jeweils für y einsetzen, damit eine wahre Aussage entsteht?
Bei welcher dieser Gleichungen mit zwei Variablen erhält man zu jedem x genau einen Wert für y?
Eine solche Gleichung heißt dann auch *Funktionsgleichung.*

Funktionsgleichung: $y = |x|$

x	y	
-1	1	denn $y = \lvert -1 \rvert = 1$
$-\frac{1}{2}$	$\frac{1}{2}$	denn $y = \lvert -\frac{1}{2} \rvert = \frac{1}{2}$
0	0	denn $y = \lvert 0 \rvert = 0$
$\frac{1}{2}$	$\frac{1}{2}$	denn $y = \lvert \frac{1}{2} \rvert = \frac{1}{2}$

b) Zeichne den Graphen zu den Gleichungen. Wie kann man an den Graphen feststellen, ob die Zuordnung $x \to y$ eindeutig ist?

5. *Punktprobe*

Eine Funktion f ist gegeben durch ihre Funktionsgleichung:

a) $y = 1 + \frac{x}{2}$ **b)** $y = \frac{1}{2}x^2$ **c)** $y = \frac{4}{x}$

Stelle fest, welche der Punkte $P_1(-2|0)$, $P_2(-1|0{,}5)$, $P_3(1|3)$, $P_4(2|2)$, $P_5(4|1)$ und $P_6(4|3)$ zum Graphen der Funktion gehören. Verfahre wie im Beispiel.

Funktionsgleichung: $y = 2x + 1$
$P_1(4|9)$ gehört zum Graphen von f, denn seine Koordinaten erfüllen die Gleichung $y = 2x + 1$, d.h. die Aussage $9 = 2 \cdot 4 + 1$ ist wahr.
$P_2(3|8)$ gehört *nicht* zum Graphen von f, denn seine Koordinaten erfüllen *nicht* die Funktionsgleichung $y = 2x + 1$, d.h. die Aussage $8 = 2 \cdot 3 + 1$ ist falsch.

Übungsaufgaben

6. Es gibt verschiedene Meinungen darüber, wie schwer man bei einer bestimmten Körpergröße sein sollte. Die folgenden Vorschläge beziehen sich auf einen erwachsenen Mann. Vergleiche die Vorschläge.

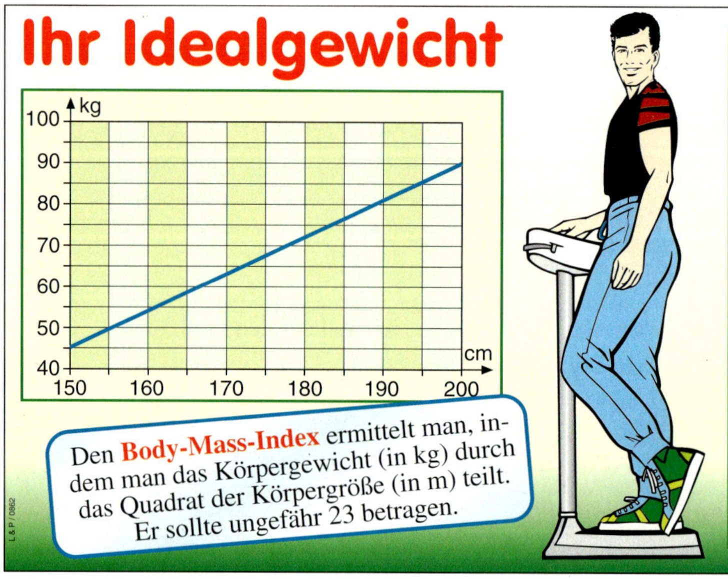

Normalgewicht nach dem Broca-Index

Größe (in cm)	Gewicht (in kg)
150	50
155	55
160	60
165	65
170	70
175	75
180	80
185	85
190	90
195	95
200	100

7. In einer Wetterwarte wurde für den Verlauf eines Tages die Lufttemperatur in Form eines Graphen aufgezeichnet.

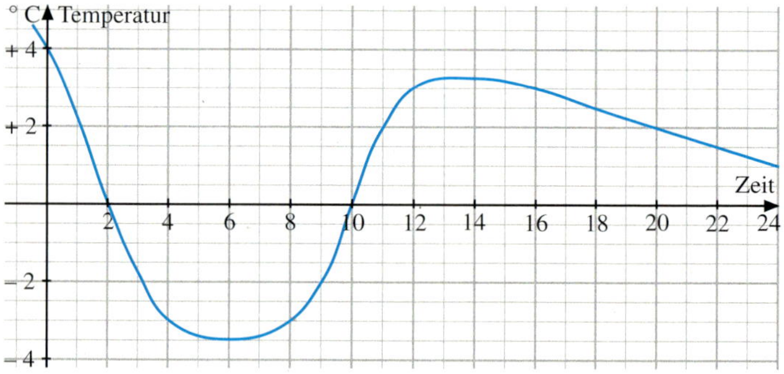

a) Lies aus dem Graphen den jeweiligen Wert der Lufttemperatur zu den Zeitpunkten 0 Uhr, 4 Uhr, 8 Uhr, …, 24 Uhr ab.
Notiere die Ergebnisse in einer Wertetabelle.
Ist die Zuordnung *Zeitpunkt* → *Lufttemperatur* eindeutig, d. h. eine Funktion?

b) Wann hatte die Lufttemperatur den Wert 1 °C?
Ist die Zuordnung *Lufttemperatur* → *Zeitpunkt* eindeutig? Begründe die Antwort.

8. Ist der Graph ein Funktionsgraph? Begründe.

a)

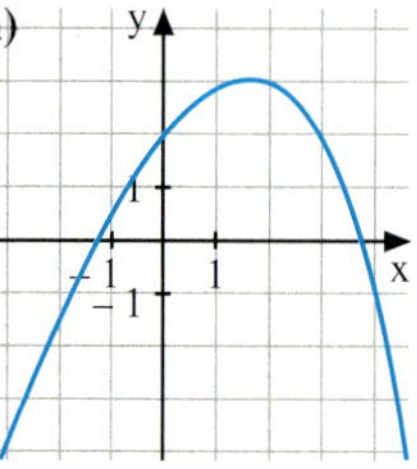

b)

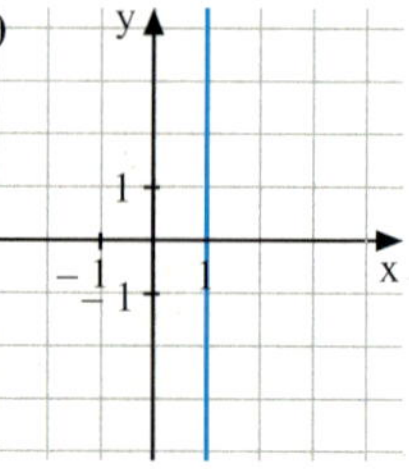

c)

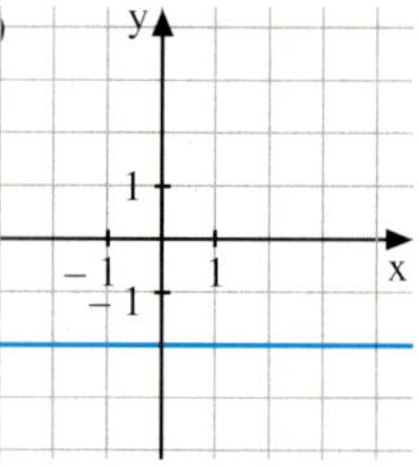

d)

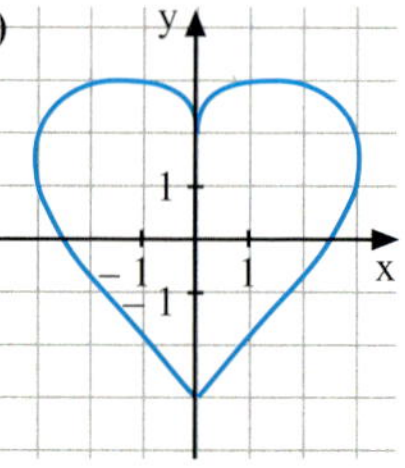

9. Kann der Graph zu einer Funktion gehören?

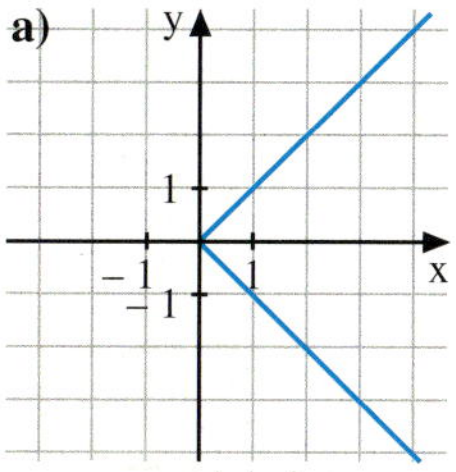

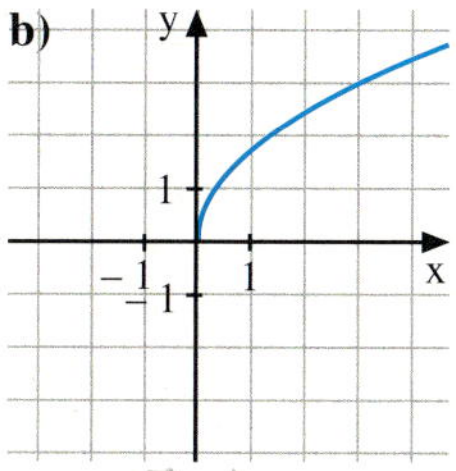

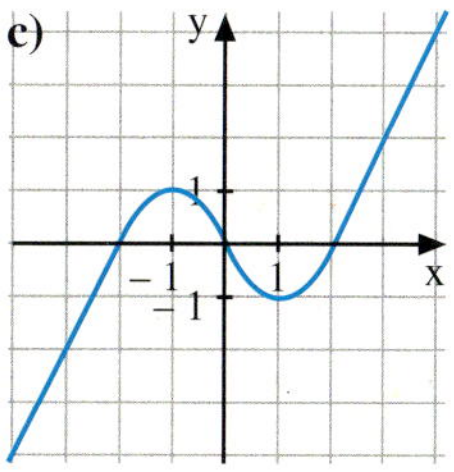

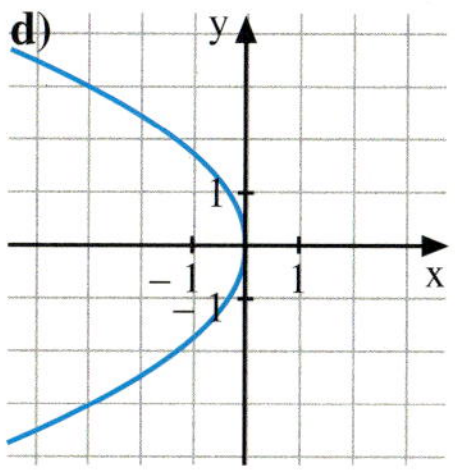

10. **a)** Welchen Flächeninhalt hat jeweils ein Quadrat mit der Seitenlänge 0,5 cm; 1 cm; 1,5 cm; 2 cm; x cm?
Stelle die Ergebnisse in einer Wertetabelle zusammen. Zeichne den Graphen der Zuordnung
Seitenlänge x (in cm) → Flächeninhalt y (in cm²).
Wähle dazu auch weitere Seitenlängen. Was für Zahlen darfst du hier für x einsetzen? Liegt eine Funktion vor?

b) Ordne jeder Zahl x ihre Quadratzahl x^2 zu. Setze dabei in den Term x^2 für x auch negative Zahlen ein.
Stelle die Ergebnisse in einer Wertetabelle zusammen und zeichne den Graphen der Zuordnung
Zahl → Quadrat der Zahl. Liegt eine Funktion vor?

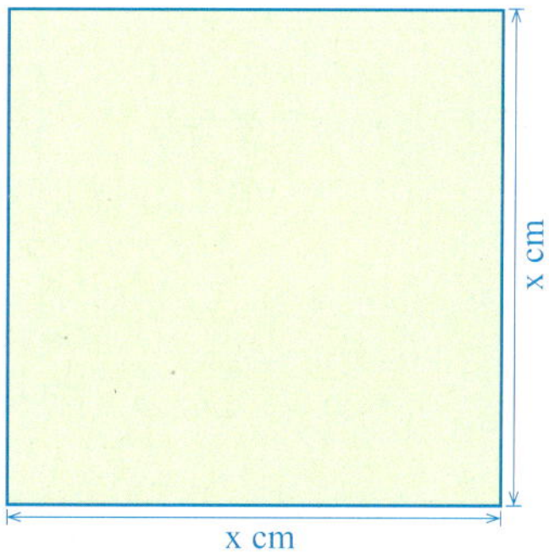

11. Die Flasche eines ätzenden Spezialreinigungsmittels soll einen deutlichen Hinweis auf die Gefährlichkeit tragen. Dieser soll in einem 6 cm² großen Rechteck stehen.
Betrachte die Zuordnung *Rechtecklänge (in cm) → Rechteckbreite (in cm).*

a) Erstelle eine Formel, mit der man die Werte für die Breite unmittelbar aus denen für die Länge berechnen kann. Liegt eine Funktion vor?

b) Lege eine Wertetabelle an und zeichne den Graphen.

12. Jan ist heute gemütlich zur Schule gegangen, bis er lange an einer Kreuzung warten musste, auf der ein Schwertransporter liegen geblieben war. Danach beeilte er sich so sehr, dass er gerade noch rechtzeitig in der Schule war.

a) Welcher der beiden Graphen beschreibt diese Situation? Begründe deine Meinung.

(1)

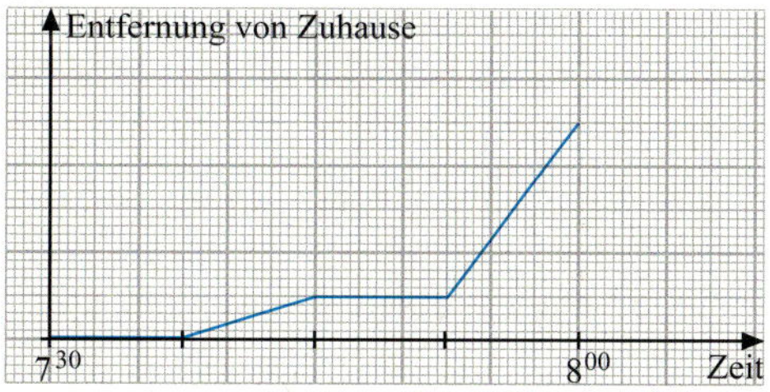

(2)

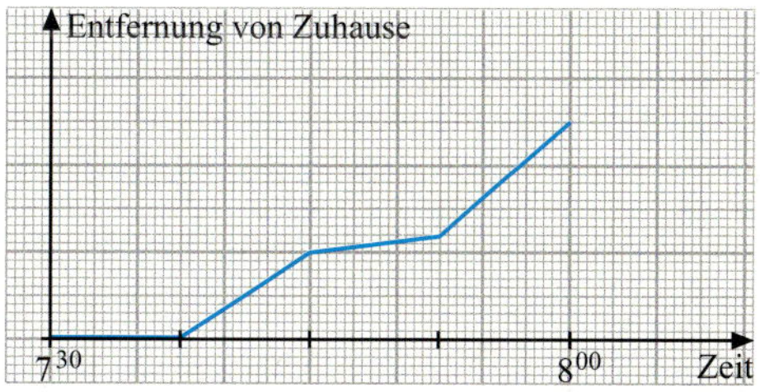

b) Schreibe zu dem nicht zutreffenden Graphen eine eigene passende Schulweggeschichte.

c) *Partnerarbeit:* Arbeite mit einem Partner zusammen. Einer zeichnet einen Graphen für den Schulweg, der andere erzählt eine passende Geschichte. Danach werden die Rollen getauscht.

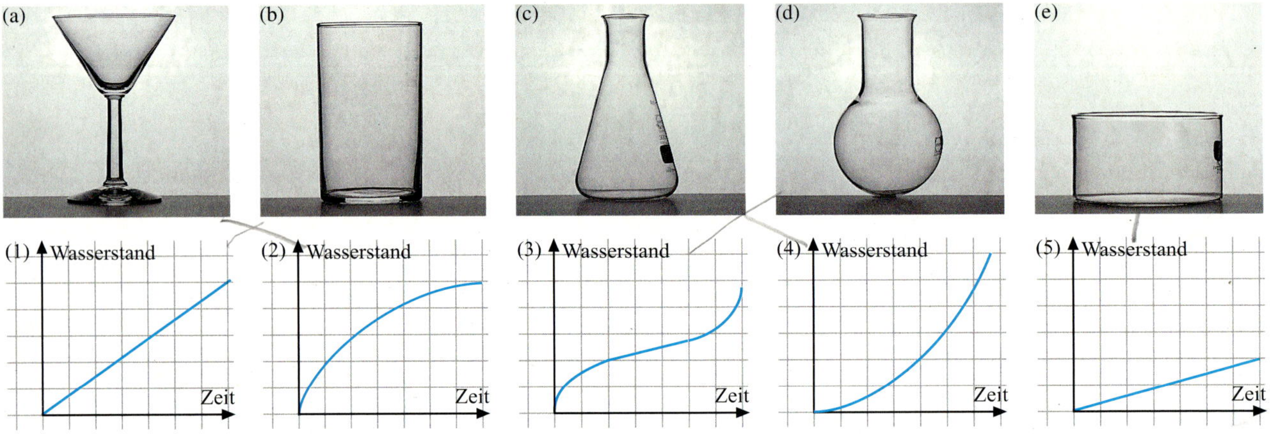

13. Die oben abgebildeten Gefäße werden von einem gleichmäßig laufenden Wasserhahn gefüllt. Dabei wird jeweils der Graph der Funktion *Zeitpunktpunkt* → *Wasserstand* betrachtet. Entscheide, welcher Graph zu welchem Gefäß gehört.

14. Badewannen mit dem unten gezeichneten Querschnitt werden von einem gleichmäßig laufenden Wasserhahn gefüllt. Skizziere den Graph der Funktion *Zeit* → *Wasserstand*.

(1) (2)

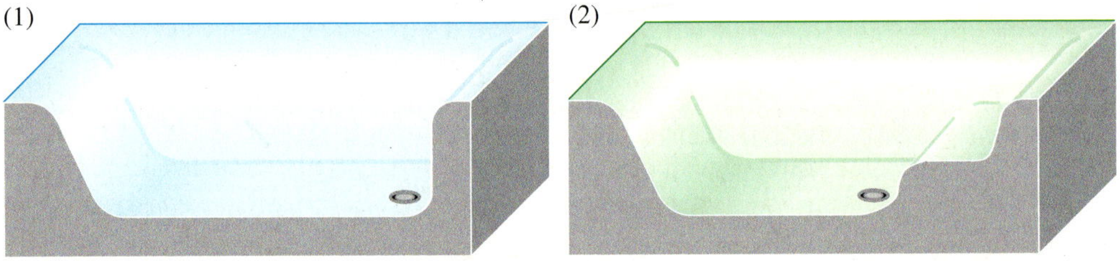

15. Stelle die folgenden beiden Geschichten grafisch dar.

a) Am Vormittag wird es immer wärmer und dann wird es plötzlich gegen Mittag durch einen aufziehenden Gewittersturm kühler. Kurze Zeit nach dem Sturm wird es wieder wärmer bevor es sich nach dem Sonnenuntergang abkühlt.

b) Direkt nachdem ein Patient mit einer hohen Herzschlagfrequenz ein bestimmtes Medikament verabreicht bekam, sank die Frequenz schnell ab. Mit nachlassender Wirkung des Medikamentes stieg die Herzschlagfrequenz dann langsam wieder an.

x	y
−3	
−2	

16. Setze in die Funktionsgleichung **a)** $y = 2x - 1$, **b)** $y = x^2 - 2$, **c)** $y = x \cdot (2 + x)$ für x der Reihe nach −3, −2, −1, 0, 1, …, 8 ein. Bestimme die zugehörigen Werte für y. Stelle die Wertepaare zu einer Wertetabelle zusammen und zeichne den Graphen.

17. Eine Funktion f ist gegeben durch den Funktionsterm:

a) $f(x) = 4x$ **b)** $f(x) = 1 + \frac{1}{2}x$ **c)** $f(x) = -x^2$ **d)** $f(z) = (1 - z)^2$

(1) Zeichne den Graphen von f mithilfe einer Wertetabelle.

(2) Lies aus dem Graphen ab: $f(0{,}4)$; $f(-\frac{4}{5})$; $f(1{,}5)$; $f(-1{,}5)$. Kontrolliere rechnerisch.

18. Welche der Punkte $P_1(8|0)$, $P_2(0|0)$, $P_3(-5|2)$, $P_4(-2|5)$, $P_5(0|5)$, $P_6(2|3)$ und $P_7(-1|4)$ liegen auf dem Graphen zu $y = -\frac{2}{5}x$ [$y = 5 - x^2$]?

Im Blickpunkt

Graphen zeichnen mit Computer und GTR

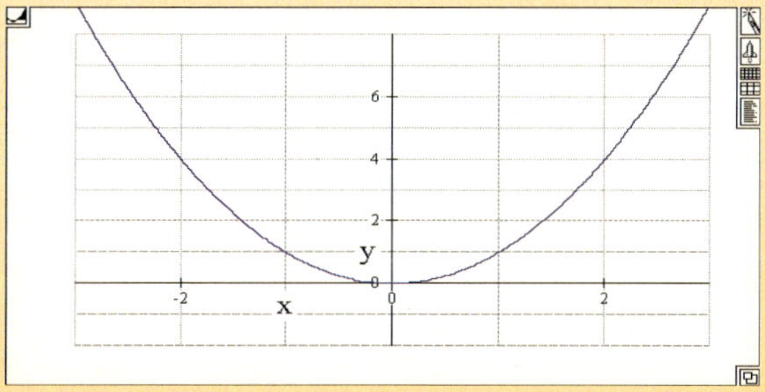

plot ⟨engl.⟩
math.: (Kurve) aufzeichnen

Das Zeichnen von Graphen mithilfe von Wertetabellen kann mühsam und zeitaufwändig sein. Spezielle Computerprogramme und grafikfähige Taschenrechner (GTR) erledigen dies sehr schnell. Man bezeichnet den so angefertigten Graphen auch als **Plot**, den Vorgang als Plotten. Ein solches Programm befindet sich auch auf der CD „Mathematik interaktiv", die Band 7 beigefügt war.

window ⟨engl.⟩
Fenster

1. Der Bereich, in dem der Graph gezeichnet werden soll, kann beim GTR mithilfe des Befehls **WINDOW** festgelegt werden.
Am einfachsten ist es, zu einer gegebenen Gleichung den Graphen zu zeichnen. Die Eingabe der Gleichung erfolgt beim GTR über die Taste **Y =**, das Zeichnen mit dem Befehl **Graph**. Probiere das bei deinem Computerprogramm oder GTR .

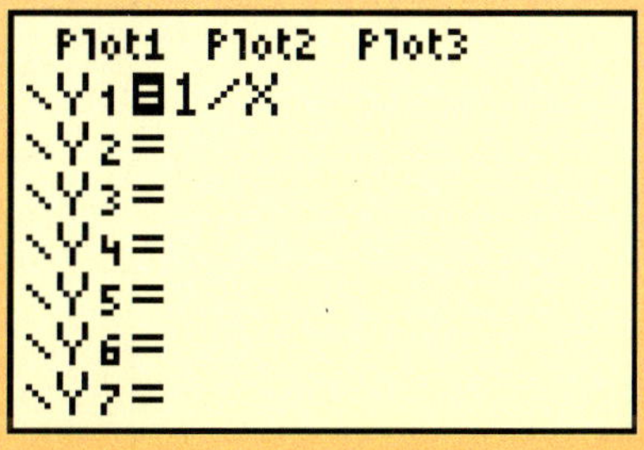

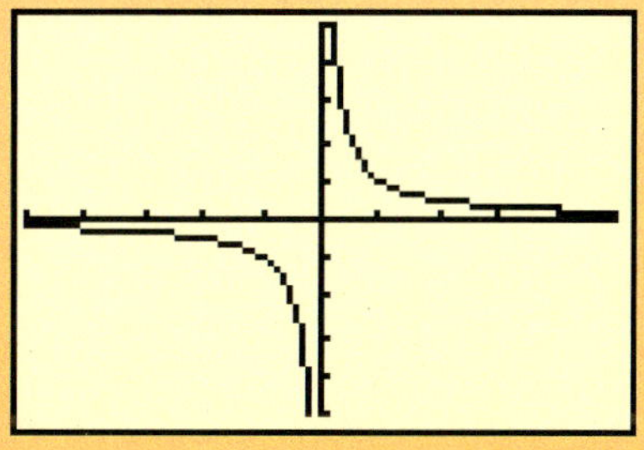

trace ⟨engl.⟩
1. Spur
2. ausfindig machen, aufspüren

2. Mithilfe des Befehls **TRACE** kannst du einzelne Werte genau ablesen.

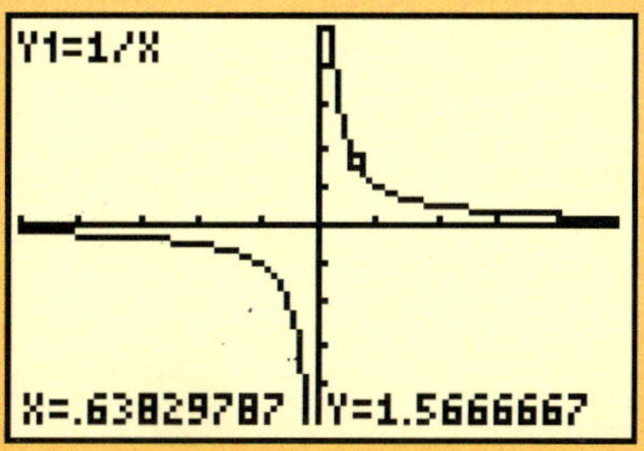

zoom ⟨engl.⟩
nah herangehen, heranholen

3. Der Verlauf des Graphen mit der Funktionsgleichung $y = \frac{1}{x}$ lässt sich in der Nähe der y-Achse nicht so gut erkennen. Du kannst ein anderes Fenster mithilfe des Befehls **WINDOW** eingeben.
Eine andere Möglichkeit ist das Verwenden des Befehls **ZOOM**.
Probiere diese Möglichkeit bei deinem GTR aus.

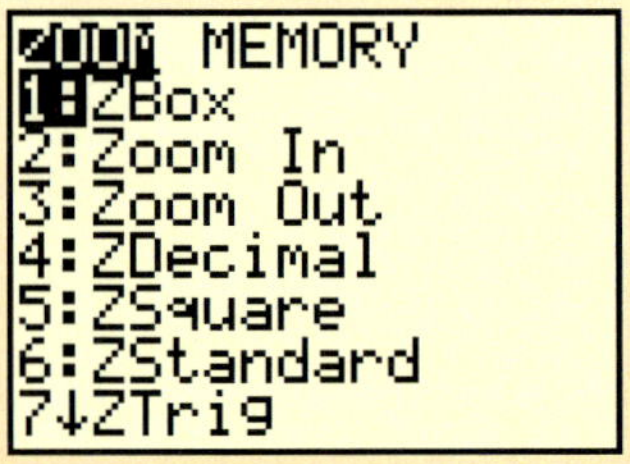

4. Auch GTR und Computerprogramme erstellen eine Wertetabelle. Du kannst sie mithilfe des Befehls **TABLE** ablesen. Mit dem Befehl **TBLSET** kannst du Vorgaben für das Anlegen der Wertetabelle machen. Probiere das aus.

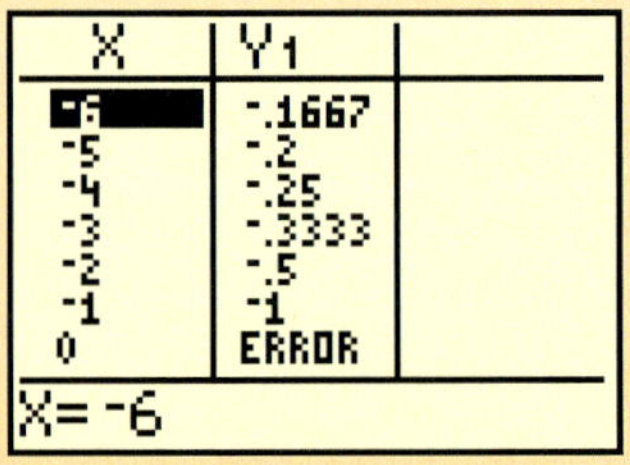

5. Du kannst auch mehrere Graphen in ein gemeinsames Koordinatensystem zeichnen, wenn du nicht nur bei Y_1 im **Y =** -Menü Gleichungen angibst, sondern auch bei Y_2, …
Probiere das aus.

6. Auch wenn du keine Gleichung zur Verfügung hast, sondern nur einzelne Punkte kennst, kannst du mithilfe des Befehls **STAT** den dazugehörigen Graphen plotten lassen.

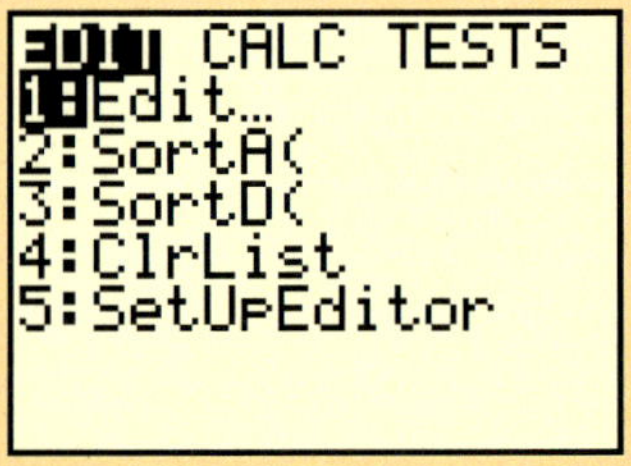

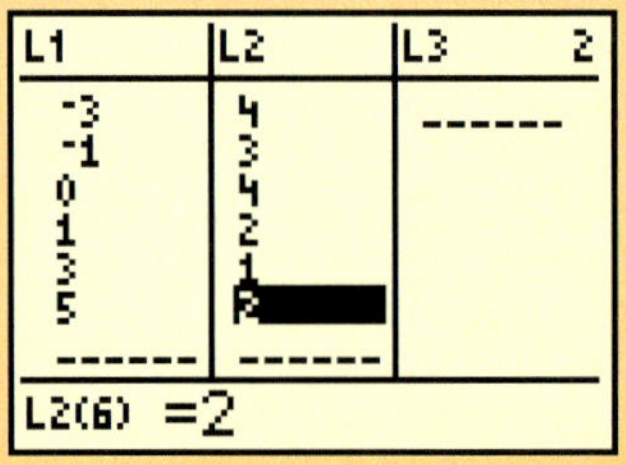

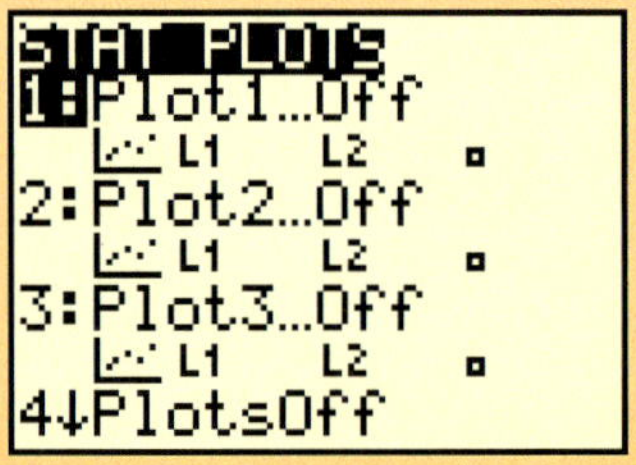

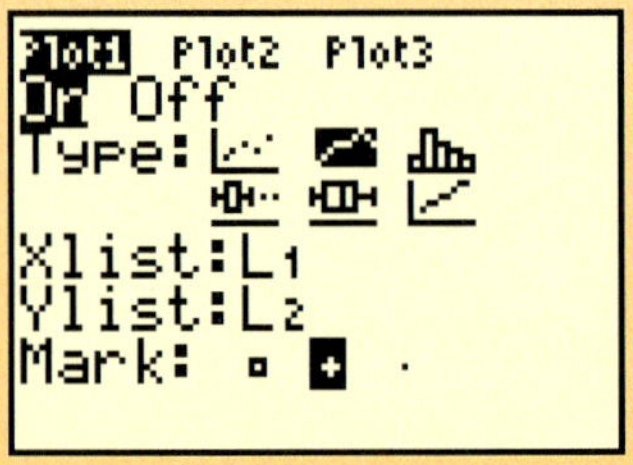

Beim Typ des Graphen kannst du z. B. auswählen, ob einzelne Punkte gezeichnet werden sollen und mit welchem Symbol. Du kannst die Punkte auch verbinden lassen oder ein Stabdiagramm zeichnen. Probiere die verschiedenen Möglichkeiten mit deinem Gerät aus.

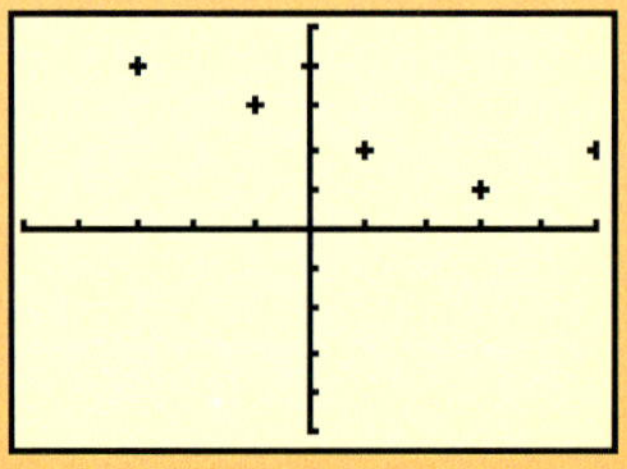

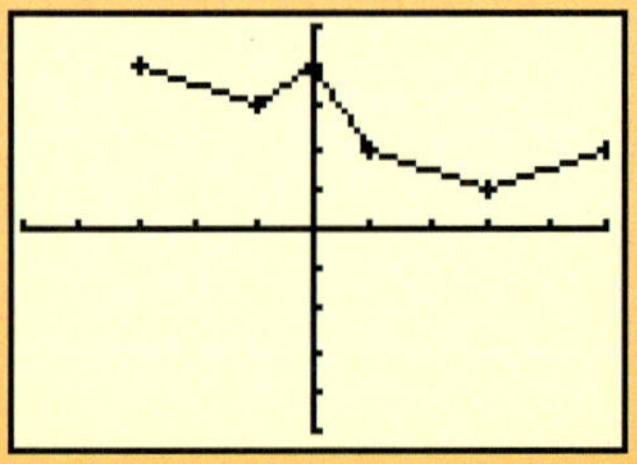

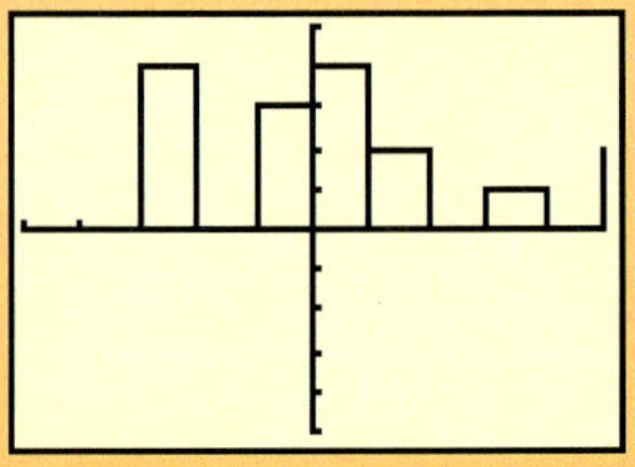

Spiel für 2 Personen

7. *Partnerarbeit:* Ein Spieler denkt sich eine einfache Gleichung für einen Graphen aus und erstellt dazu im Kopf eine kleine Wertetabelle. Diese gibt er mit **STAT** in den GTR ein und lässt den Graphen zeichnen. Der Partner gibt im **Y =** -Menü die von ihm vermutete Gleichung ein und lässt den Graphen zeichnen. Es wird die Anzahl der Versuche gezählt, bis er die richtige Gleichung findet. Danach wird gewechselt.

4.2 Proportionale Funktionen

4.2.1 Graph proportionaler Funktionen

Aufgabe 1

a) Notiere den Preis für 2 kg, 3 kg, 4 kg, 12 kg, x kg Äpfel in einer Wertetabelle für die Funktion *Menge x (in kg) → Preis y (in €).* Erstelle die Funktionsgleichung. Zeichne den Graphen und beschreibe ihn. Wie ändert sich der Preis, wenn man die Menge verdoppelt [verdreifacht]? Wie verhalten sich Menge und Preis zueinander?

b) Verwende nun die gleiche Funktionsvorschrift wie in Teilaufgabe a). Wähle aber als Definitionsmenge $\mathbb{Q}$, d.h. auch negative Ausgangswerte sind möglich. Wie ändert sich der Graph? Wie ändert sich der Wert für y, wenn man den Wert für x verdoppelt [verdreifacht]?

Lösung

a) Das Preisschild „1,25 € pro kg" gibt eine Funktion *verbal* an.

Wertetabelle:

Menge (in kg)	Preis (in €)
1	1,25
2	2,50
3	3,75
4	5,00
⋮	⋮
12	15
⋮	⋮
x	1,25 · x

Funktionsgleichung: $y = 1{,}25 \cdot x$

Graph:

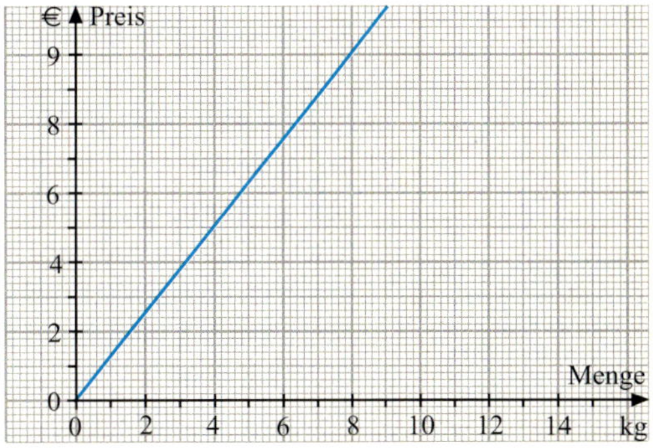

Der Graph ist *geradlinig.* Er ist eine Halbgerade, die im Koordinatenursprung beginnt.

Wenn man die Menge verdoppelt [verdreifacht], wird auch der Preis verdoppelt [verdreifacht]. Der Preis ist also proportional zur Menge.

b)

x	1,25 · x
3	3,75
2	2,5
1	1,25
0	0
– 1	– 1,25
– 2	– 2,5
– 3	– 3,75

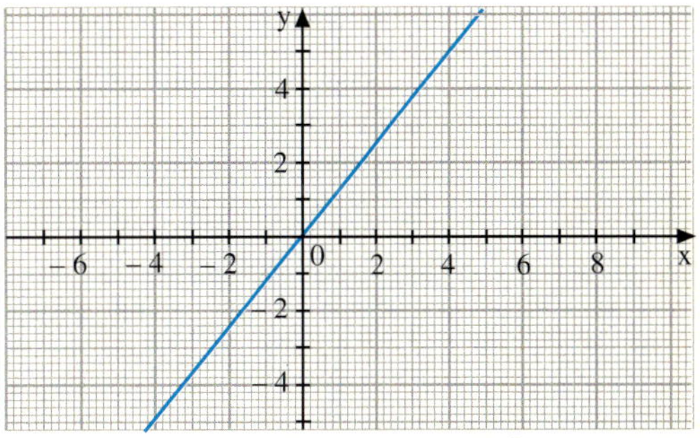

Der Graph ist eine Gerade *durch den Koordinatenursprung.*

Auch hier gilt: Wenn man den Wert für x verdoppelt [verdreifacht], wird auch der Funktionswert y verdoppelt [verdreifacht].

5. In einem Lehrbuch für Fahrschüler sind Faustregeln für die beiden Funktionen *Geschwindigkeit → Reaktionsweg* und *Geschwindigkeit → Bremsweg* angegeben.

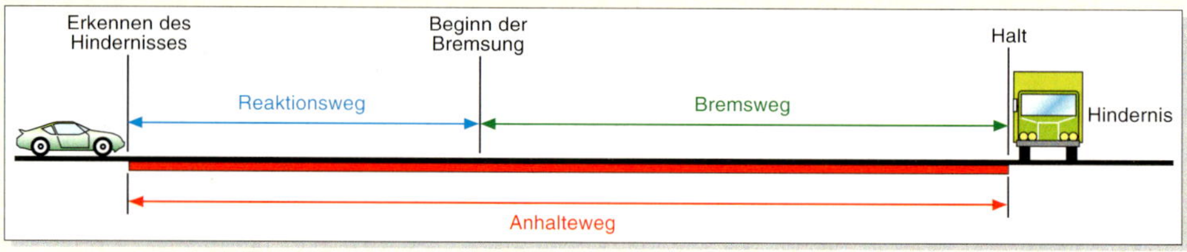

Der Reaktionsweg

Vom Sehen eines Hindernisses bis zum Niedertreten des Bremspedals legt das Fahrzeug einen bestimmten Weg zurück. Dieser Weg wird Reaktionsweg genannt. Für seine Länge gilt die Faustregel:

Reaktionsweg in m = (Geschwindigkeit in $\frac{\text{km}}{\text{h}}$: 10) mal 3

Der Bremsweg

Vom Niedertreten des Bremspedals bis zum Stillstand des Fahrzeugs legt das Fahrzeug einen bestimmten Weg zurück. Dieser Weg wird Bremsweg genannt. Für seine Länge gilt die Faustregel:

Bremsweg in m = (Geschwindigkeit in $\frac{\text{km}}{\text{h}}$: 10) mal (Geschwindigkeit in $\frac{\text{km}}{\text{h}}$: 10)

Betrachte die Geschwindigkeiten $10\,\frac{\text{km}}{\text{h}}$, $20\,\frac{\text{km}}{\text{h}}$, …, $100\,\frac{\text{km}}{\text{h}}$.

a) Lege für die Funktion *Geschwindigkeit → Reaktionsweg* eine Tabelle an. Sind die Größen proportional zueinander? Zeichne den Graphen dieser Funktion. Beschreibe ihn.

b) Lege für die Funktion *Geschwindigkeit → Bremsweg* eine Tabelle an. Sind diese Größen proportional zueinander? Zeichne den Graphen dieser Funktion. Beschreibe ihn. Vergleiche den Graphen mit dem aus Teilaufgabe a).

1 l = 1 dm³

6. Ein leeres Gefäß wird mit Wasser gefüllt. In jeder Minute fließen 3 Liter [1,2 Liter] Wasser in das Gefäß.

a) Zeichne den Graphen der Funktion *Zeit (in min) → Wasservolumen (in l)*. Lege eine Wertetabelle an; notiere auch die Funktionsgleichung.

b) Das Gefäß ist quaderförmig, 30 cm lang, 20 cm breit. Gib Wertetabelle, Graph und Funktionsgleichung für die Funktion *Zeit (in min) → Wasserhöhe (in dm)* an.

7. Beim Schlussverkauf setzt ein Händler alle Preise um 20 % herab. Stelle mithilfe einer Wertetabelle die Funktion grafisch dar. Notiere die Funktionsgleichung. Liegt eine proportionale Funktion vor?

a) *alter Preis → Preisnachlass* **b)** *alter Preis → neuer Preis*

Die Variable muss nicht immer x heißen.

8. Die proportionale Funktion hat den Funktionsterm:

a) $f(x) = 2{,}5x$ **b)** $f(x) = -4x$ **c)** $f(x) = -0{,}6x$ **d)** $g(z) = \frac{z}{10}$ **e)** $h(t) = \frac{5}{2}t$

(1) Notiere die Funktionsgleichung und zeichne den Graphen.

(2) Welcher der Punkte $P_1\left(-1\,\middle|\,\frac{3}{5}\right)$, $P_2(10|4)$, $P_3(-2|-5)$, $P_4(10|1)$, $P_5\left(\frac{1}{2}\,\middle|\,-2\right)$ liegt auf dem Graphen?

(3) Die folgenden Punkte liegen auf dem Graphen. Bestimme die fehlende Koordinate. $P_1(2|\square)$; $P_2(-1|\square)$; $P_3(\square|6)$; $P_4(\square|-3)$

(4) An welcher Stelle nimmt die Funktion den Wert 100 [-10; 0,1; $-\frac{1}{2}$] an?

4.2 Proportionale Funktionen

4.2.1 Graph proportionaler Funktionen

Aufgabe 1

a) Notiere den Preis für 2 kg, 3 kg, 4 kg, 12 kg, x kg Äpfel in einer Wertetabelle für die Funktion *Menge x (in kg) → Preis y (in €)*. Erstelle die Funktionsgleichung. Zeichne den Graphen und beschreibe ihn. Wie ändert sich der Preis, wenn man die Menge verdoppelt [verdreifacht]? Wie verhalten sich Menge und Preis zueinander?

b) Verwende nun die gleiche Funktionsvorschrift wie in Teilaufgabe a). Wähle aber als Definitionsmenge $\mathbb{Q}$, d.h. auch negative Ausgangswerte sind möglich. Wie ändert sich der Graph? Wie ändert sich der Wert für y, wenn man den Wert für x verdoppelt [verdreifacht]?

Lösung

a) Das Preisschild „1,25 € pro kg" gibt eine Funktion *verbal* an.

Wertetabelle:

Menge (in kg)	Preis (in €)
1	1,25
2	2,50
3	3,75
4	5,00
⋮	⋮
12	15
⋮	⋮
x	$1{,}25 \cdot x$

Funktionsgleichung: $y = 1{,}25 \cdot x$

Graph:

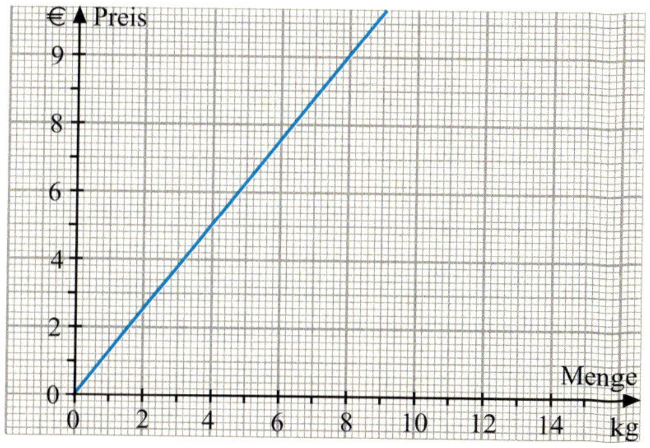

Der Graph ist *geradlinig.* Er ist eine Halbgerade, die im Koordinatenursprung beginnt.

Wenn man die Menge verdoppelt [verdreifacht], wird auch der Preis verdoppelt [verdreifacht]. Der Preis ist also proportional zur Menge.

b)

x	$1{,}25 \cdot x$
3	3,75
2	2,5
1	1,25
0	0
– 1	– 1,25
– 2	– 2,5
– 3	– 3,75

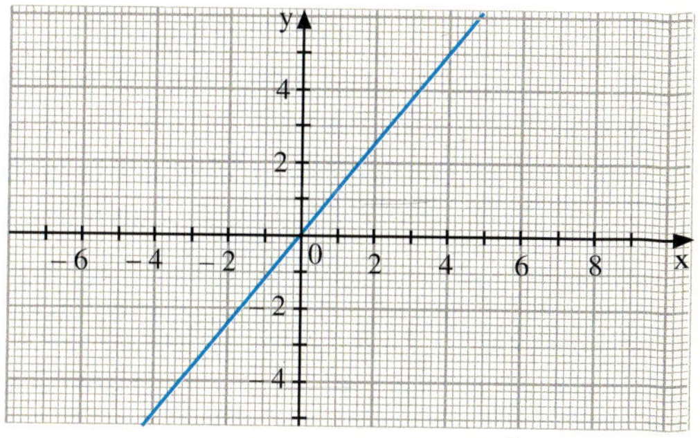

Der Graph ist eine Gerade *durch den Koordinatenursprung.*

Auch hier gilt: Wenn man den Wert für x verdoppelt [verdreifacht], wird auch der Funktionswert y verdoppelt [verdreifacht].

Auf den Punkt gebracht:
Dokumentieren von Rechnerergebnissen

Der grafikfähige Taschenrechner hilft dir, mathematische Probleme schnell und zuverlässig zu bearbeiten sowie neue Erkenntnisse zu gewinnen. Dafür stehen dir in der Regel mehrere Strategien zur Verfügung, aus denen du auswählen kannst.

1. Sandra beobachtet eine 10 cm hohe zylinderförmige Kerze und stellt fest, dass diese etwa 1,6 cm pro Stunde abbrennt. Nach drei Stunden scheint die Kerze zur Hälfte abgebrannt zu sein. Sandra möchte das gern überprüfen. Sie nimmt ihren Rechner zu Hilfe und bearbeitet die Aufgabe gemeinsam mit ihrer Nachbarin Maike. Beide notieren die Ergebnisse im Heft.
Erläutere und bewerte die beiden Hefteinträge.

1 l = 1 dm³

Sandra

Aufgabe:
Eine 10 cm hohe zylinderförmige Kerze brennt etwa 1,6 cm pro Stunde ab.
Frage: Wann ist die Kerze zur Hälfte abgebrannt?
Lösung:
Zeit in Stunden: x
Höhe der Kerze in cm: y
$y = 10 - 1{,}6x$
Eingabe: $y1(x) = 10 - 1{,}6x$; Schrittweite: 1; Startwert: 0
Aus der Tabelle kann man entnehmen, dass die Kerze nach 3 Stunden noch nicht zur Hälfte abgebrannt ist. Eine Verfeinerung der Schrittweite führt zu dem Ergebnis:

x	3,000	3,123	3,124	3,125
y1(x)	5,2	5,0032	5,0016	5,0000

Antwort:
Die Kerze ist erst nach 3,125 Stunden, d.h. nach 3 Stunden 7 Minuten und 30 Sekunden zur Hälfte abgebrannt, wenn sie pro Stunde gleichmäßig um 1,6 cm abbrennt.

Maike

Wann ist die Kerze zur Hälfte abgebrannt?
$y = 10 - 1{,}6x$
Nach 3,125 Stunden.

Die Variable muss nicht immer x heißen.

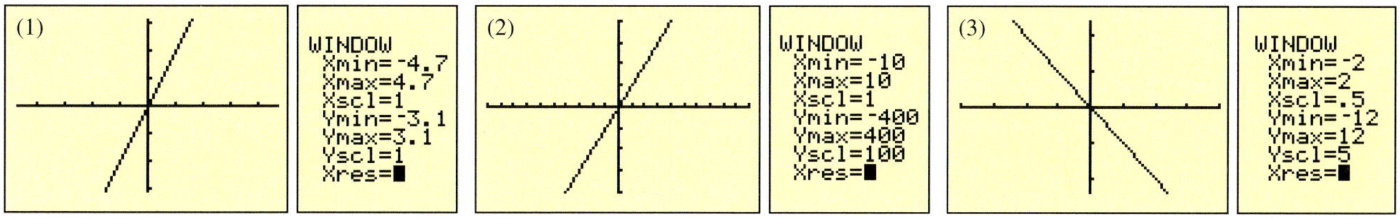

GTR **9.** Berechne den Quotienten $\frac{y}{x}$ für die Graphen oben.

10. Prüfe mithilfe der Quotientengleichheit, ob die Wertetabelle zu einer proportionalen Funktion gehört. Zeichne auch die zugehörigen Punkte in ein Koordinatensystem. Falls eine proportionale Funktion vorliegt: Gib die Funktionsgleichung an.

a)

x	y
3	3,6
4	4,8
5	6
6	7,2

b)

x	y
– 1	3,5
0	0
1	– 3,5
2	– 7

c)

x	y
4	3,2
3	2,4
2	1,6
1	0,4

d)

x	y
– 1	0,5
0	0
1	0,5
2	1

e)

x	y
– 1	1
0	0
1	1
2	4

11. Ergänze die Tabelle so, dass diese zu einer proportionalen Funktion gehört. Gib auch die Funktionsgleichung an.

a)

x	y
– 2	6
1	
4	

b)

x	y
0,5	
	– 6
– 2	– 1

c)

x	y
2,4	3,6
0	
	– 2

d)

x	y
– 0,1	
	0
1	– 0,1

e)

x	y
	– 10
	– 0,5
– 3	– 7,5

12. Erstelle selbst eine Wertetabelle für eine proportionale Funktion f sowie eine, die nicht zu einer proportionalen Funktion gehört. Beschreibe, worauf du geachtet hast.

13. **a)** Berechne 1 %; 2 %; 3 %; 4 %; …; 10 % von 250 €. Lege eine Tabelle an.

Grundwert G = 250 €		
Prozentsatz p %	1 %	2 %
Prozentwert W		

b) Wie verändert sich der Prozentwert W (bei festem Grundwert), wenn man den Prozentsatz verdoppelt, verdreifacht, …?

c) Zeichne den Graphen der Funktion *Prozentsatz* → *Prozentwert* (bei festem Grundwert G = 250 €). Um was für eine Funktion handelt es sich? Begründe.
Gib auch die Funktionsgleichung an; verwende dabei die Variablen p und W.

14. **a)** Berechne 5 % von 10 €; 20 €; 30 €; …; 100 €. Lege eine Tabelle an.

b) Wie verändert sich der Prozentwert W (bei festem Prozentsatz p % = 5 %), wenn man den Grundwert verdoppelt, verdreifacht, …?

c) Zeichne den Graphen der Funktion *Grundwert* → *Prozentwert* (bei festem Prozentsatz p % = 5 %). Um was für eine Funktion handelt es sich? Begründe.
Gib auch die Funktionsgleichung an; benenne die Variablen sinnvoll.

Information

Zeichnen des Graphen der proportionalen Funktion mit der Gleichung $y = mx$

1. Fall: $m > 0$

Beispiel: $m = 2$

Gehe vom Ursprung O(0|0) aus
1 Schritt nach rechts und 2 Schritte nach oben
oder
2 Schritte nach rechts und 2 · 2 Schritte nach oben
oder …
oder auch
1 Schritt nach links und 2 Schritte nach unten
oder …

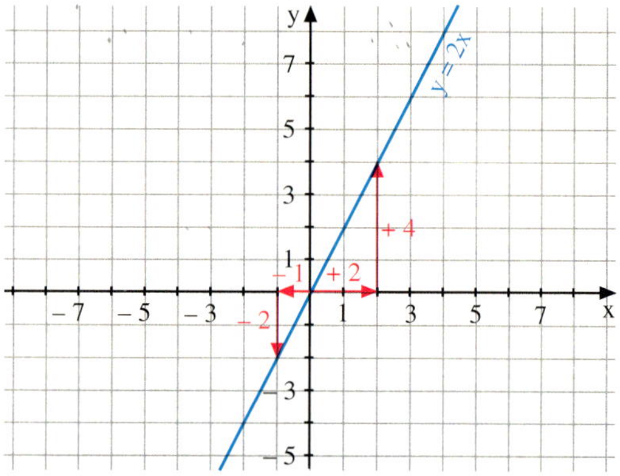

2. Fall: $m < 0$

Beispiel: $m = -3$

Gehe vom Ursprung O(0|0) aus
1 Schritt nach rechts und 3 Schritte nach unten
oder
2 Schritte nach rechts und 2 · 3 Schritte nach unten
oder …
oder auch
1 Schritt nach links und 3 Schritte nach oben
oder …

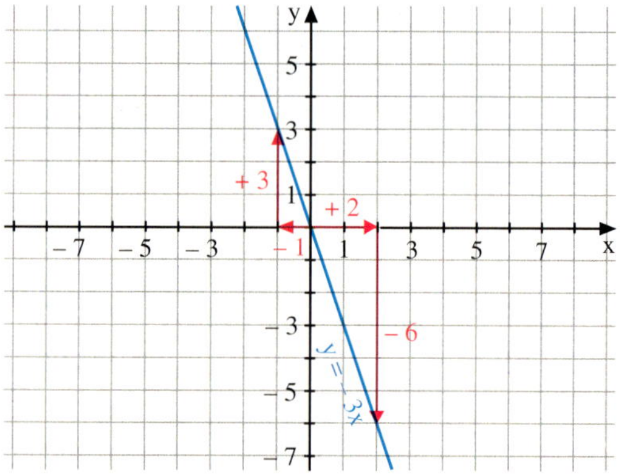

Übungsaufgaben

3. Zeichne für verschiedene Werte von m die Graphen von proportionalen Funktionen mit der Gleichung $y = m \cdot x$ in ein gemeinsames Koordinatensystem.
Wie ändert sich der Graph, wenn man den Faktor m ändert?

4. Zeichne mithilfe eines geeigneten Steigungsdreiecks den Graphen der proportionalen Funktion mit der Gleichung:

a) $y = 3x$ **b)** $y = -2x$ **c)** $y = 1{,}4x$ **d)** $y = -0{,}5x$ **e)** $y = -1{,}2x$

Steigt die Gerade oder fällt die Gerade? Welche Steigung hat die Gerade?

5. Wie ändert sich der Funktionswert, wenn man x um 1 [um 2; um 3] erhöht?
Welchen Wert hat die Steigung m der Geraden?

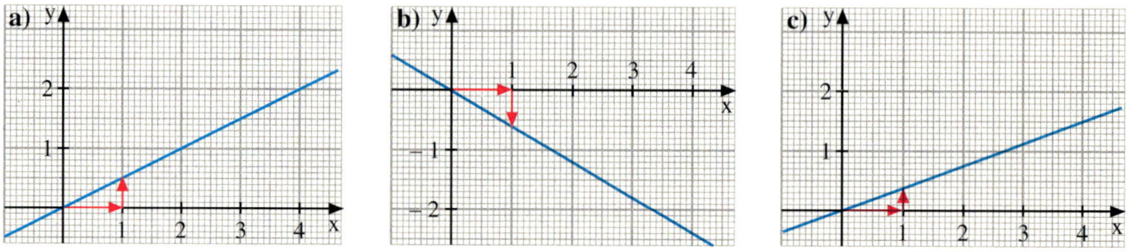

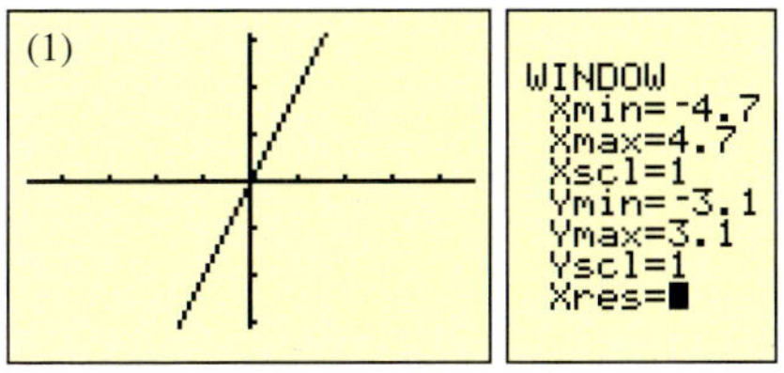

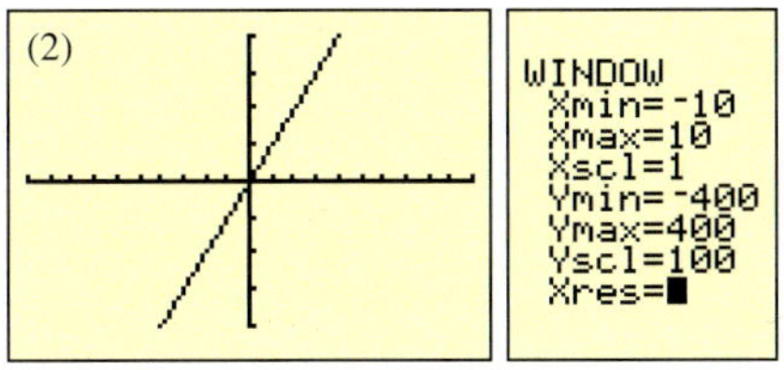

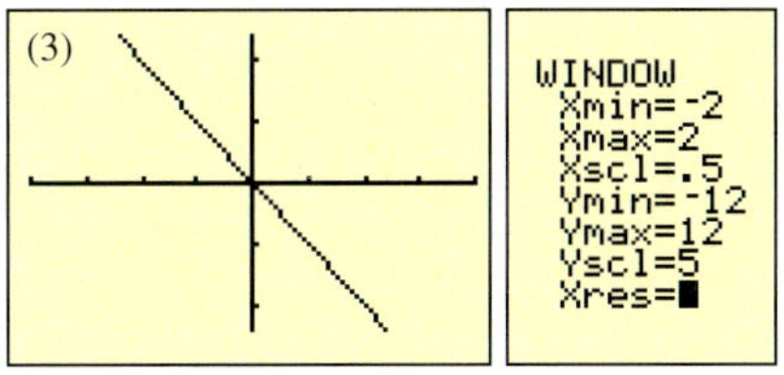

GTR **9.** Berechne den Quotienten $\frac{y}{x}$ für die Graphen oben.

10. Prüfe mithilfe der Quotientengleichheit, ob die Wertetabelle zu einer proportionalen Funktion gehört. Zeichne auch die zugehörigen Punkte in ein Koordinatensystem. Falls eine proportionale Funktion vorliegt: Gib die Funktionsgleichung an.

a)

x	y
3	3,6
4	4,8
5	6
6	7,2

b)

x	y
– 1	3,5
0	0
1	– 3,5
2	– 7

c)

x	y
4	3,2
3	2,4
2	1,6
1	0,4

d)

x	y
– 1	0,5
0	0
1	0,5
2	1

e)

x	y
– 1	1
0	0
1	1
2	4

11. Ergänze die Tabelle so, dass diese zu einer proportionalen Funktion gehört. Gib auch die Funktionsgleichung an.

a)

x	y
– 2	6
1	
4	

b)

x	y
0,5	
	– 6
– 2	– 1

c)

x	y
2,4	3,6
0	
	– 2

d)

x	y
– 0,1	
	0
1	– 0,1

e)

x	y
	– 10
	– 0,5
– 3	– 7,5

12. Erstelle selbst eine Wertetabelle für eine proportionale Funktion f sowie eine, die nicht zu einer proportionalen Funktion gehört. Beschreibe, worauf du geachtet hast.

13. **a)** Berechne 1 %; 2 %; 3 %; 4 %; …; 10 % von 250 €. Lege eine Tabelle an.

Grundwert G = 250 €		
Prozentsatz p %	1 %	2 %
Prozentwert W		

b) Wie verändert sich der Prozentwert W (bei festem Grundwert), wenn man den Prozentsatz verdoppelt, verdreifacht, …?

c) Zeichne den Graphen der Funktion *Prozentsatz → Prozentwert* (bei festem Grundwert G = 250 €). Um was für eine Funktion handelt es sich? Begründe.
Gib auch die Funktionsgleichung an; verwende dabei die Variablen p und W.

14. **a)** Berechne 5 % von 10 €; 20 €; 30 €; …; 100 €.
Lege eine Tabelle an.

b) Wie verändert sich der Prozentwert W (bei festem Prozentsatz p % = 5 %), wenn man den Grundwert verdoppelt, verdreifacht, …?

c) Zeichne den Graphen der Funktion *Grundwert → Prozentwert* (bei festem Prozentsatz p % = 5 %). Um was für eine Funktion handelt es sich? Begründe.
Gib auch die Funktionsgleichung an; benenne die Variablen sinnvoll.

GTR **15.** Marc hat den Graphen der Funktion zu $y = 2x$ mit dem GTR gezeichnet. Er behauptet: „Der Graph ist keine Gerade. Auch liegt offensichtlich keine Funktion vor.“
Nimm Stellung dazu: Wie kommt er zu dieser Behauptung? Was hältst du von dieser Behauptung?

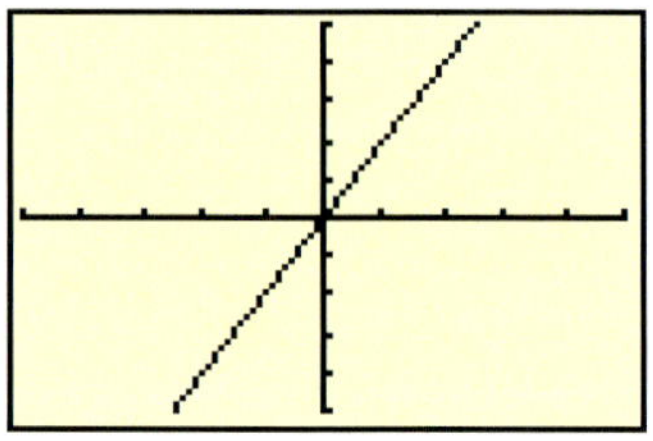

GTR **16.** (1) In einem Versuch werden der Druck p und das Volumen V einer Gasmenge gemessen.

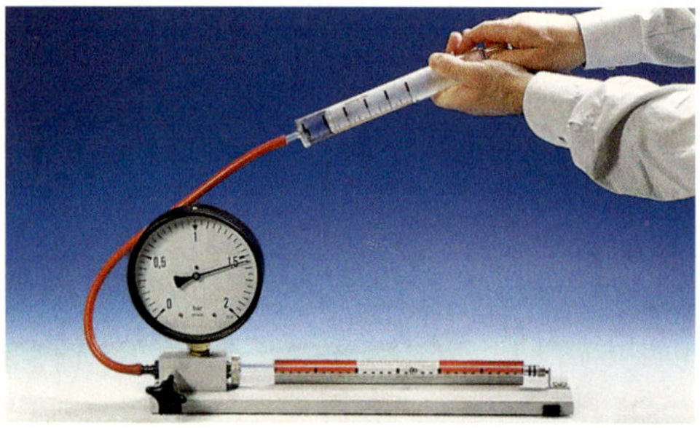

p (in bar)	0,6	0,8	1,0	1,2	1,4	1,6
V (in cm^3)	19	14,6	11,9	9,5	8,3	7,2

(2) Im Schülerexperiment wurden Messwerte für die Abhängigkeit des Widerstandes R von der Länge *l* des Leiters ermittelt.

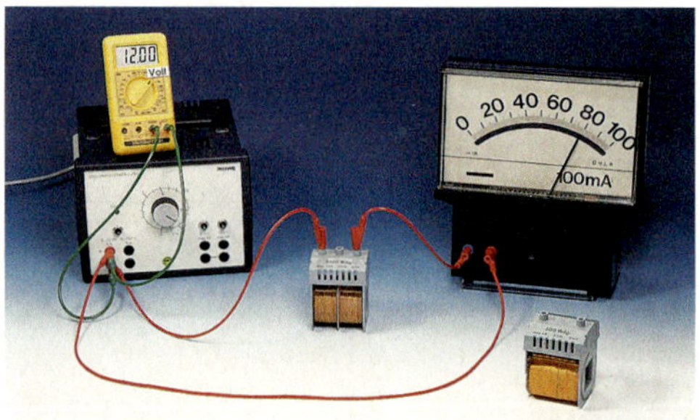

l (in m)	1	1,5	2	2,5	3	3,5
R (in Ω)	10,3	15,5	21	26	31	36

Ohm,
Abkürzung Ω vom griechischen Buchstaben Omega, ist die Einheit des Widerstandes.

a) Stelle die Messwertpaare mit dem GTR grafisch dar. Beschreibe dein Vorgehen.

b) Skizziere den Graphen im Koordinatensystem und notiere die Window-Werte.

c) Untersuche jeweils, ob die beiden Größen proportional [antiproportional] zueinander sind. Begründe.

4.2.2 Steigung, Steigungsdreieck

Einführung

(1)

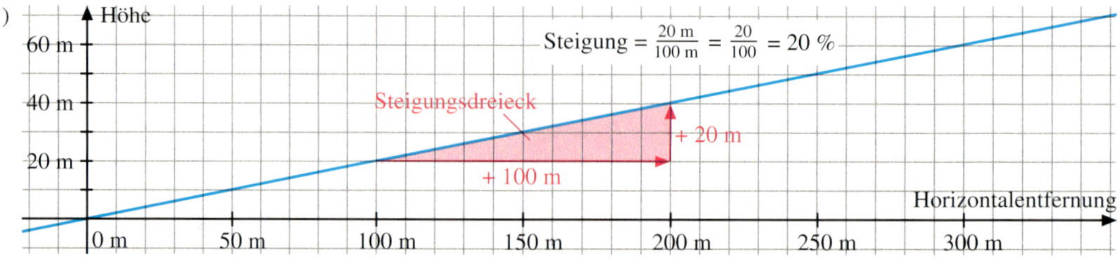

Das Verkehrsschild informiert über die *Steigung* einer Straße. Was bedeutet hier 20 %?
20 % Steigung bedeutet: Auf je 100 m Horizontalentfernung nimmt die Höhe um jeweils 20 m zu (siehe auch das Steigungsdreieck im Bild oben rechts).
Im Koordinatensystem ist die Straße als steigende Gerade dargestellt. Sie ist der Graph der Zuordnung *Horizontalentfernung x (in m) → Höhe y (in m).*
Diese hat die Funktionsgleichung $y = \frac{20}{100}x$.

Es handelt sich hier also um eine proportionale Funktion mit der Gleichung $y = mx$ mit positivem m, nämlich $m = 0{,}2$. Der Faktor m gibt hier die (positive) Steigung der Geraden (der Straße) an.

(2)

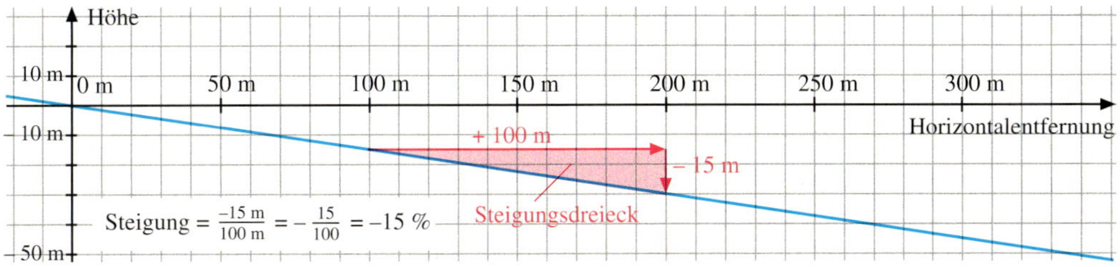

Dieses Verkehrsschild zeigt das Gefälle einer Straße an.

15 % Gefälle bedeutet: Auf je 100 m Horizontalentfernung nimmt die Höhe um jeweils 15 m ab (siehe auch das Steigungsdreieck im Bild oben).

Im Koordinatensystem ist die Straße als fallende Gerade dargestellt. Sie ist Graph der Funktion *Horizontalentfernung x (in m) → Höhe y (in m)*. Diese hat die Funktionsgleichung $y = -\frac{15}{100}x$.

Es handelt sich also um eine proportionale Funktion mit der Gleichung $y = mx$ mit negativem m, nämlich $m = -0{,}15$. Der Faktor m gibt auch hier die (negative) Steigung der Geraden (Straße) an.

Information

Die Gerade zu einer proportionalen Funktion mit $y = mx$

- *steigt* (von links nach rechts), wenn m positiv ist, und
- *fällt* (von links nach rechts), wenn m negativ ist.

Man nennt m die **Steigung** der Geraden.

Die Steigung m lässt sich mithilfe eines *Steigungsdreiecks* berechnen:

$$m = \frac{y_2 - y_1}{x_2 - x_1}$$

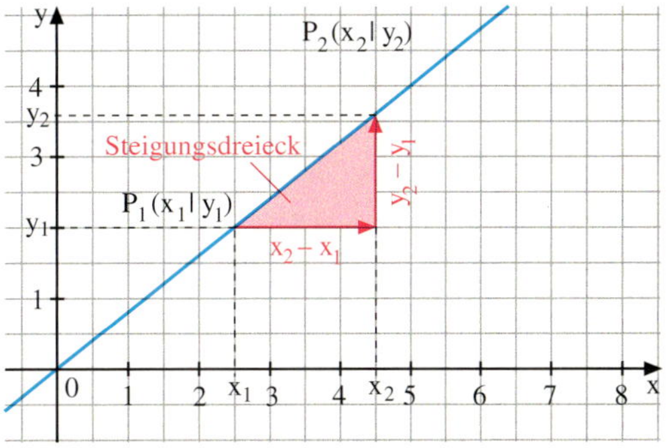

Weiterführende Aufgaben

1. *Unterschiedlich große Steigungsdreiecke bei gleicher Steigung*

Zeichne den Graphen der proportionalen Funktion f mit:

a) $f(x) = 1{,}2x$ **c)** $f(x) = -1{,}5x$

b) $f(x) = 0{,}6x$ **d)** $f(x) = -\frac{3}{4}x$

Wie ändert sich der Funktionswert, wenn man den Wert für x

(1) um 1 vergrößert,

(2) um 2 vergrößert,

(3) um 5 vergrößert,

(4) um 1 vermindert?

Zeichne auch entsprechende Steigungsdreiecke.

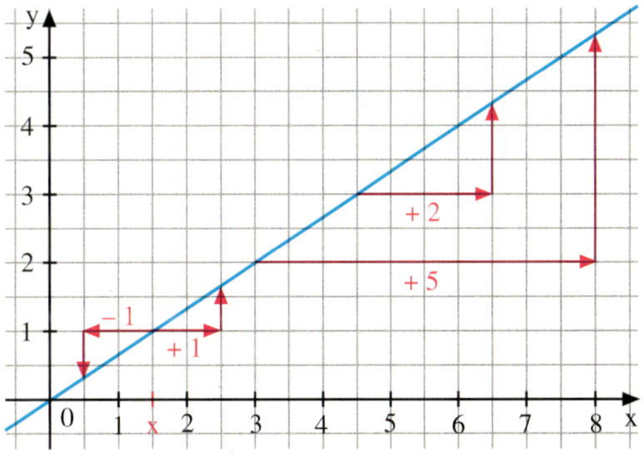

2. *Geeignete Steigungsdreiecke für das Zeichnen des Graphen*

Zeichne – ohne Wertetabellen anzulegen – in dasselbe Koordinatensystem die Graphen der proportionalen Funktionen mit den Steigungen $m = 5$; $m = -0{,}2$; $m = 1$; $m = -1{,}3$; $m = \frac{2}{3}$.

Gehe jeweils vom Ursprung O(0|0) aus. Überlege, ob es günstiger ist, nur einen Schritt oder mehrere Schritte nach rechts oder sogar nach links zu gehen.

Information

Zeichnen des Graphen der proportionalen Funktion mit der Gleichung $y = m x$

1. Fall: $m > 0$

Beispiel: $m = 2$

Gehe vom Ursprung $O(0|0)$ aus
1 Schritt nach rechts und 2 Schritte nach oben
oder
2 Schritte nach rechts und $2 \cdot 2$ Schritte nach oben
oder …
oder auch
1 Schritt nach links und 2 Schritte nach unten
oder …

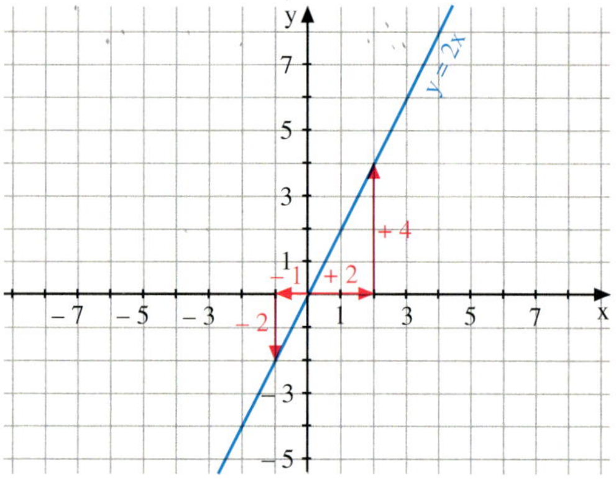

2. Fall: $m < 0$

Beispiel: $m = -3$

Gehe vom Ursprung $O(0|0)$ aus
1 Schritt nach rechts und 3 Schritte nach unten
oder
2 Schritte nach rechts und $2 \cdot 3$ Schritte nach unten
oder …
oder auch
1 Schritt nach links und 3 Schritte nach oben
oder …

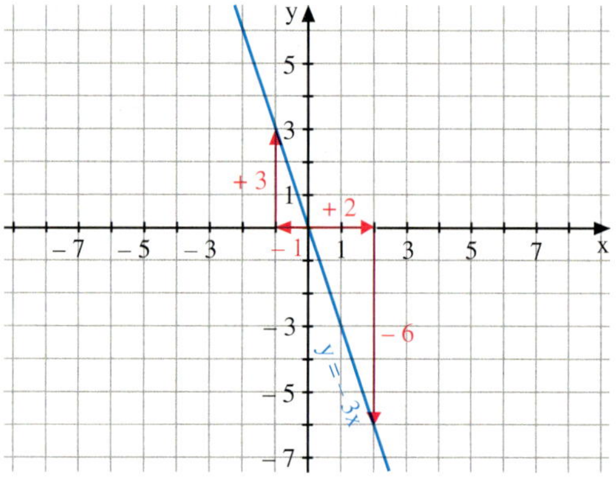

Übungsaufgaben

3. Zeichne für verschiedene Werte von m die Graphen von proportionalen Funktionen mit der Gleichung $y = m \cdot x$ in ein gemeinsames Koordinatensystem.
Wie ändert sich der Graph, wenn man den Faktor m ändert?

4. Zeichne mithilfe eines geeigneten Steigungsdreiecks den Graphen der proportionalen Funktion mit der Gleichung:

a) $y = 3x$ **b)** $y = -2x$ **c)** $y = 1{,}4x$ **d)** $y = -0{,}5x$ **e)** $y = -1{,}2x$

Steigt die Gerade oder fällt die Gerade? Welche Steigung hat die Gerade?

5. Wie ändert sich der Funktionswert, wenn man x um 1 [um 2; um 3] erhöht?
Welchen Wert hat die Steigung m der Geraden?

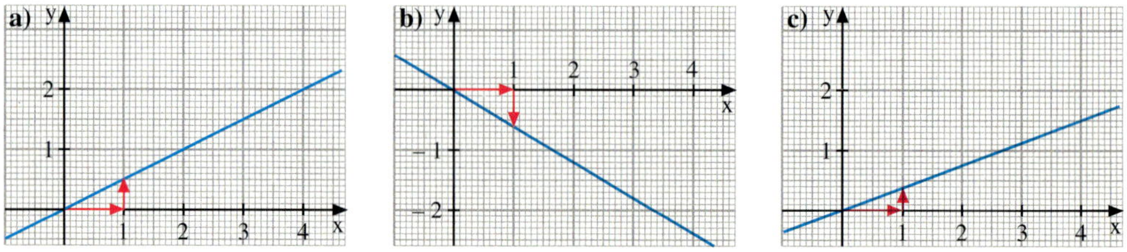

6. Zeichne mithilfe eines Steigungsdreiecks den Graphen der proportionalen Funktion, ohne eine Wertetabelle anzulegen. Überlege, ob es dabei günstiger ist, nur einen Schritt oder mehrere nach rechts oder sogar nach links zu gehen.

a) $f(x) = 2x$ **c)** $f(x) = 0{,}25x$ **e)** $f(x) = -\frac{4}{5}x$ **g)** $g(x) = -0{,}4x$ **i)** $g(x) = -x$

b) $f(x) = 1{,}5x$ **d)** $f(x) = -\frac{x}{4}$ **f)** $f(x) = \frac{x}{7}$ **h)** $g(x) = -\frac{x}{10}$ **j)** $f(t) = \frac{7}{2}t$

Wie ändert sich der Funktionswert, wenn man x um 4 erhöht [um 5 erhöht; um 5 vermindert]?

7. Rechts siehst du Fabians Hausaufgaben. Kontrolliere sie.

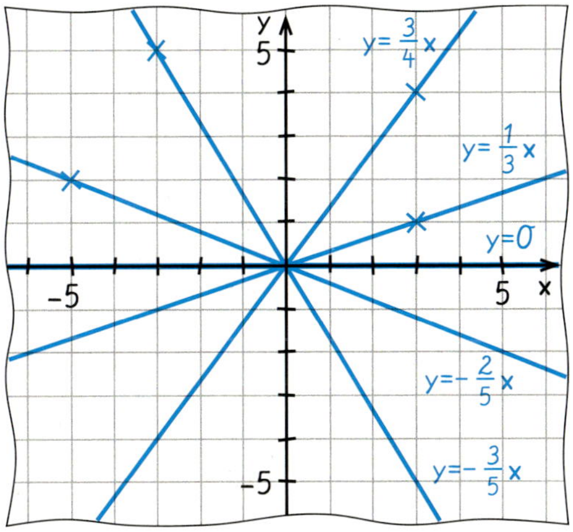

8. Zeichne den Graphen der proportionalen Funktion. Gehe dabei vom Ursprung

a) um 1 nach rechts, um 1,6 nach oben;

b) um 1 nach rechts, um 1,8 nach unten;

c) um 2 nach rechts, um 5,4 nach oben;

d) um 5 nach links, um 6 nach unten;

e) um 3 nach rechts, um 5,4 nach oben;

f) um 4 nach links, um 7,2 nach oben.

Notiere die Steigung m und die Funktionsgleichung [den Funktionsterm].

9. Notiere zu jeder Geraden die Steigung. Gib auch die Funktionsgleichung an.

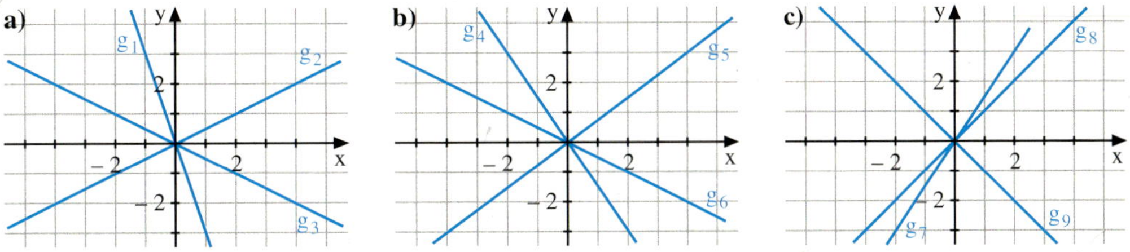

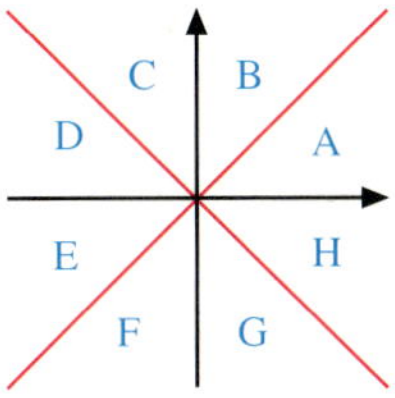

10. Links wurde das Koordinatensystem in 8 Bereiche unterteilt. Die Achsen haben beide gleiche Einteilung. In welchen Bereichen verläuft der Graph zu

a) $y = \frac{1}{2}x$; **b)** $y = -2x$; **c)** $y = 2x$; **d)** $y = -\frac{3}{4}x$?

11. Der Graph einer proportionalen Funktion geht durch den Punkt P:

a) $P(1|5)$ **c)** $P(1|3{,}8)$ **e)** $P(1|-\frac{3}{2})$ **g)** $P(2|6)$ **i)** $P(5|-2)$ **k)** $P(3|-2)$

b) $P(1|-3)$ **d)** $P(1|-0{,}8)$ **f)** $P(1|-\frac{9}{5})$ **h)** $P(2|8{,}4)$ **j)** $P(3|5{,}1)$ **l)** $P(-1|-4)$

Notiere die Steigung m und die Funktionsgleichung.

Spiel für 2 Personen GTR

12. Ein Spieler zeichnet mit dem GTR einen Punkt. Der Partner muss dann den Graphen einer proportionalen Funktion durch diesen Punkt zeichnen lassen. Hat er es geschafft, wird gewechselt.

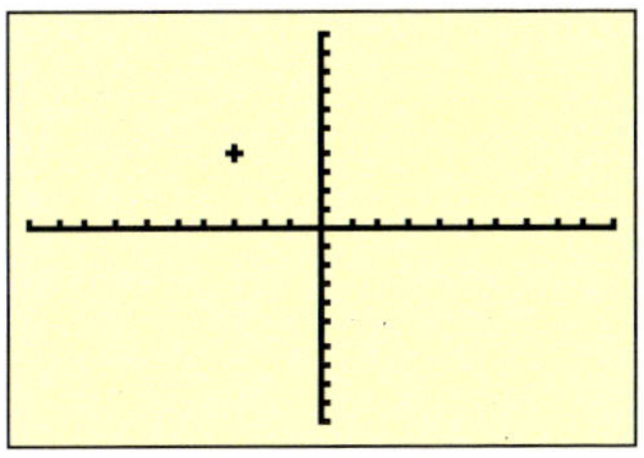

4.3 Lineare Funktionen und ihre Graphen

Aufgabe 1

a) 1 m^3 Kies wiegt 2 Tonnen. Im Folgenden ist das Kiesvolumen jeweils in m^3 angegeben, das Kiesgewicht in t.

(1) Notiere für die Funktion
Kiesvolumen x → Kiesgewicht y
die Funktionsgleichung. Zeichne den Graphen.

(2) Ein Lastwagenanhänger wiegt leer 3 Tonnen und wird mit Kies beladen. Zeichne in dasselbe Koordinatensystem den Graphen für die Funktion
Kiesvolumen x → Gesamtgewicht des Anhängers y.
Notiere die Funktionsgleichung.

b) Wähle als Definitionsmenge $\mathbb{Q}$ und als Funktionsterm: (1) $2x$; (2) $2x + 3$; (3) $2x - 6$. Zeichne alle drei Graphen in dasselbe Koordinatensystem. Wie kommt man von dem ersten Graphen zu den beiden anderen? Wie kann man das an dem Term erkennen?

Lösung

a) (1) 1 m^3 Kies wiegt 2 Tonnen.
x m^3 Kies wiegen $2x$ Tonnen.
Funktionsgleichung: $y = 2x$

(2) Das Gesamtgewicht setzt sich zusammen aus dem Gewicht der Kiesladung, $2x$ Tonnen, und dem Gewicht des leeren Anhängers, 3 Tonnen.

Kiesgewicht | Hängergewicht

Funktionsgleichung: $y = 2x + 3$

Das Gesamtgewicht ist immer um 3 Tonnen größer als das Kiesgewicht. Du kommst also vom ersten Graphen (Kiesgewicht) zum zweiten Graphen (Gesamtgewicht), indem du überall um 3 Einheiten nach oben gehst. Das bedeutet: Wenn du den ersten Graphen *um 3 Einheiten nach oben verschiebst*, erhältst du den zweiten.

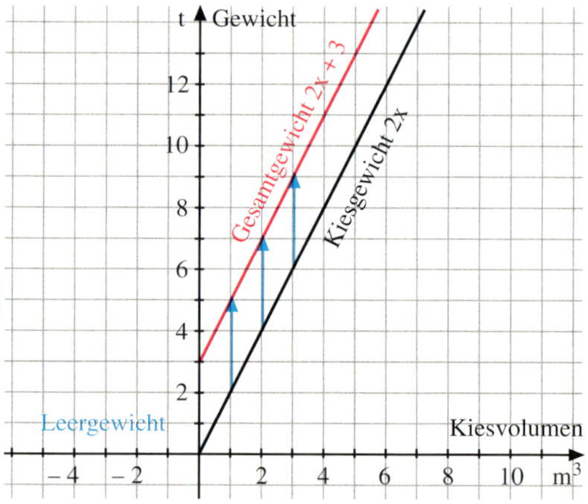

b) Jetzt dürfen auch negative Zahlen für x eingesetzt werden, da die gesamte Menge $\mathbb{Q}$ der rationalen Zahlen Definitionsmenge ist. Die Graphen sind daher nach beiden Seiten unbegrenzt.

Wenn man den Graphen zu $y = 2x$

- *um 3 Einheiten nach oben verschiebt*, erhält man den Graphen zu $y = 2x + 3$;
- *um 6 Einheiten nach unten verschiebt*, erhält man den Graphen zu $y = 2x - 6$.

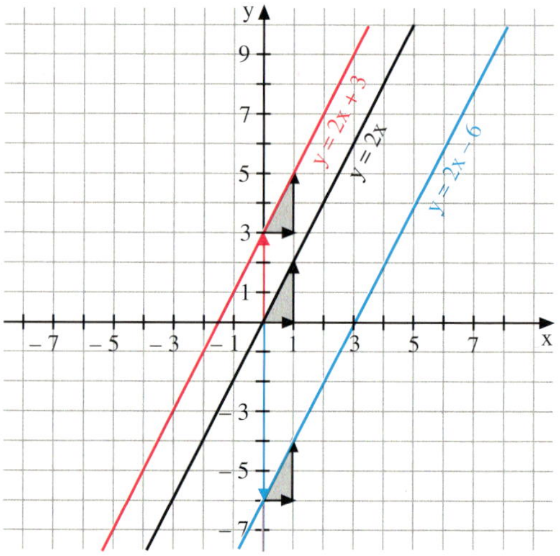

Information

Eine Funktion mit der Funktionsgleichung $y = mx + b$ heißt **lineare Funktion**.
Der Graph einer linearen Funktion ist *geradlinig*.
m ist die *Steigung* der Geraden.
Die Gerade schneidet die y-Achse im Punkt $P(0|b)$.
b nennt man daher *y-Achsenabschnitt* (oder auch *Ordinatenabschnitt*).

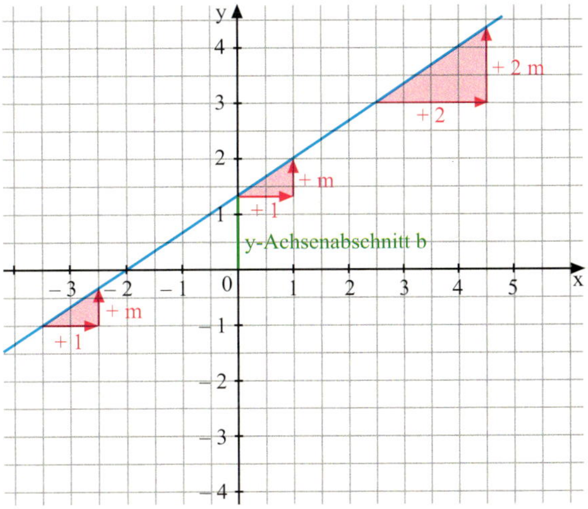

Anmerkung: Die Definitionsmenge einer linearen Funktion ist die Menge $\mathbb{Q}$ aller rationalen Zahlen (falls nichts anderes vereinbart wird).

Weiterführende Aufgaben

2. *Zeichnen des Graphen einer linearen Funktion mithilfe von m und b*

Gegeben ist die Funktionsgleichung einer linearen Funktion. Notiere die Steigung m und den y-Achsenabschnitt b. Zeichne den Graphen.

a) $y = \frac{3}{4}x - 2$ **b)** $y = -\frac{1}{3}x + 1$ **c)** $y = -x + 4{,}5$ **d)** $y = x$ **e)** $y = -3$ **f)** $y = 0$

Anmerkung: Die Gleichung $y = x$ ist eine kurze Schreibweise für $y = 1 \cdot x + 0$.
Die Gleichung $y = -3$ ist eine kurze Schreibweise für $y = 0 \cdot x - 3$.

Anleitung zum Zeichnen des Graphen einer linearen Funktion mithilfe der Steigung m und des y-Achsenabschnitts b

Gegeben ist die Funktionsgleichung $y = mx + b$.

Beispiel: $m = \frac{2}{3}$ und $b = 2$

Der Graph der linearen Funktion ist eine Gerade und daher durch zwei Punkte festgelegt.

(1) Ein Punkt der Geraden ist durch den y-Achsenabschnitt b schon gegeben: $P(0|b)$.

(2) Einen weiteren Punkt kann man mithilfe der Steigung finden:
Gehe von P aus um 1 nach rechts und um m nach oben.
Im Beispiel rechts ist es aber besser, nicht nur um 1 nach rechts zu gehen, sondern z. B. um 3 nach rechts und um 2 nach oben zu gehen.

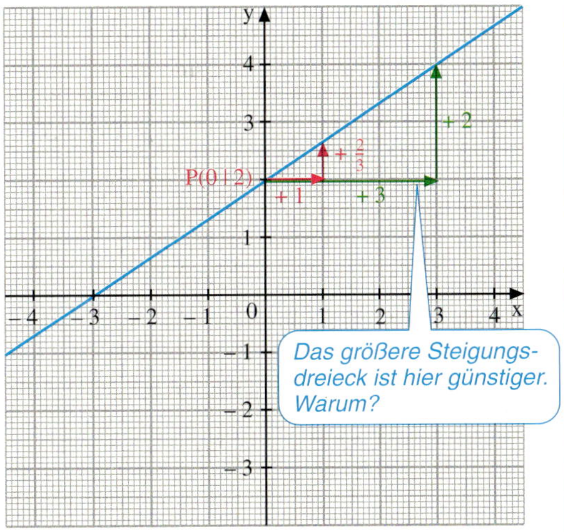

3. *Lage zweier Geraden zueinander*

Zeichne die Graphen der beiden linearen Funktionen in dasselbe Koordinatensystem. Beschreibe ihre Lage zueinander.

(1) $y = 1{,}5x - 3$
 $y = \frac{1}{4}x + 4$

(2) $y = \frac{1}{2}x + 4$
 $y = \frac{1}{2}x - 2$

(3) $y = -4 - 4x$
 $2y + 8x = -8$

zuerst nach y auflösen

Stimmen auch die y-Achsenabschnitte noch überein, so fallen die Geraden zusammen.

Lage zweier Geraden zueinander

(1) Haben zwei Geraden übereinstimmende Steigungen, so sind sie parallel zueinander.

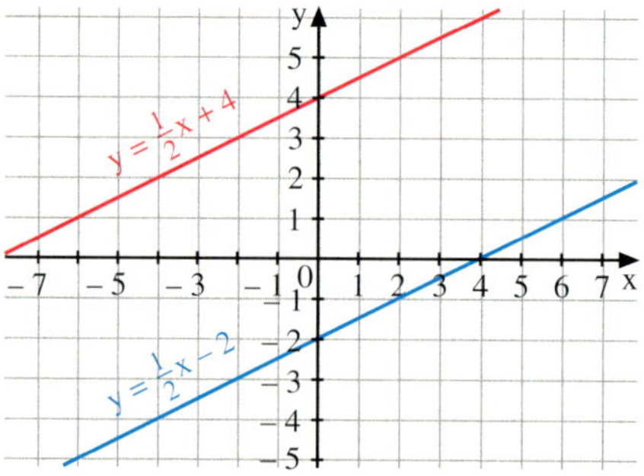

(2) Haben zwei Geraden verschiedene Steigungen, so schneiden sie sich in einem Punkt.

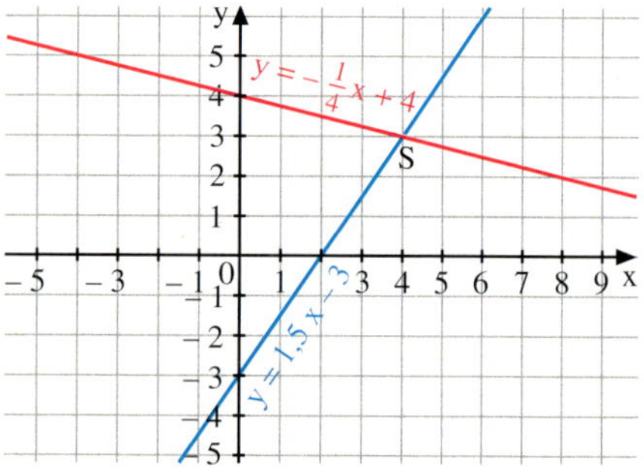

4. *Gerade durch zwei Punkte*

Die Gerade g geht durch die Punkte $P_1(-3\,|\,4)$ und $P_2(2\,|\,1)$. Berechne die Steigung m der Geraden g durch die Punkte P_1 und P_2. Gib auch die Funktionsgleichung an.

Übungsaufgaben

5. Eine Schraubenfeder hat (unbelastet) eine Länge von 6 cm. Die Länge ändert sich, wenn man die Feder mit Wägestücken belastet, und zwar um 0,5 cm je kg Belastung.

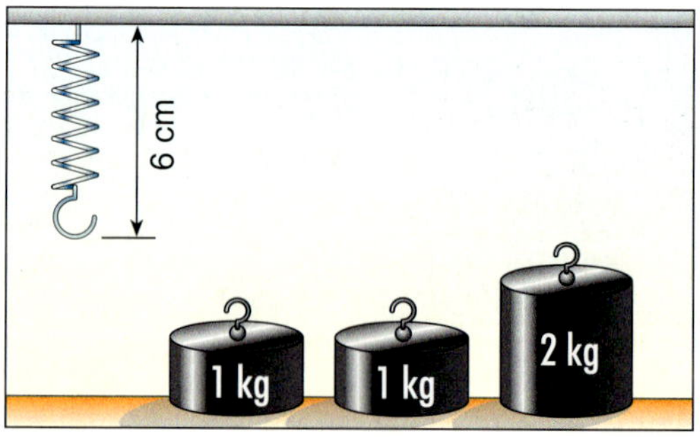

a) Lege für die folgenden Funktionen jeweils eine Wertetabelle an.
Zeichne damit ihre Graphen und vergleiche sie.

(1) *Belastung (in kg) → Verlängerung der Feder (in cm)*
(2) *Belastung (in kg) → Federlänge (in cm)*

b) Notiere die Funktionsgleichung.

c) Wie ändert sich die Länge der Feder, wenn man die Belastung um 2,4 kg erhöht [um 1,8 kg verringert]?

d) Bei welcher Belastung hat die Feder die Länge 8 cm [9,5 cm; 10,2 cm]?

e) Die Feder darf – ohne Schaden zu nehmen – nur bis zu einer Länge von 20 cm ausgezogen werden. Mit wie viel kg darf man die Feder höchstens belasten?

GTR **6.** Zeichne den Graphen zu $y = \frac{3}{4}x$ sowie die Graphen zu $y = \frac{3}{4}x + b$ für verschiedene Werte von b.
Welchen Einfluss hat der Summand b auf den Graphen?

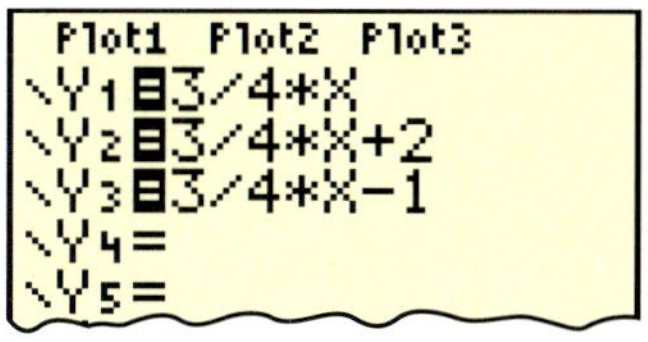

7. Eine Kerze ist anfangs 21 cm lang. Beim Brennen wird sie stündlich um 1,2 cm kürzer.

a) Zeichne den Graphen der Funktion *Brenndauer x (in Stunden) → Länge y (in cm).*

b) Notiere die Funktionsgleichung.

c) Wie lang ist die Kerze nach 5 [7,5; 12,5] Stunden?

d) Nach wie vielen Stunden ist die Kerze nur noch 3,8 cm lang?

e) Nach wie vielen Stunden ist die Kerze abgebrannt?

ϑ (Theta) griechischer Buchstabe

8. Eisen dehnt sich bei Erwärmung aus. Daher müssen bei Stahlbrücken Dehnungsfugen eingebaut werden. Die Funktion *Temperatur → Breite der Dehnungsfuge* ist eine lineare Funktion.
An einer Stahlbrücke wurde die Dehnungsfuge bei unterschiedlichen Temperaturen ausgemessen (Tabelle rechts).

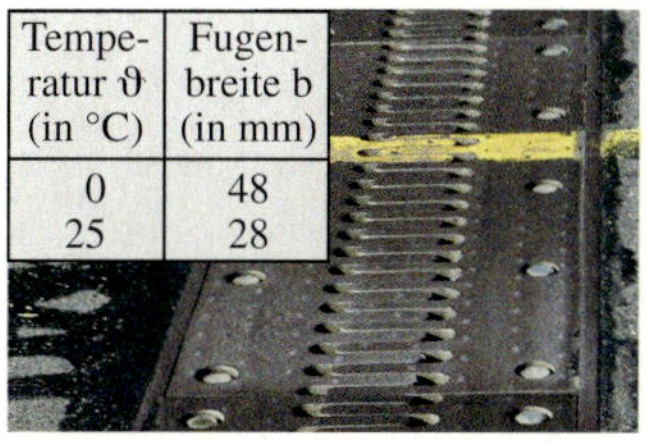

Temperatur ϑ (in °C)	Fugenbreite b (in mm)
0	48
25	28

a) Bestimme die Funktionsgleichung, zeichne den Graphen.

b) Berechne jeweils die Breite b der Dehnungsfuge für die Temperatur ϑ:
30 °C; 10 °C; −10 °C; −15 °C.

c) Bei welcher Temperatur ist die Dehnungsfuge 54 mm breit?

d) Welche Höchsttemperatur hat man bei der Konstruktion der Brücke angenommen?

9. Beim Tauchen in großer Tiefe ist man einem hohen Wasserdruck ausgesetzt. Das Auftauchen an die Wasseroberfläche darf nur langsam geschehen, damit ein Druckausgleich im Körper des Tauchers stattfinden kann.
Ein Taucher befindet sich in 22 m Tiefe. Pro Minute kann er um 5 m auftauchen.

a) Bestimme die Funktionsgleichung und zeichne den Graphen der Funktion *Auftauchdauer (in min) → Tauchtiefe (in m).*

b) In welcher Tiefe befindet sich der Taucher nach $2\frac{1}{2}$ Minuten Auftauchdauer?

c) Nach welcher Zeit befindet er sich in 3 m Tiefe?

d) Wie lange dauert das Auftauchen?

e) *Partnerarbeit:* Stellt euch gegenseitig geeignete Fragen und beantwortet sie.

10. Zeichne den Graphen der proportionalen Funktion. Verschiebe dann den Graphen um 4 Einheiten nach oben [um 1 Einheit nach unten] und gib für den neuen Graphen die entsprechende Funktionsgleichung an.

a) $y = 1{,}5x$ **b)** $y = -4x$ **c)** $y = -\frac{2}{3}x$ **d)** $s = \frac{5}{4}r$ **e)** $v = -\frac{u}{5}$

11. Zeichne den Graphen der linearen Funktion f. In welchem Punkt schneidet der Graph die y-Achse? Zeichne den Graphen derjenigen proportionalen Funktion g, deren Graph die gleiche Steigung m hat. Notiere die zugehörige Funktionsgleichung $y = g(x)$.

a) $f(x) = 0{,}4x + 1$ **b)** $f(x) = -\frac{1}{2}x + 3{,}5$ **c)** $f(x) = x - \frac{4}{5}$ **d)** $f(x) = -\frac{3}{4}x - \frac{5}{2}$

12. Zeichne in dasselbe Koordinatensystem die Graphen der linearen Funktionen f, g und h. Welche der drei Funktionen ist eine proportionale Funktion? Wie kommt man von dem Graphen dieser proportionalen Funktion zu den Graphen der beiden anderen?

a) $f(x) = 0{,}5\,x + 4$; $g(x) = 0{,}5\,x$; $h(x) = 0{,}5\,x - 2$

b) $f(x) = -1{,}5\,x + 5$; $g(x) = -1{,}5\,x - 4$; $h(x) = -1{,}5\,x$

13. Wie lautet die Funktionsgleichung zu jeder der fünf Geraden? Vergleiche die Funktionsterme. Was haben diese gemeinsam?

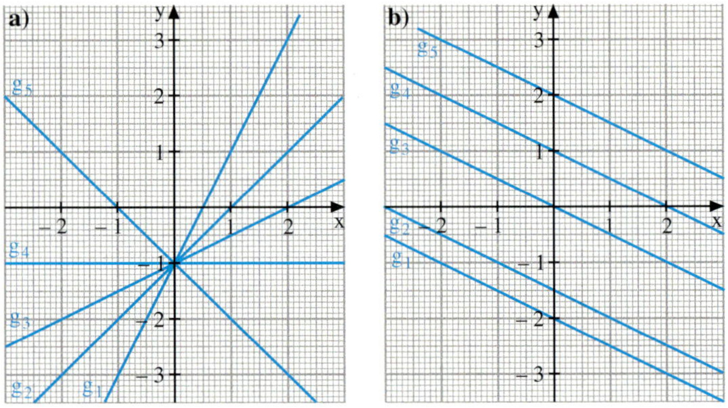

14. Zeichne den Graphen der linearen Funktion mit:

a) $y = 2{,}5\,x + 1$

b) $y = -3\,x + 7$

c) $y = -x - 2{,}4$

d) $s = \frac{1}{4}t - \frac{7}{5}$

Welche Steigung hat der Graph? Welche proportionale Funktion hat einen Graphen mit derselben Steigung? Notiere deren Funktionsgleichung.

15. **a)** $f(x) = 0 \cdot x + 4$ **b)** $f(x) = 0 \cdot x - 1$ **c)** $f(x) = 3$ **d)** $f(x) = -3$ **e)** $f(x) = 0$

Zeichne den Graphen der linearen Funktion f. Wie ändert sich der Funktionswert, wenn man den Wert für x um 1 vergrößert? Welche Steigung und welchen y-Achsenabschnitt hat die Gerade?

16. Zeichne den Graphen der linearen Funktion f mithilfe von Steigung und y-Achsenabschnitt.

a) $f(x) = 2x + 1$	**f)** $y = 0{,}5\,x + 3$	**k)** $f(x) = 3{,}2\,x - 2$	**p)** $f(x) = \frac{3}{4}x + \frac{1}{4}$
b) $y = 2x - 1$	**g)** $f(x) = 0{,}8\,x - 3$	**l)** $y = 1{,}8\,x + 4$	**q)** $f(x) = -\frac{x}{3} - 2$
c) $f(x) = -2x + 1$	**h)** $f(x) = 1{,}6\,x - 1$	**m)** $y = 2{,}2\,x - 3{,}6$	**r)** $f(x) = -\frac{5}{6}x + \frac{1}{2}$
d) $f(x) = 2x - 4$	**i)** $y = 4 - 0{,}5\,x$	**n)** $f(x) = x - 3{,}8$	**s)** $y = \frac{7}{4}x - \frac{3}{2}$
e) $y = -2x - 1$	**j)** $f(x) = 0{,}2\,x + 3{,}5$	**o)** $f(x) = 5 - x$	**t)** $f(t) = -\frac{1}{8}$

17. Rechts siehst du Sophies Hausaufgaben. Kontrolliere sie.

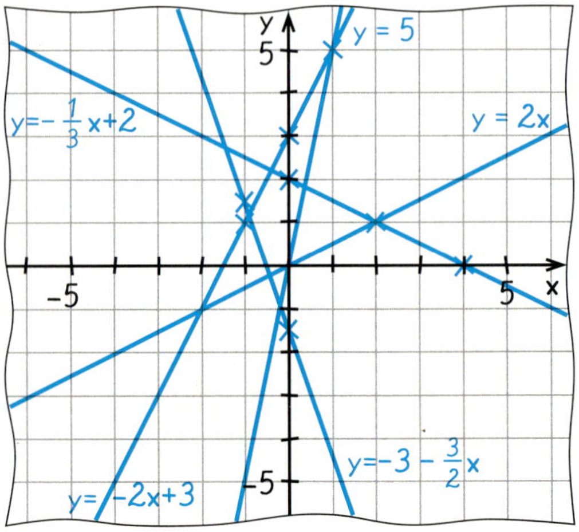

18. Zeichne den Graphen zu $f(x) = m\,x + b$ mithilfe von Steigung und y-Achsenabschnitt.

a) $m = 1$; $b = -4$	**e)** $m = \frac{1}{3}$; $b = 0$
b) $m = -1$; $b = 3$	**f)** $m = -\frac{7}{3}$; $b = -\frac{1}{2}$
c) $m = 0{,}2$; $b = -1{,}4$	**g)** $m = \frac{2}{7}$; $b = -1$
d) $m = -1{,}2$; $b = 5$	**h)** $m = \frac{3}{8}$; $b = 0$

19. In welchen Punkten schneidet der Graph der linearen Funktion mit der angegebenen Gleichung die Koordinatenachsen? Welche Steigung hat die Gerade? Geht der Graph durch den Punkt $P(2|0)$?

a) $y = 6x - 3{,}5$ **b)** $y = -2{,}6x + 5{,}2$ **c)** $y = -\frac{4}{5}x - \frac{3}{2}$ **d)** $v = 1 - \frac{u}{2}$

20. Bestimme zu jedem Graphen die Funktionsgleichung.

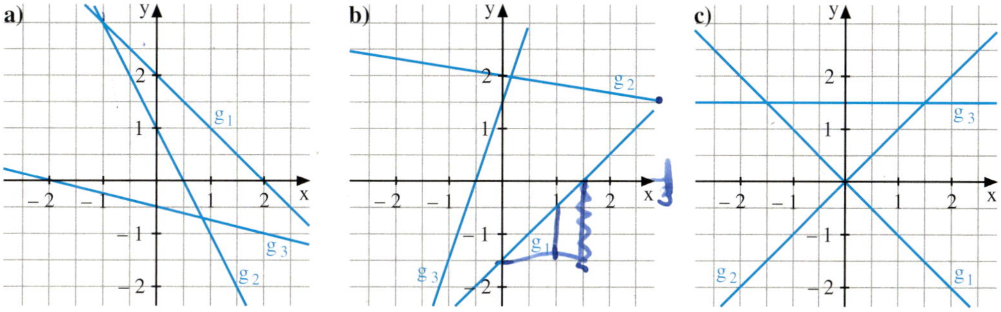

21. Zeichne durch die Punkte P_1 und P_2 den Graphen der linearen Funktion. Notiere den Term.

a) $P_1(0|4)$, $P_2(1|2)$ **b)** $P_1(0|1)$, $P_2(5|-3{,}5)$ **c)** $P_1(0|-2)$, $P_2(3|-5)$ **d)** $P_1(0|3)$, $P_2(-2|0)$

22. Die Gerade g geht durch die Punkte P_1 und P_2. Berechne die Steigung m der Geraden g durch die Punkte P_1 und P_2. Gib auch die Funktionsgleichung an.

a) $P_1(1|2)$, $P_2(2|4)$ **b)** $P_1(2|4)$, $P_2(7|4)$ **c)** $P_1(-2|3)$, $P_2(8|8)$ **d)** $P_1(3|2)$, $P_2(-6|3)$

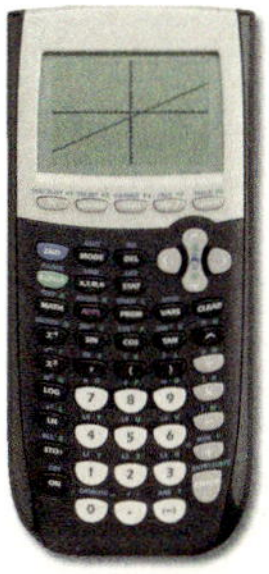

GTR

23. Untersuche die lineare Funktion f mit dem Term (1) $f(x) = -300x + 25$; (2) $f(x) = 0{,}01x - 22$.

a) Gib y-Achsenabschnitt und Steigung der Funktion an.

b) Stelle den Graphen der Funktion mit dem GTR dar. Wähle die Window-Werte so, dass die Schnittpunkte des Graphen mit den Koordinatenachsen gut ablesbar sind.
Notiere die Window-Werte und gib die Schnittpunkte an.

24. Untersuche den Verlauf einer linearen Funktion.

a) Der Graph einer Funktion hat die Gleichung $y = mx$.
Wähle für m Werte mit (1) $m < 0$, (2) $m = 0$, (3) $m > 0$.
Beschreibe die Lage der Geraden. Welche gemeinsamen Eigenschaften haben sie?

b) Eine Funktion ist durch die Gleichung $y = 2x + b$ gegeben.
Wähle für b Werte mit (1) $b < 0$, (2) $b = 0$, (3) $b > 0$.
Welche gemeinsamen und unterschiedlichen Eigenschaften besitzen die Graphen?

c) Wie verändern sich bei linearen Funktionen mit der Gleichung $y = mx - 1$ in Abhängigkeit von m die Graphen? Notiere die möglichen Fälle für m und skizziere die Graphen.

25. Gib die Gleichung einer Geraden an, für die Folgendes gilt:
(1) Sie verläuft nur durch den 1. und 3. Quadranten.
(2) Sie verläuft durch die ersten drei Quadranten.
(3) Sie verläuft nur durch zwei Quadranten.

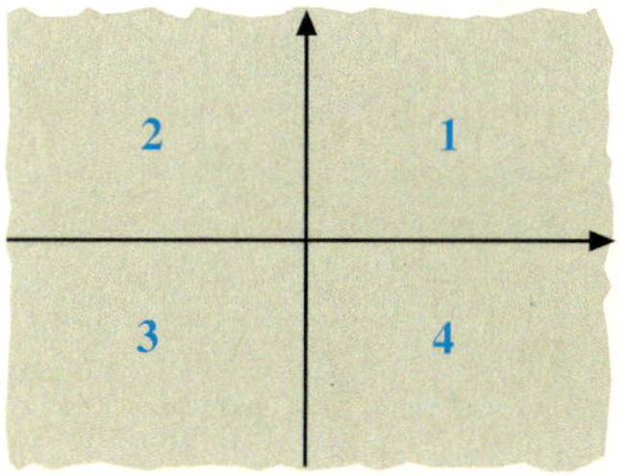

26. Beschreibe den Verlauf der Geraden zu $y = mx + b$ im Koordinatensystem in Abhängigkeit von der Steigung m und dem y-Achsenabschnitt b.

27. Bei gleichschenkligen Dreiecken ergibt sich aus der Größe der Basiswinkel eindeutig die Größe des dritten Winkels. Bestimme die Funktionsgleichung für die Funktion *Größe des Basiswinkels → Größe des dritten Winkels.* Beachte auch, welche Werte für die Größe eines Basiswinkels möglich sind. Zeichne den Graphen.

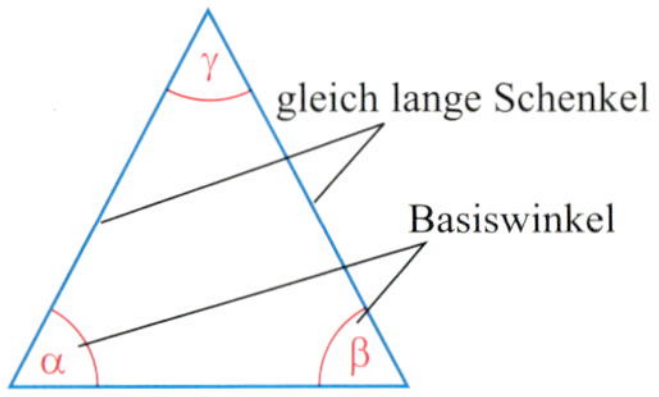

28. Untersuche rechtwinklige Dreiecke auf die Abhängigkeit der beiden übrigen Winkel voneinander. Erstelle eine Funktionsgleichung und zeichne den Graphen.

29. Ein quaderförmiges Schwimmbecken ist mit Wasser gefüllt, die Wasserhöhe beträgt 2,5 m. Das Schwimmbecken wird leer gepumpt. Dabei sinkt der Wasserspiegel um 0,4 m pro Stunde.

a) Zeichne den Graphen der Funktion *Zeit (in Stunden) → Wasserhöhe (in m)* mithilfe einer Wertetabelle. Notiere auch die Funktionsgleichung.

b) Nach wie viel Stunden ist das Becken leer gepumpt?

c) Die Pumpe bewegt stündlich 6 m^3 Wasser. Wie groß ist die Grundfläche des Beckens?

GTR **30.** Zeichne den Graphen der Funktion zu $y = -\frac{1}{2}x + 3$ mit dem GTR so, dass er (1) sehr flach, (2) etwas steil, (3) sehr steil wirkt. Notiere deine im Window-Menü eingestellten Werte.

GTR **31.** Kevin hat mit dem GTR den Graphen zu $y = 2x - 2$ gezeichnet. Nachdenklich sagt er: „Das ist doch gar kein Funktionsgraph. Irgend etwas muss falsch sein." Kannst du helfen?

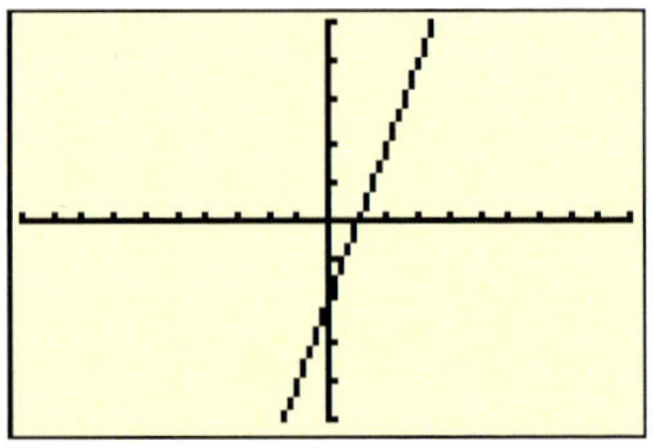

32. Gegeben ist die Gerade g mit der Gleichung $y = 3x - 6$. Gib die Gleichung einer Geraden an, die

a) parallel zu g ist und durch den Punkt $P(0|2)$ verläuft;

b) denselben y-Achsenabschnitt wie g hat, aber fällt;

c) die x-Achse an derselben Stelle schneidet wie g.

33. Jede der Gleichungen beschreibt eine lineare Funktion. Zeichne jeweils die beiden Graphen in ein Koordinatensystem. Beschreibe ihre Lage zueinander.

a) $y = x - 3$ und $y = -3x - 11$

b) $y = -x + 1$ und $x + y = -1$

c) $x + 3y = 6$ und $6y = 12 - 2x$

d) $x - \frac{3}{2}y - 3 = 0$ und $\frac{3}{2}x - y - 3 = 0$

34. Beschreibe die Lage der Geraden zueinander – ohne die Geraden zu zeichnen.

a) $y = 0{,}5x$ und $y = -x + 6$

b) $2y + 3x = -4$ und $3y + 4{,}5x = 21$

c) $y - x = -19$ und $y - \frac{1}{3}x = 15$

d) $1{,}5y + x = 0{,}5$ und $3y = 1 - 2x$

Spiel für 2 Personen

GTR **35.** Ein Spieler zeichnet mit einem GTR zwei Punkte in ein Koordinatensystem. Der Mitspieler muss dann eine Gerade durch diese Punkte zeichnen. Die Anzahl der Versuche, die er dazu benötigt, wird gezählt. Anschließend wird gewechselt. Wer nach einer zuvor festgelegten Anzahl von Spielrunden die wenigsten Versuche benötigt hat, hat gewonnen.

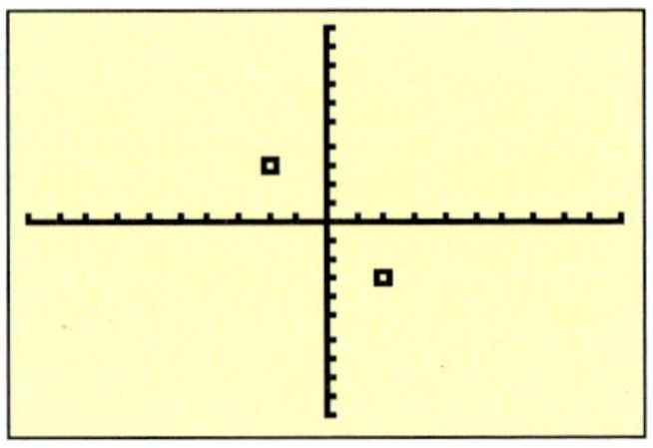

4.4 Nullstellen linearer Funktionen – Grafisches Deuten des Lösens linearer Gleichungen *Zum Selbstlernen*

Ziel

Du kannst schon den Graphen einer linearen Funktion zeichnen, weiter kannst du etliche Gleichungen durch Umformen lösen. Hier lernst du, das Lösen linearer Gleichungen vom Typ $ax + b = c$ am Graphen einer linearen Funktion zu deuten.

Zum Erarbeiten

Nullstelle einer linearen Funktion

A *Heutzutage kann man mit einem Flugzeug fast um die halbe Welt fliegen. Dazu benötigt es große Mengen an Kerosin als Treibstoff. Haben die Flugzeuge erst einmal ihre Flughöhe (ca. 12 000 m) erreicht, so fliegen sie gleichmäßig über weite Strecken. Langstreckenflugzeuge können bis zu 11 000 km am Stück fliegen.*

Ein Flugzeug startet mit 21,6 t Kerosin im Tank. Nach 500 km Flug sind noch 20 t im Tank.

Betrachte die Funktion ***Flugstrecke x (in km) → Kerosinmenge y (in t)****; erstelle ihre Funktionsgleichung und zeichne ihren Graphen. Welche Vereinfachungen musst du dazu vornehmen?*

Wie weit kann dieses Flugzeug höchstens fliegen?

Zur Vereinfachung nehmen wir an, dass das Flugzeug bei seinem Flug stets gleichmäßig viel Kerosin verbraucht. Nach 500 km Flug hat sich die Kerosinmenge von 21,6 t auf 20 t verringert, das entspricht einen Verbrauch von 1,6 t auf 500 km, also in t pro km: $\frac{1,6}{500} = 0,0032$

Damit ergibt sich: Kerosinverbrauch (in t) für x km: $0,0032 \cdot x$

Kerosinmenge (in t) nach x km: $21,6 - 0,0032 \cdot x$

Somit lautet die Funktionsgleichung: $y = 21,6 - 0,0032\,x$

Dieses ist die Gleichung einer Geraden. Der y-Achsenabschnitt ist 21,6, die Steigung –0,0032. Das Flugzeug kann höchstens so lange fliegen, bis der Kerosinvorrat verbraucht ist, also den Wert 0 hat. Die zugehörige Flugstrecke kann man auf verschiedene Weise ermitteln:

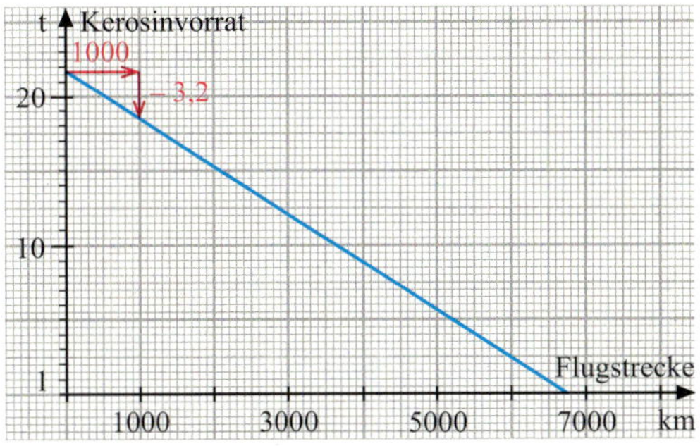

- Am Graphen kannst du sie am Schnittpunkt des Graphen mit der x-Achse ablesen, da hier y = 0 gilt. Du erhältst als Flugstrecke ungefähr 6 700 km.
- Du kannst auch mit einer Wertetabelle arbeiten.

x (in km)	0	500	1 000	2 000	3 000	4 000	5 000	6 000	6 500
y (in t)	21,6	20	18,4	15,2	12	8,8	5,6	2,4	0,8

  Einen genaueren Wert erhältst du mit noch kleineren Abständen in der Tabelle.
- Den genauen Wert kannst du durch Lösen einer Gleichung erhalten:
  Gesucht ist die Flugstrecke x (in km), für die der Kerosinvorrat y (in t) den Wert 0 hat, also

$$21,6 - 0,0032 \cdot x = 0 \quad | -21,6$$
$$-0,0032 \cdot x = -21,6 \quad | : (-0,0032)$$
$$x = 6750$$

Ergebnis: Nach 6 750 km Flugstrecke ist der Kerosinvorrat aufgebraucht.

Zum Selbstlernen

Information

In dem Auftrag auf Seite 181 haben wir die Flugstrecke gesucht, zu der die Kerosinmenge 0 gehört. Diese Flugdauer ist im Graphen der Funktion *Flugstrecke x (in km) → Kerosinmenge y (in t)* die Stelle, an der die x-Achse geschnitten wird.

Definition

Eine Stelle x_0, an der eine Funktion f den Wert 0 annimmt, heißt **Nullstelle** der Funktion.
Für eine Nullstelle gilt also $f(x_0) = 0$.

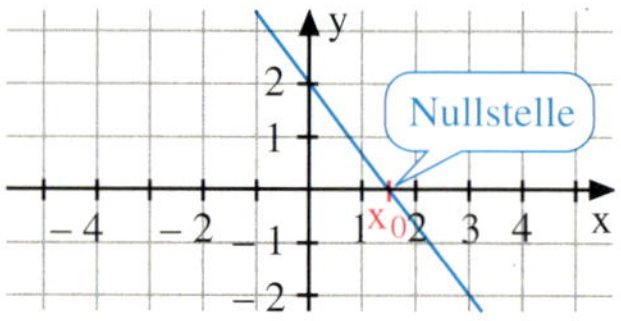

Zum Erarbeiten

Lösen einer linearen Gleichung am Graphen deuten

Aus Sicherheitsgründen darf ein Flugzeug nicht so weit fliegen, bis der Tank leer ist. Bestimme für das auf Seite 181 beschriebene Flugzeug, nach welcher Flugstrecke noch eine Mindestreserve von 3 t im Tank vorhanden ist. Lies zunächst am Graphen ab, rechne dann.

Zum Ablesen am Graphen gehst du vom auf der y-Achse eingetragenen Funktionswert 3 auf der y-Achse parallel zu x-Achse bis zum Graphen und von dort parallel zur y-Achse auf die x-Achse. Du liest ab: $x \approx 5800$ km.

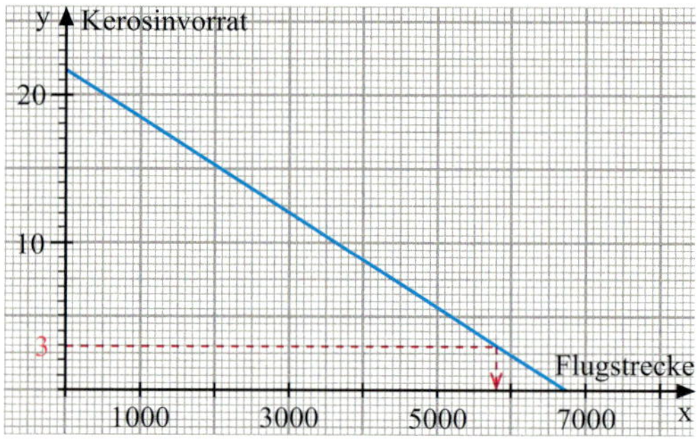

Zur exakten Bestimmung setzt du den Kerosinvorrat $y = 21{,}6 - 0{,}0032 \cdot x$ mit 3 gleich:

$$21{,}6 - 0{,}0032 \cdot x = 3 \quad | -21{,}6$$
$$-0{,}0032 \cdot x = -18{,}6 \quad | :(-0{,}0032)$$
$$x = 5812{,}5$$

Ergebnis: Nach 5 812,5 km Flugstrecke ist nur noch der Mindestwert von 3 t Kerosin vorhanden.

Information

In dem obigen Auftrag hast du ein Sachproblem auf zwei verschiedene Weisen gelöst: einmal durch Ablesen am Graphen und einmal durch Lösen einer Gleichung. Allgemein gilt:

Das Lösen einer linearen Gleichung der Form

$ax + b = c$

kann am Graphen der linearen Funktion mit der Gleichung $y = ax + b$ gedeutet werden:
An welcher Stelle (x-Wert) nimmt die Funktion den y-Wert c an?

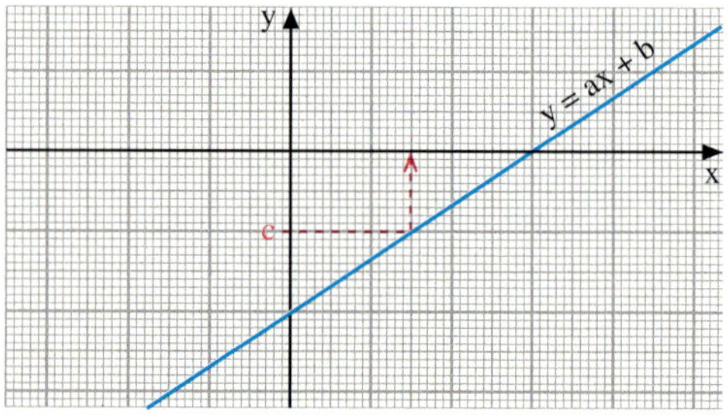

Zum Üben

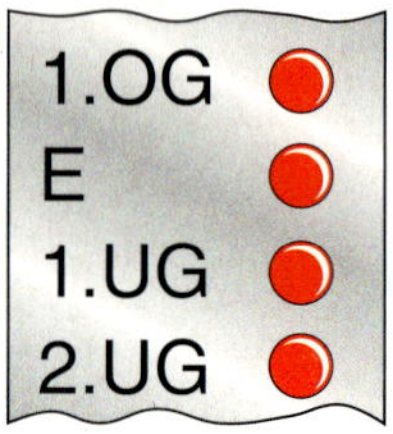

1. In einem Hochhaus befindet sich ein Fahrstuhl 80 m über der Erdoberfläche. In 2 Sekunden kann er über 2 Geschosse, also 6 m hinabfahren. Nimm an, dass er unterwegs in keinem Stockwerk hält.

a) Erstelle die Funktionsgleichung für die Funktion *Fahrdauer (in s) → Höhe (in m)* und zeichne deren Graphen.

b) Wie lange dauert es, bis er im Erdgeschoss ankommt?

c) Wie lange dauert es, bis er im 3. Untergeschoss ankommt?

Zum Selbstlernen

2. Zeichne den Graphen der Funktion. Bestimme ihre Nullstelle zeichnerisch und auch rechnerisch.

a) $y = 2x - 5$ **b)** $y = -4x + 7$ **c)** $y = \frac{1}{2}x + 3$ **d)** $y = -\frac{3}{4}x - 2$

3. Berechne die Nullstelle der Funktion mit der angegebenen Gleichung.

a) $y = -3x + 7$ **c)** $y = 0{,}3x + 15$ **e)** $y = \frac{3}{5}x - 7$ **g)** $y = 4x$

b) $y = 2x - 9$ **d)** $y = -1{,}2x - 9$ **f)** $y = -\frac{4}{3}x + 5$ **h)** $y = 3$

4. Ein Heißluftballon befindet sich in 200 m Höhe. Zum Landen verringert er seine Höhe mit der Sinkgeschwindigkeit $1{,}5\,\frac{m}{s}$.

a) Zeichne den Graphen der Funktion *Zeit* → *Höhe*.

b) Bestimme, wann der Ballon landet.

c) Ab wann unterschreitet der Ballon eine Mindesthöhe von 10 m?

d) Zum sicheren Landen darf die Sinkgeschwindigkeit bis auf höchstens $2\,\frac{m}{s}$ erhöht werden. Wie viel früher landet der Ballon dann?

5. Berechne die Stelle, an der die Funktion den angegebenen Wert annimmt.

a) $y = -2x + 5$; Wert: 10 **c)** $y = -0{,}2x + 11$; Wert: 2,4 **e)** $y = \frac{3}{5}x - 7$; Wert: 4

b) $y = 3x - 5$; Wert: -4 **d)** $y = 1{,}5x - 7$; Wert: 3 **f)** $y = -\frac{4}{3}x + 5$; Wert: -1

6. Zeichne einen Funktionsgraphen, an dem du das Lösen der angegebenen Gleichung verdeutlichen kannst.

a) $2x - 3 = 4$ **b)** $-\frac{1}{2}x + 2 = 4$ **c)** $x + 2 = 5$ **d)** $4 = -x + 2$

7. Rechts siehst du, wie die Gleichung $3x - 5 = 2$ durch Umformen gelöst wurde. Zeichne zu jeder der drei Zeilen den zugehörigen Graphen.
Wie unterscheiden sich die Darstellungen, was ist gemeinsam?

GTR **8.** Versuche die Nullstelle im Kopf zu bestimmen oder zu überschlagen, wo sie ungefähr liegt. Zeichne die Graphen der Funktionen und lies ihre Nullstelle ab.
Kontrolliere mit dem GTR. Achte dabei auf geeignete WINDOW-Einstellungen.

a) $y = 30 - 2x$ **b)** $y = 3{,}2x + 62$ **c)** $y = 0{,}04x - 4$ **d)** $y = 0{,}8x + 54$

GTR **9.** Lasse die Funktionen zeichnen und lies den Schnittpunkt ihrer Graphen ab. Achte auf geeignete WINDOW-Einstellungen.

a) $y = 30 - 2x$; $y = -20 + 3x$ **c)** $y = -4 + 0{,}04x + 5$; $y = 2 + \frac{2}{50}x$

b) $y = -8x + 624$; $y = -4x + 462$; **d)** $y = -3x + 512$; $y = 0{,}03x - 200$

10. Gib drei lineare Funktionen mit der Nullstelle 4 an.

11. Zeichne die lineare Funktion, deren Graph durch die Punkte $P(3 \mid 4)$ und $Q(5 \mid 3)$ verläuft und lies ihren y-Achsenabschnitt ab.
Welche Nullstelle hat diese Funktion? Wie lautet ihre Funktionsgleichung?

Zum Selbstlernen

Auf den Punkt gebracht:
Dokumentieren von Rechnerergebnissen

Der grafikfähige Taschenrechner hilft dir, mathematische Probleme schnell und zuverlässig zu bearbeiten sowie neue Erkenntnisse zu gewinnen. Dafür stehen dir in der Regel mehrere Strategien zur Verfügung, aus denen du auswählen kannst.

1. Sandra beobachtet eine 10 cm hohe zylinderförmige Kerze und stellt fest, dass diese etwa 1,6 cm pro Stunde abbrennt. Nach drei Stunden scheint die Kerze zur Hälfte abgebrannt zu sein. Sandra möchte das gern überprüfen. Sie nimmt ihren Rechner zu Hilfe und bearbeitet die Aufgabe gemeinsam mit ihrer Nachbarin Maike. Beide notieren die Ergebnisse im Heft.
Erläutere und bewerte die beiden Hefteinträge.

Sandra

Aufgabe:
Eine 10 cm hohe zylinderförmige Kerze brennt etwa 1,6 cm pro Stunde ab.
Frage: Wann ist die Kerze zur Hälfte abgebrannt?
Lösung:
Zeit in Stunden: x
Höhe der Kerze in cm: y
$y = 10 - 1{,}6x$
Eingabe: $y1(x) = 10 - 1{,}6x$; Schrittweite: 1; Startwert: 0
Aus der Tabelle kann man entnehmen, dass die Kerze nach 3 Stunden noch nicht zur Hälfte abgebrannt ist. Eine Verfeinerung der Schrittweite führt zu dem Ergebnis:

x	3,000	3,123	3,124	3,125
Y1(x)	5,2	5,0032	5,0016	5,0000

Antwort:
Die Kerze ist erst nach 3,125 Stunden, d.h. nach 3 Stunden 7 Minuten und 30 Sekunden zur Hälfte abgebrannt, wenn sie pro Stunde gleichmäßig um 1,6 cm abbrennt.

Maike

Wann ist die Kerze zur Hälfte abgebrannt?
$y = 10 - 1{,}6x$
Nach 3,125 Stunden.

2. Marius und Pascal haben die Aufgabe rechts mit dem GTR bearbeitet.

> 100 g Gummitierchen kosten 0,98 €.
> - Jens kauft 180 g, Annika 85 g, Florian 300 g und Sarah 70 g der Gummitierchen. Wie viel muss jeder bezahlen?
> - Sabine hat nur noch 1,55 € in der Tasche. Wie viele Gummitierchen kann sie sich dafür kaufen?

a) Erläutere ihr Vorgehen anhand folgender Rechnerbilder.

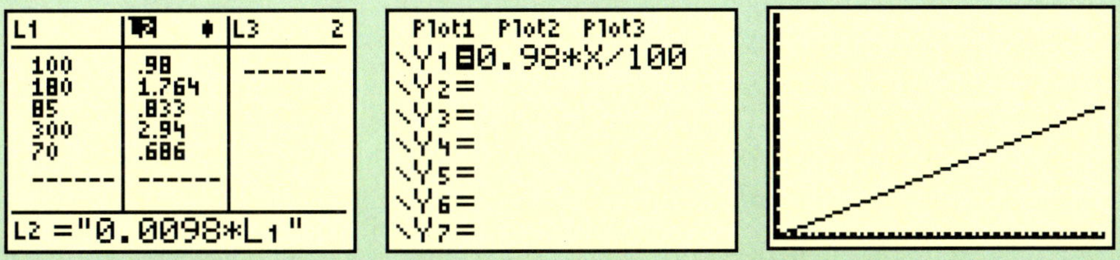

b) Marius und Pascal haben die Lösung im Heft notiert. Vergleiche und bewerte die Hefteinträge.

Marius

Gummitierchen	Preis
100,00	0,9800
180,00	1,7640
85,00	.8330
300,00	2,9400
70,00	.6860

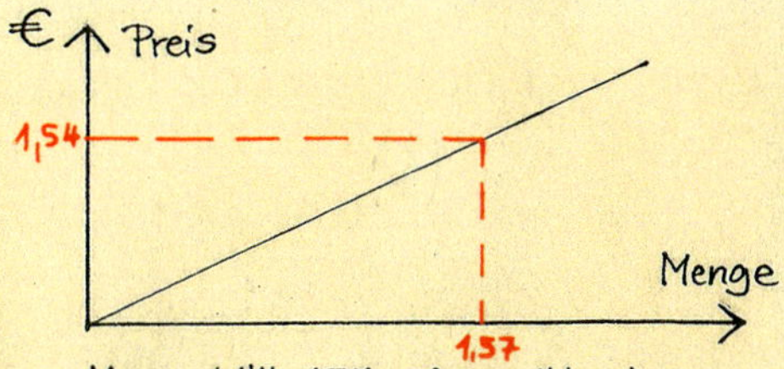

Man erhält 157 g Gummitierchen für 1,54 €.

Pascal

Menge (in g)	Preis (in €)
70	0,69
85	0,83
100	0,98
180	1,76
300	2,94

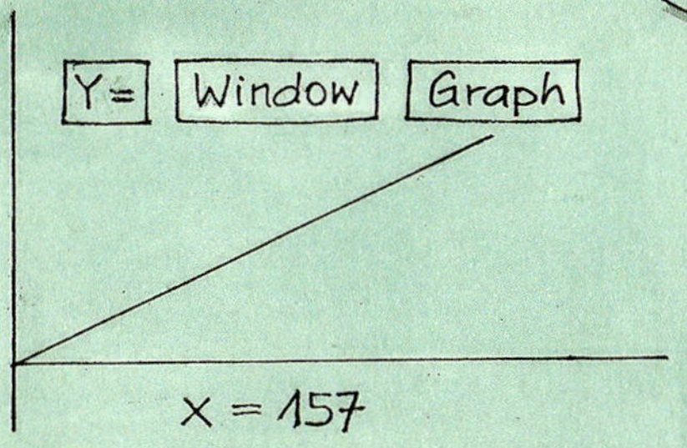

Merke
Was du nur im Rechner hast, nutzt dir auf Dauer wenig!

Dokumentieren von Rechnerergebnissen im Heft

Wenn eine Aufgabe mit dem Rechner gelöst wurde, ist ein gründliches Notieren der Rechenwege im Heft besonders wichtig.

- Notiere, ob du grafisch oder tabellarisch vorgegangen bist.
- Beim Übertragen einer Tabelle in das Heft muss die Tabelle mit Spaltenüberschriften versehen werden; hierzu gehören auch die Einheiten. Runde die Ergebnisse sinnvoll.
- Beim Übertragen eines Graphen in das Heft müssen die Achsen beschriftet werden. An der Einteilung der Achsen muss das gewählte WINDOW erkennbar sein.
- Eine detaillierte Angabe von Rechnerbefehlen ist in aller Regel nicht erforderlich.

4.5 Vermischte Übungen

1. Mithilfe eines Messbechers kann man für Zucker aus der Einfüllhöhe das Gewicht bestimmen.

Höhe (in cm)	Gewicht (in g)
4	16
6	54
8	128
10	250
12	432
14	686

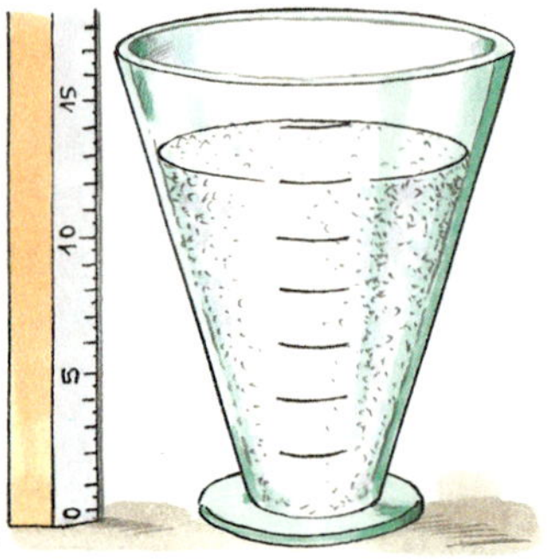

a) Veranschauliche die Funktion *Höhe x (in cm) → Gewicht y (in g)* durch einen Graphen.

b) Stelle mithilfe des Graphen fest: Welche Höhen haben die Skalenstriche für 50 g, 100 g, 200 g und 500 g?

c) Welche der Funktionsgleichungen $y = x^2$; $y = \frac{5}{2}x^2 - 6x$; $y = \frac{1}{4}x^3$ passt zu dieser Funktion?

d) Berechne mithilfe der richtigen Funktionsgleichung das Gewicht des Zuckers für eine Einfüllhöhe von 15 cm.
Prüfe mithilfe der Funktionsgleichung die Ergebnisse von Teilaufgabe b).

2. Welche Gleichung gehört zu welchem Graphen?
$2x + y = 2$; $2x - y = 0$; $x \cdot y = 2$

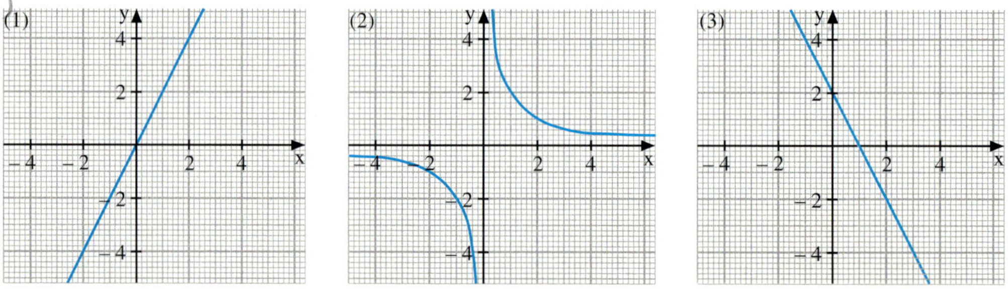

Gib an, ob es eine lineare Funktion, eine proportionale Funktion oder keines von beiden ist.

3. Die lineare Funktion hat die Gleichung $y = mx + 3$ $[y = \frac{2}{3}x + b]$.
Welche Zahl muss man für m [für b] einsetzen, damit der Graph durch den Punkt

a) $P(4|7)$, **b)** $P(-1|0)$, **c)** $P(\frac{1}{6}|2)$, **d)** $P(2|3)$ geht?

4. Berechne den Funktionswert an der Stelle 10 $[-10;\ 0;\ 1;\ -0{,}5;\ \frac{1}{3};\ -\frac{2}{5}]$.

a) $y = 6x$ **b)** $y = -x + \frac{1}{2}$ **c)** $y = \frac{3}{4}x - 0{,}1$ **d)** $s = 1 - \frac{r}{5}$ **e)** $y = 4{,}5$

5. An welcher Stelle nimmt die lineare Funktion für y den Wert 1 $[-1;\ 0;\ 2;\ -2;\ 2{,}5;\ -\frac{3}{4}]$ an?

a) $y = 2x - 5$ **b)** $y = -2x + 5$ **c)** $y = 8x + 1{,}2$ **d)** $y = \frac{5}{3}x - 1$ **e)** $y = 0{,}8t + 0{,}2$

6. Bestimme die Stelle x, an der beide lineare Funktionen den gleichen Wert haben.

a) $f(x) = x + 20$, $g(x) = 6x$
b) $f(x) = 1 - x$, $g(x) = \frac{x}{3} + 5$
c) $f(x) = x$, $g(x) = 12 - 2x$
d) $f(x) = 3$, $g(x) = \frac{x}{2} + 1$

GTR **7.** **a)** Jan und Tom haben den Graphen der Funktion zu $y = 0{,}01x - 1$ mit dem grafikfähigen Taschenrechner dargestellt. Vergleiche ihre Darstellungen.

Jan:

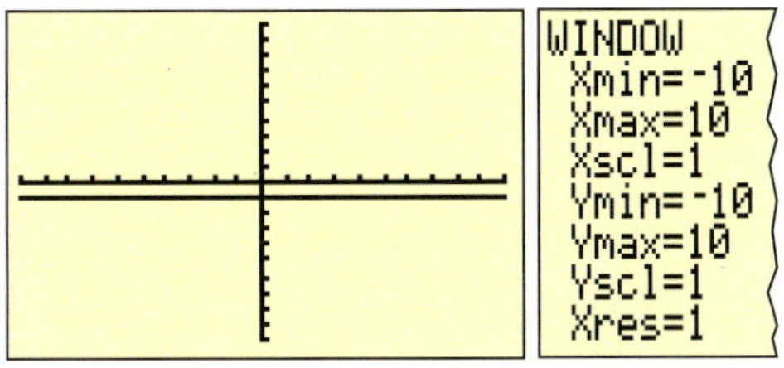

Tom:

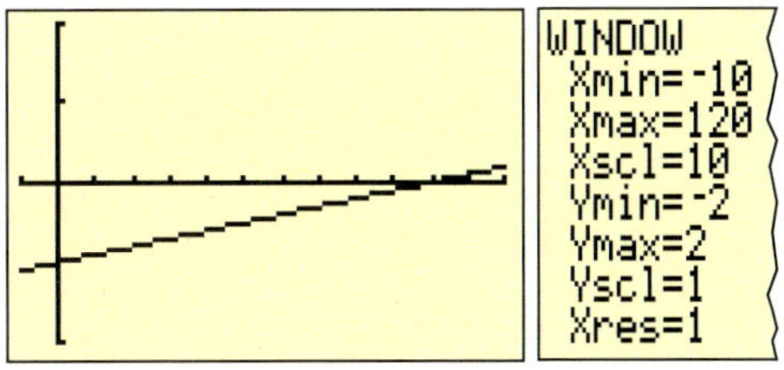

b) Stelle mit dem GTR den Graphen der Funktion so dar, dass die Schnittpunkte mit den Koordinatenachsen gut zu sehen sind.

(1) $y = 200x + 20$ (2) $y = -\frac{1}{50}x + 30$ (3) $y = 70x - 2\,000$

GTR **8.** Untersuche mit dem GTR, welchen Einfluss die verschiedenen Zoom-Einstellungen auf die x-Werte und auf die y-Werte bei der grafischen Darstellung der Funktion mit $y = 2x + 1$ [$y = 3x + 4$; $y = 25x + 12$] haben.

9. Jonas behauptet: „Der Graph jeder linearen Funktion ist eine Gerade. Also gibt es zu jeder Geraden im Koordinatensystem eine lineare Funktion, die diese Gerade als Graphen hat.“
Nimm Stellung zu dieser Aussage.

10. Auf manchen Thermometern findest du Temperaturskalen in Celsius-Graden und in Réaumur-Graden. Auf jeder der beiden Skalen haben die Skalenstriche gleichmäßige Abstände.
0 °C sind auch 0 °R (Réaumur), aber 100 °C sind 80 °R. Veranschauliche die Umrechnung von Celsius-Graden in Réaumur-Grade mithilfe einer Tabelle und durch einen Graphen.
Welche Steigung hat diese Gerade? Notiere auch die Funktionsgleichung.

11. In den USA wird die Temperatur nicht in °C, sondern in °F (gesprochen: Grad Fahrenheit) gemessen. Der Physiker Daniel Gabriel Fahrenheit (Danzig 1686 – Den Haag 1736) legte die Temperatur des Gefrierpunktes von Wasser mit 32 °F fest, den Siedepunkt mit 212 °F.

a) Zeichne einen Graphen für die Funktion
Temperatur (in °C) → Temperatur (in °F).
Ermittle daraus die Gleichungen für die Umwandlung von °C in °F und umgekehrt.

b) Gibt es eine Temperatur, die auf der Celsius- und der Fahrenheit-Skala dieselbe Gradzahl hat?

c) Moritz ist im Urlaub in den USA. Er verwendet zur Umrechnung der Temperatur in °F in die Temperatur °C eine Faustformel. Was hältst du von dieser Faustformel?

12. Liegen die folgenden Punkte auf dem Graphen einer linearen Funktion?
Falls ja, gib die Funktionsgleichung an. Falls nein, begründe die Antwort.

a) $P_1(0|4)$; $P_2(-1|3)$; $P_3(3|1)$, **c)** $P_1(0|5)$; $P_2(3|3)$; $P_3(-3|7)$,

b) $P_1(0|-2)$; $P_2(2|0)$; $P_3(4|4)$, **d)** $P_1(0|0)$; $P_2(4|2)$; $P_3(-6|-3)$.

13. Von vier Firmen, die Personenwagen vermieten, werden für den gleichen Wagentyp folgende Mietkosten berechnet:

Untersuche die Angebote. Schreibe einen Bericht für eine Verbraucherzeitschrift.

14. In der Tabelle ist in jeder Spalte eine lineare Funktion angegeben. Ergänze die freien Felder im Heft.

Sachverhalt	Eine anfangs 8 cm hohe Kerze wird beim Brennen stündlich 1,5 cm kürzer.			
Wertetabelle		x: 0, 2, 4, 6; y: 4, 5, 6, 7		
Funktionsgleichung			$y = 2x - 1$	
Graph				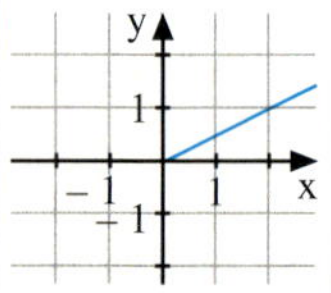

15. Zeichne zunächst die Gerade zu $y = -\frac{3}{4}x + 2$. Spiegle die Gerade an der angegebenen Achse und ermittle die Gleichung der gespiegelten Geraden.

a) y-Achse **b)** x-Achse **c)** Spiegelachse: Winkelhalbierende ($y = x$)

GTR **16.** Erzeuge die Muster aus Geraden auf deinem GTR. Finde auch eigene Muster.

(1) 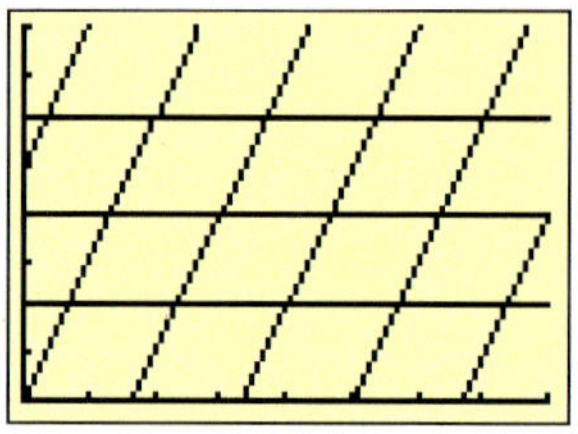

(2) 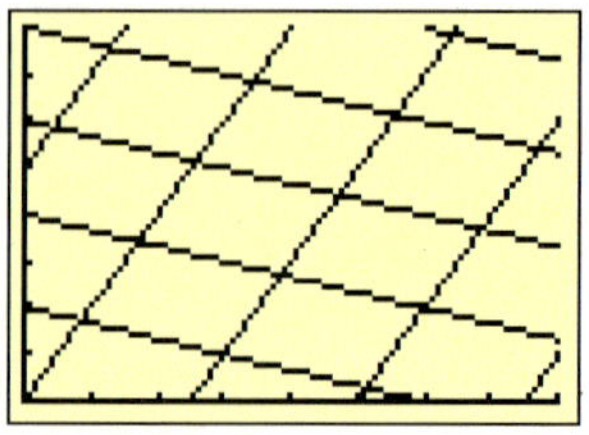

(3) 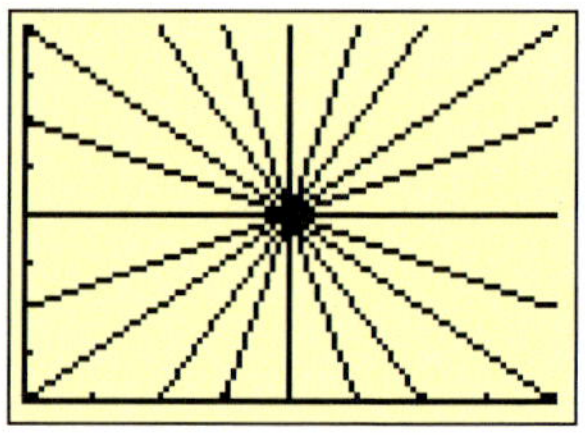

Langzeitaufgabe **17.** *Teamarbeit:* Erkundigt euch nach aktuellen Handy- und Internet-Tarifen. Fertigt zum Vergleich grafische Darstellungen an, die ihr im Klassenraum aushängt.

Im Blickpunkt

Im Blickpunkt

Ausgleichsgeraden durch Punktwolken

Der englische Biologe und Statistiker Sir Francis Galton (1822–1911) verglich die Körpergröße von Männern mit der ihrer Väter. Er fand dabei heraus, dass Söhne von ganz kleinen Vätern nicht so klein wie der Vater sind und Söhne von großen Vätern nicht ganz so groß wie der Vater sind: So hat ein Vater, der zum Beispiel um 30 cm größer als der Durchschnitt ist, einen Sohn, der weniger als 30 cm über dem Durchschnitt der Söhne liegt. Galton formulierte das Ergebnis so, dass die Körpergröße von Söhnen extrem großer bzw. kleiner Väter wieder in Richtung zum Durchschnittswert „zurückschreitet".

regredior, regressus sum (lat.)
zurückgehen

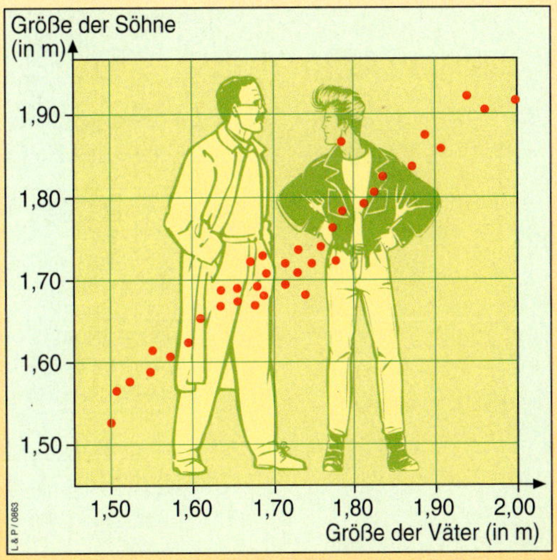

1. Die Abbildung rechts zeigt entsprechende Messwerte.

a) Finde Beispiele, an denen du Galtons Aussage verdeutlichst.

b) Es sieht so aus, als ob man durch die Punkte eine Gerade legen kann, von der sie nur wenig abweichen. Diese Gerade nennt man *Regressionsgerade*.
Zeichne selber für folgende Messwerte einen Graphen. Zeichne dann nach Augenmaß eine Gerade ein, von der die Punkte nur wenig abweichen. Ermittle auch die Gleichung dieser Geraden.

Größe des Vaters (in cm)	150	156	161	165	172	174	175	181	185	188	191	200
Größe des Sohnes (in cm)	152	154	159	170	174	175	175	179	186	185	189	192

c) Triff mithilfe dieser Geraden eine Vorhersage, welche Körpergröße man für den Sohn eines 1,70 m großen Vaters erwarten kann.

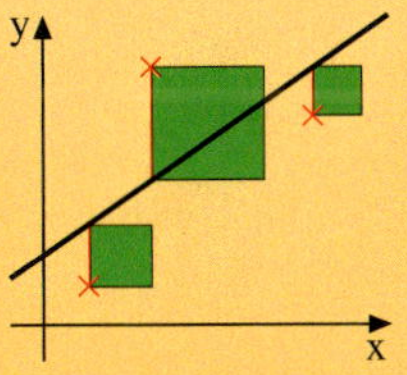

d) Für viele Auswertungen in den Naturwissenschaften reicht es aus, die Regressionsgerade nach Augenmaß durch die Punktwolke zu legen. Bei sehr vielen Messwerten wird das aber unbequem. Man hat vereinbart, die Regressionsgerade folgendermaßen zu finden:
Zu jedem Punkt wird der Abstand zum direkt darunter liegenden Punkt der Regressionsgeraden ermittelt und quadriert. Die Regressionsgerade ist dann diejenige, für die die Summe der Flächeninhalte dieser Quadrate möglichst klein ist. Diese Regressionsgerade kannst du auch mit deinem grafikfähigen Taschenrechner ermitteln:
Gib zunächst die Koordinaten der Messpunkte mit dem Befehl **STAT**, dort im Menü **EDIT**, und dort im Untermenü **Edit** in zwei Listen, z.B. L1 und L2 ein. Mit dem Befehl **STATPLOT** kannst du einen Plot der Werte vereinbaren. Vereinbare anschließend mit dem Befehl **WINDOW** ein geeignetes Fenster zum Zeichnen der Werte und lasse die Punkte mit dem Befehl **GRAPH** zeichnen.

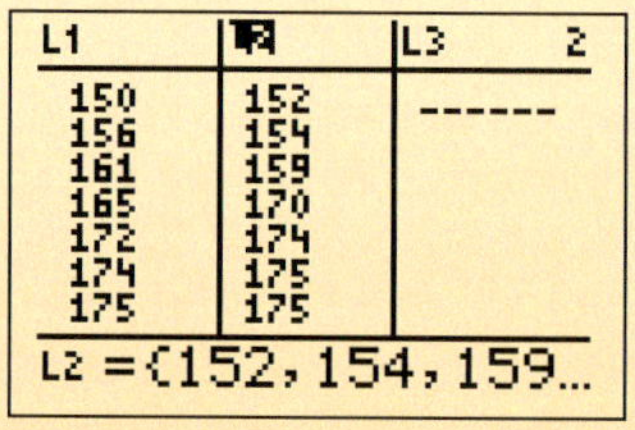

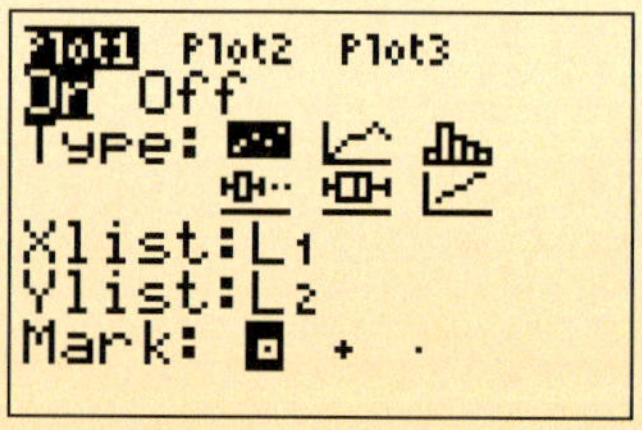

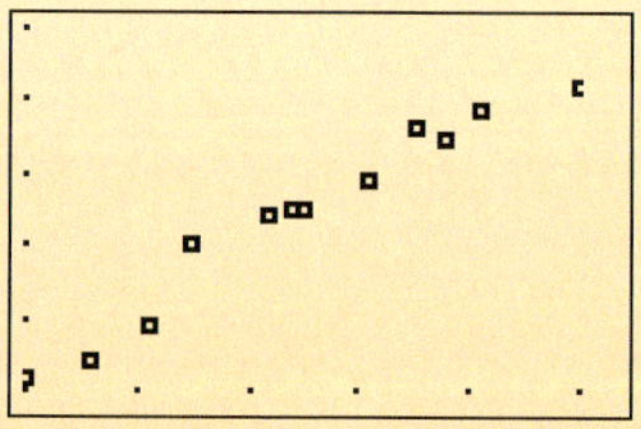

Das Bestimmen der Funktionsgleichung der Regressionsgerade erfolgt mithilfe des Befehls **LinReg**; diesen findest du mit dem Befehl **STAT**, dort im Untermenü **CALC**. Bei diesem Befehl muss als erstes die Liste der 1. Koordinaten der Messpunkte (hier L1), als zweites die Liste der 2. Koordinaten (hier L2) und dann die Variable angegeben werden, in der der Funktionsterm gespeichert werden soll (hier Y1). Auf dem Bildschirm erscheinen dann die Koeffizienten des Funktionstermes, den du aber auch im **Y=**-Menü nachlesen kannst.

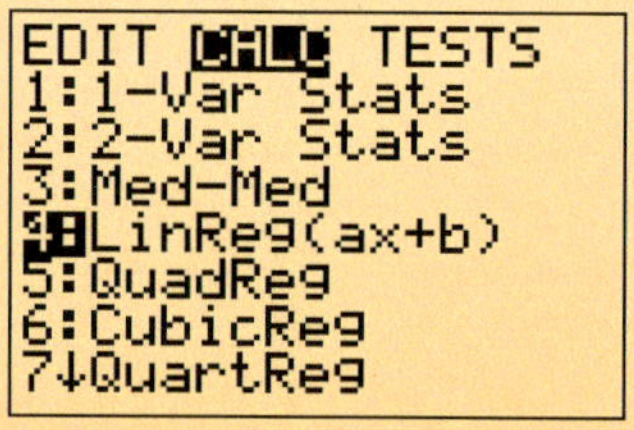

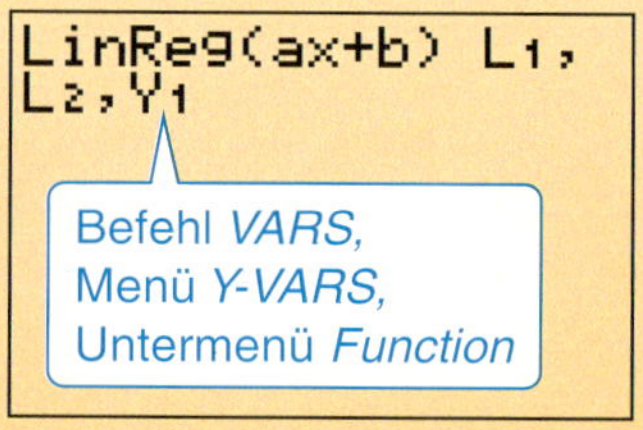

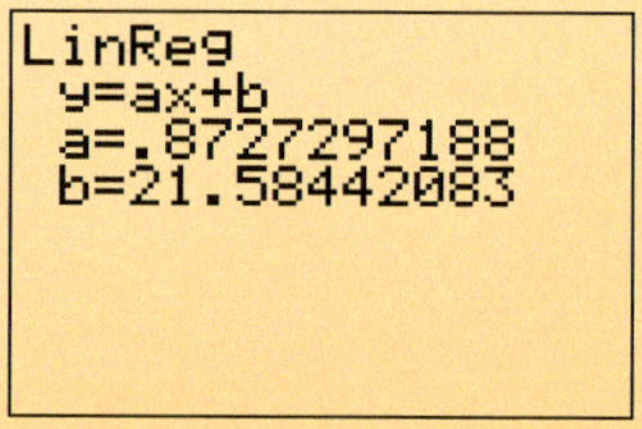

Mit dem Befehl **GRAPH** wird dann die gefundene Gerade durch die Messpunkte gezeichnet, sodass du einen Eindruck von der Güte der Regressionsgeraden gewinnst.
Probiere aus, wie du bei deinem Rechner vorgehen musst.

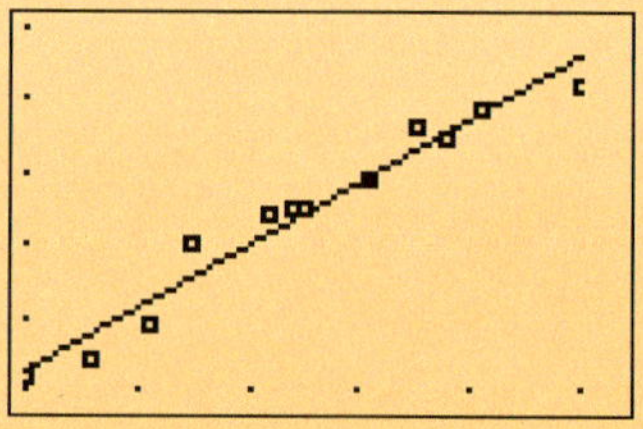

2. Temperaturen werden mit zunehmender Windstärke als wesentlich kälter empfunden als sie laut Thermometer tatsächlich sind. Daher wird in vielen Wetterberichten im Winter neben der tatsächlichen Temperatur auch die „gefühlte Temperatur" genannt. Die folgende Tabelle enthält die bei 0° C gefühlte Temperatur in Abhängigkeit von der Windstärke.

Windstärke (in Beaufort)	0	1	2	3	4	5	6	7	8
Gefühlte Temperatur (in °C)	0	− 1	− 2	− 7	− 11	− 14	− 17	− 18	− 19

a) Stelle mit deinem GTR die Daten grafisch dar. Ermittle dann die Gleichung der Regressionsgeraden.

b) Triff mithilfe der Regressionsgeraden eine Vorhersage: Welche Temperatur wird man bei 0°C und 10 Beaufort fühlen?

3. In einer Kultur werden Bakterien gezüchtet. Die Bakterien vermehren sich durch Zellteilung. Um optimale Wachstumsbedingungen zu gewährleisten, werden die Bakterien in eine spezielle Nährlösung gegeben. Nach einem Tag bedecken die Bakterien eine Fläche von 158 mm², das Gefäß ist 75 cm² groß. Am darauf folgenden Tag wird jeweils um dieselbe Uhrzeit die von den Bakterien bedeckte Fläche gemessen.
Weitere Messwerte:
2. Tag: 191 mm²   3. Tag: 231 mm²   8. Tag: 600 mm²   9. Tag: 726 mm²
Prüfe mit dem GTR, ob die Messwerte mit einer linearen Funktion beschrieben werden können.

4.6 Antiproportionale Funktionen

Aufgabe 1

a) Ein Schild mit den Pflegehinweisen in einem T-Shirt soll 6 cm^2 groß sein.
Zeichne den Graphen der Zuordnung *Länge x (in cm) → Breite y (in cm).*
Welche besondere Zuordnung liegt vor?
Erstelle auch die Funktionsgleichung.

b) Verwende dieselbe Funktionsgleichung wie in Teilaufgabe a). Setze für x auch negative Zahlen ein.
Lege eine entsprechende Wertetabelle an und zeichne den Graphen.

Lösung

a)

Länge (in cm)	Breite (in cm)
1	6
2	3
3	2
4	1,5
6	1

Wenn man bei gleichem Flächeninhalt die Länge verdoppelt (verdreifacht), verändert sich die Breite auf die Hälfte (auf ein Drittel). Die Zuordnung *Länge → Breite* ist also *antiproportional*.
Das Produkt der Maßzahlen aus Länge und Breite hat stets den gleichen Wert:
$x \cdot y = 6$
Daraus ergibt sich die Funktionsgleichung $y = \frac{6}{x}$.

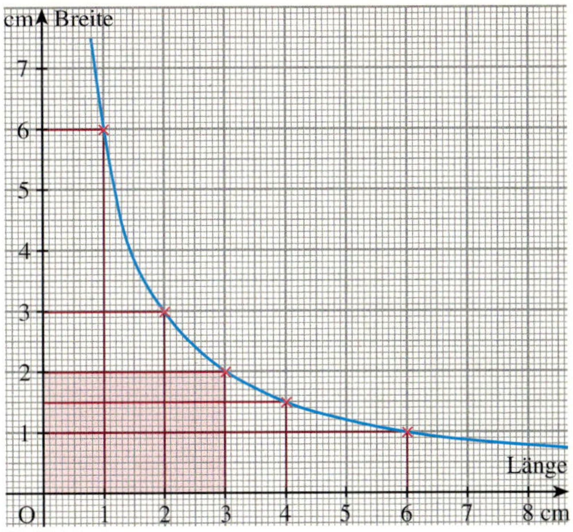

b) Wir erstellen eine Wertetabelle zu der Funktionsgleichung $y = \frac{6}{x}$.

x	y
−6	−1
−3	−2
−2	−3
−1	−6
1	6
2	3
3	2
6	1

Man nennt einen solchen Graphen eine *Hyperbel*. Er besteht aus zwei Teilen.
Beachte:
Zu x = 0 gibt es keinen Funktionswert y, da man durch 0 nicht dividieren kann.

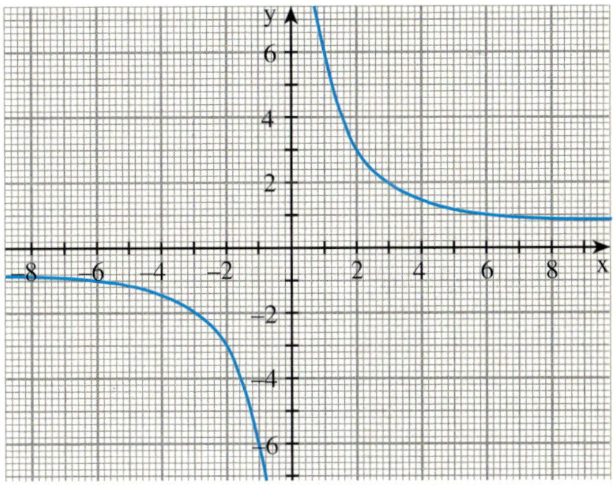

Information

Eine Funktion mit der Gleichung $y = \frac{k}{x}$, wobei $x \neq 0$, heißt **antiproportionale Funktion**.

Ihre Definitionsmenge ist die Menge $\mathbb{Q}$ ohne die Zahl 0. Der Graph einer antiproportionalen Funktion ist eine **Hyperbel**.

Bei antiproportionalen Funktionen liegt **Produktgleichheit** vor. Das Produkt $x \cdot y$ hat stets denselben Wert k ungleich Null.

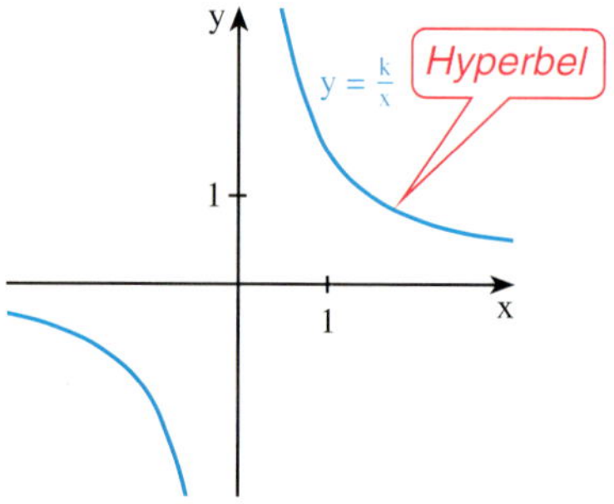

Übungsaufgaben

2. **a)** Ein Warnhinweis auf einer Tabakpackung soll 18 cm^2 groß sein. Entwirf verschiedene Möglichkeiten. Zeichne anschließend für diese Rechtecke den Graphen der Zuordnung *Länge → Breite*.
Erstelle auch eine Funktionsgleichung.

b) Verwende die Funktionsgleichung aus Teilaufgabe a) für negative Werte. Was stellst du fest?

3. Zeichne den Graphen der antiproportionalen Funktion mit der Gleichung:

a) $y = \frac{1}{x}$ **b)** $y = \frac{2,4}{x}$ **c)** $y = \frac{1}{2x}$ **d)** $y = \frac{-8}{x}$ **e)** $y = -\frac{6}{x}$

4. Eine Softwarefirma plant für die Erstellung eines Computerprogramms 12 Programmierer für 15 Arbeitstage ein.

a) Wie viele Arbeitstage müssen eingeplant werden, wenn nur 6; 9; 10 Programmierer eingesetzt werden können?

b) Erstelle für die Zuordnung *Anzahl der Programmierer → Anzahl der Arbeitstage* die Funktionsgleichung. Bestätige mithilfe der Produktgleichheit, dass die Funktion antiproportional ist.

c) Wie viele Programmierer müssen eingesetzt werden, damit der Auftrag in 20 [12; 10; 4] Arbeitstagen erledigt werden kann?

5. Ein Industriebetrieb plant den Bau eines Löschwasserbeckens mit vorgeschriebenem Fassungsvermögen. Bei einem Grundflächeninhalt von 50 m^2 müsste das Becken 2,40 m hoch sein.

a) Welche Höhe benötigt man bei einer Grundfläche von 60 m^2, 80 m^2, 75 m^2, 125 m^2?
Ist die Zuordnung *Grundflächengröße → Höhe* antiproportional?

b) Wie groß muss die Grundfläche bei einer Höhe von 1,20 m [3 m; 0,8 m] sein?

c) Erläutere, warum für jedes Wertepaar (Grundflächengröße x in m^2; Höhe y in m) das Produkt $x \cdot y$ stets den gleichen Wert hat. Was gibt dieses Produkt an? Gib die Funktionsgleichung an.

6. Die Funktion hat die Funktionsgleichung $y = \frac{k}{x}$. Für welchen Wert k gehört der Punkt P zum Graphen der Funktion? Bestimme dann die Funktionswerte an den Stellen 1; −1,4; $-\frac{1}{2}$.

a) $P(3|4)$ **b)** $P(8|0,5)$ **c)** $P(-5|-1)$ **d)** $P(-2|4,5)$

7. Ergänze die fehlenden Koordinaten so, dass alle Punkte auf der gleichen Hyperbel liegen. Notiere auch die Gleichung der zugehörigen Funktion.

$P_1(1,2|2)$, $P_2(\square|0,96)$, $P_3(-4|\square)$, $P_4(\square|-2,4)$, $P_5(\square|-5,76)$

Im Blickpunkt

Im Blickpunkt

Energie sparen

Energie ist teuer! Außerdem sind viele Verfahren zur Energieerzeugung belastend für unsere Umwelt. Daher werden mittlerweile viele Energie sparende Produkte angeboten. Diese sollen die Umwelt schonen. Wie wirkt sich der Kauf dieser Produkte auf unser Portmonee aus?

kWh = Kilowattstunde
Wh = Wattstunde
1000 Wh = 1 kWh
1 kWh kostet 0,17 €

1. Eine 75-W-Glühlampe kostet 0,80 €. Brennt sie eine Stunde lang, so benötigt man 75 Wh (Wattstunden) elektrische Energie. Ihre Lebensdauer beträgt 1 000 Brennstunden. Diese Glühlampe leuchtet genauso hell wie eine 15-W-Energiesparlampe. Diese kostet 5 € und hat eine Lebensdauer von 8 000 Brennstunden. Pro Brennstunde benötigt sie 15 Wh.

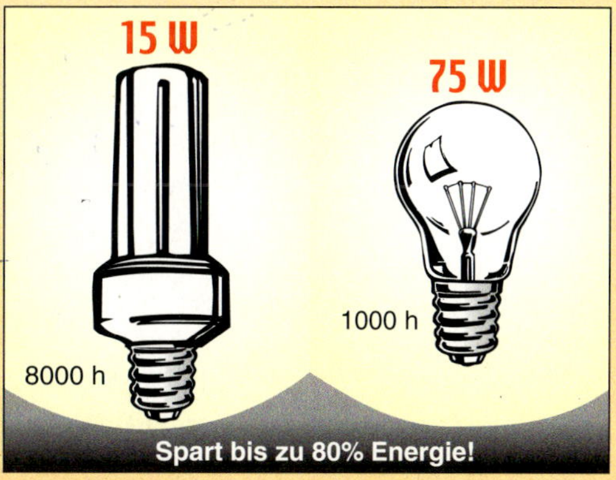

a) Welche Kosten sind nach 1 000 [8 000] Stunden mit einer Energiesparlampe entstanden, welche mit einer gewöhnlichen Glühlampe?

b) Zeichne jeweils den Graphen der Funktion *Brenndauer* → *Kosten* und vergleiche.

2. Für einen MP3-Player wird eine 1,5-Volt-AAA-Mignon-Batterie benötigt. Eine Batterie kostet 0,90 €. Ihre Lebensdauer beträgt 18 Spielstunden.
Ein 1,5-V-Akku kostet 4 €, das entsprechende Ladegerät 9 €.
Für das Laden eines Akkus werden 0,9 Wh elektrische Energie benötigt; eine Mignonbatterie liefert 1,8 Wh elektrische Energie.
Nach wie vielen Spielstunden hat sich der Kauf der Akkus auch finanziell gelohnt?

Langzeitaufgabe

3. *Teamarbeit:* Erkundigt euch, wie viel Energie eine Stereo-Anlage, ein Fernseher und andere Geräte im Standby-Betrieb erfordern.
Macht Annahmen über die tägliche Betriebsdauer im Standby-Betrieb.
Wie viel kann man durch Ausschalten im Jahr sparen?
Gestaltet damit Plakate, die ihr in der Klasse aufhängt.

4.7 Aufgaben zur Vertiefung

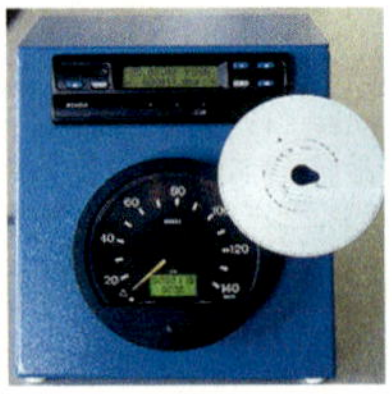

1. In manchen Dienstwagen ist ein Fahrtenschreiber eingebaut. Dieses Gerät zeichnet den Graphen der Funktion
Zeitpunkt → gefahrene Geschwindigkeit
auf ein rundes Stück Papier.
Zeichne den Graphen in ein gewöhnliches Koordinatensystem und entnimm ihm Informationen über die Autofahrt.

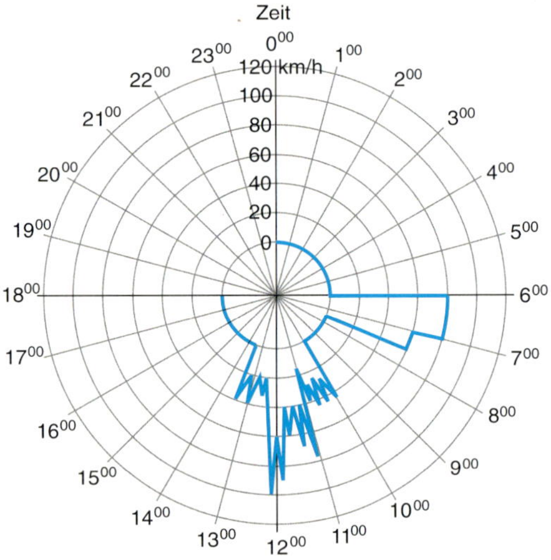

2. *Stückweise lineare Funktionen*

Manche Firmen verschicken Werbematerial als Infopost an alle Haushalte. Diese Sendungen werden nicht mit Briefmarken versehen und zu einem besonderen Preis befördert.
Zeichne den Graphen. Beachte dabei:
- ○ markiere so einen Punkt, der nicht zum Graphen gehört.
- ● markiere so einen Punkt, der zum Graphen gehört.

Infopost an alle Haushalte in Ballungszentren (Stand 01.01.2007)

Gewicht (in g)	Porto pro 1000 Stück (in €)
bis 20	25,00
über 20 bis 50	39,00
über 50 bis 100	64,00
über 100 bis 500	89,00
über 500 bis 1000	105,00

3. Eine Autovermietung verleiht Motorräder. Für ein neues Modell wird dem Abrechnungscomputer folgender Tarif für die eintägige Miete M (in €) in Abhängigkeit von der gefahrenen Strecke s (in km) eingegeben:

$$M(s) = \begin{cases} 29 & \text{falls } 0 \le s \le 50 \\ 29 + (s - 50) \cdot 0{,}2 & \text{falls } s > 50 \end{cases}$$

a) Zeichne den Graphen auf Millimeterpapier; vereinfache dazu zunächst den Funktionsterm, der für $s > 50$ gilt. Beschreibe den Graphen.

b) Gib den Tarif für ein Werbeplakat in einer leicht verständlichen Formulierung an.

4. a) Zeichne zunächst den Graphen der Funktion mit $f(x) = 2x - 4$. Erzeuge daraus (ohne Wertetabelle) den Graphen der Funktion mit $g(x) = |2x - 4|$.

b) Zeichne die Graphen zu $h(x) = |2x| - 4$ und $i(x) = 2 \cdot |x| - 4$.

5. Eine Brennstoff-Firma bietet Heizöl frei Haus zu nebenstehenden Preisen an.

Unsere aktuellen Heizölpreise
(Stand August 2007)

Menge (in l)	Preis pro l (in €)
bis 1000	0,67
über 1000 bis 3000	0,61
über 3000 bis 5000	0,59
über 5000	0,57

a) Erstelle für die Funktion *Menge (in l)* → *Gesamtpreis (in €)* die Funktionsgleichung.

b) Zeichne den Graphen der Funktion auf Millimeterpapier.

c) Erwin Knauser möchte genau 3 000 *l* Heizöl bestellen. Seine Nachbarin Mathilde Pfiffig rät ab. Erläutere, warum.

d) Die Firma erstellt ihre Rechnungen nicht genau nach dieser Tabelle, sondern ist bei bestimmten Abnahmemengen großzügiger, damit die Überlegungen von Frau Pfiffig nicht nötig sind. Zeichne andersfarbig den Graphen für den tatsächlichen Gesamtpreis ein.

e) Erstelle die Funktionsgleichung für den so berechneten tatsächlichen Gesamtpreis.

6. Eine Autovermietung bietet als Tagestarife für einen Transporter an:

AUTOVERMIETUNG

Transporter

Tarif 1
Grundpreis: 51 €
zusätzlich 0,42 € für jeden gefahrenen Kilometer

Tarif 2
Grundpreis: 78 €
zusätzlich 0,28 € für die Mehrkilometer
50 km frei

a) Notiere jeweils für die Funktion *Länge der Fahrstrecke (in km)* → *Mietkosten (in €)* die entsprechende Funktionsgleichung.

b) Zeichne beide Graphen in dasselbe Koordinatensystem.

c) Für welche Länge der Fahrstrecke sind die Mietkosten bei Tarif 1 günstiger als bei Tarif 2?

7. Im Internet gibt es Börsen, die den Ankauf und Verkauf von Dingen vermitteln. Jeder kann Verkaufsangebote und Verkaufsgesuche dort veröffentlichen. Diese Börsen erhalten für ihren Dienst eine Verkaufsprovision, die vom Verkäufer zu zahlen ist und vom Verkaufspreis abhängt.

a) Gib für 20 €; 40 €; 80 €; 100 €; 640 € sowie 1 000 € jeweils die Provision an.

b) Zeichne den Graphen der Provisionsfunktion und stelle die Funktionsgleichungen für jeden Abschnitt auf.

c) Zeichne zum Vergleich die Provision, die sich ergäbe, wenn einfach immer 5 % des Verkaufspreises angesetzt würden. Wofür sorgt die gestaffelte Regelung?

Buy & sell online

Verkaufspreis	Verkaufsprovision
1,00 € - 50,00 €	5,0 % des Verkaufspreises
50,01 € - 500,00 €	2,50 € plus 4,0 % des Preises über 50,01 €
über 500,01 €	20,50 € plus 2,0 % des Preises über 500,01 €

Bist du fit?

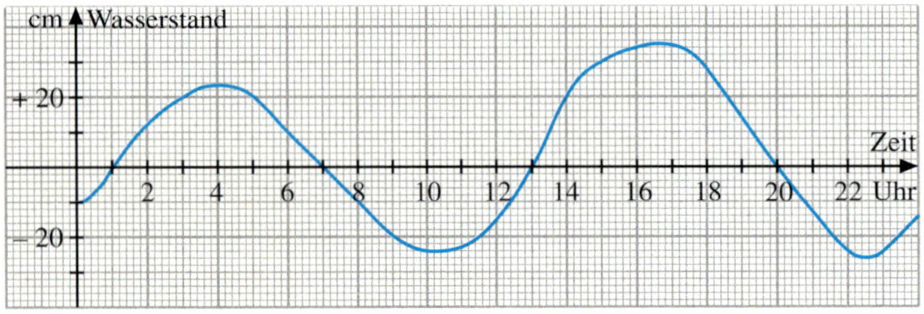

1. Das Diagramm zeigt den Wasserstand in einem Seehafen.

a) Wie hoch ist der Wasserstand um 3.00 Uhr, 5.00 Uhr, 8.00 Uhr, 10.00 Uhr, 14.00 Uhr, 18.00 Uhr, 20.00 Uhr, 24.00 Uhr?

b) Zu welchem Zeitpunkt beträgt der Wasserstand + 20 cm [0 cm; – 20 cm]?

c) Welche der Zuordnungen *Zeit → Wasserstand*, *Wasserstand → Zeit* ist eine Funktion?

2. Zeichne den Graphen der Funktion, ohne eine Wertetabelle anzulegen.

a) $y = 5x$ **c)** $y = 2{,}8x$ **e)** $y = -x + 1$ **g)** $y = 1{,}4x - 2$ **i)** $y = 2 - \frac{1}{2}x$

b) $y = -4x$ **d)** $y = -0{,}9x$ **f)** $y = x + 2{,}5$ **h)** $y = 3 - 3x$ **j)** $y = 2$

3. Gegeben ist die Funktion mit der Gleichung $y = \frac{3}{4}x + 1{,}5$. Gib eine Funktion an, deren Graph

a) steiler verläuft; **b)** flacher verläuft; **c)** parallel verläuft; **d)** denselben y-Achsenabschnitt hat.

4. Welche der Punkte $P_1(1|1)$, $P_2(9|-3)$, $P_3(-3|-7)$, $P_4(2{,}5|4)$ gehören zum Graphen der Funktion?

a) $y = 2x - 1$ **b)** $y = \frac{1}{3}x - 6$

5. Der Graph einer linearen Funktion geht durch die Punkte P_1 und P_2.
Welche Steigung hat die Gerade? Wie weit muss man den Graphen nach oben bzw. nach unten verschieben, damit man den Graphen einer proportionalen Funktion erhält?

a) $P_1(0|-2)$, $P_2(1|1)$ **b)** $P_1(0|-1)$, $P_2(-1|-4)$ **c)** $P_1(-6|0)$, $P_2(-3|1)$

6. Gib zu jeder Geraden die Funktionsgleichung an.

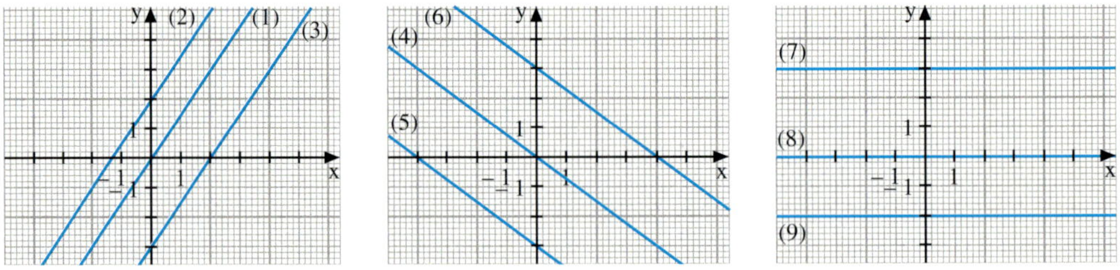

7. Ein Fallschirmspringer hat 20 Sekunden nach dem Öffnen des Fallschirms noch eine Höhe von 250 m über dem Boden. Er sinkt in jeder Sekunde um 5 m.

a) In welcher Höhe wurde der Fallschirm geöffnet?

b) Stelle die Funktionsgleichung auf für die Funktion
Fallzeit bei geöffnetem Fallschirm (in s) → Höhe über dem Boden (in m).
Wie lange dauert das Absinken bei geöffnetem Fallschirm?

8. Bestimme die Nullstellen der Funktion mit: **a)** $y = \frac{5}{6}x - 1$; **b)** $y = 1{,}2x + 3$.

9. Entscheide rechnerisch, ob der Punkt $P(20|380)$ unterhalb oder oberhalb des Graphen zu $y = 21x - 30$ liegt.

Bleib fit im ... Umgang mit der Wahrscheinlichkeitsrechnung

Zum Aufwärmen

1. Krischan und Sophie würfeln mit einem Oktaeder, dessen Seitenflächen mit den Zahlen von 1 bis 8 beschriftet sind.

a) Bestimme die Wahrscheinlichkeit dafür
(1) eine 3 zu werfen,
(2) keine 3 zu werfen,
(3) mindestens 3 zu werfen,
(4) eine durch 3 teilbare Zahl zu werfen.

b) Krischan erhält beim Werfen 1, 7, 6, 2, 4, 5, 8.
Wie groß ist die Wahrscheinlichkeit, beim nächsten Wurf eine 3 zu erhalten?

c) Sophie ist nicht sicher, ob dieser Würfel wirklich alle Zahlen mit gleicher Wahrscheinlichkeit liefert.
Wie kann sie das überprüfen?

Zum Erinnern

(1) Wahrscheinlichkeiten von Ergebnissen bei einstufigen Zufallsexperimenten

Man kann zwei Typen von Zufallsexperimenten unterscheiden:

- Bei **LAPLACE-Versuchen** wird ein Zufallsgerät benutzt, bei dem kein Grund ersichtlich ist, warum eines der möglichen Ergebnisse eine größere Chance als ein anderes hat aufzutreten. Besitzt ein solches Zufallsexperiment n mögliche Ergebnisse, so beträgt die Wahrscheinlichkeit für das Auftreten eines bestimmten Ergebnisses $\frac{1}{n}$.
  Beispiele: Werfen einer Münze, Werfen eines Würfels, Drehen eines Glücksrades mit gleich großen Sektoren, Ziehen von gleichartigen Kugeln aus einer Urne.

- Bei **Nicht-LAPLACE-Versuchen** lassen sich die Wahrscheinlichkeiten für die einzelnen möglichen Ergebnisse nicht durch Symmetrieüberlegungen (oder Ähnliches) bestimmen.
  Beispiel: Reißnägel unterscheiden sich durch unterschiedliche Druckflächen und unterschiedliche Längen der Nägel; man kann nicht vorhersagen, wie oft ein Reißnagel beim Werfen auf der Seite liegen bleibt oder mit der Spitze nach oben zeigt.
  Weitere Beispiele: Werfen eines LEGO-Würfels oder eines Kronkorkens.

  Aufgrund von langen Versuchsreihen kann man jedoch Schätzwerte für die zugrunde liegenden Wahrscheinlichkeiten bestimmen.

Das **empirische Gesetz der Großen Zahlen** besagt, dass bei wiederholten Durchführungen die *relativen Häufigkeiten,* mit denen das betrachtete Ergebnis eines Zufallsexperiments auftritt, mit zunehmender Versuchsanzahl in der Regel immer weniger um die Wahrscheinlichkeit schwanken.

(2) Wahrscheinlichkeiten von Ereignissen bei einstufigen Zufallsexperimenten

Ergebnisse eines Zufallsexperiments kann man zu *Ereignissen* zusammenfassen.

Beispiel: Beim Werfen eines Würfels gehören zum Ereignis *gerade Augenzahl* die Ergebnisse 2, 4 und 6. Dieses Ereignis wird durch die *Ergebnismenge* {2; 4; 6} angegeben.

Die *Wahrscheinlichkeit eines Ereignisses* erhält man als Summe der Wahrscheinlichkeiten der zugehörigen Ergebnisse (*Summenregel*).

Bei LAPLACE-Experimenten verwendet man speziell die **LAPLACE-Regel:**

Wahrscheinlichkeit,
engl.: probability
franz.: probabilité
lat.: probabilitas

Für die Wahrscheinlichkeit eines Ereignisses E bei einem LAPLACE-Experiment gilt:

$$P(E) = \frac{\text{Anzahl der zu E gehörenden Ergebnisse}}{\text{Anzahl aller möglichen Ergebnisse}}$$

Beispiel: Werfen eines Würfels P(gerade Augenzahl) $= \frac{3}{6} = \frac{1}{2}$

(3) Wahrscheinlichkeitsverteilung

Stellt man bei einem Zufallsexperiment die möglichen Ergebnisse und die zugeordneten Wahrscheinlichkeiten zusammen, so spricht man von einer **Wahrscheinlichkeitsverteilung.**

Beispiel: Würfel

Ergebnis	1	2	3	4	5	6
Wahrscheinlichkeit	$\frac{1}{6}$	$\frac{1}{6}$	$\frac{1}{6}$	$\frac{1}{6}$	$\frac{1}{6}$	$\frac{1}{6}$

Beispiel: Lego-Vierer

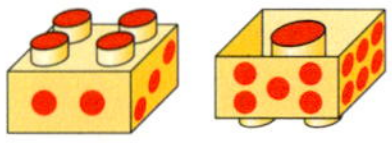

Ergebnis	1	2	3	4	5	6
Wahrscheinlichkeit	0,48	0,06	0,06	0,28	0,06	0,06

Zum Trainieren

2. Marc spielt mit seinen Großeltern Skat. Er denkt, dass die erste Karte, die er erhält, ein Glücks- oder Unglückszeichen ist.
Bestimme die Wahrscheinlichkeit dafür, dass die 1. Karte

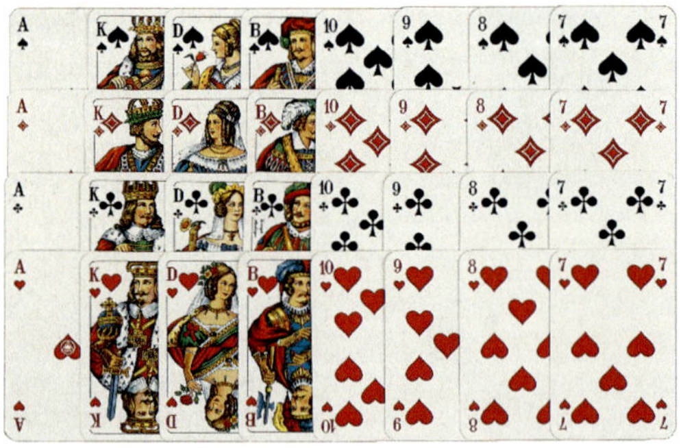

a) der Kreuz-Bube ist;
b) ein Bube ist;
c) eine Kreuz-Karte ist;
d) eine rote Karte ist;
e) eine Karte ohne Punkte (also 7, 8 oder 9) ist.

3. Bestimme für einen Lego-Vierer mithilfe der oben angegebenen Wahrscheinlichkeitsverteilung die Wahrscheinlichkeit für das Werfen

a) einer geraden Augenzahl;
b) einer ungeraden Augenzahl;
c) einer Augenzahl von höchstens 3;
d) einer Augenzahl von mindestens 2;
e) einer durch 7 teilbaren Augenzahl;
f) einer kleineren Augenzahl als 7.

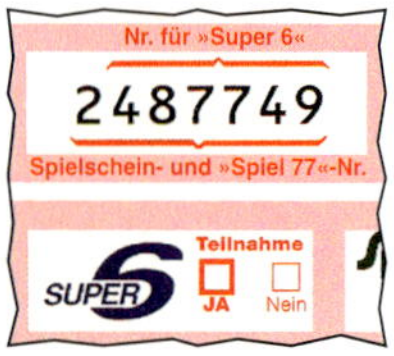

4. *Super 6* ist eine Zusatzlotterie zum gewöhnlichen Lottospiel. Bei jeder Ziehung wird eine 6-stellige Gewinnzahl von 000000 bis 999999 gezogen, die mit der Spielschein-Nummer verglichen wird. Die Teilnahme kostet 1,25 €. Bestimme für jede Gewinnhöhe die Wahrscheinlichkeit.

Gewinnzahl	Gewinn
6 richtige Endziffern:	100.000,00 €
5 richtige Endziffern:	6.666,00 €
4 richtige Endziffern:	666,00 €
3 richtige Endziffern:	66,00 €
2 richtige Endziffern:	2,50 €

5. BERECHNUNGEN AN KREIS UND ZYLINDER

Bereits um 220 v. Chr. bestimmte der griechische Gelehrte Eratosthenes den Umfang der Erde. Er wusste, dass zum Zeitpunkt der Sommersonnenwende die Sonne mittags in Syene (dem heutigen Assuan) genau senkrecht in einen tiefen Brunnenschacht scheint. Zur gleichen Zeit wurde im 5 000 Stadien entfernten Alexandria ein Einfallswinkel von 7,2° gemessen. Ein Stadion beträgt ungefähr 180 m.

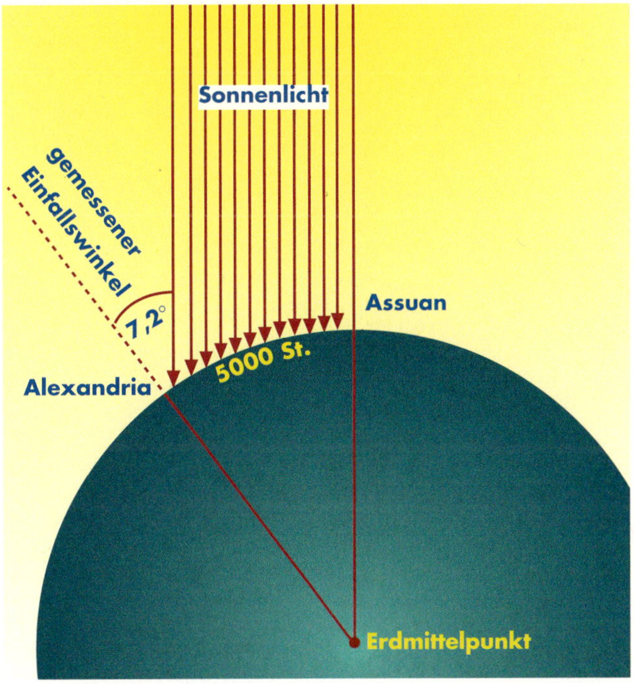

Die Erkenntnis, dass die Erde eine Kugel ist, geriet in den nachfolgenden Epochen wieder in Vergessenheit. Im Mittelalter hielt man die Erde für eine Scheibe. Um so höher ist die historische Leistung der genialen Messung von Eratosthenes einzuschätzen.

- Berechne aus diesen Angaben wie Eratosthenes den Erdumfang.
- Vergleiche dein Ergebnis mit dem heutigen Stand:
  Äquatorumfang: 40 077 km,
  Meridianumfang (Längenkreis über die Pole): 40 009 km.
- Beschreibe die Form des Brunnens.

In diesem Kapitel lernst du, wie man den Umfang und Flächeninhalt von Kreisen und Kreisteilen sowie Oberflächeninhalt und Volumen von Zylindern berechnet.

5.1 Umfang eines Kreises

Aufgabe 1

Mirko hat einen Fahrradcomputer gekauft. Dieser kann die Geschwindigkeit bestimmen, indem er die Umdrehungen des Rades zählt und die Zeit misst.
Nach der Montage muss der Fahrradcomputer noch auf den richtigen Radumfang eingestellt werden. Mirko hat ein 27″-Rad, d. h. der Durchmesser der Räder beträgt 27 Zoll. Leider ist der Umfang eines 27″-Rades nicht in der Bedienungsanleitung angegeben.

1 Zoll
1″ = 25,4 mm

Fahrradcomputer

Um die Geschwindigkeit genau zu messen, muss der tatsächliche Radumfang gespeichert werden. Du kannst diesen messen oder der folgenden Tabelle entnehmen:

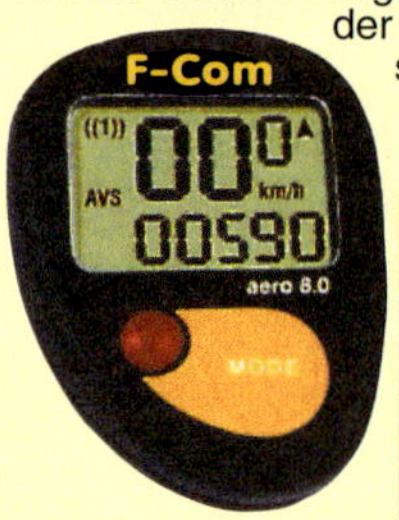

Raddurchmesser in Zoll	Radumfang in mm
20	1 596
22	1 756
24	1 915
26	2 075
28	2 234

a) Ermittle einen Schätzwert für den Umfang eines 27″-Rades.

b) Untersuche an kreisförmigen Gegenständen, wie der Umfang vom Durchmesser abhängt.

Lösung

a) Der Tabelle entnimmt man: Wenn der Raddurchmesser um 2″ vergrößert wird, vergrößert sich der Radumfang um 159 mm bis 160 mm. Daher schätzt man den Radumfang eines 27″-Rades auf 2 075 mm + $\frac{1}{2} \cdot$ 160 mm, also 2 155 mm.

b) Du kannst kreisförmige Gegenstände an einer geraden Linie abrollen, z. B. die 2-€-Münze.
Du kannst den Umfang auch messen, indem du ein Band darum legst.

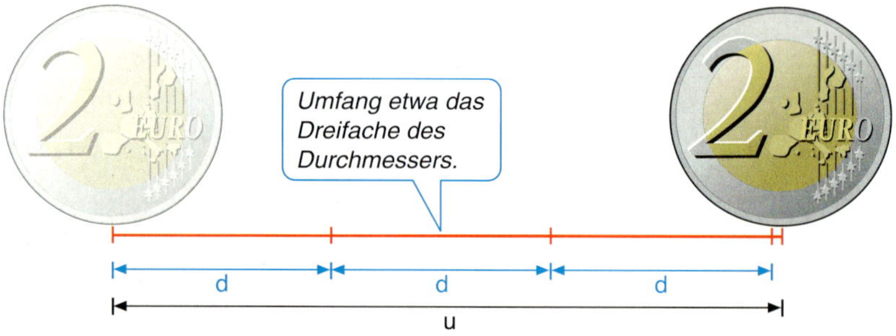

Am Abrollen der Münze erkennt man unmittelbar, dass der Umfang etwas mehr als dreimal so groß ist wie der Durchmesser. Unsere Messergebnisse bestätigen das.

Wertetabelle:

Gegenstand	Durchmesser (in mm)	Umfang (in mm)
2-€-Münze	25	79
Teelicht	39	122
425-ml-Konservendose	75	236
850-ml-Konservendose	100	314

Graph:

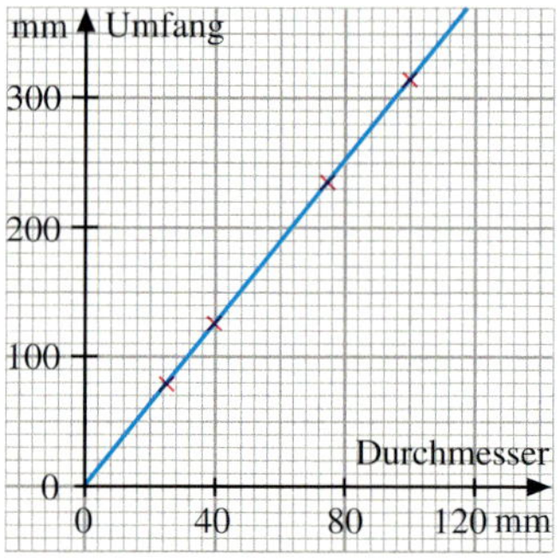

Den experimentellen Ergebnissen entnimmt man als Vermutung: Der Umfang ist stets etwas mehr als dreimal so groß wie der Durchmesser. Die Messpunke liegen alle auf einer Halbgeraden durch den Ursprung. Die Zuordnung *Durchmesser* → *Umfang* ist vermutlich proportional.

Zur genaueren Untersuchung bilden wir den Quotienten $\frac{\text{Umfang}}{\text{Durchmesser}}$.

Gegenstand	2-€-Münze	Teelicht	425-ml-Konservendose	850-ml-Konservendose
$\frac{\text{Umfang}}{\text{Durchmesser}}$	3,16	3,13	3,15	3,14

Der Quotient beträgt ungefähr 3,14. Es gilt also näherungsweise $u \approx 3{,}14 \cdot d$.

Information

Umfang eines Kreises

Der Umfang eines Kreises ist etwa 3-mal so groß wie sein Durchmesser. Den genauen Proportionalitätsfaktor bezeichnet man als die **Kreiszahl π** (gelesen: pi): $\pi \approx 3{,}14$
Die Kreiszahl π ist ein nicht abbrechender Dezimalbruch.
Zum Rechnen verwendet man nur Näherungswerte.

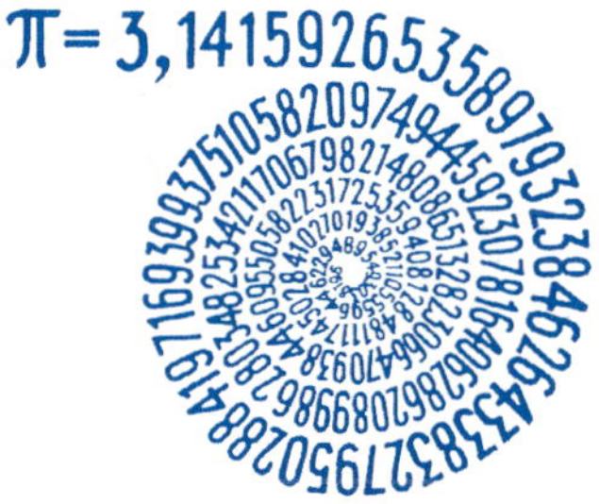

π steht als Abkürzung für das griechische Wort περιφέρεια Umkreis, Peripherie

Für den **Umfang u eines Kreises** mit dem Radius r bzw. dem Durchmesser d gilt:

$\mathbf{u = 2 \cdot \pi \cdot r}$ bzw. $\mathbf{u = \pi \cdot d}$

Zum Überschlag rechnet man: Der Umfang ist etwa das 3fache des Durchmessers.

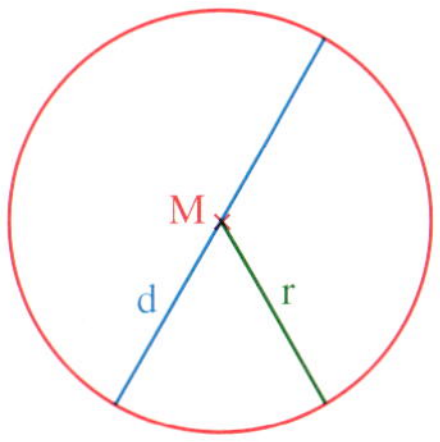

Beispiel:
r = 1,4 cm
$u = 2 \cdot \pi \cdot 1{,}4$ cm
$\approx 8{,}8$ cm

Beachte: Auch der Taschenrechner liefert mit der Taste [π] nur einen Näherungswert für π.

Übungsaufgaben

2. Zeichne auf Pappe Kreise mit den Durchmessern 3 cm, 6 cm, 9 cm und 12 cm. Schneide die Kreise sorgfältig aus und bestimme durch Abrollen jeweils ihren Umfang. Stelle die Ergebnisse in einer Tabelle zusammen.
Was fällt dir auf? Formuliere einen Zusammenhang zwischen Kreisumfang und Durchmesser.

3. Berechne den Umfang eines Kreises mit dem Radius r bzw. Durchmesser d.
Überschlage zuerst im Kopf, bevor du schriftlich oder mit dem Taschenrechner rechnest.

a) r = 2 m **b)** d = 34 cm **c)** r = 0,65 m **d)** $r = 2\frac{1}{2}$ m **e)** d = 12 mm **f)** d = 1,7 km

4. Berechne den Umfang des Gegenstandes. Überschlage zunächst.

a) CD-ROM d = 12 cm **b)** Basketball-Ring d = 45 cm **c)** Meisterschale des DFB d = 59 cm **d)** Inline-Skate-Rollen d = 72 mm

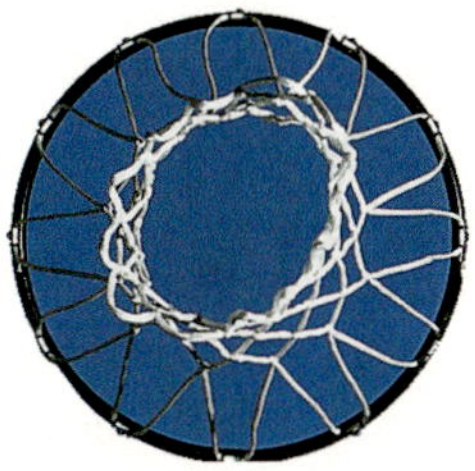

5. Der Stamm einer Buche hat den Umfang 170 cm.

a) Berechne den Durchmesser; überschlage zunächst.

b) Man kann das Alter eines Baumes an der Anzahl der Jahresringe erkennen. Die durchschnittliche Dicke eines Jahresringes beträgt 2 mm. Wie alt ist die Buche ungefähr?

6. Ein Kreis hat den Umfang u. Wie groß sind Durchmesser und Radius? Überschlage zuerst im Kopf.

a) u = 27 cm **b)** u = 1,20 m **c)** u = 810 mm **d)** u = 12,3 m **e)** u = 10 m

7. Der Raddurchmesser (samt Reifen) bei einem Mountainbike ist 65 cm, beim Citybike 71 cm.

a) Wie weit ist das Mountainbike gerollt, wenn sich die Räder 50-mal gedreht haben?

b) Wie oft drehen sich auf der gleichen Strecke die Räder des Citybikes?

8. Das Rad eines Förderturms hat einen Radius von 2,80 m. Bei einer Radumdrehung wird der Förderkorb um eine Strecke angehoben, die dem Umfang des Rades entspricht. Wie viele Umdrehungen muss das Rad machen, damit der Förderkorb 500 m gehoben wird?

Riesenrad im Wiener Prater

Wien. Das Riesenrad dreht sich mit einer Geschwindigkeit von 0,75 m pro Sekunde.

9. Betrachte die Angaben zum Riesenrad. Stelle selbst geeignete Aufgaben und löse sie.

10. Ein Satellit umkreist die Erde auf einer Kreisbahn mit einer Geschwindigkeit von $8\,\frac{\text{km}}{\text{s}}$. Für eine Erdumkreisung benötigt er 1 h 28 min. In welcher Höhe fliegt der Satellit?

11. Eine Raumstation umkreist die Erde in 200 km Höhe in 90 Minuten. Welche Entfernung legt die Raumstation bei einem Erdumlauf zurück? Welche Entfernung legt sie in 1 Stunde zurück?

12. Die Erde durchläuft während eines Jahres (etwa 365 Tage) um die Sonne angenähert eine Kreisbahn, deren Radius ungefähr 150 000 000 km beträgt.

a) Welchen Weg legt die Erde in einem Jahr [an einem Tag; in einer Sekunde] zurück?

b) Mit welcher Durchschnittsgeschwindigkeit (Angabe in $\frac{\text{km}}{\text{h}}$) bewegt sich die Erde auf ihrer Bahn?

13. a) Hannes hat einen Taillenumfang von 80 cm. Denke dir einen 1,80 m langen Gürtel um seine Taille gelegt. Wie weit steht er ab? Schätze zunächst.

b) Denke dir nun längs des Äquators ein Seil um die Erde gespannt. Seine Länge betrage genau 40 000 km. Denke dir nun das Seil um 1 m verlängert. Schätze zunächst, rechne dann: Ist jetzt genügend „Luft" vorhanden, dass eine Maus zwischen Seil und Erdboden durchschlüpfen kann?

c) Formuliere eine Vermutung zu deinen Ergebnissen. Begründe sie.

5.2 Flächeninhalt eines Kreises

Aufgabe 1

a) Wie kann man die Stücke einer in 6 bzw. 12 Stücke geschnittenen Torte so anordnen, dass sie auf ein rechteckiges Tablett passen?

b) Welche Abmessungen muss das Tablett ungefähr haben, damit alle Stücke insbesondere bei einer größeren Anzahl von Stücken daraufpassen?

c) Da die Fläche nicht verändert wird, kann man mit den Formeln für den Flächeninhalt des Parallelogramms und den Umfang des Kreises die Formel für den Flächeninhalt des Kreises herleiten. Führe dies durch.

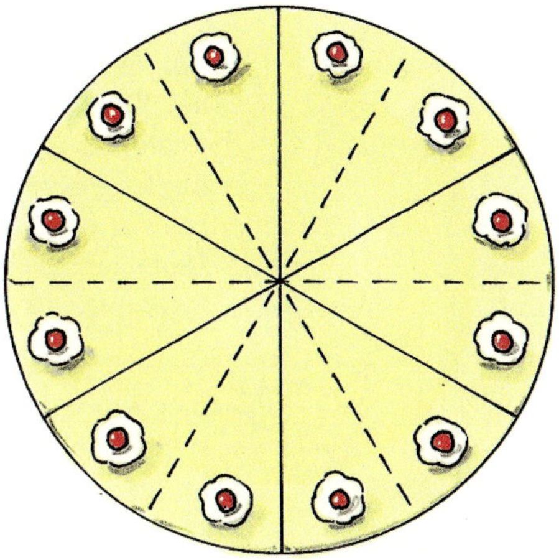

Lösung

a) Folgende Zeichnungen zeigen, wie dies möglich ist.

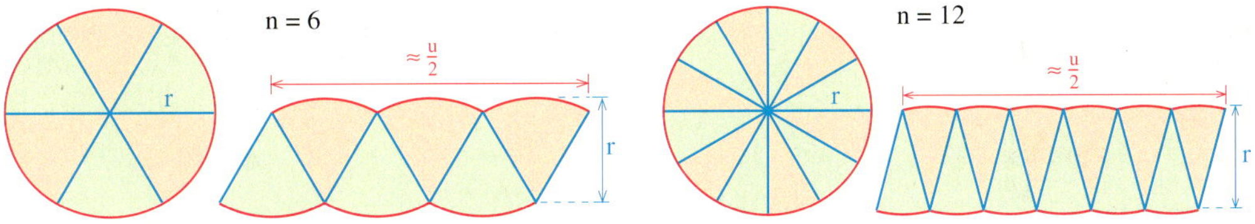

b) Das Tablett muss mindestens so lang sein wie der halbe Tortenumfang und mindestens so breit wie der Tortenradius. Anschaulich ist klar:

Je größer die Anzahl der Teile ist, desto genauer nähert sich die Form der zusammengesetzten Tortenstücke einem Parallelogramm, und damit sogar einem Rechteck mit den Seitenlängen $\frac{u}{2}$ und r an.

c) Der Kreis hat denselben Flächeninhalt wie das Rechteck. Für dessen Flächeninhalt gilt

$A_R = \frac{u}{2} \cdot r$

Mit $u = 2 \cdot \pi \cdot r$ folgt daraus

$A_R = \frac{2 \cdot \pi \cdot r}{2} \cdot r = \pi \cdot r^2$

Damit gilt auch für den Flächeninhalt des Kreises $A_K = \pi \cdot r^2$ mit genau derselben Kreiszahl π wie beim Umfang.

Information

Satz

Für den **Flächeninhalt A eines Kreises** mit dem Radius r gilt:

$\mathbf{A = \pi \cdot r^2}$

Beispiel: $r = 1{,}5$ cm

$A = \pi \cdot (1{,}5\text{ cm})^2 = \pi \cdot 2{,}25\text{ cm}^2 \approx 7{,}07\text{ cm}^2$

Zum Überschlagen rechnet man auch: $A \approx 3 \cdot r^2$

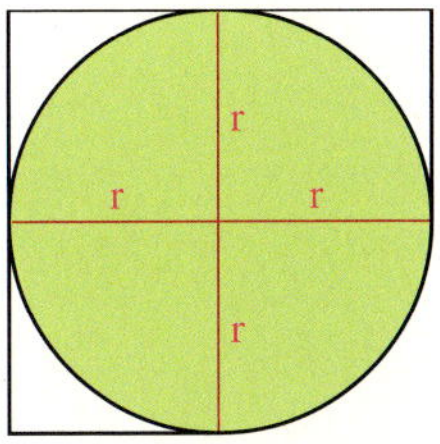

Weiterführende Aufgaben

2. *Berechnen des Flächeninhalts des Kreises aus dem Durchmesser*

a) Die Querschnittsfläche eines Bolzens hat den Durchmesser d = 2 cm. Wie groß ist die Querschnittsfläche?

b) Häufig kann man den Durchmesser d eines Kreises leichter bestimmen als den Radius. Es ist daher günstig, eine Formel für den Flächeninhalt des Kreises zu haben, in die man statt des Radius den Durchmesser einsetzen kann.
Leite folgende Formel her.

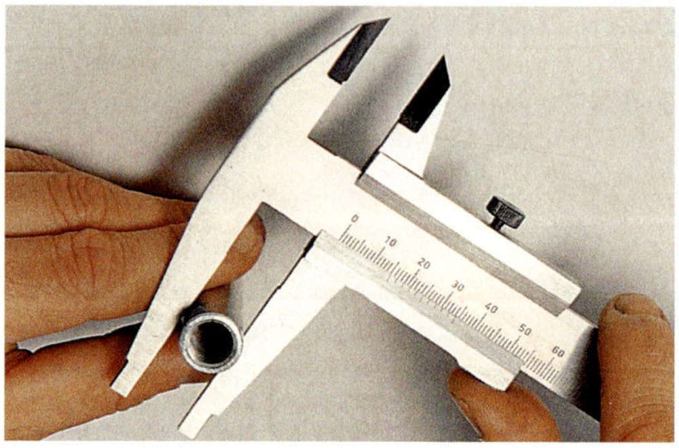

Für einen Kreis mit dem Durchmesser d gilt: $\mathbf{A = \frac{\pi}{4} \cdot d^2}$

3. *Flächeninhalt des Kreisrings*

Die gefärbte Fläche ist ein Kreisring. Er wird begrenzt durch zwei Kreise mit unterschiedlichen Radien aber gleichem Mittelpunkt (*konzentrische* Kreise).

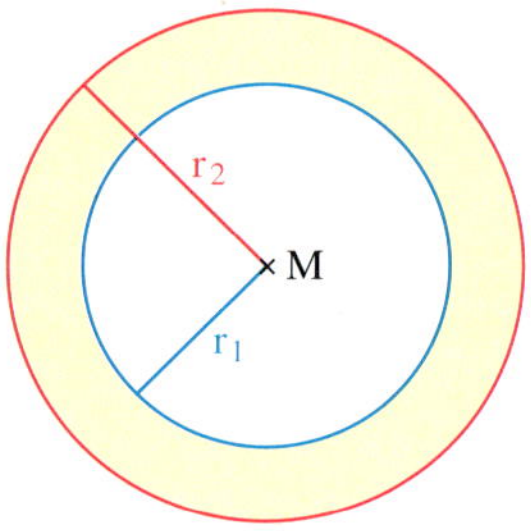

a) Gegeben sind zwei konzentrische Kreise mit den Radien $r_1 = 2{,}8$ cm und $r_2 = 5{,}3$ cm.
Berechne den Flächeninhalt des Kreisrings.

b) Stelle eine Formel für den Flächeninhalt eines Kreisrings mit den Radien r_1 und r_2 auf.

Distributivgesetz
$a \cdot (b + c) = a \cdot b + a \cdot c$

Satz

Für den **Flächeninhalt A eines Kreisringes** mit dem inneren Radius r_1 und dem äußeren Radius r_2 gilt:
$\mathbf{A = \pi \cdot (r_2^2 - r_1^2)}$

Beispiel: $r_1 = 1{,}4$ cm; $r_2 = 2{,}2$ cm

$A = \pi \cdot [(2{,}2\text{ cm})^2 - (1{,}4\text{ cm})^2]$
$= \pi \cdot (4{,}84\text{ cm}^2 - 1{,}96\text{ cm}^2)$
$= \pi \cdot 2{,}88\text{ cm}^2$
$\approx 9{,}05\text{ cm}^2$

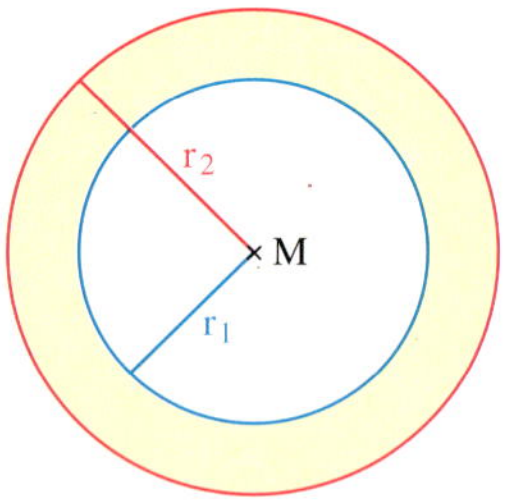

Übungsaufgaben

4. **a)** Zeichne zu einem Kreis mit dem Radius 3,5 cm ein außen und ein innen liegendes Quadrat. Bestimme mithilfe dieser Quadrate einen Näherungswert für den Flächeninhalt des Kreises.

b) Versuche, mithilfe der Kästchen deines Heftes zu einem besseren Näherungswert zu gelangen.

c) Vergleiche den Näherungswert für den Flächeninhalt dieses Kreises mit dem Flächeninhalt des Quadrates mit der Seitenlänge 3,5 cm. Was fällt dir auf?

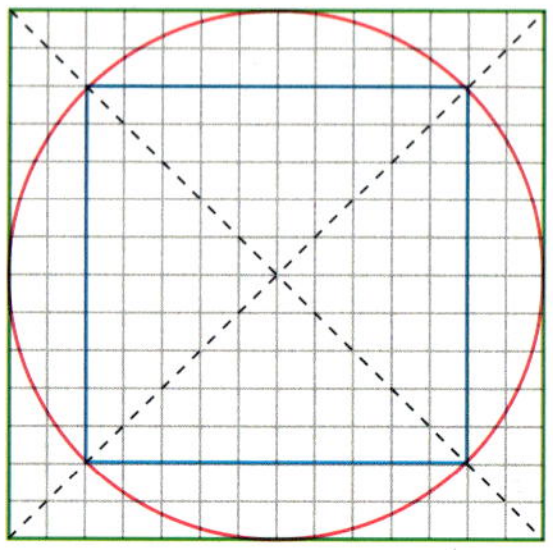

5. Annika legt ein rundes Blumenbeet mit einem Radius von 0,80 m an. Wie groß ist es?

6. Der Aktionsradius eines Rettungshubschraubers beträgt 70 km. Wie groß ist das Gebiet, in dem er eingesetzt werden kann?

7. Ein kreisrunder Tisch hat den Durchmesser 1,40 m. Überschlage zunächst, rechne dann: Wie groß ist die Tischfläche?

8. Ermittle: Welchen Flächeninhalt hat ein Kreis mit dem Radius r bzw. dem Durchmesser d?

a) r = 3 cm **b)** r = 7 cm **c)** d = 8 cm **d)** r = 0,5 km **e)** d = 2,2 cm

9. Frau Siede kauft einen runden Esstisch mit einem Durchmesser von 1,20 m.

a) Wie groß ist die Tischfläche?

b) Die Tischdecke soll auf jeder Seite 20 cm überstehen. Wie groß ist deren Fläche?

10. In der Tiefkühlabteilung werden zum gleichen Preis zwei verschiedene Packungen mit Pizzen angeboten: Die eine Packung enthält *zwei* Pizzen mit je 17 cm Durchmesser; die andere Packung enthält nur *eine* Pizza mit dem Durchmesser 25 cm.
Für welche Packung würdest du dich entscheiden, wenn du möglichst viel essen willst?

11. Welchen Flächeninhalt hat ein Kreis mit dem Umfang u?

a) u = 18 m **b)** u = 15,6 cm **c)** u = 34 km **d)** u = 1 cm **e)** u = 1 km

12. Das kreisförmige Rasenstück in einem Park vom Durchmesser 32 m soll gekalkt werden. Wie teuer ist das?

13. Rebecca backt Plätzchen. Sie walzt einen Klumpen Teig auf dem Tisch zu einer fast kreisförmigen Schicht mit einem Durchmesser von etwa 30 cm aus. Mit einem kreisrunden Förmchen vom Durchmesser 4,5 cm sticht sie die Plätzchen aus. Den Rest des Teigs knetet sie noch einmal und rollt ihn wieder aus, formt Plätzchen und fährt so fort, bis kein Teig mehr da ist. Wie viele Plätzchen erhält sie ungefähr?
Woran könnte es liegen, wenn die berechnete Zahl der Plätzchen von der tatsächlichen erhaltenen *stark* abweicht?

14. Ein kreisrunder Platz hat einen Durchmesser von 46 m [von 63 m]. In der Mitte befindet sich eine Brunnenanlage mit 9,5 m Durchmesser.
Wie viel m^2 Platz bleiben zur freien Verfügung übrig?

15. In einem Park ist ein kreisrunder Teich. Im Abstand von 50 cm vom Rand des Teiches ist ringsum ein Schutzgeländer. Es ist 22 m lang. Unmittelbar vor dem Geländer ist ringsum ein 2 m breiter Asphaltweg angelegt.

a) Wie viel m^2 ist die Wasserfläche groß?

b) Wie viel m^2 ist die asphaltierte Fläche groß?

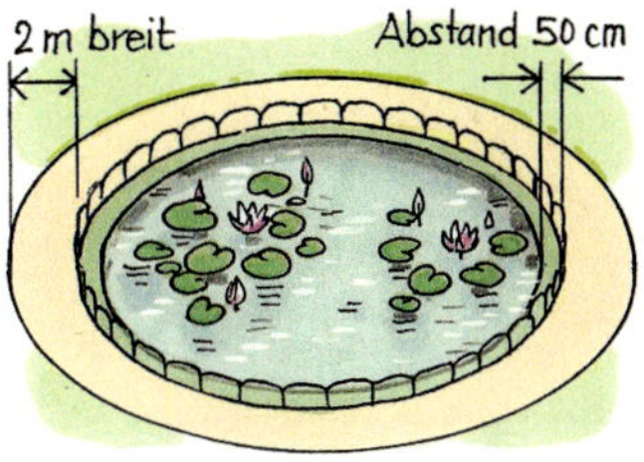

5.3 Vermischte Übungen zu Umfang und Flächeninhalt eines Kreises

1. Das kreisförmige Turmzimmer eines Schlosshotels hat einen Durchmesser von 6,75 m. Der Fußboden soll neu gefließt werden. Wie viel m^2 Fliesen werden gebraucht?
Runde das Ergebnis sinnvoll.

2. In einem Park werden kreisrunde Beete mit dem Durchmesser d = 4,90 m angelegt.

a) Ein Beet soll mit Buchsbaum eingefasst werden. Man rechnet mit 5 Pflanzen pro Meter. Berechne die Kosten.

b) Ein Beet soll mit Rosen bepflanzt werden. Man rechnet mit 8 Rosen pro Quadratmeter. Berechne die Kosten.

c) Um das Beet wird ein 1,20 m breiter Weg angelegt. 1 m^2 kostet 26 € zuzüglich 19 % Mehrwertsteuer. Berechne die Kosten.

3. Nach DIN-Norm wird die Größe von Fahrradreifen durch die mm-Angabe „Reifenbreite – Felgendurchmesser" angegeben.

a) Berechne den äußeren Durchmesser eines Reifens mit der Aufschrift 37-622 für ein 28-Zoll-Rad und bestimme seinen Umfang. Nimm an: Reifenbreite und Reifenhöhe stimmen überein.

b) Um wie viel Prozent ist der Umfang eines Reifens mit der Aufschrift 47-622 größer als der Reifen in Teilaufgabe a)?

4. Die Laufbahnen eines Stadions bestehen aus zwei Halbkreisen (Kurven) und zwei Strecken (Zielgerade, Gegengerade). Die Laufbahnen werden so angelegt, dass die Läufer auf der Innenbahn (1. Bahn) im Abstand von 30 cm von der Innenkante genau 400 m zurücklegen. Die einzelnen Laufbahnen sind 1,22 m breit.

a) Wie lang ist die Zielgerade?

b) Wie lang ist die Innenkante der Laufbahnen?

c) Welchen Vorsprung muss eine Läuferin auf der 2. Bahn erhalten, wenn man annimmt, dass sie 30 cm von der inneren Linie entfernt läuft?

5. Der Querschnitt durch ein Wellblech ist eine Linie aus aneinandergesetzten Halbkreisen (Durchmesser 5 cm).

a) Wie groß ist der Gewichtsunterschied von glattem Blech und Wellblech der gleichen Stärke, das jeweils eine Fläche von 1 m^2 bedeckt? 1 m^2 Blech wiegt 2,5 kg.
Rechne möglichst wenig.

b) Gib den Gewichtsunterschied in Prozent an.

c) Warum verwendet man dennoch Wellblech statt glattem Blech?

6. Von einem Stoffrest der Breite 1,40 m und der Länge 1,60 m soll eine möglichst große kreisrunde Tischdecke hergestellt werden. Wie viel Prozent Verschnitt entstehen?

7. Aus einem rechteckigen Streifen Blech mit der Länge 32 cm und der Breite 8 cm werden vier Kreise mit dem Radius 3,8 cm ausgestanzt. Wie groß ist der Abfall?

8. Aus einem kreisrunden Blech wird ein möglichst großes Quadrat ausgestanzt. Wie viel Prozent Abfall fallen an?

9. Der Durchmesser eines Kupferdrahtes beträgt 1,2 mm [3,6 mm; 0,6 mm].

a) Berechne die Querschnittsfläche, d.h. den Flächeninhalt der kreisförmigen Schnittfläche.

b) Die Zuordnung *Größe des Querschnitts → elektrischer Widerstand* ist antiproportional. Wie verändert sich der Widerstand, wenn der Drahtdurchmesser verdreifacht oder halbiert wird?

c) Der Kupferdraht soll mit einer 1 mm dicken Isolierschicht versehen werden. Wie groß ist die Querschnittsfläche dieser Schicht?

10. Die beschreibbare Fläche einer CD ist ein Kreisring mit den Radien $r_1 = 2{,}2$ cm und $r_2 = 5{,}8$ cm. Sie hat eine Speicherkapazität von 650 MB.

a) Wie groß ist die Fläche, die für 1 MB zur Verfügung steht?

b) Welche Speicherkapazität hat eine 1 mm^2 große Fläche?

11. Aus einem quadratischen Brett mit der Seitenlänge 24 cm [der Seitenlänge a] werden kreisrunde Scheiben für die Herstellung von Untersetzern ausgesägt.

(1) 1 Scheibe (2) 4 Scheiben (3) 9 Scheiben (4) 16 Scheiben

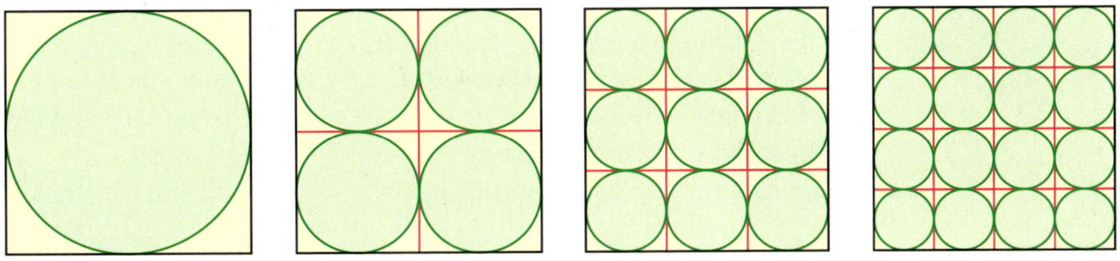

a) Berechne den Flächeninhalt der Scheiben. Wie groß ist der Abfall in Prozent?

b) Die Scheiben werden mit Umleimern versehen. Wie lang sind diese?

12. Berechne den Flächeninhalt und den Umfang der gefärbten Fläche.

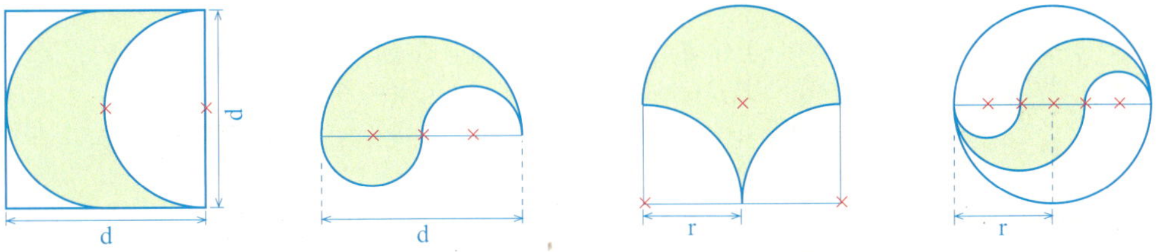

Im Blickpunkt

Im Blickpunkt

Die Zahl π in der Geschichte der Menschheit

Die Berechnung der Kreiszahl π hat die Menschen schon jahrtausendelang beschäftigt. Als Näherungswert für π gaben
die BABYLONIER (um 2000 v. Chr.) die Zahl **3**,
die ÄGYPTER (um 2000 v. Chr.) die Zahl $\left(\frac{16}{9}\right)^2$ an.

Der griechische Mathematiker ARICHMEDES (287–212 v. Chr.) verwendete zur Berechnung des Kreisumfanges neben den einbeschriebenen regelmäßigen Vielecken auch umbeschriebene. Er zeigte am regelmäßigen 96-Eck: $3\frac{10}{120} < \pi < 3\frac{1}{7}$

Als Näherungswert für π wurde dann häufig $\frac{22}{7}$ verwendet.

Der ägyptische Geograph, Astronom und Mathematiker Claudius PTOLEMÄUS (um 150 n. Chr.) fand für π den Näherungswert $3\frac{17}{120}$,
die CHINESEN (5. Jahrh. n. Chr.) $3\frac{16}{113}$.

Jm Jnternet findest du weitere Näherungswerte.

Ein Vieleck mit $3 \cdot 2^{28} = 805\,306\,368$ Ecken verwendete 1424 der arabische Astronom und Mathematiker AL-KASI. Er erhielt $2 \cdot \pi = 6{,}2831853071795865$, wobei alle angegebenen Stellen richtig sind. Mit $4 \cdot 2^{60}$ Ecken erreichte Ludolf VAN CEULEN (1610) eine Genauigkeit von 35 Dezimalstellen. Im Jahre 1671 entdeckte James GREGORY, dass man mit den Kehrwerten der ungeraden Zahlen den Wert von π beliebig genau berechnen kann, wenn man nur genügend viele Summanden berücksichtigt:
$\frac{\pi}{4} = \frac{1}{1} - \frac{1}{3} + \frac{1}{5} - \frac{1}{7} + \frac{1}{9} - \frac{1}{11} + \ldots$ (Leibniz'sche Reihe)

Der Philosoph und Mathematiker Gottfried Wilhelm LEIBNIZ (1646–1716) war über diesen Zusammenhang zwischen der Folge der ungeraden Zahlen und der Kreiszahl π so beeindruckt, dass er notierte: „Gott freut sich der ungeraden Zahlen!“. Kreis und Kugel galten nämlich seit dem Altertum als göttliche Formen.

G. W. Leibniz
1646 – 1716

1. Im nebenstehenden Text aus der Bibel wird mit Meer ein kreisrundes Becken bezeichnet.
Begründe, welchen Näherungswert für π man diesem Text entnehmen kann.

> Und er machte das Meer gegossen, von einem Rand zum anderen zehn Ellen weit ... und eine Schnur von dreissig Ellen war das Mass ringsherun.
> 1. Buch der Könige 7, 23

2. Al-Kasi hatte sich die Aufgabe gestellt, den Wert von 2π so genau zu bestimmen, dass bei der Berechnung des Umfangs des Universums der Fehler die Dicke eines Pferdehaares (0,5 mm) nicht übersteigt. Al-Kasi dachte, dass der Durchmesser des Universums das 600 000-fache des Erddurchmessers sei, für den er 7 500 km benutzte.
Zeige, dass der von Al-Kasi berechnete Wert von 2π (siehe oben) diese Bedingung erfüllt.

3. Der Wert von $\frac{\pi}{4}$ kann mithilfe der Leibniz'schen Reihe näherungsweise berechnet werden (siehe oben). Führe die nebenstehenden Rechnungen fort, bis sich die erste Nachkommastelle von π nicht mehr ändert.
Begründe, wann du aufhören kannst.

$\frac{1}{1} - \frac{1}{3} + \frac{1}{5} = \frac{13}{15}$, also $\pi \approx 4 \cdot \frac{13}{15} = 3{,}4666\ldots$

$\frac{1}{1} - \frac{1}{3} + \frac{1}{5} - \frac{1}{7} = \frac{76}{105}$, also $\pi \approx 4 \cdot \frac{76}{105} = 2{,}8952\ldots$

5.4 Kreisausschnitt und Kreisbogen

Aufgabe 1

Der Wurfsektor einer Kugelstoßanlage ist ein Teil eines Kreises, der durch zwei Radien mit dem dazugehörigen Mittelpunktswinkel α begrenzt wird. Er heißt *Kreisausschnitt* (oder auch *Kreissektor*) zum Mittelpunktswinkel α.
Der Teil der Kreislinie, der einen Kreisausschnitt begrenzt, heißt *Kreisbogen* zum Mittelpunktswinkel α.
Zur Erneuerung einer Kugelstoßanlage mit dem Mittelpunktswinkel $\alpha = 65°$ soll der Wurfsektor mit einem Spezialbelag versehen werden. Als maximale Wurfweite wird r = 26 m gesetzt. Die minimale Wurfweite soll r = 8 m betragen.

a) Welchen Flächeninhalt hat der zum Mittelpunktswinkel $\alpha = 65°$ gehörende Kreisausschnitt eines Kreises mit dem Radius r = 26 m?
Wie viel vom Spezialbelag wird für den Teil eines Kreisrings für die Kugelstoßanlage benötigt?

b) Die Weitenlinien sind Kreisbögen. Berechne die Länge der 25 m-Weitenlinie im Wurfsektor. Beachte, dass die Weiten ab dem Rand des Wurfkreises gemessen werden, der einen Radius von 1,07 m hat.

Lösung

a) Den Flächeninhalt A des gesamten Kreises kann man mit dem gegebenen Radius berechnen.
$A = \pi \cdot r^2$,
also $A = \pi \cdot (26\text{ m})^2 = 2\,123{,}7 \ldots \text{ m}^2$
Der Flächeninhalt eines Kreises mit r = 26 m beträgt ungefähr 2 123,7 m^2.

Der Flächeninhalt des Kreisausschnitts ist bei einem vorgegebenen Radius r abhängig von der Größe α des Mittelpunktswinkels:
Verdoppelt, verdreifacht oder vervierfacht man die Größe α des Mittelpunktswinkels, so wird auch der Flächeninhalt A_α des Kreisausschnitts verdoppelt, verdreifacht oder vervierfacht. Die Zuordnung *Größe des Mittelpunktwinkels → Flächeninhalt des Kreisausschnitts* ist proportional.

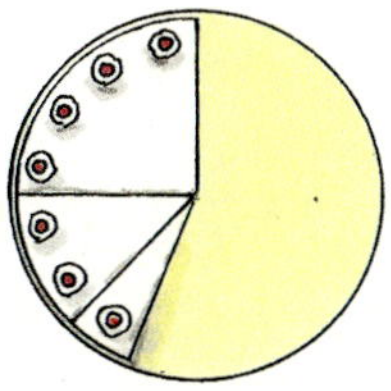

Der Flächeninhalt A_α des Kreisausschnitts kann also mithilfe des Dreisatzes bei proportionalen Zuordnungen berechnet werden.
Bei einem Radius r = 26 m und einem Mittelpunktswinkel $\alpha = 65°$ beträgt der Flächeninhalt A_α des zugehörigen Kreisausschnitts:
$A_\alpha = 383{,}5 \text{ m}^2$

Größe des Mittelpunktswinkels	Flächeninhalt des Kreisausschnitts
360°	2 123,7 m^2
(: 360) 1°	5,9 m^2 (: 360)
(· 65) 65°	383,5 m^2 (· 65)

Für den Flächeninhalt des Spezialbelags A_K der Kugelstoßanlage ist noch der Flächeninhalt des kleinen Kreisausschnitts (r = 8 m) zu subtrahieren.

$$A_K = 383{,}5 \text{ m}^2 - \pi \cdot (8\text{ m})^2 \cdot \frac{65°}{360°} = 383{,}5 \text{ m}^2 - 36{,}3 \text{ m}^2 = 347{,}2 \text{ m}^2$$

Ergebnis: Der Flächeninhalt des Spezialbelags der Kugelstoßanlage beträgt 347,2 m^2.

b) Da die Wurfweiten ab dem Wurfkreis gemessen werden, ist die 25 m-Weitenlinie ein Teil eines Kreises mit dem Radius 1,07 m + 25 m, also 26,07 m. Dieser Kreis hat einen Umfang von $u = 2 \cdot \pi \cdot 26{,}07\ \text{m} \approx 163{,}80\ \text{m}$.

Verdoppelt, verdreifacht oder vervierfacht man die Größe α des Mittelpunktswinkels, so wird auch die Länge des zugehörigen Kreisbogens b_α verdoppelt, verdreifacht oder vervierfacht.

Die Länge des Kreisbogens kann also mithilfe des Dreisatzes bei proportionalen Zuordnungen berechnet werden.

Für einen Mittelpunktswinkel von 65° und einen Radius von 26,07 m hat der Kreisbogen die Länge 29,58 m.

Ergebnis: Die 25 m-Weitenlinie ist 29,58 m lang.

Größe des Mittelpunktswinkels	Länge des Kreisbogens
360°	163,80 m
: 360 ↓	: 360 ↓
1°	0,455 m
· 65 ↓	· 65 ↓
65°	29,58 m

Information

Bei konstantem Radius eines Kreisausschnittes ist die Zuordnung *Größe des Mittelpunktswinkels → Flächeninhalt des Kreisausschnitts* proportional.

Größe des Mittelpunktswinkels	Flächeninhalt des Kreisausschnitts
360°	$\pi \cdot r^2$
α	A_α

Bei proportionalen Zuordnungen besteht Quotientengleichheit einander zugeordneter Größen, also:

$$\frac{A_\alpha}{\alpha} = \frac{\pi \cdot r^2}{360°}$$

Damit erhalten wir eine Formel zur Berechnung des Flächeninhalts A_α des Kreisausschnitts zum Mittelpunktswinkel α:

$$A_\alpha = \pi \cdot r^2 \cdot \frac{\alpha}{360°}$$

Ebenso ist die Zuordnung *Größe des Mittelpunktswinkels → Länge des Kreisbogens* proportional.

Wegen der Quotientengleichheit bei proportionalen Zuordnungen erhalten wir:

Größe des Mittelpunktswinkels	Länge des Kreisbogens
360°	$2 \cdot \pi \cdot r^2$
α	b_α

$$\frac{b_\alpha}{\alpha} = \frac{2 \cdot \pi \cdot r}{360°}$$

Damit erhalten wir eine Formel zur Berechnung der Länge b_α des Bogens zu einem Mittelpunktswinkel der Größe α:

$$b_\alpha = 2 \cdot \pi \cdot r \cdot \frac{\alpha}{360°} = \pi \cdot r \cdot \frac{\alpha}{180°}$$

Satz

Für die **Länge b_α eines Kreisbogens** mit dem Radius r und einem Mittelpunktswinkel der Größe α gilt:

$$\mathbf{b_\alpha = 2 \cdot \pi \cdot r \cdot \frac{\alpha}{360°}} \quad \text{bzw.} \quad \mathbf{b_\alpha = \pi \cdot r \cdot \frac{\alpha}{180°}}$$

Für den **Flächeninhalt A_α eines Kreisausschnitts** mit dem Radius r und einem Mittelpunktswinkel der Größe α gilt:

$$\mathbf{A_\alpha = \pi \cdot r^2 \cdot \frac{\alpha}{360°}}$$

Statt b_α und A_α schreibt man häufig auch nur b bzw. A.

Anteil vom Ganzen

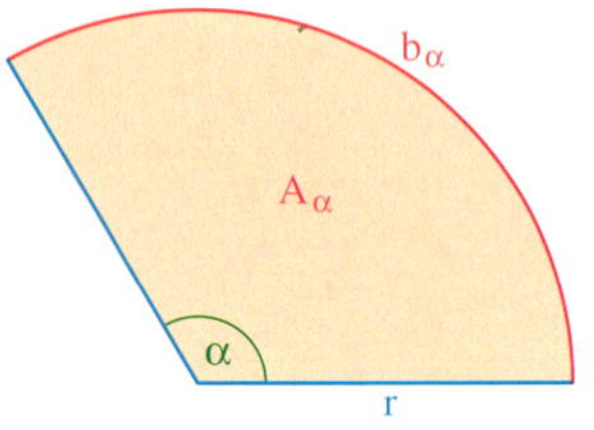

Weiterführende Aufgabe

2. *Eine weitere Formel für den Flächeninhalt des Kreisausschnitts*

Halbe Bogenlänge mal Radius

Ist b die Länge des Kreisbogens des Kreisausschnitts mit dem Radius r, so gilt für den Flächeninhalt A des zugehörigen Kreisausschnitts: $\mathbf{A = \frac{1}{2} \cdot b \cdot r}$

Leite diese Formel aus den beiden Formeln für A_α und b_α ab.
Vergleiche diese Formel mit der Formel für den Flächeninhalt eines Dreiecks.

Übungsaufgaben

3. Zu einer Umfrage zum Lieblingshobby eines Schülerjahrgangs wird in der Schülerzeitung ein Kreisdiagramm abgebildet.
Jedem Anteil in Prozent wird der entsprechende Anteil am Mittelpunktswinkel und am Flächeninhalt des Kreises zugeordnet. Berechne die Flächeninhalte der einzelnen Kreisausschnitte für einen Kreis mit dem Radius r = 3 cm.

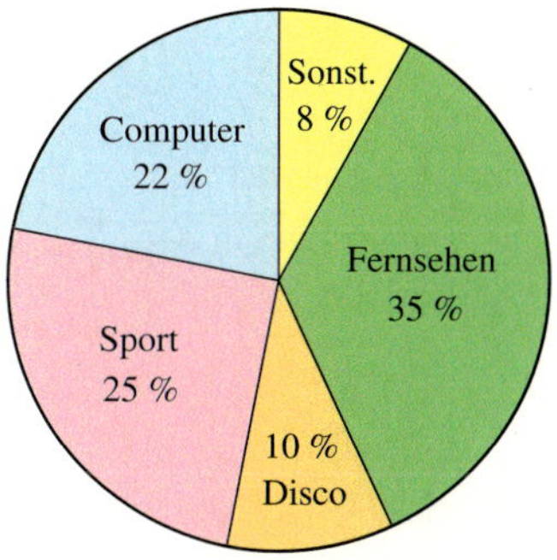

4. Berechne zu vorgegebenem Radius r und vorgegebenem Mittelpunktswinkel α jeweils A_α und b_α.

r	3 cm	4 cm	8 m	45 mm	1 km	4 dm	4,9 m
α	30°	45°	12°	100°	150°	200°	295°

5. Übertrage die Tabelle ins Heft und berechne die fehlenden Größen eines Kreisausschnitts.

r	5 cm	86 mm	6 cm	9 m	12 cm	
α	35°	249°				149°
A_α	7,64		64 cm²			
b_α	3,1			12,5 m	25 cm	52 cm

6. Gegeben ist ein Kreis mit dem Radius 1 dm. Wie groß ist der Mittelpunktswinkel α, der zu einem Bogen mit der vorgegebenen Länge b_α (in dm) gehört?

a) $b_\alpha = \pi$ **b)** $b_\alpha = \frac{3}{4}\pi$ **c)** $b_\alpha = \frac{\pi}{2}$ **d)** $b_\alpha = \frac{3}{2}\pi$ **e)** $b_\alpha = \frac{\pi}{4}$ **f)** $b_\alpha = \frac{\pi}{3}$

7. Ist es möglich, einen Kreissektor zu zeichnen, bei dem der Kreisbogen so lang ist wie der Radius? Begründe!

8. Die Länge eines Kreisbogens beträgt 10 cm.

a) Zeichne den Graphen der Zuordnung *Größe des Mittelpunktswinkels* → *Kreisradius* für die Bogenlänge b = 10 cm.

b) Welche Art von Zuordnung liegt vor? Begründe!

9. Berechne die Größe des Mittelpunktswinkels eines Kreisausschnitts, dessen Flächeninhalt genauso groß ist wie der Flächeninhalt des Quadrates über dem Radius.

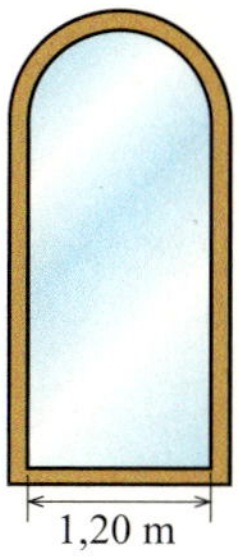

10. Ein Fenster mit aufgesetztem Halbkreis hat einen inneren Umfang von 6,9 m.
Berechne die Größe der Glasfläche.

5.5 Oberflächeninhalt eines Zylinders

Information

Ein **Zylinder** ist ein Körper, dessen **Grundflächen** Kreisflächen sind, die parallel und kongruent zueinander sind.
Die **Mantelfläche** eines Zylinders ist gewölbt. Der Abstand der beiden Grundflächen ist die **Höhe** des Zylinders.

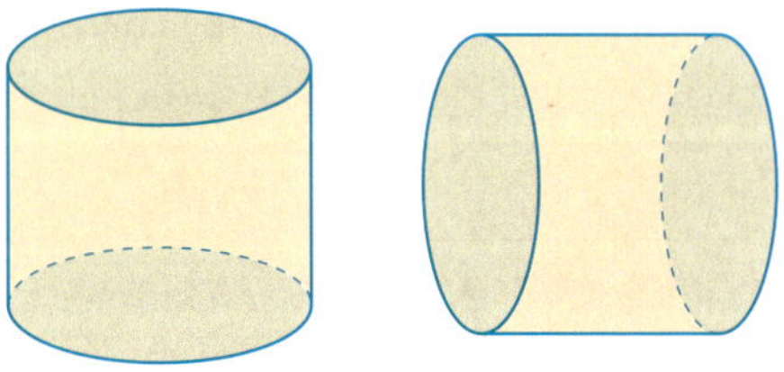

Aufgabe 1

Zur Verpackung von Lebkuchen benutzt eine Firma auch zylinderförmige Blechdosen (Maße im Bild).

a) Es soll ein Papiermodell hergestellt werden. Fertige dazu ein Netz des Zylinders an.

b) Berechne den Materialbedarf (ohne Verschnitt); stelle zunächst eine Formel auf.

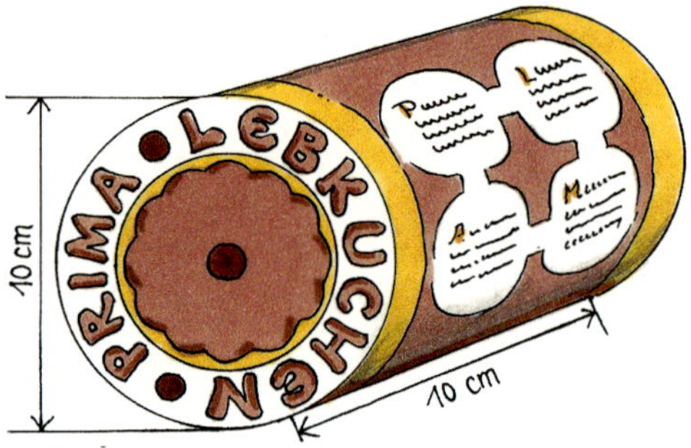

Lösung

Die Dose hat die Form eines Zylinders.

a) Wenn man die Mantelfläche des Zylinders in die Ebene abwickelt, erhält man ein Rechteck. Das Netz des Zylinders besteht aus dem Rechteck und den beiden kreisförmigen Grundflächen.

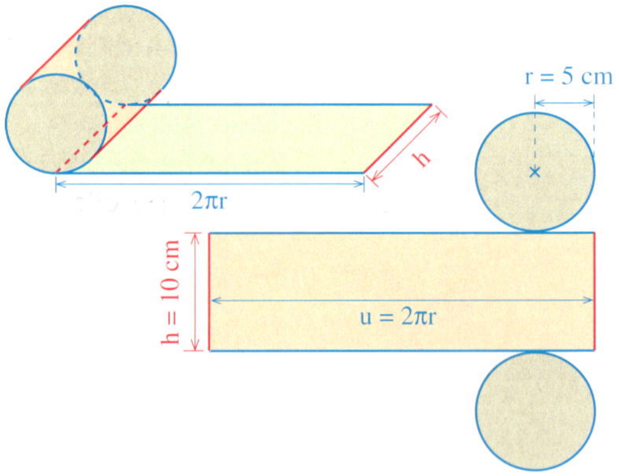

b) (1) *Größe der Mantelfläche*

$M = u \cdot h = 2\pi r \cdot h$
$M = 2\pi \cdot 5\text{ cm} \cdot 10\text{ cm}$
$M \approx 314{,}2\text{ cm}^2$

(2) *Größe einer Grundfläche*

$G = \pi r^2$
$G = \pi \cdot (5\text{ cm})^2$
$G \approx 78{,}5\text{ cm}^2$

(3) *Größe der Oberfläche*

$O = 2 \cdot G + M$
$O \approx 2 \cdot 78{,}5\text{ cm}^2 + 314{,}2\text{ cm}^2$
$O \approx 471{,}2\text{ cm}^2$

Ergebnis: Man benötigt ungefähr 472 cm² Blech.

Weiterführende Aufgabe

2. *Weitere Formeln zur Oberflächenberechnung eines Zylinders*

In Formelsammlungen findet man für den Oberflächeninhalt eines Zylinders häufig auch folgende Formeln. Begründe diese Formeln.

(1) $O = 2\pi r \cdot (r + h)$ (2) $O = \frac{\pi}{2} d \cdot (d + 2h)$

Information

Satz

Für den **Oberflächeninhalt O eines Zylinders** mit dem Grundflächeninhalt G, dem Mantelflächeninhalt M, dem Umfang u der Grundfläche und der Höhe h gilt:

$\mathbf{O = 2G + M}$ bzw. $\mathbf{O = 2G + u \cdot h}$

Bezeichnet r den Radius bzw. d den Durchmesser des Grundkreises des Zylinders, so gilt insbesondere:

$\mathbf{O = 2\pi r^2 + 2\pi r \cdot h}$ bzw. $\mathbf{O = \frac{\pi}{2} d^2 + \pi d \cdot h}$

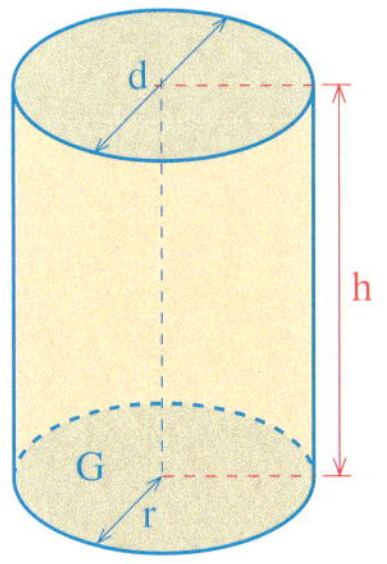

Übungsaufgaben

3. Poster werden zum Versand in zylinderförmigen Rollen verpackt. Der Durchmesser der Grundfläche ist 5,2 cm und die Höhe beträgt 52,0 cm. Wie viel Pappe wird zur Herstellung einer Posterrolle benötigt?

4. Nenne Gegenstände aus deiner Umwelt, die zylinderförmig sind.

5. Berechne den Mantelflächeninhalt und den Oberflächeninhalt des Zylinders.

a) r = 21,3 cm; h = 15,7 cm
b) d = 12,6 cm; h = 4,9 cm
c) d = 3,7 dm; h = 64 cm
d) d = 3,7 cm; h = 14 m
e) r = 9,4 cm; h = d

6. Ein zylindrischer Behälter aus Stahlblech ist oben offen. Er hat einen Durchmesser von 1,40 m und eine Höhe von 2,50 m. 1 m^2 Stahlblech wiegt 36,5 kg. Wie viel wiegt der leere Behälter?

7. Stelle für die gesuchte Größe zunächst eine Formel auf. Gehe dabei von der Formel für den Oberflächeninhalt bzw. den Mantelflächeninhalt aus und isoliere dann die Variable, mit der man die gesuchte Größe berechnen kann. Setze dann ein und berechne.
Ein Zylinder hat den Radius r = 6,5 cm. Der Oberflächeninhalt beträgt O = 551,35 cm^2.
Wie hoch ist der Zylinder?

8. Ein Zylinder hat einen Oberflächeninhalt von 1 dm^2. Berechne seine Höhe, wenn sein Durchmesser 0,5 cm beträgt.

9. **a)** Ein Zylinder ist 3 cm hoch. Wie verändert sich der Oberflächeninhalt des Zylinders in Abhängigkeit vom Radius der Grundfläche?
Stelle den Zusammenhang in einem Koordinatensystem grafisch dar.

b) Ein Zylinder hat eine Grundfläche mit r = 3 cm. Wie ändert sich der Oberflächeninhalt des Zylinders in Abhängigkeit von der Höhe?
Stelle den Zusammenhang in einem Koordinatensystem grafisch dar.

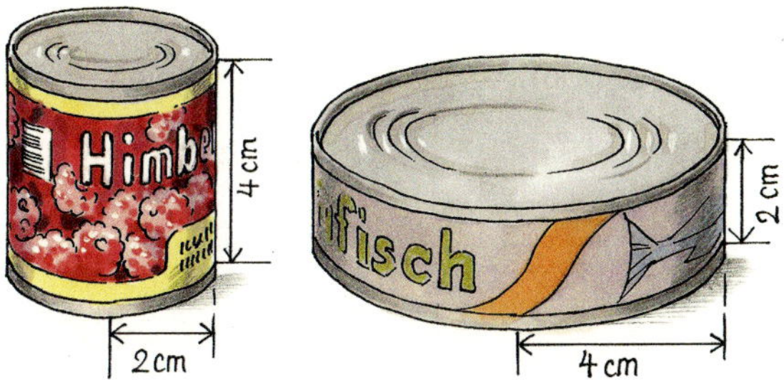

10. **a)** Vergleiche die Größe der rundherum aufgeklebten Etiketten.

b) Vergleiche den Materialverbrauch für beide Konservendosen.

c) Verändere entweder Radius oder Höhe so, dass beide Dosen gleichen Materialverbrauch haben.

5.6 Schrägbild eines Zylinders

Aufgabe 1

Gegeben ist ein 3 cm hoher Zylinder. Der Radius der Grundfläche beträgt 2 cm.
Zeichne ein Schrägbild des Zylinders mit dem Verzerrungswinkel 45° und dem Verkürzungsfaktor $\frac{1}{2}$. Zeichne geeignete Tiefenstrecken ein.

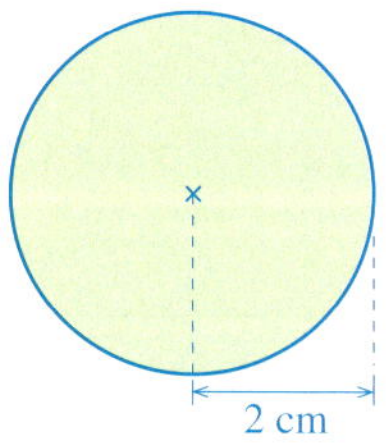

Lösung

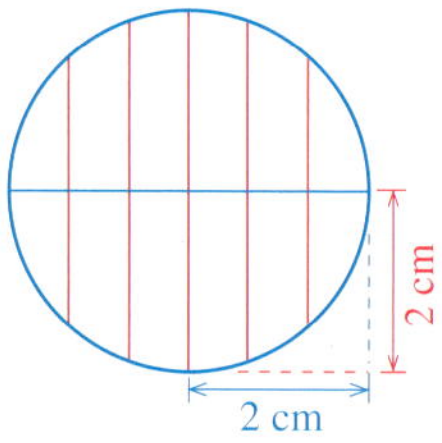

Zeichne geeignete Tiefenstrecken (rot) ein.

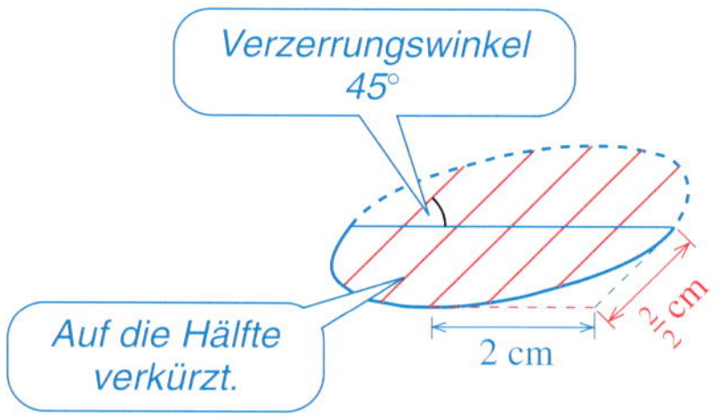

Zeichne den parallel zur Vorderseite verlaufenden Durchmesser (blau) unverkürzt sowie die Tiefenstrecken (rot) unter einem Winkel von 45° und auf die Hälfte verkürzt.

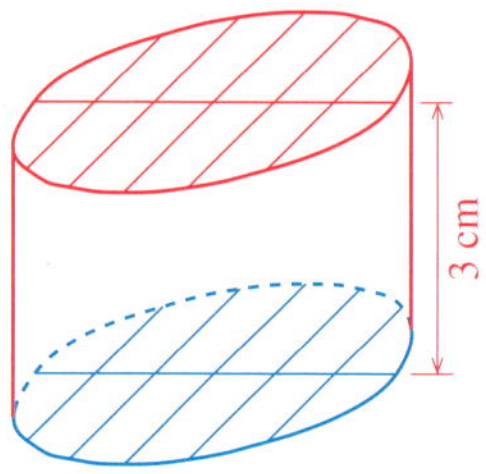

Zeichne senkrecht nach oben verlaufende Strecken unverkürzt. Ergänze die Deckfläche.
Verdeckte Kanten werden gestrichelt gezeichnet.

Weiterführende Aufgabe

2. *Schrägbild eines liegenden Zylinders*

In Aufgabe 1 steht der Zylinder auf einer Grundfläche. Zylinder werden aber häufig auch liegend dargestellt. Man sieht dann die Grundfläche von vorn und es ist einfacher das Schrägbild zu zeichnen.
Zeichne den Zylinder aus Aufgabe 1 liegend.

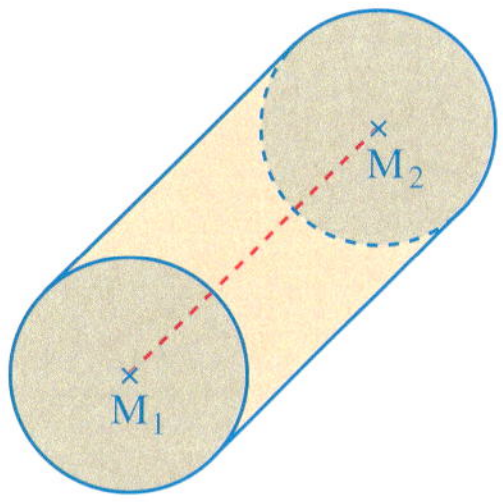

Übungsaufgaben

3. Zeichne ein Schrägbild des Zylinders mit dem Verzerrungswinkel $\alpha = 90°$ und dem Verkürzungsfaktor $q = \frac{1}{2}$.

a) $r = 30$ mm; $h = 45$ mm **b)** $d = 45$ mm; $h = 35$ mm **c)** $d = h = 62$ mm

4. Zeichne die Zylinder aus Aufgabe 3 liegend.

5. Die Abbildung zeigt die Grundfläche eines Werkstücks, das aus einem Zylinder mit der Höhe $h = 4$ cm hergestellt wurde.
Zeichne ein Schrägbild des Werkstücks.

a)
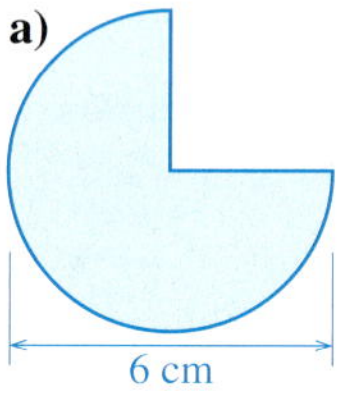

b)
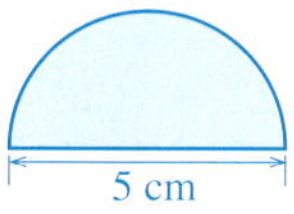

c)
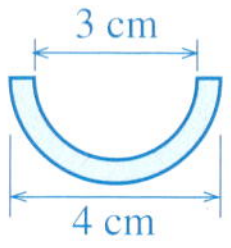

5.7 Volumen eines Zylinders

Aufgabe 1

Eine zylinderförmige Konservendose hat den Radius r = 5 cm und die Höhe h = 11,5 cm.

a) Begründe, dass für das Volumen des Zylinders gilt:
$V_Z = G \cdot h$,
also $V_Z = \pi r^2 \cdot h$.

b) Berechne das Volumen der Dose.

Lösung

a) Den Flächeninhalt A_K einer Kreisfläche kann man mithilfe von einbeschriebenen bzw. umbeschriebenen regelmäßigen n-Ecken bestimmen. Als Formel für den Inhalt des Kreises kennst du: $A_K = \pi r^2$.

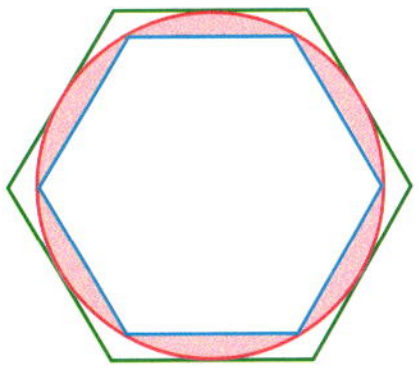

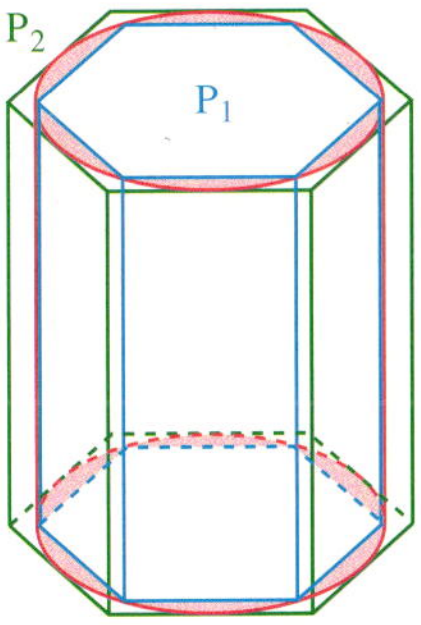

Ist die Kreisfläche die Grundfläche eines Zylinders Z, so kannst du jedes der n-Ecke als Grundfläche eines einbeschriebenen Prismas P_1 bzw. eines umbeschriebenen Prismas P_2 betrachten.
Es gilt: $V_{P_1} < V_Z < V_{P_2}$.
Das Volumen der Prismen kann man mit der Formel $V_P = G \cdot h$ berechnen. Diese Formel gilt auch, wenn die Eckenzahl n beliebig wächst. Mit wachsendem n nähert sich der Flächeninhalt G der n-Ecke beliebig genau dem Kreisflächeninhalt A_K, das Volumen des Prismas nähert sich beliebig genau dem Volumen des Zylinders.
Somit muss auch für den Zylinder gelten: $V_Z = G \cdot h = \pi r^2 \cdot h$.

b) $V = \pi r^2 \cdot h = \pi \cdot (5\text{ cm})^2 \cdot 11{,}5\text{ cm} = \pi \cdot 287{,}5\text{ cm}^3 \approx 903\text{ cm}^3$

Ergebnis: Die Konservendose hat ein Volumen von ungefähr 903 cm^3.

Information

Satz

Für das **Volumen V eines Zylinders** mit dem Grundflächeninhalt G und der Höhe h gilt:

$\mathbf{V = G \cdot h}$

Bezeichnet r den Radius bzw. d den Durchmesser des Grundkreises des Zylinders, so gilt insbesondere:

$\mathbf{V = \pi r^2 \cdot h}$ bzw. $\mathbf{V = \frac{\pi}{4} d^2 \cdot h}$

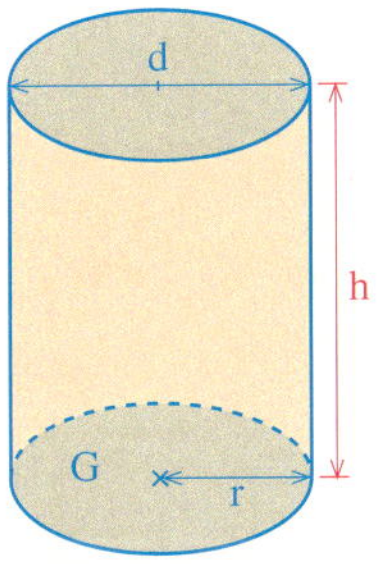

Weiterführende Aufgabe

2. *Volumen eines Hohlzylinders*

Ein Eisenring hat die Form eines Hohlzylinders. Berechne das Volumen des Ringes für $r_1 = 19$ cm; $r_2 = 23$ cm und $h = 8$ cm.
Stelle auch eine Formel für das Volumen eines Hohlzylinders auf.

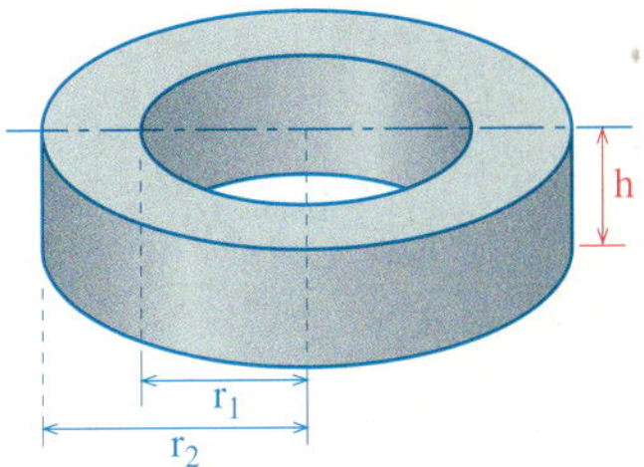

Übungsaufgaben

3. Eine Torte hat den Radius r = 17 cm und die Höhe h = 6 cm.

a) Franziska sagt: Das Volumen einer Torte kann ich ganz leicht bestimmen. Es gilt: $V = G \cdot h$, also $V = \pi r^2 \cdot h$. Begründe die Formeln.

b) Berechne das Volumen der Torte in *l*.

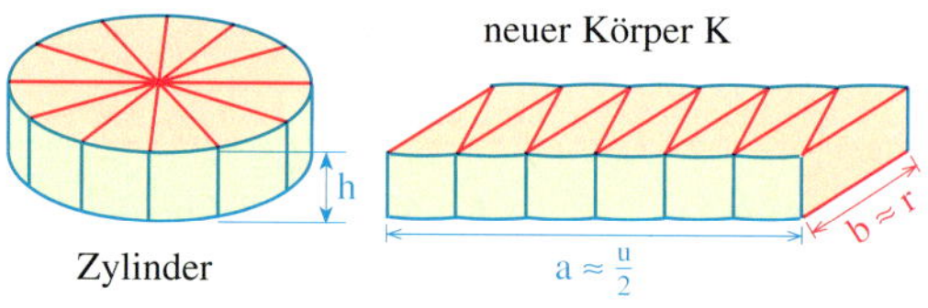

4. Berechne das Volumen des Zylinders.

a) r = 17,2 cm; h = 23,8 cm
b) d = 8,2 cm; h = 11,2 cm
c) r = 25 mm; h = 7,2 m
d) d = 4,8 dm; $h = 2 \cdot d$
e) h = 35 cm; $r = 3 \cdot h$

Dichte-Tabelle (in $\frac{g}{cm^3}$)	
Kupfer	8,9
Eisen	7,9
Gusseisen	7,3
Stahl	7,9
Dieselöl	0,9

5. Wie schwer sind die Drähte?

a) Kupferdraht: Länge 100 m; d = 1 mm
b) Eisendraht: Länge 50 m; d = 2 mm.

6. Jeder Rundstahl einer bestimmten Sorte ist 4,70 m lang und hat einen Durchmesser von 12 mm. Wie schwer ist ein Bund mit 20 Stück?

7. Der Durchmesser eines 1,40 m langen Fasses für Dieselöl beträgt 90 cm (Innenmaße). Das leere Fass wiegt 26 kg. Wie viel wiegt das Dieselölfass, wenn es halb gefüllt ist?

8. **a)** Wie schwer ist das im Bild dargestellte Rohr aus Gusseisen (Maße in mm)?

b) Wie viel wiegt das Rohr, wenn es vollständig mit Wasser gefüllt ist?

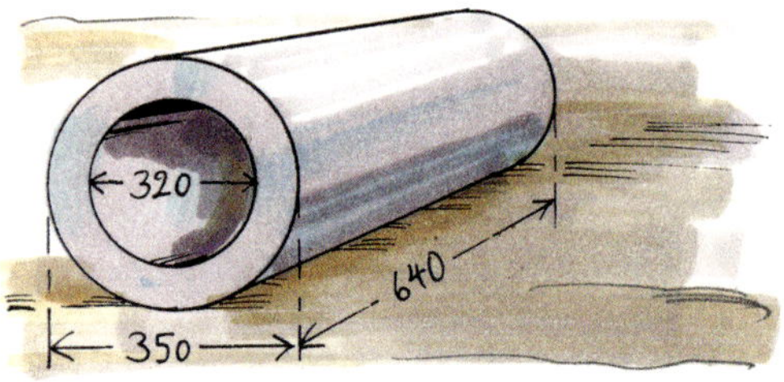

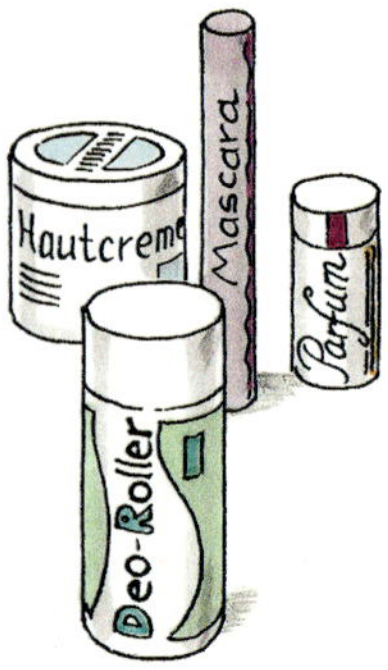

9. Kosmetik wird oft aufwändig verpackt. Welche Verpackung ist am aufwändigsten?

Artikel	Zylinderförmige Verpackung Durchmesser	Höhe	Inhaltsangabe
Hautcreme	5,5 cm	5,0 cm	50 ml
Deo-Roller	3,5 cm	10,0 cm	50 ml
Mascara	1,4 cm	12,0 cm	10 ml
Parfüm	2,6 cm	5,4 cm	5 ml

10. Verschiedene zylinderförmige Verpackungen für Nougatkonfekt sollen alle das Volumen 150 cm³ haben. Stelle für die gesuchte Größe zunächst eine Formel auf; berechne dann. Der Radius ist 1,5 cm [2 cm; 2,5 cm]. Wie hoch sind die Verpackungen?

11. Janice hat Formeln zum Zylinder umgeformt. Kontrolliere.

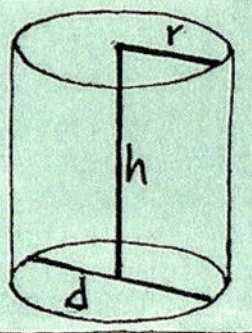

$V = \pi r^2 h$
$= \pi \frac{d}{2} h$
$= \frac{\pi d h}{2}$

$O = \pi r^2 h$
$\frac{O}{\pi} = r^2 h$
$\frac{O}{\pi} : r^2 = h$

$O = 2\pi r^2 \cdot 2\pi r h$
$= 4\pi r^3 h$

5.8 Vermischte Übungen zu Kreis und Zylinder

1. **a)** Welcher Anteil der Gesamtfläche ist gefärbt? Gib ihn auch in Prozent an.

b) Welchen Umfang hat die gefärbte Fläche (in Abhängigkeit von x bzw. y bzw. z)?

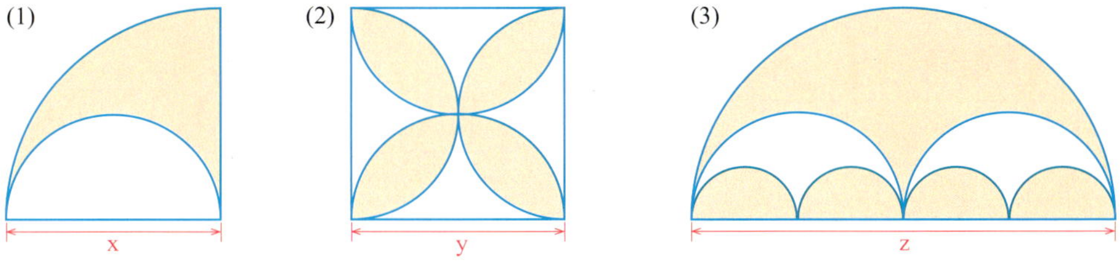

2. **a)** Berechne jeweils Flächeninhalt und Umfang der gefärbten Flächen.

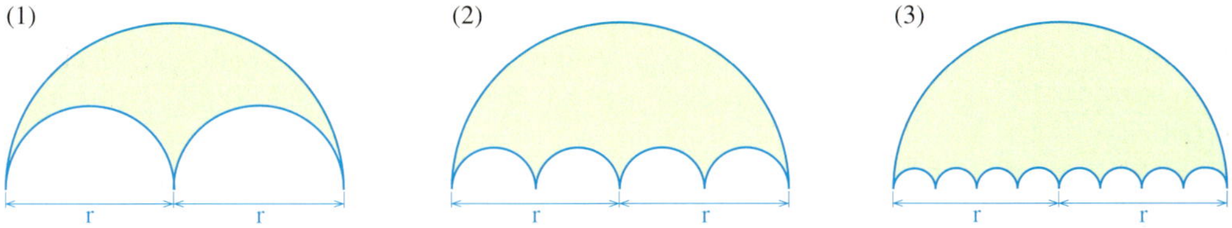

b) Denke dir die Folge der Figuren fortgesetzt. Was kannst du über Flächeninhalt und Umfang der gefärbten Fläche aussagen, wenn die Anzahl der kleinen Halbkreise immer größer wird?

3. In einen zylinderförmigen Blechbehälter mit dem Durchmesser 60 cm und der Höhe 1 m werden 50 *l* Wasser eingefüllt.

a) Wie viel m^2 Blech benötigt man für die Herstellung des Behälters (ohne Deckel und ohne Verschnitt)?

b) Wie viel Prozent des Behälters sind gefüllt?

c) Um wie viel wird der Wasserbehälter schwerer, wenn noch weitere 30 *l* Wasser eingefüllt werden?

d) Wie viel 10-*l*-Gießkannen können mit dem Wasser gefüllt werden, wenn es in dem Behälter 20 cm unter dem Rand steht?

4. Für integrierte Schaltungen in Computern werden extrem dünne Drähte verwandt. Ein solcher Draht hat einen Durchmesser von 0,01 mm.

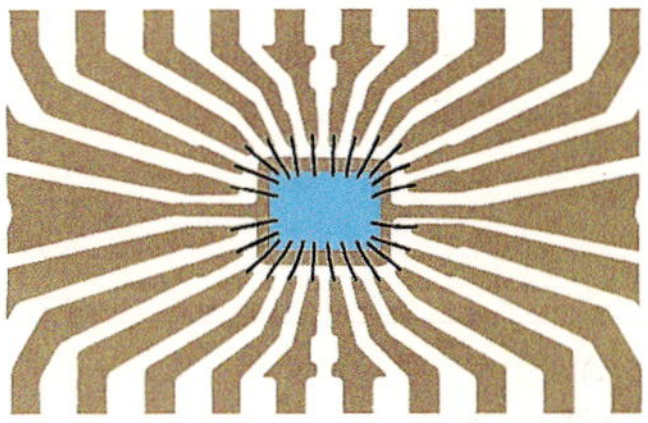

a) Wie lang muss dieser Draht sein, damit er ein Volumen von 1 cm^3 besitzt?

b) Der Draht besteht aus fast reinem Gold. 1 cm^3 reines Gold wiegt 19,3 g.
Wie viel wiegt der Draht von einem Meter Länge?

5. Die Walze einer Straßenbaumaschine hat den Durchmesser 1,15 m und ist 2,25 m breit. Wie groß ist die Fläche, die die Walze mit einer Umdrehung überfährt?

1 Zoll
1" = 25,4 mm

6. Wie viel *l* Wasser befinden sich in einem 50 m langen Gartenschlauch mit dem Innendurchmesser $\frac{3}{4}$ Zoll?

7. Der Aschenbecher im Bild rechts ist aus Messing (Maße in mm). 1 cm^3 Messing wiegt 8,6 g.
Wie viel wiegt der Aschenbecher?

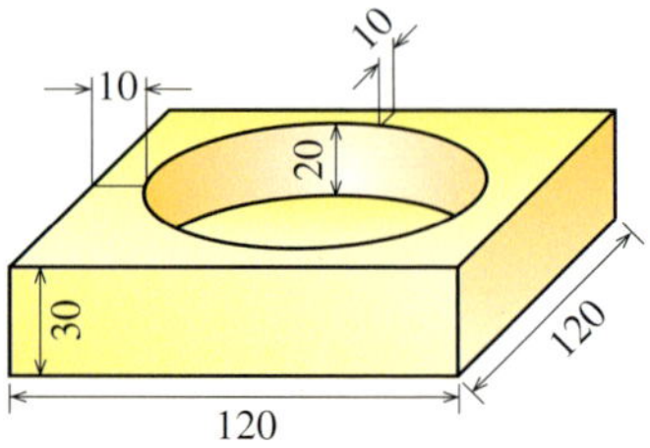

8. Eine Litfaßsäule (Bild links) hat den Durchmesser 1,30 m. Sie ist 3,20 m hoch. Der 50 cm hohe Sockel soll nicht beklebt werden. 1 m^2 Werbefläche kostet 99 € zuzüglich Mehrwertsteuer.

9. Eine über 100 Jahre alte Rotbuche musste gefällt werden. Der annähernd zylinderförmige Stamm war 25 m hoch und hatte einen Umfang von 4,5 m.
Wie viele Lkw-Fahrten waren zum Abtransport des Stammes bei einer Tragfähigkeit von 6 t nötig? 1 dm^3 Buche wiegt etwa 0,7 kg.

10. Wie schwer ist der abgebildete Ring, der zu 70 % aus Gold und zu 30 % aus Silber besteht?
Die Dichte von Gold ist 19,3 $\frac{g}{cm^3}$, die von Silber 10,5 $\frac{g}{cm^3}$.

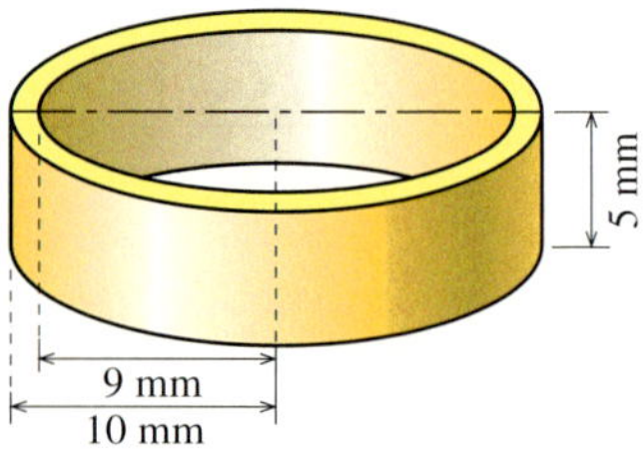

11. Lies die Zeitungsmeldung. Formuliere dann selbst Aufgaben und rechne.

> Ein Taucher reinigt das 6,70 m hohe Meerwasser-Aquarium mit einem Durchmesser von 2,50 m in Osterholz bei Bremen. Das zylinderförmige Aquarium gehört mit 32 000 *l* Meerwasser und einer Glasstärke von 5 cm zu den größten der Welt.

12. Für geowissenschaftliche Untersuchungen wurde in der Oberpfalz eine Tiefbohrung durchgeführt. Die Bohrarbeiten begannen mit einem Anfangsdurchmesser von 72 cm bis zu einer Tiefe von 300 m. Bis zu einer Tiefe von 3 000 m wurde dann mit 44 cm Durchmesser gebohrt und bis 6 000 m mit 37,5 cm. Bis zu einer Tiefe von 9 100 m wurde mit einem Durchmesser von 31 cm weitergebohrt.
1 m^3 Erdreich wiegt etwa 1,5 t.
Formuliere selbst Aufgaben und berechne.

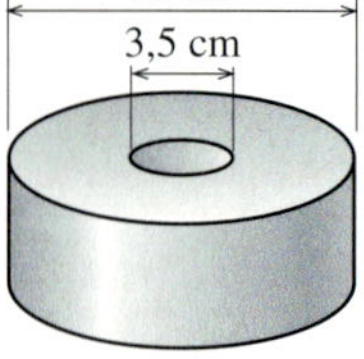

13. Der links abgebildete Eisenring für eine Hantel soll 1,25 kg wiegen. Wie hoch muss er sein, wenn 1 cm^3 Eisen 7,9 g wiegt?

14. Wie viel wiegt das Werkstück aus Stahl (Maße in mm)? 1 cm^3 Stahl wiegt 7,9 g.

a)

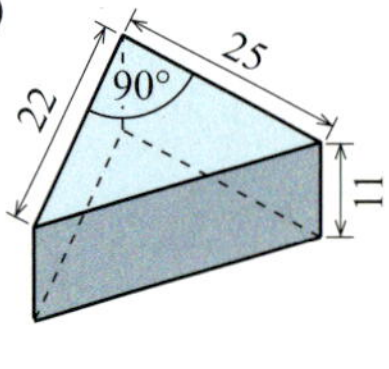

b)

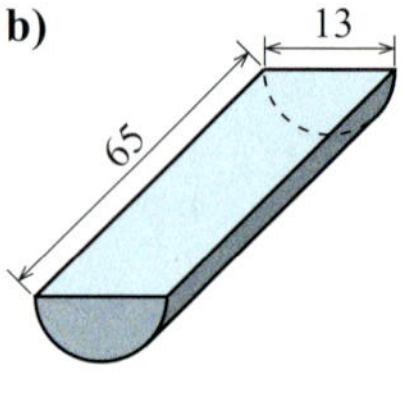

c)

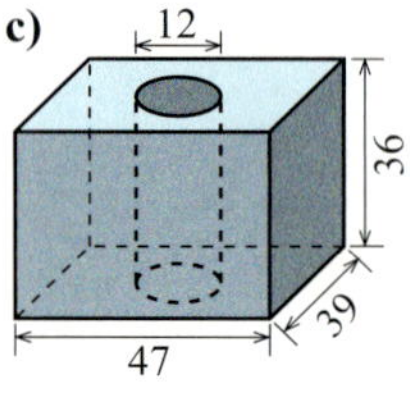

d)

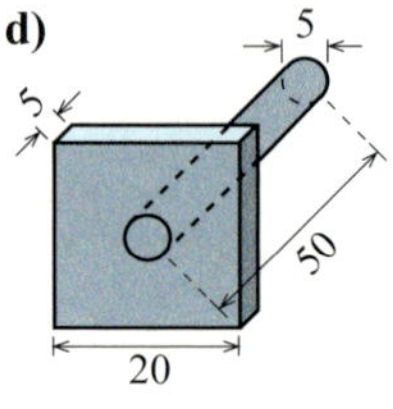

15. a) Die Erdkugel hat einen Radius von 6370 km.
Welche Entfernung haben zwei Punkte A und B auf dem Äquator, deren Längengrade sich um 1° [um 10°] unterscheiden?

b) 1 Seemeile (1 sm) ist die Entfernung zweier Punkte auf dem Äquator, deren Längengrade sich um $\left(\frac{1}{60}\right)^\circ$ unterscheiden. Gib 1 sm in km an.

c) Gib die Länge des 60. Breitenkreises als Vielfaches des Erdradius r an.

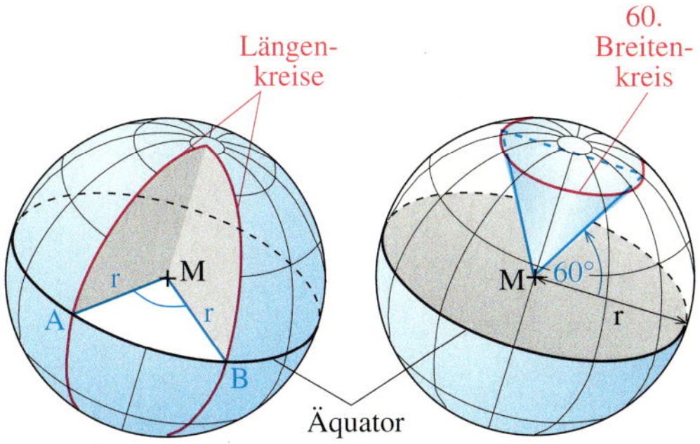

1 Zoll
1" = 25,4 mm

16. Der Flachkollektor einer Solaranlage enthält ein Kupferrohr mit 20 m Länge und einem Innendurchmesser von $\frac{3}{4}$ Zoll. In diesem Rohr wird Wasser erwärmt. Wie viel *l* Wasser können im Flachkollektor gleichzeitig erwärmt werden?

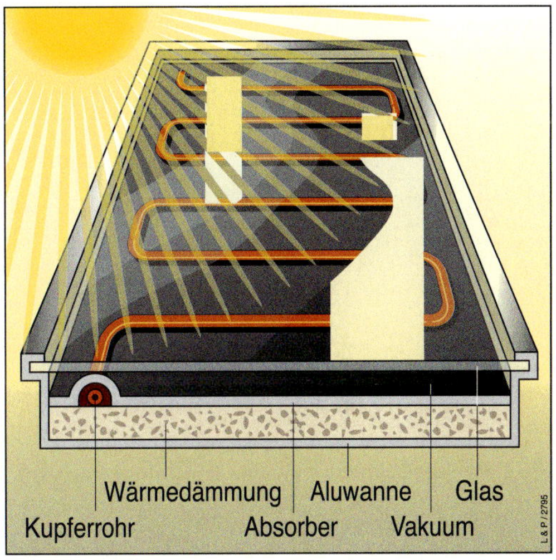

17. Deutschlands längste Autoröhre, der Rennsteigtunnel, besteht aus zwei getrennten Röhren, die annähernd die Form von Halbzylindern besitzen. Eine Röhre ist 7920 m lang und in Höhe der Fahrbahn 9,50 m breit.

a) Wie viel m^3 Gestein mussten etwa herausgebohrt werden? Welche Kantenlänge hätte ein Quader mit dem gleichen Volumen?

Verschalen mit Brettern verkleiden

b) Die Innenwände des Tunnels wurden verschalt. Wie groß war die zu verschalende Fläche?

18. Dem rechts abgebildeten Längsschnitt bzw. Querschnitt kann man die Maße einer Welle aus Stahl entnehmen (Maße in mm).

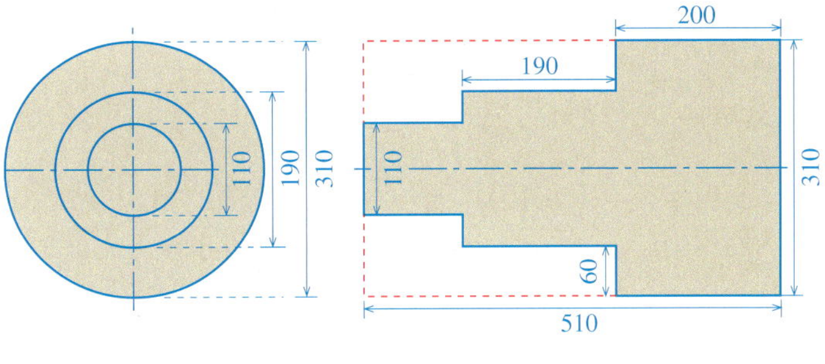

a) 1 cm^3 Stahl wiegt 7,9 g. Wie viel wiegt die Welle?

b) Wie viel Abfall entsteht, wenn die Welle aus einem Rundstahl gefräst wird?

c) Berechne die Größe der Oberfläche der Welle.

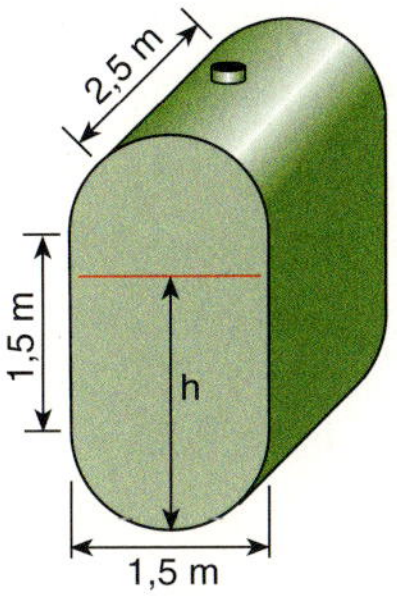

19. Der Öltank links ist zu $\frac{3}{4}$ gefüllt. Wie hoch steht das Öl im Tank?

5.9 Aufgaben zur Vertiefung

1. a) Wie verändert sich das Volumen des Zylinders, wenn man den Radius verdoppelt [verdreifacht] und die Höhe unverändert bleibt?

b) Wie verändert sich das Volumen eines Zylinders, wenn man den Radius verdoppelt und die Höhe halbiert?

2. a) Wie verändert sich der Mantelflächeninhalt eines Zylinders, wenn der Radius der Grundfläche verdoppelt [verdreifacht] wird?

b) Wie verändert sich der Oberflächeninhalt eines Zylinders, wenn Radius *und* Höhe verdoppelt [verdreifacht] werden?

c) Stelle selbst Fragen und untersuche die Veränderung.

3. a) Ein Zylinder ist 3 cm hoch. Wie verändert sich der Oberflächeninhalt des Zylinders in Abhängigkeit vom Radius der Grundfläche? Stelle den Zusammenhang in einem Koordinatensystem grafisch dar.

b) Ein Zylinder hat eine Grundfläche mit $r = 3$ cm. Wie ändert sich der Oberflächeninhalt des Zylinders in Abhängigkeit von der Höhe? Stelle den Zusammenhang in einem Koordinatensystem grafisch dar.

4. Schraubenlinien wirken sehr kompliziert. Auf den ersten Blick erscheint es nicht möglich, ihre Länge zu berechnen.

a) Zeichne auf einem DIN-A4-Blatt eine Diagonale ein und bilde einen Zylinder. Beschreibe den Verlauf der Diagonalen am Zylinder (Bild (1)).

b) Stelle entsprechend einen Zylinder mit zweifach gewundener Schraubenlinie her (Bild (2)).

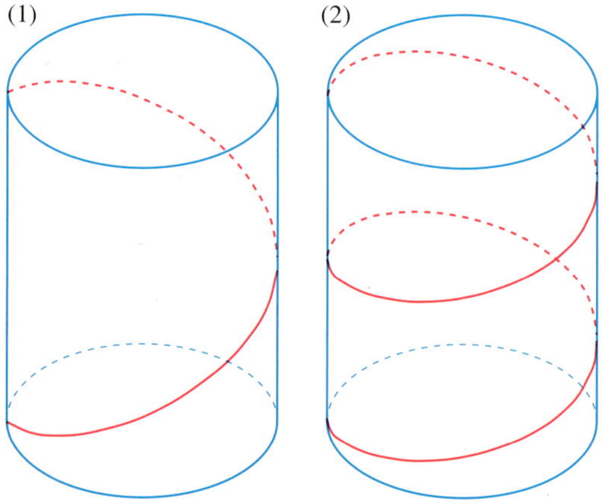

5. a) Um einen Zylinder mit dem Grundkreisradius $r = 30$ cm und der Höhe $h = 80$ dm windet sich eine Schraubenlinie einmal [zweimal; dreimal; viermal]. Bestimme die Länge der Schraubenlinie.

b) Eine Wendeltreppe hat einen Durchmesser von 2,50 m und eine Höhe von 9 m. Sie windet sich genau dreimal.
Wie lang ist der Handlauf für das Treppengeländer?

Bist du fit?

1. **a)** Berechne den Flächeninhalt und den Umfang der Kreise: (1) r = 3,5 cm (2) d = 17 mm

b) Welchen Radius hat ein Kreis mit dem Umfang u = 26 cm?

2. Ein Laufrad dient zum Messen von Entfernungen, z. B. bei Verkehrsunfällen. Der Durchmesser des Laufrades beträgt 15 cm. Wie viele Umdrehungen macht das Rad beim Messen einer Weglänge von 7,54 m?

3. Ein Kreis hat den Umfang u = 38 cm.

a) Wie groß ist sein Flächeninhalt?

b) Um wie viel Prozent übertrifft der Kreis ein Quadrat mit gleichem Umfang an Flächeninhalt?

4. Eine Firma für Gartengeräte bietet verschiedene Rasensprenger an. Prüfe, ob die Angaben im Katalog die Fläche angenähert richtig angeben.

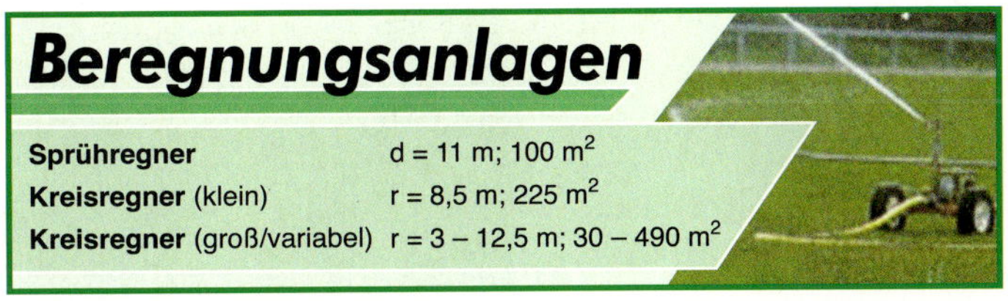

5. Der Scheibenwischer eines Autos überstreicht den Teil eines Kreisringes. Der Mittelpunktswinkel ist 85° groß, die beiden Radien betragen 23 cm und 63 cm.
Wie groß ist die Fläche, die der Scheibenwischer überstreicht?

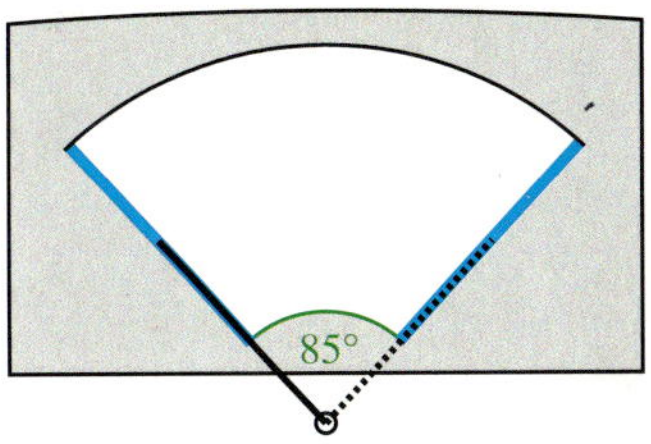

6. Berechne den Flächeninhalt und den Umfang der blauen Fläche im Bild links.

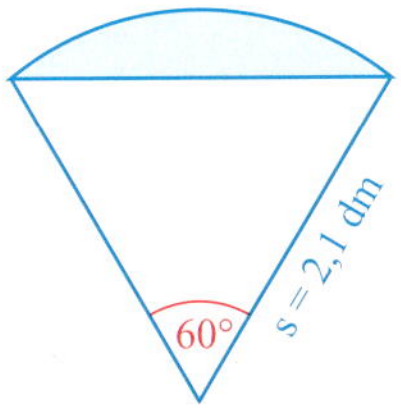

7. Eine Tomatenmark-Dose hat die Form eines Zylinders mit Radius 2 cm und Höhe 8 cm.

a) Zeichne ein Schrägbild.

b) Berechne den Oberflächeninhalt und das Volumen.

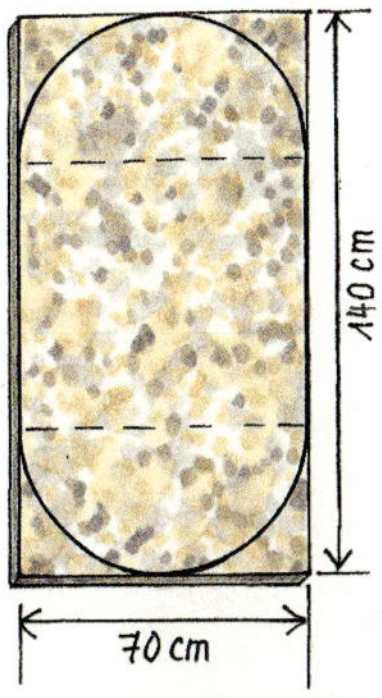

8. Aus einer rechteckigen Granitplatte soll eine Tischplatte wie abgebildet ausgeschnitten werden.

a) Wie viel Prozent der Granitplatte sind Abfall?

b) Die Tischplatte ist 4 cm dick. 1 cm^3 Granit wiegt 2,8 g. Wie viel wiegt sie?

9. Eine Rolle Kupferdraht $\left(\text{Dichte } 8{,}9\,\frac{g}{cm^3}\right)$ wiegt 17,5 g. Der Draht hat einen Durchmesser von 2,7 mm. Wie lang ist der Draht?

10. Das Werkstück ist aus Metall. Seine Höhe beträgt 2,5 cm. 1 cm^3 des Metalls wiegt 8,6 g.

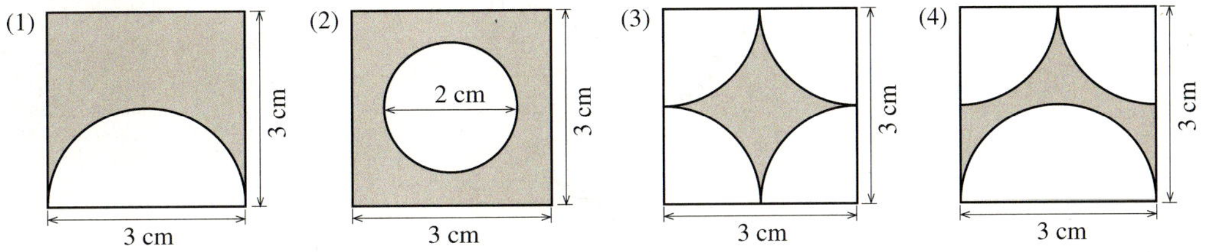

Projekt

Projekt

Seevermessung – Grundstücksvermessung

In der sechsten Klasse gab es ein Projekt, bei dem ihr eure Mitschüler vermessen und befragt habt. Ihr seid in den letzten zwei Jahren in Mathematik ein gutes Stück weiter gekommen und könnt nun eure Kenntnisse anwenden. In eurer Umgebung gibt es sicherlich einen kleinen See. Habt ihr euch schon einmal Gedanken darüber gemacht, wie groß der See eigentlich ist oder wie viel Wasser sich in diesem See befindet? Auch die Form des Sees zu bestimmen, ist eine interessante Aufgabe. Wisst ihr, wie lang der Weg um den See ist? Andererseits ist sicher auch wissenswert, welche Pflanzen sich am Ufer des kleinen Sees befinden. Es wäre möglich, dass ihr für diese Aufgabe eure Biologielehrerin oder euren Biologielehrer gewinnen könnt. Falls in der Nähe kein See ist, so könntet ihr einen Ausflug organisieren oder ihr bestimmt einfach die Größe eures Schulgrundstücks oder messt im Freibad die verschiedenen Schwimmbecken nach.

Messmethode 1: Vermessen mit Winkelscheibe

Mit einer Winkelscheibe kann man ganz einfach Winkel im Gelände messen. Eine Winkelscheibe ist nichts anderes als ein doppeltes Geodreieck; allerdings werden die Winkel von 0° bis 360° gemessen. Mit diesem Messgerät und einem Messband könnt ihr das Polygonzugverfahren anwenden.

Messmethode 2: Vermessen mit dem Winkelkreuz

Ein Winkelkreuz ist ein einfaches Gerät, mit dem ihr rechte Winkel im Gelände abstecken könnt. Ihr könnt dann ein Koordinatensystem in einem Gelände anlegen. Das Bild zeigt euch, wie ein Winkelkreuz aufgebaut ist.

Messmethode 3: Vermessen mit dem Winkelspiegel

Der Winkelspiegel ist auch ein Gerät, mit dem ihr rechte Winkel im Gelände bestimmen könnt. Allerdings steckt die Funktionsweise voller Mathematik. Könnt ihr erklären, wie er funktioniert? Das Gerät ist schnell gebaut. Man muss nur ein wenig üben, bis man damit richtig messen kann.

Dieses Projekt ist etwas anders organisiert als gewohnt, da ihr vor dem Vermessen eine der üblichen Messmethoden erlernen und die Messgeräte herstellen müsst. Hier hilft bestimmt eure Lehrerin oder euer Lehrer.
Es wäre schön, wenn ihr eure Messungen oder Seemodelle in einer kleinen Ausstellung im Schulgebäude zeigen könntet. Ihr könnt natürlich auch die Ergebnisse im Rahmen einer Vortragsrunde vor der Klasse präsentieren. Auch ein kleiner Artikel in der Lokalzeitung über die wahre Größe des Freibades oder eines Sees in der Umgebung ist denkbar. Hier hilft vielleicht eure Deutschlehrerin oder euer Deutschlehrer.
Wir haben hier für euch weitere Informationen rund um das Seevermessungsprojekt vorbereitet, die ihr bestimmt gut verwenden könnt.
Im Internet findet ihr das Projekt unter:
www.elemente-der-mathematik.de

Vorschlag 1:
Anlegen einer Seekarte

Wie wäre es, wenn ihr das Seeufer kartieren und eure Aufzeichnungen mit denen aus dem Bauamt vergleichen würdet? Ihr könnt die Uferkoordinaten durch ein selbsterstelltes Koordinatensystem bestimmen oder ihr versucht den See durch ein Vieleck anzunähern.

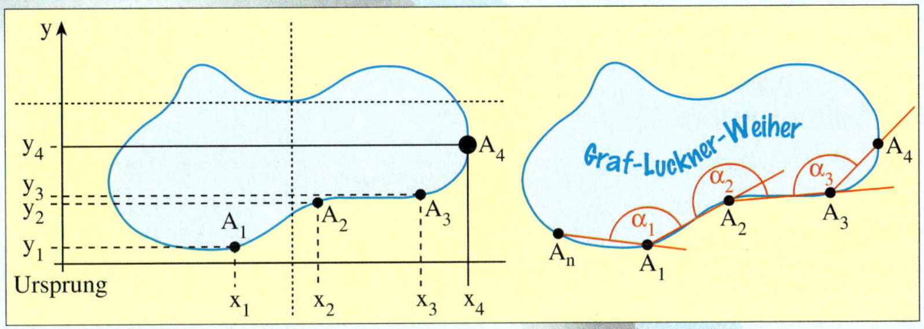

Vorschlag 2:
Anlegen einer biologischen Seekarte

Welche Pflanzen wachsen am See? Wo wachsen sie? Untersucht das Gewässer auf Reinheit. Hat das Gewässer einen Zufluss und Abfluss? Versucht, die Zufluss- und Abflussmengen zu ermitteln. Bei diesem Vorschlag kann euch sicherlich eure Biologielehrerin oder euer Biologielehrer helfen.

Vorschlag 3:
Bestimmen der Wassermenge

Wie viel Wasser ist wohl im See? Dazu müsste man die Seetiefe an einigen Punkten bestimmen. Die Tiefe kann man einfach mit einer Messschnur, an der ein Stein angebunden ist, ausloten. Überlegt euch, welche Daten ihr noch braucht, um das Volumen des Sees zu bestimmen. Beachtet gegebenenfalls die Naturschutzbestimmungen.

Vorschlag 4:
Erstellen eines Seemodells

Mit all den Daten, die ihr in eurer Klasse aufgenommen habt, könntet ihr ein tolles Modell des Sees und seiner Umgebung anfertigen. Überlegt euch, welchen Maßstab ihr wählt, und achtet auf eine naturgetreue Farbgebung. Eure Kunstlehrerin oder euer Kunstlehrer hilft bestimmt mit einigen Tipps.

Projekt

Funktionen – Messen und Darstellen

Vorschlag 1: Schraubenfeder und Schrauben mit Mutter

Wisst ihr, was eine Schraubenfeder ist? Was passiert, wenn ihr an diese Schraubenfeder ein Gewichtsstück hängt? Was passiert, wenn ihr das Gewicht verdoppelt? Legt eine Messtabelle an und übertrage das Ergebnis in ein Diagramm. Könnt ihr den Zusammenhang mathematisch beschreiben? Wiederholt den Versuch mit anderen dehnbaren Materialien.

Funktion und Zuordnung sind zwar mathematische Fachbegriffe, aber Zuordnungen gibt es auch im täglichen Leben. Ihr wurdet zum Beispiel einer bestimmten Klasse zugeordnet. Die Telefongesellschaft hat jedem Telefonanschluss eine oder mehrere Telefonnummern zugeordnet. Wenn ihr den Tisch deckt, ordnet ihr jedem Gast einen Teller und ein Glas zu. Es ist jedem Auto genau ein Kennzeichen durch die Zulassungsbehörde zugeordnet. Man kann aber Zuordnungen auch mathematisch fassen und durch Funktionen beschreiben. So lässt sich leicht der Preis für einige Kugeln Eis bestimmen, wenn man den Preis für eine Kugel weiß. Oder es ist möglich, durch eine Zuordnungsvorschrift die Preisaufteilung bei einem Lottogewinn für die Tippgemeinschaft zu regeln.
Auch beim naturwissenschaftlichen Arbeiten werden Funktionen gebraucht, um Natur-

Vorschlag 2: Lottogewinn und Spielplatzwippe

Könnt ihr euch vorstellen, was die Aufteilung des Gewinns bei einem Sechser im Lotto und das Spiel mit der Wippe auf dem Spielplatz gemeinsam haben? Vielleicht hilft euch die Antiproportionalität. Findet noch weitere Zuordnungen aus eurer Umgebung, die antiproportional sind, und stellt sie grafisch dar.

Vorschlag 3: Schaut euch um in eurer Umwelt!

Findet interessante Zuordnungen in eurer Umwelt. Was wird alles wem zugeordnet? Kann man alle Zuordnungen und Funktionen mathematisch beschreiben? Vielleicht findet ihr neue Zusammenhänge und ihr könnt diese mit einer Formel beschreiben. Ein einfaches Beispiel wären die Parkplatzpreise in einem Parkhaus. Oder Ihr bestimmt den Zusammenhang zwischen Fallzeit und Fallhöhe eines Gegenstandes.

Vorschlag 4:
Flächenmessung mit der Waage

Wisst ihr, wie man die Fläche von Grundstücken, Landkreisen, ja sogar von Bundesländern bestimmen kann? Wenn ihr eine genaue Karte von den Ländereien auftreiben könnt, sind dazu gar keine komplizierten mathematischen Formeln mehr nötig. Ihr braucht nur noch Papier, Schere und eine genaue Waage. Bestimmt z.B. das Gewicht von 10 cm? der Fläche und wiegt anschließend die gesamte Fläche. Habt ihr jetzt eine Idee, wie es weiter gehen könnte? Überprüft eure Ergebnisse durch offizielle Daten.

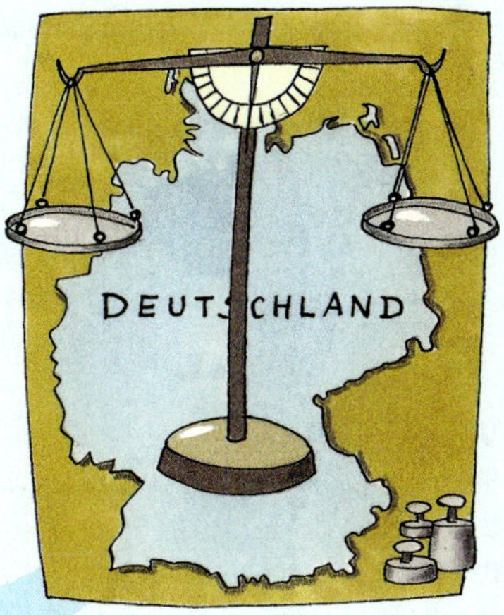

gesetze zu beschreiben. Ihr seht, Funktionen und Zuordnungen können in eurem Leben eine große Rolle spielen. Es wäre schön, wenn ihr eure Funktions- und Messideen in einer kleinen Ausstellung im Schulhaus den Mitschülern zeigt. Wenn ihr dazu ein kleines Quiz entwerft, habt ihr viele Zuschauer eurer Ausstellung. Ihr könnt natürlich auch die Ergebnisse im Rahmen einer kleinen Vortragsrunde vor der Klasse präsentieren. Auch ein kleiner Artikel in der Lokalpresse über besonders interessante Zuordnungen wie Vergleiche von Telefon- und Stromtarifen oder Parkplatzkosten ist denkbar. Hier hilft vielleicht eure Deutschlehrerin oder euer Deutschlehrer.
Wir haben hier für euch ein paar Ideen und Fragen rund um das Funktionenprojekt vorbereitet, die ihr aufgreifen könnt.
Im Internet findet ihr das Projekt unter: *www.elemente-der-mathematik.de*

Vorschlag 5:
Wisst ihr, wie viel Sternlein stehen?

Wie viele Sterne könnte man am Himmel sehen? Was wiegt eigentlich ein Reiskorn oder eine Fliege oder ein Sandkorn? Wie kann man ganz leichte Sachen mit einer großen Waage wiegen? Welches Zuordnungsprinzip steckt hinter all diesen Ideen? Könnt ihr noch andere ganz leichte Sachen wiegen?

Vorschlag 6:
Tarife

Auch Preise gehorchen Zuordnungen. Untersucht doch einmal Telefonkosten bei Mobilfunkanbietern oder Stromtarife verschiedener Gesellschaften. Lassen sich die Preise grafisch darstellen? Welche Zuordnungsvorschriften gelten denn?

Teste dich – Vermischte Übungen 1

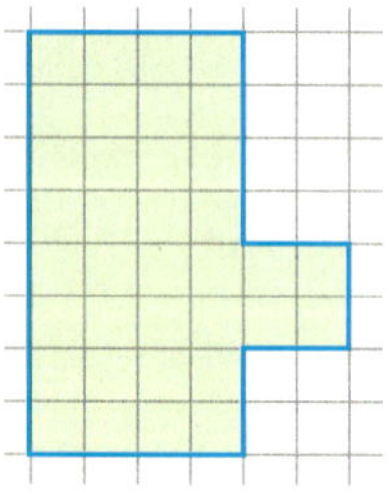

1. Zerlege die Figur links in drei zueinander kongruente Teilfiguren.

2. Ein Schnellrestaurant will mit der Aktion „Spare bis zu 50 %" den Umsatz erhöhen. Dazu werden für verschiedene Gerichte unterschiedlich ermäßigte Preise angeboten.
Vervollständige die Tabelle mit den Lockangeboten:

Gericht	Chicken-Menü	2 Burger	Burger-Menü	Käse-Menü	Familien-Menü
Alter Preis	6,70 €	5,98 €	6,70 €		
prozentuale Ermäßigung	2,71 €			0,89 €	
Ermäßigung	40 %	50 %			36 %
Neuer Preis			3,99 €	2,99 €	9,99 €

3. In der nebenstehenden Figur sind die Geraden g und h parallel zueinander.

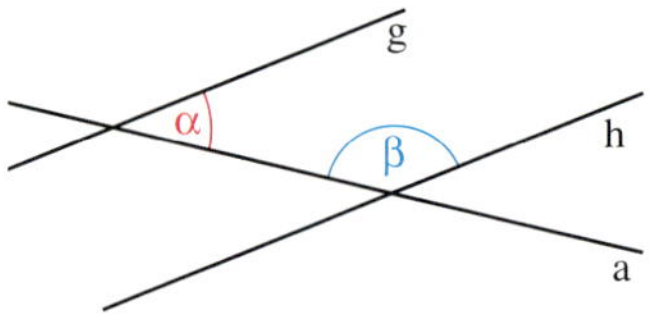

a) Berechne α für den Fall, dass β = 103° ist.

b) Berechne α für den Fall, dass β um 48,8° größer als α ist.

4. In einem gleichschenkligen Dreieck ist der Winkel an der Spitze 58° groß. Welche Seite ist länger, die Basis oder ein Schenkel? Begründe deine Antwort.

5. Anne dreht die Zahlkärtchen links um, mischt sie und zieht nacheinander zwei davon.

a) Das erste Kärtchen stellt die Zehnerziffer einer Zahl dar, das zweite die Einerziffer. Ist es wahrscheinlicher, eine Zahl über oder eine Zahl unter 44 zu erhalten?

b) Anne betrachtet die Summe der beiden Zahlen als Ergebnis des Versuchs. Bestimme zu jedem Ergebnis die zugehörige Wahrscheinlichkeit.

6. Ein Rechteck ist dreimal so breit wie lang. Verkürzt man die längere Seite um 5 cm und verlängert man gleichzeitig die kürzere Seite um dieselbe Länge, so vergrößert sich der Flächeninhalt um 35 cm².
Welchen Flächeninhalt hatte das Rechteck?

7. Das Beet der Geschwister Ina und Martin ist rechteckig, eine Seite ist länger als die andere. Sie wollen eine Seite eines Beetes um 0,5 m, die andere um 1,5 m verlängern, um mehr ernten zu können. „Welche Seite sollen wir um einen halben Meter und welche um 1,50 m verlängern?" fragt Martin. „Das könnt ihr euch selber aussuchen", sagt ihre Mutter.
Wie können Ina und Martin berechnen, in welchem Fall der Flächeninhalt des neuen Beetes der größere ist, ohne die Seitenlängen des ursprünglichen Beetes auszumessen?

8. Setze geeignete Vorzeichen und Rechenzeichen bzw. Klammern ein.

Teste dich – Vermischte Übungen 2

1. Gegeben ist der Term $x(4x + 5) - 2x(7 - 3x) + 10x$.
Berechne jeweils den Wert des Terms für: $x = -7$; $x = -3$; $x = \frac{1}{2}$; $x = 25$; $x = 100$

2. Der Umfang eines rechteckigen Bilderrahmens beträgt 86 cm. Die eine Seite ist um 9 cm länger als die andere. Wie lang sind die beiden Seiten des Rahmens?

3. In der Tabelle rechts sind mehrere Funktionswerte einer linearen Funktion f zusammengestellt.

x	2	4	8
f(x)	5	6	8

a) Erkläre, wieso es sich nicht um eine proportionale Funktion handeln kann.

b) Welche Funktionswerte sind beim Erweitern der Tabelle den Stellen $x = 0$ und $x = -5$ zugeordnet?

c) Ermittle die Gleichung der Funktion in der Form $y = f(x)$.

4. Zwei Geraden werden von drei Parallelen geschnitten. Für die Winkel α und β gilt: $\alpha = 60°$; $\beta = 40°$.
Bestimme die Größen der übrigen 20 markierten Winkel. Begründe durch Stichworte.

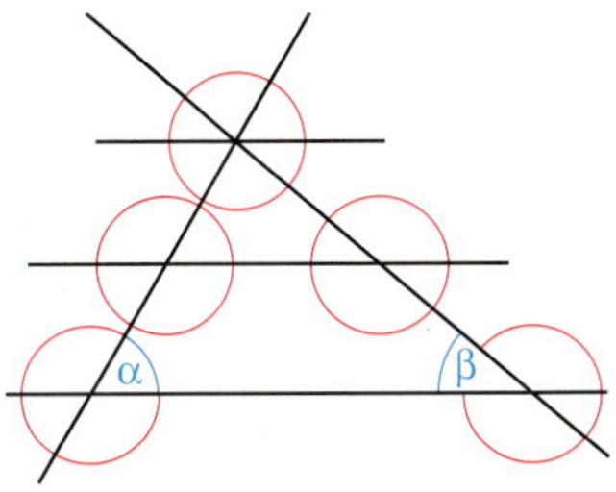

5. **a)** Berechne: $5 \cdot 3$; $3 \cdot 5$; 5^3; 3^5.

b) Erkläre, warum $(-3)^4$ und -3^4 verschiedene Werte haben.

c) Berechne: $(-5)^3 - 3^5 - 5^3 - (-3)^5$.

6. **a)** Herr Knaps tankt Diesel bei einem Literpreis von 0,849 €. An der Tanksäule liest er eine Menge von 31,15 Liter und einen Preis von 26,45 € ab. Wie kommt der Preis zustande?

b) Ein anderer Kunde tankt unmittelbar nach Herrn Knaps und muss ebenfalls 26,45 € bezahlen. Kann dieser Kunde eine andere Dieselmenge als Herr Knaps getankt haben? Erkläre.

7. **a)** Im Großhandel sind die Warenpreise netto, d.h. ohne Mehrwertsteuer ausgezeichnet. Hendrik sieht im Großhandel einen MP3-Player zu 149 €. Wie viel kostet dieser einschließlich 19 % Mehrwertsteuer?

b) Robins MP3-Player hat im Einzelhandel 199 € gekostet. Wie viel Mehrwertsteuer ist im Preis enthalten?

c) Ein Elektro-Shop-Markt startet eine große Werbeaktion mit der rechts abgebildeten Anzeige. Überprüfe diese.

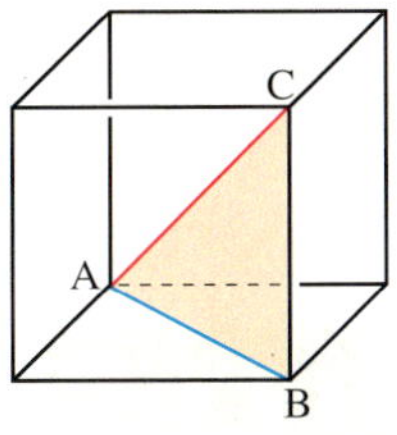

8. Für eine Theatervorführung wird ein 2 m hohes Gestell aus Metallstangen zusammengesteckt, das einen Würfel mit der Kantenlänge 2 m bildet. Innen soll diagonal ein Dreieck ABC aus Stoff gespannt werden. Dazu werden die Ecken A, B und C mit Drähten verbunden.

a) Konstruiere das Dreieck ABC im Maßstab 1 : 20.

b) Wie lang ist der Draht in Wirklichkeit insgesamt? Wie viel Quadratmeter Stoff benötigt man in der Wirklichkeit?

Teste dich – Vermischte Übungen 3

1. Prüfe, ob die Wertetabellen zu proportionalen Funktionen gehören. Gib gegebenenfalls eine entsprechende Funktionsgleichung an.

a)

x	−2	4	−1,5	−6
y	3,5	−7	2,625	10,5

b)

x	−2	4	−1,5	0
y	5	−7	4	1

2. Berechne die Größe der Innenwinkel in einem regelmäßigen Siebeneck.

3. Berechne.

a) $\frac{1}{2} - \frac{1}{3} + \frac{1}{6}$ **b)** $\frac{1}{2} \cdot \frac{1}{3} + \frac{1}{6}$ **c)** $\frac{1}{2} - \frac{1}{3} \cdot \frac{1}{6}$ **d)** $\left(\frac{1}{3} - \frac{1}{6}\right) : 0{,}6$ **e)** $\frac{1}{2} : \left(-\frac{1}{3}\right) + 0{,}6$

4. Übertrage Dreieck ABC mithilfe des Karonetzes in dein Heft.

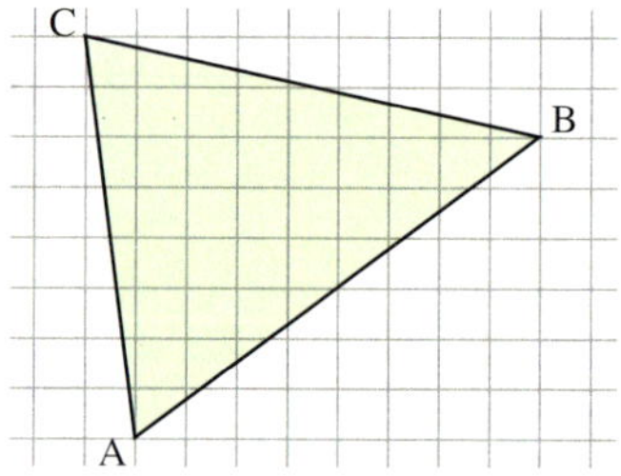

a) Bestimme den Umfang des Dreiecks durch Messen.
b) Wie groß sind die im Dreieck liegenden Winkel?
c) Bestimme den Abstand des Punktes C zur Seite $\overline{AB}$.
d) Zeichne eine Gerade durch C, die zu $\overline{AB}$ orthogonal ist. Nenne den entstehenden Schnittpunkt D.
e) Spiegele das Dreieck ABC an der Geraden CD.

5. Max fährt mit den Inlineskates an den Baggersee zum Baden. Für den Rückweg benötigt er 15 min mehr als auf dem Hinweg. Auf dem Hinweg war seine Geschwindigkeit $12\,\frac{km}{h}$, auf dem Rückweg $10{,}5\,\frac{km}{h}$.
Wie lange benötigte er für die Strecken? Wie weit ist es bis zum Baggersee?

6. Schüler wurden zum Sport befragt. Bestimme zu jeder Antwort einen Wert, der das Umfrageergebnis gut wiedergibt.

Welches ist dein Lieblingssport?	Fußball	Tennis	Badminton	Reiten
	58	20	13	23
Wie gerne joggst du?	Gar nicht	Nicht so gern	Etwas	Sehr gerne
	23	37	32	22
Wie viele Sportarten betreibst du?	0	1	2	3
	19	63	27	5

7. Ein Fernseher kostet anfangs 500 €. Er wird zunächst um 20 % verteuert; dann wird der neue Preis um 20 % verbilligt. Was kostet er schließlich?
Um wie viel Prozent ist er bezüglich des ursprünglichen Preises teurer oder billiger geworden?

8. Aus einer 120 cm langen Holzleiste sollen die Kanten einer quadratischen Säule hergestellt werden. Anschließend soll diese mit Stoff bespannt werden.

a) Wie hoch wird die Säule, wenn die Seitenlänge der Grundfläche der Säule 5 cm betragen soll? Wie groß ist dann die gesamte Oberfläche der Säule?

b) Mit welchen Maßen soll man die Säule bauen, wenn die Oberfläche der Säule möglichst groß werden soll? Wie groß ist diese Oberfläche? Welche besondere Form hat die gesuchte Säule?

Teste dich – Vermischte Übungen 4

1. In einem Koordinatensystem mit der Einheit 1 cm ist das Dreieck ABC mit A(1|3), B(4,5|2,5) und C(4|4,5) gegeben. Zeichne das Bilddreieck

a) bei der Spiegelung an der Achse PQ mit P(6|0) und Q(4|6);

b) bei der Spiegelung an Punkt Z (4|3);

c) bei der Verschiebung mit dem Pfeil $\overrightarrow{RS}$, wobei R(2|1), S(4|3);

d) bei der Drehung um den Punkt D(0|1) um 20°.

2. Forme die folgenden Terme mit Klammern in möglichst einfache Summen um:

a) $(x + 1)(x + 2) + (x + 3)(x + 4)$

b) $(x - 1)(x - 2) - (x - 3)(x - 4)$

c) $(2a - 3b)(4a + 5b) - (6b - 4a)(b + a)$

d) $(p + 2u)^2 - (p - 2u)^2$

3. Berechne die Funktionsgleichung für die Gerade, die durch die angegebenen Punkte verläuft, falls dies *möglich* ist.

a) A(3|4), B(5|2) **b)** P(2|3), Q(7|3) **c)** S(4|1), T(4|5)

4. Rechts sind Grundstücke eines Neubaugebietes skizziert. 1 m² kostet 110 €. Berechne die Preise der vier Grundstücke.

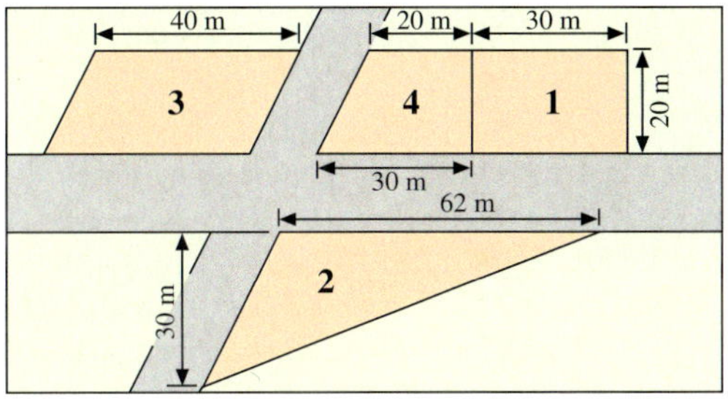

5. a) Fettarme Bratwürste enthalten nur 6 % Fett. Wie viel Fett sind in einer 85 g schweren Bratwurst enthalten?

b) Eine andere Bratwurst ist 120 g schwer und enthält 15 g Fett. Berechne den prozentualen Fettanteil.

c) Wie viel darf man von einer Bratwurst mit 16 % Fettanteil essen, wenn man nur 24 g Fett zu sich nehmen möchte?

6. Übertrage die Figuren in dein Heft.

a) Zerlege jede der drei Figuren in mehr als zwei zueinander kongruente Teilfiguren.

b) Erläutere in Sätzen, wann zwei Figuren zueinander kongruent heißen.

c) Zwei Dreiecke sollen zueinander kongruent sein. Gib mögliche Bedingungen dafür an, wie du das überprüfen kannst.

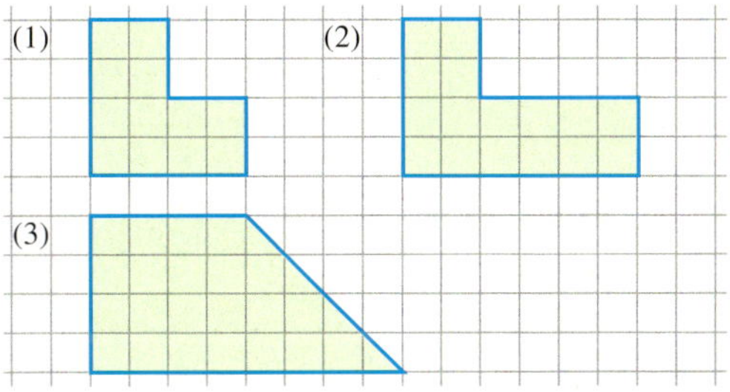

7. Versuche, folgende Fragen über das links dargestellte Brot zu beantworten.

a) Wird das Brot in 24 gleich dicke Scheiben geschnitten, dann ist jede Scheibe 1,2 cm dick. Wie dick wird jede Scheibe, wenn das Brot in 32 gleich dicke Scheiben geschnitten wird?

b) 7 gleich dicke Scheiben des Brotes wiegen 210 g. Wie viel g wiegen 19 Scheiben?

8. Können sich zwei Winkelhalbierende in einem Dreieck rechtwinklig schneiden? Begründe.

Teste dich – Vermischte Übungen 5

Tetraeder, Vierflächner, dreiseitige Pyramide

Ikosaeder, Zwanzigflächner

1. Bei einem Fantasy-Spiel wird mit einem Oktaeder gewürfelt.

a) Bestimme für einen regelmäßigen Oktaeder die Wahrscheinlichkeit für das Werfen einer
(1) geraden Zahl; (3) durch 9 teilbaren Zahl;
(2) durch 3 teilbaren Zahl; (5) nicht durch 10 teilbaren Zahl.

b) Anna würfelt 1, 7, 3, 5, 2, 6, 4. Wie groß ist die Wahrscheinlichkeit, dass sie beim nächsten Wurf eine Acht erhält?

c) Beschreibe, wie du vorgehen würdest, um zu überprüfen, ob ein Oktaeder-Würfel wirklich völlig regelmäßig ist.

d) Jan und Isa haben ihren Oktaeder-Würfel verlegt. Sie wollen nun das Spiel mit einem Ikosaeder-Würfel spielen. Beschreibe, wie sie vorgehen können.

2. Gegeben ist die Funktionsgleichung $y = -\frac{3}{5}x + 4$ für die Gerade g. Begründe *rechnerisch*, ob der Punkt $A(100\,|\,-47)$ unterhalb, auf oder oberhalb von g liegt.

3. Eine Spiegelgerade g und ein Punkt P, der nicht auf g liegt, sind gegeben. Konstruiere einen Punkt Q so, dass das Viereck PP′Q′Q ein Quadrat ist.

4. Rechts ist ein drehsymmetrisches Werkstück für eine Maschine abgebildet. Das Werkstück ist 5 mm dick. Bestimme den Materialbedarf und den Umfang.

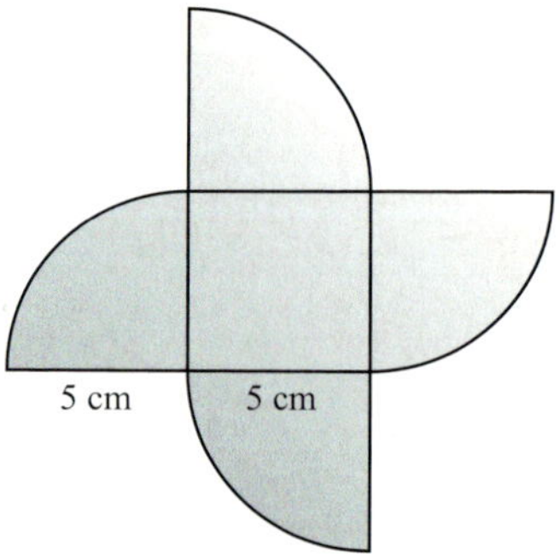

5. Bei einer Sonderaktion wird ein LCD-Bildschirm 15 % billiger verkauft. Da das Gerät leichte Gebrauchsspuren zeigt, gewährt der Händler auf den reduzierten Preis 2 % Abzug. Der Kunde bezahlt mit einem 500-Euro-Schein und erhält 274,40 € zurück.
Wie viel sollte der LCD-Bildschirm ursprünglich kosten?

6. Eine zylinderförmige Regentonne hat innen einen Durchmesser von 78 cm und ist 1,30 m hoch.

a) Berechne, wie viel Material zur Herstellung der Tonne benötigt wird.

b) Herr Prädel sagt: „Dank der kräftigen Regenfälle ist meine Tonne zu $\frac{3}{4}$ gefüllt“.
Wie viel Wasser enthält sie?

c) Die leere Tonne wird mit 300 *l* Regenwasser gefüllt. Wie hoch steht das Wasser?

7. In einem Getränkemarkt stehen 3 Stapel mit je 5 Kisten Mineralwasser. Jede Kiste enthält 12 Flaschen mit 0,7 *l* Mineralwasser.

a) Wie viel Liter Mineralwasser sind vorrätig?

b) Wie viele gleichartige Stapel müssten noch angeliefert werden, damit ein Vorrat von mindestens 1 m^3 Mineralwasser vorhanden ist?

c) Erkläre, ob es sich bei der Zuordnung *Anzahl der Flaschen* → *Menge Mineralwasser* um eine „Je-mehr-desto-mehr“-Zuordnung oder um eine proportionale Zuordnung handelt.

8. Vereinfache:

a) $2x^2 \cdot (-3x^2) \cdot (-5x)$ **b)** $\frac{7}{15}a \cdot \frac{25}{3}a^2 \cdot (-\frac{3}{2}a)$ **c)** $x(8-5x) + 3(x-3x^2) - 3(2x-3) \cdot x$

Teste dich – Vermischte Übungen 6

1. a) Eine Dosenmilchsorte enthält 4 % Fett. Wie viel Fett befindet sich in 102 g Milch?

b) In einem Waldstück mit 1 250 Bäumen gibt es 400 Nadelbäume. Wie groß ist der prozentuale Anteil der Nadelbäume?

c) Herr Brendt zahlt 865,26 € Steuern. Das sind 19 % seines Gehaltes. Wie hoch ist es?

d) Ein Geschäft verkauft an einem „Aktionstag“ alle Waren um 15 % billiger. Henning kauft einen Zirkel für 6,63 Euro. Was kostet der Zirkel an anderen Tagen?

2. An einer unfallträchtigen Kreuzung wird ein Kreisel neu geplant.

a) Wie groß ist das Beet in der Mitte? Wie lang ist seine Begrenzung?

b) Berechne, wie groß die neu zu pflasternde Fläche ist.

3. Gegeben sind die Funktionsterme $f(x) = 2x - 3$ und $g(x) = -\frac{3}{5}x + 4$.

a) Zeichne die Graphen von f und g. Verdeutliche, wie du den Graphen erhalten hast.

b) Berechne die Schnittpunkte des Graphen von f mit den Koordinatenachsen.

c) Berechne die Koordinaten des Schnittpunkts der Graphen von f und g.

d) Bestimme die Funktion h, deren Graph parallel zu dem von g durch $N(1|0)$ verläuft.

4. a) Die Mathematik-Zeugnisnoten der Klasse 8a mit 25 Schülerinnen und Schülern haben nebenstehende Verteilung. Bestimme den Mittelwert.

Note	1	2	3	4	5
Anzahl	3	10	10	2	0

b) Die Zeugnisnoten der Klasse 8b haben nebenstehende Verteilung. Vergleiche mit der Klasse 8a. Welche der Klassen würdest du als die bessere „Mathe“-Klasse bezeichnen? Erläutere deine Entscheidung.

Note	1	2	3	4	5
Anzahl	6	8	7	2	2

c) In den 5 Klassenarbeiten des Schuljahres hat Tanja zweimal die Note 1, zweimal die Note 3 und einmal die Note 4 erzielt. Berechne diesen Mittelwert. Was für eine Note müsste Tanja in der sechsten Klassenarbeit erzielen, damit ihr Mittelwert besser als 2,5 wird?

5. a) Berechne den Winkel α.

b) Begründe:
Wenn $g \parallel u$ und $h \parallel v$, dann gilt:
$\alpha + \beta = 180°$

zu **a)**

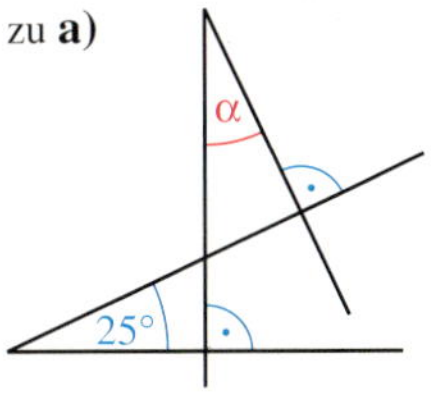

zu **b)**

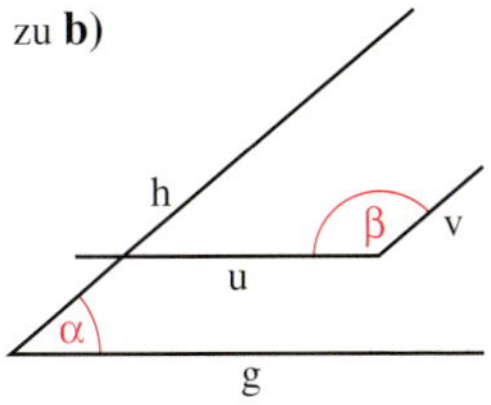

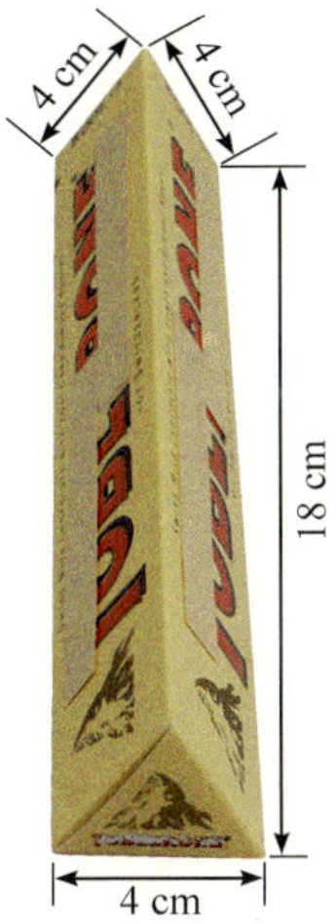

6. a) Zeichne ein Schrägbild und ein Netz der Schokoladenschachtel links.

b) Berechne den Materialbedarf und das Fassungsvermögen.

Teste dich – Vermischte Übungen 7

1. Welche der Figuren sind kongruent zueinander?

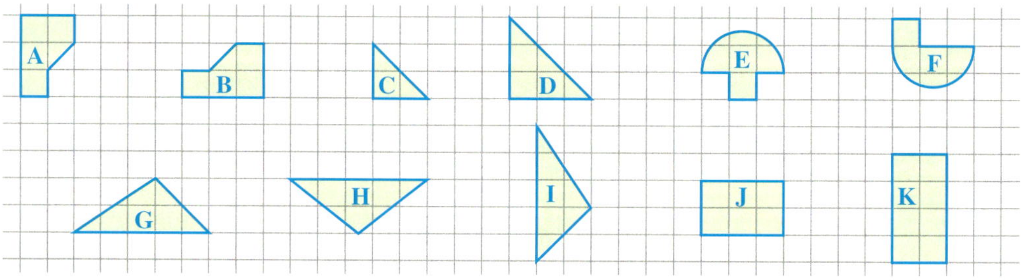

1 Zoll = 2,54 cm

2. Hannes fährt mit seiner kleinen Schwester Laura mit dem Fahrrad in das 4,7 km entfernte Freibad und zurück. Hannes fährt ein 28-Zoll-Fahrrad. Diese Angabe bedeutet, dass der Durchmesser der Räder 28 Zoll beträgt. Sophie fährt ein 26-Zoll-Fahrrad.
Wie oft dreht sich auf dieser Fahrt ein Rad bei Hannes' Fahrrad, wie oft bei Sophies Fahrrad?

3. Bestimme die lineare Funktion, deren Graph durch $A(8{,}5\,|\,-59)$ und $B(0\,|\,-29{,}25)$ verläuft.

4. Gegeben sind zwei Gruppen von Zahlen:
1. Gruppe: 3,24; −3,42; $\frac{1}{2}$; $\frac{17}{5}$ 2. Gruppe: 1; −2; 3; 4
Wähle aus der ersten Gruppe eine Zahl, dann aus der zweiten Gruppe eine Zahl, so dass deren

a) Summe möglichst groß wird;
b) Differenz möglichst klein wird;
c) Produkt möglichst klein wird;
d) Quotient möglichst groß wird.

Begründe jeweils deine Auswahl.

5. Der abgebildete Plan weist auf einen verborgenen Schatz hin. Er ist leider nicht vollständig: Die eigentliche Zeichnung fehlt. Versuche nach dem erhalten gebliebenen Text die Zeichnung zu rekonstruieren. Kannst du mit Sicherheit die genaue Lage des Schatzes bestimmen?

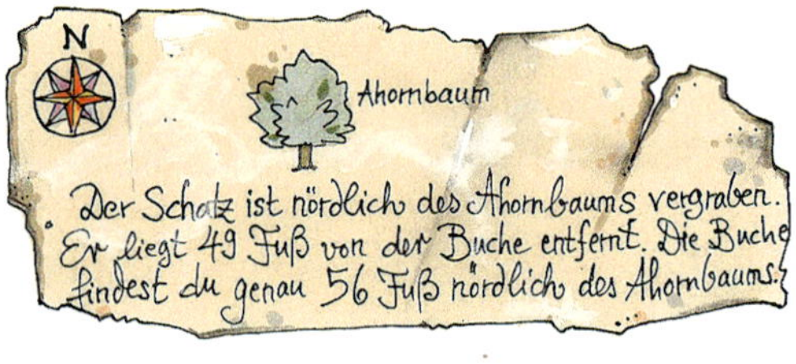

6. Ein Rechteck hat die Seitenlängen 35 cm und 40 cm. Berechne seinen Flächeninhalt.

a) Wie ändert sich der Flächeninhalt, wenn man
– die längere Seite um 5 % verkürzt und die kürzere Seite um 5 % verlängert;
– die kürzere Seite um 5 % verkürzt und die längere um 5 % verlängert;

b) Zeige allgemein für ein Rechteck: Verlängert man die längere Seite um 5 % und verkürzt die kürzere um 5 %, dann erhält man denselben Flächeninhalt, wie wenn man die kürzere Seite um 5 % verlängert und die längere um 5 % verkürzt.

7. Berechne die Größe der eingetragenen Winkel und begründe jeweils mit einem Satz.

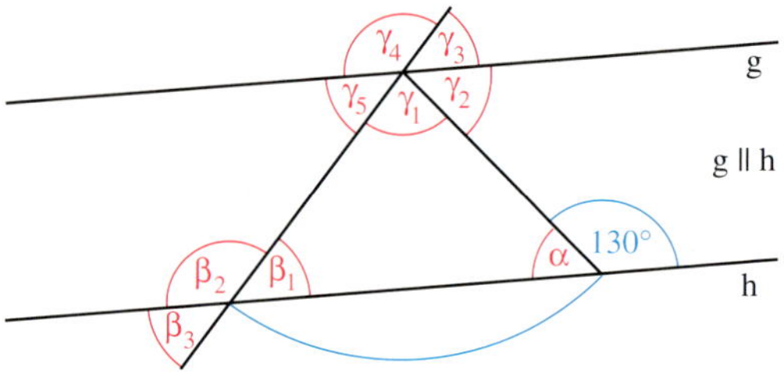

Teste dich – Vermischte Übungen 8

1. Eine Kiste mit 32 Äpfeln wiegt 12 kg. 8 % des Gewichts ist Verpackung. Wie viel wiegt ein Apfel durchschnittlich?

2. Bei einem Zufallsexperiment gilt die folgende Wahrscheinlichkeitsverteilung:

1	2	3	4	5	6
$\frac{1}{12}$	$\frac{1}{6}$	$\frac{1}{4}$		$\frac{1}{12}$	$\frac{1}{6}$

Bestimme die Wahrscheinlichkeit, bei der Durchführung

a) weniger als 4, **b)** genau 4, **c)** nicht 4 zu erhalten.

3. Vereinfache: **a)** $2x \cdot (3x - 4y)$ **b)** $\frac{2}{3}pq \cdot (-\frac{1}{2}p^2) \cdot pq^2$ **c)** $(a^2 - ab - b^2)(a + b)$

4. **a)** Konstruiere das Dreieck ABC mit $a = 5$ cm, $c = 6$ cm und $\alpha = 50°$. Was stellst du fest?

b) Ändere eine der Seitenlängen oben ab, sodass es kein Dreieck mit den geforderten Eigenschaften gibt.

c) Ändere eine der Seitenlängen oben ab, sodass es dann – bis auf Kongruenz – nur ein Dreieck mit den dann geforderten Eigenschaften gibt. Begründe mit einem Kongruenzsatz.

5. Um wie viel Prozent ändert sich das Volumen eines Würfels, wenn man die Kantenlänge um 15 % vergrößert? Runde auf Zehntelprozent.

6. In einem Zweizylinder-Motorrad-Motor bewegen sich die Kolben in zylindrischen Verbrennungskammern auf und ab. Das Gesamtvolumen, das in die Verbrennungskammern passt, nennt man Hubraum des Motors. Nach seiner Größe richtet sich die Fahrzeugsteuer.
Berechne den Hubraum.

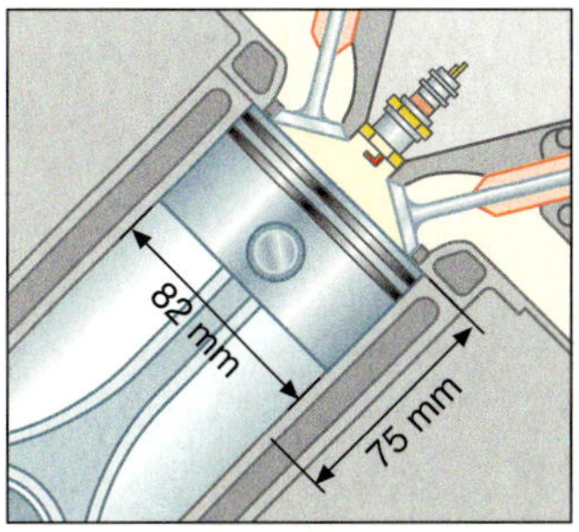

7. In einem Kasino gewinnt ein Spieler beim vorletzten Spiel 30 % seines Einsatzes. Er hofft auf nochmaliges Glück, verliert aber 125 % des vorherigen Gewinns. Vom ursprünglichen Einsatz bleiben ihm nur noch 407 €. Wie hoch war der Einsatz im vorletzten Spiel?

8. Die Zentren des Oberdorfs O und des Unterdorfs U liegen Luftlinie etwa 900 m auseinander. Für das ganze Dorf soll an der laufenden S-Bahn ein Bahnhof so eingerichtet werden, dass die Punkte O und U zum Bahnhof B den gleichen Abstand haben.
In einem Koordinatensystem mit der Einheit 100 m gilt: $O(5|9)$, $U(9|1)$. Die S-Bahnlinie verläuft durch $S(0|3)$ und $T(3|0)$.

a) Zeichne und überprüfe die Entfernung der Strecke $\overline{UO}$.

b) Konstruiere die Lage des Bahnhofs B und gib seine Koordinaten an.

c) Wie weit ist der Bahnhof von den beiden Zentren entfernt?

d) Wo müsste ein Einkaufszentrum E eingerichtet werden, damit die Strecken $\overline{OE}$, $\overline{UE}$ und $\overline{BE}$ alle gleich lang sind?

Bist du fit? – Lösungen

Seite 58

1. **a)** $21ab + 3ac$ **b)** $72xy - 96xz$ **c)** $2x^3 + 2x$ **d)** $-2r^2 + rs$ **e)** $-x + 3$ **f)** $6a^2 - 5a$ **g)** $27a + 9ab + 2b + 6$ **h)** $14p + 7pq - q^2 - 2q$ **i)** $3u^2 - 14uv + 8v^2$ **j)** $4x^2 + 12x + 9$ **k)** $16a^2 - 16ab + 4b^2 + 166a$ **l)** $p^2 - 4q^2$

2. **a)** $-129b$ **b)** $4r - 24rs - 4s$ **c)** $8u - uv - 1$ **d)** 0 **e)** $13ab - 16b^2$ **f)** $35x + 40xy - 60y - 3$

3. **a)** $L = \{0\}$ **b)** $L = \{-1\}$ **c)** $L = \{1\}$ **d)** $L = \{4\}$ **e)** $L = \{-4\}$ **f)** $L = \{4\}$ **g)** $L = \left\{x \in \mathbb{Q} \mid x \geq -5\frac{3}{5}\right\}$ **h)** $L = \left\{x \in \mathbb{Q} \mid x \geq -\frac{6}{11}\right\}$

4. **a)** *Beispiele:* $2 \cdot a \cdot b + 2 \cdot b \cdot c$ bzw. $2 \cdot b \cdot (2 \cdot a + c) - 2 \cdot a \cdot b$
b) $84\ cm^2$ [$67{,}2\ cm^2$]
c) $2 \cdot b \cdot (2 \cdot a + c) - 2 \cdot a \cdot b = 4 \cdot a \cdot b + 2 \cdot b \cdot c - 2 \cdot a \cdot b = 2 \cdot a \cdot b + 2 \cdot b \cdot c$
d) $2b \cdot (a + b) = 2 \cdot a \cdot b + 2 \cdot b^2$ Der Term ist falsch.
e) 8 cm
f) $a + c + a + b + a + b + c + b + a + b$ oder $4a + 4b + 2c$; 52 cm [38 cm]

5. **a)** $b(12a + 7c)$; $-4(x + y)$ **b)** $5x(8y - 5z)$; $-5x(x + 2y)$ **c)** $9(5 - 3ab + 4x^2)$; $12(-2a + 3b)$ **d)** $0{,}9u(2 - u)$; $\frac{1}{2}r(1 + r - 3s)$

6. **a)** $(4x + 5y)(4x - 5y)$ **b)** $(8x - 12y)^2 = 16(2x - 3y)^2$ **c)** $5(x + y)^2$

7. Länge der neuen Quadratseite (in cm): x
Länge der ursprünglichen Quadratseite (in cm): x + 1
Gleichung: $(x + 1)^2 = x^2 + 57$; $x = 28$
Das Grundstück ist nun $28\ m \cdot 28\ m = 784\ m^2$ groß (ursprüngliche Größe: $29\ m \cdot 29\ m = 841\ m^2$).

8. Wir wählen zunächst als Beispiel, dass wir 500 ml Essigessenz mit gewöhnlichem Essig zu 10%-igem Essig vermischen wollen.
x ist die Menge an Essig (in ml).
$500 \cdot 0{,}20 + x \cdot 0{,}05 = (500 + x) \cdot 0{,}10$; $L = \{1000\}$
Man muss in diesem Beispiel 1000 ml Essig, also 1 *l* Essig zugeben. Das ist doppelt so viel gewöhnlicher Essig wie Essigessenz. Das ist im Verhältnis 1 : 2. Allgemein erhält man z. B. für die Menge 1 an Essigessenz die Gleichung:
$1 \cdot 0{,}20 + x \cdot 0{,}05 = (1 + x) \cdot 0{,}10$; $L = \{2\}$
Man erhält auch hier das Verhältnis 1 : 2.

Seite 77

1. $3{,}75\ cm^2$; $3{,}75\ cm^2$; $7{,}5\ cm^2$; $9{,}5\ cm^2$

2. **a)** Parallelogramm; $32\ cm^2$ **b)** Trapez; $52\ cm^2$ **c)** Dreieck; $7{,}5\ cm^2$ **d)** Dreieck; $21\ cm^2$

3. **a)** $1{,}2\ m^2$ **b)** 68,16 €

4. **a)** $A = 0{,}76\ m^2$
Kosten ohne Aufschlag: 47,12 €
Kosten mit Aufschlag: 84,82 €
Kosten mit 19 % Mehrwertsteuer: 100,94 € ≈ 100 €

b) $A = 0{,}51\ m^2$
Kosten ohne Aufschlag: 31,62 €
Kosten mit Aufschlag: 42,69 €
Kosten mit 19 % Mehrwertsteuer: 50,80 € ≈ 50 €

c) $A = 1{,}2152\ m^2$
Kosten ohne Aufschlag: 75,34 €
Kosten mit Aufschlag: 116,78 €
Kosten mit 19 % Mehrwertsteuer: 138,97 € ≈ 140 €
oder:
$A \approx 1{,}22\ m^2$
Kosten ohne Aufschlag: 75,64 €
Kosten mit Aufschlag: 117,24 €
Kosten mit 19 % Mehrwertsteuer: 139,52 € ≈ 140 €

5. $1{,}59\ m^2$; 14,79 € ohne Mehrwertsteuer; 17,60 € mit 19 % Mehrwertsteuer

Seite 90

1. a) $O = 2\,G + M$

$\approx 2 \cdot \frac{1}{2} \cdot 4\text{ cm} \cdot 3{,}5\text{ cm} + 3 \cdot 4{,}0\text{ cm} \cdot 7{,}0\text{ cm}$

$= 98\text{ cm}^2$

$V = G \cdot h$

$= \frac{1}{2} \cdot 4\text{ cm} \cdot 3{,}5\text{ cm} \cdot 7{,}0\text{ cm}$

$= 49\text{ cm}^3$

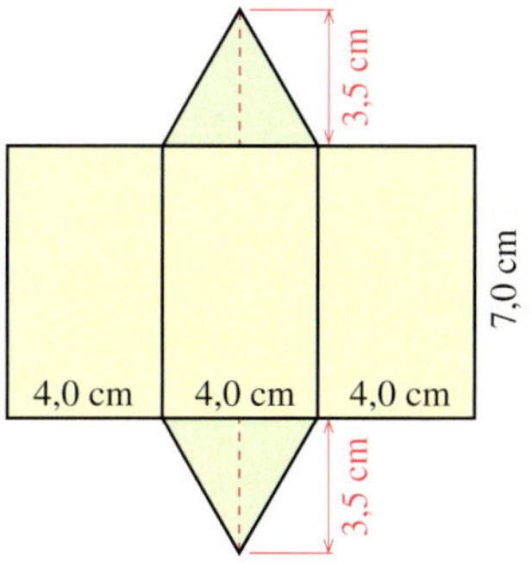

b) Siehe zum Beispiel Bild im Schülerband.

2. a) $G = 450\text{ cm}^2$; $V = 10\,350\text{ cm}^3$; $M = 2\,300\text{ cm}^2$; $O = 3\,200\text{ cm}^2$; $k = 292\text{ cm}$

b) $G = 21{,}15\text{ cm}^2$; $V = 486{,}45\text{ cm}^3$; $M = 506\text{ cm}^2$; $O = 548{,}3\text{ cm}^2$; $k = 113\text{ cm}$

c) $G = 204{,}5\text{ cm}^2$; $V = 4703{,}5\text{ cm}^3$; $M = 1\,584{,}7\text{ cm}^2$; $O = 1\,993{,}7\text{ cm}^2$; $k = 229{,}8\text{ cm}$

3. a) $G = 9{,}55\text{ cm}^2$; $V = 70{,}67\text{ cm}^3$; $M = 108{,}04\text{ cm}^2$; $O = 127{,}14\text{ cm}^2$

b) $G = 11{,}695\text{ m}^2$; $V = 74{,}848\text{ m}^3$; $M = 106{,}944\text{ m}^2$; $O = 130{,}334\text{ m}^2$

c) $G = 14{,}4\text{ dm}^2$; $V = 103{,}68\text{ dm}^3$; $M \approx 149{,}04\text{ dm}^3$; $O \approx 177{,}84\text{ dm}^2$

4. $V = 384\text{ cm}^3$; $h = 48{,}4\text{ dm}$; $G = 24\text{ m}^2$; $h = 58\text{ mm} = 5{,}8\text{ cm}$

5. a) $V = 884\text{ cm}^2$; $M = 765\text{ cm}^2$; $O = 869\text{ cm}^2$

b) $u = 62\text{ cm}$; $V = 10\,320\text{ cm}^3$; $O = 3\,146\text{ cm}^2$

c) $G = 590\text{ m}^2$; $h = 36\text{ m}$; $V = 21\,240\text{ m}^3$

d) $G = 745\text{ cm}^2$; $h = 38\text{ cm}$; $u = 25{,}5\text{ cm}$

6. a) Grundfläche: $G = 280\text{ cm}^2$; $30\text{ m}^2 = 300\,000\text{ cm}^2$; $300\,000\text{ cm}^2 : 280\text{ cm}^2 \cdot 1{,}03 \approx 1\,103{,}57$, also mindestens 1 104 Steine.

b) Volumen: $V = 1\,960\text{ cm}^3$; Gewicht eines Steins: $m = 4\,900{,}5\text{ g} = 4{,}9\text{ kg}$; Gewicht aller Steine: $5\,409{,}6\text{ kg} \approx 5{,}4\text{ t}$. Der Kleinlaster muss zweimal fahren.

Seite 151

1. a) Die Dreiecke sind nach dem Kongruenzsatz sws zueinander kongruent, denn:

(1) $\sphericalangle FAE = \sphericalangle GBF = \sphericalangle HCG = \sphericalangle EDH = 90°$

(2) $|AE| = |BF| = |CG| = |DH|$ (halbe Länge einer Quadratseite)

(3) $|AF| = |BG| = |CH| = |DE|$ (halbe Länge einer Quadratseite)

b) Die Dreiecke (1), (2), (3) und (4) sind zueinander kongruent, denn:

$|AD| = |DB| = |BE| = |EC| = |CF| = |FA|$ (D, E und F sind Seitenmitten)

$\sphericalangle DAF = \sphericalangle EBD = \sphericalangle FCE = 60°$

2. (1) $a \approx 9{,}9\text{ cm}$; $\alpha \approx 96°$; $\beta \approx 36°$ (Kongruenzsatz ssw)

(2) Nicht konstruierbar, da $a + b < c$ (Dreiecksungleichung nicht erfüllt)

(3) Es gibt viele Dreiecke mit diesen Winkelgrößen, die nicht zueinander kongruent sind (nicht eindeutig lösbar).

(4) $a \approx 2{,}0\text{ cm}$; $\alpha \approx 12°$; $\gamma \approx 31°$ (Kongruenzsatz ssw)

(5) Nicht konstruierbar, da $\beta + \gamma > 180°$ (Winkelsummensatz)

(6) Nicht konstruierbar; Kreis um C mit dem Radius $b = 4{,}3\text{ cm}$ schneidet nicht den freien Schenkel von β, da b kürzer als a ist.

(7) Nicht konstruierbar, da $\alpha + \beta + \gamma > 180°$ (Winkelsummensatz)

(8) $a \approx 3{,}0\text{ cm}$; $b \approx 5{,}0\text{ cm}$; $\gamma = 63°$ (Kongruenzsatz wsw)

(9) Zwei nicht zueinander kongruente Dreiecke (kürzere Seite liegt dem gegebenen Winkel gegenüber):
$b_1 \approx 6{,}6\text{ cm}$; $\beta_1 \approx 69°$; $\gamma_1 \approx 67°$ sowie $b_2 \approx 2{,}8\text{ cm}$; $\beta_2 \approx 23°$; $\gamma_2 \approx 113°$

(10) $b \approx 10{,}8\text{ cm}$; $c \approx 12{,}4\text{ cm}$; $\gamma = 107°$ (Kongruenzsatz sww)

3. Ungefähr 52 m.

4. (1) Die Aussage ist richtig: Die dem rechten Winkel gegenüberliegende Seite ist die längste Seite im rechtwinkligen Dreieck. Die Dreiecke sind also nach dem Kongruenzsatz Ssw zueinander kongruent.

(2) Die Aussage ist falsch: Falls die beiden anderen Stücke die restlichen Winkel sind, sind die Dreiecke nicht unbedingt zueinander kongruent.

(3) Die Aussage ist richtig: Die Winkel stimmen dann alle überein. Die Dreiecke sind nach dem Kongruenzsatz wsw zueinander kongruent.

Seite 151

5. (1) Orthogonale zu g durch M; Schnittpunkt P
(2) Kreis um M durch P

Bild zu Aufgabe 5:

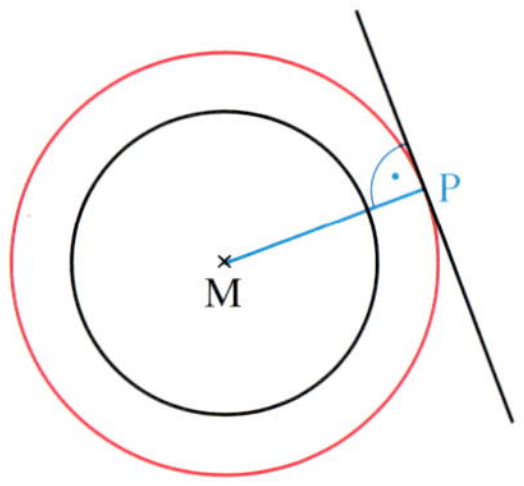

6. a) Umkreismittelpunkt (Schnittpunkt der Mittelsenkrechten der Dreieckseiten) ist (ungefähr) M(4,35 | 6,7); Radius r ≈ 4,9 cm.
Inkreismittelpunkt (Schnittpunkt der Winkelhalbierenden der Innenwinkel) ist (ungefähr) W(3,4 | 7,1); Radius ϱ ≈ 2,35 cm.

b) Ungefähre Koordinaten:
H(2,3 | 7,55); S(3,7 | 7,0)

7. a) (1) Kreis mit r = 3,1 cm; Punkt A auf dem Kreis
(2) Kreis A mit Radius c = 4,2 cm; Schnittpunkt B
(3) Winkel α = 67°; Schnittpunkt C

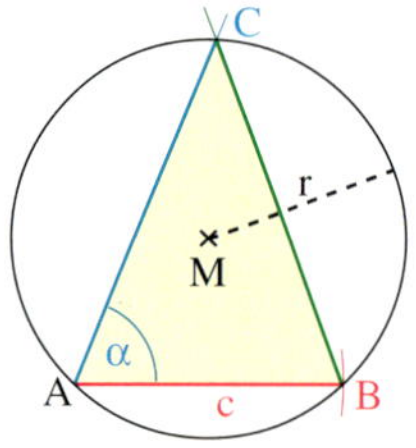

a ≈ 5,7 cm
b ≈ 5,85 cm
β ≈ 70°
γ ≈ 43°

b) (1) Winkel γ = 97° an Strecke $\overline{AC}$ mit b = 3 cm angetragen.
(2) Parallelen zu den Sehnen im Abstand ϱ = 1,4 cm; Schnittpunkt M
(3) Kreis um M mit Radius ϱ = 1,4 cm
(4) Thaleskreis über $\overline{AM}$; Schnittpunkt D
(5) Halbgerade AD; Schnittpunkt B

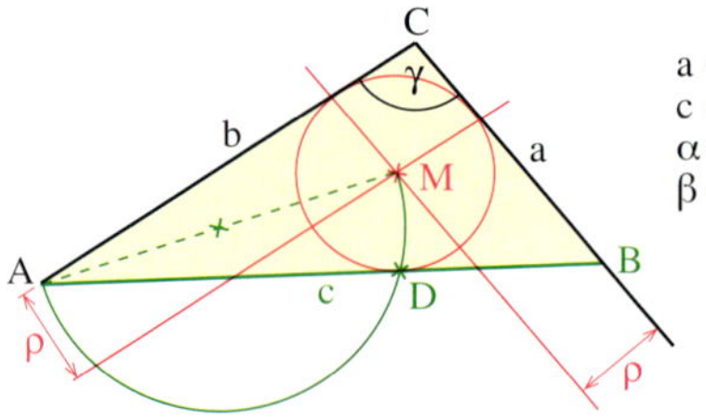

a ≈ 4,1 cm
c ≈ 7,95 cm
α ≈ 31°
β ≈ 52°

c) (1) Teildreieck ADC aus b, h_c, ∢CDA = 90°
(2) Winkel γ = 110°; Schnittpunkt B
a ≈ 2,8 cm; c ≈ 8,55 cm; α ≈ 18°; β ≈ 52°

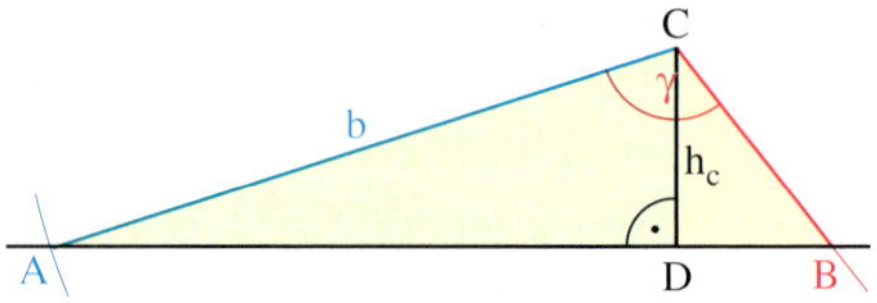

d) (1) Teildreieck ADC aus w_α, $\frac{\alpha}{2}$,
$\gamma = 180° - \alpha - \beta = 65°$,
$\delta = 180° - \frac{\alpha}{2} - \gamma = 93{,}5°$
(2) Winkel α = 43°
(3) Halbgerade CD; Schnittpunkt B

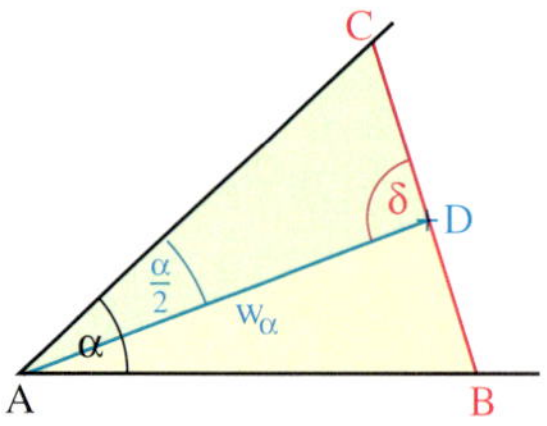

a ≈ 4,5 cm
b ≈ 6,3 cm
c ≈ 6,0 cm

e) (1) Strecke $\overline{BC}$ = a mit Mittelpunkt M
(2) Teildreieck AMC aus $\frac{a}{2}$, b, s_a

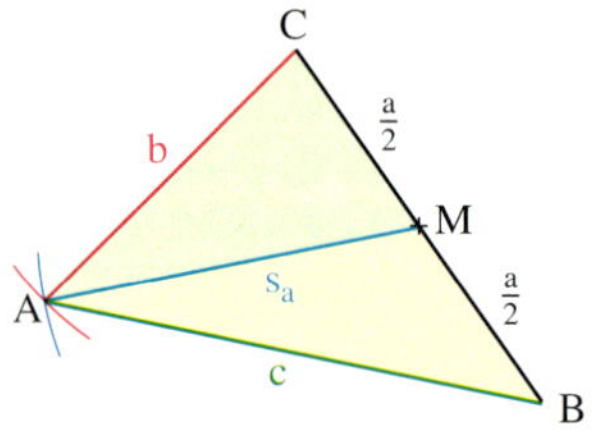

c ≈ 6,1 cm
α ≈ 57°
β ≈ 44°
γ ≈ 79°

Seite 152

8. M ist der Mittelpunkt des Kreises mit r = 3,7 cm. Die Schnittpunkte des Thaleskreises über $\overline{MP}$ mit dem Kreis um M sind die Berührpunkte der Tangenten.

9. a) a ≈ 5,1 cm

b) (1) a ≈ 5,7 cm (2) a ≈ 4,7 cm; b ≈ 3,0 cm

Konstruktionsbeschreibung zu (2)
Zeichne die Strecke e mit den Endpunkten A und C und konstruiere den Mittelpunkt M der Strecke.
Trage in M an MA einen Winkel von 115° an und verlängere den 2. Schenkel des Winkels über M hinaus.
Konstruiere um M den Kreis durch A; die Schnittpunkte mit dem freien Schenkel des Winkels bzw. dessen Verlängerung sind die Eckpunkte B bzw. D.

Begründung: Die Diagonalen im Rechteck sind gleich lang und halbieren sich. (Schnittpunkt ist M.)

Seite 152

9. c) (1) $a = b = c = d = 3{,}8$ cm; $\alpha = \gamma \approx 64°$; $\beta = \delta \approx 116°$
(2) $a = b = c = d \approx 5{,}2$ cm; $\alpha = \gamma \approx 77°$; $\beta = \delta \approx 103°$

Konstruktionsbeschreibung zu (2)
Zeichne die Strecke e mit den Endpunkten A und C und konstruiere den Mittelpunkt M der Strecke.
Konstruiere in M die Orthogonale zu AC.
Zeichne um M einen Kreis mit dem Radius $r = \frac{f}{2} = 3{,}2$ cm; die Schnittpunkte mit der Orthogonalen zu AC sind die Eckpunkte B bzw. D.
Begründung: Die Diagonalen in der Raute sind orthogonal zueinander und halbieren sich.

d) (1) $a = c = 4{,}9$ cm; $b = d = 3{,}4$ cm; $\alpha = \gamma \approx 100°$; $\beta = \delta \approx 80°$
(2) $a = c \approx 6{,}5$ cm; $b = d \approx 3{,}5$ cm; $\alpha = \gamma \approx 73°$; $\beta = \delta \approx 107°$

Konstruktionsbeschreibung zu (2)
Zeichne die Strecke $\overline{AC}$ mit $|AC| = 2 \cdot |MC| = 8{,}2$ cm und konstruiere den Mittelpunkt M der Strecke.
Trage in M an $\overrightarrow{MA}$ im Uhrzeigersinn einen Winkel von 55° an und verlängere den freien Schenkel über M hinaus.
Zeichne um M einen Kreis mit dem Radius $r = |MD| = 3{,}2$ cm; die Schnittpunkte mit dem freien Schenkel bzw. dessen Verlängerung sind die Eckpunkte D bzw. B.
Begründung: Die Diagonalen im Parallelogramm halbieren einander.

10. Zeichnungen verkleinert.

a) $a = 6{,}5$ cm; $b = 2{,}6$ cm; $c = 4{,}1$ cm; $d = 3{,}1$ cm
$\alpha \approx 55°$; $\beta \approx 76°$; $\gamma \approx 104°$; $\delta \approx 125°$

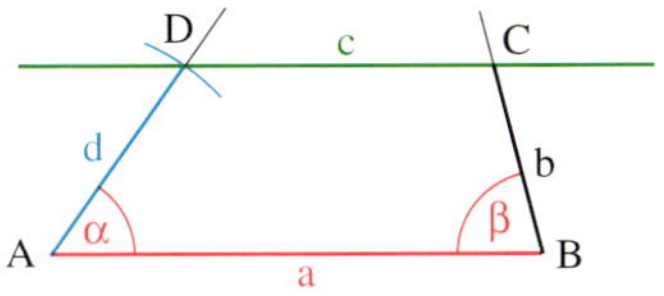

c) $a = 5{,}1$ cm; $b = d = 2{,}4$ cm; $c \approx 2{,}1$ cm
$\alpha \approx \beta \approx 51°$; $\gamma \approx \delta \approx 129°$

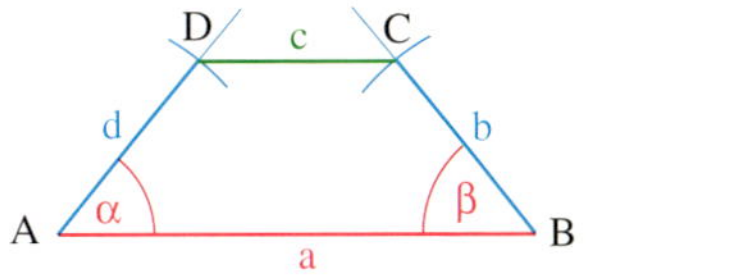

b) $a = 5{,}7$ cm; $b = 3{,}2$ cm; $c \approx 5{,}5$ cm; $d \approx 7{,}1$ cm
$\alpha \approx 66°$; $\beta \approx 114°$; $\gamma \approx 107°$; $\delta \approx 73°$

Konstruktionsbeschreibung
Zeichne die Strecke a mit den Endpunkten A und B und trage in A den Winkel α an.
Zeichne um B einen Kreis mit dem Radius $r = f = 7{,}1$ cm; der Schnittpunkt mit dem freien Schenkel von α ist der Eckpunkt D.
Konstruiere die Parallele zu AD durch B und trage auf ihr von B aus die Strecke $b = 3{,}2$ cm ab; der andere Endpunkt der Strecke ist der Eckpunkt C.

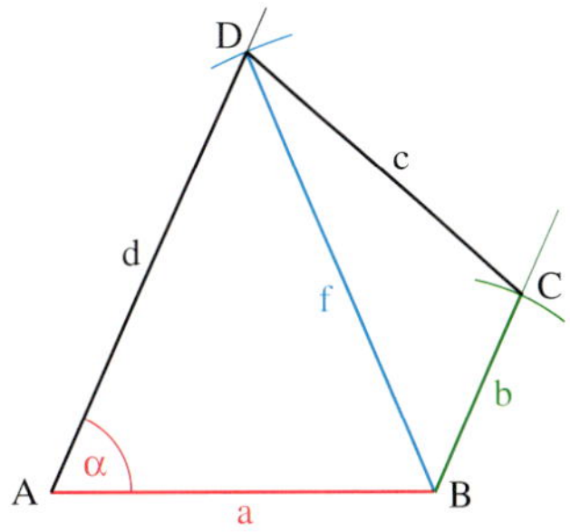

11. Böschungswinkel Seeseite 21°; Böschungswinkel Landseite 27°;
Länge der Böschung zur See: 15,35 m

12. a) $a = d = 5{,}1$ cm; $b = c = 3{,}5$ cm; $\alpha \approx 30°$; $\beta \approx \delta \approx 143°$; $\gamma \approx 44°$

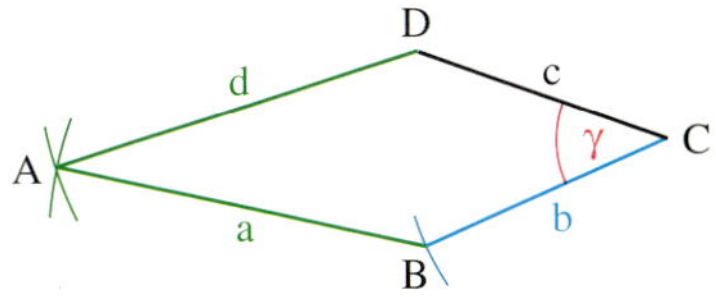

b) $a = d \approx 4{,}0$ cm; $b = c \approx 3{,}25$ cm; $\alpha \approx 60°$; $\beta \approx \delta \approx 112°$; $\gamma \approx 76°$

Konstruktionsbeschreibung
Zeichne die Strecke e mit den Endpunkten A und C.
Trage in C zu beiden Seiten von $\overrightarrow{CA}$ den Winkel $\frac{\gamma}{2}$ ab.
Konstruiere im Abstand von $\frac{f}{2} = 2$ cm die beiden Parallelen zu AC; die Schnittpunkte mit den beiden freien Schenkeln von $\frac{\gamma}{2}$ sind die Eckpunkt B bzw. D.

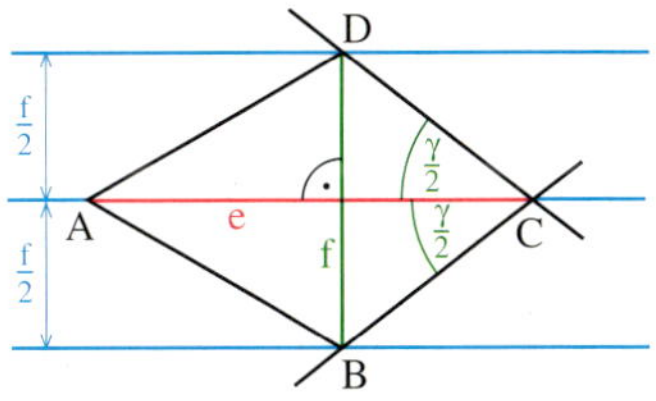

Begründung: AC ist Symmetrieachse des Drachenvierecks, halbiert also den Winkel γ. Die Diagonalen sind orthogonal zueinander. Die Symmetrieachse AC halbiert die Diagonale f.

13. a) (2), (3), (4)
b) (1), (4), (5)
c) (4)

Seite 152

14. (1) Wahr; jedes Quadrat hat sogar 2 Paare zueinander parallele Seiten.
(2) Wahr; alle Rauten sind Trapeze.
(3) Wahr; alle Quadrate sind Rauten.
(4) Falsch; es gibt Rauten, die keine rechten Winkel besitzen.
(5) Wahr; alle Quadrate sind Trapeze.
(6) Falsch; z.B. in gleichschenkligen Trapezen sind die Schenkel (gegenüberliegende Seiten) nicht parallel zueinander.
(7) Wahr; jedes Parallelogramm hat sogar 2 Paare zueinander parallele Seiten.
(8) Wahr; alle Quadrate sind Rechtecke.
(9) Wahr; alle Quadrate sind Drachenvierecke.
(10) Wahr; in jedem Quadrat sind gegenüberliegende Seiten zueinander parallel.

15. a) Für die Dreiecke ABC und ABD gilt:
(1) $|AB| = |AB|$ (gleiche Strecken)
(2) $|BC| = |AD|$ (gegenüberliegende Seiten im Parallelogramm sind gleich lang)
(3) $|AC| = |BD|$ (Diagonalen sind nach Voraussetzung gleich lang)
Die Dreiecke sind nach dem Kongruenzsatz sss zueinander kongruent.
Aufgrund der Punktsymmetrie des Parallelogramms sind auch die Dreiecke BCD und CDA kongruent zu den Dreiecken ABC und ABD. Da alle Dreiecke zueinander kongruent sind, folgt für die Winkel:
$\sphericalangle BAD = \sphericalangle CBA = \sphericalangle DCB = \sphericalangle ADC$
Aus der Winkelsumme 360° folgt, dass jeder Winkel 90° groß ist. Das Parallelogramm ist ein Rechteck.

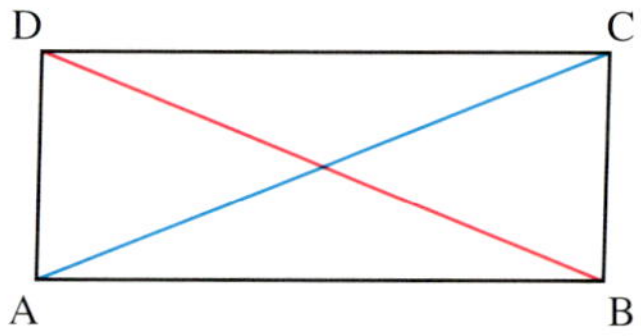

b) Für die Dreiecke ABM und BCM gilt:
(1) $|AM| = |MC|$ (Diagonalen halbieren sich im Parallelogramm)
(2) $|BM| = |BM|$ (gleiche Strecke)
(3) $\sphericalangle AMB = \sphericalangle BMC = 90°$ (nach Voraussetzung)
Die Dreiecke ABM und BCM sind nach dem Kongruenzsatz sws zueinander kongruent. Damit sind die Seiten $\overline{AB}$ und $\overline{BC}$ gleich lang.
Da im Parallelogramm gegenüberliegende Seiten gleich lang sind, folgt:
$|AB| = |BC| = |CD| = |DA|$
Alle Seiten sind gleich lang; das Parallelogramm ist eine Raute.

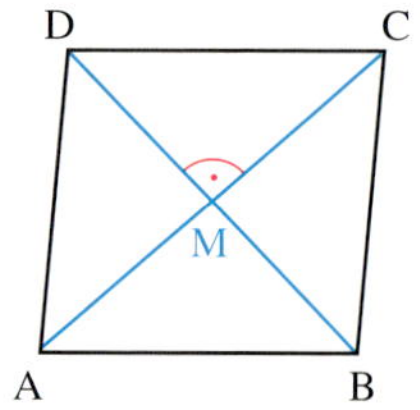

c) Alle Seiten sind gleich lang, d.h. zwei benachbarte Seiten und ebenso die beiden anderen Seiten sind jeweils gleich lang. Die Raute ist ein Drachenviereck.

Seite 196

1. a) +20 cm; +20 cm; −10 cm; −24 cm; +20 cm; +28 cm; 0 cm; −14 cm
b) +20 cm um 3.00 Uhr, 5.00 Uhr, 14.00 Uhr, 18.30 Uhr [0 cm um 1.00 Uhr, 7.00 Uhr, 13.00 Uhr, 20.00 Uhr; −20 cm um 9.00 Uhr, 11.30 Uhr, 21.30 Uhr, 23.30 Uhr]
c) Jedem Zeitpunkt ist eindeutig ein Wasserstand zugeordnet; *Zeit → Wasserstand* ist eine Funktion.
Zu einem bestimmten Wasserstand gibt es mehrere Zeitpunkte; *Wasserstand → Zeit* ist keine Funktion.

2. Gerade durch die Punkte:
a) P(0|0); Q(1|5) **c)** P(0|0); Q(2,5|7) **e)** P(0|1); Q(1|0) **g)** P(0|−2); Q(5|5) **i)** P(0|2); Q(2|1)
b) P(0|0); Q(1|−4) **d)** P(0|0); Q(5|−4,5) **f)** P(0|2,5); Q(1|3,5) **h)** P(0|3); Q(1|0) **j)** P(0|2); Q(1|2)

3. *Beispiele:* **a)** $y = x + 1{,}5$ **b)** $y = \frac{1}{2}x + 1{,}5$ **c)** $y = \frac{3}{4}x + 1$ **d)** $y = -x + 1{,}5$

4. a) P_1, P_3, P_4 **b)** P_2, P_3

5. a) $m = 3$; $c = -2$, also um 2 nach oben **c)** $m = \frac{1}{3}$; $c = 2$, also um 2 nach unten
b) $m = 3$; $c = -1$, also um 1 nach oben

6. (1) $y = \frac{3}{2}x = 1{,}5x$ (4) $y = -\frac{3}{4}x = -0{,}75x$ (7) $y = 3$
(2) $y = \frac{3}{2}x = 1{,}5x + 2$ (5) $y = -\frac{3}{4}x = -0{,}75x - 3$ (8) $y = 0$
(3) $y = \frac{3}{2}x = 1{,}5x - 3$ (6) $y = -\frac{3}{4}x = -0{,}75x + 3$ (9) $y = -2$

7. a) $250\ m + 20 \cdot 5\ m = 350\ m$ **b)** $y = -5x + 350$; Das Absinken dauert 70 s = 1 min 10 s.

8. a) $x = \frac{6}{5} = 1{,}2$ **b)** $x = -2{,}5$

9. Für $x = 20$ erhält man $y = 21 \cdot 20 - 30 = 390$. Der Punkt P liegt also unterhalb der Geraden.

Seite 221

1. **a)** (1) $A \approx 38{,}48\ cm^2$; $u \approx 22{,}0\ cm$ (2) $A \approx 227\ mm^2 \approx 2{,}3\ cm^2$; $u \approx 53{,}4\ mm \approx 5{,}3\ cm$ **b)** $4{,}14\ cm \approx 4{,}1\ cm$

2. 16 Umdrehungen

3. **a)** $A_{Kreis} \approx 114{,}91\ cm^2 \approx 115\ cm^2$ **b)** $A_{Quadrat} = 90{,}25\ cm^2$; ungefähr 27,3 %

4. Sprühregner $A \approx 95{,}0\ m^2$
Kreisregner (klein) $A \approx 227{,}0\ m^2$
Kreisregner (groß, variabel) $A \approx 28{,}3$ bis $490{,}9\ m^2$

5. $A = \pi((63\ cm)^2 - (23\ cm)^2) \cdot \frac{85}{360} \approx 2\,552\ cm^2 \approx 25{,}5\ dm^2$

6. Die Fläche ist ein Sechstel des ganzen Kreises mit dem Radius r = 2,1 dm:
$A = \frac{1}{6}\pi \cdot (2{,}1\ dm)^2 \approx 2{,}31\ dm^2$ $u = 2 \cdot 2{,}1\ dm + \frac{1}{6} \cdot 2\pi \cdot 2{,}1\ dm \approx 6{,}4\ dm$

7. $O \approx 125{,}66\ cm^2 \approx 126\ dm^2$; $V \approx 100{,}53\ dm^3 \approx 101\ dm^3$

Bild zu Aufgabe 7

Verkleinert

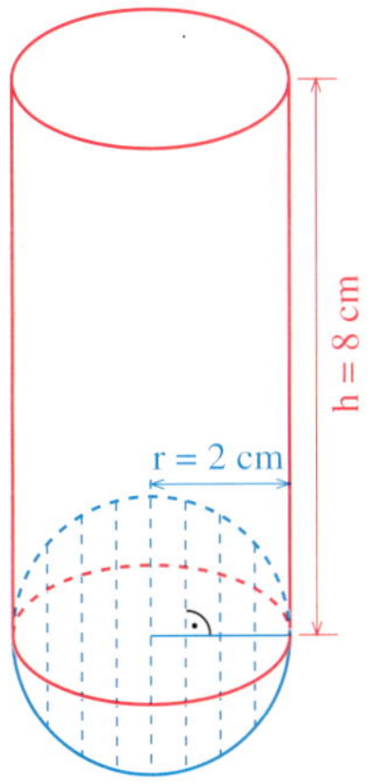

8. **a)** $A_{Rechteck} = 140\ cm \cdot 70\ cm = 9\,800\ cm^2$
$A_{Tisch} = \pi \cdot (35\ cm)^2 + 70\ cm \cdot 70\ cm \approx 8748{,}45\ cm^2 \approx 8\,750\ cm^2$
$A_{Abfall} = A_{Rechteck} - A_{Tisch} \approx 1\,051{,}55\ cm^2 \approx 1\,050\ cm^2$, also ungefähr 10,7 %
b) $V \approx 34\,993{,}8\ cm^3$; $m \approx 97\,983\ g \approx 98\ kg$

9. Volumen des Kupferdrahtes: $V = 17{,}5 : 8{,}9\ cm^3 \approx 1{,}966\ cm^3 = 1966\ mm^3$
Größe der Querschnittsfläche: $A = \frac{2{,}7^2}{4} \cdot \pi\ mm \approx 5{,}73\ mm^2$
Länge des Kupferdrahtes: $l \approx 1966\ mm^3 : 5{,}73\ mm^2 \approx 343\ mm$
Der Draht ist ungefähr 34 cm bis 35 cm lang.

10. (1) $5{,}47\ cm^2$ (2) $5{,}86\ cm^2$ (3) $1{,}93\ cm^2$ (4) $1{,}93\ cm^2$

Lösungen zu Teste dich – Vermischte Übungen

Seite 226

1. Siehe Bild rechts.

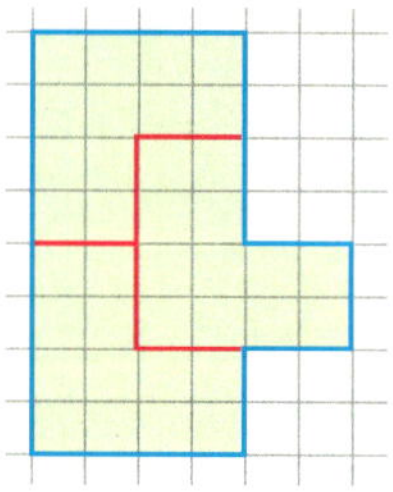

2. Chicken-Menü: 3,99 €
2 Burger: 2,99 €; 2,99 €
Burger-Menü: 2,71 €; 40 %
Käse-Menü: 3,88 €; 23 %
Familien-Menü: 15,61 €; 5,62 €

3. a) Der Nebenwinkel zu β ist 77° groß. α ist Stufenwinkel (bzw. Wechselwinkel) zum Nebenwinkel von β, also auch 77° groß.

b) $\alpha = 180° - \beta$ (siehe Teilaufgabe a), also:
$\alpha = 180° - (\alpha + 48{,}8°) = 131{,}2° - \alpha$, also $2\alpha = 131{,}2°$, also $\alpha = 65{,}6°$ und $\beta = 114{,}4°$.

4. Die Basiswinkel sind 61° groß. Da dem größeren Winkel die längere Seite gegenüberliegt, ist ein Schenkel länger als die Basis.

5. Die Ergebnismenge ist:
S = {12; 13; 14; 15; 16; 17; 18; 21; 23; 24; 25; 26; 27; 28; 31; 32; 34; 35; 36; 37; 38; 41; 42; 43; 45; 46; 47; 48; 51; 52; 53; 54; 56; 57; 58; 61; 62; 63; 64; 65; 67; 68; 71; 72; 73; 74; 75; 76; 78; 81; 82; 83; 84; 85; 86; 87}

a) P(Zahl ist kleiner als 44) $= \frac{24}{56} = \frac{3}{7}$; P(Zahl ist größer als 44) $= \frac{32}{56} = \frac{4}{7}$
Es ist wahrscheinlicher, eine Zahl über 44 zu erhalten.

b) S = {3; 4; 5; 6; 7; 8; 9; 10; 11; 12; 13; 14; 15}
$P(3) = P(4) = P(14) = P(15) = \frac{2}{56} = \frac{1}{28}$
$P(5) = P(6) = P(12) = P(13) = \frac{4}{56} = \frac{2}{28} = \frac{1}{14}$
$P(7) = P(8) = P(10) = P(11) = \frac{6}{56} = \frac{3}{28}$
$P(9) = \frac{8}{56} = \frac{4}{28} = \frac{1}{7}$

6. Länge der kürzeren Seite des Rechtecks (in cm): x
Länge der längeren Seite des Recktecks (in cm): 3x

Gleichung:
$$\begin{aligned} 3x \cdot x + 35 &= (3x - 5)(x + 5) \\ 3x^2 + 35 &= 3x^2 + 10x - 25 \\ 60 &= 10x \\ x &= 6 \end{aligned}$$

Die Seiten des ursprünglichen Rechtecks sind 18 cm und 6 cm lang, die Seiten des zweiten Rechtecks 13 cm und 11 cm lang. Die Flächeninhalte betragen 108 cm² und 143 cm².

7. Länge der kürzeren Seite des Beetes (in m): x
Länge der längeren Seite des Beetes (in m): x + a (mit a > 0)

Terme für die Flächeninhalte:
$(x + 1{,}5)(x + a + 0{,}5) = x^2 + ax + 2x + 1{,}5a + 0{,}75$ (kürzere Seite um 1,5 m, längere um 0,5 m verlängert)
$(x + 0{,}5)(x + a + 1{,}5) = x^2 + ax + 2x + 0{,}5a + 0{,}75$ (kürzere Seite um 0,5 m, längere um 1,5 m verlängert)

Die Terme unterscheiden sich nur in den Gliedern 1,5a und 0,5a. Wegen a > 0 gilt: $1{,}5a > 0{,}5a$
Es ist also günstiger, die kürzere Seite um 1,5 m und die längere Seite um 0,5 m zu verlängern.

8. *Beispiele:* $6 : (-6) + 6 = -1 + 6 = 5$; $6 \cdot 6 : 6 = 36 : 6 = 6$; $6 : 6 + 6 = 1 + 6 = 7$;
$(6 + 6) \cdot (-6) = 12 \cdot (-6) = -72$; $(-6) \cdot 6 + 6 = -36 + 6 = -30$

Seite 227

1. Vereinfachter Term: $10x^2 + x$
Werte: 483; 87; 3; 6275; 100100

2. Länge der kürzeren Seite des Rahmens (in cm): x
Länge der längeren Seite des Rahmens (in cm): x + 9

Gleichung:
$$\begin{aligned} 2 \cdot (x + x + 9) &= 86 \\ 4x + 18 &= 86 \\ 4x &= 68 \\ x &= 17 \end{aligned}$$

Die kürzere Seite ist 17 cm, die längere Seite 26 cm lang.

Seite 227

3. a) Bei einer proportionalen Funktion verdoppelt sich der Funktionswert, wenn der Wert für x verdoppelt wird.

b) Vermindert man x um 1 so vermindert sich der Funktionswert um 0,5.
$f(0) = 4$ und $f(-5) = 1{,}5$

c) $y = \frac{1}{2}x + 4$

4. Scheitelwinkel sind gleich groß.
Nebenwinkel ergänzen sich zu 180°.
Stufenwinkel bzw. Wechselwinkel an geschnittenen Parallelen sind gleich groß.

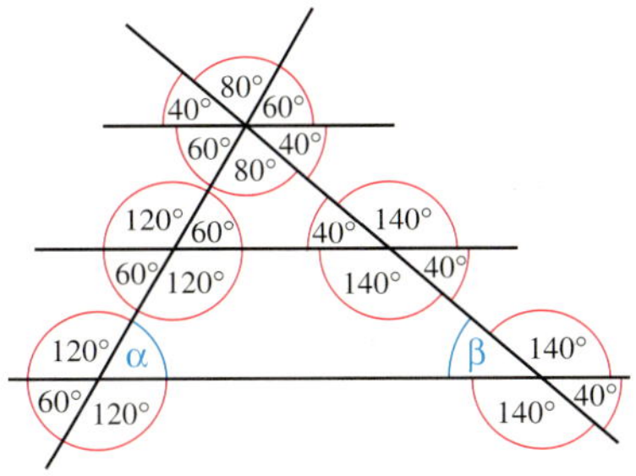

5. a) $5 \cdot 3 = 15;\ 3 \cdot 5 = 15;\ 5^3 = 125;\ 3^5 = 243$

b) $(-3)^4 = (-3) \cdot (-3) \cdot (-3) \cdot (-3) = 81;$
$-3^4 = -(3 \cdot 3 \cdot 3 \cdot 3) = -81$

c) $(-5)^3 - 3^5 - 5^3 - (-3)^5 = -125 - 243 - 125 - (-243) = -250$

6. a) $0{,}849 \cdot 31{,}15 = 26{,}44633 \approx 26{,}45$
Da man nur mit vollen Geldbeträgen zahlen kann, wird der Preis in Euro auf zwei Stellen nach dem Komma gerundet.

b) $0{,}849 \cdot 31{,}16 = 26{,}45484 \approx 26{,}45$
Durch die Rundung auf zwei Stellen nach dem Komma können bei unterschiedlichen Benennungen gleiche Preise angezeigt werden.

7. a) 149 € · 1,17 = 177,31 €

b) 199 € : 1,17 = 171,55 € (Preis ohne Mehrwertsteuer)
Mehrwertsteuer: 199 € – 167,23 € = 31,77 €

c) Die Aussage „Alle Produkte dadurch 19 % billiger" ist falsch, da 19 % Mehrwertsteuer von dem Preis ohne Mehrwertsteuer berechnet wird.

Beispiel: Preis ohne Mehrwertsteuer: 100 €
Mehrwertsteuer: 19 €
Ersparnis: 19 € von 119 € ≈ 16,0 %

8. a) Siehe Bild rechts; Zeichnung verkleinert

b) Durch Messen und Umrechnen erhält man für die Drahtlänge:

$l = |AB| + |BC| + |AC|$
$\approx 2{,}8\text{ m} + 2{,}0\text{ m} + 3{,}5\text{ m}$
$= 8{,}3\text{ m}$

Für das rechtwinklige Dreieck gilt:

$A = \frac{2\text{ m} \cdot 2{,}8\text{ m}}{2} = 2{,}8\text{ m}^2$

Es werden 2,8 m^2 Stoff benötigt.

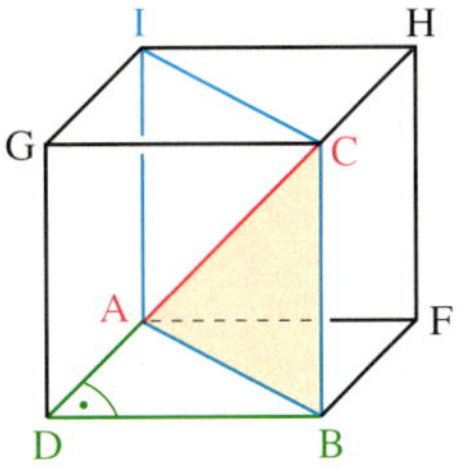

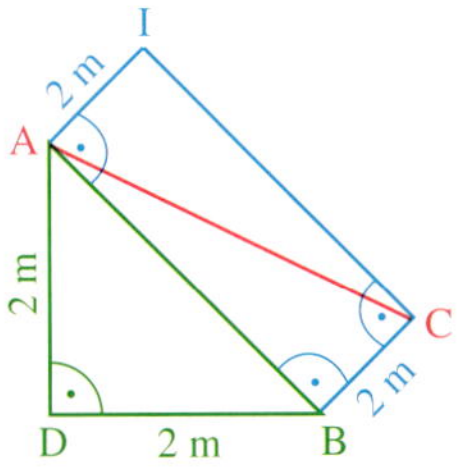

Seite 228

1. a) Die Wertetabelle gehört zu einer proportionalen Funktion, da die Quotienten der Wertepaare immer gleich sind:
$y : x = -\frac{7}{4} = -1{,}75$
Funktionsgleichung: $y = -1{,}75x$

b) Die Wertetabelle gehört nicht zu einer proportionalen Funktion, da die Quotienten der Wertepaare verschieden sind.
Funktionsgleichung: $y = -2x + 1$

2. Man kann ein Siebeneck in fünf Dreiecke zerlegen.
Die Winkelsumme beträgt also: 5 · 180° = 900°.
Die sieben Innenwinkel sind gleich groß, also: $900° : 7 = 128\frac{4}{7}° \approx 128{,}6°$

3. a) $\frac{1}{3}$ **b)** $\frac{1}{3}$ **c)** $\frac{4}{9}$ **d)** $\frac{5}{18}$ **e)** $-\frac{9}{10}$

4. Bei einer Karolänge von 5 mm erhält man:

a) u ≈ 5,0 cm + 4,6 cm + 4,0 cm = 13,6 cm

b) α ≈ 60,3°, β ≈ 49,4°, γ ≈ 70,3°

c) Ungefähr 3,5 cm

d) und **e)**

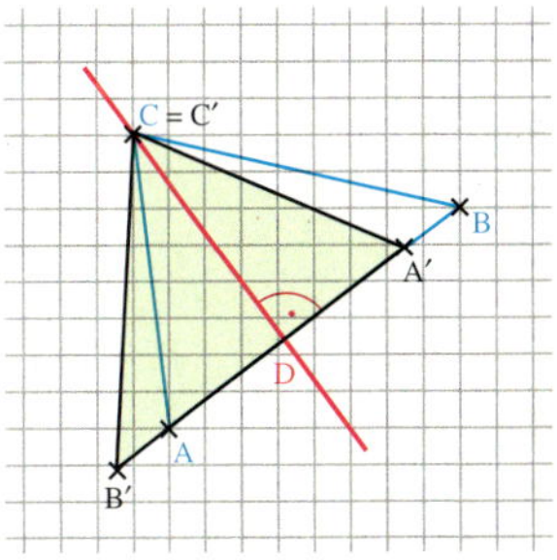

Seite 228

5. Benötigte Zeit für den Hinweg (in Stunden): x
Benötigte Zeit für den Rückweg (in Stunden): $x + \frac{1}{4}$
Länge des Hinwegs (in km): $x \cdot 12$
Länge des Rückwegs (in km): $\left(x + \frac{1}{4}\right) \cdot 10{,}5 = x \cdot 10{,}5 + 2{,}625$
Da Hin- und Rückweg gleich lang sind, erhält man:
Gleichung:

$$12x = 10{,}5x + 2{,}625 \quad | -10{,}5x$$
$$1{,}5x = 2{,}625 \quad | : 1{,}5$$
$$x = 1{,}75$$

Max benötigt für den Hinweg 1,75 h, also $1\frac{3}{4}$ h bzw. 1 h 45 min.
Für den Rückweg benötigt Max 2 Stunden, denn 1 h 45 min + 15 min = 2 h.
Die Entfernung zum Baggersee beträgt: $1{,}75\,\text{h} \cdot 12\,\frac{\text{km}}{\text{h}} = 21\,\text{km}$
Die Probe für den Rückweg bestätigt das: $2\,\text{h} \cdot 10{,}5\,\frac{\text{km}}{\text{h}} = 21\,\text{km}$

6. Zum Beispiel in Prozent:

Fußball:	50,9 %	Gar nicht:	20,2 %	0 Sportarten:	16,7 %
Tennis:	17,5 %	Nicht so gern:	32,5 %	1 Sportart:	55,3 %
Badminton:	11,4 %	Etwas:	28,1 %	2 Sportarten:	23,7 %
Reiten:	20,2 %	Sehr gerne:	19,3 %	3 Sportarten:	4,4 %

Abweichungen der Gesamtsumme von 100 % entstehen durch Rundungen.

7. Schrittweise Berechnung des neuen Preises: 500 € · 1,2 = 600 € ; 600 € · 0,8 = 480 €
Berechnung des neuen Preises in einem Schritt: 500 € · 1,2 · 0,8 = 480 €
Der Fernseher ist 20 € billiger geworden, das sind 4 %.

8. **a)** Grund- und Deckfläche besitzen 8 Kanten, die zusammen 40 cm lang sind. Die restlichen 4 Kanten sind also je 20 cm lang. Die Säule ist also 20 cm hoch.
$O = 2 \cdot (5\,\text{cm} \cdot 5\,\text{cm} + 5\,\text{cm} \cdot 20\,\text{cm} + 20\,\text{cm} \cdot 5\,\text{cm}) = 450\,\text{cm}^2$

b) Die Säule ist ein Würfel mit der Kantenlänge 10 cm. Die Oberfläche ist 600 cm^2 groß.

Seite 229

1. **a)**

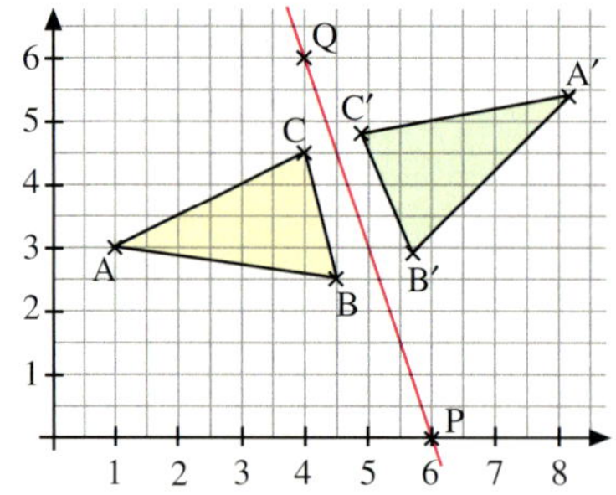

b)

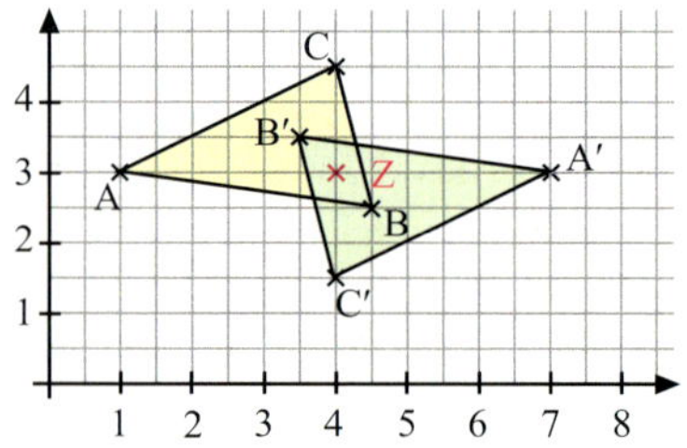

c)

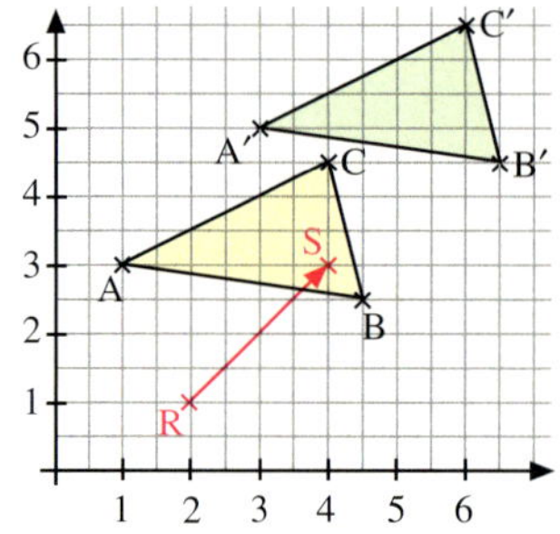

d)

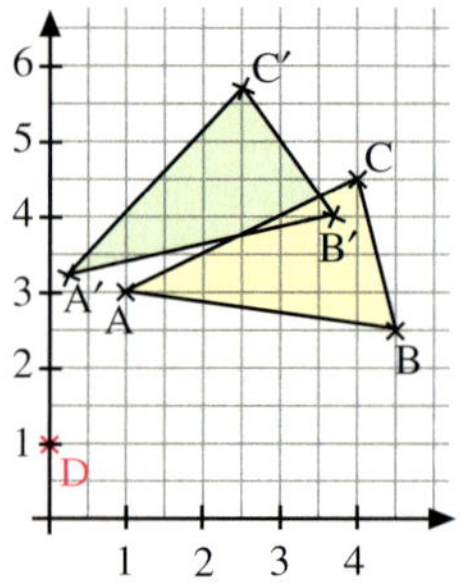

2. **a)** $2x^2 + 10x + 14$ **b)** $4x - 10$ **c)** $12a^2 - 4ab - 21b^2$ **d)** $8pu$

3. **a)** $f(x) = -x + 7$ **b)** $f(x) = 3$ **c)** Gerade parallel zur y-Achse durch $x = 4$; kein Funktionsterm

Seite 229

4. Grundstück 1 ist ein Rechteck.
$A = 30\ m \cdot 20\ m = 600\ m^2$; Preis: $600 \cdot 110\ € = 66\,000\ €$

Grundstück 2 ist ein Dreieck.
$A = \frac{(62\ m \cdot 30\ m)}{2} = 930\ m^2$; Preis: $930 \cdot 110\ € = 102\,300\ €$

Grundstück 3 ist ein Parallelogramm.
$A = 40\ m \cdot 20\ m = 800\ m^2$; Preis: $800 \cdot 110\ € = 88\,000\ €$

Grundstück 4 ist ein Trapez.
$A = \frac{(30\ m + 20\ m) \cdot 20\ m}{2} = 500\ m^2$; Preis: $500 \cdot 110\ € = 55\,000\ €$

5. a) $85\ g \cdot 0{,}06 = 5{,}1\ g$ In 85 g Bratwurst sind 5,1 g Fett enthalten.

b) $15\ g : 120\ g = 0{,}125 = 12{,}5\ \%$ Der Fettanteil der Bratwurst beträgt 12,5 %.

c) $24\ g : 0{,}16 = 150\ g$ Die Bratwurst darf 150 g wiegen.

6. a)

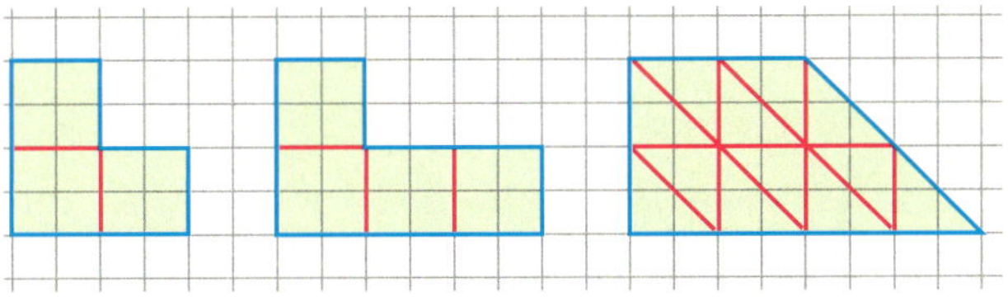

b) Zwei Figuren heißen zueinander kongruent, wenn man sie durch Drehen und Wenden passgenau aufeinander legen kann.
(Zwei Figuren heißen zueinander kongruent, wenn sie deckungsgleich sind.)

c) Durch Messen von Seiten und Winkeln und Überprüfen mithilfe der Kongruenzsätze sss, sws, wsw und Ssw.

7. a) $\frac{24 \cdot 1{,}2}{32} = 0{,}9$; $0{,}9 = 9\ mm$

b) Da das Brot nicht überall gleich groß ist, sind die Scheiben nicht alle gleich schwer. Die Zuordnung ist nicht proportional. Man kann also nur sagen, dass 19 Scheiben 570 g wiegen, wenn alle Scheiben gleich viel wiegen würden.

8. *Annahme:* Die Winkelhalbierenden w_α und w_β schneiden sich unter einem rechten Winkel im Punkt W.
Dann erhält man mit den Winkelsummensatz im Dreieck ABW: $\frac{\alpha}{2} + \frac{\beta}{2} = 90°$
Dann ist aber $\alpha + \beta = 180°$, also $\gamma = 0°$.
Man erhält kein Dreieck. Die Winkelhalbierenden können sich also nicht rechtwinklig schneiden.

Seite 230

1. a) (1) $P(\text{gerade Zahl}) = P(2) + P(4) + P(6) + P(8) = \frac{4}{8} = \frac{1}{2}$
(2) $P(\text{durch 3 teilbare Zahl}) = P(3) + P(6) = \frac{2}{8} = \frac{1}{4}$
(3) $P(\text{durch 9 teilbare Zahl}) = 0$
(4) $P(\text{nicht durch 10 teilbare Zahl}) = 1$

b) $\frac{1}{8}$

c) Durch oftmaliges Würfeln feststellen, ob die relative Häufigkeit der Augenzahlen ungefähr $\frac{1}{8}$ beträgt.

d) Sie können z. B. auch beim Ikosaeder-Würfel nur die Augenzahlen 1 bis 8 berücksichtigen. In allen anderen Fällen wird noch einmal gewürfelt.
Eine weitere Möglichkeit wäre z. B., die 1 und die 9 als 1 zu werfen, die 2 und die 10 als 2, …, die 8 und die 16 als 8. Beim Auftreten der Augenzahlen 17, 18, 19, 20 wird noch einmal gewürfelt.

2. Einsetzen von $x = 100$ ergibt: $y = -\frac{3}{5} \cdot 100 + 4 = -56$
Der Punkt $A(100|-47)$ liegt oberhalb des Graphen.

3. *Konstruktionsbeschreibung*
(1) Konstruiere den Bildpunkt P′ von P bei Spiegelung an g.
(2) Konstruiere die Parallele durch P zu g; nenne die Parallele h.
(3) Konstruiere um P den Kreis mit dem Radius $r = |PP'|$. Einen Schnittpunkt mit der Parallelen h nenne Q.
(4) Konstruiere den Bildpunkt Q′ von Q bei Spiegelung an g.

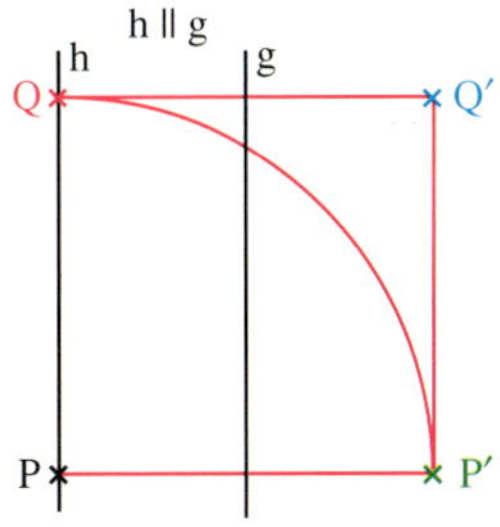

4. $V = \left((5\ cm)^2 + 4 \cdot \frac{1}{4} \cdot \pi \cdot (5\ cm)^2\right) \cdot 0{,}5\ cm \approx 51{,}77\ cm^3 \approx 52\ cm^3$
$u = 4 \cdot 5\ cm + 4 \cdot \frac{1}{4} \cdot 2\pi \cdot 5\ cm \approx 51{,}4\ cm$

5. Reduzierter Preis: $500\ € - 274{,}40\ € = 225{,}60\ €$
Ursprünglicher Preis: $225{,}60\ € : 0{,}98 : 0{,}85 = 270{,}83\ €$

Seite 230

6. a) Man gibt das Material hier in m^2 an, nicht als Volumen in m^3 bzw. dm^3, da man davon ausgeht, dass die Tonne aus einer Blechplatte hergestellt wird. Man berechnet also die Oberfläche der Tonne (mit Deckel).

b) $O = 2 \cdot \pi \cdot (39\text{ cm})^2 + \pi \cdot 78\text{ cm} \cdot 130\text{ cm} \approx 41\,412\text{ cm}^2$
Man benötigt also mindestens 4,15 m^2 Blech.
$V_{Tonne} = \pi \cdot (39\text{ cm})^2 \cdot 130\text{ cm} \approx 621\,187\text{ cm}^3 \approx 621\text{ dm}^3$
In der zu $\frac{3}{4}$ gefüllten Tonne sind ungefähr 466 *l* Wasser.

c) $h = 300\text{ dm}^3 : (\pi \cdot (39\text{ cm})^2) = 300\,000\text{ cm}^3 : (\pi \cdot (39\text{ cm})^2) \approx 62{,}8\text{ cm}$
Das Wasser steht fast 63 cm hoch.

7. a) $0{,}7 \cdot 12 \cdot 5 \cdot 3 = 126$. Es sind 126 *l* Mineralwasser vorrätig.

b) $1\text{ m}^3 = 1\,000\text{ dm}^3 = 1\,000\,l$; $0{,}7 \cdot 12 \cdot 5 = 42$. Ein Stapel enthält 42 *l* Mineralwasser.
$(1\,000 - 126) : 42 \approx 20{,}8$. Es müssten noch 21 Stapel geliefert werden.

c) Es handelt sich um eine proportionale Zuordnung (zum Doppelten gehört das Doppelte, …), also auch um eine „Je-mehr-desto-mehr"-Zuordnung.

8. a) $30x^5$ **b)** $-5\frac{5}{6}a^4$ **c)** $-20x^2 + 20x = 20x\,(1 - x)$

Seite 231

1. a) $102\text{ g} \cdot 0{,}04 = 4{,}08\text{ g}$
b) $400 : 1\,250 = 0{,}32 = 32\,\%$
c) $865{,}26\text{ €} : 0{,}19 = 4\,554\text{ €}$
d) $6{,}63\text{ €} : 0{,}85 = 7{,}80\text{ €}$

2. a) $A = \pi \cdot (2\text{ m})^2 \approx 12{,}6\text{ m}^2$; $u = \pi \cdot 4\text{ m} \approx 12{,}6\text{ m}$
b) $A = \pi \cdot ((5\text{ m})^2 - (2\text{ m})^2) \approx 65{,}97\text{ m}^2 \approx 66\text{ m}^2$

3. a) Der Graph zu f geht durch den Punkt $P(0|-3)$ und hat die Steigung 2.
Der Graph zu g geht durch den Punkt $Q(0|4)$ und hat die Steigung $-\frac{3}{5}$.
b) $S_y(0|-3)$; $S_x(1{,}5|0)$
c) $2x - 3 = -\frac{3}{5}x + 4$; $x = \frac{35}{13}$; $y = \frac{31}{13}$; $S\left(2\frac{9}{13}\middle|2\frac{5}{13}\right)$
d) $h(x) = -\frac{3}{5}x + c$; $0 = -\frac{3}{5} \cdot 1 + c$; $c = \frac{3}{5}$, also $h(x) = -\frac{3}{5}x + \frac{3}{5}$

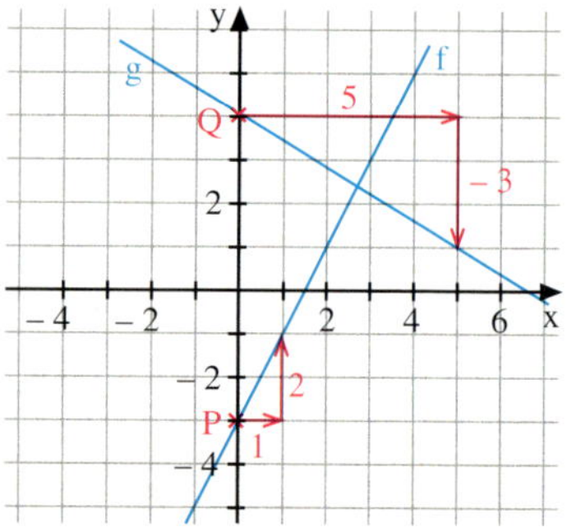

4. a) $(3 \cdot 1 + 10 \cdot 2 + 10 \cdot 3 + 2 \cdot 4) : 2{,}5 = 2{,}44$
b) $(6 \cdot 1 + 8 \cdot 2 + 7 \cdot 3 + 2 \cdot 4 + 2 \cdot 5) : 25 = 2{,}44$
Da in Klasse 8b doppelt so oft die Note 1 geschrieben wurde, würde man diese wohl als bessere „Mathe"-Klasse bezeichnen. Da hier aber auch zweimal die Note 5 geschrieben wurde, könnte man das aber auch genau anders sehen.
c) $(2 + 2 + 3 + 3 + 4) : 5 = 14 : 5 = 2{,}8$
$(2 + 2 + 3 + 3 + 4 + 1) : 6 = 15 : 6 = 2{,}5$
Sie müsste eine 1 schreiben, um den Mittelwert 2,5 zu erzielen.

5. a) $\gamma_2 = 180° - 90° - 25° = 65°$
(Winkelsumme im Dreieck)
$\gamma_2 = \gamma_1 = 65°$ (Scheitelwinkel)
$\alpha = 180° - 90° - \gamma_2 = 25°$
(Winkelsumme im Dreieck)

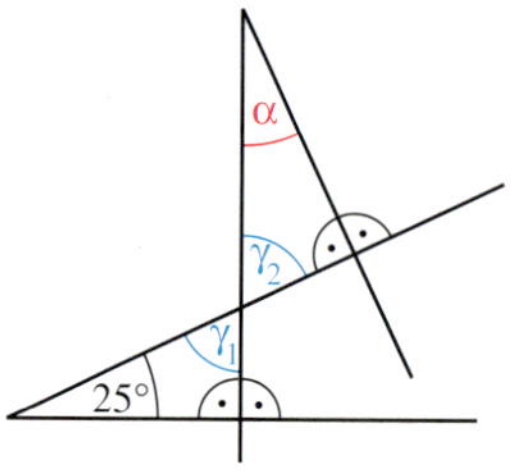

b) Das Viereck ABCD ist wegen AB||CD und BC||AD ein Parallelogramm.
$\beta_1 = \beta$ (Stufenwinkel an geschnittenen Parallelen)
Im Parallelogramm ABCD gilt: $\alpha + \beta_1 = 180°$
Also auch $\alpha + \beta = \alpha + \beta_1 = 180°$

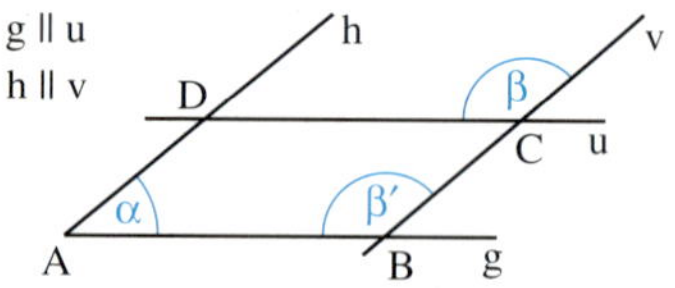

Seite 231

6. a)

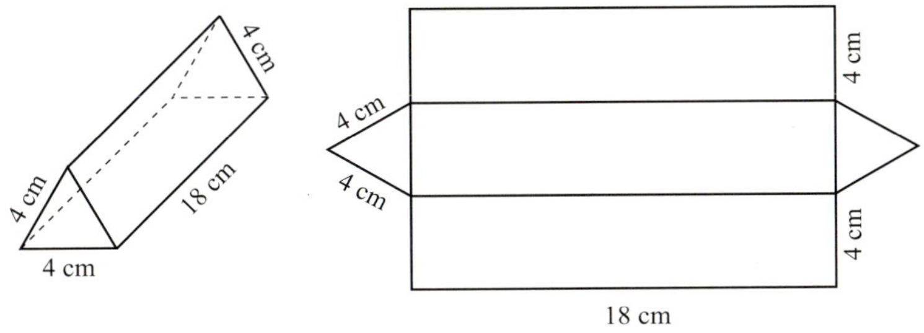

b) Durch Messen erhält man für die Höhe der dreieckigen Grundfläche h ≈ 3,5 cm.
$A \approx 2 \cdot \frac{1}{2} \cdot 4\text{ cm} \cdot 3{,}5\text{ cm} + 3 \cdot 4\text{ cm} \cdot 18\text{ cm} = 230\text{ cm}^2$
$V \approx \frac{1}{2} \cdot 4\text{ cm} \cdot 3{,}5\text{ cm} \cdot 18\text{ cm} = 126\text{ cm}^3$

Seite 232

1. A ist kongruent zu B; G ist kongruent zu I.

2. Hannes: 470 000 cm: $(\pi \cdot 71{,}12\text{ cm}) \approx 2\,104$ Sophie: 470 000 cm: $(\pi \cdot 66{,}04\text{ cm}) \approx 2\,265$

3. $m = \frac{-29{,}25 - (-59)}{0 - 8{,}5} = -3{,}5$

Da B(0|−29,25) auf der y-Achse liegt, beträgt der Ordinatenabschnitt (Achsenabschnitt) −29,25.
Die Funktionsgleichung lautet: $y = -3{,}5\,x - 29{,}25$

4. a) $\frac{17}{5} + 4 = 7\frac{2}{5} = 7{,}4$. Man wählt jeweils die größte Zahl.

b) $3{,}24 - 3 = 0{,}24$. Man wählt die Zahlen, deren Abstand auf dem Zahlenstrahl am kleinsten ist.

c) $-3{,}42 \cdot 4 = -13{,}68$. Man wählt jeweils die Zahl mit dem größten Betrag, wobei eine Zahl negativ und eine Zahl positiv sein muss.

d) $\frac{17}{5} : 1 = \frac{17}{5}$. Beide Zahlen müssen positiv oder beide negativ sein. Der Betrag des Dividenden muss möglichst groß, der Betrag des Divisors möglichst klein sein.

5. Der Schatz liegt an einem der Punkte S_1 oder S_2.

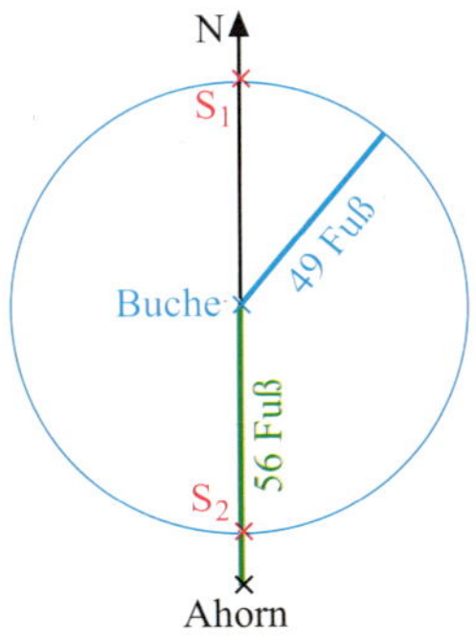

6. $A = 35\text{ cm} \cdot 40\text{ cm} = 1\,400\text{ cm}^2$

a) $A_1 = 36{,}75\text{ cm} \cdot 38\text{ cm} = 1\,396{,}5\text{ cm}^2$
$A_2 = 33{,}25\text{ cm} \cdot 42\text{ cm} = 1\,396{,}5\text{ cm}^2$
Die Flächeninhalte sind gleich groß.

b) $A_1 = 1{,}05\,a \cdot 0{,}95\,b = 1{,}05 \cdot 0{,}95\,ab$
$A_2 = 0{,}95\,a \cdot 1{,}05\,b = 1{,}05 \cdot 0{,}95\,ab$

7.

$\alpha = 180° - 130° = 50°$	(α ist Nebenwinkel zum gegebenen Winkel.)
$\beta_1 = \alpha = 50°$	(α und β_1 sind Basiswinkel im gleichschenkligen Dreieck.)
$\beta_2 = 180° - \beta_1 = 130°$	(β_1 ist Nebenwinkel zu β_2.)
$\beta_3 = \beta_1$	(β_3 ist Scheitelwinkel zu β_1.)
$\gamma_1 = 180° - \alpha - \beta_1 = 80°$	(Winkelsumme im Dreieck.)
$\gamma_2 = \alpha = 50°$	(γ_2 und α sind Wechselwinkel an geschnittenen Parallelen.)
$\gamma_3 = \beta_1 = 50°$	(γ_3 und β_1 sind Stufenwinkel an geschnittenen Parallelen.)
$\gamma_4 = 180° - \gamma_3 = 130°$	(γ_4 ist Nebenwinkel zu γ_3.)
$\gamma_5 = \gamma_3 = 50°$	(γ_5 ist Scheitelwinkel zu γ_3.)

Seite 233

1. $12\ \text{kg} \cdot 0{,}08 = 0{,}96\ \text{kg}$; $11{,}04\ \text{kg} : 32 = 0{,}345\ \text{kg}$
Ein Apfel wiegt 345 g.

2. **a)** $P(\text{weniger als } 4) = \frac{1}{12} + \frac{1}{6} + \frac{1}{4} = \frac{1}{2}$

b) $P(4) = 1 - \frac{1}{12} - \frac{1}{6} - \frac{1}{4} - \frac{1}{12} - \frac{1}{6} = \frac{1}{4}$

c) $P(\text{nicht } 4) = 1 - P(4) = \frac{3}{4}$

3. **a)** $6x^5 - 8xy$ **b)** $-\frac{1}{3}p^4q^3$ **c)** $a^3 - 2ab^2 - b^3$

4. **a)** Es gibt zwei nicht zueinander kongruente Dreiecke:
$a_1 = 5$ cm; $b_1 \approx 5{,}8$ cm; $c_1 = 6$ cm; $\alpha_1 = 50°$; $\beta_1 \approx 63°$; $\gamma_1 \approx 67°$
$a_2 = 5$ cm; $b_2 \approx 1{,}9$ cm; $c_2 = 6$ cm; $\alpha_2 = 50°$; $\beta_2 \approx 17°$; $\gamma_1 \approx 113°$

b) Zum Beispiel c = 7 cm.

c) Zum Beispiel a = 7 cm. Man erhält nach dem Kongruenzsatz Ssw nur ein Dreieck.
a = 7 cm; $b \approx 9{,}1$ cm; c = 6 cm; $\alpha = 50°$; $\beta \approx 89°$; $\gamma \approx 41°$

5. $\frac{V_{neu}}{V_{alt}} = \frac{1{,}15^3 \cdot a^3}{a^3} = 1{,}15^3 = 1{,}520875$

Das Volumen vergrößert sich um ungefähr 52,1 %.

6. Volumen eines Zylinders: $V = \pi \cdot (41\ \text{mm})^2 \cdot 75\ \text{mm} \approx 396\,076\ \text{mm}^3 \approx 400\ \text{dm}^3$
Der Motor hat einen Hubraum von knapp 800 dm^3.

7. Einsatz im vorletzten Spiel (in €): x
Gleichung: $x + x \cdot 0{,}3 - (x \cdot 0{,}3) \cdot 1{,}25 = 407$
$0{,}925x = 407$
$x = 440$
Er hat im vorletzten Spiel 440 € eingesetzt.

8. **a)** Siehe Bild rechts.

b) Für das zu lösende Problem ist die Rundung des gemessenen Wertes auf 900 m zulässig.

c) Der Bahnhof liegt am Schnittpunkt der Mittelsenkrechten zu $\overline{UO}$ und der Geraden ST (S-Bahnlinie). Die ungefähren Koordinaten sind B(1|2).

d) Ungefähr 800 m.

e) Den Punkt erhält man als Schnittpunkt der Mittelsenkrechten zu $\overline{OU}$, $\overline{UB}$ und $\overline{BO}$.
Er hat ungefähr die Koordinaten E(5,3|4,2) und ist etwa 485 m von O, U und B entfernt.

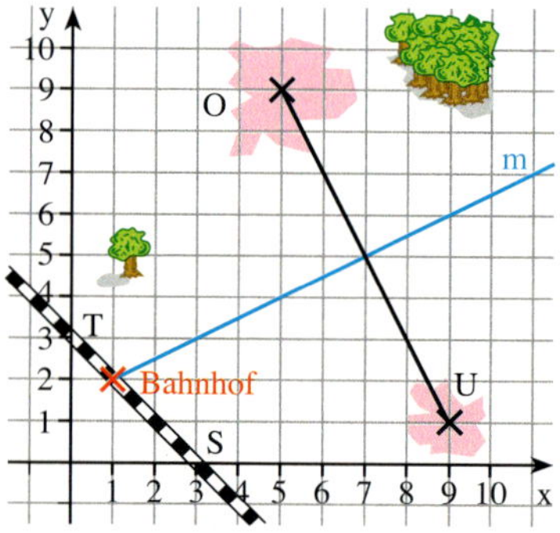

Mengen

$\mathbb{N}$ [$\mathbb{N}^*$]	Menge der natürlichen Zahlen [ohne null]
$\mathbb{B}$ [$\mathbb{B}^*$]	Menge der Bruchzahlen [ohne null]
$\mathbb{Z}$	Menge der ganzen Zahlen
$\mathbb{Z}_+$ [$\mathbb{Z}_+^*$]	Menge der positiven ganzen Zahlen [ohne null]
$\mathbb{Z}_-$ [$\mathbb{Z}_-^*$]	Menge der negativen ganzen Zahlen [ohne null]
$\mathbb{Q}$	Menge der rationalen Zahlen
$\mathbb{Q}_+$ [$\mathbb{Q}_+^*$]	Menge der positiven rationalen Zahlen [ohne null]
$\mathbb{Q}_-$ [$\mathbb{Q}_-^*$]	Menge der negativen rationalen Zahlen [ohne null]
$\{1, 2, 3\}$	Menge mit den Elementen 1, 2, 3
$\{\ \}$	leere Menge
$a \in M$	a ist Element der Menge M, a gehört zu M

Zahlen

$a = b$	a gleich b
$a \neq b$	a ungleich b
$a < b$	a kleiner b
$a > b$	a größer b
$a \leq b$	a kleiner oder gleich b
$a \geq b$	a größer oder gleich b
$a \approx b$	a ungefähr gleich (rund) b
$\lvert a \rvert$	Betrag von a
a^n	Potenz aus Basis a und Exponent n; a hoch n
p %	p Prozent
p ‰	p Promille

Geometrie

AB	Verbindungsgerade durch die Punkte A und B; Gerade durch A und B
$\overline{AB}$	Verbindungsstrecke der Punkte A und B; Strecke mit den Endpunkten A und B
$\lvert AB \rvert$	Länge der Strecke $\overline{AB}$
$\overset{\longmapsto}{AB}$	Halbgerade mit dem Anfangspunkt A durch den Punkt B
$g \parallel h$	g ist parallel zu h
$g \nparallel h$	g ist nicht parallel zu h
$g \perp h$	g ist orthogonal zu h
$g \not\perp h$	g ist nicht orthogonal zu h
$F \cong G$	F ist kongruent zu G
$P(x \vert y)$	Punkt mit den Koordinaten x und y
ABC	Dreieck mit den Eckpunkten A, B und C
ABCD	Viereck mit den Eckpunkten A, B, C und D
$\sphericalangle ASB$	Winkel mit dem Scheitel S und den Schenkeln $\overset{\longmapsto}{SA}$ und $\overset{\longmapsto}{SB}$, der bei Linksdrehung von $\overset{\longmapsto}{SA}$ auf $\overset{\longmapsto}{SB}$ entsteht
h_a [h_b; h_c]	Höhe eines Dreiecks zur Seite a [Seite b; Seite c]
w_α [w_β; w_γ]	Länge der Abschnitte der Winkelhalbierenden im Dreieck
s_a [s_b; s_c]	Länge der Seitenhalbierenden eines Dreiecks

Mengen

$\mathbb{N}$ [$\mathbb{N}^*$]	Menge der natürlichen Zahlen [ohne null]
$\mathbb{B}$ [$\mathbb{B}^*$]	Menge der Bruchzahlen [ohne null]
$\mathbb{Z}$	Menge der ganzen Zahlen
$\mathbb{Z}_+$ [$\mathbb{Z}_+^*$]	Menge der positiven ganzen Zahlen [ohne null]
$\mathbb{Z}_-$ [$\mathbb{Z}_-^*$]	Menge der negativen ganzen Zahlen [ohne null]
$\mathbb{Q}$	Menge der rationalen Zahlen
$\mathbb{Q}_+$ [$\mathbb{Q}_+^*$]	Menge der positiven rationalen Zahlen [ohne null]
$\mathbb{Q}_-$ [$\mathbb{Q}_-^*$]	Menge der negativen rationalen Zahlen [ohne null]
$\{1, 2, 3\}$	Menge mit den Elementen 1, 2, 3
$\{\ \}$	leere Menge
$a \in M$	a ist Element der Menge M, a gehört zu M

Zahlen

$a = b$	a gleich b
$a \neq b$	a ungleich b
$a < b$	a kleiner b
$a > b$	a größer b
$a \leq b$	a kleiner oder gleich b
$a \geq b$	a größer oder gleich b
$a \approx b$	a ungefähr gleich (rund) b
$\vert a \vert$	Betrag von a
a^n	Potenz aus Basis a und Exponent n; a hoch n
p %	p Prozent
p ‰	p Promille

Geometrie

AB	Verbindungsgerade durch die Punkte A und B; Gerade durch A und B
$\overline{AB}$	Verbindungsstrecke der Punkte A und B; Strecke mit den Endpunkten A und B
$\vert AB \vert$	Länge der Strecke $\overline{AB}$
$\overrightarrow{AB}$	Halbgerade mit dem Anfangspunkt A durch den Punkt B
$g \parallel h$	g ist parallel zu h
$g \nparallel h$	g ist nicht parallel zu h
$g \perp h$	g ist orthogonal zu h
$g \not\perp h$	g ist nicht orthogonal zu h
$F \cong G$	F ist kongruent zu G
$P(x \vert y)$	Punkt mit den Koordinaten x und y
ABC	Dreieck mit den Eckpunkten A, B und C
ABCD	Viereck mit den Eckpunkten A, B, C und D
$\sphericalangle ASB$	Winkel mit dem Scheitel S und den Schenkeln $\overrightarrow{SA}$ und $\overrightarrow{SB}$, der bei Linksdrehung von $\overrightarrow{SA}$ auf $\overrightarrow{SB}$ entsteht
h_a [h_b; h_c]	Höhe eines Dreiecks zur Seite a [Seite b; Seite c]
w_α [w_β; w_γ]	Länge der Abschnitte der Winkelhalbierenden im Dreieck
s_a [s_b; s_c]	Länge der Seitenhalbierenden eines Dreiecks

Stichwortverzeichnis